游戏研究经典译丛

电子游戏大发展

从PONG到PlayStation的历史与未来

The Video Game Explosion:
A History from PONG
to PlayStation and Beyond

[美]马克·J. P. 沃尔夫（Mark J. P. Wolf） 编
熊 硕 译

复旦大学出版社

译者序

龚自珍在《定庵续集》中说:"欲知大道,必先为史。灭人之国,必先去其史。"了解历史,就了解了世间大道;把握史学,才能掌握社会规律。这句话同样适用于游戏。换言之,如果要保存游戏学的火种,振兴游戏产业,防止各种因素导致的电子游戏产业崩溃,那么就有必要系统地为电子游戏"修史"。很难想象缺少历史的学科能够得到持续的发展,缺少历史的产业能够得到健康的成长。特别是在2021年8月,有些媒体称电子游戏是"精神鸦片"的报道使我产生了强烈的危机感,让我萌生了整理一部正本清源的、学术化的、非流水账式的电子游戏史的想法。然而,一方面,我才疏学浅,无德以修史;另一方面,我也面临着精力和资金的匮乏。所以,我认为翻译国外游戏学方面的经典作品会更为合适,并最终选择了美国游戏学研究者马克·J. P. 沃尔夫(Mark J. P. Wolf)所编的 The Video Game Explosion: A History from PONG to PlayStation and Beyond 一书,也算为国内的游戏学学科发展作一些微小的贡献。最重要的是,2021年,由复旦大学出版社出版,本人翻译的德国媒介大师克劳斯·皮亚斯(Claus Pias)所写的《电子游戏世界》(Computer Game Worlds)是一本高度学术化的电子游戏史前史,可谓描述了电子游戏圈的"觉醒年代",展现了电子游戏在诞生前与诸多学科的巧遇,以及与科学碰撞出的美妙。因此,在"觉醒年代"之后,我认为有必要翻译一部与电子游戏发展历史有关的作品,从逻辑上续写后面的故事。

准确地说,本书由全球多位游戏学圈子里的专家合作而成,涵盖从人类历史上的第一款商业游戏《PONG》一直到2007年(原著出版时间)的电子游戏历史。不同于一般的流水账式的记载,就如马克·沃尔夫自己所言,他想

"写一本有别于当时市面上其他游戏历史学术著作的作品"。因此,本书的内容量和"干货"绝对能让各位读者在游戏科学的饕餮盛宴中享受知识的乐趣。同时,本书也可被视作对中文环境下较为零散的电子游戏史的系统性整合。

本书的撰写者大部分是北美人,因此具有很强的"美国中心主义"。然而,在 1983—2000 年不到 20 年的时间里,日本对世界游戏的发展作出了不可磨灭的贡献。所以,我在翻译部分相关内容时,利用注释的形式对时间线进行了修正,这些注释有些是补充说明,有些是我的个人观点。同时,本书中出现了大量的电子游戏,一部分游戏尚未有中文译名,故仅保留它们的英文名。此外,为了方便学术型读者查找相关资料的出处,我并未翻译原著中纯引文类的参考文献和资料,有需要的读者可以通过检索进行扩展阅读。

本书一共分为 5 大部分,42 章。除了个别章节是较为流水账式的记录或略显不合时宜之外(如第 38 章),大部分内容都以极具逻辑性和学术性的架构记载了波澜壮阔的人类电子游戏史。马克·沃尔夫在原著的"引言"中对各部分内容已经作了简要介绍,我在这里仅对各个章节的逻辑结构作一总结。

如果要讲电子游戏史,则必须讲述"什么是电子游戏",这是《电子游戏大发展:从 PONG 到 PlayStation 的历史与未来》不同于前传《电子游戏世界》的地方(毕竟在电子游戏史前史里,"电子游戏"这个对象还不存在)。我本人在对本科生和研究生的课堂教学中,也必然会在第一节课上给他们强调游戏和电子游戏的定义。毕竟,在当前的环境下,大众因为搞不清电子游戏的内涵而对其产生的误解太多了。基于此,马克·沃尔夫也自然而然地以这种形式开始书写本书的内容。从某种意义上来讲,本书不仅适合电子游戏爱好者、电子游戏行业从业者和游戏学学者阅读,也非常适合作为"全民电子游戏科普"的读物,哪怕读者是对电子游戏一知半解甚至一无所知的普通大众。所以,在第一部分,沃尔夫先介绍了电子游戏的定义,然后介绍了电子游戏作为一种媒介在信息科学技术方面不同于传统媒介的地方,最后提到了电子游戏在学术上特别是在传播学方面的问题。

有了基本的定义介绍和学术化展开,电子游戏的历史终于登场了。尽管人类的第一款电子游戏诞生于 1958 年的一个意外,但真正商业化的电子游戏,或者说电子游戏作为一个独立产业,还要等到 1972 年。在简单地以第 6

章带过这段故事后(关于1972年之前的电子游戏历史,请参考克劳斯·皮亚斯的《电子游戏世界》),电子游戏的大发展正式开始了。本书的第二部分对于大部分中国读者而言非常重要,因为1983年之前,在中国,几乎没有家庭能够接触最初的街机和雅达利系的主机。相对而言,这算是我们的一个知识盲点。然而,雅达利在经历了辉煌和巅峰后,在1983年急转直下,导致了一段"大崩溃"的历史(这次"大崩溃"导致北美主机游戏沉寂17年),这也非常值得当下的中国游戏产业警惕。伴随着第18章"时代的终结"里描述的"雅达利大崩溃",北美将电子游戏产业的接力棒交给了下一个时代的救世主——任天堂(Nintendo)。

因此,本书的第三部分介绍了任天堂是如何以一己之力扭转乾坤,改变世界电子游戏业的历史的。同时,这一部分也介绍了1983—1994年的一些新技术,特别是电脑游戏的兴起。相对而言,任天堂的FC游戏机算是最早进入中国的电子游戏主机,所以这一部分的内容是大多数中国玩家最初经历过的电子游戏历史。当然,在任天堂结束垄断(1994年)之后,它与索尼公司在商业上的"爱恨情仇"导致电子游戏进入三足鼎立的时代。在第四部分,特别是在第26章中,可以看到当年各个科技公司间的电子游戏主机大战。同时,第四部分也补充了一些全球其他国家的游戏产业状况(这就是我认为原著过于"美国中心主义"的一个原因,比如亚洲的游戏史仅有第33章这一章的介绍)。本书的第五部分很好地对一些电子游戏的表象研究展开了探讨,没有回避电子游戏存在的各类争议问题。对于专业的游戏学研究型读者而言,他们应该可以在这个部分得到一些灵感与启发。

在译者序的最后,感谢参与本书翻译项目的学生们,他们分别是文若愚、彭宇、吴雨晴、郑慧娟、吴子怡、阮家威、张钰婷、熊力霏、李紫嫣、贝佳丽、张文馨、张玥、夏天乐、孙丙可、林照千、聂凌峰、张可;感谢一直在平日工作中支持我并给予我帮助的人;感谢游戏圈中一起奋战的学界、业界的战友们;感谢恩师饭田弘之教授;感谢复旦大学出版社的编辑刘畅老师;感谢正在或即将阅读本书的读者。此外,本书的出版得到中共湖北省委宣传部与华中科技大学部校共建新闻学院项目经费的支持。

由于本人专业背景的限制,加上繁重的科研教学任务,翻译此书时难免出现各种纰漏。特别是关于早期的游戏历史,当时的很多游戏还没有官方中译名,还有一些游戏的中文名称不一致,比如任天堂掌机游戏Pokemon的官方译名为《宝可梦》，但中国大陆的玩家通常称之为《口袋妖怪》。总之，关于本书的翻译问题及其他任何的意见、建议、批评和赞美，读者可以通过以下方式与我联系，不胜感激。

　　Email：xiongshuo@hust.edu.cn

　　Bilibili：影子凤凰拉斐尔

熊　硕

2022 年 5 月

致谢

首先,我要感谢参与本书的全体作者,他们也是当今最优秀的电子游戏史研究人,名单如下:大卫·H. 阿尔(David H. Ahl)、托马斯·H. 阿珀利(Thomas H. Apperley)、多米尼克·阿瑟诺(Dominic Arsenault)、凯利·布德罗(Kelly Boudreau)、布雷特·坎帕(Brett Camper)、莱昂纳德·赫尔曼(Leonard Herman)、拉斯·康扎克(Lars Konzack)、艾莉森·麦克马汉(Alison McMahan)、吴伟明(Benjamin Wai-ming Ng)、伯纳德·佩伦(Bernard Perron)、马丁·皮卡德(Martin Picard)、埃里克·皮卡门尼(Eric Pidkameny)、鲍勃·雷哈克(Bob Rehak)、卡尔·塞里恩(Carl Therrien)、张费钦(音译,Feichin Ted Tschang)、大卫·温特(David Winter)。没有他们,这本书就不可能面世。同时,也要感谢格林伍德出版集团的克里斯蒂·沃德(Kristi Ward),是他发起了本书的出版项目。

需要说明的是,本书中的一些文章也出现在我之前的著作中。这些著作分别是《电子游戏的媒介》(*The Medium of the Video Game*, 2001)、《虚拟道德:道德、伦理和新媒体》(*Virtual Morality: Morals, Ethics, and New Media*, 2003)、《德尼世界:神秘岛 1 和神秘岛 2》(意大利语版, *The World of the D'ni: Myst and Riven*, 2006),以及保罗·梅萨里(Paul Messaris)和李·汉弗莱斯(Lee Humphreys)编辑的《数字媒体:人类交流的转变》(*Digital Media: Transformations in Human Communication*, 2006)。感谢这些著作所属出版社对我们工作的支持。此外,基思·范斯坦(Keith Feinstein)、萨沙·舍曼(Sascha Scheuermann)、阿德里安·珀泽(Adrian Purser)、科迪·约翰逊(Cody Johnson)、比尔·埃斯基韦尔(Bill Esquivel)、

安德里亚斯·克雷默（Andreas Kraemer）、亨利·詹金斯（Henry Jenkins）和汤姆·克伦茨克（Tom Krenzke）也给我提供了诸多帮助。对此，我深表感谢。当然，还要感谢威斯康星州康考迪亚大学2006年的春假，这给了我更多的时间来编写这本书。我还要感谢妻子黛安（Diane），儿子迈克尔（Michael）、克里斯蒂安（Christian）和离我们而去的亲爱的爱德华（Edward）。最后，与往常一样，感谢上帝。

目录

引言   001
电子游戏的历史简表（从起源到 2007 年）   001

第一部分   了解电子游戏

第 1 章   什么是电子游戏？   004

第 2 章   影像技术   010
     屏幕技术   010
     计算机生成的图像   012

第 3 章   呈现模式   014
     街机电子游戏   014
     家用电子游戏（主机）   016

第 4 章   影响与先驱   019
     技术   019
     艺术   021
     进一步完善   023

第 5 章   电子游戏研究   024
     学习电子游戏   025
     分析电子游戏   027

审视交互性 028
电子游戏研究的广泛运用 031

第二部分　早期的电子游戏（1983年之前）

第6章　大型计算机上的游戏和模拟 036

第7章　20世纪70年代的街机游戏 041
新产业的诞生（1971—1974年） 042
更强的图像和内存（1975—1977年） 044
日益繁荣和激烈的竞争（1978—1979年） 049

第8章　欧洲早期的电子游戏 054
1972年：诞生于美国 054
1973—1974年：为什么在美国而不是欧洲？ 054
1975年：虽然尚早，但已居于统治地位！ 056
1976年：仍然使用模拟信号，但逐渐式微 058

资料一　米罗华奥德赛简介 061

第9章　早期的家用主机游戏系统 063
家用版《PONG》 064
其他的早期游戏机 065
可编程电子游戏系统 067

第10章　雅达利公司简介 072

第11章　雅达利VCS主机简介 077

第12章　矢量游戏 082

第13章　电子游戏里的明星：吃豆人 088

第14章　家用电脑的兴起 091

第15章　电子游戏类型简介：冒险游戏 098

资料二	美国艺电公司简介	108
第 16 章	20 世纪 80 年代的街机游戏	110
	20 世纪 80 年代初(1980—1982 年)	111
	电子游戏产业的崩溃及其尾声(1983—1985 年)	114
	20 世纪 80 年代末	116
第 17 章	激光视盘游戏	120
第 18 章	电子游戏产业的大崩溃	126
	产业的早期崩溃	127
	街机游戏市场的预警	128
	时代的终结	129

第三部分　游戏产业的复兴（1983—1994 年）

第 19 章	任天堂 FC/NES 系统简介	134
	许可条款	135
	游戏库	137
	技术规格	139
资料三	任天堂公司简介	140
第 20 章	新一代家用主机游戏系统	142
	16 位主机的崛起	146
第 21 章	CD-ROM 游戏	150
	基于光盘的游戏系统	151
	是扩展游戏,还是拓展玩法？	152
第 22 章	游戏类型简介:互动电影	157
第 23 章	20 世纪 90 年代及之后的街机游戏	166
	20 世纪 90 年代早期:续作、变体和系列游戏	167
	革新的接口	168

		向三维图像的转变	172
		街机的衰落	174
		旧街机游戏的回归	176
	第 24 章	掌机游戏系统	178
		早期的电子掌机	178
		可编程掌机	179
		GB 时代	180
		其他掌机	182
		顺便一提的掌机	182
		作为游戏机的存储卡	184
		索尼 PSP	185
		未来	185
资料四	世嘉公司简介		186
	第 25 章	共享软件游戏：处于爱好者与专业人士之间	188
		经典的个人电脑共享软件和免费软件	189
		BBS 和门游戏	192
		共享软件的高峰期	193

第四部分　迈入次世代（1995—2007 年）

	第 26 章	新一代家用主机游戏系统	200
		世嘉系统	202
		索尼 PlayStation	203
		N64	205
		世嘉梦工厂（世嘉 DC）	206
		新的 PlayStation（PS2）	207
		微软 Xbox	208
		任天堂 GameCube（NGC）	208
		主机间的竞争	209

　　　　　XaviXPORT　　　　　　　　　　　　　　　210
　　　　　微软 Xbox 360　　　　　　　　　　　　 210
　　　　　索尼 PlayStation 3(PS3)　　　　　　　　211
　　　　　任天堂 Wii　　　　　　　　　　　　　　212
　　　　　主机之战　　　　　　　　　　　　　　　213

第 27 章　在线角色扮演游戏　　　　　　　　　　　214
　　　　　文字时代：1977—1989 年　　　　　　　 214
　　　　　像素游戏：1990—2007 年　　　　　　　 216

第 28 章　索尼 PlayStation 简介　　　　　　　　　220
　　　　　授权协议　　　　　　　　　　　　　　　222
　　　　　游戏库　　　　　　　　　　　　　　　　223
　　　　　技术规范　　　　　　　　　　　　　　　224

资料五　　索尼公司简介　　　　　　　　　　　　　226

第 29 章　电子游戏里的明星：劳拉·克劳馥　　　　228
　　　　　劳拉·克劳馥是谁？　　　　　　　　　　228
　　　　　女神　　　　　　　　　　　　　　　　　229
　　　　　劳拉是从哪里来的？　　　　　　　　　　230

第 30 章　游戏类型简介：第一人称射击游戏　　　　232
　　　　　早期的 3D 游戏　　　　　　　　　　　　234
　　　　　第一波 FPS 游戏浪潮　　　　　　　　　 235
　　　　　射击游戏的成熟　　　　　　　　　　　　239

资料六　　复古游戏　　　　　　　　　　　　　　　242

第 31 章　独立电子游戏和实验性电子游戏　　　　　244
　　　　　独立物理游戏　　　　　　　　　　　　　245
　　　　　未经授权的游戏开发：自制游戏社区　　　248

第 32 章　欧洲的电子游戏　　　　　　　　　　　　252
　　　　　辛克莱电脑公司的兴衰　　　　　　　　　252
　　　　　英国游戏的扩张　　　　　　　　　　　　253

　　　　　　法国的游戏业务　　　　　　　　　　　255

　　　　　　其他欧洲国家的情况　　　　　　　　258

　　　　　　欧洲的游戏协会及其管理和支持　　　260

　　第 33 章　亚洲的电子游戏　　　　　　　　　263

　　　　　　街机电子游戏：从 2D 游戏到 3D 在线游戏　263

　　　　　　家用主机：从任天堂 FC 到 PS3　　　265

　　　　　　掌机游戏：从 Game&Watch 到 NDS 和 PSP　269

　　　　　　亚洲游戏文化的形成　　　　　　　　272

　　第 34 章　澳大利亚的电子游戏　　　　　　　277

　　　　　　澳大利亚的电子游戏产业　　　　　　277

　　　　　　《逃离伍默拉》　　　　　　　　　　279

　　　　　　《红犀牛：嬉哈狂潮》　　　　　　　281

第五部分　近距离观察电子游戏

　　第 35 章　电子游戏的开发流程　　　　　　　286

　　　　　　电子游戏的开发过程　　　　　　　　287

　　　　　　概念设计　　　　　　　　　　　　　287

　　　　　　预开发　　　　　　　　　　　　　　288

　　　　　　正式开发　　　　　　　　　　　　　290

　　　　　　后续开发　　　　　　　　　　　　　291

　　　　　　游戏设计与设计文档　　　　　　　　291

　　　　　　游戏开发过程中的一些问题　　　　　292

　　　　　　游戏开发中创造性与理性的平衡　　　294

　　第 36 章　电子游戏中的图像　　　　　　　　296

　　　　　　超越电影画面　　　　　　　　　　　302

　　　　　　表面之下　　　　　　　　　　　　　307

　　第 37 章　电子游戏中的音效　　　　　　　　309

　　　　　　音乐与叙事——自适应音频　　　　　314

第 38 章	电子游戏类型	318
	题材还是类型	318
	依据交互方式确定游戏类型	319
资料七	最畅销的电子游戏	341
第 39 章	作为争议对象的电子游戏	343
	暴力问题	344
	色情内容	345
	意识形态	347
资料八	电子游戏分级系统	349
第 40 章	道德、伦理与电子游戏	351
	电子游戏与传统媒体	351
	电子游戏中的社交元素	353
	从模拟到仿真	353
	反应和行为	354
	伦理世界观	356
	思维方式	358
	成长中的媒介	361
第 41 章	电子游戏与其他媒体的关系	363
	电子游戏与电影	365
	电子游戏与漫画/动画	368
	电子游戏与电视	370
	跨媒介叙事与媒介融合	371
资料九	如何在电子游戏行业找到工作	374
第 42 章	电子游戏的未来	376
	作为娱乐的电子游戏	376
	作为叙事的电子游戏	377
	作为模拟的电子游戏	378
	作为教育的电子游戏	379
	作为艺术与体验的电子游戏	381

作为传播的电子游戏	382
作为"次创造"的电子游戏	383
用户生成游戏	383
未来的电子游戏硬件	384
电子游戏术语表（按英文首字母顺序排列）	**386**
资源指南	**394**
网站	394
模拟器	396
视频	397
书籍	397
期刊	402
各章节注释	**411**
索引	**432**
贡献者简介	**519**
译后记	**525**

引言

马克·J.P.沃尔夫

　　至今,电子游戏已经存在很久了,人们对电子游戏历史的兴趣也日益增长。当年的孩童也伴随着游戏的发展而成长为社会的中坚力量,他们有些人至今都在怀念童年的游戏时光,有些人到现在仍然是活跃的游戏玩家。还有些人则成了游戏收藏家,他们试图将历史与游戏本身一同保存下来。对于更年轻的新玩家而言,他们可能因为缺乏对第一代电子游戏的认知而对早期的游戏感到好奇,也可能因为找不到那些旧游戏而感到沮丧(或者他们可能会认为早期的电子游戏机制过于简单,图形、画面粗糙,从而没有意识到它们的重要性,也不理解它们最初出现时的背景)。还有一些人可能将游戏视为流行文化的一部分,并探究它们在过去的几十年中是如何融入更为广泛的文化体系的。

　　作为一部电子游戏史,本书在很大程度上归功于先于它出版的著作。在关于电子游戏的历史书籍出现之前就已经有详细的杂志文章记载了相关的内容,如杰瑞·艾宾德(Jerry Eimbinder)和埃里克·艾宾德(Eric Eimbinder)发表在《大众电子》(*Popular Electronics*)杂志上的连载文章《电子游戏:太空时代的休闲活动》(Electronic Games: Space Age Leisure Activity)记录了游戏行业和游戏技术(从起源到 1980 年)。这些早期的历史不仅对电子游戏的研究很有价值,还体现了当时人们对电子游戏的热情。另外,连载文章还提供了一些关于游戏在出现时是如何受到欢迎的见解。几年后,第一本关于电子游戏历史的书——乔治·沙利文(George Sullivan)的《银幕剧:电子游戏的故事》(*Screen Play: The Story of Video Games*,纽约:Frederick Warne,1983)出版了。该书面向青少年读者,一共有 93 页。也许后来的出版商被建议要为成年读者撰写电子游戏史，于是莱昂纳德·赫尔曼的《不死之鸟：家庭电子游戏的兴衰》(Phoenix: The Fall and Rise of Home Videogames, 新泽西州斯普林菲尔德：Rolenta Press) 在1994年出版了。另外，还有在找不到商业出版社的情况下自行出书的史蒂文·肯特 (Steven Kent)，他撰写了《第一季度》(The First Quarter, 科罗拉多州斯普林斯：BDW Pulishing, 2001) 及其扩展版《电子游戏的终极历史》(The Ultimate History of Video Games, 纽约：Three Rivers Press, 2001)。这两本书重点关注电子游戏行业及其背后的人。鲁瑟尔·迪马利亚 (Rusel DeMaria) 和约翰尼·L. 威尔逊 (Johnny L. Wilson) 合著的《高分！电子游戏的历史画报》(High Score! The Illustrated History of Electronic Games, 旧金山：McGraw-Hill Osborne Media, 2003) 和范·伯纳姆 (Van Burnham) 的《Supercade：电子游戏时代的视觉史 (1971—1984)》(Supercade: A Visual History of the Videogame Age, 1971-1984, 马萨诸塞州剑桥：MIT Press, 2003) 主要关注游戏的视觉历史，而非学术作品。另外，还有些书籍可以作为参考，如比尔·库尔茨 (Bill Kurtz) 的《街机游戏百科全书》(Encyclopedia of Arcade Video Games, 宾夕法尼亚州：Schiffer Book Farm, 2003) 和在线资源《电子游戏杀手名单》(Killer List of Video Games, www.klov.com)。还有一些关于个别游戏公司的著作，如斯科特·科恩 (Scott Cohen) 的《摧毁！雅达利的兴衰》(Zap! The Rise and Fall of Atari, 纽约：McGraw-Hill, 1984) 或大卫·谢夫 (David Sheff) 的《游戏结束：任天堂如何摧毁美国产业、攫取你的金钱、奴役你的孩子》(Game Over: How Nintendo Zapped an American Industry, Captured Your Dollars, and Enslaved Your Children, 纽约：Random House, 1993)。

相比之下，本书在几个方面都不同于以往的著作。本书既面向对电子游戏历史感兴趣的普通读者，也面向学生。本书的章节围绕各种主题组织内容，这些章节基本上按时间顺序排列，讲述电子游戏从早期到现在的故事。本书的其他特色包括各类资料的收集（突出了电子游戏历史的各个方面），以及与电子游戏和电子游戏技术相关的术语表。今天，电子游戏圈里最优秀的人贡献了他们的学术思想，从而构成全面的电子游戏史。也许其他关于电子游戏的书籍大多是从新闻学、社会学、心理学或怀旧角度撰写的，但在本书中，电子游戏本身被摆到了中心位置——电子游戏历史的其他方面，如游戏公司、游戏设计师、电子技术、营销等都提供了必要的背景介绍,但电子游戏始终处于叙事的核心地位。

这本书分为五个部分。第一部分"了解电子游戏"首先讲述了什么是电子游戏,它来自哪里,以及是什么影响了它的发展;其次探讨了影像技术和呈现模式;最后探讨了电子游戏研究与传统媒体研究的不同之处。第一部分的各章节介绍了作为一种复杂、独特和有趣的媒介的电子游戏的基本概念。

第二部分"早期的电子游戏(1983年之前)"着眼于电子游戏形成时期的历史。在这一时期,游戏从一个新奇事物发展成一个行业。在20世纪70年代早期,电子游戏在大型计算机上被制作出来,在与商业区弹球游戏并排的街机上面向大众。在美国和欧洲,相对简单的家用游戏主机与家庭电脑同时出现并逐渐流行。这个时期最著名的公司是雅达利,它也是唯一一家在当时生产街机游戏、家用游戏主机和家用电脑的公司。在20世纪70年代末和80年代初,各种类型的新技术,如矢量图形和激光视盘与游戏结合。最后,过剩的廉价产品和不断变化的消费者需求导致了20世纪80年代中期的"雅达利大崩溃",从而结束了我们现在认为的"早期电子游戏时代"。

第三部分"游戏产业的复兴(1983—1994年)"首先介绍了任天堂红白机FC的诞生。它的成功不仅结束了北美的大崩溃,使日本成为世界游戏的新领头羊,也证明了电子游戏行业仍然拥有光明的未来。任天堂获得成功后,其他公司也纷纷效仿,发布了新一代家用游戏主机。为了与主机游戏竞争,街机游戏开始提供3D图形和创新界面,以吸引玩家对街机游戏的注意。同时,游戏掌机变得更加精密,因此在这段时间里也更为流行。CD-ROM等新技术进一步振兴了游戏业,同时共享软件也为游戏带来了新理念。

第四部分"迈入次世代(1995—2007年)"介绍了新一代更强大的家用游戏主机的兴起,包括索尼PlayStation(PS1)、世嘉土星和任天堂N64。其间,在线角色扮演游戏发展为一个大型商业项目,吸引了数十万甚至数百万名玩家。时至今日,电子游戏已经成为一种世界性的现象。由于许多电子游戏研究往往集中在北美的游戏行业,作为补充,这部分中的几个章节也介绍了欧洲、亚洲和澳大利亚的电子游戏情况。

本书的第五部分"近距离观察电子游戏"介绍了电子游戏的设计过程、电子游戏中图像和声音的发展,以及电子游戏与其他媒介的关系。另有章节探讨了电子游戏的类型、作为争议对象的电子游戏、电子游戏的道德和伦理方面，以及电子游戏的未来。此外，本书还包含电子游戏历史的简要时间线、电子游戏术语表和对电子游戏研究人员可能有用的资源指南（包括印刷资料和在线资源）。

本书的撰写离不开各个领域的贡献者。首先是大卫·H. 阿尔，他是《创意计算》(Creative Computing)杂志的创始人。同时，他著有22本书，还设计了50多款电子游戏。然后是大卫·温特，他在自己建立的网站www.pong-story.com上提供了大量关于早期游戏的信息，这些信息是从他个人收藏的800多个早期游戏系统中挑选出来的。《不死之鸟：电子游戏的兴衰》(Phoenix: The Fall and Rise of Videogames)一书的作者莱昂纳德·赫尔曼通过一些文章追溯了家用主机电子游戏系统和掌机游戏的历史。拉斯·康扎克、吴伟明和托马斯·H. 阿珀利为本书提供了除北美以外的电子游戏的全球视角。在商业电子游戏产业方面，布雷特·坎帕考察了共享软件和实验性电子游戏的历史。其他的作者，包括伯纳德·佩伦、鲍勃·雷哈克、艾莉森·麦克马汉、张费钦、多米尼克·阿瑟诺、马丁·皮卡德、卡尔·塞里恩、凯利·布德罗和埃里克·皮卡门尼也从自身的专业知识角度探讨了一系列主题，包括从电子游戏的图形、声音、技术和制作过程到家庭电脑、游戏和其他媒介，以及各种游戏类型、游戏公司和游戏主机的资料等。

电子游戏的历史已经有40多年了①，虽然与其他传统媒介的历史相比还很短，但它自诞生以来发展迅速，令人兴奋不已。同时，游戏在技术与文化上的创新和进步速度，相较于其他媒介也是无与伦比的。电子游戏的历史是密集且涉及多方面的，它与电影、电视、互联网和其他互动媒介等在很多领域不谋而合；它也依赖如软盘、镭射光盘、CD-ROM、DVD等存储介质和通用计算机技术；当然，电子游戏还与各种跨媒介娱乐特许经销权、流行时尚、商业营销相关。在过去的十几年里，人们开始从不同的学科视角来研究电子游戏的各个方面。与此同时，一个专门研究电子游戏的学科（游戏学）也在发展。虽然人们已经能够查阅越来越多的关于电子游戏的历史信息（特别是通过互联网），但在学术工作中，学者们将更多的注意力集中在理论上而不是历史上，而且较新的游戏也总是会比历史上的游戏得到更多的讨论。其实，在许多情

---

① 原著出版于2008年，所以实际上电子游戏的历史已经有60多年了。——译者注

况下,激发这些新游戏产生的灵感正来自早期的老游戏。因此,广泛地了解电子游戏的起源和发展对于我们理解当下的电子游戏既必要又关键。这便是我编写本书的动机,希望这本书能给读者提供所需的内容。

电子游戏的历史简表

（从起源到 2007 年）

时间	具体电子游戏的情况
1958	威廉·希金伯泰（William Higinbotham）在布鲁克海文国家实验室（Brookhaven Laboratory）展出了具有实验性质的《双人网球》(*Tennis for Two*)。这款游戏在屏幕上实现了互动控制，但很多人不认为它是一款真正意义上的电子游戏（不过，它在很多论述中依旧被视作人类历史上的第一款电子游戏）①。
1962	由麻省理工学院开发的第一款大型计算机游戏《太空大战》(*Spacewar!*)的最终版本诞生。这款游戏后来激励诺兰·布什内尔（Nolan Bushnell）于 1971 年创造了《电脑太空战》(*Computer Space*)。
1966	拉尔夫·贝尔（Ralph Baer）写了一篇四页的论文，并在这篇论文里描述了在家用电视机上玩互动游戏的想法。
1971	第一款投币式街机电子游戏，由诺兰·布什内尔开发的《电脑太空战》问世。
1972	世界上第一款家用电子主机，由拉尔夫·贝尔发明的米罗华奥德赛（Magnavox Odyssey）诞生。同年，诺兰·布什内尔的另外一款作品《PONG》在街机上发售，它也成为世界上第一款热门游戏。
1973	许多公司开始生产电子游戏，包括 Chicago Coin、Midway、Ramtek、太东（Taito）、Allied Leisure 和 Kee Games。此时，街机平台的电子游戏产业开始腾飞。
1974	Kee Games 的《Tank》是第一款将图形数据存储在 ROM 芯片上的游戏。Midway 的《TV Basketball》是第一款用人类图像替代方块或车辆来呈现角色形象的街机游戏。

---

① 可详见本书的前传，[德]克劳斯·皮亚斯：《电子游戏世界》，熊硕译，复旦大学出版社 2021 年版。——译者注

(续表)

时间	具体电子游戏的情况
1975	Midway 的《Gun》是第一款使用微处理器的游戏。雅达利的《越野障碍赛马》(Steeplechase)是第一款可供 6 人同时玩的街机游戏。Kee Games 的《Indy 800》是第一款支持 8 人参与的游戏,且每位玩家都有一个方向盘和脚踏板(它还使用了彩色 CRT)。
1976	通用仪器公司(General Instruments)发布 AY-3-8500 芯片,将电子游戏所需的电路系统集成在一块芯片上。同年,仙童公司(Fairchild)推出的 Fairchild Channel F 是第一款基于卡带的家用游戏系统;雅达利推出了世界上第一款模拟第一人称视角的游戏《夜班司机》(Night Driver,但这款游戏中没有真正的 3D 图形)和《打砖块》(Breakout)。
1977	家用电子游戏行业在北美经历了第一次崩溃,许多公司退出了该行业。雅达利的家用主机 VCS(the Atari Video Computer System 的简称,后来更名为 2600)发布。在日本,任天堂与三菱合作,发布了第一款家用主机 Color TV Game 6(非独立作品)。Kee Games 的街机游戏《超级汽车》(Super Bug)第一次引入了四向滚动控制。
1978	太东公司发售《太空入侵者》(Space Invaders),它后来成为许多垂直射击游戏(vertical shooting games)的灵感来源。同年,雅达利的街机游戏《橄榄球》(Football)引入了双向滚动控制。
1979	Vectorbeam 公司发布了世界上第一款"一对一"格斗游戏《勇士》(Warrior)。雅达利发布了两款矢量图形游戏《爆破彗星》(Asteroids)和《月球冒险》(Lunar Lander)。同年,南梦宫(Namco)推出《小蜜蜂》(Galaxian),它是世界上第一款 100% 使用 RGB 颜色系统的游戏(使用红、绿和蓝色信号的彩色视频标准)。另外,南梦宫的《冰球人》[Puck-Man,后来更名为《吃豆人》(Pac-Man)]在日本发售。
1980	《吃豆人》在北美发售。同时,其他一些有影响力的游戏,如《战争地带》(Battlezone)、《防卫者》(Defender)也面世。雅达利的《战争地带》是第一款以真实 3D 环境为特色的街机游戏,《创世纪》(Ultima)成为第一款具有四向滚动控制功能的家用主机游戏。另外,第一款驾驶舱游戏《Star Fire》发售,它也是第一款引入高分排行榜并记录玩家姓名首字母的街机游戏。
1981	任天堂发售了《大金刚》(Donkey Kong),雅达利发布了《暴风射击》(Tempest)。这一年,美国街机游戏的产业规模达到 50 亿美元。
1982	Gottlieb 公司发售了游戏《Q 伯特》(Q*bert)。同年,世嘉的街机游戏《立体空战》(Zaxxon)成为第一款在电视上打广告的街机游戏。1982 年下半年,世界整体范围内的街机游戏收入下降,似乎电子游戏行业的又一次崩溃即将来临,而且这次将比 1977 年时更为严重。

(续表)

时间	具体电子游戏的情况
1983	雅达利大崩溃发生,影响了整个北美家用电子游戏产业。然而,同年,日本的任天堂发布了大名鼎鼎的8位游戏主机Famicon①(又称Family Computer);雅达利发售了世界上第一款带有填充多边形三维图形的光栅电子游戏《我,机器人》(I, Robot)。另外,雅达利还发售了矢量游戏《星球大战》(Star Wars)。
1984	北美电子游戏行业的崩溃仍在继续,日本却因为任天堂红白机FC开始逐步走上世界游戏霸主的地位。同年,RDI公司发布了基于激光碟片的主机Halcyon。
1985	任天堂在美国发布了新版本的任天堂红白机FC,并将北美版重新命名为"任天堂娱乐系统"(Nintendo Entertainment System,简称NES)。NES的普及开始帮助北美游戏市场结束持续的行业崩溃。同时,任天堂还发布了《超级马里奥兄弟》(Super Mario Bros.),它成为有史以来最畅销的一款游戏。同年,阿列克谢·帕基特诺夫(Alexey Pajitnov)设计出了《俄罗斯方块》(Tetris)。
1986	初代《塞尔达传说》(Legend of Zelda)在任天堂红白机FC上发售。同年,太东公司在街机平台上发布了《快打砖块》(Arkanoid)和《泡泡龙》(Bubble Bobble)。世嘉公司也发布了8位游戏主机SEGA Master System(简称SMS)。
1987	Cyan Worlds制作了世界上第一款用CD-ROM发行的电子游戏《The Manhole》。同年,第一款16位街机游戏《妖怪道中记》(Yokai Douchuuki)在日本发行。卢卡斯艺界公司(LucasArts)的《疯狂大楼》(Maniac Mansion)是第一款带有点击交互界面的冒险电子游戏。Incentive Software公司发布了一款具有突破性三维图形技术的家用电子游戏《钻头》(Driller)。太东公司新的街机游戏初代《双截龙》(Double Dragon)发布。
1988	南梦宫发售了《昆虫大作战》(Assault)。Williams公司发布了世界上第一款使用32位处理器的街机游戏《缉毒特警》(NARC)。任天堂发布了《超级马里奥兄弟2》(Super Mario Bros. 2)。
1989	雅达利发布了街机游戏《超级赛车》(Hard Drivin')和《S. T. U. N. 赛车》(S. T. U. N. Runner)。Gottlieb的《灭杀者》(Exterminator)是第一款使用全数字化图像作为背景的游戏。这一年有两款掌机游戏主机发布,分别是任天堂的Game Boy(简称GB)和雅达利的Lynx。另外,世嘉发布了家用主机世嘉创世纪(Genesis)。

---

① 也就是国内所称的"红白机"(下文统称为任天堂红白机FC)。——译者注

(续表)

时间	具体电子游戏的情况
1990	美国艺电公司(Electronic Arts,简称 EA)旗下的 Maxis 工作室发布了威尔·莱特(Will Wright)的作品《模拟城市》(SimCity),这也是 EA 后续一系列模拟游戏中的第一款。在日本,任天堂发布了《超级马里奥兄弟 3》(Super Mario Bros. 3)。世嘉在日本发布了掌机 Game Gear(简称 GG)。史克威尔(Square Soft)的《最终幻想》(Final Fantasy)系列被引入北美。同年底,任天堂发布了新一代主机——16 位的超级任天堂 SFC(Super Family Computer)。
1991	任天堂在北美发布了美版 SFC"超级任天堂娱乐系统"(Super Nintendo Entertainment System,简称 SNES)。卡普空(Capcom)发布了划时代的格斗游戏《街头霸王 2》(Street Fighter II)。世嘉发布了家用主机游戏《刺猬索尼克》(Sonic the Hedgehog),游戏主角索尼克日后成为世嘉的吉祥物。这一年,飞利浦电子公司(Philips Electronics)与任天堂合作发布了使用光盘的 CD-I (交互式光盘)系统。
1992	Midway 发布了街机游戏《真人快打》(Mortal Kombat)初代。Virgin Games 发布了《第七访客》(The 7th Guest),这款游戏成为最畅销的家用电子游戏。世嘉发布了一款 3D 赛车游戏《VR 赛车》(Virtua Racing)。id Software 发布了一款 3D 家用电子游戏《德军总部 3D》(Wolfenstein 3D)。Virtuality 公司发布了《Dactyl Nightmare》,这是一款带有 VR 头戴式耳机和光枪接口的街机游戏。
1993	Cyan Worlds 公司的《神秘岛》(Myst)在发布后成为有史以来最畅销的家用电子游戏,且之后一直推出续作。id Software 发布了射击游戏《毁灭战士》(Doom)。同年,万维网(World Wide Web,即 www)走向世界。世嘉发布了一款 3D 格斗游戏《VR 战士》(Virtual Fighter)。这一年,家用主机市场百花齐放,新推出的主机有先锋公司(Pioneer)制造的先锋 Laser Active CLD-A100① 和雅达利的 64 位主机 Jaguar②。
1994	任天堂发布了 SFC 游戏《大金刚国度》(Donkey Kong Country),世嘉发布了新主机土星(Saturn)。这一年,电子游戏史上发生了一件大事,即索尼(SONY)公司加入战场,初代 PlayStation(简称 PS1)在日本发布。此时,日本进一步巩固了全球游戏界的霸主地位,并开始进入双子星时代③。著名游戏设计大师欧内斯特·亚当斯(Ernest Adams)成立了计算机游戏开发者协会(the Computer Game Developers Association)。暴雪公司(Blizzard)发布了即时战略游戏《魔兽争霸》(Warcraft)的初版④。世嘉发布了一款带有纹理贴图的街

---

① 后来被称为"一代神机"。——译者注
② 它也是雅达利的最后一部主机。——译者注
③ 此处为翻译时补充的内容。——译者注
④ 即《魔兽争霸 1:兽人与人类》(Warcraft: Orcs & Humans)。——译者注

(续表)

时间	具体电子游戏的情况
	机赛车游戏《梦游美国》(Daytona USA)。日本著名街机开发公司 SNK 的 Neo-Geo 家用主机也面世了①。
1995	索尼 PS1 和世嘉土星在北美首次亮相。任天堂发布《大金刚国度 2：迪科斯与迪迪》(Donkey Kong Country 2: Diddy's Kong Quest)。暴雪发布了《魔兽争霸 2：黑潮》(Warcraft II: Tides of Darkness)。
1996	任天堂的新一代主机任天堂 64 在日本和北美发售。任天堂还发布了虚拟现实游戏设备 Virtual Boy。该设备是一款掌上游戏系统，玩家的每只眼睛都对应一个单独的屏幕，当组合在一起时会产生三维图像②。同年，迪吉彭理工学院(Digipen Institute of Technology)成为全球第一所颁发游戏开发(video game development)学士学位的学校。
1997	任天堂 64 在欧洲和澳大利亚发布。梦工厂(DreamWorks)、世嘉和环球(Universal)在西雅图开设了第一家游戏主题游乐场 GameWorks arcade。万代公司(Bandai)发布了电子宠物(Tamagotchi)。Cyan Worlds 公司推出了《神秘岛 2：星空断层》(Riven: The Sequel to Myst)。世嘉发布了一款带有滑板的街机游戏《Top Skater》。任天堂在北美发布了《马里奥赛车 N64》(Mario Kart 64)。大型多人在线角色扮演游戏(massive multiplayer online role-playing game，简称 MMORPG)《网络创世纪》(Ultima Online)开始运营。
1998	科乐美(Konami)发布了《劲舞革命》③(Dance Dance Revolution)，以及《Beatmania》系列和《GuitarFreaks》系列的初代作品。任天堂发布了新的掌机 Game Boy Color(简称 GBC)。Sierra Studios 发布了《半条命》(Half-Life)。暴雪也在这一年发布了具有历史意义的即时战略游戏《星际争霸》(StarCraft)，这款游戏也被视为最早的电子竞技游戏之一④。SNK 公司发布了掌机 Neo-Geo Pocket。Rockstar Games 发布了初代《侠盗猎车手》(Grand Theft Auto，简称 GTA)。
1999	世嘉最后一代主机 Dreamcast 在北美和欧洲发布(前一年在日本发布)。大型多人在线角色扮演游戏《无尽的任务》(EverQuest，简称 EQ)开始上线运营。任天堂发布了《大金刚 64》(Donkey Kong 64)。游戏开发者大会(Game Developers Conference，简称 GDC)举办了第一届独立游戏节。另外，《托尼·霍克职业滑板》(Tony Hawk's Pro Skater)在这一年发行，大型多人在线角色扮演游戏《阿斯龙的召唤》(Asheron's Call)开始上线运营。

---

① 与它一起问世还有 SNK 的格斗游戏《拳皇 94》(The King of Fighters 94)。——译者注
② 这是当时的天才横井军平(Yokoi Gunpei)开发出的"黑科技"。——译者注
③ 简称 DDR，它也是全球第一台元祖跳舞机。——译者注
④ 原著只提到了暴雪的《魔兽争霸》，翻译时补充了《星际争霸》。——译者注

(续表)

时间	具体电子游戏的情况
2000	索尼发布了 PlayStation2(简称 PS2)。同年,任天堂售出公司的第 1 亿台游戏机。Maxis 工作室发行了初代《模拟人生》(The Sims)。美国邮政局(the United States Post Office)发行了一枚描绘电子游戏的邮票。同年,暴雪发布了足以影响后续 10 年网络游戏机制的作品、ARPG 永恒的明珠——《暗黑破坏神 2》①(Diablo II)。
2001	微软(Microsoft)加入战局,旗下的初代游戏主机 Xbox 和任天堂的新主机 GameCube 同时面世。Midway Game 离开了街机游戏行业。Bungie Studios 的《光环:战斗进化》(Halo: Combat Evolved)作为 Xbox 独占游戏同步发售。在日本,世嘉宣布将不再开发家用主机,电子游戏开始进入任天堂、索尼、微软的三足鼎立时代②。
2002	《模拟人生》超越《神秘岛》,成为有史以来最畅销的家用电子游戏。大型多人在线角色扮演游戏《模拟人生 online》(Sims Online)开始运营。世嘉为 PS2 制作并发布了《Rez》。同年,微软的 Xbox Live 在线游戏服务开始运营,暴雪发布了即时战略游戏《魔兽争霸 3:混乱之治》③(Warcraft III: Reign of Chaos)。
2003	大型多人在线角色扮演游戏《星球大战》(Star Wars Galaxies)开始运营。任天堂停止了 FC 和 SFC 的生产。雅达利发布了《黑客帝国:进入矩阵》(Enter the Matrix)。手机公司诺基亚(Nokia)发布了世界上最早的 N-Gage 移动游戏系统。
2004	索尼在日本发售了掌机 PlayStation Portable(简称 PSP),同时在中国发布了 PS2。任天堂发布了掌机 Nintendo Dual Screen(简称 NDS)。Bungie Studios 发布了《光环 2》(Halo 2)。
2005	索尼在北美发布了 PSP。任天堂发布了 Game Boy Micro(简称 GBM)。微软发布了新一代主机 Xbox 360。Tiger Telematics 在英国和北美发布了游戏主机 Gizmondo。同年,《模拟人生》的场景出现在法国的邮票上。
2006	任天堂新一代主机 Wii 和索尼的 PlayStation3(简称 PS3)同时发布,微软则在澳大利亚发布了 Xbox 360。
2007	大型多人在线角色扮演游戏《魔兽世界》(World of Warcraft)预估在全球拥有超过 900 万名玩家。

---

① 翻译时补充了 2000 年《暗黑破坏神 2》的相关内容。——译者注
② 此处是译者的评论,这三家又被中国玩家称为"御三家"。——译者注
③ 翻译时补充了 2002 年《魔兽争霸 3:混乱之治》的相关内容。——译者注

第一部分

了解电子游戏

在短短不到 40 年的时间内,电子游戏就已经从"会动的图片"进化成一个规模庞大的全球化产业。仅 2006 年,美国游戏行业的营收就达到了创纪录的 125 亿美元。电子游戏不仅在全球拥有数以亿计的受众,它对电影、电视、互联网等其他媒体的影响力还在不断增强。然而,有关电子游戏的研究在今天才刚刚被主流学界接纳,目前已有的相关文章大多数还聚焦在家用电脑游戏这一较新的类型上;关于街机游戏或电子游戏历史这些较早的游戏类型和游戏系统理论的研究相对而言很少。造成这一现象的部分原因是很多老游戏已经淹没在历史长河,很难再找到并体验它们,这给后来的研究者带来了不小的困难。同时,这也提醒我们在那些老游戏彻底绝迹之前展开研究,迫在眉睫。

在翻开尘封的电子游戏历史之前,我们需要先问问自己,所谓的"电子游戏"这一概念到底代表什么?它与其他媒介形式的区别又是什么?与此同时,我们同样要关注历史上那些定义了电子游戏和电子游戏形式的重大事件和先驱们。此外,由于电子游戏十分依赖不同种类的科技,所以我们还将研究那些将电子游戏呈现在大众眼前的技术和模式,包括影像技术和呈现模式。最后我们还探讨了电子游戏研究及其与传统媒介形式的研究相比有何不同。总体来说,本书第一部分为开展电子游戏历史研究提供了必要的背景知识。

第1章
什么是电子游戏？

马克·J.P.沃尔夫

"电子游戏"（video game）到底是由什么构成的？尽管这个词足够简单，它的用法却随着时间和使用场合而不断改变。我们可以首先从构成它名字的两个词的标准解释入手，即它是一种使用了视频技术的游戏。当考虑将电子游戏完全视作游戏时，它的特质与桌游和纸牌游戏相一致。但是，当人们将它视作一种视频技术的时候，电子游戏又与录像带、录像光盘的特性保持一致。这个二相的特点也解释了为什么在英文中，"video game"（两个词）和"videogame"（一个词）都在被使用。像"电脑游戏"和"电子游戏"（electronic game，不强调视觉化而强调电子技术）这样的术语有时也与视频电子游戏（video game）混用，但它们之间具有明显的区别。电子游戏与电脑游戏都不具有任何视觉元素，而视频电子游戏（video game）则不具备微处理器（或任何人们认为对于构成计算机十分必要的原件）。因此，像桌游《捉贼》（*Stop Thief*，1979）那样，一个配套的掌上电脑配合桌游发出音效的游戏可以被视作一款电脑游戏，却不是电子游戏。这类游戏涉及的更多的是视频而不是电脑，这使得"电子游戏"变成一个更加具有专用意味的术语。"视频电子游戏"在通常情况下更能准确地表示它代表了什么类型的游戏，所以在本文中，我将采用这种表达方式。

尽管"什么是游戏"还没有一个定论①，但某些元素总是存在于游戏中，比如冲突（对抗对手或处理事件）、规则（决定什么时候可以做什么，什么时候

---

① 事实上在游戏学中是有这样的定论的。详见 Eric Zimmerman, Katie Salen, *Rules of Play: Game Design Fundamentals*, MIT Press, 2003。——译者注

不能做什么)、对玩家能力(如技能、策略或运气)的利用,以及一些有价值的结果(如获得胜利/失败或在任务中最快通关、取得最高分)。尽管有时程度不同,但这些元素通常都呈现在游戏中。在电子游戏中,得分、遵守"规则"和游戏视觉效果的呈现都是由计算机直接控制的。同时,计算机也能在游戏中控制某些角色与玩家对抗,并且成为游戏的裁判和参与者。

大多数电子游戏是单人游戏,玩家们将会面对由电脑控制的敌人和事件。由于电脑可以几乎瞬时地处理玩家的输入并展示在屏幕上,电子游戏通常被设计为需要玩家迅速反应、行动,很像体育运动和比赛,如弹球或乒乓球。迅速行动在某种程度上对于游戏体验极为重要,以至于它限制了人们对电子游戏的定义,排除了文字冒险、卡牌游戏改编、桌上游戏,以及如《神秘岛2:星空断层》或《回归之路》(Rhem, 2002),抑或任何一部《创世纪》系列或《魔域帝国》(Zork)系列的作品——它们全部不需要玩家快速地响应,其中的一部分更像是谜题而不是传统意义上的游戏。另一个要素是计算机作为玩家的身份。电子游戏博物馆 Videotopia 的负责人基思·范斯坦认为,玩电子游戏要求玩家具有一定的情感元素,类似于与同等水平的玩伴打闹。根据他的观点,电脑需要的不仅是扮演一个控制电子游戏世界的裁判或舞台管理员,更要充当一个活跃的、与玩家对抗的对手。通过给电脑玩家指派一个身份并创造一个"一对一"的情景,玩家与电脑之间带有情感波动的对抗变得可能,这会带给玩家类似于双人游戏中与真人对抗的体验。

以上提到的所有程序都被贴上了"游戏"的标签,也被包含在流行文化对其进行定义分类的更广阔的大标签中。几乎所有被制作商贴上游戏标签的程序都会不同程度地包含上述要素。比如,在 Maxis Software 开发的《模拟城市》(1989)和其他"模拟"系列的游戏中,由于模拟世界生存条件的变化取决于玩家的行为,所以游戏中产生的结果是发展的。冲突存在于玩家(致力于为这座城市制定秩序)和环境(如自然灾害、市民税收、犯罪、污染和偶然入侵的怪物)之间。游戏中的"规则"建立在游戏的反应机制中:对市民征收太高的税会导致他们搬家离开城市;削减税收、降低警察局的资金又会导致犯罪率的上升;等等。在益智类游戏(puzzle-based games),如《神秘岛》(1993)或《神秘岛2》中,冲突常发生在解谜时玩家思维与设计师思维的碰撞中。游戏的结局在这类游戏中也具有很高的权重,即通常设有多种结局,且其中的一个比其他的结局更为圆满。

如果对"电子游戏"这一术语进行更为广泛的解释，有时它就包含为游戏机专门制作的教育游戏卡带或工具游戏卡带。其中的一部分卡带就像《马里奥教打字》(*Mario Teaches Typing*，1991)一样，将教育方法与游戏玩法进行结合；当然，也有一部分卡带没有这样做。然而，教育卡带[如雅达利 2600 的《基本编程》(*Basic Programming*，1979)和《数字的乐趣》(*Fun With Numbers*，1977)]和工具卡带（如用于诊断和测试的卡带）经常出现在游戏卡带的名单中，受到了收藏家们的追捧，并被游戏商店和互联网讨论群组纳入非常流行且宽泛的电子游戏定义。更有甚者，一些程序根本不是游戏（根据上述的标准），但包含它们的只读卡带和用于装游戏的卡带是一样的。同时，它们拥有与游戏相近的识别编码，并在商场中获得了与游戏卡带相同的待遇。因此，将教育卡带和工具卡带与游戏放在一起只是反映了它们作为商业和文化艺术品的地位，而不能反映玩家对其内容或对内容体验的实际看法。

虽然一个程序在何种程度上能被视作游戏取决于不同的标准，但关于它视频的特点的争议是最小的。通过严格的定义，"视频"指的是在阴极射线管（CRT）上显示的模拟强度/亮度信号。这种电视屏幕或电脑显示器的显像管被用于产生基于光栅[填充面积的图像，而不是线框图形（wireframe graphics）]的图像。"电子游戏之父"，也就是第一个将电视机作为游戏显示设备的人——拉尔夫·贝尔，他也是第一个家用游戏系统，即 1972 年出现的米罗华奥德赛的创造者。

然而，"电子游戏"这一术语在社会、文化和行业本身的用法比它原本在技术上的定义更加宽松和广泛。街机游戏和家用游戏系统运用 CRT 技术作为它们的显示器，但没有人用它来制作光栅图像。一部分游戏运用不同的信号和路径来创建屏幕内容，以此来显示矢量图形。由于矢量和光栅游戏都运用了 CRT 技术，所以矢量游戏也被纳入"电子游戏"术语的范畴。后来，同样的游戏利用不同的成像技术被呈现出来，较为流行的有使用液晶显示器（LCD）屏幕的游戏，如妙极百利（Milton Bradley）的微视（Microvision）或任天堂的 Game Boy，甚至是任天堂昙花一现的 Virtual Boy 系统中包含的应用了发光二极管（LED）的屏幕。事实上，随着许多游戏被移植到多个系统上，从街机版本到家用游戏机、PC（家用电脑）、掌上游戏系统，有的系统甚至运用等离子高清电子屏幕这样的高新科技作为游戏的显示设备，"电子游戏"的概念已经变得越来越学术化，至少在它流行的用法中，不再与特定的成像技术联系起来。

　　曾经有一段时间,"电脑游戏"这一术语被运用得更加广泛,它涵盖的游戏范围更广(包括那些没有任何图像显示的游戏)。同时,这个术语的应用也可以说是准确的,因为大多数电子游戏都依赖微处理器。但是,从20世纪80年代中期开始,"电子游戏"成为流行文化和商业游戏行业中最常用的术语,而"电脑游戏"在更多的时候只特指家用电脑上发布的游戏。这可能是由于图像和屏幕处于游戏体验的中心位置,而电脑本身仍处在幕后悄悄地控制游戏中发生的一切。20世纪八九十年代,街机游戏和游戏机中的电脑通常是专门用来玩游戏的机器,不像拥有其他用途的家用电脑,这一现象极有可能是人们区分使用这两种术语的原因。

　　此外,仅使用CRT技术搭配光栅图像是不足以使游戏成为电子游戏的。人们期望游戏中的行动在屏幕上能够通过交互来进行,所以一些特定的游戏,如棋盘游戏(board game)《线索》(Clue)的视频剪辑版本《线索录像机之神秘游戏》(Clue VCR Mystery Game, 1985)就不符合上述特性。它的视频图像是没有交互性的,游戏中的行动不会出现在屏幕上,如玩家棋子的移动。有些游戏介于棋盘游戏和电子游戏,两种类型的要素都有涉及。Philips/Magnavox的三款游戏《征服世界》(Conquest of the World, 1982)、《指环探索》(Quest for the Rings, 1982)和《华尔街商战》(The Great Wall Street Fortune Hunt, 1982)都涉及屏幕电子游戏玩法,需要一个可移动的游戏板,结合了电子游戏和桌游的玩法。由于游戏视频系统的其他游戏都是完完全全的视频显示游戏,上述三个游戏虽然也经常与它们放在一起讨论,但其实这三款游戏属于混合游戏。还有一些游戏预先在屏幕上放置塑料制的图层,如一些米罗华奥德赛100系统(Magnavox Odyssey 100 system)或GCE/Milton Bradley的Vectrex系统上的早期游戏。这些图层包含背景的图片,而屏幕用来显示玩家角色的移动,并为图层上的黑白图形提供颜色。一些早期的街机游戏也在游戏屏幕上加入了非视频的元素,如《勇士》(1979)。它的特点是两个矢量图形构成的骑士在屏幕图层的风景中移动。因此,只要是动作本身发生在屏幕上的游戏通常就被视作电子游戏。

　　一些游戏被改编在那些屏幕分辨率远低于电视屏幕的系统上。以任天堂的Virtual Boy系统为例,它使用了双单色(每只眼睛配一个)384×224像素的高分辨率LED显示屏。世嘉的GG掌机搭配了一个160×144像素的液晶屏幕。任天堂的 Game Boy 系统使用 160×144 像素的反射式液晶屏，搭配一个插入式超级任天堂（SFC）的转换器——Super Game Boy 和 Game Boy 可以通过 SFC 在电视屏幕上播放。甚至还有一些游戏主机有更低的分辨率屏幕，如雅达利的 Lynx，它的液晶屏幕只有 160×102 像素，或者妙极百利的微视觉系统，它的液晶屏幕只有 16×16 像素。

当我们不再局限于游戏使用 CRT 和屏幕分辨率降低时，以下问题出现了：以最宽松的定义来看，电子游戏至少需要多少分辨率？许多电子游戏名单在制定时都包含上述提到的掌上游戏系统，因为它们是由那些同样生产电视屏幕的电子游戏系统公司（如雅达利、任天堂、世嘉等）制作的，而且它们都基于游戏卡带的系统（与那些只能通过硬连接玩一种游戏的掌上电子游戏不同）。

关于游戏视觉显示的一个最重要的问题是，游戏的屏幕是否基于像素并且是否能够成像（详见本书第 2 章）。许多掌上电子游戏设备使用 LED 和液晶显示器，但不是基于像素网格。帕克兄弟公司（Parker Brothers）的《梅林》（Merlin，1978）和美泰电子公司（Mattel）的《电子篮球》（Electronics Basketball，1978）等游戏都有可以开关的灯组。虽然在某些情况下可以说灯光代表着"玩家"（如美泰电子公司的《电子篮球》），但灯光并不是作为成像元素一起使用的。相似的是，在带有液晶显示器的游戏中，不管是在万代的《木乃伊之墓的入侵者》（Invaders of the Mummy's Tomb，1982）和《逃离魔鬼的末日》（Escape from the Devil's Doom，1982）中，还是在 Mega Corp 的《消防员》（Fireman Fireman，1980）或《The Exterminator》（1980）中，处于不同开关状态的液晶元件或单元的形状往往象征着游戏中人物的不同姿态和位置。这些姿势在屏幕上的布局不会重叠，因为每个元件都独立运作。因此，角色可以占据的位置被限制在几个不重叠的姿势上。这些姿势被依次打开、关闭，通过跑马灯效果（marquee-like effect）来表示角色的运动。换句话说，是角色的整个图像被一起打开或关闭，而不是排列在网格中的像素通过一起工作来创建图像。

用于成像的像素网格的概念可以成为划分视频电子游戏显示屏与其他形式的电子游戏显示屏的一个标准。像素作为抽象的图片最小元素（通常是正方形、长方形或点），它的形状和大小都是相同的，可以用于图像的任何部分，只有当它们聚合在一起时才能产生一个可被辨认的角色和物体。当然，像素也存在打开和关闭的状态,并使用同样的跑马灯效果来暗示运动,但它产生的整体运动效果是一个更微妙的效果,并随着分辨率的提高而增强。

屏幕是一个像素网格,是划定电子游戏和许多掌上电子游戏界限的有效方式。尽管如此,一些掌上游戏偶尔也会被纳入"电子游戏"较为宽松的定义,因为它们包含街机电子游戏的版本。例如,任天堂的液晶掌上游戏版本《大金刚 Jr.》(*Donkey Kong Jr.*, 1982),或 Nelsonic 公司在 1983 年推出的《Q伯特》游戏手表。在这两个例子中,游戏出现在屏幕上,玩法类似于它们被高度简化且成像技术不同的街机游戏版本。

因此,虽然视频电子游戏最初是在电视屏幕上用光栅图像玩的游戏,但随着成像技术的进步,游戏 IP 被移植和改编到具有各种成像技术的硬件上,商业营销倾向于用"电子游戏"一词来描述它们,导致这个流行且定义广泛的术语产生了。同时,因为新的软件和硬件不断出现,这个术语的边界仍然像以前一样模糊。

第 2 章
影像技术

马克·J. P. 沃尔夫

电子游戏需要能够快速改变图像的显示器。电子游戏的图像制作运用了多种不同的技术,大多都使用了光栅图形、矢量图形、液晶显示器、发光二极管或在激光唱片、光盘、DVD-ROM 上预先录制的视频图像。实际的图像如何由计算机控制并呈现在屏幕上,取决于它使用的图形技术。

屏幕技术

最常见的一种屏幕是利用阴极射线管来生产矢量图形和光栅图形,用于电视机和电脑显示器的 CRT 技术。它的构造是在一个漏斗状的玻璃管的窄端设有一个电子枪。电子枪产生一束非常狭窄、集中的电子,射向位于管道宽端的屏幕。在到达屏幕的过程中,电子束在由外部信号控制的电磁作用(如线圈或电极)下偏转。偏转的电子束击中屏幕内部,屏幕上涂有红色、绿色或蓝色的磷光(发光)材料。电子导致材料发亮或发光,产生构成屏幕上图像的像素。

矢量图形和光栅图形在它们使用电子枪在屏幕上形成图像的方式上存在差异。矢量图形是由点和直线组成的,它作为一组坐标被存储在显示命令中。显示命令被发送到一个矢量产生器(vector generator),这个产生器将命令转换为信号,然后将信号发送到显示器的光束偏转电路(beam-deflection circuits)。利用这个信号,电子束从一个线段端点偏转到另一个线段端点,将矢量线逐一画到屏幕上。在矢量图形中,所有图像都是由线段和点组成的,而文本字符是由线段的集合组成的。电子束的路径是按照命令列表而不是预设的扫描模式形成的,所以这个过程也被称为随机扫描(random scan)。矢量图形作为最早基于CRT技术的计算机图形风靡于20世纪60年代末,并在70年代末和80年代初被大量街机游戏利用,随后在1982年被应用于GCE/Milton Bradley生产的Vectrex家用游戏系统。在那些使用矢量图形技术的街机游戏中,最出名的有《爆破彗星》(1979)、《战争地带》(1980)、《防卫者》(1980)、《暴风射击》(1981)和《星球大战》(1983)(关于这些游戏,详见本书第12章"矢量游戏")。

光栅图形使用电子枪在屏幕上绘制图像,这与电视机的成像方式基本相同。与矢量扫描不同的是,光栅扫描引导电子束来回移动,从上到下逐行扫描整个屏幕,每秒产生近30张图像,使整体成像变得连续。以这种成像方式产生的光栅图形就是"视频"一词指代的成像方式。光栅信号在扫描过程中会使电子枪覆盖整个屏幕,所以光栅图像通常是全屏的和全色的。由于光栅扫描中每个图像都使用相同的电子束偏转路径,预设路径可以被硬连接(hardwired)到硬件中。填充的形状、文字和复杂的图像也更容易用光栅扫描来制作,它是当今几乎所有街机电子游戏、家用主机游戏和计算机图形制作过程中使用的主流方法。

激光视盘游戏和许多基于CD-ROM和DVD-ROM的游戏都使用了预先录制的视频图像。虽然这些游戏的图像是通过使用光栅扫描在屏幕上呈现的,但它们是由光盘存储和读取的,而不是由数学表示的计算机模型计算出来的。存储图像不像在游戏过程中交互生成的图像那样灵活,随着计算机成像技术的进步,它的应用已经在慢慢变少了(关于这些游戏的更多内容,详见本书第17章"激光视盘游戏")。

还有一些影像技术没有应用CRT,大量的掌上游戏和游戏系统使用的是液晶显示技术。液晶显示器包含一层薄薄的长晶体分子,夹在细线和偏振器的网格间,使光线产生偏振。偏振器(可以反射某些种类的光)以这样的方式排列,通过晶体的光被偏振并反射给观看者,因而形成一个明亮、清晰的方形。当电流被施加到网格上时,分子在同一方向上排成一排,由于没有偏振作用,光被吸收,所以形成了一个变暗的方块。早期的LCD屏幕是黑白的,这一点可以在20世纪80年代早期的游戏和游戏系统中得到验证,如妙极百利的微视系统或任天堂的Game Boy。到现在,彩色液晶屏更为常见地出现在游戏系统中,如雅达利Lynx或Game Boy Color,以及笔记本电脑屏幕。

另一种越来越受欢迎的成像技术是等离子屏幕，它被应用于平板高清电视。等离子屏幕将信号转变成图像的方法与 CRT 不同，屏幕中的每个像素的红色、绿色和蓝色的荧光粉成分被单独控制，从而产生无闪烁、无眩光的清晰图像（代替了电子束），而不是通过逐行扫描在屏幕上成像。

计算机生成的图像

对于游戏图形的外观成像来说，硬件肯定是一个决定性因素，但也受到其他因素的影响，如处理器速度和内存的大小，以及计算机程序生成图像的方式。

早期的计算机图形通常是线框或位图。线框图形是由点和点之间绘制的线段等几何图形构成的，它描绘的对象被存储为一组坐标和它们的数学关系。矢量图形通常是线框式的，因为它在屏幕上是逐行绘制图像的。线框图形的优点是可以在屏幕上快速绘制，而且生成的图形可以是三维的（正如《爆破彗星》等游戏显示的，它们并不总是三维的，有时会显示为平面图形）。

虽然线框图形很擅长绘制大型几何图形，但它很难用于精细地描绘游戏中的小角色，如游戏人物。相比之下，位图则多用于定义图像的像素网格，通过在不同的坐标下重新绘制在屏幕上移动的小位图图像被称为精灵图（sprite，以下简称精灵），如《太空入侵者》中独立的太空敌人，或是《吃豆人》中的吃豆人或敌方的鬼魂角色，又或者是在射击游戏中使用的弹跳球或子弹。

2.5D 图形有时也被称为二维图形，涉及二维图形的重叠部分。这也涉及优先级的问题，即确定哪个平面被画在其他平面之上。通过一个接一个地使用多个平面的图像，以不同的速度滚动屏幕，可以获得一种深度感。这被称为视差滚动，模拟了视差随距离远近而产生的变化。对象被营造出一种浮在背景上的感觉，可以借此实现多层的效果。然而，图像不只是一个二维平面，也不是真正的三维平面，所以添加".5"来表示它居于两者之间。2.5D 图形出现在街机游戏《月球巡逻》(Moon Patrol, 1982) 和《立体空战》(1982) 中，以及《超级马里奥兄弟 3》(1990) 和《瓦里奥大陆》(Warioland, 1995) 等主机游戏中。另一些游戏，如《顶尖赛手》(Pole Position, 1982) 通过谨慎使用缩放（放大或缩小）精灵图来模拟三维空间，在它们远离游戏背景中的消失点时将其放大。世嘉的《太空哈利》(Space Harrier, 1985) 可以一次快速缩放和旋转32 000个彩色精灵。在整个20世纪80年代，基于精灵的图形主导着街机游戏，但因为拥有真正的三维渲染图形的游戏开始流行，2.5D图形在90年代开始过时并走向衰落。

三维图形是那些在计算机内存中被编码为三维对象的图形，如立方体、圆柱体、球体、金字塔或其他多面体。这些物体可以转动、旋转，以不同的角度出现，不像二维图形中的平面像素网格。交互式填充多边形图形直到20世纪80年代才第一次出现在雅达利的街机游戏《我，机器人》（1983）中，直到20世纪90年代中叶才成为街头电子游戏的标准图像配置，之后也逐渐进入如索尼PlayStation、世嘉土星和任天堂Ultra 64这样的家用游戏系统中。一些游戏混合了两种图片类型，如《毁灭战士》（1993）。虽然它背景的走廊是以三维方式生成的，但走廊中遇到的怪物仍然是基于精灵的。还有一些例子，如《神秘岛》、《小工具》（Gadget，1993）和《神秘岛2》使用了预先渲染的三维图像，而不是在游戏过程中实时生成的图像［将原始版的《神秘岛》与重制版的《神秘岛》（realMyst，2000）进行比较很有意思，后者将所有图像更新成实时互动的三维图像]。还有一些游戏，如激光视盘游戏《银河战记》（Astron Belt，1983）和《火狐》（Firefox，1984），它们在视频图像的基础上叠加了精灵，将两种类型的图形结合成一个图像。

最后还有一些游戏，如《捍卫机密》（Johnny Mnemonic，1995）和《星际迷航：博格立方体飞船》（Star Trek: Borg，1996）几乎完全依靠视频剪辑来制作图形，所以三维图形在大多数情况下是没有交互的，在图像质量上获得提高的同时，在玩家的参与感上却有所损失。许多激光视盘游戏和互动电影（分别参见本书第17章和第22章）都属于这一类型，它们通常更像互动式的分支故事，而不是交互式游戏。其他游戏，如《第七访客》（1993）和《神秘岛2》在计算机生成的图形环境中加入了视频片段。

现在，计算机和游戏系统的内存及处理速度都有所提高，这种图形的混合组合不再是必要的，因为大多数系统都可以实现实时生成完全三维的图形。现在的进步体现在游戏世界的设计方式上，越来越多的多边形使游戏世界更加细致和微妙，更多的互动照明和物理仿真成为可能，人工智能控制的角色能够与玩家的角色进行互动。图形技术的进步也开启了拟真度之外的其他可能性，如叙事的发展，它目前较少受到图形限制的阻碍，所以将会扩展到新的领域。

第 3 章
呈现模式

马克·J. P. 沃尔夫

过去几年,电子游戏已经出现在众多场域,并且在每个场域都拥有自己特有的技术、功能和市场,融入该场域的文化生产过程。这些不同的展示模式包括大型游戏机、多人对战的街机游戏、家用主机游戏系统、掌上游戏系统和家庭电脑游戏。

20世纪60年代,在大型计算机上创建的游戏仅存在于那些实验室和研究中心的与冰箱体积相仿的电脑中(详见本书第6章"大型计算机上的游戏和模拟")。这些都是实验游戏,既没有商业发售,也没有普遍地开放给公众。这些游戏有的很简单,比如三子连游戏。最著名的大型计算机游戏是1962年在麻省理工学院制作的《太空大战》。这款游戏是史蒂夫·拉塞尔(Steve Russell)、J. 马丁·格雷茨(J. Martin Graetz)和其他人针对PDP-1大型计算机编写的。《太空大战》由两艘宇宙飞船("针"和"楔形")组成,它们可以在屏幕上飞行并使用导弹向彼此开火。此外,游戏还包括星际背景、一颗带有引力可以将飞船拉入其中的恒星,以及一个"超空间"功能,即允许飞船消失并重新出现在屏幕上。《太空大战》在整个20世纪60年代被复制和运用到其他计算机上,并影响了其他程序员。1971年,它被诺兰·布什内尔改编成第一个街机游戏《电脑太空战》,后来又出现在雅达利2600家庭电子游戏系统的第一个卡带中。

街机电子游戏

依靠玩家投入的硬币作为营收的街机游戏可能是最著名的电子游戏种

类，同时是将电子游戏推广向公众的第一个也是最重要的展示模式。当前有众多不同的街机游戏，它们允许不同类型的交互，如独立控制台游戏机、酒桌式控制台（cocktail consoles）游戏机，以及坐入式游戏（sit-inside games）和虚拟现实风格的游戏。

最常见的一种是独立控制的主机。它有一个高高的盒形机柜（upright，也被称为"立放构件"），里面有视频屏幕和游戏的控制面板。游戏的控制系统可能也包括操纵杆、轨迹球（tackball，也称为"跟踪球"）、桨（圆形的旋转旋钮）、按钮、带扳机的枪、方向盘等。尽管单人游戏是最主要的形式，但偶尔也会有游戏由多个玩家来控制。这些游戏橱柜的微缩版有时被称为"卡巴莱"（cabaret）橱柜或迷你橱柜。

酒桌式控制台设计得像一张小桌子，屏幕安置于一个朝上的玻璃桌面上。这样的游戏通常是为两名玩家设计的，屏幕在他们之间，控制设备位于桌子的两端。这种类型的控制台在酒吧或餐馆很受欢迎，顾客坐在那里玩电子游戏时，桌上同时摆放着饮料。酒桌式游戏机上的双人游戏通常被设计成可以从任何一侧观看屏幕，而且通常包含俯视比赛场地的游戏（如在上方观看足球游戏）。这样可以保证任何一方都不会有颠倒的视野。

坐入式或骑乘式（ride in/on）游戏机甚至涉及玩家身体的运动，通常是为了模拟游戏中交通工具的驾驶或飞行，大多数采用第一人称视角。这些游戏的范围很广，从屏幕前仅有一个座位，到把玩家围在一个包厢里，甚至能让坐着的玩家在游戏中真实地移动。在驾驶游戏和赛车游戏中，有时还包括脚踏板和换挡杆。同时，也存在其他类型的互动，如《道具循环》（*Prop Cycle*，1993）让玩家踩自行车，《高山赛车》（*Alpine Racer*，1995）让玩家握着滑雪杆的把手，站在可移动的滑雪板上。在世嘉的《顶尖滑板高手》（*Top Skater*，1997）中，玩家滑着滑板；在南梦宫的《终极赛马》（*Final Furlong*，1997）中，玩家骑着一匹"马"。这些游戏往往比其他类型的游戏更昂贵，有时每场游戏需要多达四到五个游戏币（而不是一两个）。

虽然虚拟现实风格的游戏经常在电影中被炒作，但它们并没有在街机厅中流行起来。《Dactyl Nightmare》（1992）是整个 20 世纪 90 年代唯一一款这种类型的游戏，这可能是因为它的成本较高，而且需要一个工作人员作为引导。每个玩家都站在一个围着圆形栏杆的高台上，戴着耳机，两只眼睛配有的微型屏幕都有图像出现，玩家同时还拿着一个带有扳机的枪状装置。游戏中，两名玩家在一个由平台、墙壁和楼梯组成的抽象环境中巡逻，试图找到对方并射击对方。一个绿色的翼龙为游戏增添了不少乐趣，它偶尔会抓起玩家并将他们扔下。玩家的视角有时会显示在两个显示器上，这样旁观者就可以从两个角度观看游戏。尽管《Dactyl Nightmare》的新颖之处是它的虚拟现实界面，但它 4 分钟的费用约为 4 美元，此外还需要设置工作人员值班，展览成本奇高。除了出现在商场，《Dactyl Nightmare》还作为游乐场的展品巡回展出，常常有一群旁观者聚集在它的显示器旁围观。

家用电子游戏（主机）

街机游戏风靡的同时，家用电子游戏系统在 1972 年出现了，标志性事件是拉尔夫·贝尔设计的 Magnavox Odyssey Model ITL-200 系统的发布。家庭电子游戏系统通常使用电视进行图形显示，同时也有些系统，如 GCE/Milton Bradley 的 Vectrex 或任天堂的 Virtual Boy 被设计成可以放在桌面上，并配有自己的屏幕。在电视上显示图形的家用主机系统可以是基于控制台、游戏卡带或激光视盘的系统。

基于控制台的系统，如 PONG、Wonder Wizard 或 Atari Tank，它们的游戏都是硬接线的，打开控制台即可使用。许多早期的家用电子游戏系统都是基于控制台的，有网球、曲棍球和乒乓球，大多数是球类运动游戏的变种。米罗华的 4305 型电视甚至有一个内置的类似于《PONG》的彩色游戏，它的控制器可以连接到电视上。

基于卡带的游戏系统将游戏设置在卡带中，玩家要将它插入游戏机。这种形式允许游戏开发商为游戏机制作新游戏并单独出售。第一个卡带系统是 1976 年仙童的 Fairchild Channel F（最初作为视频娱乐系统发布）。Fairchild Channel F 预设了曲棍球和网球，此外还有一个卡带插槽，最终配有 26 个卡带。当然，最著名的早期卡带系统是 1977 年发布的雅达利 2600。卡带系统与纯粹的控制台系统相比可以承载更多的游戏（一些系统，如雅达利 2600 和任天堂 SFC 有数百款卡带游戏），并很快成为生产的主要系统类型，直到 CD-ROM 的出现。

尽管大多数系统使用的是硬接线的卡带，但里克·戴尔（Rick Dyer）的 Halcyon 系统使用的是激光视盘，它可以存储视频图像。但是，这个系统的成本约为2 000美元，对大多数消费者来说太昂贵了，因此没有获得成功。

　　与家用电子游戏系统相比，掌上游戏系统为玩家提供了更多的灵活性，因为它们靠电池运行，玩家可以随身携带。掌机游戏通常足够小，可以放在手掌上，有小型LED或LCD屏幕，屏幕下方或两侧有按钮和控制器。其中，一些游戏（尽管从技术上说它们也许并不总是属于电子游戏）是其他系统平台电子游戏的简化版，如任天堂的便携游戏《大金刚Jr.》；也有一些使用相同角色的游戏，如《马里奥的水泥工厂》(Mario's Cement Factory, 1983)。虽然这些游戏大多是独立的，但也有基于手提盒的系统，包括妙极百利的微视系统、任天堂的Game Boy、Game Boy Color和雅达利的Lynx。今天，掌上游戏也可以指在一些便携式媒体设备上玩的数字游戏，包括手机和掌上电脑(personal digital assistant，简称PDA)。

　　尽管许多街机游戏和家用电子游戏系统都有内置计算机，但它们是专用系统，唯一的目的是配合玩家玩游戏。从20世纪70年代末到整个80年代，家用电脑开始普及，数量迅速增长。早期的电子游戏系统帮助它们迅速得到普及，因为早期的家用游戏系统，如PONG和雅达利2600往往是第一批进入人们家庭的计算机产品。几乎每一种类型的家用电脑都有游戏软件可用，包括软盘、磁带机、磁带盒或CD-ROM。像得州仪器公司(Texas Instruments)的99/4a计算机有一个内置的游戏盒插槽，其他计算机如Coleco公司的Adam和雅达利400、雅达利800甚至就是由游戏公司制造的。虽然雅达利2600的游戏卡带包含少量的ROM，但存储在软盘上的计算机游戏的大小可以大几倍。磁盘等存储介质也可以被写入内容，允许保存正在进行的游戏。这反过来又意味着生产商可以制作更复杂的游戏，玩家需要花费超过一个下午的时间来玩。

　　今天，大多数家用电脑游戏已经转移到CD-ROM(光盘、只读存储器)或DVD-ROM(数字视频光盘、只读存储器)。一张典型的5.25英寸①软盘的存储量约为164千字节，一张3.25英寸软盘的存储量略高于一兆字节，而一张CD-ROM的存储量约为650—700兆字节(一兆字节为1 024千字节)。CD-ROM存储量的增加使得游戏的时间更长、内容更丰富，同时，高分辨率的图形也增加了游戏的真实性。在20世纪90年代，游戏扩展得如此之快，以至

---

① 1英寸约为2.54厘米。——译者注

于一张 CD-ROM 都不够用。一些相对较早的 CD-ROM 游戏，如《神秘岛 2》和《星际迷航：博格立方体飞船》也占用了多张 CD-ROM。较新的技术，如 DVD-ROM，可容纳数千兆字节的数据，包含更大的游戏。玩家在网上玩的网络游戏往往是如此巨大，以至于占用了几个计算机服务器和 TB 级（terabytes）的数据。

联网游戏通常是典型的角色扮演游戏（role-playing game，简称 RPG），是指多个参与者通过调制解调器连接到服务器上的电子游戏世界，可以与世界各地的用户及他们的角色进行互动。这些游戏可以在本地、通过 LAN（局域网）或在互联网上从世界的任何地方运行。由于许多办公室都有联网计算机，游戏已经进入了工作场所，玩家在午餐时间和下班后可以玩像《雷神之锤 3》(Quake III, 1999)、《虚幻竞技场》(Unreal Tournament, 1999)和《半条命》(1998)这样的游戏（毫无疑问，在工作日也是如此）。联网游戏越来越受欢迎，规模也越来越大，20 世纪 80 年代中期的《哥特权杖》(Sceptre of Goth, 1983)最多可以有 16 名玩家同时在线，到 1999 年，《无尽的任务》有数千名角色，需要多个服务器。联网游戏一般是规模最大和设计精美的电子游戏（如《网络创世纪》，据说有超过 1.89 亿平方英尺[①]的虚拟世界），并且有最多的玩家同时在线。这些游戏大多一天 24 小时运行，玩家可以随时登录和关闭。

虽然有些人对电子游戏和电脑游戏进行了区分，但游戏经常被"移植"（改写成不同的电脑语言或系统），从一个平台到另一个平台，扩大了它们的市场，并以多种模式展出。许多专门的游戏系统现在有更大的内存、更快的速度，它们用 CD-ROMs 取代了卡带。计算机仿真程序可以在计算机上模拟不同的游戏系统，并获得了不同程度的成功，甚至"专用系统"的概念也可能很快成为过去。例如，索尼的 PlayStation 游戏机主要被设计成游戏系统，但它们也可以播放 DVD 和音频 CD，连接到互联网，并从网上下载和存储数字音乐、视频。

各式各样的呈现模式促进了电子游戏产业的发展和成功，今天的游戏几乎可以在任何基于计算机技术创造的屏幕上呈现。

---

① 1 平方英尺约为 929 平方厘米。——译者注

第 4 章
影响与先驱

马克·J.P.沃尔夫

电子游戏是许多科研人员、实验者、发明家和企业家努力下的共同产物。它的最初形式受到早于它出现的其他媒介技术的影响。促使电子游戏产生的各种力量倾向于艺术和技术这两极。20世纪六七十年代是艺术与技术融合的时代,风行的实验精神为新媒体的创新和推广提供了肥沃的土壤。

技术

除了计算机本身,电子游戏使用的大部分技术在20世纪60年代就已经成熟。电视机在大多数美国家庭中已经很成熟,随着电视柜尺寸的缩小和屏幕面积的增加,它变得更像一种电器,而不是一件家具(除了拥有最大屏幕的电视机,它们在70年代末还可以在木制落地式柜子中使用)。剩下的就是为电视提供图像和声音的微处理器(包括为电子游戏机提供这些内容)。制造电视的公司米罗华购买和销售了历史上第一个家庭电子游戏系统,即拉尔夫·贝尔的 Magnavox Odyssey Model ITL 200。

到了20世纪60年代,计算机图形已经进入它发展的第二个十年。1949年,麻省理工学院的旋风(Whirlwind)计算机主机成为第一台将 CRT 作为图形显示器的计算机。在1951年爱德华·R. 莫罗(Edward R. Murror)的节目《现在看》(*See It Now*)中,旋风向公众展示了一个弹跳球程序和火箭弹道的计算。旋风在20世纪50年代继续被生产,并在军事机构之外的其他领域变得更加普及。1962年,大概在编写《太空大战》的同时,伊凡·苏泽兰(Ivan Sutherland)完成了他的 Sketchpad 系统,以此作为他在麻省理工学院的一篇博士学位论文。这个程序允许用户在屏幕上交互式地创建图形，使用光笔直接在 CRT 屏幕上绘画。到 1963 年，商业期刊《计算机与自动化》(*Computers and Automation*)已经开始赞助计算机艺术竞赛。到了 60 年代末，一些博物馆的展览也开始展示计算机图形。

一旦交互式显示图形与阴极射线管结合在一起，商业化生产电子游戏面对的唯一障碍就是公众的使用权和价格。在 20 世纪 60 年代，微型计算机开始在某些领域取代大型计算机，但它们仍然不够小，也不够便宜，生产商无法大规模地生产它们。1971 年，英特尔公司的工程师马西恩·E. 霍夫（Marcian E. Hoff）发明了微处理器，上述的这些问题便得到了解决。通过将中央处理器放在一个芯片上，计算机部件得以被更便宜、更大量地生产，从而使家用电子游戏、个人电脑和更便宜、更小的电子计算器（electronic calculator）得到发展。利用新技术，诺兰·布什内尔将《太空大战》转化在一个较小的装置中，其中包含为交互式图形提供它所需的电子电路。他将电子电路与显示器和控制面板一起设置在一个高大的落地式塑料柜中。这款游戏被重新命名为《电脑太空战》，并在 1971 年面世。1972 年，诺兰·布什内尔用自己的利润制作了第二个游戏——《PONG》，这个游戏更加成功，影响也更广泛，成为许多人对电子游戏的初体验。

布什内尔对电子游戏最重要的一个贡献是为游戏机增加了一个投币口，使电子游戏成为一场商家有利可图的冒险，并很快变成一个商业产业。街头出现了大量带有投币机的电子游戏机。这个机器的出现最早可以追溯到 19 世纪 80 年代，当时酒馆老板开始安装投币机和自动售货机，供酒吧顾客竞技或下赌注。他们的成功带动了各种各样的投币机的出现——强度测试器、老虎机、纸牌机、赛车游戏和其他"赌博游戏机"，以及投币式的万花镜和活动电影放映机（早期的移动电影机），这也为电影院的发展铺平了道路[1]。

独立式的投币机和台面式的投币机在沙龙、会所和商店林立的街头比比皆是，这样的繁荣一直持续到 20 世纪 30 年代和 40 年代初。弹球机在 20 世纪 30 年代从这些机器中脱颖而出，由生产其他游戏的公司生产，如 Bally 公司和 Bingo Novelty 公司。通过一系列的创新，弹球机逐渐演变成今天玩家所熟悉的形式。弹球机在 1933 年开始使用电力，在 1934 年增加了灯光和背透镜，在 1937 年增加了弹球式保险杠，在 1947 年增加了鳍板[2]（flipper）。第二次世界大战后，弹球游戏在 1948—1958 年迎来了它的黄金时代。

弹球游戏玩一次只需花费5美分,在经济大萧条和第二次世界大战期间,弹球游戏作为一种廉价的娱乐方式广受欢迎,蓬勃发展,它的价格也上升到25美分(今天有些甚至收取50美分或更多)。其他更接近电子游戏的街机游戏被称为机电游戏(electromechanical games),如世嘉的第一款游戏《潜望镜》(*Periscope*,1968)和芝加哥Coin Machine公司的《阿波罗射月步枪》(*Apollo Moon Shot Rifle*,1969),它的特点是屏幕下方有直立柜和游戏控制器(但没有视频显示器)。这些游戏都是投币操作的,依靠游戏机柜上的机械图形,有些还带有机械的声音效果。这些游戏也许比其他任何游戏都更有助于为电子游戏铺平道路,对于街机玩家来说,电子游戏是街机投币游戏世界的又一个技术发展。

在20世纪70年代初,电子游戏通过与弹球游戏(同样是25美分的游戏)整合到相同的市场而取得了商业上的成功。在随后的几年里,电子游戏迅速发展成为一个产业,直到它们取代了弹球游戏。弹球游戏成为街头的主要游戏。除了像Nutting Associates和雅达利这样的新公司,Bally公司和Gottlieb这种生产弹球游戏的公司也成为电子游戏的生产商。

早期游戏的内容也受到了技术的影响。第二次世界大战后,美国的科学技术发展得到了爆炸性增长,特别是太空计划,重新激发了公众对科学和科幻的兴趣。J. 马丁·格雷茨承认,E. E. 史密斯(E. E. Smith)等作家的科幻小说和日本东宝电影制片厂(Toho Films Studios,以电影《哥斯拉》而闻名)的科幻电影对《太空大战》的创作影响很大[3]。在整个历史上,电子游戏一直保持着与飞船、射击和怪物有关的坚实传统,科幻主题一直占据着市场。然而,20世纪60年代末和70年代初的计算机图形还不够成熟,制作商们不能轻易、廉价地实时制作精细的且具有代表性的移动图像,所以它们多采用由点、线、方块和矩形组成的简单几何图形。制作商牺牲了细节和复杂性,以换取即时和互动的操作。同时,玩家可以想象细节,但操作必须在屏幕上发生,而且要快。

艺术

虽然早期电子游戏的简单画面是由于技术的限制,而不是刻意的艺术选择的结果。但早期电子游戏的简朴风格往往体现在抽象的图形上,与60年代艺术界的大趋势吻合。在 20 世纪 50 年代,抽象艺术在纽约市的艺术界占据了绝对的主导地位,它的许多分支在 60 年代得到了发展。有像巴尼特·纽曼(Barnett Newman)和马克·罗斯科(Mark Rothko)这样的色域(colorfield)画家,以及像埃尔斯沃思·凯利(Ellsworth Kelly)和亚历山大·利伯曼(Alexander Liberman)这样的硬边绘画风格(hard-edge painting style)——强调简单的形式和简洁的几何图形。受上述和其他抽象运动的影响,极简主义艺术在 20 世纪 60 年代中后期发展起来。唐纳德·贾德(Donald Judd)、索尔·勒维特(Sol LeWitt)、托尼·史密斯(Tony Smith)等艺术家用正方形、立方体、条纹和几何图形和其他最简洁的形式来创造抽象艺术。早期电子游戏中的图形的点、线和色块通常被设计在黑色背景上,与极简主义的抽象艺术风格吻合。同样,电子音乐在 20 世纪 60 年代发展起来,并以其由计算机生成的新的声音和时常重复的作曲风格而闻名。电子声音可以由计算机生成和重复,快速合成的哔哔声和啵啵声成为电子游戏中计算机生成的背景音乐。

电子游戏的时间性和互动性也符合 20 世纪 60 年代的趋势。约翰·凯奇(John Cage)和艾伦·卡普罗(Allan Kaprow)等艺术家的"偶发艺术"(Happenings)强调经验和过程而不是作品(有时包括观众的参与),索尔·勒维特 1967 年的著名文章《观念艺术短评》(Paragraphs on Conceptual Art)更重视概念而不是有形的艺术对象[4]。还有一些被称为"灯光秀"的表演,如乔丹·贝尔森(Jordan Belson)的"涡流音乐会"(Vortex Concerts)或来自洛杉矶艺术团体的名为"单翼绿松石鸟"(The Single Wing Turquoise Bird)的灯光作品,它们在 20 世纪 60 年代末为摇滚音乐会创造了抽象的灯光和色彩的投影。这些表演是由变化、移动的光线和有颜色的图案组成的巨大投影,主要是为永远不可能完全重复的体验而设计的,偶然性往往在它们这类作品的制作过程中起作用。同时,使用录像机和监视器的装置艺术也在这一时期出现。1970 年,吉恩·扬布拉德(Gene Youngblood)的《延展电影》(*Expanded Cinema*)一书探讨了当时艺术与技术的合并,书中有题为"作为创意媒介的电视"(Television as a Creative Medium)和"控制论电影和计算机电影"(Cybernetic Cinema and Computer Films)的部分,承认了当时电视和计算机图形在视觉艺术中的作用日益增强[5]。

进一步完善

可以说，20世纪70年代初出现的电子游戏也许是艺术与技术在商业上最成功的结合，在许多情况下，它是第一个广泛地面向公众的计算机技术，也是第一个进入家庭的技术。作为娱乐方式，它很快就会与电影和电视竞争，提供另一个视觉和声音的屏幕"世界"来源，而且是唯一一个玩家可以直接互动的世界。随着内存和处理速度的增长，以及图形功能的提高，更多的游戏出现了。这些游戏从电影和电视中获得授权，希望发挥它们的吸引力。不仅是内容，包括电影式的构图和剪辑、讲故事的手段，以及其他来自电影和电视的成熟手法都被引入电子游戏。游戏变得更加以人物为中心，背景有了更多的风景，变成特定的地点，而且围绕游戏的操作往往有更多的叙述背景。到了20世纪90年代，电子游戏有了标题屏幕、片尾字幕、不同序列间的剪辑，以及多视角、多地点和越来越详细的故事情节。许多电影和电视节目被改编成电子游戏，在20世纪90年代，一些电子游戏反过来也被制作成戏剧电影（theatrical motion pictures）。

但是，除了这些来自外部的影响，互动性和描绘可通航空间（navigable space）的能力促使电子游戏发展出自己的风格和手法，用新的方式来构造空间、时间和叙事，形成电子游戏的特征。作为一种既定的文化力量和一个庞大的商业产业，电子游戏继续在其他媒体中创造自己的位置，并对其他媒体的形式和内容产生影响。

第 5 章
电子游戏研究

马克·J. P. 沃尔夫

如果告诉你,在过去的一段时间,人们为了"电影是否为一门艺术"而争论,你不会觉得不可思议。但是,在电影诞生的最初 20 年里,当普通电影很短而滑稽表演很流行时,一些人对电影这种媒介是否能取得更大的成就表示怀疑。在今天,依然有一些人质疑电子游戏是否为一种艺术,或者质疑它是否值得学术研究。但与电影相同,电子游戏的内容和风格同样很广泛,电子游戏设计师不断探索其艺术潜力,使得游戏终于在学术界获得了一些尊重。

现在,电子游戏行业是一个每年营收数十亿美元的庞然大物,比电影产业还要庞大,而且时不时地还会使用与电影相同的演员、故事情节和特效。电子游戏在所有有电影参与的场合加入竞争,包括电影院(许多电影院都有街头游戏厅)、家里的电视,以及出租游戏和游戏主机的视频租赁店。电影、电视和电子游戏还共享一些相同的版权,即那些角色和故事出现在所有上述媒介中的项目。此外,电子游戏与电影和电视节目一样,根据暴力、裸露程度和成人主题来进行评级。电影分级是由电影制片人和发行商协会(Motion Picture Producers and Distributors Association,简称 MPPDA)评定的,许多电子游戏现在是由娱乐软件分级委员会(Entertainment Software Ratings Board,简称 ESRB)或美国游戏机协会(American Amusement Machine Association,简称 AAMA)评定的。

电子游戏在文化史上具有重要的地位。电子游戏是第一个将移动图像、声音和实时用户交互结合在一台机器上的媒介。所以,可以说它第一次广泛地创造了互动的屏上世界——游戏和故事就发生在那里。它也是第一个需要手眼协调的大众媒体(除了弹球,它的局限性更大,也没有那么复杂)。在

20世纪70年代初,电子街机游戏是第一批可以被大众使用的计算机系统,而家用游戏系统则成为第一批进入家庭的计算机。游戏帮助家用电脑建立了它积极、有趣和对用户友好的形象,把它作为一种娱乐设备而不仅仅是功能性的工具介绍给用户。此外,从70年代末开始,游戏成为驱动家用电脑销售的一股重要力量。

虽然电子游戏已经存在了几十年,但针对它的严肃学术研究却发展缓慢[1]。起初,作家主要是为电子游戏爱好者写书,提供游戏建议,设计师们也出版了一些著作。但是,直到20世纪90年代末左右,与电子游戏一起长大的一代人开始进入学术界,并撰写关于它们的文章,对电子游戏的学术分析才真正开始出现。互联网也促使电子游戏爱好者和收藏家的在线社区形成,它们合作制作了一批最好的电子游戏参考资源[如"电子游戏杀手名单"[2](Killer List of Videogames,简称KLOV)],许多资源至今仍可在线浏览。2000年后,关于电子游戏的学术写作逐渐变得更加流行,因为那些与电子游戏一起长大的学者开始为熟悉游戏的大量受众写作。今天,有许多学术期刊[如Sage出版公司出版的《游戏与文化》(Games and Culture)]和在线期刊[如《游戏研究》[3](Game Studies)]致力于电子游戏的研究。越来越多的学校提供游戏研究领域的学位,甚至还有组织开展一些围绕电子游戏研究的年度会议[如数字游戏研究协会(Digital Games Research Association,简称DiGRA)和国际游戏开发商协会(International Game Developers' Association,简称IGDA)的研讨会]。

学习电子游戏

作为经常涉及某种叙事结构的视听娱乐,电子游戏与电影、电视有许多相似之处,尤其是后来的游戏,其设计类似于电影,有开场白、片尾曲、连续性编辑、电影式摄像机动作,以及其他从电影中借鉴的视觉表现手法。同时,对电子游戏的研究增加了传统媒体中没有的新元素,如交互性、屏幕世界的空间导航,以及支配游戏世界中人物和事件行为的算法结构(如人物的反应通常会基于玩家在游戏中的行为)。还有界面,它将玩家与游戏连接起来,包括鼠标、操纵杆、轨迹球、枪、头戴式显示器、键盘、脚垫(踏板)或专门的游戏控制器。在分析一个电子游戏时,所有这些东西都应该被考虑。

在某些方面，研究电子游戏比研究其他媒体（如电影或电视）更难。首先，是游戏本身的可获得性。现在，越来越多的电影和电视节目可以通过录像带和 DVD 获得，而旧的电子游戏则很难被找到。一些家用游戏可以通过网上拍卖购得，但某些罕见的游戏不是价格昂贵，就是根本找不到售卖者。另外，想要研究旧家用主机游戏的人需要一个游戏系统来玩这些游戏，但这个系统可能很贵或很难被找到。想要找到街机游戏甚至更难，而且购买成本很高，它的所有者往往需要了解专门的技术知识来保持它的运行。即使是比较常见的街机游戏，如《吃豆人》或《防卫者》，也可能很难被找到，因为大多数商场倾向于采用比较新的游戏。自从互联网发展以来，人们可以通过家用电脑上的模拟器［如多机种街机模拟器（multiple arcade machine emulator，简称 MAME）］玩到许多家用游戏和街机游戏的版本。然而，模拟器与它们模拟的原始游戏可能还是会有些不同，所以玩这些游戏的经验可能无法准确地再现，这可能限制它们在某些类型研究中的作用。

即使有原始游戏的副本，电子游戏也比传统媒体更难研究。人们可以听一段音乐、读一本小说，或坐在那里从头到尾看一部电影，并满意地认为他（她）已经看到了所有的内容，但电子游戏通常不是这样的。玩家要想成功地通过最初的几个关卡，可能需要游戏技巧，或需要一些解谜能力，如此才能进入游戏早期设有的一扇锁着的门。电子游戏的体验不是固定的，线性的文字、图像或声音序列可以在多次重复玩时保持不变，但玩家每次的游戏体验都会有很大的变化。即使玩家掌握了正确的技能，还是经常会有一些行动路线和游戏区域在玩了好几次之后仍未被探索到。因此，掌握电子游戏可能比掌握一部电影更加复杂（和广泛），除了关键技能，研究者必须拥有游戏能力和解谜技能，或至少认识有此技能的人。此外，他们还可以借助攻略和作弊书（cheat books）。

研究者需要更多的时间去研究电子游戏。电影的长度一般不超过几个小时，而像《神秘岛 2》《古墓丽影》（*Tomb Raider*，1996）、《最终幻想》《冰风谷》（*Icewind Dale*，2000）等电子游戏，全部通关平均需要 40 个小时或更久，还不包括实现全结局。有时玩家甚至不清楚游戏含有多少种选择，还会发现替代的叙述路径或隐藏的功能（被称为"彩蛋"本身就是游戏的一部分。因此，我们需要大量的游戏时间和对细节的关注才能确定一个玩家看到和听到了一个游戏提供的一切（所有的屏幕、声音和视频剪辑）。同时，为了做到这一点，我们往往还要揭示一个特定的潜在逻辑。还有一些游戏，如大型多人在线角色扮演类的游戏，每周 7 天、每天 24 小时连续运行，并且规模很大，没有人能够看到游戏内发生的所有事件，也不能重启和重玩游戏。他们只能像经历历史事件一样实时地体验一次，每个玩家的体验都是独一无二的。

最后，游戏的体验方式也与其他媒体不同，尽管人们可以把观看电影的行为称为"主动"。也就是说，观众专注于正在播放的内容，并运用想象力和批判性思维来理解或"阅读"一部电影。但是，电子游戏需要玩家的输入——某种类型的物理行动，以便发挥作用，而且往往是在非常有限的时间范围内作出快速反应。只有玩家适应了游戏的操作方式时，他才有可能获得成功。因此，玩家被鼓励使用某些特定的思考和反应方式，有时甚至是条件反射。在电影中，所有银幕上的事件都是由电影制作者为观众完成的，而电子游戏则给玩家留下了更多的可能性。电影或电子游戏在很大程度上是一种替代性的体验。

在研究电子游戏时，我们还应该考虑该游戏制作的时代。游戏设计总是受到技术上的限制，稍微了解游戏被制作时使用的软件和硬件，对研究者鉴赏游戏本身而言是至关重要的。例如，1977 年出现的雅达利 2600 只有 128 字节的随机访问存储器（random-access memory，简称 RAM）（没有磁盘存储），图形时钟的运行频率大约只有 1.2 MHz，还有很多其他的编程限制，必须用有限的代码来克服，因为早期的卡带只有 2000 字节或 4000 字节的只读内存。了解到这一点，考虑到游戏程序员面临的限制，雅达利 2600 的一些早期游戏令人印象相当深刻。此外，文化上的限制也是存在的，早期的游戏必须有更简单的控制，以便玩家学习并使用它们。例如，第一款街机游戏《太空电脑战》的控制在当时被认为是混乱的，而在今天，玩家可以更加直观地理解这些控制。除了各种约束和限制，研究者还要考虑具体游戏的特定背景。

分析电子游戏

在分析电子游戏时，我们应该研究所有电子游戏共有的四个要素：图形、界面、算法（运行游戏的计算机程序），以及屏幕上发生的某种由玩家控制的活动（有时也被称为交互）。

图形涉及在屏幕上的可变化的视觉显示——以像素为基础的成像（详见

本书第 2 章"影像技术"，其中有关于不同类型屏幕的更多细节）。对游戏图形的分析包括对其他媒体中的许多相同元素的考察，如视觉设计、色彩、照明效果、视角，以及角色设计和其他图形元素，如标题序列、剪辑场景（游戏关卡之间的场景）和字幕等。

算法是一个控制游戏并对玩家的输入作出反应的计算机程序。它控制游戏的所有图形、声音和事件，以及游戏中所有由计算机控制的玩家（它也控制玩家角色，玩家只负责输入）。由于算法是由计算机代码组成的，我们不能直接阅读它（如果不直接阅读游戏源代码的话），但我们可以通过玩游戏来了解它，因为我们可以看到，在游戏中针对玩家的什么行为它作出了相应的反应，以及什么规则似乎支配着游戏的进行。仔细分析游戏算法也许能帮助我们揭示游戏的运作方式，以及通关游戏的方法。

最后，是游戏的交互性。这可以分为两个方面：一方面是玩家在游戏过程中对界面的操作（如点击按钮或移动操纵杆），另一方面是玩家扮演的角色在屏幕上的操作（如在迷宫中奔跑或射击）。其中，第二个方面是我们可以详细研究的，因为我们要考虑玩家在游戏中必须作出什么样的选择，以及这些选择是如何结构化并组成游戏的。

审视交互性

最小的交互性单位一定是选择，它由两个或多个选项组成，玩家从中进行选择。在游戏中的任何特定时刻，玩家都会面临一些选择，在每一个游戏中，玩家都会随着时间的推移作出一系列选择，直到游戏结束。一个游戏的可玩性往往取决于它在上述两个维度中的至少一个维度是否为玩家提供了大量的选择。例如，简单的动作游戏在时间维度上有很大的空间，而同时提供的选择数量可能很少［在《太空入侵者》的任何特定时刻，玩家只有四个选择：向左移动、向右移动、开火或等待（什么都不做）］。此外，益智游戏在任何特定时刻都可能有各种各样的选择，但玩家只需要作出几十个正确的选择就可以赢得游戏。

"思考必要的选择"和"作出这个选择"的速度对于研究游戏的互动结构也至关重要。动作游戏对玩家来说有近乎连续的选择流（stream of choices），玩家可能要在不断的运动中与对手战斗，同时还要避免危险。尽管连续的选择是由玩家一个接一个地快速作出的,以至于它们看起来是连续的。但是,受到调节游戏的计算机时钟的性质的影响,它们实际上仍然是以离散的方式被作出的(每秒钟作出的选择数量可能取决于该时钟的速度)。在互动电影的类型中,玩家的选择在时间上通常是分散的,存在于可能长达数分钟的视频片段之间。一些涉及航行或解谜的游戏可能会接受玩家一系列快速的选择输入(如玩家快速地通过一个地点),但同时又不要求玩家快速决策。进行游戏的时间压力决定了玩家作出的选择是反射作用的结果还是思考的结果(至少在最初的游戏中是这样。因为在快速行动的游戏中,一旦玩家知道会发生什么,在随后的游戏中就会进行更多的思考)。

需要思考和反射行为的游戏也可能增加它们的可玩性。因为玩家需要更多的游戏经验和对他们所面临的问题的预知,以便用足够快的速度作出正确的选择。即使在一些早期的街机游戏和雅达利 2600 游戏中[如动视公司(Activision)的《疯狂动物园》(*Stampede*, 1981),它的特点是牛在水平滚动的轨道上等着被拴住],玩家总会遇到相同的场景或对手模式,所以可以记住他们接下来会出现在哪里并预测他们的存在。事实上,在较高的速度下,这将是保持不被打败的唯一方法。不管游戏的条件是否包括一系列事件或角色位置,这些事件或位置每次在游戏中都是不同的。研究者在分析游戏时也应对此予以考虑,因为这影响着玩家对游戏的事先了解将如何改变游戏的玩法。

如果玩家在某些时刻面对的是隐藏的选择,那么他们在多次进行游戏后获得的经验也可能是至关重要的。游戏提供的选择中包含显而易见的选项和玩家毫不知情的隐藏选项(如一个角色可能面对三条可选择的走廊,但不知道哪条会有隐藏的陷阱)。某些导航路径(如道路)标明了明显的行动路线,玩家可能需要彻底的搜索才能找到隐藏的出入口、房间或物体,有时甚至需要一连串精心设计的行动。但是,玩家不可能在无意中执行这些行动,他们必须从游戏或某些外部来源对此加以了解。这种游戏的内部知识通过给予奖励来鼓励玩家,并邀请他们进一步寻找更多的东西。游戏中有意隐藏的"彩蛋"和被无意发现的 Bug 也会增加游戏体验,玩家会发现并学会利用它们(有时也会对它们感到沮丧)。这种隐藏的功能增加了游戏的可玩性,同时,玩游戏不是为了取胜或完成目标,而是为了探索游戏世界和它的运作方式。

以上对玩家作出选择所用时间的讨论表明,在游戏中可能有几种不同规模的选择。一些快速行动的反射性决定,如战斗或枪战中的决定,是即时作出的;对于其他更大规模的选择而言,玩家有更长的时间来考虑和执行,如去哪里或使用什么策略。玩家甚至可以在游戏开始之前作出一些影响游戏整体的选择[比如,在一些冒险游戏中,选择一个化身(玩家角色)和该角色的各种属性]。根据行动的速度,玩家可能需要几乎同时作出短期和长期的决策,因为玩家在不同的目标之间来回切换(如抵御攻击者、寻找某些宝物和管理角色健康),同时在各个地点穿梭,并获得可能需要的信息,以作出决定游戏故事走向的重大决策。

这就引出了我们接下来要分析的,即玩家在游戏中所作选择的重要领域:选择的后果是什么? 有些选择可能是无足轻重的,几乎不会产生任何后果(比如,在一个没有危险的熟知地区徘徊,没有任何时间压力),而有些选择可能决定着游戏是否会立即结束(比如当玩家的角色被杀死时)。从游戏的主动性结构来看,我们可以衡量玩家在游戏中的每个选择的重要性(玩家所作选择的后果是什么?)、难度(击退攻击者而不是让他们杀死玩家是一个很容易的选择,而决定如何进入一个上锁的房间或信任哪个角色可能要困难得多),以及给玩家的决定时间(下意识的反应和思考及其需要多少思考时间)。我们还可以考虑应给玩家多少信息作为选择的基础,有时只有在回想起来的时候,玩家才会意识到是否收集了所有可用的相关信息。

后果的重要性还体现在造成这些结果的行为是不可逆的。在作出选择之后,玩家所做的一切是否可以被撤销,游戏是否可以回到玩家作出选择之前的状态? 不可逆性在更多基于叙事的游戏或涉及战略的游戏中可能发挥更大的作用。在这些游戏中,玩家返回到以前的游戏状态是不可能或更困难的。许多回合制游戏,如棋盘游戏,可能会有一个"撤销"命令,类似于实战中的"悔棋"。或者如《Blinx》系列的游戏,即使玩家处在危险状况之中,它们甚至也允许玩家"倒退"行动序列,回到过去,以进行更多的探索和试验。

对于街机游戏、基于控制台的游戏和基于卡带的游戏而言,玩家当然可以从头开始重玩,使游戏回到初始状态。然而,大型多人在线角色扮演游戏却不是这样,它是包含成千上万名玩家的持续性世界。这些游戏的持续性和不断发展的世界使玩家行为产生的影响更加持久,投入的时间和金钱提高了游戏赌注和玩家死亡的严重性。许多大型多人在线角色扮演游戏有不允许玩家角色被杀死的区域,玩家具有获得经验和游戏世界中的物品的能力,以及在游戏世界中建立虚拟社区等。这些都是需要玩家持续数月甚至数年才能实现的长期目标。在考虑大型多人在线角色扮演游戏的玩家所面临的选择时,玩家的行为及后果的不可逆是至关重要的。

最后,对游戏交互性的分析必须包括对游戏玩家作出选择的动机和依据的考察:游戏的目标是什么,它们与玩家被要求作出的选择有什么联系;选择中的哪些选项被认为是正确的,为什么? 在许多快速动作游戏(fast-action games)中,玩家的大多数选择都是为了保护玩家角色不被杀死,包括躲避投射物和袭击者或杀死对手。游戏中要求的决策背后的动机可能是复杂的、有层次的,因为玩家为了完成某些较大的目标必须先完成一些较小的目标。有时,这可能会导致某些似乎与大目标背道而驰的行动,尽管这些行动是实现宏大目标的一部分(比如,在游戏中为了拯救世界而杀害大量的平民、破坏大量的财产)。几乎在所有的情况下,游戏背后的总体动机是完成或掌握游戏——或者解决游戏中的所有谜题,或者获得最高分、用最快的时间通关,或者看到所有可能的结局。简而言之,玩家的目标是完成游戏提供的所有挑战。

游戏的交互性结构和构成游戏选择的性质是游戏体验的核心,往往决定着一个游戏是否有趣。太容易的游戏可能会让玩家感到厌烦,太难的游戏则可能会让玩家在挫折中放弃。由于玩家的技能水平、解决问题的能力、手眼协调能力和耐心程度差异很大,游戏必须包含一个可变的难度水平,或者有精心设计的谜题及交互,以平衡玩家在游戏过程中遇到的障碍。这种平衡是游戏的一部分,因此也应该包含在研究者对游戏的分析中。

虽然某些正被开发的分析工具是为研究电子游戏及其互动性设计的,但其中的一些工具被证明可能对研究其他领域的媒体也有作用,并且可能在那些领域发掘出新的见解。

电子游戏研究的广泛运用

随着电子游戏研究的进行,新的交互性理论即将出现,这将是电子游戏研究之外的富有价值的理论。今天,媒体技术往往包含交互性,从各种计算机软件和几乎所有的互联网网站,到诸如手机、答录机(和它们的自动触摸式交互分支结构)、CD-ROM、DVD 菜单、商场的触摸屏信息亭、自动取款机,甚至还有越来越多的成人和儿童的小玩具。虽然这些技术大多不是游戏,但它们确实也是以用户交互为中心,并经常借用其他媒体的既定惯例。此外,它们中的许多是类游戏的,甚至包含游戏,或者至少试图捕捉与游戏相似的游戏感和"乐趣"。这些媒体远没有电子游戏那么华丽和轰动,但它们在人们(包括那些不玩电子游戏的人)的生活中占了很大一部分。

在互动媒体的各个方面中,交互图像可能会提供最多(和最有趣)的分析成果。随着文艺复兴时期透视法的出现,图像不再仅仅存在于平面,它变成一个窗口,可以看到另一个空间和世界。随着交互性的增强,图像也不再仅仅是一扇窗户,而是变成一种工具。它不仅允许人们观看,还允许人们通过窗框来寻找事物,并对其进行操作和互动。在某些情况下,玩家还可以和其他用户与这个虚拟世界的某些部分互动。与照片不同的是,照片总是描绘过去,不管是多近,或者电视直播图像描绘的是地理上遥远的现在(尽管它已经是某种意义上的过去),电子游戏的互动图像描绘的时间等于用户的时间——一个连续的现在。电子游戏邀请人们参与,并提供给他们通过参与来探索的潜力。即使当人们玩一个早期的电子游戏时,比如20世纪70年代的老雅达利卡带,也会有一种感觉,即游戏中描述的事件对玩家来说是发生在现在的。

上述文字表明,我们在分析交互图像时要考虑两个不同的领域:图像的内部世界和图像与外部世界的联系。两者都可以在电子游戏中被找到。所谓"内部世界",指游戏本身自成一体的屏幕世界,以及玩家参与其中的方式。大多数现有的图像分析方法处理的是二维图像,而不是处理通过图像窗口看到的三维世界,更不是处理交互的世界。电影理论也许与游戏是最接近的,因为它的一些领域涉及银幕上的世界及其构造。但是,电影也有不足。电影的银幕世界与游戏的屏幕世界不同,因为所有的事件、摄像机角度和故事情节都被限制在电影的持续时间内,而且人们不能像在大多数游戏中那样,在角落里寻找或改变事件的进程。电子游戏研究将不得不提出新的方法来分析图像窗口展示的世界,以及新的通过图像来传播设计者观点的方式。

游戏研究几乎肯定会提供关于交互的观点,这些见解对于界面设计者来说是有用的,在游戏中发现的许多经验,如寻路、解谜、手眼协调等,也会与其他媒体产生关联,所以需要彻底的研究。对电子游戏的研究本身还很年轻,还有很多东西有待发现和讨论。这是一个独特且正在迅速扩大的研究领域,并将在未来许多年内持续扩大。

第二部分

早期的电子游戏（1983 年之前）

1971年,当诺兰·布什内尔开发出投币式街机电子游戏《电脑太空战》时,电子游戏产业便应运而生了。在街机将电子游戏推向大众之前,只有那些在大学或公司里拥有计算机实验室的人才能够玩大型主机游戏。从1972年《PONG》的问世开始,电子游戏与弹球游戏同时在街机上大获成功。家用电子游戏系统在美国和欧洲同样广受欢迎,Atari VCS拥有由数十家公司为其生产的上千种不同的卡带。街机游戏主要产自美国和日本,《太空入侵者》和《吃豆人》(1979年在日本发行、1980年在北美发行)等热门游戏帮助街机游戏积攒了较高的人气。20世纪80年代,街机游戏迎来了它的黄金时代。

　　随着街机游戏产业的发展,家用电子游戏产业也紧随其后。家庭电脑兴起,许多家庭电脑都具有游戏功能。雅达利、Intellivision和Coleco等公司生产了多种家用主机系统,第三方开发商也开始为它们制作游戏。然而,成功带来了泛滥,很快,各种各样的公司都开始制作游戏,市场上充斥着质量参差不齐的游戏产品。随着价格的下跌和消费者需求的下降,家用电子游戏产业很快就陷入了崩溃。

　　这场危机迫使电子游戏产业停滞下来,并重新对产业自身进行评估,试图通过在街机上运用新技术来重振电子游戏产业。1983年,日本任天堂公司开发出了一款名为"Famicom"的新系统,于1985年发布美版"Nintendo Entertainment System"(NES),并在美国迅速流行起来。从技术上看,这是一次超越所有现有家用电子游戏系统的飞跃,它证明了电子游戏产业仍然具有发展前景,并开辟了电子游戏历史的新纪元。

　　如今,复古游戏的大热表明很多人会带着怀旧的心情去回顾早期的电子游戏。1971—1983年,电子游戏从一个新奇的电子产品转变为一个世界性的产业,并为后来的发展奠定了基础。

第 6 章
大型计算机上的游戏和模拟

大卫·H. 阿尔

20 世纪五六十年代,计算机资源稀缺且昂贵,大多数计算机中心都不鼓励人们为了兴趣而去编写游戏。然而,编写电子游戏的原因除了兴趣之外还有很多,常见的包括对计算机能力的探索(可能性)、提高对人类思维过程的理解,为管理人员或军官提供教育工具,模拟危险环境,以及为探索学习提供方法等。

从某种意义上说,计算机和游戏的联系始于 1950 年。当时,被称为"现代计算机科学之父"的英国数学家艾伦·图灵(Alan Turing)在《头脑》(*Mind*)杂志上发表了《计算机器与智能》(Computing Machinery and Intelligence),他在文章中提出了著名的"模仿游戏"(imitation game)。在模仿游戏中,一名人类裁判与另外两方进行自然语言对话(其中一方是人类,另一方是机器),如果裁判不能准确地分辨人类和机器,那么则视为机器通过了测试。不过,图灵并未亲自编写上述模仿游戏的程序。13 年后,麻省理工学院计算机科学系的教授约瑟夫·维森鲍姆(Joseph Weizenbaum)将由图灵模仿游戏演变而来的电子游戏《伊丽莎》(*Eliza*)转化为一个计算机程序。在这个游戏中,玩家可以使用真实的短语和句子与计算机"交谈"。为了更加明确玩家的陈述(表达含义),计算机会每次回应玩家一个问题,(通过玩家的回答)来了解越来越多的关于玩家的信息,直到它看起来真的在进行一场智能的、类人的对话。

1952 年,在秘密掩护下,圣莫尼卡兰德防空实验室(Rand Air Defense Lab)的研究人员鲍勃·查普曼(Bob Chapman)等人编写了首个军事模拟游戏。与此同时,一些"公式"游戏(formula games,如《Nim》等)和"字典查找"

游戏[dictionary look-up games，如《井字棋》(Tic-tac-toe)等]被编程到早期的计算机上。1952 年，新泽西贝尔实验室（Bell Labs）的 E. F. 摩尔（E. F. Moore）和克劳德·香农（Claude Shannon）专门设计了一台计算机，用以玩一款名为《Hex》的没有精确解决方案的游戏。

1953 年，在纽约波基浦西（Poughkeepsie），IBM 人工智能研究员阿瑟·塞缪尔（Arthur Samuel）在 IBM 新推出的 IBM 701 计算机上首次展示了他的程序"Checkers"。同年，在塞缪尔的程序公布之后，J. D. 威廉姆斯（J. D. Williams）编写的《全能战略家》(The Complete Strategyst)由位于加州圣莫尼卡的兰德公司出版。这是有关博弈论的第一本入门书，同时也为许多早期的计算机游戏程序提供了理论基础。

1954 年，新墨西哥州洛斯·阿拉莫斯（Los Alamos）的原子能实验室（Atomic Energy Laboratory）为 IBM 701 计算机设计了第一个 21 点（blackjack）电子游戏。同年，一个简陋的台球游戏（也许是第一个使用视频显示器的非军事游戏）在密歇根大学被编写出来。

多年来，军事题材一直是模拟游戏的佼佼者。1955 年，位于美国弗吉尼亚州麦克莱恩的研究分析公司（Research Analysis Corporation）编写出第一个战场级别的战争兵棋游戏——《Hutspiel》。

尽管艾伦·纽厄尔（Allen Newell）、J. C. 肖（J. C. Shaw）和希尔伯特·西蒙（Herbert Simon）这三位卡内基理工学院[Carnegie Institute of Technology，现在的卡内基梅隆大学（Carnegie Mellon University）]的计算机科学系教授经常被视作电子国际象棋游戏的发明者（可能是因为他们在这个领域研究了 20 多年）。但是，第一个版本的电子国际象棋实际上是 1956 年由詹姆斯·基斯特（James Kister）、保罗·斯特恩（Paul Stein）、斯塔尼斯拉夫·乌拉姆（Stanisław Ulam）、威廉·瓦尔登（William Walden）和马克·威尔斯（Mark Wells）在洛斯阿拉莫斯原子能实验室的 MANIAC-1 上编写的。游戏在一个简化的 6×6 棋盘上进行，以每分钟 12 步的速度检查深度为 2 的所有可能的走法。它的游戏水平相当于拥有 20 次游戏经验的人类玩家。几十年后，1990 年的计算机国际象棋冠军"深思"（Deep Thought）在标准棋盘上每秒检查了大约 150 万步，并结合了强力算法和人类直觉。尽管在世界国际象棋联合会中（Federation Internationale des Eches，简称 FIDE，它会根据严格的比赛规则对国际象棋选手进行评级），"深思"被评为 2 600 分，相当于世界范围内排名前 40 的人类棋手。但是，在 1989 年 10 月，卡斯帕罗夫（Garry Kasparov）在一场 Bo2 比赛（a two-game match）中彻底击败了"深思"。现在，除了一小群狂热爱好者外，人们对计算机国际象棋的兴趣已经有所减弱，原因可能在于计算机程序的棋技过分高超，会使除了少数冠军级别的棋手外的其他人感到沮丧、扫兴。

1958 年，威廉·希金伯泰在布鲁克海文国家实验室为模拟计算机设计了一款网球游戏《双人网球》。这款游戏是在示波器的显示器上玩的，其意义在于，它是第一个允许两名玩家实际控制屏幕上物体（球）的方向和运动的游戏。比赛的目的是利用屏幕两侧的两个球拍中的一个来击球，尽可能长时间地保持球不下落。中间的一条线表示网，而重力、弹跳甚至风速都被计算在游戏中。

1959 年，匹茨堡卡内基理工学院的卡尔曼·J. 科恩（Kalman J. Cohen）、理查德·M. 西尔特（Richard M. Cyert）和威廉·R. 迪尔（William R. Dill）等人设计了《管理游戏》（The Management Game），标志着大型模拟游戏进入了商学领域。这个游戏模拟了洗涤剂行业中三家公司之间的竞争，并整合了营销、生产、财务和研究等板块。这款游戏根据电脑的迭代进行了更新和升级，今天仍被许多商学院使用——它很可能创下了有史以来最长寿的电子游戏的纪录。在这款长达两个学期的游戏中，玩家需要像经营一家真正的企业那样，在游戏中模拟的三年时间里作出有关生产、广告、分销、财务和研发等方面的决策。实际生活中的每一周在游戏中都对应着一个季度的商业活动，而在模拟的三年结束时，为了获得最高的利润和市场份额，竞争会非常激烈。有趣的是，这款游戏诞生在 Bendix G-15 计算机上，以初高级 GATE 语言编写。这台计算机也是 1943 年汤米·弗劳尔斯（Tommy Flowers）在英国布莱切利公园为破译密码而发明的第一台电子数字计算机"Colossus"的直系后代。

1959 年，数字设备公司（Digital Equipment Corporation，简称 DEC）交付了第一台带有 15 英寸视频显示器的 PDP-1 计算机。1962 年，麻省理工学院公开展览了《太空大战》，加速了从纯文本游戏到电子游戏的持续发展过程。《太空大战》是一款由史蒂夫·拉塞尔、J. 马丁·格雷茨和阿兰·科托克（Alan Kotok）编写的互动游戏。在这款游戏中，两艘宇宙飞船围绕着一颗恒星航行，每艘飞船都被施加了强大的引力。每个玩家需要控制自己的飞船，在试图射击另一艘飞船的同时努力避免被恒星拉近、烧毁。

1962年,在一个完全不同的领域,耶鲁大学的奥马尔·K.摩尔(Omar K. Moore)发明了一个名为"会说话的打字机"(Talking Typewriter)的设备,用于教幼儿阅读。该设备由爱迪生电气公司(Edison Electric)制造,并由一台计算机来控制 CRT 显示器、幻灯机和录音机。1964 年,斯坦福大学的帕特里克·苏佩斯(Patrick Suppes)开发了一种更通用的计算机辅助教学(computer-assisted instruction,简称 CAI)系统。该系统使用 IBM 硬件,包括带有图形、光笔和音频的 CRT。军事研究领域也紧随其后。1964 年,Bunker-Ramo 公司展示了一种 CRT 显示器,它能将计算机数据和投影背景有机地结合起来。

1964 年,贝尔实验室的 A. 迈克尔·诺尔(A. Michael Noll)在 CRT 显示器上创作了第一幅计算机艺术作品,艺术家们开始意识到计算机的潜力。许多年后,在动视、卢卡斯影业游戏公司和 Cinemaware 等公司的推动下,艺术家们利用电脑动画开始在游戏创作中发挥更大的作用。

1964 年是具有里程碑意义的一年。这一年,约翰·柯梅尼(John Kemeny)和汤姆·库尔茨(Tom Kurtz)在达特茅斯学院的 GE 225 分时系统上成功地开发了 Basic 语言。几个月后,第一个围绕互动教育的模拟游戏在达特茅斯系统上出现。

20 世纪 60 年代中期,许多制造商推出了多种图形显示器,这为实现新的视频效果提供了条件。因此,在这段时间里,美国无线电公司在 1967 年开发了电子台球游戏,桑德斯联营公司(Sanders Associates)的拉尔夫·贝尔也在 1967 年开发了模拟板球游戏(这款游戏在 1972 年成为米罗华奥德赛的家用主机作品),麻省理工学院的尤达·施瓦兹(Judah Schwartz)在 1968 年开发了模拟火箭车,益世公司(Evans & Sutherland)在 1969 年开发了模拟坐标飞行,美国数字设备公司在 1969 年开发了模拟登月游戏,斯坦福大学在 1968 年开发了支持计算机输出和标准电视视频同屏显示的设备。

在 1970 年 10 月的《科学美国人》(Scientific American)杂志上,马丁·加德纳(Martin Gardner)在他的《数学游戏》专栏中描述了约翰·康威(John Conway)的《生命游戏》(Game of Life)。该游戏很容易编程,短短几周内就出现在全国几乎所有的视频计算机终端上。在这款游戏中,数字群体按照一定的规则复制、移动和消亡,游戏的目标是设计出尽可能长时间维持生命的模式①。

20世纪60年代末，美国国家科学基金会（National Science Foundation）试图鼓励中学生使用电脑，以提高科学教育水平。由布鲁克林理工学院[Brooklyn Polytechnic Institute，后来成为纽约州立大学石溪分校（The State University of New York at Stony Brook）]的路德维希·布劳恩（Ludwig Braun）领导的亨廷顿计算机项目（Huntington Computer Project）就是由美国国家科学基金会资助的、在科学和社会研究领域制作了大量模拟游戏的著名项目。例如，在这个项目下的疟疾模拟游戏中，学生们必须设法在不使国家破产的前提下，通过使用各种杀虫剂、接种疫苗和治疗疟疾等手段来控制中美洲国家疟疾的暴发。

同样是在20世纪60年代末，美国数字设备公司和惠普公司（Hewlett-Packard）都开始向中小学推销电脑。因此，这两家公司赞助了很多小型项目来编写不同领域的电子游戏和模拟游戏，其中的许多游戏都是在20世纪70年代初发行的。例如，在美国数字设备公司开发的游戏《君主》（King）中[后来被称为《汉谟拉比》（Hammurabi）]，玩家必须决定每年购买、出售和耕种多少土地，养活多少人口等，同时还要处理工业发展、污染和旅游业等问题。

1972年，威廉·克劳瑟（William Crowther）和唐·伍兹（Don Woods）为DEC PDP-10分时共享系统编写了一款游戏，并将其命名为《冒险游戏》②（Adventure）。这款游戏是第一个角色扮演类的互动游戏，它的流行程度令人难以置信，以至于无论在什么系统上，玩家们都会花费大量的时间玩这款游戏。

20世纪70年代中期，电子游戏已经成功地向商业街机游戏和迅速扩展的家用电脑领域过渡，电子游戏的日益普及也使其成为一个产业，为电子游戏成为大众媒介打下了基础。

---

① 也被称为元胞自动机。——译者注
② 后发展为《巨洞冒险》（Colossal Cave Adventure）。——译者注

第 7 章
20 世纪 70 年代的街机游戏

马克·J.P.沃尔夫

在电子街机游戏出现之前,传统的街机游戏已经存在了几十年。到 20 世纪 60 年代末,已经发展到顶峰的弹球游戏仍然广为流行,其他机电街机游戏(electromechanical arcade game)也获得了新的发展。机电街机游戏是投币式的,它没有微处理器或显示器,而是通过使用电动机、开关、继电器和电灯来运行[1]。许多街机电子游戏采用的外壳风格都是直立的木柜,控制面板位于显示游戏动作的屏幕的下方。20 世纪 60 年代末的这类游戏有 Midway 公司的保龄球游戏《Fantastic》(1968)、芝加哥 Coin Machine 公司的射击游戏《Carnival Rifle》(1968)和驾驶游戏《Drive Master》(1969),以及世嘉的潜艇游戏《潜望镜》和射击游戏《打鸭子》(*Duck Hunt*, 1969)。由于机电游戏的组成部件经常出现故障,影响了利润,令街机运营商感到非常沮丧,业界因此开始寻找一种可以制造更可靠的游戏的方法。

像 Gottlieb、Bally、Williams、Midway、世嘉和 Allied Leisure 等公司,在加入电子游戏行业之前都制作过弹球游戏和其他机电游戏。由比尔·纳丁(Bill Nutting)于 1968 年创立的 Nutting Associates 就是这样一家公司,它的第一款游戏是《Computer Quiz》(1968)。尽管游戏的名字叫"Computer Quiz",但里面其实并没有电脑——出现在窗口中的文本实际上是从游戏里的电影画面中投射出来的。由于游戏做得不好,公司陷入了困境。此时,Nutting Associates 的一名新员工诺兰·布什内尔有了将大型主机游戏《太空大战》制作成一款街机游戏的想法,并给它起了一个与《Computer Quiz》相匹配的名字——《电脑太空战》,分为单人和双人两种版本。以今天的标准来看,《电脑太空战》的操作很简单,但也比机电游戏复杂得多。这款游戏当时在商业上表现不佳,但它的创新之处在于它是电子的,而不是机电的——虽然没有微处理器、RAM 和 ROM,但它拥有一个经过特别改造的 15 英寸的电视屏幕,可以通过移动的点生成简单的游戏图形。《电脑太空战》是第一款设有投币槽的电子游戏,这也使它成为第一款商业电子游戏,甚至开创了一个新的产业,并且这个产业很快让机电游戏产业黯然失色。

新产业的诞生(1971—1974 年)

布什内尔离开 Nutting Associates 公司后,与泰德·达布尼(Ted Dabney)、阿尔·奥尔康(Al Alcorn)一起,继续将米罗华奥德赛中的乒乓球游戏改编为街机游戏,推出了世界上第一款热门的电子游戏《Pong》,并于 1972 年 6 月成立了雅达利公司。《Pong》的成功催生了一系列续作,包括雅达利公司的《Barrel PONG》(1972)和《PONG Doubles》(1972),甚至 Nutting Associates 公司也在同年复制了《Pong》,并发行了《Computer Space Ball》。

在 1973 年,共有二十多款街机游戏发行,其中的大部分是《Pong》的翻版或变体。有些游戏配有额外的球拍,并改名为曲棍球、网球或足球,包括: Allied Leisure 公司的《Paddle Battle》《Super Soccer》; Williams 公司的《Paddle-Ball》《Pro Tennis》; 太东公司的《Davis Cup》《Elepong》《Pro Hockey》; 芝加哥 Coin Machine 公司的《TV Hockey》《TV Ping Pong》《Olympic TV Football》《Olympic TV Hockey》; See-Fun 公司的《Olympic Tennis》; For-Play 公司的《Rally》; Bally 公司的《Crazy Foot》(在欧洲地区售卖); Ramtek 公司的《Hockey》《Volly》《Soccer》; Midway 公司的《Winner》; 世嘉的《Hockey TV》《Pong Tron》《Pong Tron II》等。继雅达利公司的《Pong Doubles》后,还出现了一些四人版游戏,有 Allied Leisure 公司的《Tennis Tourney》, Midway 公司的《Leader》《Winner IV》, US Billiards 公司的《T. V. Tennis》, Nutting Associates 公司的《Table Tennis》。这一年,雅达利公司甚至又推出了两款球类游戏——《Puppy Pong》和《Snoopy Pong》。最终,米罗华公司起诉了雅达利公司,称《Pong》窃取了奥德赛主机上的游戏创意,但雅达利公司选择了庭外和解,支付了近 80 万美元的授权费。这项协议最终对雅达利公司仍然是有利的,它拥有了独家授权,而米罗华公司则瞄准了雅达利公司的所有竞争对手,因为它们也间接地抄袭了米罗华公司的

游戏[2]。

雅达利公司在 1973 年创造了两种新的游戏形式：一种是迷宫游戏《Gotcha》，另一种是太空竞赛游戏《Space Race》（这款游戏以《Asteroid》为名授权给了 Midway 公司，并且太东公司的《Astro Race》也模仿了它）。此外，芝加哥 Coin Machine 公司还发布了第一款电子弹球游戏《TV Pin Game》，Nutting Associates 公司则推出了一款射击游戏《Missile Radar》和一款解谜游戏《Watergate Caper》。《Watergate Caper》的广告语是"你在电视上看到的/你在报纸上读到的/现在——发现密码并亲自闯入'水门'"和"水门事件激发了我们所有人的盗窃行为，看看我们是否能成功闯入而不被抓住"。

1973 年，布什内尔自己也有一件事要隐瞒，即弹球产业是怎样建立起来的：街机发行商希望获得游戏的独家发行权，雅达利公司则希望将同一款游戏销售给多个发行商。因此，布什内尔创办了另一家公司 Kee Games［以他邻居乔·基南（Joe Keenan）的名字命名，乔·基南后来成为公司总裁］，试图抢占更大的市场份额。因此，1974 年发行的一些游戏拥有两个版本，一个是雅达利公司的版本，另一个则是 Kee Games 公司的版本，包括雅达利公司的《Rebound》（Kee Games 公司的版本叫《Spike》）、《Quadrapong》（Kee Games 公司的版本叫《Elimination》）和《Gran Trak 10》（Kee Games 公司的版本叫《Formula K》）。最终，在 1974 年 11 月，Kee Games 公司发行的游戏《Tank》大获成功（《Tank》后来成为《Combat》的基础，后者是雅达利 2600 的盒装游戏），而发行商也不再要求独家发行权。同年 12 月，雅达利公司与 Kee Games 公司正式合并[3]。

1974 年，球类游戏继续发行，其中的许多游戏都是四人版的，只是在球类主题上加以改变，包括雅达利公司的《Superpong》和《Quadrapong》。Nutting Associates 公司的《Wimbledon》是第一个使用彩色显示器的街机电子游戏，所有作为角色的四个网球拍拥有不同的颜色。雅达利公司的《Rebound》（以及 Kee Games 公司的《Spike》）在一般的球和球拍设计上进行了调整——当一个"排球"在网上被来回击中时，它将会以抛物线的轨迹运动。

与此同时，其他的运动也开始通过电子游戏得以呈现。1974 年出现了三款篮球游戏：PMC 公司的《Basketball》、太东公司的《Basketball》和 Midway 公司的《TV Basketball》。上述的后两款游戏用带有头和脚的小方块指代玩家,这是街机电子游戏中最早出现的代表人类角色的图形。芝加哥 Coin Machine 公司发行的游戏《TV Goalee》将显示器安装在游戏机柜内的模型场景中,这样屏幕就变成一个小体育场的地板。雅达利公司的《Qwak!》是一款抓捕鸭子的游戏,其中有一把光枪,玩家可以移动它并用来射击屏幕。同年出现的另一种新颖的输入设备是方向盘,可以在雅达利公司的《Gran Trak 10》(以及 Kee Games 公司的《Formula K》)和《Gran Trak 20》(1974 年推出,次年发行)中见到。后者是一款双人版游戏,每位玩家都拥有一个方向盘,太东公司的《Speed Race》同样具备这个功能。雅达利公司还发行了一款飞机飞行游戏《Pursuit》和一款弹球电子游戏《Pin-Pong》,这款游戏有一个"重力算法"(gravity algorithm),可以使球在向下滚动时加速。

《Gran Trak 10》是首批使用 ROM 形式的游戏之一,并在制作过程中得到了修复。然而,由于一个会计错误,导致它的售价低于制作成本,雅达利公司也因此陷入财务困境。随后,Kee Games 公司的《Tank》使雅达利公司重新回到了正轨。《Tank》和《Tank II》都使用了 ROM,并且拥有更棒的"精灵"(坦克的小方块图像)和针对每个玩家的双操纵杆控制器。使用 ROM 能够改善图像,反过来也能让游戏更加多样化,并将它们从代表屏幕上所有内容的简单方块或线条中解放出来。

更强的图像和内存(1975—1977 年)

到了 1975 年,尽管仍有几家公司在制作球类街机游戏,但人们对于此类游戏的兴趣开始减退。同年,Allied Leisure 公司发行了 3 款游戏,雅达利公司甚至发行了《Goal IV》("IV"代表 4 名玩家,就像《Winner IV》等游戏一样,而任何游戏都需要一段时间才能推出 3 款续作)。Exidy 公司的《TV Pinball》是一款球拍游戏,它在广告传单上写道:"游戏本身就是为了在不用的时候吸引人们的注意。"这后来被称为"吸引模式",并在 20 世纪 80 年代被街机游戏普遍使用。

在这一时期,驾驶游戏和赛车游戏的受欢迎程度已经超过了球类游戏。1975 年,游戏公司至少发行了 12 款该品类的游戏,包括 Capitol Projector 公司的《Auto Test》,Allied Leisure 公司的《Pace Car Pro》《Street Burners》,Midway 公司的《Wheels》《Wheels II》,Exidy 公司的《Alley Rally》

《Destruction Derby》和雅达利公司的《Stock Car》《Crash 'N Score》。这些游戏通常都有方向盘界面,有些带有脚踏板,双人游戏则设有两套控制装置。Midway 公司的《Racer》和雅达利公司的《Hi-Way》这两款单人游戏设有供玩家坐着玩的座位,让他们的游戏体验更接近驾驶。也许 1975 年最不寻常的赛车游戏是 Kee Games 公司的八人游戏《Indy 800》。这是一款为每个玩家都配备一个方向盘和两个踏板的彩色游戏,所有玩家围成一个正方形,而屏幕在中间(图 7.1)。

图 7.1　八人游戏《Indy 800》

注:《Indy 800》的屏幕朝上,正对着机器中间凸起区域的下方,四周各安排两名玩家。

其他在 1975 年发行的游戏大都与体育有关,其中包括几款射击游戏,比如世嘉的《Bullet Mark》和《Balloon Gun》,玩家可以使用固定在一起的枪支。虽然有些游戏是基于射击场模式设计的,但也有一些游戏包含了能够移动射击的交通工具,比如雅达利公司的《Anti-Aircraft II》、Electra 公司的《Avenger》、Allied Leisure 公司的《Fire Power》中的飞机,又如 Electra 公司的《UFO Chase》中的宇宙飞船,还有 Fun Games 公司的《Tankers》和 Kee Games 公司的《Tank III》(该系列的第三部)中的坦克。Midway 公司的《Gun Fight》是第一款包含详细人物形象的游戏,游戏中的角色是具有明显特征的牛仔,如具有特色的帽子、马刺和眼睛(太东公司的《Western Gun》是同年发行的《Gun Fight》的翻版)。还有一些首次在游戏中出现的运动项目,如 US Billiards 公司的《Video Pool》中的台球,Allied Leisure 公司的《Ski》中的滑雪,还有雅达利公司的《越野障碍赛马》中的赛马。《越野障碍赛马》中的赛马玩家由六名真人玩家和一名计算机玩家组成,这也使它成为第一款七人游戏。另外还有三款弹球游戏,分别是 Volley 公司的《Flip-Out》、Midway 公司的《TV Flipper》和芝加哥 Coin Machine 公司的《Super Flipper》。这些游戏机上面有一个拉球器,显示器被放置在一个形状类似于弹球游戏的柜子里。最后，1975 年的三款游戏试图利用史蒂文·斯皮尔伯格（Steven Spielberg）当年发行的热门电影《大白鲨》（*Jaws*）赚钱，分别是 Project Support Engineering 公司的《Maneater》、雅达利公司的《Shark Jaws》和 US Billiards 公司的《Shark》。在前两款游戏中，玩家需要控制一名必须避开鲨鱼的潜水员；在第三款游戏中，玩家控制的则是鲨鱼，且第一只吃掉 5 名潜水员的鲨鱼获胜。这意味着人类刚刚出现在电子游戏中，就已经成为被杀死和吃掉的目标。

1976 年，Exidy 公司的游戏《死亡飞车》（*Death Race*）继续将人类作为被杀死的目标。该游戏改编自保罗·巴特尔（Paul Bartel）的电影《死亡飞车 2000》（*Death Race 2000*，1975）。在游戏和电影中，参赛者都可以通过碾压行人来获得分数。当行人（又被称为"小鬼"）在游戏中被撞倒时，他们会尖叫并被十字架取代。尽管《Shark》（同为 Exidy 公司的游戏）中的暴力行为并未引起任何抗议，但《死亡飞车》却成了人们争议的焦点，并引发了一场关于电子游戏中暴力行为的争论，且一直持续到今天（详见本书第 39 章"作为争议对象的电子游戏"）。

1976 年还出现了许多新游戏，包括球类游戏（或桌面游戏）、射击游戏、驾驶游戏、赛车游戏、视频弹球游戏和体育游戏。其中，一些游戏的图像得到了改进，甚至偶尔还有创新的附加功能。雅达利公司的《打砖块》（以及它的模仿者 Mirco Games 公司的《Block Buster》）基于球类游戏的玩法，添加了一个砖块区域，当砖块被击中时就会消失，从而创造了一个全新的游戏类型。现在的大多数射击游戏都与飞机有关，但也有像 Meadows Games 公司的《Bombs Away》这样的轰炸游戏，像 Model Racing 公司的《Clay Buster》这样的目标射击游戏（这款游戏主打的是泥塑射击），像雅达利的《亡命之徒》（*Outlaw*）这样的西方主题的射击游戏，像 Kee Games 公司的《Tank 8》这样的坦克射击游戏（该游戏支持 8 个玩家同时在一个屏幕上玩），甚至还有像雅达利的《Starship I》这样的受到《星际迷航》启发的太空射击游戏。Midway 公司的《海狼》（*Sea Wolf*）甚至设置了一个潜望镜观察器，并将视频屏幕与背光透明胶片结合，提醒玩家在游戏中发生的各种事件。

雅达利的游戏《Cops 'N Robbers》设有脚踏板和手枪握把，将射击和驾驶结合在一起，让玩家既可以扮演警察，也可以扮演强盗。1976 年还发行了其他的驾驶游戏和赛车游戏，包括让玩家避免撞到其他汽车的游戏，以及像太东公司的《Crashing Race》这样的游戏,其游戏目标是撞到尽可能多的汽车。同时,出现了四款使用手柄而非方向盘的摩托车驾驶游戏:雅达利的《Stunt Cycle》、Digital Games Incorporated 公司的《Heavy Traffic》和世嘉的《Moto-Cross》《Fonz》。在《Fonz》中,当玩家的自行车与另一辆自行车发生碰撞时,车把甚至会震动,这是最早使用触觉反馈设备的街机电子游戏之一。

当年的另外两款驾驶游戏首次将第一人称视角运用到电子游戏中,即雅达利的《夜班司机》和 Midway 公司的《Datsun 280 Zzzap》,它们都有一系列白色驱动塔(driving pylons)。这些驱动塔出现后会向玩家视角所在方向移动,即使不涉及真正的 3D 图形,也可以模拟前方道路的透视图。同时,在屏幕的底部,《Datsun 280 Zzzap》还有一个显示时间、分数的信息栏,以及一个显示范围为 0—200 的速度计(speedometer),为游戏提供了当时最先进的信息图形。

像 Midway 公司的《Tornado Baseball》和 Ramtek 公司的《Deluxe Baseball》等棒球游戏则拥有更优秀的图像,即包含一些手臂、腿和头部都带有清晰细节的小型玩家形象。其他新游戏还有 Ramtek 公司的纸牌游戏《Hit Me》、Project Support Engineering 公司的格斗游戏《Knights in Armor》(骑士们骑着飞驰的马匹),以及世嘉的《重量级拳王冠军》(*Heavyweight Champ*)(这款游戏拥有独特的拳击手套式控制方式,可能是最早的一对一格斗电子游戏)。

1976 年的其他几款游戏也值得注意。UPL 公司的《Blockade》、Ramtek 公司的《Barricade》和 Meadows Games 公司的《Bigfoot Bonkers》都是让玩家在游戏场地上移动,并在身后留下一系列砖块。这些砖块会形成一堵墙,玩家需要用这堵墙困住其他玩家[这一想法后来被应用在雅达利的游戏《Surround》(1978)中,并吸引了更广泛的用户群体]。这是一个专门针对电子游戏的新游戏理念,而不是对现有游戏或事件的改编。最后,还有两款游戏,即 Kee Games 公司的《Quiz Show》和 Ramtek 公司的《Trivia》,它们都是基于智力问答的游戏,即读取存储在磁带系统中的问题。Ramtek 公司的游戏在一个 8 音轨磁带上存储了 2 000 个问题。同时,该公司制作了一些磁带,允许管理员更改磁带并加载新的问题。这在当时是一个领先于时代的理念,在 20 世纪 80 年代的 DECO 卡带系统(DECO cassette system)中再次被提及(详见本书第 16 章"20 世纪 80 年代的街机游戏")。

20 世纪 70 年代末,图像方面最大的一个进步出现在一款相对不那么知名的游戏中,即 Kee Games 公司在 1977 年发行的《超级汽车》。尽管之前的所有游戏都是在一块屏幕上进行的,但《超级汽车》是一款驾驶游戏,其中有一辆大众汽车。当背景在汽车后方滚动显示时,汽车会停留在屏幕上,并能向四个方向移动(上、下、左、右),这使得它很有可能是第一款带有滚动功能的电子游戏。[Electra 公司的《Avenger》(1975)可能是一款更早的滚动游戏,但目前还不清楚它是否算是滚动游戏。如果是的话,要考虑它的滚动效果是否只能通过移动精灵来模拟,而不是实际的移动背景图形。]第一款著名的滚动游戏是雅达利的《橄榄球》(1978),自从雅达利与 Kee Games 公司合并后,它便有资格为滚动游戏申请专利,并要求其他公司在制作相关游戏时向自己申请许可。

　　1977 年,图像方面另一个巨大的进步是矢量电子游戏在街机上的应用,其标志是 Cinematronics 公司的《太空大战》和 Vectorbeam 公司的《太空大战》的出现(这两款游戏都是主机游戏《太空大战》的复制品)。这两款游戏在黑色屏幕上都有稀疏的线框图形、很小的飞船形状和一个小"太阳",但它们仍然是二维游戏。

　　到了 1977 年,球类游戏几乎消失了(除了少数游戏,如 Rene Pierre 公司的《Special Break》和世嘉的《World Cup》)。当时出现了大量的射击游戏,包括狩猎游戏,如 Amutech 公司的《The Great White Buffalo Hunt》、Midway 公司的《Desert Gun》和雅达利的《Triple Hunt》(这款游戏设有两个柜子,可以让玩家与目标保持一定的距离)。还有西方主题的游戏(如太东公司的《Gunman》和 Midway 公司的《Boot Hill》)、坦克射击游戏(如 Midway 公司的《M-4》和 Ramtek 公司的《M-79 Ambush》)、飞机射击游戏(如 Project Support Engineering 公司的《Desert Patrol》和 Model Racing 公司的《Flying Shark》),还有将火箭筒安装在其机柜上的游戏(如 Project Support Engineering 公司的《U. N. Command》《Bazooka》和太东公司的《Cross Fire》),以及海战和太空战类的游戏。在雅达利的游戏《Subs》中,每个玩家的柜子两边都有一个单独的屏幕,玩家不能看到彼此的屏幕,而且每个人对游戏的操作都有不同的策略,包括试图找出玩家潜艇所在的位置并摧毁它;玩家必须依靠声呐,只有在鱼雷击中对方潜艇时才能瞥见对方潜艇。基于同样的想法,Exidy 公司后来发布了《Fire One!》(1979),但它使用了一个中间有隔板的单一屏幕,这样每个玩家在玩游戏时只能看到屏幕的一半。

1977年,射击主题的游戏也出现了一些新的变化:在导弹发射游戏(如Midway公司的《Guided Missile》和太东公司的《Missile-X》)中,玩家从屏幕底部发射导弹去击中出现在上方的目标;在与之相反的轰炸游戏(如雅达利的《Canyon Bomber》、太东的《Sub Hunter》和世嘉的《Bomber》)中,玩家的角色在屏幕顶部移动,并向下方的目标投掷炸弹。

赛车游戏也很受欢迎,包括太东的《Super High Way》、世嘉的《Main T. T.》和雅达利的《Sprint 4》《Sprint 8》(数字代表分别面向4名或8名玩家)。雅达利的《Sprint 4》和太东的《Cisco 400》等游戏都是彩色的。同时,出现了更多棒球和橄榄球题材的游戏(如Midway公司的《Double Play》、Meadows Games公司的《Gridiron》和世嘉的《Super Bowl》)。此外,还出现了两款保龄球游戏,即Meadows Games的《Meadows Lanes》和Exidy的《Robot Bowl》,它们都在屏幕上设置了10帧的得分框,就像真正的保龄球游戏一样。

1977年还出现了许多早期游戏的续集或翻版。有些游戏复制了前一年的游戏,即玩家移动砖块留下的轨迹用于包围和困住其他玩家(如太东公司的《Barricade II》、Midway公司的《Checkmate》、UPL公司的《Comotion》《Hustle》、世嘉的《Crash Course》和雅达利的《Dominos》),还有一些《打砖块》的翻版(如Video Games GmbH公司的《Super Crash》、Subelectro公司的《Super Knockout》和太东公司的《T. T. Block》),以及一些类似于《打砖块》的变体游戏,即让玩家在跷跷板上通过蹦跳去打破气球而不是砖块(如Exidy公司的《Circus》和Subelectro公司的《Springboard》)。在接下来的几年里,这些游戏的翻版还会不断涌现,直到更受欢迎的新游戏将它们逐出聚光灯的照耀——其中的一些游戏已经面临这种境况了。

日益繁荣和激烈的竞争(1978—1979年)

到1977年10月雅达利的家用主机VCS发布时,家庭电子游戏已经得到了改进,并出现了许多根据街机游戏理念改编的丰富多彩的内容,如雅达利公司于1977年发布的《Combat》、《空海作战》(*Air-Sea Battle*)、《Indy 500》、《Starship》,以及于1978年发布的《亡命之徒》《Canyon Bomber》和《Surround》。同时,更多的彩色街机游戏开始出现,雅达利家用主机VCS的销量也因为一款卡带游戏（授权自 1978 年以来最受欢迎的游戏《太空入侵者》）的发行而开始上升。

《太空入侵者》由太东公司制作，后来授权给 Bally/Midway 公司在美国发行。在经历了缓慢的起步阶段之后，《太空入侵者》在日本越来越受欢迎，造成了 100 日元硬币的短缺，政府的硬币产量增加了两倍[4]。在美国，《太空入侵者》也为游戏厅带来了金钱和玩家，成为当时最受欢迎的游戏。1978 年，至少有十款游戏是直接复制《太空入侵者》或与之非常相似；次年，又出现了十多款翻版、盗版游戏和明显受到《太空入侵者》设计启发的游戏。其他游戏的变化更大，如《小蜜蜂》(Galaxian, 1979) 和《大蜜蜂》(Galaga, 1981)。在《太空入侵者》发行后的几年里，还出现了许多其他垂直方向的射击游戏，所以从某种意义上说，这款游戏在很大程度上构成射击游戏的整个分支。

1978 年的其他游戏，如雅达利的《橄榄球》（主要流行于足球赛季）使用了滚动屏幕作为赛场。拥有滚动游戏专利的雅达利公司充分利用了这一技术，并在同年发行了其他滚动游戏。《Sky Raider》是一款飞机轰炸游戏，玩家可以从上方观看滚动画面。这款游戏也证明了国际市场对于日益增长的街机游戏的重要性，因为游戏的信息文本可以由街机运营商设置为英语、法语、德语或西班牙语。雅达利的另一款滚动游戏《救火车》(Fire Truck) 在设计上与众不同。它是一个双人合作游戏，一名玩家坐在方向盘前控制卡车的前部，另一名玩家则坐在第一名玩家的后面，使用前面玩家座位后面的方向盘来控制卡车的后部。玩家必须齐心协力地在附近的街道上驾驶它，而不能撞坏它（这款游戏主要是关于驾驶的，游戏内并没有出现火灾，也没有最终的目的地）。这款游戏的单人版《Smokey Joe》也在同年发行（根据游戏传单，玩家可以选择驾驶卡车的前面或后面部分，而由电脑控制另一部分）。Cinematronics 公司的第二款矢量图形游戏《星际雄鹰》(Starhawk) 拥有更大的宇宙飞船，背景看起来就像电影《星球大战》(Star Wars, 1977) 中的死星战壕（图 7.2）。虽然这并不是真正的 3D 游戏，但它看起来比当时的任何游戏都更像 3D 的。而且，在不久之后，矢量游戏便进入了 3D 领域（详见本书第 12 章"矢量游戏"）。

其他衍生游戏出现在 1978 年。一些游戏复制了雅达利公司的《打砖块》及其变体，还有飞机游戏、坦克游戏和其他各种射击游戏。其中，一些游戏设计了安装枪支（如世嘉/Gremlin 公司的《Cartoon Gun》）、地雷（如 UPL 公司

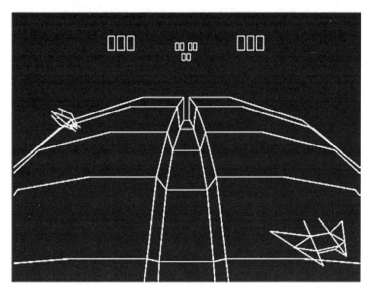

图 7.2　3D 外观的早期尝试

注：《星际雄鹰》是一款早期的矢量图形游戏，它尝试了 3D 外观，尽管并不涉及任何真正的 3D 计算（图片来自 www.klov.com）。

的《Blasto》)、鱼叉枪（如 Bally/Midway 公司的《Blue Shark》），Ramtek 公司的《Dark Invader》甚至带有真正的霓虹灯激光器（neon laser）。当时甚至还出现了两款非暴力射击游戏，即 Bally/Midway 公司的《Dog Patch》和 Meadows Games 公司的《Dead Eye》。两者都设有玩家角色（分别是乡巴佬和牛仔），他们只会射击抛向空中的物体。一些赛车游戏也被制作出来，其中的一款矢量游戏《Speed Freak》甚至拥有第一人称视角和更详细的图像，包括带有分界线的高速公路、迎面开来的汽车和路边的物体。

随着更多棒球、保龄球、拳击、跳水和视频弹球题材的游戏出现，体育游戏在 1978 年扩展到其他一些运动项目，包括太东的《Trampoline》、Midway 的《Shuffleboard》、雅达利的《Sky Diver》和 Meadows Games 的《Gypsy Juggler》。雅达利的虚拟操作台甚至可以在一个鸡尾酒式的柜子里提供 12 种不同的游戏，包括多个版本的《打砖块》《Foozpong》《Quadrapong》《Handball》《Soccer》《Hockey》《Volleyball》和《Basketball》。尽管有非常多的选择，但它们都是球类游戏，玩家对这类游戏早已失去兴趣。

1978 年的其他几款游戏很值得一提。UPL 公司的游戏《Frogs》让青蛙在睡莲叶子上跳来跳去，比赛用舌头捕捉飞虫，是一款非常可爱的游戏（"可爱"后来在日本几乎成为一种游戏类型）。此外，两款策略游戏也出现了——任天堂的《电脑奥赛罗》（Computer Othello）是根据当时流行的桌游黑白棋改编的；环球公司的《Computer—R-3》实际是用"X"和"O"复制了《电脑奥赛罗》。虽然策略游戏会不时出现在街机上，但它们更倾向于思考而不是行动。这种类型的游戏比典型的动作游戏需要投入的时间要长，这意味着每小时赚取的硬币更少。策略游戏和冒险游戏等其他耗时较长的游戏类型最终会在20 世纪 80 年代的家用电脑上出现。

到 1979 年，街机电子游戏已经发展成一个稳定而成功的产业，取代了弹球游戏，并且几乎完全取代了街机中的机电游戏。来自家用主机游戏的竞争开始为电子游戏的创新提供动力，尽管它们也同时提高了人们对电子游戏的兴趣。彩色街机游戏越来越多，甚至彩色游戏的数量在这一年首次超过了黑白游戏。南梦宫在 1979 年发行的游戏《小蜜蜂》是世界上第一款 100% 使用 RGB 颜色系统的游戏（使用红色、绿色和蓝色信号的彩色视频标准）。受《太空入侵者》的启发，《小蜜蜂》在设计上加以改进，有了更详细的图像和在降落时以不同模式飞行的飞船。除了 1979 年不断出现的《太空入侵者》的翻版，《小蜜蜂》也有自己的效仿者，如 Subelectro 公司的《Exodus》《Swarm》，Midway 公司的《Super Galaxians》，Petaco S. A. 公司的《Zero Time》和 Nichibutsu 公司的《Galaxian Part X》等。

随着 1978 年的其他趋势的延续，1979 年出现了更多的棒球游戏、射击游戏（在其中的许多游戏中出现了外星人）、导弹发射游戏、赛车游戏，更多《打砖块》的变体（包括一些在日本和意大利制作的游戏），以及两款受《打砖块》启发并融入弹球元素的游戏——南梦宫的《Bomb Bee》和《Cutie Q》。通过这些游戏，我们可以看到游戏创作思想是如何演变的，游戏流派是如何混合的，直到新的游戏类型和游戏流派被创造出来。1979 年的一款射击游戏，即 SNK 公司的《Yosaku》，要求玩家在躲避鸟的粪便时向鸟射击。这是一个很有创意的场景，它的结构本质上与《太空入侵者》一样（你朝敌人开枪，敌人也朝你开枪）。同年，雅达利发布了两款体育游戏《Atari Baseball》和《Atari Soccer》。它们与前年的《橄榄球》一样，都是在一个鸡尾酒式的柜子里开展的双人游戏。这样的设计让玩家站在屏幕两边，共享面向他们的文本的俯视图,而它只能在这种模式下完成。与此同时,其他橱柜风格也在不断涌现。Exidy 公司的《Star Fire》(1979)将骑乘式控制台的理念扩展为进入式座舱控制台,尽管它也发布了一个直立版本,但这是第一款带有封闭驾驶舱的游戏(在游戏传单上宣传的是"TOTAL ENVIRONMENT")。《Star Fire》也是第一款以玩家姓名首字母作为高分排行榜的游戏。

在 1979 年发行的驾驶游戏和赛车游戏中,有一些游戏要求玩家在一系列的同心圆道上行驶,这些同心圆上的点会被汽车碾过。比如 Zaccaria 公司的《Dodgem》、世嘉/Gremlin 公司的《Head On》、Nichibutsu 公司的《Rolling Crash》、SNK 公司的《Safari Rally》和 Exidy 公司的《Crash!》等。所有这些设计似乎都源自雅达利的街机游戏《Dodge 'Em》。这款游戏发行于 1975—1978 年,但消息来源并未就游戏发布日期达成一致,也没有任何收集者知道这款游戏是否存在(雅达利公司后来推出了这款游戏的盒装版本)。另一款涉及驾驶的趣味游戏是 Exidy 公司的《Side Track》,这是一款火车游戏,当玩家在游戏中改变轨道时,轨道也会发生改变。

1979 年出现了更多的矢量游戏,包括后来成为经典街机游戏的雅达利公司的《爆破彗星》、Cinematronics 公司的《Sundance》(一款带有跳跃的太阳的太空游戏)和《Tail Gunner》(一款太空射击游戏)、Vectorbeam 公司的《勇士》(上面有两名格斗骑士的俯视图)和雅达利的首款矢量游戏《月球冒险》。《月球冒险》改编自 1973 年的一款主机游戏。在这款游戏中,玩家必须在不撞毁飞船的情况下将飞船安全降落在月球表面。这款游戏包含一个带有比例的油门控制器和有限燃料供应的推进器,从而增加了游戏的时间压力。此外,雅达利并不是唯一一家在 1979 年改编《月球冒险》街机版本的公司,其他版本还有太东公司的《Galaxy Rescue》和《Lunar Rescue》,以及《月球冒险》的盗版《Destination Earth》。

1979 年在日本出现了两款创新的迷宫游戏。在 Denki Onyko 公司的游戏《Heiankyo Alien》中,外星人在迷宫中追赶一名男子,男子则避开了外星人,并在迷宫中使用充气泡泡陷阱(inflated bubble traps)来抓捕外星人。同年的另一款迷宫游戏是南梦宫的《冰球人》,游戏中有一个黄色的圆圈,它的嘴可以吃豆子,然后被彩色的"幽灵"或"怪物"追赶。这款游戏于 1980 年在北美发行,后来改名为《吃豆人》(Pac-Man),并成为有史以来最受欢迎的街机游戏之一,开启了许多人口中的街机电子游戏的黄金时代。

第 8 章
欧洲早期的电子游戏

大卫·温特

1972 年：诞生于美国

如果说 1972 年标志着美国家庭电子游戏产业的开始，那么几年后电子游戏才进入欧洲家庭。1972 年 5 月，米罗华公司在美国发布了第一款家庭电子游戏主机奥德赛，同年 9 月开始正式发售。奥德赛在美国大获成功，但欧洲还没有准备好在电视上对网球比赛游戏展开竞争。电子游戏出现在街机上的时间比出现在人们家庭中的时间还要早（大约在 1973 或 1974 年，雅达利公司推出了《PONG Doubles》，《电脑太空战》也出现在一些酒吧里，同时也出现了许多《PONG》的翻版）。

家庭电子游戏是一个非常新的概念，人们并不习惯在电视机前玩游戏。此外，欧洲电子游戏市场既不是由大型制造商（如美国的米罗华公司、Coleco 公司和雅达利公司）主导，也不是像今天这样由金钱和利益主导。早在 1974 年，欧洲的家庭电子游戏还几乎不存在——它们价格昂贵，而且由小厂家限量生产，导致它们难以被推广。

1973—1974 年：为什么在美国而不是欧洲？

最早将电子游戏引入欧洲的尝试与米罗华奥德赛家庭电子游戏机（图 8.1）的引进有关，同时还出现了一系列山寨作品。米罗华奥德赛家庭电子游戏机于 1973 年进入英国，在 1974 年进入欧洲的 12 个国家，但数量非常

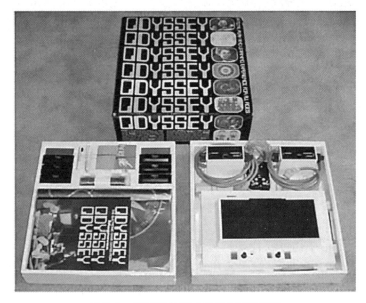

图 8.1 米罗华奥德赛家用电子游戏机

注:第一台商用家用主机游戏机在 1972 年秋到 1975 年年中售出,它最初是由桑德斯联营公司的拉尔夫·贝尔在 1967—1969 年开发的,最终由米罗华公司在 1971—1972 年完成最终版。

有限。同年,ITT Schaub-Lorentz 公司在德国发行了米罗华奥德赛家庭电子游戏机,并把每个单词都翻译成德语。然而,米罗华版本(Magnavox version)在 1974 年末或 1975 年初取代了它。另外,法国 ITT 版的米罗华奥德赛家庭电子游戏机被公布在法国杂志《科学与生活》(*Sciences Et Vie*,1974 年 1 月刊)上,称它将由 ITT-Océanic 公司和 Schaub-Lorentz 公司在 1974 年上半年正式发售。1975 年,名为《Kanal 34》的翻版游戏在瑞典做了广告。当时,有人在瑞典发现了一个 ITT 版的电子游戏机,这可能是《Kanal 34》的另一种广告方案,因为除了德语的手册外,它还有两本瑞典语的手册。

1974 年,只有不到 5 家制造商在欧洲销售家庭电子游戏机。米罗华公司在出口米罗华奥德赛家庭电子游戏机时稍微修改了它的版本,其中包含 10 个游戏(而不是像美国发行的版本,有 12 个游戏)。Videomaster 公司则发布了它们的家用电子游戏机(Home T. V. Game),英国系统最初售价为 20 英镑,它标志着欧洲家庭电子游戏产业的开始。Videomaster 公司的家庭电子游戏机只包含 3 个游戏，即网球、足球和壁球，而且屏幕上没有记分，但就当时的技术而言，它是相当先进的。1974 年底，意大利 Zanussi 公司旗下的 Seleco 品牌发布了家用主机 Ping-O-Tronic（可能是为了赶上圣诞节的商业热潮）。

与此同时，游戏爱好者写作的文章开始出现在电子主题杂志上。随着科技的发展，我们想在当前这个时代独立建立起现代电子游戏系统是不可能的。但是，在 20 世纪 70 年代，对于一个游戏爱好者来说，开发一款电子游戏机并不困难，因为这类机器上的游戏大多是由独立组件构成的（而不是包含整个游戏的芯片）。1974 年 7 月，《实用无线电》(*Practical Wireless*)和《电视杂志》(*Television Magazine*)发表了欧洲最早的（游戏）硬件结构文章。这篇文章由于篇幅的原因被分成七期发表，它不仅提出了一个电子游戏主机项目，而且主机的结构可以升级为彩色电子游戏机器（在 1974 年的欧洲，彩色电视机仍然非常昂贵）。这个主机的结构使用离散组件，最初只能玩一种游戏——橄榄球，但它留出了可以进行一些特殊改进的接口，如添加音效、得分屏幕和调整游戏变量等。文章的最后一部分讨论了项目中最有趣的地方——一个名为"超人"的插件模块，它可以替代一个玩家从而进行人机对抗。这个项目是首次提出人机对抗功能的家用电子游戏，当时的一些街机游戏或许已经做到了这一点，但在 1976 年之前，确实没有任何商业化的家用主机可以提供该功能。阅读了整篇文章的游戏爱好者可以轻易地修改系统，添加更多的玩家，甚至改变游戏规则，并且添加更多的图形！

1975 年：虽然尚早，但已居于统治地位！

Videomaster 公司明白自己在电子游戏领域还有一些事情要做，所以在 1974 年到 20 世纪 70 年代后期这段时间内发布了 15 个系统。它接下来的尝试是以一种低成本的方式改进 1974 年的家用电子游戏机，并于 1975 年制造了两种系统，即拉力赛家庭电子游戏机（Rally Home T. V. Game）和奥林匹克家庭电子游戏机（Olympic Home T. V. Game）。这两款家用电子游戏机都使用了非常简单的电路[包括一对互补金属氧化物半导体（complementary metal oxide semiconductor，简称 CMOS）芯片在内的离散元件，消耗的电力更少，对电压下降的耐受性更强，所以即使在电池很弱的情况下玩家也能玩游戏〕。拉力赛家庭电子游戏机支持两种游戏类型(通过创建不同的游戏规则),奥林匹克家庭电子游戏机则支持四种游戏类型,并用两个放置在系统箱(system case)上的金属球来标记分数(虽然方式古老,但是成本很低)。这两款家庭电子游戏机标志着英国电子游戏产业的开端。

同年,英国出现了另一个鲜为人知的系统——VideoSport MK2。据悉,该系统于 1974 年问世,并在 1975 年进行宣传,它应用了非常基础的设计——两个 CMOS 芯片和离散组件,而晶体管电路则生成了屏幕上显示的图像。VideoSport MK2 系统支持三种游戏:《网球》(*Tennis*)、《足球》(*Football*)和《Hole-in-the-Wall》。但是,在 1977 年之前的发售中,这个系统只卖出几千台。Mecstron 公司在 1976 年发布了 VideoSport MK2 的山寨版本,并在其中添加了三款游戏。在阿根廷,另一个名为 Teyboll Automatico 的山寨版本诞生于 1975—1976 年,但它也只支持最初的三款游戏。有可能山寨版主机 Teyboll Automatico 的出现早于 Mecstron 公司的版本,又或者 Mecstron 公司引进了美国游戏并对它进行了改进。

另一个出现更先进的家庭电子游戏系统的国家是德国,该系统名为 Interton Video 2000(图 8.2)。这个系统具有一个其他 PONG 系统没有的功能,即它需要卡带。它被视作第一个使用这种技术的欧洲 PONG 系统,包含每一款游戏使用的电路,卡带则包含额外的组件,可以设置玩家形象、游戏规则和绘制额外的图形。虽然 Interton Video 2000 系统框内显示了 10 种不同的游戏,但已知存在的游戏只有 5 种。最成功的是《网球》(*Tennis*)和《超级网球》(*Super Tennis*,它甚至使用方块显示屏幕上的得分,这在当时是很新奇的,因为没有其他系统这么做)。有一个卡带存储的是拉尔夫·贝尔在 1967 年创造的第一个双人电子游戏《Chase Game》。在游戏中,代表玩家的两个位置可以在屏幕上移动。

图 8.2　Interton Video 2000(1975 年)

注:继米罗华奥德赛之后,Interton Video 2000 是第一个使用汽车三脚架的球类游戏机。它使用了离散组件和几个逻辑门电路(logic gates),并没有专用芯片和处理器,只设计有 5 个卡带。1976 年前后,Interton Video 2000 被西班牙以"TeleTenis"的名字推出"山寨版"。

意大利也对电子游戏市场表现出一些兴趣。Zanussi 公司的品牌 Seleco 发布了一台名为 Ping-O-Tronic 的奇怪主机（图 8.3）。这是结构最简单的一款主机，只有三个芯片和分立组件。该系统同样支持三种游戏，即《网球》（*Tennis*）、《壁球》（*Squash*）和《Attract》。令人惊讶的是，《Attract》用两条垂直线代替了球拍，这样球就能一直弹下去——这可以作为商店中的演示模式（除了《Attract》，唯一一款能够做到这一点的游戏便是《Table by Television》）。Ping-O-Tronic 还有很多其他有趣的功能，比如可以调整玩家角色的大小（从很小到很大），并将游戏区域置于中心位置。它被改进了很多次，甚至为 PP-5 和之后的型号增加了一把电子枪（Ping-O-Tronic 被认为有 10 种不同型号，从 PP-1 到 PP-10）。

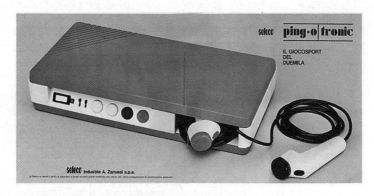

图 8.3　Ping-O-Tronic

注：该主机在 1974 年的圣诞节期间发售，是第一批欧洲游戏系统之一，也是第一批在意大利发行的游戏系统（不包括进口的米罗华奥德赛和它的"山寨版"）。

1976 年：仍然使用模拟信号，但逐渐式微

1976 年，模拟系统（用离散元件制造的系统）仍然很流行，杂志上出现了更多（有关游戏主机系统）的结构文章。已经发布的几个系统支持的几乎是同样的游戏，所以一些制造商设想了更多流行的球类游戏的变体。飞利浦公司（Philips）发布了一款名为 Tele-Spiel ES-2201 的小型卡带系统，它可以玩一些奇怪的游戏，如《鸽子射击》（*Pigeon Shooting*）和《Auto-Slalom》（这款游

戏几乎与所有类似系统的游戏都非常不同。Tele-Spiel ES-2201 自带网球游戏，但玩家也可以购买其他 4 个卡带来获得运动以外的游戏）。例如，西班牙的"山寨"主机 TeleTenis Multi-Juegos 系统（英文名为 TV Tennis Multi-Games）就是基于 1975 年在德国发行的 Interton Video 2000 系统开发的。卡带的情况也是一样的，但因为主机系统使用了更简单的电子设计，导致几乎所有的游戏都不同。有 8 款游戏是针对这一系统发行的，其中的两款游戏《Car Racing》和《Naval Battle》被视作针对模拟系统而设计的最先进的游戏。在法国，Lasonic 公司发布了 Lasonic 2000，这款游戏机支持三款游戏。Orelec 公司发布了 PP 2000，它自带两款游戏，借助一些制造商销售的电子游戏套件就可以玩高级游戏，如《打砖块》的变体和《Car Race》（但仍然需要使用离散组件）。随着技术的改进，一些系统开始使用正方形、直线甚至数字显示屏幕评分（图 8.4）。然而，这需要额外的组件，所以成本更高。此外，一块附加电路板也被出售，它可以被添加到 MK3 模型中，提供屏幕评分和音效。

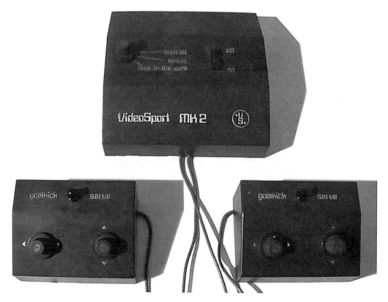

图 8.4 VideoSport MK2

注：1975 年初，亨利（Henry）在英格兰宣传的 VideoSport MK2 系统被视作英国第二古老的系统，并且是继第一款家庭电子游戏（1974—1975 年）之后最早的欧洲游戏之一。它在系统上几乎完全是模拟的，只使用离散元件和两个非常简单的芯片。

不过，一个重大进步在 1976 年终结了这个由离散元件构成的脆弱的游戏世界——可被所有制造商使用的电子游戏芯片出现了。这些设备通常被称为"PONG-in-a-chip"，包含相当于整个系统的离散组件，并具有更高级的功能，如数字屏幕得分、更多的游戏变体和难度级别。雅达利公司使用自己的《PONG》芯片，但没有卖给其他制造商——这些芯片在未来的几年内主导了全球市场。得州仪器公司发布了几款可以组合成不同游戏的芯片，但都没有获得成功。新的《PONG》市场的主要力量是通用仪器公司。通用仪器公司在 1975 年年中开始开发一种革命性的单芯片电子游戏设备：AY-3-8500。一个完整的电子游戏系统可以用这个芯片和一些额外的组件来构建。由于每个制造商都能以较低的成本获得芯片，因此它们不再需要设计一个完整且昂贵的电子电路（通用仪器公司提供了使用芯片的原理图），这彻底改变了电子游戏产业。1976—1977 年，数百家制造商在世界各地发布了它们的电子游戏系统。与此同时，其他芯片也出现了，有些带有彩色图像，有些带有更多的游戏等。早期电子游戏的历史结束了，市场开始面向所有人开放。而在雅达利 2600、Odyssey2 和 Intellivision 等更先进的卡带游戏机以低廉的价格进入市场之前，《PONG》一直很受欢迎[1]。

资料一
米罗华奥德赛简介

大卫·温特

1966年,在桑德斯联营公司工作的电子工程师拉尔夫·贝尔再次想到了他在1951年被要求制造电视机时的一个想法:用电视机来做一些除观看广告以外的事情,比如玩游戏。他把自己关于电视游戏的想法写在纸上,开始着手建立一个模型,看看是否可以在电视屏幕上用电子手段画出一些东西。不久之后,一个追逐游戏被设计出来。经过多次改进,其他几个雏形在1966—1968年被制造出来,其中最完整的是棕色盒子(the Brown Box)——一个用木纹胶纸覆盖的双底盘盒子。1968年,设计得最好的游戏是《网球》,这是一种球类游戏,后来雅达利公司对它进行了改进,并以《PONG》的名义出售。1968年底,在与最重要的电视制造商通话后,桑德斯联营公司在1970年与美国无线电公司签署了第一份协议,但后来该协议被取消了。1971年底,桑德斯联营公司又与米罗华奥德赛公司签署了一项协议,在随后进行了两次非常成功的市场调查后,第一款家庭电子游戏机于1972年9月发布了。

从技术上讲,奥德赛是一个非常原始的系统,它没有电子芯片,没有软件,也没有微处理器,也不产生声音或彩色图像;它只能显示由两个方块、一个球和一条中心线代表的两名玩家。这条中心线可以移到屏幕左侧或缩小到屏幕大小的三分之一。游戏机提供的卡带将电路连接起来,以便显示每个游戏的内容,并根据游戏规则处理冲突。例如,在一款游戏中,球碰到玩家的方块就会弹起来;在另一款游戏中,当球碰到玩家的方块时,该玩家的方块可能会消失。因此,机箱中只包含连接奥德赛电路的电线。

最多两名玩家可以同时使用奥德赛提供的大控制器来操纵系统,其中包含三个旋钮和一个按钮。一个旋钮水平移动玩家,一个旋钮垂直移动玩家,另外一个按钮会改变球的角度——因为当发生碰撞时,系统没有根据球和球拍之间的角度进行适当的弹跳管理。

由于影像技术有限,奥德赛需要在电视屏幕上使用塑料覆盖层——它们模拟了后来可以自主显示图像的系统。有些游戏具有教育意义,如玩家可以在地理上了解美国的各个州或学习基本的数学计算;有些是赌博游戏,如轮盘赌、原始的赛车游戏和网球游戏;类似的体育游戏也有,如排球、篮球、手球和棒球等,都是基于球和桨的图形。大多数游戏都需要奥德赛提供的特殊配件,如塑料芯片、骰子、纸板、游戏卡和纸币等。

米罗华公司还推出了附加游戏,玩家既可以单独购买,也可以六个一组打包购买。每款游戏都含有特定的附件,如覆盖物、芯片等,甚至还有一个游戏卡带(有些游戏使用了最初提供给主机的六个游戏卡带中的一个)。另外,还有一个射击游戏包,含有一支电子步枪和游戏所需的所有配件,可用于玩两款射击游戏。最后,米罗华公司推出了一种特殊的手提箱,可以方便地运输整个游戏机。

奥德赛非常成功,在 1972—1975 年,它的生产数量达到 35 万台以上。它甚至被出口到欧洲的一些国家,而且在阿根廷和西班牙出现了仿制版本。1975 年,在更好的家庭电子游戏系统和更先进的游戏出现之前,奥德赛一直很成功。到了 20 世纪 70 年代末,随着技术的改进和更迭,奥德赛和所有类似的球类游戏都被雅达利 2600 等支持软件编程的系统取代了。

第 9 章
早期的家用主机游戏系统

莱昂纳德·赫尔曼

每当人们讨论电子游戏的历史时,对于"谁做了什么和谁真正发明了电子游戏"总是存在分歧。大多数历史学家为了安全起见,都不会斩钉截铁地说出某些东西的真正发明者。然而,当议题转到电子游戏机的历史时,人们却完全没有争论。相反,我们有一个实际的起点,即电子游戏机被创造的地方。

有据可查的电子游戏机的历史始于 1966 年 8 月底,当时一位名叫拉尔夫·贝尔的电视工程师坐在纽约的一个公共汽车站里等待同事。虽然他为桑德斯联营公司(国防承包商)工作,但他在思考电视的实际用途。他认为,可能存在一种方法可以将电视用于互动目的,而不仅是作为一个"催眠观众"的被动设备。就在那时,贝尔突然灵光一闪,想到了一个似乎相当简单的主意——制造一个可以连接到电视上的设备,作为发射机向电视发送信号。这个设备与普通的发射器不同,用户能够回应并向它发送信号,但它的实际用途是玩游戏。

回到位于新罕布什尔州纳舒亚的办公室后,贝尔迅速写了一篇四页的论文来解释他的想法,然后他将论文提交给领导。虽然桑德斯联营公司是一家国防承包商,但公司决定资助他 2000 美元以推进他的项目。

在三年内,贝尔和他的团队便将这篇四页论文的想法变为现实。在一款被称为《Fox and Hounds》的游戏中,他们能够在标准的电视屏幕上移动光点。他们制造了几个游戏机的原型,每一个都包含比之前更复杂的游戏。到 1968 年,他们已经研制出第七个原型机。装满固态元件的小盒子外面衬有木纹接触纸,这个盒子被称为"棕色盒子",玩家可以玩一些游戏,包括乒乓球和排球。但是，它的图形略显粗糙，并且仅仅由几个大小不一的光点组成。贝尔和他的团队意识到他们发明了一些有趣的东西，但他们不知道该如何使用它。作为一家国防承包商，桑德斯联营公司没有消费产品方面的经验，但棕色盒子想要上市，就必须要得到许可证。

1971 年，在棕色盒子被展示给几家电视制造商后，米罗华公司决定帮忙拿到生产该产品的许可。一年后，米罗华公司推出世界上第一款电视游戏机——奥德赛。不幸的是，奥德赛只在米罗华公司旗下的商店出售，所以大多数人甚至没有听说过这个装置。但是，在 1972 年 10 月，当雅达利公司的游戏《PONG》引起全世界的关注时，奥德赛突然受到追捧——这是当年人们在家玩《PONG》的唯一方式。

虽然大众并没有区分街机版和奥德赛版的《PONG》，但两者存在很大的不同。比如，奥德赛版不能记分，玩家需要自己统计分数，并且游戏要在预先确定的规则限制内结束。

家用版《PONG》

奥德赛的销量虽然随着《PONG》的到来而增加了，但它也能够玩除《PONG》以外的游戏。尽管奥德赛不能产生精细的图形，但它自带 12 个独立的游戏。在贝尔设计的原始的棕色盒子上，可以通过改变 12 个开关的设置来选择不同的游戏。米罗华公司则选择在控制台中加入 12 张"磁卡"（circuit cards，详见资料一"米罗华奥德赛简介"）。消费者只需更换磁卡就可以改变预设在奥德赛中的游戏。米罗华公司甚至出售了附加磁卡，使消费者能够解锁和运行更多的机器内置游戏。虽然类似的营销技巧确保了 Atari VCS 在几年后的成功，但这对米罗华公司一点帮助都没有，因为它是奥德赛主机的唯一一家供应商，外人很难注意到。而且，附加的磁卡被藏在柜台下面，很少被销售员推销。

在发售后的三年里，米罗华公司成功地销售了超过 30 万台奥德赛[1]。历史纪录不能说明其中有多少原因要归结到《PONG》身上，但这个销售数量确实很高。如果米罗华公司只是通过传统的方式在自己的商店之外分销产品，那么它们能售出多少台，估计这是无从谈起的。虽然历史没有让我们知道奥德赛是否对雅达利公司决定销售家庭版的《PONG》有任何影响，但在

1974 年，一位名叫鲍勃·布朗(Bob Brown)的雅达利公司的工程师有志于将《PONG》带到家庭中。大多数高层管理人员都反对雅达利公司进入消费市场。他们的担心不无道理，因为他们对分销消费品一无所知。他们还认为，雅达利公司的现金流将被主要捆绑在圣诞节销售的库存上。雅达利公司的创始人诺兰·布什内尔认为家庭版《PONG》是个好主意，因此他给了布朗一个机会。

布朗在 1974 年秋天开始了家庭版《PONG》的研发工作，并在几个月内完成。他知道米罗华公司在奥德赛上存在的问题，因此他尤其注意不去犯同样的错误。虽然《PONG》只能和奥德赛自带的 12 个游戏相比，但《PONG》的分辨率更高、控制更灵敏，能在彩色电视上显示彩色图形，而且可以记分。此外，《PONG》最大的优势是价格，由于微芯片的成本不断下降，它的成本比奥德赛低。

1975 年 1 月，布什内尔和他的团队试图自己销售家庭版《PONG》，但没有成功。他们认为该产品应该在玩具店销售，但他们找不到任何对此感兴趣的玩具店。于是，他们决定从西尔斯公司(Sears)开始，尝试在各大百货公司推销这款产品。玩具买家对家庭版《PONG》不感兴趣，所以他们又尝试将其作为体育用品来推销，并相信电脑版的网球可以与真实的网球一起销售。体育用品的买家汤姆·奎恩(Tom Quinn)对此很感兴趣，并提出要买下该公司可以组装的所有家庭版《PONG》。在被告知雅达利公司只能生产 75 000 台产品之后，奎恩建议布什内尔将产量翻倍，西尔斯公司将提供资金。作为回报，西尔斯公司希望获得《PONG》在 1975 年一整年的独家销售权。

布什内尔对这个提议跃跃欲试。西尔斯公司承诺支付所有的广告费用并承担完全的控制权，所以雅达利公司几乎没有什么风险。同时，雅达利公司在全国 900 多家商店都有曝光率，它也在家用游戏和街机游戏方面都获得了声誉。得益于与西尔斯公司的交易，雅达利公司在 1975 年售出了价值 4 000 万美元的家庭版《PONG》，净赚 300 万美元[2]。

其他的早期游戏机

随着家庭版《PONG》的成功，其他几家公司决定加入它的行列，发布自己的游戏版本。但是，只有雅达利公司、米罗华公司和 Coleco 公司通过发布多种类型的主机和推进技术，证明了自己能够长期坚持下去。

尽管米罗华公司在 1972—1973 年销售了大约 30 万台奥德赛，但他们意识到公司无法继续销售该设备了。因为奥德赛是由固态电路构成的，而且有数百个额外的部件，所以它的制造和销售成本都很高。米罗华公司很早就意识到，要想留住游戏，就必须想办法降低成本。贝尔早在 1973 年就意识到这一点，并开始了对集成电路的研究。1974 年 5 月，米罗华公司与得州仪器公司签署了一份协议，设计出可以复制一些奥德赛游戏的芯片。

米罗华公司在 1975 年发布了两款新游戏机。第一款是 Odyssey 100，内设两个简单的游戏，即《网球》和《曲棍球》。与它的竞争对手家庭版《PONG》不同，它没有屏幕上的计分功能和颜色设计。控制器虽然是内置的，但让人想起了最初的奥德赛，它包含水平、垂直和"英语"三个单独旋钮。

紧随 Odyssey 100 之后的是 Odyssey 200。Odyssey 200 看起来与 Odyssey 100 完全一样，但它有一个额外的游戏，名为《SMASH》。它还允许最多四个玩家同时竞争——这是第一个做到这一点的系统，并且它配置了一个初级的屏幕模拟计分系统，由一系列小矩形组成，每当有人得分时，小矩形就会在屏幕上方前进。

1976 年是家庭电子游戏历史上的一个真正转折点。这时，通用仪器公司推出了内置有多个游戏的芯片。Coleco 是第一个使用这种芯片的公司，这要归功于贝尔。由于所有的家庭电子游戏都必须由贝尔所在的桑德斯联营公司和米罗华公司授权，贝尔很早就知道新芯片的开发情况。他打电话给 Coleco 公司的总裁阿诺德·格林伯格（Arnold Greenberg），并告诉他 Coleco 公司应该研究这些芯片，并围绕它们建立一个系统。格林伯格同意了，于是 Coleco 成为第一个订购通用仪器电子游戏芯片的客户。于是，Telstar 应运而生，这个系统包含三种游戏，即《网球》《曲棍球》和《手球》，并且都带有屏幕显示得分的功能。

米罗华公司很快追随 Coleco 公司的步伐，发布了使用通用仪器公司芯片的游戏机。Odyssey 300 中的游戏与 Odyssey 200 中的三个游戏相同，但玩家只需要操控一个旋钮，而不是三个。关于这是否是一件好事，谁也不知道，因为三个旋钮的配置在 Odyssey 400 中又出现了。事实上，Odyssey 400 基本上与 Odyssey 200 相同，只是它包含一个附加的芯片，可以在屏幕上计分。

1976 年，米罗华公司在 Odyssey 400 之后又推出了 Odyssey 500。从外观上看，它与 Odyssey 400 相同，含有的游戏也一样。然而，Odyssey 500 的游戏是彩色的，之前米罗华系统上只有黑白两色。Odyssey 500 最大的突破是在图形方面，它并没有使用白色方块作为划桨，而是采用人类角色的图形。这是第一次在家庭电子游戏中出现人类角色。

Odyssey 500 的贡献很快就在电子游戏的史册上消失了，这是因为仙童公司在 1976 年推出了一款游戏机，比 Odyssey 500 游戏机更具创新性——它有卡带。

这个简单的概念可以追溯到 1972 年，最初的 Odyssey 可以玩 12 个游戏，玩家通过交换小磁卡来选择他们想玩的游戏。自然，每个人都认为单个游戏应该在磁卡上，但他们都错了。直到在 2000 年 1 月《电子游戏月报》(Electronic Gaming Monthly)杂志的一次采访中[3]，贝尔才透露，奥德赛上的所有游戏都是硬连接到机器上的，而磁卡只是用来解锁各个游戏的。米罗华公司有营销意识，出售了额外的磁卡，但从根本上而言，奥德赛能玩的游戏数量是很有限的。

可编程电子游戏系统

杰里・劳森(Jerry Lawson)是仙童公司的一名工程师，他采纳了这一意见并进行了重新思考。最新一代电子游戏的问题在于，人们很快就厌倦了它们——他们打了几轮网球、曲棍球和壁球，然后就把游戏机放进了柜子。虽然许多消费者会在下一代游戏机发布时购买，但人们很可能会因为成本问题而倾向于不购买新的游戏机。劳森意识到，旧游戏机和新游戏机之间的唯一区别在于包含游戏的芯片不同。如果制造商可以直接向公众出售包含游戏的芯片，且不同的芯片可以在同一台游戏机上玩，人们就会更愿意在新游戏上市时购买它们。

劳森设计了一个系统，系统中的单个芯片被装在类似于音频 8 轨盒的黄色卡带中。仙童公司随后发布了一款被称为仙童视频娱乐系统的游戏机(Fairchild Video Entertainment System，后来改名为 Channel F)。Channel F 还配备了一款不同于当时的球拍和操纵杆控制器的特殊控制器。这些控制器类似于炸弹引爆器上的柱塞，每个控制器的顶部都有一个三角形的部件，可以向前、向后、向左或向右推动。它还可以像拨杆控制器一样旋转，或者压到杆的底部。

Channel F 本身具有一系列的控制功能，比如玩家可以控制球的速度和游戏的长度，还可以按下按钮暂停游戏（这是家庭电子游戏中首次出现暂停功能）。

虽然卡带使消费者能够在不购买新游戏机的情况下升级他们的设备，但人们并没有成群结队地去购买 Channel F。一方面，该公司没有积极地宣传 Channel F；另一方面，人们也没有发现 Channel F 的游戏特别有趣。然而，电子游戏机的时代已经来临，不久之后，其他制造商也开始跟随仙童公司的步伐。

同样是在 1976 年，美国无线电公司（贝尔首次展示他棕色盒子原型的公司）最终决定加入这场竞争。然而，虽然美国无线电公司的 Studio II 使用了游戏卡带，却代表了最糟糕的现代技术。它的游戏是黑白的，也没有控制器；相反，玩家需要使用两套数字键盘来控制动作。不用说，这个系统很快就消失了。

1977 年，米罗华公司发布了三款新系统，它们的盒装产品以米罗华公司的名义打出了"家庭电子游戏的始祖"的标语，让消费者了解该公司的电子游戏传统。新系统本身没有什么特别之处：Odyssey 2000 与 Odyssey 300 相同，只是多了一个自带游戏；Odyssey 3000 与 Odyssey 2000 相同，只是主机被重新设计了，并装有可拆卸的表盘控制器；Odyssey 4000 是米罗华公司的最后一款专用系统，有 8 个新的内置游戏和可拆卸的操纵杆控制器。米罗华公司计划推出 Odyssey 5000，其中包含 24 款游戏，但该系统并未发布。

其他的主要电子游戏公司也推出了新型游戏系统，迅速摆脱了老式的球类和桨类游戏。Coleco 公司发布了 Telstar Combat，这是一个包含两对类似坦克控制器的游戏机。该系统本身也是聚焦坦克游戏的，所以控制器增加了控制真实坦克的逼真效果。

雅达利公司发布了一款新的游戏机，其中的硬件是游戏本身的一个组成部分。Video Pinball 包含一套弹球游戏，游戏机的一侧内置有弹球按钮；而 Stunt Cycle 让玩家能够驾驶摩托车并跳过公交车。后者的特色是设有摩托车式的控制器，玩家可以通过旋转来加速。

雅达利公司随后推出了 VCS 系统，这是雅达利公司对仙童公司的

Channel F 的回应。它是一个可编程的系统,即允许玩家通过更换卡带来玩不同的游戏。但是,雅达利公司还拥有仙童公司所没有的东西,即玩家熟悉的街机游戏库。VCS 系统的另一个创新功能是可随时更换控制器,它在售卖时带有一对操纵杆控制器和一对拨杆控制器,所以玩家可以玩的游戏类型没有限制。

1978 年,米罗华公司发布了 Odyssey2,这是一个基于卡带的系统,旨在与 VCS 系统竞争。虽然米罗华公司没有提供任何街机游戏,但试图通过添加平板膜(flat membrane)键盘来区分之前的系统。Odyssey2 的吸引力在于它类似于一台廉价电脑。

Coleco 公司发布了由贝尔设计的 Telstar Arcade 系统,它有一个独特的三面都是三角形的控制台——一面用于玩标准的击球游戏;另一面有一个内置手枪用于玩射击游戏;第三面则有一个内置方向盘,用于玩驾驶游戏(这也是家庭电子游戏第一次使用方向盘控制器)。Coleco 公司在制作了四款三角形卡带(triangular cartridges)游戏后,这个主机系统很快就消失了。

1978 年,另一家街机公司也加入了这场竞争。Bally 公司发布了 Bally Arcade 系统,使用的是类似于录音带的卡带。由于 Bally Arcade 系统的价格比 VCS 系统高 100 美元,且销售范围有限,导致即使在 VCS 系统本身尚未得到大规模普及的情况下,Bally Arcade 系统也无法与 VCS 系统匹敌。

这种情况在 1980 年发生了变化。玩具巨头美泰公司(Mattel)发布了它的 Intellivision 系统,价值 300 美元,并且具有独特的图形效果。虽然 VCS 系统在街机游戏中表现出色,但它的体育游戏库却很薄弱。基于当时的技术,Intellivision 系统尽可能地提供了最接近真实情况的双人体育游戏。

如果不是发生了两件事,美泰公司本可以称霸一方。第一件事是雅达利公司为 VCS 系统配备了家庭版《太空入侵者》。当时,《太空入侵者》是历史上最受欢迎的街机游戏,雅达利将它授权给家庭电子游戏机,这也是雅达利首次这样做。因此,人们急于购买 VCS,只是为了能在家里玩《太空入侵者》。尽管一个游戏并不能代表一个系统,但 Intellivision 系统似乎看起来更好。第二件事是四名情绪低落的雅达利公司的程序员在 1979 年选择离开,并成立了他们自己的公司——动视公司,事情由此发生了变化。动视公司是第一家为 VCS 或其他游戏机系统提供游戏软件的第三方公司。动视公司发布的游戏在玩法和外观上比雅达利公司之前发布的任何游戏都好,而且它的图像为 Intellivision 系统带来了巨大的收益。

雅达利公司对 Intellivision 系统带来的威胁感到非常害怕，于是设计了一个新系统与之竞争。在雅达利 400 的基础上，雅达利公司发布了雅达利 5200——一个具有街机风格的系统。但是，在雅达利 5200 问世之前，Coleco 公司推出了一个系统，彻底消解了来自 Intellivision 系统的威胁。

这个系统就是 Colecovision，它提供了街机质量的图像，以及 Coleco 公司从世嘉和任天堂公司取得授权的游戏，其中包括《大金刚》。Colecovision 还提供了两个扩展模块，其中的一个支持播放 VCS 系统（现在已被称为雅达利 2600）库中的所有游戏。

而雅达利 2600 的游戏库正在迅速发展。随着动视公司的成功，数十家公司纷纷加入软件开发的行列，但只有少数公司在开发上投入了资金，其余的公司只是把知名游戏拿来改编成自己的版本。这一行为的赌注很高，因为游戏卡带的制作成本只有几美元，但它们的销售额可以达到这个数字的许多倍。

到 1983 年底，市场上已经有太多的游戏系统供人们选择。在 Intellivision、Odyssey2、雅达利 5200 和 Colecovision 之间，玩家必须决定如何使用他们有限的可支配收入。雅达利 2600 的用户则不得不面对成百上千的游戏卡带。商店的空间有限，不可能把所有的东西（游戏）都放进去，所以那些产品不太受欢迎的小公司首先受到了打击。随着小型游戏制作公司的破产，它们开始以"跳楼价"出售自己生产的游戏。很快，5 美元的 Data Age 卡带与 25 美元的雅达利卡带就一起出售了。尽管这些便宜的游戏通常不会给人留下深刻的印象，但由于高额的开发成本，像雅达利这样的公司需要更高的产品定价。当时的人们都倾向于购买价格较低的游戏卡带，因为他们可以用购买一个雅达利游戏的价格买到其他公司的五个游戏。随之而来的是多米诺骨牌效应——当大公司发现自己的利润因为折扣产品的竞争而萎缩时，它们也不得不对自己的产品进行打折销售了。

最后的结果可以说是"伤亡惨重"。到 1984 年，大多数第三方软件供应商都已成为历史。这次事件是由雅达利 2600 游戏的过度饱和引起的，但由于它是市场的领头羊，整个产业都受到了影响。美泰公司和米罗华公司在它们的游戏机无法与雅达利 2600 竞争时就放弃了游戏市场。此外，Coleco 公司确实拥有一个大多数玩家都很喜欢的系统，但它决定更进一步地开发自己的 Adam 家用电脑,并决定停止生产当时流行的 Colecovision 系统,以更加专注于对 Adam 的开发。不过,当这个决策失败时,Coleco 公司几乎破产。结果是市场上就只剩下雅达利公司,但它的新主人杰克·特拉米尔(Jack Tramiel)决定放弃游戏业务,转而发展 16 位计算机(详见本书第 10 章"雅达利公司简介")。无论如何,在 1984 年,北美家用主机游戏行业已经崩溃,早期家用主机系统的时代结束了。

第 10 章
雅达利公司简介

莱昂纳德·赫尔曼

　　没有哪家电子游戏公司的影响力能够超过雅达利，它是电子游戏行业的开创者，也是唯一一家在家用主机游戏、街机游戏和电脑游戏这三个领域都有所成就的公司。诺兰·布什内尔和特德·达布尼以他们早期游戏《电脑太空战》的 500 美元版税为资本，于 1972 年 6 月创立了雅达利公司。1971 年 8 月，《电脑太空战》由 Nutting Associates 公司发行，但它最终被认为太过复杂，因此布什内尔找到了一款更为简单的游戏。1972 年 5 月，在观看了米罗华公司新推出的奥德赛主机上的乒乓球游戏的视频演示后，布什内尔萌生了制作《PONG》的想法。1972 年 10 月，他聘请阿尔·奥尔康组装该设备。《PONG》于 1972 年 10 月发布后，在世界范围内掀起了一场风暴。

　　雅达利公司开始不断发布《PONG》的变体（包括 1975 年的家庭版本），并成为市场的领头羊。1976 年，华纳通信公司（Warner Communications）以 2 800 万美元的价格收购了雅达利公司。随着新一轮的资本激增，雅达利公司在 1977 年发布了 VCS。1980 年，雅达利公司获得了当时世界上最流行的街机游戏《太空入侵者》的家庭版发行授权，该系统也开始走红。VCS 在四年内的销量非常可观，其中的游戏改编自雅达利公司的街机游戏，如《亡命之徒》、《夜班司机》、《超级打砖块》(*Super Breakout*)、《Video Pinball》、《爆破彗星》、《战争地带》、《导弹指令》(*Missile Command*)、《大蜈蚣》(*Centipede*)、《军阀乱战》(*Warlords*) 和《顶尖赛手》。

　　雅达利公司的一位早期员工史蒂夫·乔布斯（Steve Jobs）想要制造家用电脑，于是与布什内尔进行了接洽。尽管布什内尔对此不感兴趣，但他为乔布斯指明了正确的方向，并给予了他资金支持，共同创办了一家名为苹果电脑(Apple Computers)的公司。1978 年,雅达利公司决定与苹果公司竞争,并以雅达利 400 和雅达利 800 两款新的个人电脑为主打产品进入家用电脑领域。不过,雅达利公司的电脑部门无法规避雅达利公司名字的固有印象,这些电脑仍被视作高质量的游戏机。在与美泰公司和 Coleco 公司的竞争中,雅达利公司决定在雅达利 400 的基础上发布一款高端游戏机。雅达利公司将 VCS 的产品编号增加了一倍(CX-2600),并将新系统称为 5200,VCS 则被重新命名为 2600。

1984 年,雅达利公司发布了另一款新系统,名为 7800。但在该系统发布之前,公司就被收购了,它的街机部门被华纳通信公司(Warner Communications)保留,并改名为雅达利游戏公司。一年后,雅达利游戏公司的控股权被卖给日本街机制造商南梦宫公司,但南梦宫公司在年底前很快对它的新部门失去了兴趣。1986 年,一群南梦宫公司的员工买下南梦宫公司在雅达利游戏公司的股份。

1993 年,华纳通信公司(现在的时代华纳公司,Time Warner Inc.)购买了雅达利游戏公司的控股权,并将街机部门更名为时代华纳互动公司(Time Warner Interactive)。1996 年,街机巨头 Williams Electronics 收购了时代华纳互动公司,它的名字又被改回雅达利游戏公司。1998 年,它更名为 Midway Games West。2000 年,Midway 公司发布了《San Francisco Rush 2049》,这是最后一个以雅达利游戏(Atari Games)品牌名称发布的街机游戏。2001 年,Midway 公司完全放弃了街机业务,雅达利公司作为一家街机公司的悠久历史终于走到了尽头。

回到 1984 年,旧的雅达利公司拆分时,电脑和游戏部门被卖给杰克·特拉米尔,他当时刚被自己创立的康懋达公司解雇。特拉米尔的计划是利用雅达利公司与康懋达公司竞争。

特拉米尔决定取消游戏部门,集中精力钻研电脑,随后推出两款与雅达利 400 和雅达利 800 兼容的电脑,被称为 XE 系列。65XE 的内存为 64 KB,130XE 的内存为 128 KB。为了报复康懋达公司,特拉米尔的计划中涉及一台由名为 Amiga 的小公司制造的新型 16 位计算机(雅达利公司提供资金支持)。但是,在雅达利公司获得授权之前,康懋达公司抢先获得了授权。雅达利公司很快获得了一台可以与 Amiga 制造的计算机竞争的 16 位计算机的使用权,并取名为 ST。

ST 获得了相当多的追随者，但其中的大部分都在欧洲。尽管如此，Amiga 的销量还是比 ST 高出约三分之二。令人惊讶的是，正是电子游戏市场让雅达利公司得以存活。继任天堂娱乐系统获得成功之后，在 1986 年，特拉米尔发布了两款在仓库里存放了近两年的游戏机。雅达利 7800 的图像可以与任天堂 FC 相媲美，并且支持雅达利 2600 的巨大游戏库。但是，当它发布时，雅达利公司作为创新者的声誉已经荡然无存。此外，还有一个名为 2600jr 的游戏机，它是几年前占领商店货架的一款小型游戏机。与日本的新游戏机相比，2600jr 的游戏较为原始，但它的零售价只要 50 美元，目标用户是那些买不起日本游戏机的低收入家庭。这一营销策略得到了回报，虽然 2600jr 在雅达利公司的全盛时期也从来没有像它的"大哥"那样引人注目，但它仍然为公司带来了 2500 万美元的利润。2600jr 一直持续发售至 1991 年，但那时雅达利公司已经开始转向生产体积更小的产品。

1987 年，雅达利发布了首款新的电子游戏机 XEGS（XE 游戏系统），它令所有人都感到困惑。这个系统基本上可以说是一台带有可拆卸键盘的 XE 电脑。雅达利公司甚至为 XEGS 发行了旧雅达利 800 系统的游戏，如《爆破彗星》和《太空入侵者》。但是，这些游戏并没有被重新包装，而是以旧的包装出售，声称它们是为雅达利公司的雅达利 400 和雅达利 800 设计的。每个包装盒上都贴了一张标签，上面写着这些游戏也可以在 XEGS 上玩。不过，XEGS 是一个失败的产品，很快就消失了。

雅达利公司的下一个游戏机是在 1989 年推出的 Lynx，一个支持彩色显示的掌机。Lynx 获得了小小的成功，但不幸的是，它是在任天堂的 Game Boy 出现后不久发布的。虽然 Game Boy 的屏幕是单色的，但它的价格较低，并且与《俄罗斯方块》捆绑在一起，显然更受欢迎。尽管如此，Lynx 的销量在几年之内还是很好。1991 年，雅达利公司发布了一个更小、更便宜的版本，被称为 Lynx II。

1993 年，雅达利公司再次将重点放在游戏机上，而不是在欧洲取得了一定成功的电脑。雅达利公司推出一款名为 Jaguar 的 64 位主机，它实际上包含两个 32 位处理器（32 位和 64 位是指计算机处理器使用的字节的大小，在一定程度上决定了程序运行的速度）。虽然它的一些游戏，如《Tempest 2000》很快就成为经典，但其他游戏，如《Club Drive》的图像在雅达利 2600 上的显示效果就很差。在没有第三方支持的情况下，Jaguar 并没有机会与索尼公司的 PlayStation 和世嘉的 Saturn 竞争。

到了 1996 年，特拉米尔决定辞职。雅达利公司与硬盘制造商 JTS 公司（JT Storage）合并（特拉米尔是该公司的小股东），新公司更名为 JTS Corp.。然而，雅达利公司的作用只是保护它的知识产权，并为这个现金短缺的硬盘制造商提供急需的资金。大多数雅达利公司的员工都被解雇，雅达利公司已经基本上不复存在了。

1997 年，孩之宝互动公司（Hasbro Interactive）为索尼公司的 PlayStation 发布了经典游戏《青蛙过河》（Frogger）的更新版本。这款游戏取得了巨大的成功，以至于孩之宝互动公司的高管决定购买更多老游戏的版权。他们发现，只要花费 500 万美元就可以买下雅达利公司和它庞大的知名游戏库，于是就抓住了这个机会。

1998 年，雅达利公司成为孩之宝互动公司的一个部门，并与之前的其他公司（如 MicroProse、Avalon Hill）和孩之宝互动公司共同忙于发布尽可能多的类似于妙极百利和帕克兄弟公司出品的桌游的电子版。在很短的时间内，雅达利公司的老游戏，如《爆破彗星》《导弹指令》《大蜈蚣》《PONG》等都进行了更新，并面向全新的现代主机和个人电脑发行。甚至最初的雅达利 2600 的游戏也面向现代主机发行，其中包含数十款游戏和 1984 年以前的热门街机游戏。

但是，孩之宝互动公司以雅达利品牌的名义发行的大量游戏并不足以维持整个公司的发展。2001 年 1 月，孩之宝互动公司被卖给了法国软件巨头英宝格公司（Infogrames），后者是美国第二大电子游戏发行商，也是世界上最大的电子游戏发行商之一。尽管孩之宝互动公司被更名为英宝格互动公司（Infogrames Interactive），但其他方面几乎没有变化，它仍然在位于马萨诸塞州的贝弗利的办公大楼里工作。那里曾是帕克兄弟公司近一个世纪的办公据点，而雅达利仍然只是一个品牌名称。

两年后，情况发生了变化。2003 年 5 月 7 日，英宝格公司正式重新命名它的全球业务，所有的游戏都以雅达利品牌的名义出售。美国分部被重新命名为雅达利公司，这个名字对许多原华纳通信公司的粉丝来说非常亲切。历经七年，雅达利再次成为一家公司。

新雅达利公司的第一个里程碑事件就发生在它发布《黑客帝国：进入矩阵》[一款基于《黑客帝国》（Matrix）电影的游戏]的一周之后。在游戏发行后的一个月内,这款游戏在全球(不包括日本)的销量就超过了250万份,成为雅达利历史上销售速度最快的游戏。

虽然新的雅达利公司主要是一家软件公司,但许多雅达利的粉丝希望它能恢复昔日的辉煌,继续推出游戏机。这个愿望在2004年11月实现了,当时雅达利公司推出了Flashback。这款主机类似于雅达利7800的缩小版,系统中内置了20款雅达利2600的游戏。一年后,雅达利公司又推出了Flashback 2,它类似于一个小型的雅达利2600,并内置了40个游戏。在雅达利公司成立35周年之际,它再次成为电子游戏行业的一股力量。

第 11 章
雅达利 VCS 主机简介

莱昂纳德·赫尔曼

  1975 年底，雅达利公司开始了一项有利可图的业务——将自己的街机游戏制作成独立的家庭版本。在连续推出 PONG、Video Pinball 和 Stunt Cycle 等游戏机后，雅达利公司的高管们急切地期待着下一个街机游戏能在家庭中得到普及。这时候他们面临的一个问题是，开发一款新的家用主机游戏需要 10 万美元和一年多的时间。而在这段时间里，一个热门的街机游戏可能会迅速地失去人气，雅达利公司不想在一个吸引力有限的游戏机上投入大量的资金。

  雅达利公司认为这个问题的解决方案是可编程系统，玩家可以通过它玩很多不同的游戏。因此，雅达利公司组建了一个由乔·德奎尔（Joe Decuir）、史蒂夫·梅耶（Steve Mayer）、罗恩·米尔纳（Ron Milner）和杰·麦纳（Jay Minor）组成的工程师团队，目的是创造一个简单而廉价的可编程系统。这个项目的代号为"Stella"，是以德奎尔的自行车命名的。

  这个团队设计的游戏机本身就很简单，因为软件可以完成大部分工作。新系统的核心是一个 6507 处理器，包含 128 字节的内部 RAM，运行速度为 1MHz，这在当时是非常惊人的。

  图形芯片通常也被称为"Stella"，但准确的名称是电视接口适配器（television interface adapter，简称 TIA），所有的声音和视频显示都由它生成，如高分辨率的物体、颜色和低分辨率的背景等。Stella 可以将对象排成一排，但不能排成一列。基于 Stella 向屏幕发送数据的原始方式（一次一行扫描线，与电视的电子枪同步），每个游戏程序的主要部分必须不断地向 Stella 发送数据，以便正确地刷新图像。

程序员也面临一些困难，即程序（或内核）本身不能超过4 000字节。由于该装置被设计成仅用于玩《PONG》和《Tank》类型的游戏，设计团队从未预料到会有游戏超过2 000字节的边界。

在最初的原型完成之前，仙童公司发布了自己的可编程系统Channel F。面对意想不到的新竞争，雅达利公司的工程师和高管意识到，他们想要使用新可编程系统的想法是正确的。不幸的是，雅达利公司没有足够的资金将产品投入生产。为了筹集资金完成项目，雅达利公司在1976年被以2 800万美元的价格卖给了华纳通信公司。

在大量资金的支持下，雅达利公司于1977年10月发布了VCS。这款售价199美元的游戏机配有类似于"桨"和"操纵杆"的控制器。其中，还有一个名为《Combat》的卡带，内置了雅达利的热门街机游戏《Tank》，以及双翼飞机和喷气式飞机游戏的几个变体。另外，还有8个可供选择的卡带，包括家庭版的流行街机游戏，如《Surround》和《PONG》。

尽管VCS的销量超过了Channel F，迫使仙童公司后来放弃了Channel F，但雅达利公司的游戏机销量并没有达到维持运营所需的水平。即使它在1978年发布了新游戏《打砖块》《Hunt & Score》和《Codebreaker》，并配备了一个新的键盘控制器，也没能成功地激起人们对VCS的兴趣。

在VCS发行后不久，太东公司的《太空入侵者》便开始进军世界各地的街机市场。雅达利公司的高管们意识到，在VCS上推出《太空入侵者》将会是一种主要的营销手段。因此，在没有先例的情况下，雅达利公司迅速获得了《太空入侵者》的家庭版授权，并于1980年1月在VCS上发布了该款游戏。这直接导致了VCS的销售额飞速增长，因为数以百万计的人购买VCS只是为了能在家里玩《太空入侵者》。雅达利公司在这一年获得了4.15亿美元的收入，是前一年收入的两倍多[1]。于是雅达利紧接着获得了其他街机游戏的授权，如《防卫者》（1980）和《迷宫射击》（Berzerk，1980），并在VCS上发布了自己的热门游戏《爆破彗星》和《导弹指令》。

由于VCS的局限性，为它编写程序是非常困难的。史蒂夫·梅耶曾在1983年接受《科技纵览》（IEEE Spectrum）的采访时说：

> 编写游戏程序的内核，就像解决带有很多可能性的谜题，而有一类程序员能够像解谜一样地处理微代码。如果编程变得更容易，就不会有

这些程序员了，因为他们会感到无聊。从这个角度来讲，VCS是一个绝对的挑战。[2]

托德·弗莱(Tod Frye)就是这样一位程序员，他的任务是设计一款以雅达利公司大型街机游戏《爆破彗星》为基础的VCS改编游戏。弗莱很早就发现，他无法在分配到的4K内存范围内完全地再现这款游戏。因此，他决定使用一种被称为"存储库开关"(bank-switching)的技术。这种技术是由雅达利公司一位名叫拉里·瓦格纳(Larry Wagner)的程序员开发的，但从未用于商业用途。这种技术就是将存储区划分为不同的部分或库。尽管程序可以使用所有的存储区，但一次只能访问一个。以VCS的情况为例，第一个4K库中的指针指向第二个4K库中的一个地址，并从这个地址继续进行处理。这样一来，第二个4K库的分支对CPU来说就是可读的。实际上，这使得VCS能够处理大于4K的游戏。不久之后，8K甚至16K的游戏（通常使用四组4K芯片）成了VCS的标准。

最终的结果是，雅达利公司的程序员们变得焦躁不安，因为他们不满自己的作品为公司赚取了数亿美元而自己只是被当作员工对待，甚至没有获得版税的权利。此外，因为担心竞争对手会把自己的程序员挖走，所以雅达利公司要求他们匿名。雅达利公司的程序员沃伦·罗比内特(Warren Robinett)决定为此做点什么。在编写《魔幻历险》(*Adventure*, 1979)时，罗比内特决定在游戏中设置一个隐藏的房间，如果被发现，他的名字就会出现在屏幕上。当犹他州一个12岁的男孩发现了《魔幻历险》中的隐藏房间时，雅达利公司想要修正代码却已经来不及了。雅达利的一名高管将这一隐藏信息称为"复活节彩蛋"（简称彩蛋），这个名字也一直沿用至今——今天的游戏都特意设计了彩蛋。

雅达利公司的其他四名程序员也对在游戏中隐藏自己的名字感到不满，于是他们与前唱片公司的高管吉姆·利维(Jim Levy)合作创立了动视公司——这是第一家以为电子游戏机开发第三方软件为主要业务的公司。

动视公司的游戏画面几乎可以与竞争对手的Intellivision系统媲美，并表明VCS确实有能力提供好看的画面和有趣的游戏。然而，动视公司也是雅达利公司的直接威胁。在此之前，消费者渴望新的游戏，所以雅达利公司可以一直依赖它发布的产品——无论它们多么平庸都能畅销。但是，现在雅达利公司的利润出现了问题,因为当消费者购买动视公司的游戏卡带时,公司赚不到一分钱。雅达利公司起诉了动视公司,但它赢得的仅仅是每个动视卡带上的一份免责声明——声明该游戏与 VCS 兼容。

随着动视公司的成功,许多公司也开始以为电子游戏系统开发软件为目标。有些公司,如 Imagic 公司,是由雅达利公司和美泰公司的资深程序员成立的。到 1983 年,已经有三十多家公司为 VCS(1982 年,根据其型号 CX-2600 重新命名为 2600)提供软件。

雅达利面临的竞争并不仅仅是来自软件方面的打击。雅达利 2600 还与美泰公司的 Intellivision 系统和 Coleco 公司的 Colecovision 系统进行了生存斗争。美泰公司和 Coleco 公司都提供了适配器,使它们的系统能够运行整个与雅达利 2600 兼容的游戏库。雅达利公司利用自己的超级主机雅达利 5200 进行了反击。尽管新一代的游戏机在技术上优于雅达利 2600,但它较高的价格反而让雅达利公司这款不起眼的小游戏机大受欢迎。

雅达利 2600 的超高知名度使它不可避免地成为吸引大量附加的外围设备的"磁铁"。尽管有些游戏已经发行了,但也有一些游戏还处于未完成的原型阶段,其中包括 CVC Gameline(1983)——一个插入卡带槽的调制解调器,标志着电子游戏首次可以通过电话线下载。Starpath 公司的 Supercharger 系统(1982)和 Amiga 公司的 Power Module 系统(1983)也可以插入卡带槽,但游戏是以廉价的卡带作为载体的。Amiga 公司还开发了 Joyboard(1982),这是一个独立的控制器,它与一款滑雪游戏捆绑销售。其他从未进入市场的控制器还有妙极百利的语音控制器和雅达利公司的 Mindlink(1984),这是一个可以感知玩家头部肌肉的控制器。最后,包括雅达利在内的几家公司争先恐后地推出了能够将雅达利 2600 变成个人电脑的外围设备。

不幸的是,雅达利 2600 的流行间接导致了臭名昭著的"1983 年雅达利大崩溃"。越来越多的公司加入雅达利 2600 的生态圈,这使得不久之后有数百个游戏可用于雅达利 2600,其中的大多数都设计糟糕,没有什么游戏价值。甚至雅达利公司也设法推出劣质游戏,它们的雅达利 2600 版《吃豆人》与这款街机上的大热游戏几乎没有任何相似之处。所有这些公司都在为占据有限的货架空间而竞争。第一批破产的公司将它们的存货卖给回收公司,回收公司再以极低的价格卖给零售商。消费者可以在清仓时购买便宜的游戏,或者从仍在营业的公司购买昂贵的游戏。然而,大多数人选择了廉价游戏。这就形成了一个恶性循环,导致更多的公司破产,迫使更多的残次品被放到已经拥挤不堪的清仓台上。剩下的公司,如雅达利公司,只能通过打折出售自己的游戏来与廉价游戏竞争,但在这个过程中亏了钱。到 1984 年,只有少数几家公司得以存活,它们也不再有任何理由花钱去开发新游戏。从各个角度看,雅达利 2600 和电子游戏产业已经死亡。

1983 年,任天堂在电子游戏上赌了一把且赌赢了。随后,不再属于华纳通信的雅达利公司决定分一杯羹。1986 年,雅达利公司发布了比雅达利 2600 更小、更便宜的版本,被称为雅达利 2600jr。这款售价 50 美元的新游戏机在那些买不起 125 美元的任天堂游戏机的家庭中大受欢迎。此外,雅达利公司还推出了新的软件。可惜为时已晚,雅达利的魔力已经消失了,即使发布了技术先进的雅达利 7800,可以兼容所有雅达利 2600 的游戏,雅达利公司也无法复制它在 21 世纪初创下的辉煌。不久之后,商店停止上架雅达利公司的游戏,玩家只能通过邮购的方式获取。直到 1991 年,雅达利公司最终结束了它的生命周期。

令人惊讶的是,这个游戏机至今仍在经典游戏社区里健康地存活着。1995 年,独立程序员埃德·费德梅耶(Ed Federmeyer)为雅达利 2600 编写了 SoundX,这是一个全新的版本。随后,他又编写了《Edtris 2600》,这是一款《俄罗斯方块》的克隆游戏。从那时起,陆陆续续出现了许多面向雅达利 2600 的全新游戏。此外,许多编写于 20 世纪 80 年代初但从未发行的老游戏,如《电梯大战》(*Elevator Action*)和《Stunt Cycle》等也被重新发现,并在经典游戏博览会(Classic Gaming Expo)和费城经典(PhillyClassic)等游戏活动中限量出售。

享受雅达利 2600 老游戏的乐趣并不局限于经典玩家,新生代玩家也在享受这些老游戏带来的乐趣,因为现代游戏机和个人电脑已经可以兼容雅达利 2600 的游戏库。Jakks Pacific 公司在市场上推出了雅达利操纵杆和桨状控制器,可以直接插到电视上玩经典的雅达利 2600 游戏。甚至雅达利公司也加入了这一行列,发布了 Flashback 2。它是一个独立的系统,看起来就像一台小型的雅达利 2600,配有一对操纵杆控制器,可以直接连接到电视上玩 40 种游戏,并且其中的一些游戏之前从未发布过。

雅达利 2600 可能已经消失了,但它肯定没有被遗忘。经过长达 14 年的生产与售卖,它的使用纪录仍然在所有游戏机中处于领先地位,在家用主机中仅次于 Game Boy。

第 12 章
矢量游戏

马克·J. P. 沃尔夫

矢量街机电子游戏的历史很短暂,始于 1977 年,且只持续了不到十年。矢量图形显示器(vector graphics display,也称为 XY 显示器)发明于 20 世纪 50 年代,它的成像方式与电视机使用的光栅显示器不同。在光栅显示器中,电子束覆盖了整个屏幕,而在矢量图形显示器中,电子束只负责画出组成图像的线段,屏幕的其余部分则是黑色的(关于矢量和光栅技术的更多内容详见本书第 2 章"影像技术")。矢量图形显示器需要绘制的内容较少,所以它的速度更快,线条更细、更清晰,可以在屏幕上平滑地移动;光栅游戏的立体块状图形则更难编程。物体是被单独绘制的,因此屏幕上可以有更多的移动物体。根据史蒂文·肯特的说法,即使是早期的矢量游戏也可以有多达 40 个独立的物体,而光栅游戏中只有 10 个左右[1]。矢量图形的主要缺点是没有位图,一切都由一系列线段构成,为人物或物体创建小而详细的图形比在光栅图形中更难操作。因此,矢量游戏往往不以角色为基础,主要由黑色背景上的线框图形组成。

拉里·罗森塔尔(Larry Rosenthal)的硕士论文是关于主机游戏《太空大战》的,他还在麻省理工学院开发了可以用于街机游戏的矢量技术,名为矢量光束显示器(Vectorbeam monitor)。他将该设备授权给 Cinematronics 游戏公司,但在一场争执过后,他离开了这家公司并创立了自己的公司,将公司命名为"Vectorbeam"。这两家公司都制作了基于《太空大战》的游戏,Cinematronics 公司的叫《Space Wars》(1977),Vectorbeam 公司的叫《Space War》(1977)。后来,Cinematronics 公司没有继续从 Vectorbeam 公司获得技术支持,而是在 1979 年收购了它。

Cinematronics 公司接下来制作了《星际雄鹰》,它的视觉效果受到电影《星球大战》中死星战壕(Death Star trench)场景的启发(详见本书第 7 章"20 世纪 70 年代的街机游戏")[2]。Vectorbeam 公司在 1978 年制作了《Speed Freak》,这是一款第一人称视角的驾驶游戏,与雅达利公司的《夜班司机》类似。区别在于《Speed Freak》没有用周期性的栏杆来划分《夜班司机》中的道路,而是绘制了道路的边缘和车道之间的分界线。与《夜班司机》的块状汽车不同,在《Speed Freak》中,迎面驶来的汽车更具立体感,并且靠近它时,车的尺寸被调整得更为平滑。当玩家撞上汽车时,它就会爆炸成散落在场景中的线段,增加了碰撞的动态感,这使得《Speed Freak》成为当时最好的驾驶游戏。

1979 年,矢量游戏的成功促使雅达利公司也加入了竞争。雅达利公司的第一款矢量游戏《月球冒险》是从同名主机游戏改编而来的,玩家需要在保证不撞毁飞船的情况下飞行和降落。同年 11 月,雅达利公司还发布了《爆破彗星》,它成为街机游戏的经典之作,也是最著名的矢量游戏之一,产量超过 7 万套(《月球冒险》的生产线最终也转为生产《爆破彗星》)[3]。《爆破彗星》陆续出现了续集、模仿者和盗版[如 Alpha Denshi 的《Planet》(1979)],并且由于这款游戏赚了很多钱,街机运营商们不得不制作更大的投币盒[4]。雅达利公司后续推出《爆破彗星》的另一个版本,即《爆破彗星 DX》(*Asteroids Deluxe*,1981),其中添加了一些新内容,包括可以在飞船周围打开的防护罩,以及一个追随玩家的杀手卫星(killer satellite)。当玩家受到攻击时,杀手卫星会分解成必须被摧毁的较小卫星。这一年的其他游戏有 Cinematronics 公司的《Sundance》,在这款游戏中,玩家需要打开网格面板捕捉跳跃的太阳;有 Vectorbeam 公司的《勇士》,在这款游戏中,两名骑士以俯视的视角进行一场剑战。这款游戏是最早的"一对一"格斗游戏之一(也许是继世嘉 1976 年发行的《重量级拳王冠军》之后的第二个);还有《Tail Gunner》,一个太空射击游戏,这款游戏最开始由 Vectorbeam 公司开发,在被收购后由 Cinematronics 公司继续完成。《Tail Gunner》的不同之处在于它的星域运动是相反的——不是像其他游戏那样让玩家飞向被描述的空间,而是让玩家远离,从宇宙飞船的后面看追赶它的飞船,所以被称为"Tail Gunner"。Exidy 公司购买了《Tail Gunner》驾驶舱版本(cockpit version)的版权,并在 1980 年发布了《Tail Gunner II》。

1980 年的其他游戏还有 Cinematronics 公司的《星堡》(Star Castle)，玩家向一艘被旋转环(可被摧毁)包围的敌方战舰开火；《Rip Off》是一款坦克射击游戏，海盗坦克会偷走玩家的燃料罐并将它们拖出屏幕；《Armor Attack》以鸟瞰的方式展示了吉普车、坦克和直升机。同年发行的游戏还有雅达利公司的《战争地带》，这可能是有史以来最著名的矢量街机游戏。《战争地带》采用第一人称视角，但与《星际雄鹰》和《Speed Freak》不同的是，它拥有能够进行更多 3D 计算的新硬件，雷达屏幕上显示的是用点表示的敌方坦克的示意图，这使得《战争地带》成为第一款玩家必须跟踪屏幕外的事件并可能被屏幕外的敌人杀死的街机电子游戏 [类似于美国西北大学(Northwestern University)在 1975 年开发的大型主机游戏《黑豹》(Panther)]。不过，《战争地带》的某个版本(简称 Bradley Trainer)就是为美军坦克训练而设计的。

利用与《战争地带》相同的背景技术，雅达利公司在 1981 年制作了另外一款游戏《红男爵》(Red Baron)[5]。《红男爵》本质上是带有双翼飞机的《战争地带》的飞行版本，玩家可以在空中和地面进行射击。雅达利公司在 1981 年发布的另一款矢量游戏是街机经典游戏《暴风射击》。这是一款抽象游戏，游戏中的物体沿着竖直的物体向上移动，玩家必须在它们到达顶端之前射击并阻止它们。该游戏可被视作第一人称版本的《太空入侵者》[6]。尽管《暴风射击》的封面页列出了 "MCMLXXX"——1980 年的版权日期，但它实际上是在 1981 年发行的。在《暴风射击》中使用的缩放图像对于矢量游戏来说是很容易的，但在光栅游戏中很难实现它。矢量游戏很好地利用了缩放，达成快速、流畅的运动效果。同时，在 1981 年前后开始出现彩色游戏，包括《暴风射击》。1981 年以前的游戏通常是黑白或单色的(如《战争地带》在黑色背景上设有绿色线条)，像《星堡》这样的电子游戏在屏幕上覆盖了色彩，让游戏的线条看起来是不同的颜色，但显示器本身并不是彩色的。

1981 年，世嘉开始制作矢量游戏(1979 年，世嘉与游戏公司 Gremlin 合并，所以它制作的游戏有时会被称为世嘉/Gremlin 游戏)，并在当年发行了两款矢量游戏：《Eliminator》和《Space Fury》。它们类似于《星堡》，在《Eliminator》中，敌方飞船位于一个圆形围栏内，围栏的外面有一个狭窄的隧道，玩家可以尝试通过击中它来摧毁敌方飞船(让人想起电影《星球大战》中摧毁死星的场景)。在多人游戏版本中，玩家需要摧毁圆形的围墙和敌方飞船（随着游戏的进行，敌方飞船会在玩家之后出现），并向其他玩家射击。《Eliminator》发行了单人版、双人版和四人版（屏幕每侧各有一名玩家，玩家方向中间朝上），成为有史以来唯一的四人矢量游戏。《Space Fury》则是一款以吸引模式闻名的太空射击游戏，这个模式的特点是一个独眼、大头的外星指挥官用合成语音（synthesized speech）嘲弄玩家，如"难道没有比我更强大的战士了吗？"和"那么，你不过是一个供我消遣的生物。准备战斗吧！"1981 年的其他游戏大多是射击游戏的不同变体。在 Cinematronics 公司的《Boxing Bugs》中，玩家控制着一端可以发射的大炮，另一端则有一个拳击手套，它们都被用来消灭在大炮周围的八角形保护墙附近放置炸弹的虫子们。Cinematronics 公司的《Solar Quest》是一个围绕太阳的太空射击游戏（类似于《太空大战》的某些版本），且存在某些奇怪的反转设定，即当敌人的飞船被摧毁时，它们会留下漂浮在太空中的"幸存者"，玩家拯救"幸存者"获得的分数远比摧毁它们更多——这是玩家因道德行为而获得奖励的早期实例。Midway 公司的《Omega Race》是一款太空射击游戏，游戏的屏幕中间有一个信息框，游戏的动作围绕着这个信息框进行，游戏的目标是射击外星飞船（而不是在赛道上比赛）。

1982 年对矢量游戏来说也很重要，这一年至少有六个新的街机游戏出现，同时还出现了唯一一个矢量家用主机游戏机系统。雅达利公司推出了三款街机游戏，即《决战外太空》（Space Duel）和《Gravar》《Quantum》。其中，《决战外太空》是雅达利唯一一款双人矢量游戏，它带有 3D 色彩的小行星，与《爆破彗星》类似，并且支持合作和竞争两种玩法。《Gravar》支持两个玩家交替游戏，结合了《爆破彗星》和《月球冒险》的玩法，由四个"宇宙"（重力为负值或正值，景观为可见或不可见）组成，每个"宇宙"都有三个恒星系，每个恒星系都有 4—5 颗行星（还有一个"基地"和一个"死星"），每颗行星都有自己独特的地形，玩家可以通过导航领略几十种不同的景观。《Quantum》的灵感来自粒子物理学，是一款抽象游戏，玩家需使用控制器包围并捕捉粒子，同时避免与其他粒子相撞。

世嘉也在 1982 年发布了三款新的矢量游戏，即《太空轮廓战机》（Zektor）、《太空机队》（Tac/Scan）和《星际迷航》（另一款游戏《Battle Star》出现在世嘉的宣传单上，但没有被发布）。《太空轮廓战机》的游戏内容是计划将八座城市从敌方战斗机和机器人的攻击浪潮中解放出来。《太空机队》

是一款三级空间（three-stage space）射击游戏，玩家需要控制一个由七艘飞船组成的舰队，这些飞船都以编队的形式作为整体进行移动。这款游戏的独特之处在于视角的转变。《太空机队》的第一阶段是二维的，类似于《小蜜蜂》和《太空入侵者》；第二阶段是三维的，即玩家向屏幕里面射击，而不是朝上/朝下射击；第三阶段是"太空隧道"（Space Tunnel），即玩家必须在一系列通向屏幕的同心圆中航行。与 1972 年的同名游戏不同，世嘉的《星际迷航》是由派拉蒙公司（Paramount）授权的，并与电影《星际迷航 2：可汗之怒》（*Star Trek II: The Wrath of Khan*）同在 1982 年发行。《星际迷航》拥有 5 种不同的控制方式、6 种不同的敌人和 40 多种不同的模拟关卡，这使得它成为有史以来最复杂的矢量游戏之一[可能还包括《重力战机》(*Gravitar*)]。

1982 年 11 月，GCE/Milton Bradley 发布了唯一一个带有矢量图形的家用主机系统——Vectrex。由于电视机使用的是光栅图形，Vectrex 配备了自带矢量显示器。它的屏幕是单色的，但彩色的覆盖物被用于为游戏图像着色。为 Vectrex 发布的游戏有原创游戏（如《Bedlam》《Blitz!》《Fortress of Narzod》《Minestorm》《Hyperchase》等），改编自 Cinematronics 公司的矢量街机游戏（如《Space Wars》《星际雄鹰》《星堡》《Armor Attack》《Rip Off》《Solar Quest》《Cosmic Chasm》等），改编的光栅街机游戏（如《迷宫射击》《顶尖赛手》《Scramble》等），使用光笔的游戏（如《AnimAction》《Art Master》《Melody Master》等），甚至还有一些 3D 游戏（如《3D Crazy Coaster》《3D MineStorm》《3D Narrow Escape》等，这些游戏需要一个附加的特殊 3D 观察器）。由于 Vectrex 已经停产，制造它的史密斯工程公司（Smith Engineering）允许其他公司出于非商业性目的复制 Vectrex 的材料。这使得 Vectrex 的粉丝社区能够继续为 Vectrex 创造自制游戏，并且现在的 Vectrex 游戏数量已经超过了最初发布于该系统上的游戏数量。

1983 年也出现了一些矢量游戏，如 GCE/Cinematronics 的《Cosmic Chasm》、Centuri 公司的《Aztarac》，以及雅达利公司的《黑寡妇》（*Black Widow*）、《Major Havoc》和《星球大战》[7]。在《Cosmic Chasm》中，玩家必须穿过空间站内的管道向它的核心开火，然后在空间站爆炸前再次飞出来。这个想法可能受到同年春天上映的电影《星球大战：绝地归来》（*Star Wars: Return of the Jedi*）的启发。另一款太空游戏《Aztarac》要求玩家保卫一个星球基地免受攻击。而在《黑寡妇》中，玩家需要控制一只蜘蛛网上的蜘蛛，并通过射击来防御虫子的入侵（自卫似乎是一种为游戏暴力辩护的流行方式）。《Major Havoc》是一款复杂的多阶段冒险游戏，玩家首先降落在空间站，需要通过射击敌人的飞船，以及在带有各种物体（如机器人守卫和带电的屏障）的走廊迷宫中穿行，最终摧毁空间站的反应堆。这款游戏非常复杂，至今仍有众多粉丝。1983 年最著名的矢量游戏是雅达利公司的《星球大战》，这是一款从卢卡斯影业（Lucasfilm）获得授权的彩色 3D 游戏，重现了电影中的太空战斗和死星战壕中的追逐场景，甚至还原了电影原声带中的数字化声音样本。

1983 年是 Cinematronics 公司生产矢量游戏的最后一年。同年，Cinematronics 发布了第一款光盘游戏，并且这款游戏的成功让它将精力转向了新技术（详见本书第 17 章"激光视盘游戏"）。1984 年似乎没有公司发布矢量街机游戏，尽管一些游戏仍在继续开发中。偶尔会有游戏原型被制作出来（但没有发布），或游戏创意可能被重新加工并出现在后来的游戏中［如雅达利的《雄猫》（*Tomcat*），尽管可以在互联网上找到该游戏的截图，但它似乎并没有发布］。

1985 年，雅达利游戏公司发行了另一款基于《星球大战》的游戏——《帝国反击战》（*The Empire Strikes Back*，关于雅达利公司和雅达利游戏公司之间的区别详见本书第 11 章"雅达利 VCS 主机简介"），这也是雅达利游戏公司发行的最后一款大型矢量游戏。那一年问世的另外一款游戏是 Exidy 公司的太空游戏《Vertigo》（但也有资料说它问世于 1984 年）。最后一款矢量街机游戏（或许发行了，也可能并未实际发行）可能是 Exidy 公司于 1986 年发行的《Top Gunner》。这是一款坐入式游戏，据说是对《Vertigo》的改编。

到了 20 世纪 80 年代末，精灵图技术得到了极大的改进。在雅达利公司的游戏《我，机器人》中首次亮相失败多年后，三维光栅图形（three-dimension raster graphics）游戏开始重返街机。光栅游戏在图形上的改进预示着 20 世纪 90 年代三维光栅图形游戏的崛起，因为在许多玩家（和游戏公司）的眼中，线框图形已无法与之竞争。然而，矢量游戏独特的外观和游戏体验吸引了大批的追随者，它作为街机收藏品和模拟器改编产品而继续存在，并被视作街机电子游戏黄金时代的重要组成部分。

第13章
电子游戏里的明星：吃豆人

马克·J. P. 沃尔夫

在20世纪70年代，电子游戏的图像受到限制，玩家角色的图像通常只是彩色块，或是简单的交通工具图案，如坦克、汽车、飞机、马或宇宙飞船等。Midway公司的《热火枪战》(*Gun Fight*)和Project Support Engineering公司的《Maneater》则将人物作为玩家角色。不过，即使这样，这些游戏的角色依旧没有名字，就像那个年代的其他游戏角色一样。南梦宫在1979年底于日本发行（并在一年后由Midway于北美发行）的一款游戏，首次以个性化的行为来命名角色，而这款游戏的第一个明星角色便是"吃豆人"。这款游戏后来成为史上最著名的一款电子游戏，仅仅是它的街机版本就赚取超过10亿美元的利润。有一项研究估算，人们在20世纪玩它的次数几乎超过100亿次[1]。

《吃豆人》是南梦宫公司的设计师岩谷彻（Toru Iwatani）的作品，他于1977年加入该公司，当时只有22岁。他在苏珊·拉默斯（Susan Lammers）于1986年出版的《编程大师访谈录》(*Programmers at Work*)一书中描述了该游戏的创作过程：

> 当时，所有的电脑游戏都是暴力类型的，如战争游戏和空间入侵游戏类型等，不存在所有人都喜欢或适合的游戏，尤其是不存在女性能够享受的游戏，所以我想创造一款能够令女性喜爱的"滑稽"游戏。关于《吃豆人》的起源，我想说的是，有次我在午餐时间很饿，于是点了一整张比萨。这件事对我有所启发，而剩下的便是创造吃豆人的形状……

在日语中，嘴(kuchi)的字符是方形的①。它不像比萨那样是圆的，但我决定将它四舍五入……而食物是我底层想法的另一部分。在我最初的设计中，游戏将玩家角色置于屏幕上的食物中。随后我意识到，玩家在这种模式下并不知道该做什么，即游戏的目标变得模糊起来。所以，我创造了一个迷宫，把食物放进去。无论谁玩这款游戏，都可以通过在迷宫中移动而获得一些目标。日本人有一个俚语"paku paku"②，他们用这个词来描述一个人吃东西时嘴巴张开和闭合的动作。"吃豆人"这个名字就是由此而来。[2]

当这款游戏最后在北美发行时，它最初的名字"Puck-Man"被更改了，因为人们认为孩子们会刮掉"P"的中间部分而使这个名字具有攻击性③。

《吃豆人》中的角色都有自己的名字，包括吃豆人的敌人，即四种"幽灵"或"怪物"：红色的叫 Shadow（绰号"Blinky"），粉色的叫 Speedy（绰号"Pinky"），青色的叫 Bashful（绰号"Inky"），橙色的叫 Pokey（绰号"Clyde"）。每个角色都有不同的预编行为，防止它们跟在吃豆人的后面，并以完全相同的方式移动。吃豆人和幽灵还出现在三个动画的过场或关卡之间的间歇中，为游戏增添了幽默，也让玩家在关卡间有短暂的休息时间。

在《吃豆人》之前，最受欢迎的游戏是《太空入侵者》和《爆破彗星》。《吃豆人》是一款幽默且非暴力的游戏，与太空主题和射击游戏有所不同。它也是最早的跨界游戏之一，吸引了广泛的用户，包括女性和不同年龄段的玩家，否则他们可能永远不会玩电子游戏。《吃豆人》的成功还激发了游戏设计师的创新力，并表明"可爱"的游戏是有市场的，各种各样的游戏设计都有可能受到玩家的青睐。

多年来，《吃豆人》被移植到十几个不同的平台上，包括各种家用游戏主机，甚至是手机和iPod。十几款续集在市场发行，包括《吃豆小姐》(*Ms. Pac-Man*，1981)、《吃豆小姐加强版》(*Ms. Pac-Man Plus*，1981)、《超级吃豆人》(*Super Pac-Man*，1982)、《吃豆人加强版》(*Pac-Man Plus*，1982)、《吃豆人

---

① 日语的假名为"くち"，汉字标记为"口"。——译者注
② "パクパク"，日语中的拟声副词。——译者注
③ "Puck-Man"就会变成"Fuck-Man"。——译者注

宝宝》(*Baby Pac-Man*, 1982)、《吃豆人二世》(*Jr. Pac-Man*, 1983)、《吃豆人：豆西 & 豆乐》(*Pac & Pal*, 1983)、《吃豆人教授》(*Professor Pac-Man*, 1983)、《Pac-Man & Chomp Chomp》(1983)、《吃豆人世界》(*Pac-Land*, 1984)、《吃豆人狂欢》(*Pac-Mania*, 1987)、《吃豆人：吃遍世界》(*Pac-Man World*, 1999)、《吃豆人：吃遍世界 2》(*Pac-Man World 2*, 2002)，甚至有 3D 第一人称视角的《VR 吃豆人》(*Pac-Man VR*, 1996)。多年来，家用游戏机和手机等平台上出现了二十多部授权续作，还有许多复制品、无趣的"山寨品"和非法盗版版本。

　　吃豆人也是第一个在电子游戏以外的领域大量出现相关产品的电子游戏角色。关于吃豆人，还有歌曲和名为"吃豆人热"(Pac-Man Fever)的专辑（这首歌甚至在 1982 年登上了 Billboard 排行榜的第 9 位），连续两季的动画电视连续剧（1982—1984 年）和圣诞动画特辑《Christmas Comes to Pac-Land》，由妙极百利制作的两款棋类游戏（基于《吃豆人》和《吃豆小姐》），以及 T 恤、帽子、掌上游戏、毛绒玩具（有些是电池驱动的）、儿童书籍、儿童漫画、背包、坐垫、钟表、手表、珠宝、钥匙链、痒痒挠、篮球、溜溜球、肥皂泡、口香糖贩卖机、钢笔、铅笔、橡皮、贴纸、风车、钱包、拼图、扑克牌、魔方、十字刺绣套装、磁铁、文具、纸制品、聚会用品、保险杠贴纸、空气清新剂、车牌、垃圾桶、地毯、台灯、夜灯、电话、打火机、眼镜、碗碟、午餐盒、面条、麦片、糖果、口香糖、维生素、通心粉和奶酪晚餐等产品[3]。黛博拉·帕利西亚（Deborah Palicia）在 2001 年出版了一本 160 页的书籍，名为《吃豆人收藏品》(*Pac-Man Collectibles*)，她还计划就此主题出版第二本书。

　　《吃豆人》在 2005 年迎来了 25 周年纪念日。为了纪念这一天，一款新的街机游戏《Pac-Man 25th Anniversary Model》将《吃豆人》《吃豆小姐》和《大蜜蜂》融入同一款游戏。游戏公司计划推出更多《吃豆人》系列的游戏，并继续为每一款新出现的家庭游戏主机制作适配的游戏。直到今天，吃豆人仍然很受欢迎，并且很可能在未来几年仍是电子游戏行业的标志性游戏角色。

第 14 章
家用电脑的兴起

鲍勃·雷哈克

在如今的美国,很难找到一个没有个人电脑的中上层阶级家庭①。事实上,许多家庭甚至拥有不止一台如 iMac、戴尔(Dell)、捷威(Gateway)、自组装电脑或是某品牌的复制品等,它们被摆放在桌面、工作台和厨房的桌子上。在室外,咖啡馆、学校和图书馆的桌子上也都摆着笔记本电脑。这些电脑可以运行文字处理软件、网页浏览器、电子游戏、数码照片编辑软件、支票簿结算软件和家谱绘制程序。为娱乐和生产量身定制的软件被组装在面向普通大众的操作系统上,如简单的图标、可点击界面、鼠标和触控板(用于笔记本电脑),这使得从儿童到老年人,任何年龄的用户都可以轻松操作。越来越多的电脑处理器和存储设备正在蚕食美国家庭生活中最神圣的地方——客厅及其中的电视机和规模较小的终端,如电话、照相机、电子日历和地址簿等袖珍设备。总之,个人电脑和智能运算设备构成了一整套科技系统,应用在我们最私人、最普通、最日常的空间和行动中。

当然,情况并非一直如此。自从个人电脑的庞大祖先(电脑本身有客厅那么大,主机则有整栋房子那么大)像一动不动的恐龙一样蹲在地球上以来,仅仅过去了几十年。这种庞大的机器的用途与个人理财或即时通信无关;相反,它们被用来计算导弹轨迹、化学反应或对其所在的地域和人口特征进行数学建模。自那以后,存在于军事基地和研究实验室的庞然大物发生了彻底的变化。这一转变在微型化、内存存储、图形显示和电源等方面以惊人的速度发展,这一系列的突破是如此的有规律且天衣无缝,以至于它们似乎不应

---
① 本书出版于 2008 年,可见时代发展之快。——译者注

该被贴上之前的一些固有标签。同样重要的是个人电脑的崛起对社会层面的影响,它是在反主流文化盛行的 20 世纪 60 年代和商品化狂热的 70 年代之间出现的。个人电脑的出现倡导了一种民粹主义冲动,并与"电脑是下一个最大的消费市场"的商业预测结合在一起,提出了"电脑应该普及给每一个人"的口号。其结果是引起了一场文化和技术的大革命,引领了计算机硬件和软件设计的新方向,发掘了计算机使用和编程的新受众,可谓现代计算机市场的特定景观。

在所有这些变化中,也许没有什么比电子游戏更具有象征意义的元素了。作为计算机第一次被用作纯粹的娱乐的实例,电子游戏代表了对计算机真正"用途"的重新定义:这个时代的程序员通过编写游戏来磨炼他们的软件技能;用户和大众购买或组建私人电脑是为了制作和玩游戏;为了向私人电脑的新用户推销游戏,许多相关公司开始成立;游戏的需求(如更好、更快的图像音频和图像显示,类似于鼠标和手柄一类的操作设备,以及用于联机游戏的网络环境等)则推动了计算机行业的技术革新。从某种意义上来说,电子游戏是"杀手级应用"(killer app),它将 20 世纪四五十年代的巨型机器变成了时髦的"塑料盒",能够在百货商店买到并放在 SUV 的后座上带回家。

世界上最早一批的电子计算机,如第二次世界大战中重达 40 吨的 ENIAC 计算机使用真空管来控制二进制数据位开关,这是所有数字计算机的核心技术。但是,这些真空管又大又热,为了防止它们靠得太近,第一代计算机的最大尺寸和功率都有所限制。在接下来的几年里,技术的进步使计算机变得更小、更快、温度更低成为可能。真空管变为晶体管,晶体管变为集成电路,而集成电路又变为微处理器。每项创新都将更多的二进制开关和逻辑门封装到更小的空间中,并将计算机的处理能力提高了多个数量级,同时减小了它们的物理体积。在 20 世纪 60 年代,小部分小型计算机出现了,它们在大学的研究实验室里安家落户,并在商业市场中崭露头角。也正是在这时,早期的程序员们开始将 LINC(Laboratory Instrument Computer,实验室仪器计算机)、PDP-8 小型计算机、VAX 系列计算机等用于娱乐用途,创造了第一批电脑游戏,设计了更为复杂的图形化处理。小型计算机的使用权通常由"管理者"维护,"管理者"是一个由授权用户组成的核心圈子,他们处于令人着迷的机器和数量迅速增长的电脑狂热者之间。为了获取计算机的使用权,电脑迷们同时会在业余时间编写运行程序,且不受课堂作业或商业项目的限制，为此他们进行了一场无休止的争论。20世纪60年代的电脑迷们反对"管理者"的权威，也反对计算机只能用于严肃公共用途的禁令。这些运动为计算机文化奠定了基础，并促使计算机的使用权开放给每个人，即制造小型、便宜、私有化的计算机。

在20世纪70年代早期，将成千上万个逻辑电路印在一块硅片上的英特尔8008"单片机"（computer on a chip）的出现，使得家庭用户第一次拥有了属于他们自己的计算机。然而，像IBM和DEC这样在20世纪60年代占据计算机领域主导地位的大公司似乎都没有兴趣开发家庭电脑市场。这种失察在某种程度上可以归因于一种错误的文化认知，这可能是一种无意识信念，认为家用环境的价值和必要性与通常作为大规模的严肃工作工具的计算机相矛盾。考虑到计算机的进化，这种情况也许是可以理解的，但他们没有考虑到时代变迁的规律。因此，在未来，第一台个人电脑将由业余爱好者和狂热分子创造，而不是大公司。

1975年问世的MITS Altair 8800是世界上第一台可以被称为个人电脑的机器。现在看来它可能显得很原始，但它绝不是一台简单的设备。Altair并没有将其处理器需求分散到大量电路板中，而是使用了英特尔的单芯片微处理器。它不是以一台成品机的形式出售的，而是呈现为一套工具、一盒零件，用户必须自己组装。这是一个费力的过程，通常需要几个月的时间，所以厂商鼓励爱好者相互交流，以集中资源来回答和解决技术问题。组装好Altair后，使用者必须通过一个枯燥的过程进行调试，即轻按各个开关，在计算机的256字节内存中逐个设置开/关寄存器。因为没有存储能力，使用者每次打开Altair时必须重新执行加载操作系统的操作。同时，由于Altair没有显示器，它只能通过闪烁面板上的灯来进行通信。尽管如此，Altair还是取得了超乎创作者意料的成功，最终售出了1万台[1]。

Altair之所以重要，不仅是因为它标志着计算机首次进入个人家庭，还因为它引领了社会和市场趋势，使个人电脑进入了下一个爆发式发展阶段。技术先进的Altair的建设者聚集在一起，形成了一个草根组织——自制计算机俱乐部（Homebrew Computer Club）。随着其他的计算机进入市场，这些小组成员在俱乐部里找到了共同话题，他们会定期举行会议，在会上分享最新公告，解决技术问题。自制计算机俱乐部还激发了许多人的兴趣，这些人在个人电脑的后续发展中发挥了重要作用，其中包括年轻的斯蒂夫·沃兹尼亚克（Stephen Wozniak）、保罗·艾伦（Paul Allen）和比尔·盖茨（Bill Gates）。

毫无疑问，在计算机发展的十年中，最重要的是 1977 年。在这一年，人们见证了三种不同的计算机问世，每一种在技术能力、受众和品牌标识方面都各有特点，但它们同样都具有划时代的意义。Commodore PET 是第一批将显示器、键盘、卡带存储器与主板（集成所有计算机芯片的板子）结合在一起的计算机。白色金字塔形状的 PET 很快出现在美国各地的教室里。TRS-80 是第一款在常见的低端硬件商店睿侠（Radio Shack）中出售的计算机。TRS-80 由坦迪公司（Tandy）开发，包含一个组合键盘/主板、一个磁带式储存器和一个黑白显示屏，售价 599 美元。在 PET 的基本配置中，它带有 4 K 内存（是 Altair 8800 的 16 倍），可以扩展到 16 K 或 48 K，但需要额外购买。在 1981 年 1 月停止销售之前，TRS-80 是最畅销的，共售出了 25 万台[2]。然而，坦迪的热门产品 TRS-80 一直以来的廉价特点，加之它与不太受尊重的睿侠公司的关系，导致许多人把它称为"Trash-80"。

1977 年是苹果二代（Apple II）上市的一年。史蒂夫·乔布斯和斯蒂夫·沃兹尼亚克是两个衣着邋遢的大学生，也是自制计算机俱乐部的成员。他们卖掉自己的大众汽车来筹集资金，然后在加州郊区的某个车库里组装了第一台苹果电脑。虽然装在木箱里的苹果一代主要是为了给其他计算机爱好者和业余爱好者留下深刻印象，但它的后续产品苹果二代一问世就立即获得了巨大成功，成为第一款真正意义上的个人电脑，也是第一款商业巨作。

苹果二代的米黄色外壳包裹着主板、键盘和扩展插槽。斯蒂夫·沃兹尼亚克是一位聪明的工程师，他把 6502 微处理器放在一块最大内存为 48K 的复杂电路板上。对于家庭发烧友来说更重要的是，苹果二代拥有彩色显示屏（既有块状的低分辨率图形，也有单独的高分辨率模式）。几年前 Altair 8800 面临的有限内存和人们几乎完全无法理解的输入/输出方式等问题，在苹果二代上得到了解决，它的开放式架构和多个扩展槽鼓励家庭用户创造各种软硬件。苹果二代自带编程语言 BASIC①，预存于只读内存中。苹果二代还附有参考手册，对主板和 ROM 结构进行了详细介绍。这一切都为建造一个强

---

① Beginners' All-Purpose Symbolic Instruction Code，意为初学者通用符号指令代码，是一种给初学者使用的程序设计语言。——译者注

大的开发者社区作出了贡献,这些开发者的创新为苹果二代提供了多种软件程序和外部设备,以满足各种需求。

这些早期个人电脑运行的绝大多数软件为电子游戏。像苹果二代这样的电脑是玩家的梦想,它能提供彩色的图像和能够模仿公共游戏厅里的电子游戏的声音。《太空入侵者》和《吃豆人》等游戏的变化迭代与许多当今流行的软件类型的雏形版本(如飞行模拟游戏和第一人称射击游戏等)同时出现。即使像 TRS-80 这样的计算机,它的图形也仅限于 ASCII 字符集,但它也促使文字冒险游戏茁壮发展。其他基于文本的游戏,如《星际迷航》、《伊丽莎》、《猎杀旺普》(*Hunt the Wumpus*)、《巨洞冒险》,都是通过大卫·H. 阿尔 1978 年发布的《基本计算机游戏》(*Basic Computer Games*)一书而为个人电脑用户所知。除了电子游戏,会计电子表格软件 Visicalc 成为苹果二代的第一个"杀手级应用"。它既可以作为管理财务的家用软件,也可用作打破个人电脑传统认知,使得微型计算机成为各个公司的重要商业工具。最终,电子游戏在人们脑中建立了个人电脑作为"玩具"或者说作为互动玩伴的概念。这种概念逻辑促使父母购买个人计算机,因为他们看到了一个可以吸引孩子并为孩子提供娱乐的工具。

电子游戏(无论合法还是非法)激增的一个重要因素是便宜、快速的存储媒体的出现与发展。从穿孔卡存储(punchcard storage)时代开始,软件就一个又一个地被用户复制和修改,然后像病毒一样在技术社区中传播。现在又出现了一种类似的做法,先是围绕着印有 BASIC 表的纸质资料,然后是围绕着电子储存媒体。然而,在这种趋势下,早期个人电脑的一些不足开始明显地暴露出来。它们使用卡带录音机和磁带在内存中读写程序,而磁带机的读写速度往往又慢又不可靠。另一种更快捷的替代方案是使用软磁盘驱动器,它将数据写入套着塑料管的直径为 5.25 英寸的扁平软盘。虽然软盘作为小型计算机的存储介质已经使用多年,但苹果二代是第一款应用这种存储模式的家用计算机之一,利用插在主板上的控制卡进行存储。TRS-80 和 PET 也装载了这种特色软盘驱动器来进行升级。一旦计算机开始使用 DOS(disk operating system,磁盘操作系统),就可以更快速、更方便地加载和保存程序。软盘驱动器还使软件能够更高效地复制,但也导致了共享软件的传播和盗版的猖獗。

苹果、康懋达(Commodore)和坦迪三大巨头主导了整个 20 世纪 70 年代末的计算机市场。然而,随着十年的发展,几个竞争者出现了。计算器制造商得州仪器公司于 1979 年推出了一款名为 TI-99/4a 的彩色计算机。在 PET 之后,康懋达又推出了一款低成本的后续产品 VIC-20;1982 年又推出了 Commodore 64,这款电脑后来成为 20 世纪最畅销的个人电脑。同样值得关注的还有游戏制造商雅达利的作品,即雅达利 400 和雅达利 800。与 TI-99/4a 一样,雅达利生产的计算机也带有用于使用游戏卡带的附加插槽(作为软盘的替代品)。上述这些计算机都有彩色图像、精细的音响和专门用于提供令人眼花缭乱的视听效果的芯片组,这表明电子游戏在计算机性能发展过程中起到了非常重要的议程设置作用。

随着两款机器的推出,这个拥挤的市场被拓宽了。很快,这两款机器就引领个人电脑向不同的设计方向发展。1981 年,IBM（International Business Machines Corporation）发布了个人计算机,并有效地将字母"PC"用于标记任何符合 IBM 规范并运行 PC-DOS 操作系统的机器。最初,由于 IBM 的个人电脑价格昂贵,难以打入美国本土市场。但是,事实证明,作为一款低端商用机器的 IBM 个人电脑取得了成功。值得关注的是,DOS 操作系统的开发公司微软将 DOS 操作系统以"MS-DOS"的名义出售,导致不同的公司推出了一系列功能相似的 IBM 个人电脑"山寨"产品。在 20 世纪八九十年代,IBM 个人电脑及后续产品成为个人电脑市场的主导产品。

当时推出的另一款具有里程碑意义的电脑是苹果公司的麦金塔电脑（Macintosh,即 Mac）。1984 年,在一次强调 Mac 与 PC 不同的宣传广告中,苹果推出了这款电脑。Mac 的出现标志着苹果电脑美学的一次重大转变,并对之后的计算机设计界面范式产生了深刻的影响。Mac 由一个白色塑料制成的一体机、一个黑白显示器和一个 3.5 英寸的软驱组成,一体机上连接着键盘,但真正的创新是连接在键盘上的另一个设备——一种被称为"鼠标"的小型方形点击设备。鼠标本质上是一个轨迹球,就像街机游戏《导弹指令》中的那样,但它凸起的部分是可以转动的,移动鼠标会有箭头形状的光标在屏幕上移动。这是 MAC 界面的关键,一个类似于桌面模型的包罗万象的图形环境,其中包括文件夹和用于删除文件的回收站。用户可以在屏幕上指向并点击由图标表示的对象,并将它们拖动到新的位置,就好像它们是在真实空间中存在的一样。Mac 的界面几乎像玩具一样,卡通且简洁,目的是让电脑的使用变得简单、直接(进一步摧毁了环绕着计算机的专业知识壁垒),同时隐藏了机器语言和程序列表的复杂内部工作。Mac 界面也因为它与游戏的相似性而具有趣味性，上面的图标类似于虚拟化身，桌面的视觉布局体现了一种空间隐喻，很像电子游戏中的屏幕世界。

Mac 的许多功能涉及一整套内置的应用程序，如 MacPaint 和 MacWrite，后来也被其他软件设计师借鉴。尽管苹果公司对此表示抗议并试图通过法律保护其设计，但 WIMP 界面（基于窗口、图标、菜单和指示器的界面）依旧成为其他 GUI（graphical user interface，即用户图形界面）设计的核心。最大的"山寨"者无疑是微软，它在 1985 年将 Windows 作为 MS-DOS 的一个模块进行引入。随后，微软在 1990 年推出了 Windows 3.0，并分别在 1995 年和 1998 年推出了 Windows 95 和 Windows 98，在 2001 年推出了 Windows XP，在 2006 年推出了 Windows Vista。此外，微软还推出了一系列针对专业用户和家庭用户的其他 Windows 版本。Windows 在每一次迭代中都变成了功能更加完善的 GUI 和操作系统，可与 Mac 操作系统媲美，而且并非完全照搬 Mac 系统。直到今天，Mac 和 PC 仍处于一种奇怪的制衡状态，像两个全球超级大国一样建立起不情愿的对话。它们意识到必须共享同一个星球，但在核心层面上抵制彼此的基本意识形态。

从 20 世纪 90 年代到 21 世纪初期，个人电脑在性能和灵活性方面不断发展。总体来说，PC 可以访问更广阔的电子游戏软件领域，硬核游戏社区为了在单人和多人比赛中展示最新的游戏，投入大量时间和金钱来创造更强大、更精致的"装备"，如配备霓虹灯"外壳模组"（neon-lit "case mods"）。个人家庭中广泛安装计算机是互联网得以在 20 世纪 90 年代初期兴起并在随后几年快速发展的基础。这些计算机首先通过电话线联网，然后通过令游戏玩家群体繁荣兴盛的另一种媒介——网线。现代的个人电脑有多种形式，从家用 PC 到一体机 Mac，再到戴尔等公司组装的软件包。从微处理器的复杂程度、内存容量和图形处理能力等角度来衡量，在个人电脑问世的大约 30 年里，它的性能一直在不断增强，并且价格成比例下降。今天的个人电脑早已不再是昔日的庞大"怪物"，而且这种发展趋势似乎永远不会停止。随着普通家庭用户也能够接触高端计算机，它的文化意义将继续演变，并更加贴近人们的日常生活。

第 15 章
电子游戏类型简介：冒险游戏

马克·J. P. 沃尔夫

关于冒险游戏（adventure game）是什么，以及它有哪些独特之处，我们可以这样描述：

游戏背景设置在某一个"世界"之中，通常由多个连接的房间、地点或被遮蔽的部分组成，游戏涉及的玩法比简单的捕捉、射击或逃脱更为复杂，要实现游戏目标可能需要完成多个或所有玩法。游戏目标通常需要通过几个步骤来达成，如找到钥匙并打开通往其他区域的门，以获取游戏中其他地方所需的物品。在这类游戏中，角色往往能够携带物品，如武器、钥匙、工具等。游戏的背景通常会设置在特定的历史时期和地点，如中世纪或亚瑟王时期的英格兰，或者与科幻、奇幻、间谍等题材相关。"冒险游戏"这一术语不应该用于指称以单向线性方式设计的游戏，如《大金刚》和《玛雅历险记！》（*Pitfall!*）中的关卡，有关它们的玩法基本上仅限于奔跑、跳跃和躲避危险；也不应该用于指代如《龙穴历险记》（*Dragon's Lair*）、《小工具》、《星际迷航：博格人》等游戏，因为它们不允许玩家自由漫步和探索世界。故事的结局和可能的叙事路径被以一系列的视频序列和预先确定的线性进展严格限制。

我们试图以一种区别于其他类型的方式定义冒险游戏，游戏世界和玩家在其中的体验似乎才是冒险游戏的核心。许多冒险游戏虽然拥有与玩家角色对立的怪物和其他角色，但里面通常并不存在传统意义上的对手。在冒险游戏中，玩家真正的对手是游戏世界本身，因为玩家在游戏中总是试图了解所在的地理位置和方向，进入其隐藏、封锁的区域，并学习使用其中的各种物品和装置。探索最初不允许进入的区域，以及工具使用等玩法设定在许多其他类型的游戏中也出现了，但在冒险游戏类型中，它们占据核心位置，通常是实现主要游戏目标所必需达成的子目标。同时，发现这些子目标如何影响整体目标也是冒险游戏体验及其本质的一部分。

因此，冒险游戏的演变依赖于可探索空间的发展（空间对于这类游戏至关重要，所以冒险游戏的攻略通常被称为"walkthroughs"）。在 20 世纪 70 年代中期，计算机程序员威廉·克劳瑟将他对洞穴探索、地图绘制、角色扮演游戏《龙与地下城》（*Dungeons & Dragons*）的兴趣与他的编程能力结合起来，开发出后来被称为美国第一款计算机冒险游戏的《巨洞冒险》（*Colossal Cave Adventure*，有时也被称为 *Adventure*）[1]。这款全文字游戏描述了一系列相互连接的房间，玩家通过输入代表"北"的"n"或代表"下"的"d"等操作在房间中进行移动。一些物品（如钥匙或灯）也是玩家在游戏过程中需要获取的。这款游戏的地形设计基于肯塔基州的 Bedquilt 洞穴，并保留了它的许多特点。游戏对洞穴的描绘和布局非常精细，以至于第一次到实地旅游的玩家仅凭自己对游戏的了解就能够找到正确的路线[2]。1976 年，程序员唐·伍兹发现了克劳瑟的游戏程序，并在他的支持下扩充了程序，在其中加入了受托尔金（J. R. R. Tolkien）作品影响的奇幻元素。

克劳瑟和伍兹的《巨洞冒险》是第一款文字冒险类型的电脑游戏，现在被称为"互动小说"（interactive fiction）。直到今天，游戏公司仍在制作这类游戏，但它已不再具备商业价值[3]。文字冒险游戏中的创新设计，特别是单个房间连接成的可探索空间，玩家可与之进行简短对话或互动的角色，以及能够让玩家进入新区域的道具（如钥匙），很快就彻底改变了电子游戏的整个领域。1977 年之前的电子游戏是由单个屏幕的图像组成的，上面显示着游戏动作。Kee Games 公司的街机游戏《超级汽车》是第一款具有可向四个方向滚动的屏幕的游戏，在向上下或左右滚动时会显示屏幕外的空间。但是，这些空间仍然是一个单一区域，尽管比之前的单个屏幕还大。

同年，沃伦·罗比内特为雅达利 2600 开发了第一款图形冒险游戏，名为《魔幻历险》。在斯坦福大学玩过克劳瑟和伍兹的冒险游戏后，罗比内特认为它可以作为家用主机游戏，并接受了将这种类型的游戏转换成 4 096 字节的雅达利盒装游戏的挑战。但是，罗比内特的（雅达利）老板却认为完成这个任务几乎是不可能的，因为他面临着诸如如何表现房间及其连通性、可携带、拾取和掉落的道具，以及在游戏过程中遇到其他生物等问题[4]。

《魔幻历险》发行于 1979 年，它以 30 个相互连接的屏幕为特色，使用了从一个屏幕切换到下一个屏幕的电影惯例而不是滚动屏幕，这也使它成为首款使用多块屏幕的电子游戏。游戏中也有不连贯的区域，玩家只能使用某些特定道具（如打开城堡大门的钥匙和通向围墙内的桥等）才能进入，甚至在玩家的视野范围外也存在一些游戏动作（如当玩家在别处时，蝙蝠可以捡起和放下道具）。这款游戏比当时市面上的任何一款家庭电子游戏都要复杂和精细得多，它在商业上也取得了巨大的成功，每款售价 25 美元，销量超过 100 万份[5]。

虽然罗比内特的《魔幻历险》并非完全改编自克劳瑟和伍兹的游戏，但它确实成功地将冒险游戏的形式带到了电子游戏中。此后，罗比内特还为雅达利 2600 开发了其他图形冒险游戏，其中的许多游戏进一步创新了图形空间的理念。《超人》（Superman）中描绘了一辆地铁，从靠近屏幕的入口进入，就像《魔幻历险》中的城堡大门，而当玩家离开时，他们无法通过原路返回，这使得游戏屏幕间的连接是单向的。《鬼屋探险》（Haunted House，1981）中的楼梯（从顶部视角看）连接着颜色不同但外观相同的楼层，这样玩家角色就不会消失或出现在其他地方，而是在屏幕移动时保持可见。《夺宝奇兵》（Raiders of the Lost Ark，1981）根据游戏动作混合了顶部视角和平行视角，并且在屏幕底部显示了游戏仓库和 13 种不同的可拾取并使用的道具物品。《Venture》（1982）则根据玩家所处位置的差异，呈现两种不同可视程度的游戏场景。当玩家在四个房间外面时，四个房间会同时显示在屏幕上；当玩家进入房间后，则全屏显示单个房间内部。《E. T. 外星人》（E. T.：The Extraterrestrial，1982）、《电光飞镖侠》（Krull，1983）、《黑暗密室》（Dark Chambers，1988）和《寻剑》（Swordquest）等系列游戏也以空间展示和连接为特色，并且它们都依赖于屏幕间的切换或双向滚动。

1980 年，理查·盖瑞特（Richard Garriott）开发的电脑游戏《创世纪》是第一款可以上下左右移动可视范围的家庭电脑游戏，所以它具有一个非常大的游戏场地，玩家一次只能看到其中的一部分。《创世纪》的四向移动屏幕技术是由盖瑞特和他的朋友肯·阿诺德（Ken Arnold）共同开发的，原理是在屏幕移动的过程中添加或删除屏幕边缘的平铺图像。肯·阿诺德也是电脑游戏《Rogue》的开发者之一。这是一款由 ASCII 字符组成的图形冒险游戏，比如玩家的角色由可以在屏幕上移动的"@"表示。

从 20 世纪 70 年代末到整个 80 年代，冒险游戏通常分为两大类，即图形冒险游戏和文本冒险游戏。第一种主要以家庭电子游戏为代表，特征为具有玩家可以控制的可视化游戏角色和图形空间。这类游戏的图形很简单，而且通常是混合视角——以俯视视角显示游戏场地，用水平视角显示角色和道具等。混合视角的做法早在电子游戏出现之前就已经存在了，在地图、中世纪的绘画作品和象棋图表等上面都可以看到。游戏开发者试图通过直接呈现在屏幕上的游戏动作来弥补游戏在视觉丰富性和叙事深度方面的不足，这比口头描述和文字回应来得更为直观。

另一种类型的冒险游戏是文字类冒险游戏或互动小说，它们依靠文字来讲述故事并与玩家展开互动，使得游戏拥有比图形冒险游戏更大的游戏世界，可以囊括数百个可探索的房间和可交互的角色。尽管玩家与这类游戏世界的互动是更为间接的，但从概念上来看，这是一种更为深度的交互。

自罗贝塔·威廉姆斯（Roberta Williams）1980 年创作的《神秘屋》（*Mystery House*）开始，这类游戏开始包含作为游戏文本图示（illustration）而存在的图形。虽然以今天的标准来看，这些图示的分辨率非常低，但比起当时的图形冒险游戏，这些图示的细节要详细得多。不过，这些图示很大程度上只不过是幻灯片，玩家无法直接与它们交互。图示的插入确实为文字冒险游戏引入了第一人称视角，这有助于提高玩家的参与感，同时弥补了用户图形界面的不足。

冒险游戏类型出现分支的主要原因是 20 世纪 70 年代末和 80 年代家庭电子游戏技术和家用电脑技术的争相发展。家用电脑（如苹果二代）拥有配套键盘，能够显示更多文本，拥有更大的内存，使游戏可以拥有更精细的图形和更大规模的游戏世界。而家用电子游戏系统（如雅达利 2600）使游戏可以拥有更流畅的屏幕切换并支持更快捷的操作。

图形显示标准的进步也使得更好的图像质量成为可能。1984 年以前，DOS 计算机使用 CGA（color graphics adaptor，即彩色图形适配器）标准显示图像。CGA 允许具有四色调色板的 320×200 像素或具有双色调色板的 620×200 像素的图像显示。这种苛刻的图形标准限制使得具象图像难以实现，直到 1984 年 EGA（enhanced graphics adaptor，即增强图形适配器）标准发布。EGA 允许图像分辨率达到 640×350，支持 64 色调色板中的 16 种颜色。这些高质量图像开始被文字冒险游戏广泛使用。1987 年，当允许 640×

图 15.1　CGA、EGA、VGA 三种不同图形标准下的游戏

480 像素的图像和支持 256 色调色板的 VGA（video graphics array，即视频图形阵列）标准出现时，图形技术又得到了改进。后来，SVGA（Super VGA）将图像的分辨率提高到了 800×600 像素。图 15.1 展示了三种不同图形标准下的例子，从上至下分别为 CGA 标准下的《时空线索Ⅰ：噩梦成真》(Déjà Vu 1: A Nightmare Comes True，1985)、EGA 标准下的《国王密使Ⅲ：魔法生死斗》(King's Quest III: To Heir is Human，1986)、VGA 标准下的《神探墨菲：残酷大街》(Tex Murphy: Mean Streets，1989)。

在 20 世纪 80 年代，特别是在用户图形界面出现后，电脑冒险游戏中开始加入最初出现在主机游戏中的功能元素，使它们与早期的全文本冒险游戏区别开来。罗贝塔·威廉姆斯的《国王密使》(King's Quest，1984) 系列引入了动画角色在背景图上行走的想法。在《国王密使Ⅲ：魔法生死斗》中，屏幕的顶部有一个时钟显示（图 15.1 的第二张截图），游戏中的事件都发生在特定的时间，为游戏增加了时间压力元素。ICOM Simulations 公司的《时空线索Ⅰ：噩梦成真》则有一个物品栏（图 15.1 的第一张截图），类似于雅达利 2600 的《夺宝奇兵》等电子游戏。它也是最早使用鼠标光标的电子游戏之一，虽然这个功能主要用于从物品栏或菜单中选择对象，而非操控角色或地图导航，但它的指向-点击功能已经类似于早期电子游戏中使用的操作杆和按键。尽管冒险游戏取得了这些进展，但在许多游戏中，图形或多或少地还是作为文本互动图示的形式出现。

1987 年，卢卡斯影业游戏公司（Lucasfilm Games，现为卢卡斯艺界公司）的罗恩·吉尔伯特（Ron Gilbert）和亚瑞克·威尔穆德（Aric Wilmunder）编写出 SCUMM 引擎。它是《疯狂大楼》（*Maniac Mansion*）的创作工具，其图形化的界面对用户而言更为友好。在《疯狂大楼》的游戏手册中，关于 SCUMM 引擎的详细描述是这样的：

> 引擎中最大、最顶端的部分就是动画窗口，其中显示了大厦的动画世界，以及当前角色所在房间的"摄像机视角"。文字显示则位于动画窗口的正下方，可以使用这一部分来生成语句，告诉玩家角色该做什么……每个角色都有自己的物品栏，游戏开始时是空的，当角色在游戏中捡起某一个物品道具时，该物品的名称就会被添加到物品栏中。角色可以携带的物品数量是没有限制的，玩家可能需要向上或向下滚动鼠标来查看所有的库存。……如果要移动某一角色，可以在"Verbs"中选择"Walk To"，单击角色，然后将光标移到动画窗口，并点击玩家想让角色去的地方。如果玩家点击的是一扇打开的门，角色就会穿过它。[6]

直到 20 世纪 90 年代，卢卡斯影业游戏公司仍在使用 SCUMM 引擎及其更新版本创作游戏（图 15.2）。虽然可以通过点击"动画窗口"移动角色，但游戏不允许玩家直接控制角色。这种形式在早期的家庭电子游戏中也曾出现，但它们提供了早期图形化游戏所缺少的过场动画和显示动作。1985 年，任天堂红白机（美版为 NES）发布后，家庭游戏主机得到了发展和改进，电脑游戏可以移植到这些主机上，一时便有许多电脑冒险游戏开始跨平台发行。同样，也有许多本身就发行以家庭游戏主机为载体的冒险游戏，如 1987 年首次出现在任天堂 NES 上的《塞尔达传说》（*Legend of Zelda*）系列。

自 20 世纪 90 年代开始，市面上出现了许多跨平台游戏，而在 VGA 图形标准出现后，许多早期游戏都发布了重制版（图 15.3），特别是那些依旧在持续更新续集的系列，如在 1990 年、1991 年与《国王密使Ⅴ：失城记》一起发行的《国王密使Ⅰ（重制版）》，与《太空探索Ⅳ》（*Space Quest IV*）一起发行的《太空探索Ⅰ（重制版）》（*Space Quest I*），以及与《情圣拉瑞Ⅴ》（*Leisure Suit Larry V*）一起发行的《情圣拉瑞Ⅰ（重制版）》（*Leisure Suit Larry I*）。

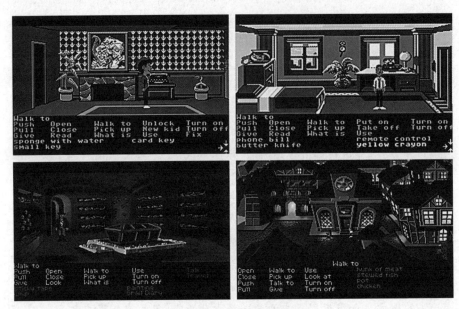

图 15.2 交互形式的进步

注：卢卡斯影业游戏公司使用 SCUMM 引擎创作的游戏，分别为《疯狂大楼》(1987，左上)、《异形入侵者》(Zak McKracken and the Alien Mindbenders，1988，右上)、《夺宝奇兵 3 之圣战奇兵》(Indiana Jones and the Last Crusade，1989，左下)、《猴岛的秘密》(The Secret of Monkey Island，1990，右下)。

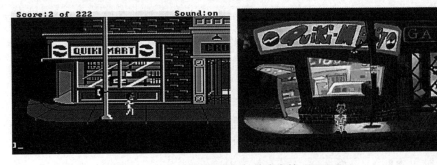

图 15.3　1987 年和 1991 年游戏中的 Quiki-Mart

注：左图为 1987 年游戏中原始的 Quiki-Mart，右图为 1991 年更新后的《情圣瑞拉：拉瑞在花花公子岛》(Leisure Suit Larry in the Land of the unge Lizards) 中的 Quiki-Mart。

自 1987 年由兰德·米勒（Rand Miller）和罗宾·米勒（Robyn Miller）共同创作《The Manhole》之后，越来越多的家庭电脑游戏和主机游戏开始以 CD-ROM 的形式发行，如任天堂 Turbografx-16 游戏机系列的 Turbografx-CD 扩展盘，以及随后由世嘉、索尼和任天堂发行的 CD-ROM 游戏主机。冒险游戏因为具有可探索的空间，通常比单屏或滚动屏幕的游戏需要更多的内存，而 CD-ROM（约 650 MB 内存）为它提供了使用更精细的图形、更清晰的声音，乃至提供播放完整视频片段的条件[7]。电脑动画的进步意味着更逼真的图形，自 1992 年春季 Trilobyte 公司发行《第七访客》之后，全动态影像（full-motion video，简称 FMV）开始在游戏中出现。这是第一款需要两张光盘的 CD-ROM 游戏，由于视频片段的插入，它的大小超过了十亿字节。

1993 年 9 月，有一款超越了《第七访客》的游戏问世，成为有史以来最畅销的游戏——兰德和罗宾制作的《神秘岛》。《神秘岛》在玩家熟悉的理念上有新的改变，创新并发展了传统冒险游戏，尤其是在为玩家打造完整且流畅的游戏体验方面。与《疯狂大楼》一样，角色在《神秘岛》中不会死亡，所以玩家不会被强制中断游戏。从游戏画面来看，《神秘岛》的设计可以让玩家尽可能地沉浸在故事世界中，符合冒险游戏的发展趋势。早期的冒险游戏往往会有一些非叙事性（超越故事世界）的图像信息，如解释性文本、带有分数计数器和时钟的标题栏、道具栏或响应选项列表等；后期的冒险游戏则更加倾向于突出那些可以将玩家直接与故事情节联系在一起的图像信息。《神秘岛》几乎删除了所有非叙事性的图像信息，包括画面中所有玩家的交互，因为鼠标一次只能持有一个对象，所以不需要物品栏［虽然《神秘岛 2：星空断层》和《神秘岛 3：放逐》（Myst III: Exile）在屏幕下方放置了代表玩家所持书籍的图标］。《神秘岛》中的图像信息很好地与故事叙述结合在一起，如图书馆墙上的地图、书架上的书籍及其背景文字、草地上的便条等。在当时的背景下，《神秘岛》还必须克服早期 CD-ROM 驱动器偶尔加载速度过慢的问题，将每个图示的大小控制在约 57 KB，将声音压缩到 8bits、11 千赫。当然，故事不同时期的划分也赋予游戏自然的加载间隔，过场音效和电影剪辑般的淡出和淡入效果有助于保持玩家体验的连续性。这些都可以一定程度上避免其他游戏中会出现"正在加载"而打断玩家体验的问题。

探索与地图导航都是《神秘岛》的重要组成部分。在《神秘岛》之前的大多数游戏中，玩家一次只能看到一个区域，入口和出口都显示在屏幕上，只有通过移动屏幕才能获得游戏中完整的地形和布局。例如，玩家从一个洞穴移动到另一个洞穴，或在房子中从一个房间移动到另一个房间，又或是简单地从一个游戏地点移动到另一个游戏地点，只不过不同地点的空间联系很少。偶尔还可能会有一个上锁的房间或被堵塞的通道，玩家可以在找到钥匙、杀死怪物守卫或满足其他条件后打开房间或通过通道并进行探索。不过，《神秘岛》的整个地图设计是截然不同的，其中的每一个图形都是计算机生成的模型，所以最终的游戏画面可以有纵深感地呈现出来。玩家在其中可以看到距离自己很远的位置，并且可以从不同的角度和方向看到相同的物体。《神秘岛》的一些设计在米勒兄弟 1989 年发布的游戏《Cosmic Osmo》中已初具雏形。同样，游戏中的背景氛围也会随着地点的变化而逐渐变化，如在靠近海岸的地方，海浪的拍击声会更加清晰响亮，而当玩家向山上移动时，海浪的声音会越变越弱，风声却越来越强。不同于其他游戏中场景的割裂感和孤立感，《神秘岛》的这种深度整合的三维空间体验能让玩家沉浸在游戏世界中，同时将玩家的好奇心引向各个方向。

  《神秘岛》的谜题也不像其他游戏中那样是独立存在的，游戏中的谜题和游戏地图结合在一起，以至于玩家一开始可能并不清楚每一条线索关联着哪些谜题，以及这些线索之间的排序和联系。同时，玩家遇到线索和谜题的顺序也是不固定的，这就在独立的谜题之上为游戏增添了另一层解谜乐趣。理解游戏的地图设计至关重要，这不仅有利于探索，并且对解决谜题本身也有帮助，这也是《回归之路》系列游戏的核心设计理念。掌握游戏地图的布局有助于玩家理解和排列游戏线索，包括视觉上的线索（如《神秘岛》中的地图和旋转塔）或听觉上的线索（如 Selenitic 时代中的碟形天线，它必须与岛屿周围的各种声音发射器对齐）。这些想法也出现在《神秘岛》系列游戏的续作中，如《神秘岛 2：星空断层》中勘察岛（Survey Island）上的地图室，以及圣殿岛（Temple Island）上的旋转的五角形房间（pentagonal room），或是《神秘岛 3：放逐》中的旋转反射器，它可以反射岛屿周围的光线（旋转装置可以根据目标位置接收声音，或者相机必须与岛上其他地方的特殊符号对齐）。

  此外，《神秘岛》中的谜题还与另一种方式的地形设计结合，常用于为其他机器提供动力或通向新场景的道具往往分散在不同的位置，而不是集中在一处，从而建立起故事的因果关系，并帮助玩家理解他需要完成任务的先后顺序。同时，这样的设计在一定程度上增加了解谜的难度。电力、管道、传动装置等遍布整个游戏地图，要求玩家在岛上四处移动以探寻它们究竟延伸到何处。有些机关之间的关联甚至没有电线或管道这种物理实体，如港湾里的沉船和喷泉里的沉船模型之间的关联，或者钟塔里的大齿轮和小齿轮之间的关联，它们之间依赖的是一种视觉相似性的联想。这些设计理念在《神秘岛》的续作中也得到了进一步发挥，特别是在《神秘岛2：星空断层》中，物理层面的联接和想象层面的联接开始被运用到不同的岛屿之间。

《神秘岛》的创新为冒险游戏类型设立的新标杆启发了后来的许多游戏，包括1996年的《灯塔》(Lighthouse)、《回归之路》，2005年的《回归之路2》(Rhem 2)，2004年的《吉他岛》(Alida)，以及《神秘岛》的系列续作，如《神秘岛2：星空断层》、《神秘岛3：放逐》、《乌鲁时代：神秘岛前传》(Uru: Ages Beyond Myst)，2004年的《神秘岛4：启示录》(Myst IV: Revelation)和2005年的《神秘岛5：时代终结》(Myst V: End of Ages)。像《莎木》①(Shenmue)、《古墓丽影》和《侠盗猎车手》等游戏中也包含用于叙事的剧情动画、可交互角色和跟随玩家移动而实时变化的三维世界，这与早期游戏中的静态图形已经完全不同。同时，由于人工智能技术的发展，它们开始能够响应玩家的部分操作行为，游戏中的非玩家角色（nonplayer-characters，简称NPC）也变得更为生动。

除了上述的单机游戏，大型多人在线角色扮演游戏也为冒险游戏类型开创了一个全新的方向。这类游戏拥有巨大且可持续运转的游戏世界（每天24小时，每周7天），容纳了成千上万名玩家。作为20世纪80年代中期的多人在线文本冒险游戏（如《哥特权杖》）的"后代"，大型多人在线角色扮演游戏是单机冒险游戏世界的延伸和发展。但是，它为玩家提供了一种与单机冒险游戏截然不同的体验，因此可以说它们已经形成一种独立的类型。许多单机游戏中也融入了其他类型的元素，而且这些元素深刻地影响了单机游戏的设计。也正是由于这种融合，冒险游戏类型的界限变得非常模糊。不过，我们仍然可以发问，即探索、导航和道具的使用对于某款游戏来说是否依旧至关重要，因为这些要素始终是冒险游戏的核心。

---

① 日文名为"シェンムー"。——译者注

资料二
美国艺电公司简介

艾莉森·麦克马汉

美国艺电公司（原名 Amazin' Software，后改名 Electronic Arts，简称 EA）成立于 1982 年，它的创始人特里普·霍金斯（Trip Hawkins）是苹果公司的元老级人物，公司的愿景是让电脑游戏设计师成为明星。在具体策略上，艺电的游戏包装被设计得像专辑封面一样丰富多彩，而游戏开发者被命名为游戏设计师，并且在营销中被推广，这也吸引了许多优秀的开发者。1983 年，艺电发行了三个如今看来非常经典的游戏作品——《安全帽老兄》（Hard Hat Mack）、《执政官》(Archon) 和《弹珠台》(Pinball Construction Set)。

从 20 世纪 80 年代中期的任天堂开始，主机游戏开发商开始接触艺电，希望为它们的主机平台设计游戏。但是，霍金斯发现，授权给它们的机器结构限制了艺电游戏的发挥，并认为 8 位主机并不能满足艺电游戏开发的需求。在 20 世纪 80 年代末，艺电与世嘉达成了授权协议，并于 1990 年面向 Genesis 平台发行了《上帝也疯狂》(Populous)、《武道馆：大和魂》(Budokan: the Martial Spirit) 和《滑稽高尔夫》(Zany Golf)。它们的 Genesis 版《约翰·马登橄榄球》(John Madden Football) 取得了巨大成功，霍金斯也是首个在游戏中使用明星运动员形象的开发者。他在销售策略上进行了极大的创新——直接向零售商售卖游戏，这是其他游戏开发商从未尝试过的。仅仅 12 年，霍金斯掌舵的艺电从最初仅有 20 万美元投资的公司成长为价值 10 亿美元的公司[1]。1991年，霍金斯离开艺电成立3DO公司①；1984年，以销售副总裁身份加入艺电的拉里·普罗布斯特成为继任董事长兼首席执行官。

霍金斯离任后，艺电转向了新的方向。它与美国职业橄榄球大联盟（National Football League，简称NFL）、娱乐体育节目电视网（Entertainment and Sports Programs Network，简称ESPN）、针对大学橄榄球运动的Collegiate Licensing公司，以及美国赛车协会（National Association for Stock Car Auto Racing，简称NASCAR）签订了体育内容独家授权协议。艺电现在拥有许多体育游戏的独家经销权，但也有不少反对者认为，由于竞争减少，体育电子游戏的整体质量正在下降。

艺电对游戏设计师的创新对待逐渐演变成严苛的工作政策，即使是在非关键时段（non-crunch time），员工也要每周工作80个小时（每周7天，从早上9点工作到晚上10点），并且没有额外的补偿。这也导致艺电的游戏设计师在2004年提起集体诉讼，最终以1560万美元达成和解[2]。甚至时至今日，许多级别较低的游戏设计师的工作仍是按小时收费的。2006年，艺电的程序员提起了类似诉讼，并最终以1490万美元达成和解[3]。

艺电经常因为对自己公司的游戏维护不到位而遭到批评，尤其是来自欧洲玩家的批评。同时，它强迫现有玩家为游戏的下一次升级支付全价，否则就不能再继续玩游戏[4]。尽管如此，在2005年底，艺电依旧是世界上最大的第三方发行商之一，它最为知名的产品是艺电体育（EA Sports）品牌系列、基于热门电影改编的游戏，以及《极品飞车》（Need for Speed）、《荣誉勋章》（Medal of Honor）、《模拟人生》等长期运营的游戏。秉承支持创新的传统，艺电还在南加州大学建立了游戏创新实验室（Game Innovation Lab）。

---

① 3DO是在特里普·霍金斯的发起下，由松下电器的母公司（Matsushita）、美国电报电话公司（AT&T）、时代华纳（Time Warner）、美国环球影业公司（MCA）和艺电等共同出资成立的公司。——译者注

第 16 章
20 世纪 80 年代的街机游戏

马克·J.P.沃尔夫

到 20 世纪 70 年代末，电子游戏已经成为街机游戏的主要类型。那时的街机电子游戏的图像都是二维的，许多游戏仍然是黑白的或单色的。而彩色游戏通常是以黑色背景加上彩色的人物为特色，大多是太空主题的射击游戏或俯视视角的体育游戏。当然，有些以天空和海洋为背景的射击游戏是蓝色的背景。射击游戏通常是在 Y 轴上进行射击。与家庭电子游戏不同的是，大多数街机游戏的显示器都是垂直放置的，所以游戏图像的高度大于宽度。南梦宫的《小蜜蜂》是第一款百分之百地使用 RGB(使用红色、绿色和蓝色的色彩模式)图像的游戏。到了 20 世纪 80 年代末，几乎所有游戏都发展为全彩的。在 20 世纪 80 年代中期，大部分街机游戏不再使用矢量图形，光栅图形成为新的标准(详见本书第 12 章"矢量游戏")。但是，矢量图形游戏背后的许多设计理念在光栅图形游戏中得以延续，如 Venture Line 公司 1980 年发行的《太空部队》(*Space Force*)基本上就是雅达利在 1979 年发行的《爆破彗星》的光栅版本。在这款游戏中，玩家必须炸掉漂浮在飞船周围的物体，同时避免与它们相撞。

根据《Play Meter》杂志的数据显示，到 1981 年，世界上有 2.4 万个街机厅，40 万个街头街机点和 150 万款街机电子游戏[1]。20 世纪 80 年代是电子游戏迈向成熟的十年，填补了 70 年代简单的二维游戏和 90 年代更精细的三维图像游戏之间的空白。在 20 世纪 80 年代，电子游戏的许多设计原则得以确立，确保了游戏之间有一定的相似性，玩家也可以快速地熟悉以前从未玩过的游戏作品。20 世纪 70 年代出现了一些热门游戏，如《PONG》《太空入侵者》和《爆破彗星》，随后的十年是电子游戏作为商业热门和文化力量的地位得到巩固的时期。到 1980 年，街机游戏已经成熟，但仍面临来自其他游戏产业的竞争，家用主机游戏、家庭电脑游戏甚至掌机游戏都吸引着玩家远离街机，这些都促使街机游戏要不断地向玩家提供其他平台游戏无法提供的独特体验。

在 20 世纪 80 年代，以多款受到《太空入侵者》和《小蜜蜂》启发的游戏作为开始，其中的许多游戏在设计和玩法上几乎是相同的。事实上，有些游戏就是在其他国家发行的"山寨"版本。20 世纪 80 年代也见证了许多新品类的发展，如摔跤游戏、赛跑游戏和与奥林匹克相关的运动游戏。在日本出现了几十种麻将类的游戏，但它们在美国不太流行。20 世纪 80 年代早期流行的游戏有《吃豆人》《防卫者》《青蛙过河》《大金刚》等，在它们发行后的几年里出现了许多模仿者。事实上，《吃豆人》和《防卫者》的收益都超过了 10 亿美元[2]。因此，这十年内的游戏保持着创新和模仿之间的小心翼翼的平衡，因为每家公司都希望能够创作出下一款足够新颖又足够令人熟悉的热门游戏，以吸引大量的玩家。

20 世纪 80 年代初（1980—1982 年）

20 世纪 80 年代最著名的游戏可能就是《吃豆人》了（详见本书第 13 章"电子游戏里的明星：吃豆人"）。《吃豆人》是早期最优秀的跨界游戏之一，作为一款非暴力游戏，它吸引了全年龄段、全性别玩家。这款游戏也为街机游戏引入了许多新玩家，并将公众的注意力吸引到电子游戏上。《吃豆人》于 1979 年在日本发行，1980 年在北美发行。

1980 年的热门游戏还有威廉姆斯的《防卫者》和雅达利的《导弹指令》，这两款游戏都是传统射击游戏的变体。它们声称射击行为是防御性的而非攻击性的，试图为游戏的暴力美学辩护。在《防卫者》中，玩家需要在射击敌人船只的同时拯救宇航员；而在《导弹指令》中，玩家需要击落来袭的导弹以保护屏幕底部的三个基地。《防卫者》与另一款 1980 年发行的雅达利游戏《战争地带》第一次让玩家明白，为了赢得游戏，他们也需要关注游戏屏幕外的一些信息。例如，《战争地带》会在屏幕一侧的雷达上显示有敌人从背后接近玩家，《防卫者》则在屏幕顶端的一个区域描述屏幕外的事件，提醒玩家即将发生什么或还需要做什么。

雅达利的《战争地带》是第一款使用 3D 多边形图像的电子游戏，也是最早使用第一人称视角的一款游戏[3]。游戏事件发生在玩家的前方或四周，玩家位于游戏屏幕的正中心。《战争地带》的另一个版本被称为"Bradley Trainer"，是为军队制作的，用以训练坦克。

1980 年的其他创新则凸显在电子游戏硬件和软件的各种进步上。Stern 的《迷宫射击》、太东的《太空防卫》(*Stratovox*) 和 Karateco 的《Taskete》这三款游戏都使用了合成音效。Cinematronics 的《星堡》以可移动且可瞄准玩家飞船的敌方地雷为特色。此外，还有一个增加游戏时间紧迫感的方法是在游戏中加入有限的资源。例如，在环球公司发行的平台类游戏《太空惊魂记》(*Space Panic*) 中，玩家的氧气量是有限的，而 Nichibutsu 制作的《月球异形 2》(*Moon Alien Part 2*) 则设计了一个能量棒计时器，Sidam 制作的《秃鹫》(*Condor*)——Centuri 的《不死鸟》(*Phoenix*) 的意大利盗版，是第一款带有燃油系统的射击游戏，燃油量表将限制游戏进行的时间。Midway 的赛车游戏《拉力赛 X》(*Rally-X*) 中也有一个燃料供应条，还设计了类似于 Kee Games 制作的《超级汽车》中的四向移动可视范围的模式，这意味着玩家一次只能看见一小部分地图。1980 年的《创世纪》是第一款使用这种模式的家庭电脑游戏。1980 年最后一款值得关注的游戏是《Radar Scope》，这款潜水艇游戏在商业上的表现并不好，但这是任天堂公司首次以"任天堂"的名义进入美国街机电子游戏市场。

任天堂在 1981 年发布了一款非常成功的游戏——《大金刚》，这款游戏也成为当年最热门的一款游戏。游戏中跳跃者的角色后来被命名为"马里奥"(Mario)，后来还成为任天堂公司的代表形象。1981 年还有许多其他受欢迎的游戏，如世嘉的《青蛙过河》、南梦宫的《大蜜蜂》、科乐美的《Scramble》、Exidy 的《Venture》、太东的抽象游戏《Qix》和 Midway 的《吃豆小姐》(这是一个很奇怪的名字，不知为什么不直接叫"Pac-Woman")。电子游戏对合成音效的使用也越来越常见，如 Century Electronics 公司出品的《太空堡垒》和世嘉的《Space Fury》。Pacific Novelty 公司制作的《Shark Attack》甚至使用录音带录制循环的尖叫声作为音效。Gottlieb 公司制作的 Caveman 是它们的第一台也是唯一一台结合了弹球和电子游戏的游戏机，是两种游戏的实验性结合。Electro Sport 公司的赛马游戏《夸特马》(*Quarter Horse*) 是第一款使用激光视盘的电子游戏，尽管它的游戏图像并不是可交互的——玩家在一边的屏幕上赌马,在另一边的屏幕上观看赛马结果。世嘉的《Eliminator》是一款罕见的四人合作矢量图形游戏。

在游戏设计方面,Exidy 的《Venture》和 Centuri 的《Route 16》的特色是交替展示大幅区域地图和玩家所处空间的特写镜头,这是帮助玩家准确定位其所处位置的一项创新设计,因为实际上游戏中的可视范围要比整个游戏屏幕大得多。而 Exidy 的《捕鼠器》(*Mousetrap*)、Centuri 的《Loco-Motion》和 Nihon Bussan 的《Lock 'N' Chase》都是迷宫游戏的变体,它们受到热门游戏《吃豆人》的启发。此外,游戏公司的激烈竞争导致那时的游戏中或多或少都会有一些隐喻。威廉姆斯公司制作了《防卫者》的续作《Stargate》,也就是我们熟知的《防卫者Ⅱ》(*Defender II*)。其中,敌人的名字为"The Irata"和"Yllabian Space Guppies",分别对应的是威廉姆斯公司的两大竞争对手雅达利和 Bally。

1981 年,雅达利还推出了《军阀乱战》《暴风射击》和第一款由女性设计师朵娜·贝利(Dona Bailey)设计的街机游戏《大蜈蚣》。之后,雅达利也曾尝试将这三款游戏移植到自己的 VCS 游戏主机上[4]。尽管《爆破彗星》《军阀乱战》《战争地带》《大蜈蚣》和雅达利的其他街机游戏都有家用主机版本,但《暴风射击》从未超越它最初的版本。部分原因在于,矢量图形游戏必须改编成光栅图形游戏才能移植到 VCS 2600 主机上。像《暴风射击》这样的游戏,其游戏对象的大小需要不断调整和变化,所以根本无法很好地适应新的图像形式。《战争地带》则以雅达利 2600 卡带版本出现,不过它的游戏形式发生了很大变化。

在整个 20 世纪 80 年代,家用游戏主机的日益普及对街机游戏产生了一些有趣的影响,即街机游戏必须提供不同于家用主机游戏的独特体验,通常是更流畅的操作感和质量更高的视觉效果。但是,如果街机游戏最后不能移植到家用主机上,它的利润可能会有所下降。

卡带游戏主机带来的便利性是街机所不具备的。1981 年,游戏公司 Data East 推出了 DECO 卡带系统,可以将卡带上的游戏上传到街机。然而,卡带很容易消磁,并且上面的游戏也不太受玩家欢迎。DECO 卡带系统在日本取得了不错的成绩,但在美国市场却不尽如人意。因此,在为该系统制作了大约 40 款游戏后,Data East 于 1985 年中止了这一项目。其他主机,如世嘉的 Convert-a-Game,虽然已经节省了一个机壳的费用,但由于更换了包含游戏的印刷电路板,其价格仍然是昂贵的。

1982 年出现了各种各样的游戏。除了像 Irem 公司制作的《月球巡逻》（Moon Patrol）、雅达利的《决战外太空》和威廉姆斯的《机器人 2084》（Robotron: 2084）等常见的科幻题材射击游戏外，还有 Bally/Midway 的汉堡包制作游戏《汉堡时间》（Burger Time）和世嘉的《企鹅推冰》（Pengo）。《企鹅推冰》的主角是一只推冰块的小企鹅。《汉堡时间》和《企鹅推冰》的出现展示了除典型的射击和防御性射击游戏之外的设计可能性。

也是在 1982 年，雅达利推出了几款备受瞩目的游戏：《打空气》（Dig Dug）的特色是角色可以自己挖掘活动的路径；《鸵鸟骑士》（Joust）中有可以飞行的长枪骑士，玩法在合作与竞争之间切换；《Quantum》是一款受粒子物理学启发的抽象游戏；雅达利于美国发行的《顶尖赛手》（由南梦宫制作）具有基于"精灵"的可缩放前景和背景对象，虽然它不涉及任何真正的 3D 技术，却可以给玩家带来 3D 般的赛车体验。

除了雅达利的游戏作品，1982 年还有一些其他的游戏，如 Gottlied 的《Q伯特》和 Centuri 的《时空飞行员》（Time Pilot）。《时空飞行员》中的"敌人"原型涉及自 1910 年的双翼飞机到 2001 年的 UFO 等。Cinematronics 的《巨人杀手杰克》（Jack the Giantkiller）有六个不同的场景和阶段，玩家需要操控主角杰克一次通过才能完成游戏。该游戏的每一阶段都来自故事《杰克与魔豆》（Jack and the Beanstalk）的不同部分。此外，任天堂在 1980 年制作的《大力水手》（Popeye）和 Bally/Midway 在 1982 年制作的《Tron》是与同名电影一起发售的。

不过，1982 年发行的许多游戏都是续作，如《吃豆人》的续作《吃豆人宝宝》《吃豆人加强版》《超级吃豆人》，《大金刚》的续作《大金刚 Jr.》，《导弹指令》的续作《导弹指令 2》（Missile Command 2），《迷宫射击》的续作《Frenzy》，以及《蜈蚣》的续作《千足虫》（Millipede）。尽管在 20 世纪 80 年代中期，游戏方面不断有突破性的创新出现，但大量游戏续作的发行表明，电子游戏行业开始更多地依赖过去的热门游戏的名气。到 1982 年底，街机电子游戏行业的发展开始出现停滞的迹象。

电子游戏产业的崩溃及其尾声（1983—1985 年）

尽管街机游戏厅在 1980—1982 年的数量翻了一番，巅峰时期大约有

1万个游戏厅,但仅在1983年就有2000多个游戏厅关闭了[5]。在接下来的两年中,电子游戏产业经历了一次大崩溃(详见本书第18章"电子游戏产业的大崩溃")。在20世纪80年代中期,街机行业试图自我改造和重组,但时代和技术在变化,街机市场难以恢复往日的繁荣①。大约在1983—1984年,街机游戏行业曾试图凭借激光视盘游戏振兴低迷的市场,其中最著名的游戏可能是Cinematronics公司于1983年发行的《龙穴历险记》。但是,激光视盘游戏的价格事实上是其他游戏价格的两倍,同时没有良好的且与市场匹配的炒作。

1983年的另一款游戏引入了一项最终取得巨大成功,且远远领先于时代的技术——光栅图形。雅达利的《我,机器人》是第一款使用填充多边形图形和三维图形生成技术的光栅图形街机游戏。在世嘉基于"精灵"图形的3D游戏《舒博克潜水艇3D》(Subroc-3D)中,玩家的每只眼睛看到的图像是不同的。这两款游戏代表了20世纪90年代以后大多数游戏的发展方向。《我,机器人》中有一个有点抽象的设计——由玩家控制一个机器人,它必须在一个3D结构的块状周围移动,并将机器人途经的表面从蓝色变成红色。这款游戏还具有第一个允许玩家从不同的角度查看动作的相机控件,以及游戏外的涂鸦模式(doodle mode)。但是,在1983年,3D图形对于玩家来说还是太过新颖,以至于令他们感到困惑。更不幸的是,《我,机器人》在商业上的失败直接阻碍了未来几年它在这一方向的其他尝试。

在20世纪80年代中期,其他非常重要的游戏还有1983年雅达利发行的《水晶城堡》(Crystal Castles)和基于同名电影的矢量图形游戏《星球大战》,以及1985年雅达利游戏发行的《圣铠传说》(Gauntlet)(详见本书第11章"雅达利VCS主机简介",了解"雅达利"与"雅达利游戏"之间的区别)。《圣铠传说》具有让多个玩家同时体验的互动环境。此外,还有Irem公司1984年发行的平台类游戏《淘金者》(Lode Runner),卡普空1982年发行的《魔界村》(Ghosts'N Goblins),Gottlieb1983年发行的《Q伯特》,以及任天堂1983年发行的《马里奥兄弟》(Mario Bros.)、1984年发行的《拳无虚发》(Punch-Out!!)和1985年发行的《超级马里奥兄弟》(Super Mario Bros.)。

---

① 这里是作者站在北美视角的主观判断,东方的街机产业在20世纪80年代进入上升期。——译者注

继《吃豆人》之后，《Q伯特》中的游戏角色是最受玩家欢迎且被销售最多的角色。它的形象一度在市场上风靡，出现在桌面游戏、纸牌游戏、动作玩偶、毛绒玩偶、午餐盒、书籍（彩色书）、手表游戏和废纸篓上，它甚至还拥有一个短期播放的电视节目。但是，总体来说，1983—1985 年，几乎没有什么热门游戏问世，只有希望从前辈的成功中获利的大量游戏续作，如 1983 年的《立体飞盘》(Discs of Tron)、《大金刚 3》(Donkey Kong 3)、《吃豆人二世》、《吃豆人：豆西 & 豆乐》、《Pac-Man & Chomp Chomp》、《顶尖赛手 2》(Pole Position II) 和《教授吃豆人》，1984 年的《大蜜蜂 3》(Galaga 3)、《吃豆人世界》、《星球大战：绝地归来》，1985 年的《打空气 II》(Dig Dug II)、《Pitfall II：The Lost Caverns》、《入侵者回归》(Return of the Invaders) 和《超级拳无虚发》(Super Punch-Out!!)。当游戏设计师在努力创新时，游戏制作公司却转向游戏硬件，试图重振游戏产业并削减成本。

20 世纪 80 年代末

街机游戏公司试图改善市场现状，于是它们对租赁游戏的街机运营商的需求变得更加敏感。从某种程度上来说，许多街机游戏都已经是可定制的了。街机游戏通常带有 DIP(dual in-line parallel，即双列直插并联) 开关，可以让运营商设置一些游戏参数，如难度级别、额外生命点数、玩家数量，以及游戏每次收取玩家 25 美分等。在 20 世纪 80 年代，这些街机附带的开关有了一些有趣的应用，如 GAT 公司在 1981 年发布的《Dambusters》就有一个 DIP 开关，可以过滤其他玩家留在游戏排行榜上的脏话。Bally/Midway 在 1983 年发行的《骨牌人》(Domino Man) 中的 DIP 开关可以将游戏主角的肤色设置为黑色或白色，具体选择哪种则取决于运营商认为哪种对业务更有利。还有一些游戏，如东亚企划 (Toaplan) 1989 年发行的《步步惊魂》(Demon's World) 设置了可切换英语或日语标题的功能，或是可更改针对不同地区的游戏法律条例和授权信息的 DIP 开关[6]。Midway 公司 1992 年发行的《真人快打》甚至使用 DIP 开关控制游戏画面的暴力和血腥程度；在 1998 年发行的具有丰满的女战士角色的格斗游戏《死或生加强版》(Dead or Alive ++) 中，有可以控制角色"胸部弹震"(breast bounce) 效果的开关。

不过，随着玩家对街机游戏的厌倦，游戏厅的收入下降，大约有冰箱体积那么大的独立立式机柜更换起来不仅昂贵而且麻烦。Data East 的 DECO 卡带系统似乎是个更好的替代品,但它的卡带并不像街机运营商所希望的那样可靠耐用。随着家庭电子游戏机的不断发展,街机游戏系统和家庭电子游戏主机之间的差距逐渐缩小。其中,任天堂的 FC 就作出了不小的贡献。1985 年,任天堂开始使用对战系统(Vs. System),也被称为单机游戏系统(UniSystem)或双人对战游戏系统(DualSystem)。该主机是 FC 美版 NES 的一个版本,带有一些附加的街机游戏硬件。该平台上的游戏大多有两个显示屏幕:一个显示文本和游戏说明,另一个显示实际的游戏画面。一些 NES 平台的家庭电子游戏也被移植到街机上,这也许是家用主机游戏第一次被改编为街机游戏。

几乎所有任天堂 VS 对战系统的游戏都运行在相同的硬件上,并且使用相同的控件,所以只需更换电路板即可更改游戏。1986 年,任天堂发布了 PlayChoice 主机。游戏卡带插在游戏机的主电路板上,玩家可以在同一台游戏机上选择多达十几种游戏。虽然这些游戏都是 NES 游戏,但 NES 卡带与街机硬件并不兼容。其他公司也开发了自己的街机游戏主机,如雅达利游戏在 1986 年开发的雅达利主机一代(Atari System 1)、卡普空 1988 年开发的 CP System 1 主机(简称 CPS1)、SNK 公司 1989 年开发的 Neo·Geo MVS 主机,以及世嘉同年开发的 Mega Tech 主机等。这些可交互系统的出现也改变了街机的外观,许多不同的游戏会出现在同一台机器上,所以这些机器通常都很普通,缺少像专用游戏机上的丰富多彩的美术设计。

到 20 世纪 80 年代中期,一种全行业通用的硬件标准开始出现。随着雅达利的衰弱和任天堂的崛起,日本逐渐成为电子游戏的生产中心。1982 年,日本游戏机制造协会(the Japanese Arcade Machine Manufacturers' Association,简称 JAMMA)成立。大约在 1985 年,JAMMA 为游戏机引入了一种接口标准,即所谓的 JAMMA 接口。这成为日本游戏机制造厂商在接下来十年左右的时间内使用的主要标准,许多美国游戏公司也遵循这一标准。所有使用 JAMMA 接口标准的游戏机都可以通过改变内部的印刷电路板(printed circuit board,即 PCB 电路板)来切换不同的游戏。这一标准的出现对街机电子游戏的收藏者也非常有利,他们可以将各种各样的游戏印刷电路板插到同一台游戏机上,只要该游戏机使用的是 JAMMA 标准。

虽然新的街机系统让街机厅运营商可以节省一笔购买新游戏机柜的费

用，但一些游戏公司开始通过使用一种被称为"自毁电池"（suicide batteries）的东西来限制游戏卡带的使用寿命。这些电池可能是为了打击盗版而安装的，它们为一小部分 RAM 提供电力，而 RAM 中有一个用于解码游戏 ROM 中程序代码的解密密钥。所以，当电池耗尽时，RAM 就会被擦除，如果没有解密密钥，游戏也就无法运行。一些公司在它们的街机游戏卡带中使用了"自毁电池"，如最大的两家公司，分别是在 1987 年左右开始使用"自毁电池"的世嘉和从 1989 年开始使用"自毁电池"的卡普空[7]。

20 世纪 80 年代末，街机游戏行业也未能恢复到崩溃前的鼎盛时期。时至今日，当时生产的被视作经典的游戏并不多，但也有一些。例如，1986 年世嘉发行的《Outrun》，Bally/Midway 公司发行的《狂暴巨兽》（*Rampage*），太东发行的《快打砖块》《泡泡龙》；1987 年太东发行的《双截龙》，任天堂发行的《异型战机》（*R-Type*），卡普空发行的《街头霸王》（*Street Fighter*）、《1943：中途岛海战》（*1943: The Battle of Midway*），以及 1988 年发行的《俄罗斯方块》。《俄罗斯方块》最初是在 1985 年由苏联人开发的，随着它被移植到各种各样的游戏主机中而风靡全球。到了 20 世纪 80 年代末，街机游戏最大的竞争对手是家用游戏机和家用电脑上的电子游戏。

家用主机游戏机正在不断完善并与街机展开激烈的竞争，而街机游戏必须找到能够与家用主机游戏机有所区别的独特体验。这可能是玩家对于需要坐在驾驶舱内或内置座椅的驾驶模拟类游戏日渐感兴趣的原因。例如，1985 年的《太空哈利》和 1986 年的《Outrun》拥有可以在玩家玩游戏时晃动座椅的液压系统。发行于 1987 年的《冲破火网》（*After Burner*）和《冲破火网 2》（*After Burne II*）也为玩家提供类似的体验。其他需要玩家坐在驾驶舱的游戏还有 1989 年世嘉发行的《AB Cop》，1988 年南梦宫发行的《Winning Run》，以及 1989 年太东发行的飞机模拟游戏《顶尖飞行模拟器》（*Top Landing*）。还有些游戏将三个屏幕连接为一个大屏幕，如 1986 年太东发行的《Darius》和 1988 年 Data East 发行的《Round Up 5 Delta Force》，1987 年世嘉发行的《重量级拳王冠军》则拥有模拟拳击运动的独特操作方式。

游戏图像是有关电子游戏的另一个有待创新的领域。除了使用数字化视频作为背景的激光视盘游戏，Gottlieb 公司在 1989 年发行的《灭杀者》是第一款使用全数字化图像作为背景的游戏（图 16.1）。虽然《我，机器人》的 3D 图像已经走在时代的前列，但真正的 3D 时代正在快速来临。具有第一人称

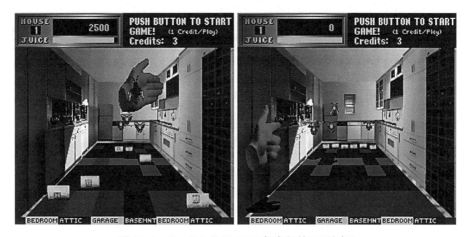

图 16.1　Gottlieb 公司 1989 年发行的《灭杀者》

注：这款游戏是最早使用数字化图像作为背景的一款游戏（图片来自 www.klov.com）。

视角的 3D 地下城游戏已经出现在家庭电子游戏中，如世嘉 1988 年在 SEGA Master System 主机上发行的《梦幻之星》（Phantasy Star）。然而，一年前这种设计才刚刚在街机游戏《迷宫任务》（Xybots）中首次视角的 3D 地下城游戏已经出现在家庭电子游戏中，如世嘉 1988 年在出现。在过去十年的大部分时间里，街机游戏都是通过使用缩放"精灵"实现三维效果的。这些"精灵"是小图形或大背景的一部分，它们被放大或缩小以呈现向近处或远处移动的效果。以《太空哈利》为例，它可以快速地缩放 32 000 个精灵图以呈现 3D 效果。但是，在 20 世纪 80 年代末，填充多边形图形和真正的 3D 图形生成技术开始应用在一些游中，如雅达利游戏公司 1989 年发行的《超级赛车》和《S.T.U.N. 赛车》，其中的图形效果震惊了许多玩家。

在 20 世纪 80 年代末，3D 多边形成像技术开始达到 JAMMA 标准的极限，但这一标准也并不是为这类游戏设计的。所以，在 20 世纪 90 年代，随着 3D 游戏时代的开启，游戏行业将再次经历变革。

20 世纪 80 年代是使用"精灵"图像的游戏的鼎盛时期。这些游戏中的大部分都包含战斗、射击或驾驶元素。20 世纪 80 年代也见证了街机电子游戏黄金时代的结束。许多热门游戏，如《吃豆人》和《防卫者》都是在 80 年代初推出的，它们享受了整个鼎盛时期。不过，从某些方面来看，也正是这些 20 世纪 80 年代的游戏恰恰代表了街机电子游戏的巅峰[8]。

第 17 章
激光视盘游戏

马克·J. P. 沃尔夫

激光视盘游戏的时代只有大约15年，从20世纪80年代初持续到90年代中期。激光视盘使用的是一种光存储技术，1978年首次商用，主要作为录像带的替代品，用于电影领域。与录像带相比，激光视盘拥有更好的水平分辨率和更清晰的图像，以及从一个时间跳到另一个时间以便即时访问的能力。这些优势使激光视盘技术适用于街机游戏之中，而以激光视盘为载体的游戏也是首次出现全动态影像（full motion video，简称FMV）的游戏。

1981年，《创意计算》杂志的创始人大卫·H. 阿尔为苹果二代电脑编写了一段程序，该程序可以控制激光视盘，并播放电影《过山车》(*Rollercoaster*, 1975)中的场景，表明了这项新技术也可以用于游戏制作。1981年，激光视盘首次用于街机电子游戏——Electro Sport公司的《夸特马》。这款游戏的屏幕被分成两部分，一边是电脑图像，另一边是视频。玩家在一边的屏幕上与计算机图形进行互动以下注，游戏将随机选择一匹获胜的马，并在另一边屏幕中播放光盘上的一段视频片段。虽然这款游戏使用了激光视盘，但这种使用并不怎么具有互动性，当时的其他人也正在构思如何将激光视盘融入游戏。

激光视盘游戏通常分为两类。第一类是使用激光视盘内的图像作为游戏背景，并在上面设置计算机生成的车辆或角色（包括玩家角色、敌人角色和被投射物或激光射击的物体等）。在这种情况下，游戏背景就是一个预先录制的视频序列，玩家必须协调自己的操作，如在赛车游戏中，玩家必须驾驶自己的汽车，避免撞车。游戏中的每次视频序列都是一样的，玩家尝试着在不撞车或意外结束游戏的情况下尽可能地驾驶更远。这类游戏比较典型的代表是由世嘉公司制作并授权给 Bally/Midway 公司的《银河战记》。该游戏在 1982 年的娱乐和音乐运营商协会（Amusement and Music Operators Association）会议上推出，随后于次年在街机上发布。在这款游戏中，玩家驾驶一艘宇宙飞船穿越太空、陆地、隧道或其他视频背景中出现的地点，同时射击敌人的船只并避开电脑生成的地雷。其他出现在 1983 年并带有重叠图像的游戏还有 Bally/Midway 的太空射击游戏《银河游侠》（*Galaxy Ranger*）、日本船井公司（Funai）的太空射击游戏《星际激光幻想》（*Interstellar Laser Fantasy*，也叫作 *Interstellar*）、Mylstar 公司的飞行游戏《M. A. C. H. 3》，以及威廉姆斯公司的赛车游戏《星际车手》（*Star Rider*）。在《星际车手》这款游戏中，由电脑生成的参赛者可能出现在玩家的前方或玩家赛车的后视镜中。上述这些游戏使用的激光视盘图像通常是真人视频或预渲染的电脑动画。

第二类游戏则使用了激光视盘即时访问任意部分的能力去创造游戏分支故事，并且由玩家在游戏的关键时刻输入引导。比起控制叠加的角色，玩家在这类游戏中需要快速作出决定，并把握准确的时机进行互动，以避免故事结束或玩家角色的死亡。这种类型的游戏有时也被称为互动电影（详见本书第 22 章"游戏类型简介：互动电影"）。

这类游戏中最著名的是早期发行的一款由电脑顾问里克·戴尔与迪士尼前动画师唐·布鲁斯（Don Bluth）和游戏公司 Cinematronics 合作开发的名为《龙穴历险记》的游戏。游戏中有一个名叫 Dirk the Daring 的骑士，他与各种怪物战斗，而他的冒险故事走向则由玩家决定。《龙穴历险记》使用了布鲁斯的手绘动画，所以这款游戏的视觉效果要比一般的街机游戏好得多。玩家和街机游戏运营商对这种新形式都很感兴趣，人们甚至曾希望激光视盘技术能够重新激发人们对街机游戏的兴趣，并重振 1982 年金融危机背景下利润下降的游戏市场经济（详见本书第 18 章"电子游戏产业的大崩溃"）。据《新闻周刊》（*Newsweek*）1983 年 8 月刊登的一篇文章可知，1981 年街机游戏平均每周的收益为 140 美元，1982 年为 109 美元，而《龙穴历险记》每周的收益高达 1400 美元[1]。1983 年，其他带有手绘动画的游戏也开始陆续出现，如两款基于手绘动画的游戏，Nihon Bussan/AV Japan 的《贝加之战》（*Bega's Battle*）和 Stern 公司的《巅峰战士》（*Cliff Hanger*）都拥有跌宕起伏的叙事和分支故事情节。然而，1983 年的另外两款足球游戏，即 Bally/

Midway 公司的《NFL 美式足球》(*NFL Football*) 和 Stern 公司的《Goal to Go》加入了另一种可供玩家选择的元素——带有实况视频。它们都允许玩家选择战术，并展示球队的战术。

到 1983 年底，电子游戏行业的崩溃影响了家用主机游戏和街机游戏，市场利润下降。但是，行业仍然对激光视盘游戏抱有希望。1984 年，新出现了十几部激光视盘游戏，并且同时有十几家不同的公司在制作游戏。里克·戴尔、唐·布鲁斯和 Cinematronics 游戏公司带着科幻题材游戏《太空王牌》回归。戴尔自己的公司 RDI Systems 也制作了冒险游戏《塔耶历险记》(*Thayer's Quest*)，可以被视作《龙穴历险记》和《太空王牌》的过渡作品。此外，还出现了一些其他的冒险游戏，如船井公司的《拯救辛迪公主》(*Esh's Aurunmilla*)、环球公司的《超级堂吉诃德》(*Super Don Quixote*)、太东公司的《影子传说》(*Ninja Hayate*)，以及唯一的抽象激光视盘游戏 Simutek 公司的《Cube Quest》。《Cube Quest》以当时最好的电脑动画为主要特色。当年还发布了许多其他品类的游戏，射击类游戏有 Laserdisc Computer System 的《原子城》(*Atomic Castle*)、科乐美的《不毛之地》(*Badlands*)、Nihon Bussan/AV Japan 的《眼镜蛇密令》(*Cobra Command*)、雅达利的《火狐》和 Mylstar 的《Us Vs. Them》，赛车游戏有太东的《Cosmos Circuit》和《Laser Grand Prix》、世嘉的《GP World》和环球公司的《Top Gear》，体育类游戏有 Stern 的《Gold Medal With Bruce Jenner》。

由于衍生游戏的出现和费用高昂但不太稳定的制作技术，激光视盘游戏未能如人们所希望的那样使游戏厅恢复生机。正如《电子游戏》(*Electronic Games*) 杂志的丹·皮尔森 (Dan Persons) 所说：

> 说这些预测没有实现是轻描淡写的。曾经要价三千或四千美元的激光机器，因经销商急于清理库存，现在都以一千美元一台的价格出售。[2]

激光视盘游戏失败的另一个原因是游戏本身的性质。由于使用了预先录制的背景图像，不同游戏阶段之间的差别很小。当玩家玩到激光视盘游戏的最后并看到所有内容时，他们便会失去兴趣。所以这类游戏几乎没有重玩的价值，也没有可持续游玩性。

因此，使用激光视盘的家庭电子游戏市场走向失败，也就不足为奇了。1985 年 1 月，里克·戴尔的公司 RDI Systems 发布了 Halcyon 游戏主机，这款主机的成本超过 2 000 美元，且只有两款游戏——拥有比街机版本更多动画的《塔耶历险记》，以及使用了真实 NFL（职业橄榄球大联盟）比赛画面的橄榄球游戏《Raiders Vs. Chargers》。还有四款游戏处于计划阶段，但 RDI Systems 公司在其发行前就宣布破产了。在日本，微软于 1983 年推出的 MSX 家用电脑可以使用先锋（Pioneer）和索尼的某些激光视盘播放器来玩此类游戏。同时，还有 11 款面向 MSX 发行的日本地区限定游戏：《银河战记》、《进攻任务》(Strike Mission)、《不毛之地》、《星际战士》(Starfighters)、《Umi Yakuba》、《星际激光幻想》、《Cosmos Circuit》、《拯救辛迪公主》、《Rolling Blaster》、《Mystery Disc 1：Murder, Anyone?》和《Mystery Disc 2：Many Roads To Murder》。这些游戏有时也以先锋的激光视盘播放器命名，被称为"Palcom"游戏[3]。

在 20 世纪 80 年代中期，整个游戏市场只出现了几款新游戏——1995 年的作品有世嘉的太空题材游戏《阿尔贝加斯》(Albegas)、Status 的《Casino Strip》、Nihon Bussan/AV Japan 公司的《道路检察官》(Road Blaster，也叫 Road Avenger)、太东的《时间少女》(Time Gal)，还有 1986 年 Millennium Games 发行的《自由斗士》(Freedom Fighter)。大约在 20 世纪 80 年代末 90 年代初，带有 3D 图形的光栅游戏不断改进，提供了比先前玩家无法控制自己视角的激光视盘游戏更为丰富的内容。

不过，在 20 世纪 90 年代前期，激光视盘游戏试图东山再起。南梦宫制作了两款太空射击游戏，分别是 1990 年的《小蜜蜂 3》(Galaxian 3)和 1994 年的《Zolgear Attack of the Zolgear》。它们都可以一次性地容纳 6 名玩家，玩家们坐在横跨三个巨大投影屏幕的游戏背景前，每位玩家都有自己专属的封闭隔间，以感受独特的街机体验。1984 年开始制作的《龙穴历险记》续作《龙穴历险记Ⅱ：时间扭曲》(Dragon's Lair II: Time Warp)终于在 1991 年由 Leland Interactive 发行。新星游戏（Nova Games）在 1993 年发布了一款驾驶游戏《Street Viper》，雅达利游戏在 1994 年发布了一款驾驶射击游戏《COPS》(基于同名电视剧)。世嘉在 1991 年发布了《时间旅行者》(Time Traveler)。该游戏将激光视盘图像反射到一个抛物面镜上，试图产生一种 3D 效果。此外，在游戏的标题上有大大的"全息图"字样，但其实游戏中并没有全息图。西班牙公司 Web Picmatic 也制作了一些游戏,如 1993 年的《Zorton Brothers》(也叫作《Los Justicieros》)和 1994 年的《Marbella Vice》。在 1993 年,先锋公司甚至发布了 Pioneer LaserActive 家庭激光视盘游戏主机,尽管此时只读光盘凭借其全动态影像的游戏技术已经逐渐取代了激光视盘。为试图复兴激光视盘游戏产业作出最大努力的公司莫过于美国镭射游戏公司(American Laser Games)。成立于 20 世纪 80 年代末的美国镭射游戏公司使用了更先进的计算机技术,制作了一系列使用光枪和真人实景画面的激光视盘游戏,如 1990 年的《疯狗麦基利》(Mad Dog McCree)、1991 年的《Who Shot Johnny Rock?》、1992 年的《Gallagher's Gallery》、《疯狗麦基利Ⅱ:黄金失窃案》(Mad Dog II: The Lost Gold)、《太空海盗》(Space Pirates)、1993 年的《罪恶刑警》(Crime Patrol)、《罪恶刑警 2:毒品大战》(Crime Patrol 2: Drug Wars),以及 1994 年发行的《快枪手》(Fast Draw Showdown)、《最后的赏金猎人》(The Last Bounty Hunter)、《Way of the Warrior》。同时期的《Shootout at Old Tucson》还处于雏形阶段,最后并没有出现在街机上,而是以 CD-ROM 的形式发行。

从技术发展的层面来看,激光视盘游戏复兴的努力为时已晚。1992 年,CD-ROM 技术开始将全动态影像整合到电脑游戏中。1997 年,第一款面向普通消费者的 DVD(digital versatile disc 或 digital video disk,即数字多功能影音光盘)问世。更小、更简洁的光碟,更可靠的技术,更便宜的技术成本,敲响了激光视盘技术的丧钟。电影也开始逐步改用 DVD。到了 2001 年,激光视盘不再发行。也许最后一款使用激光视盘技术的街机电子游戏是 Nihon Bussan/AV Japan 在 2000 年发行的《Burning Rush》。它只在开始和结束的过场动画中使用了激光视盘技术,游戏的其他部分则使用交互式计算机生成的图像。

使用全动态影像的游戏依旧在家用计算机和主机系统上发行并被玩家购买(详见本书第 22 章"游戏类型简介:互动电影")。1997 年,Digital Leisure 公司成立,它的目标是在 DVD 上复刻经典激光视盘游戏。这家公司购买了《龙穴历险记》、《太空王牌》(Space Ace)、《龙穴历险记Ⅱ:时间扭曲》等游戏的版权,并在接下来的几年中以 CD-ROM、DVD-ROM 和 PlayStation 2 的格式发行了这几款游戏。2000 年,Digital Leisure 购买了世嘉的《时间旅行者》的版权。2001 年,Digital Leisure 获得了美国镭射游戏公司制作的全部 9 款街机游戏的版权,并重新发行了它们。今天,玩家依旧可以通过模拟器玩许多激光视盘游戏,如专门为激光视盘游戏设计的 Daphne 模拟器[4]。

由于光学存储技术的快速变化,激光视盘游戏流行的历史很短暂,但它们将全动态影像引入了电子游戏。激光视盘游戏被无数游戏爱好者与收藏者铭记,而游戏作品本身依然在其他媒体上发行和运营。

第 18 章
电子游戏产业的大崩溃

马克·J. P. 沃尔夫

到 1981 年底,街机电子游戏产业开始蓬勃发展,预计市场收入达到 50 亿美元[1]。家用主机游戏及主机设备的产量也创下历史新高:1981 年,相关的市场规模翻了两番,到 1982 年底预计达到 20 亿美元[2]。当时最大的电子游戏公司雅达利在 1980 年的市场营收约为 4.15 亿美元,就连它的竞争对手也表现不俗。据《时代》(*Time*)杂志报道:

> 不管未来如何,现在游戏厂商需要挖土机来清理它们所赚取的硬币。1981 年,Bally 公司的销售额预计从 1980 年的 6.93 亿美元跃升至 8.8 亿美元。《防卫者》的制造商威廉姆斯公司 9 个月的总销售额从 1980 年的 8300 万美元增加到去年(1981 年)的 1.26 亿美元。而且它刚刚开设了一家位于伊利诺伊州的新工厂,每天可以生产 600—700 盘《防卫者》。[3]

电子游戏市场不仅营收增长速度惊人,且市场还有非常大的可预期发展空间。1982 年 5 月,《商业周刊》(*Business Week*)上刊登的一篇文章写道:"家用主机游戏市场至少会持续扩张到 1985 年,届时将近一半的拥有电视机的美国家庭将拥有一台电子游戏机。"同时,本身也涉足游戏制作的电视网络公司哥伦比亚广播公司(Columbia Broadcasting System,简称 CBS)预测:"欧洲电子游戏市场规模将从今年的 2 亿美元激增至 1983 年的 8 亿美元。"[4]

除了 CBS 之外,还有许多新的录像带游戏制作公司涌入市场,但它们的很多产品都是衍生品或不合格的产品,且生产成本低廉。许多新兴公司纷纷出现,希望从电子游戏热潮中获利,像由雅达利和美泰公司前雇员创办的 Imagic 公司,像帕克兄弟和妙极百利这样的桌游开发商,以及像二十世纪福斯(20th Century Fox)和桂格燕麦(Quaker Oats)等其他行业的公司中设立的游戏部门,都发行了有望大获成功的游戏。如此多的公司生产了数百款游戏,其中却有许多都很糟糕。家庭电脑价格下降,越来越多可用软件的出现,种种因素导致了电子游戏行业逐渐走向崩溃。

产业的早期崩溃

20 世纪 80 年代初的电子游戏产业大崩溃并不是该行业的第一次崩溃。1976 年,电子制造商通用仪器公司生产了一种叫作 AY-3-8500 的芯片,这种芯片实现了集电子游戏制作所需的所有功能于一体,使电子游戏的生产变得更加容易。据《大众电子》1980 年刊登的一篇文章所言:

> 对于考虑进入电视游戏市场的公司来说,通用仪器公司的芯片是最有性价比的……它承诺的总成本为 25—30 美元,零售价在 60—75 美元……通用仪器公司的芯片使公司建立简化生产线并构建成本较低的游戏产品成为可能。[5]

到了 1977 年 1 月,通用仪器公司已售出超过 700 万片 AY-3-8500 芯片,并计划推出一个可实现更多功能的新系列芯片。在这一时期,卡带游戏机逐渐流行起来。1976 年 8 月,仙童摄影器材公司推出了 VES(video entertainment system)游戏机。该游戏机的名字很快被改为 Channel F。1977 年,雅达利发布了雅达利 2600 游戏机。但是,事实证明,涌入市场的新游戏的势头过于强劲:

> 尽管在 1976 年圣诞节期间电视游戏还非常短缺,但仅仅过了一年,市场就崩溃了……大多数电子游戏制造商纷纷退出。其中就包括使用自己的芯片开发游戏的仙童、美国国家半导体公司(National Semiconductor)和 RCA。[6]

即使是新的卡带游戏机也无法抵挡市场崩溃的浪潮。仙童、雅达利、Bally、Coleco 和 RCA 都制作了基于游戏卡带的游戏机,但它们都没有立即流行,而是在 1978 年留下了大量的库存。

虽然 Bally 和仙童退出了家用主机游戏主机市场,但雅达利在 1978 年启动了 600 万美元的广告宣传活动,美泰则在 1979 年推出了自己的 Intellivision 电视游戏主机。最终,随着游戏产品质量的提高和无序竞争的减少,游戏行业恢复了生机,并在几年后再次繁荣。

街机游戏市场的预警

到了 1982 年,电子游戏产业的发展比以往任何时候都要好。家用主机游戏的销量开始回升,街机游戏市场也创收数十亿美元,《太空入侵者》《吃豆人》《防卫者》等热门游戏都获得了数亿美元的收入。尽管这时的市场形势非常乐观,但早些时候的崩盘让一些行业观察人士开始深思。在 1982 年 11 月为《财富》(*Fortune*)杂志撰写的一篇题为《为什么这股热潮不会消失》(Why the Craze Won't Quit)的文章中,作家彼得·纳尔蒂(Peter Nulty)率先发问:

> 家庭电子游戏市场的繁荣还会持续多久?去年夏天的收益疲软和今年秋天的广告热潮引发了人们的猜测——游戏开发商的麻烦即将到来。如果孩子们已经厌倦了爆破太空碎片,那么在这样一个停滞或萎缩的市场中,制造商们难道不会为了争夺市场份额而互相争斗吗?两大行业巨头的股价中透露着这股焦虑。雅达利的母公司华纳通信目前的市盈率约为 8 倍,而美泰的市盈率仅为 4 倍。一些行业观察人士甚至谈到了类似 CB 收音机、电子表和袖珍计算器市场曾面临的崩溃。[7]

游戏制作公司之间的竞争、劣质的游戏产品、消费者和零售商的疑虑,以及家用电脑主机的发展都开始对电子游戏行业造成负面影响,其中的一些影响最初体现在街机游戏的市场销售方面。一些迹象表明,玩家对街机游戏的兴趣有所下降。例如,雅达利于 1981 年 10 月在芝加哥举行的比赛"Coin-Op $50 000 World Championship"只吸引了 250 名玩家,而它原本预计会有 1 万多人参加[8]。同时,在纳尔蒂的文章发表后不到一个月,《商业周刊》刊登了一篇题为《街机电子游戏摇摇欲坠》(Arcade Video Games Start to Flicker)的文章：

> 除了那些制作最受欢迎的街机游戏的公司外，投币式电子游戏的玩家发现自己因意料之外的市场爆炸性增长而陷入困境。
>
> 街机游戏机的销售额从 1978 年的 5 000 万美元增长到今年的 9 亿美元左右。但是，制造商预计明年的销售额将会持平。当玩家将价值约 70 亿美元的 25 美分硬币塞进街机游戏机时，几乎没有运营商会想到 1981 年的情况将重演，且分销商的库存开始过剩。在容易赚到钱的诱惑下，运营商的数量仍持续增加了数千个，而现在市场已经开始重新洗牌了。[9]

就像那些很快就会破产的新公司和库存堆积的分销商一样，许多街机游戏厅也会关闭，而即使是那些仍在继续营业的游戏厅也只会购买少量新游戏。

时代的终结

尽管 1980—1982 年游戏厅的数量翻了一番，在巅峰时期甚至达到了约 1 万家，但仅在 1983 年就有超过 2000 家游戏厅关闭[10]。到 1983 年底，家庭电子游戏的市场已经饱和，且消费者对大部分游戏产品感到失望。总体来说，1983 年电子游戏产业的利润为 29 亿美元，比 1982 年下降了约 35%，整个行业的亏损总计约 15 亿美元[11]。

美泰曾是全球第三大电子游戏制造商，1981 年凭借 Intellivision 主机创收 2.5 亿美元。但是，美泰在 1983 年宣布退出这一市场。即使是占有大部分市场份额，且作为为数不多的同时为家庭、街机和家用电脑制作游戏的雅达利，在 1983 年也损失了超过 5 亿美元。1984 年，家用游戏主机市场枯竭，只有一种新主机出现，那就是里克·戴尔的 Halcyon 家庭激光视盘游戏主机——但它也失败了。

Halcyon 家用激光视盘游戏系统出现的契机是在 1983 年，激光视盘游戏被认为可以拯救街机游戏产业。激光视盘游戏将存储在光盘上的视频图像作为玩家玩游戏时的背景，如 Mylstar 在 1983 年开发的《M. A. C. H. 3》，或者作为玩家在游戏中行动反馈的动画片段，如 Cinematronics 公司的《龙穴历险记》。虽然图像质量得到了改善，但游戏玩法受到了严重的限制，因为图像是预先制作好并存储在光盘上的。例如，在《龙穴历险记》中，玩家在任何特定情况下只能作出几个选择，所有这些选择都对应着预先准备好的动画场景，一旦玩家作出选择就会开始播放。这些游戏的价格是普通街机游戏的两倍，每次收费 50 美分。最终，激光视盘游戏并未能流行，因为它缺乏更为有趣的玩法，且玩家和街机运营商都要投入更高的成本。

1985 年，一种新主机在北美出现了，将家庭电子游戏的质量提升到一个新的水平，结束了电子游戏市场的低迷状况，它就是任天堂娱乐系统（简称 NES）。1983 年，NES 以任天堂 Famicom（简称任天堂 FC）的名称发布，并在日本取得了巨大成功。NES 和它的庞大游戏库一起，帮助美国电子游戏行业复苏，并解决了该行业一直面临的问题。

第三部分

游戏产业的复兴（1983—1994 年）[①]

[①] 原著标题的时间段为 1985—1994 年，这里按照日版 FC 出现的时间（1983 年）有所调整。——译者注

任天堂娱乐系统在1983年诞生于日本后[①]，又于1985年在北美发布，它在全球取得了巨大的成功，并证明了电子游戏产业仍然有生存和发展的可能性。随着家用电脑技术的进步，电脑游戏也逐渐成为一个产业。只读光盘技术出现于20世纪80年代中期，几年后，家庭电脑游戏和家用主机游戏都开始使用该技术，存储容量的增加为游戏创造了新的可能性。游戏行业之外开发的共享软件游戏也开始出现，并在计算机用户中快速地推广开来。

大约在20世纪80年代末90年代初，随着掌机游戏和游戏系统的发展，便携式游戏变得更加流行。雅达利的Lynx和任天堂的Game Boy(GB)都于1989年发布，世嘉的Game Gear(GG)于1990年发布，它们都是卡带游戏机。GB非常成功，卖出了7 000万台，其口碑带动了游戏机Game Boy Color(GBC)和Game Boy Advance(GBA)销量的增长。

街机也试图从崩溃中恢复，而它现在还必须与不断改进的主机游戏和电脑游戏竞争。尽管出现了一些新技术，如激光视盘，但它们没能把行业从崩溃中解救出来，于是街机将发展重心更多地放在创造难以在家中复制的游戏体验上。到了20世纪90年代，越来越多的动态游戏和静态游戏诞生了，开发商们尝试了各种新的接口，有一些最终进入了家用电子游戏系统。

随着家用电脑率先与电子公告板系统(bulletin board systems，简称BBS)和互联网连接，在线游戏也开始变得越来越流行，早期的此类游戏有1986年的《Xtrek》《Mtrek》和1988年的《宝石争霸Ⅱ》(Gemstone II)等。后来，大约在1993年，多人游戏在万维网(world wide web，即www)得到了发展，很快就有成千上万的玩家参与其中。到1994年底，电子游戏产业已经彻底改变，出现了新的发展形势，并传播到各种新媒体上。这个行业再次繁荣，并将收益投入到对新技术(如在不久后出现的32位家用主机系统)的研发中。

---

① 这里根据实际情况补充了日版FC诞生的时间。——译者注

第 19 章
任天堂 FC/NES 系统简介

多米尼克·阿瑟诺

任天堂 FC 是任天堂于 1983 年在日本发行的，由于硬件和程序的不稳定，这款家用游戏机的启动速度较慢。之后，当时刚刚进入家用电子游戏机市场的任天堂下令召回产品，并更换了主板。这次更新极大地提高了主机的可靠性，并使任天堂 FC 在头两个月的销量超过了 50 万台[1]。因此，任天堂将目光投向世界其他地区，并准备出口这台主机。

1983 年，在游戏业大萧条当中，世界第二大的美国市场崩溃了（有时被称为"1984 年美国游戏业大萧条"，因为它的影响直到那时才体现出来）。一方面，这意味着之后任何家用电子游戏机都很难获得消费者和零售商的认可，因为这次崩溃让他们认为电子游戏只是一时的流行；另一方面，这也意味着如果这款游戏机获得成功，它将在实际上垄断整个市场。任天堂 FC 征服了日本，这让任天堂总裁山内溥（Hiroshi Yamauchi）有充分的理由相信，它在美国也能取得同样的成功。

然而，为了在一个对"电子游戏"过敏的国家引起轰动，任天堂 FC 不得不更改名称和外观。美国任天堂的总裁荒川实（Minoru Arakawa）和高级副总裁霍华德·林肯（Howard Lincoln）选择了"先进的视频系统"（Advanced Video System，简称 AVS）作为名称，并在 1985 年 1 月的消费电子展（Consumer Electronics Show，简称 CES）上展示了它。使用过这款游戏机的人都喜欢它的游戏，但在游戏业萧条后，零售商不再愿意尝试销售电子游戏。因此，任天堂开发了 Zapper 光枪和一个名为 R. O. B.（Robotic Operating Buddy）的机器人。这两个外围设备可以与少数游戏兼容，但它们真正的目的是改变人们对主机的看法，从"电子游戏主机"转变为"一个允许人们玩街机射击的系统",如 1984 年的《荒野枪手》(Wild Gunman)和《霍根的小巷》(Hogan's Alley),或者一个技术机器人玩具。这款游戏机最终被命名为"Nintendo Entertainment System"(美版任天堂 FC)。NES 在美国娱乐产品竞争最激烈的地方——纽约——进行了试销。山内溥的理由是,如果 NES 能在那儿卖出去,那么它在任何地方都能卖出去。最终,5 万套 NES 被销售一空[2]。之后,NES 开始流行起来,很快就在全美范围内销售,并最终在全球范围内销售,直到 16 位游戏机进入市场才终结它的统治地位①。为了延长 NES 的寿命,任天堂在 1993 年发布了一款被称为"New NES"或"NES 2"的更新版,但那时许多消费者已经转向了美版超级任天堂(Super NES)或美版世嘉五代(Sega Genesis),所以这次尝试在商业上是失败的。最终,任天堂于 1994 年正式停止支持 FC/NES。如今,该公司声称已经在全球售出了超过 6 000 万台 FC/NES。

许可条款

雅达利倒闭的一个原因是公司已经失去了对其主机开发内容的独家控制权,导致大量劣质游戏充斥市场。任天堂希望确保这种情况不会发生在 FC/NES 的身上,但同时也意识到拥有一个庞大游戏库的重要性——这仅仅依靠任天堂自己的游戏是不够的。因此,任天堂接触了许多成功的日本发行商,如万代、南梦宫和太东公司,并与它们建立起合作伙伴的关系,让它们为 FC/NES 开发游戏。然而,任天堂的条件非常苛刻:

> 山内溥用一个安全芯片来保护 FC/NES,该芯片可以锁定未经授权的电子游戏卡。这意味着为 FC/NES 制作游戏的唯一方法就是允许任天堂生产它们,并且在游戏的生产和数量的选择上,任天堂拥有最终决定权。[3]

此外,第三方授权商每年最多只能发行 5 款游戏,而且每款游戏在两年

---

① 事实上,到了 20 世纪 90 年代中后期,FC 及其"山寨机"(如"小霸王")还在中国市场大行其道,那种生机勃勃、万物竞发的情形犹在眼前。——译者注

内必须是FC/NES独家所有的。事实上，当科乐美和Acclaim两家游戏足够热门的开发商请求每年给任天堂提供5款以上的游戏时，任天堂便避开了这一规则。这两家开发商被允许创建子公司，所以科乐美以Ultra Games公司的名义发行了5款额外的游戏，Acclaim公司也同样以其子公司LJN的名义发行了游戏。雅达利公司有足够的财力与日本巨头任天堂打一场官司，它起诉任天堂垄断了家庭电子游戏市场，但以败诉告终。许多其他的公司只能默认这些条款，如史蒂文·肯特所说：

> 到1987年底，任天堂控制了86%—93%的市场份额。当世嘉（任天堂唯一的劲敌）售出10万台Master System（SMS）时，任天堂已售出逾200万台NES，并且两者的差距还在扩大。[4]

尽管任天堂声称这些规定是为了确保针对FC/NES制作的游戏有足够高的质量，但许多开发者将其视为一种高压策略，特别是它的审查政策。任天堂意识到保持良好形象的重要性，尤其是在主要目标用户是儿童的美国，因此制定了"NES游戏标准政策"，以防止像《卡斯特的复仇》（*Custer's Revenge*）这样的游戏带来负面影响。这款臭名昭著的游戏是Mystique公司在1982年雅达利2600游戏机上开发和发行的。玩家在游戏中要控制一名裸体男子，他必须避开障碍才能接近一名被绑在柱子上的印第安女性并侵犯她。不出意外，这款游戏引发了争议，并玷污了雅达利的声誉，哪怕雅达利并未参与这款游戏的开发。在北美发行的每一款开发或翻译的游戏都必须首先提交给任天堂的审查人员，他们会审查内容，并要求开发者进行一些更改，以"解决(任天堂)目标年龄段成员及其父母的担忧"[5]。毒品、露骨或暗示性的性交、酒、烟草制品、对死亡的图像描述、无端或过度的暴力、污言秽语，以及用语言或符号呈现的有关种族、宗教、民族或性的刻板印象等内容都被列在禁止名单上。结果便是，有时候因为一些可能毫无根据的内容，许多游戏不得不对最初的版本作出重大改变，如删除医院或墓碑上的所有十字架（十字架被视作基督教的象征）[6]。

许多授权方认为，任天堂在美国执行这些规定时过于死板，阻碍了它们在制作游戏时的创造力和自由。道格拉斯·克罗克福德（Douglas Crockford）在《疯狂大厦不为人知的故事》（*The Untold Story of Maniac*

Mansion)一书中表达了许多人的观点。这本书讲述了他将《疯狂大楼》(Maniac Mansion)改编成 NES 游戏时与任天堂审查人员之间的互动:"任天堂坚持认为,它的标准并不是为了让产品乏味,这只是不可避免的结果。"[7] 任天堂一直在严格地执行这些政策,直到《真人快打》的家用机版本在 1994 年失败(由于审查制度,玩家期待的许多暴力内容都从游戏中消失了)时它才稍稍放开了对审查的控制。可惜为时已晚。到那时,许多开发者已经对任天堂不满了。1995 年,当竞争对手索尼推出 PlayStation 游戏机和自由授权政策的可行替代品时,这些开发者被赶出了市场。至此,任天堂在家庭电子游戏市场的统治地位走向了终结。

游戏库

虽然日版的任天堂 FC 和美版的任天堂 NES 在硬件上是相同的,但一个重要的区别是它们的游戏库非常不同。NES 配备了 10NES 锁定芯片。这个芯片作为软件"锁",可以扫描游戏盒的代码寻找"钥匙",一旦识别出所需的特定代码(这是任天堂在生产磁带时直接输入的磁带代码),NES 便会启动游戏。如果没有找到代码,游戏就不会开始。这使得在没有获得任天堂官方授权的情况下很难开发游戏。一些开发者围绕芯片本身展开工作,销售带有特殊适配器的游戏卡带(这种适配器可以绕过 10NES 锁定芯片);另一些开发者则设法对系统进行反向工程,以找出所需的身份验证代码。任天堂持续地起诉所有已知的违规者,以进一步打击此类企业。因此,与没有配备锁定芯片的日版任天堂 FC 相比,NES 上的非授权游戏数量很可能更少。在日本和其他远东国家及地区,任天堂 FC 的盗版现象非常猖獗,大大增加了该系统的可玩游戏数量。

此外,将美版和日版任天堂 FC 的游戏库进一步区分开来的因素是美国任天堂的授权规则。由于日本的电子游戏文化在社会各阶层中都很成熟,任天堂 FC 在成人和儿童中都取得了成功,它的市场可以容纳大量的游戏而无须担心崩溃。因此,任天堂不需要监控第三方开发者制作的游戏。据审查记录,每年发行游戏的数量限制,以及任天堂磁带的集中制造和定价等内容都不在日本的授权协议中。大多数开发者都在任天堂 FC 上发布了许多游戏,并将其中最好的 5 款游戏翻译成北美版本。

据任天堂美国代表乔尔·霍赫贝格（Joel Hochberg）称，NES 游戏的发行数量很难确定：已确认的北美游戏超过 650 款，但如果算上未经授权的游戏，可能会超过 900 款。这表明，即使有了 10NES 锁定芯片和任天堂的法律行动，盗版仍然是一个严重的问题。据美国任天堂公司估算，在全球范围内，美版和日版任天堂 FC 平台上发行的游戏总数超过了 1 000 款[8]。但是，这一数字似乎有些保守，因为据估计，仅任天堂 NES 平台上就有 250 款未授权的游戏。由于日版任天堂 FC 没有锁定芯片，可以预见，除了各种的"成人"和色情游戏之外，还有更多未经授权的游戏混入本应依据规定被严令拒绝进入北美市场。对美版和日版任天堂 FC 游戏实际总数量的估算可能会高于这个数字，但很难统计具体数量是多少[9]。

事实证明，识别游戏库中最成功的游戏要容易得多。电子游戏查兹网站[10]（Video Game Chartz）发布了一份全球销量超过 100 万份的电子游戏排行榜。在上榜的 64 款 NES 游戏中，41 款游戏由任天堂发行，卡普空、艾尼克斯（Enix）和史克威尔也占据了一部分。任天堂的《超级马里奥兄弟》系列、《大金刚》、《密特罗德》（Metroid，1986）、《塞尔达传说》系列、《拳无虚发：决战泰森》（Mike Tyson's Punch-Out!!，1987）、《星之卡比：梦之泉物语》（Kirby's Adventure，1993）和《光神话》（Kid Icarus，1986）都在接下来的几年里带来了大量利润丰厚的续作。

其他的任天堂游戏，如《俄罗斯方块》（1988）、《打鸭子》（1984）、《F1 Race》（1984）、《Gyromite》（1985），以及体育游戏《World Class Track Meet》（1986）、《Ice Hockey》（1988）、《Pro Wrestling》（1987）、《Golf》（1984）、《Tennis》（1984）和《Baseball》（1983）都卖得非常好，但并没有开发续集。卡普空是 FC/NES 的主要第三方开发者之一，它的作品《唐老鸭历险记》（Duck Tales，1990）、《魔界村》（1986）和《松鼠大作战》（Chip'n Dale Rescue Rangers，1990）的销量均超过 100 万份。但是，卡普空对 FC/NES 游戏库的最大贡献无疑是《洛克人》（Megaman）系列，这个系列至今已有 50 多款游戏。其他游戏和系列还包括史克威尔公司的《公路之星》（Rad Racer，1987）和《最终幻想》系列；科乐美公司的《忍者神龟》（Teenage Mutant Ninja Turtles，1989）、《魂斗罗》（Contra，1988）和《恶魔城》（Castlevania）系列；卡普空的《希魔复活》（Bionic Commando，1988）；艾尼克斯的《勇者斗恶龙》（Dragon Warrior）系列和特库摩（Tecmo）公司的《忍者龙剑传》（Ninja

Gaiden)系列①。虽然这个列表还远远不够详尽,但它展示了 FC/NES 相对于其竞争对手的最大优势,即它有很多高质量的游戏。

技术规格

FC/NES 是所谓的 8 位主机,这意味着它可以在一次操作中访问 8 位数据[11]。不过,各种多内存控制器(multi-memory controllers,简称 MMCs)可以增加数据量,所以 CPU 可以访问 2 KB 的 RAM 和 48 KB 的 ROM。MMCs 是由游戏开发者设计的芯片,它被置于卡带中用以扩展 NES 的功能。例如,任天堂的 MMC1 芯片允许玩家在《塞尔达传说》中保存进程;MMC2 芯片用于《拳无虚发:决战泰森》,使游戏可以用比主机硬件通常允许的更大的子画面来描绘拳击手。

CPU 还负责主机的音频播放,NES 支持 5 个声道:2 个正方形脉冲(square pulse)、1 个三角形脉冲(triangle pulse)、1 个噪声通道(noise channel)和 1 个差分脉冲码调制(differential pulse code modulation,简称 DPCM)通道。具体而言,方形脉冲可以设置不同的饱和度,模拟不同的乐器,如钢琴或吉他;三角脉冲的主要功能是低音线,但它也可以模拟长笛和更高的音符;噪声通道的主要用途是模拟撞击声。每个通道都可以分配不同的混响、颤音、延迟和延音值,以增加它们的表现力。DPCM 通道可以播放高度压缩的样本,如 JVC 唱片公司的《超级星球大战:帝国反击战》(*Super Star Wars: The Empire Strikes Back*,1983)中的数字化语音或鼓声采样(一个显而易见的例子就是《超级马里奥兄弟 3》中的低音鼓声)。

专用的图形处理器减轻了 CPU 因最苛刻操作而产生的负担,使 NES(在其发布时)得以处理复杂的图形。NES 在 256×240 像素的分辨率下最多可以同时显示 64 个子画面(移动的角色或物体),每行最多显示 8 个。这些子画面的大小可以是 8×8 或 8×16 像素,最多有 4 种颜色。NES 的调色板有 52 种颜色,屏幕上最多可以同时显示 16 种颜色。

---

① 此时的特库摩还没有与光荣(KOEI)合并。——译者注

资料三
任天堂公司简介

多米尼克·阿瑟诺

任天堂(它的日语名字可以大致翻译为"把运气交给天堂")在娱乐业的根基早在1889年就确立了,最初它是一家做"花札"(はなふだ,是一种赌博纸牌游戏,是传统日本游戏与西方游戏的混合体)的扑克牌制造商。在20世纪60年代,任天堂曾试图打入其他几个市场,包括玩具、出租车服务和"情人旅馆"(love hotel)等,但最后它决定探索电子游戏这条道路。这一选择被证明是最明智的,因为如今的任天堂是世界上最成功的电子游戏公司之一。

任天堂在全球范围内取得的首次大规模成功是1981年街机游戏《大金刚》的推出。在这款游戏中,玩家必须从顽固的大猩猩手中救出一位公主。丰富多彩的图像、角色和高效的故事都很吸引人,但更重要的是,这款游戏有多种玩法。《大金刚》是首批以多重关卡为特色的游戏之一。在游戏中,玩家的目标是交替跳过水泥桶或水泥地,乘坐电梯,移除铆钉,以使建筑倒塌。在12个月的时间里,任天堂公司卖出了6万台游戏机,带来了1.8亿美元的收入[1]。这款游戏和《超级马里奥兄弟》(在这个游戏中,玩家需要利用游戏屏幕上的平台击败敌人)的发行牢固地确立了任天堂在电子游戏产业中的地位。这家总部位于日本的游戏机制造商躲过了1983年的危机——当时美国媒体宣布家庭电子游戏"死亡"(详见本书第18章"电子游戏产业的大崩溃"),并在日本推出了大受欢迎的任天堂FC游戏机。随后,任天堂于1985年在美国市场推出了这款游戏机,并最终以"Nintendo Entertainment System"的名称在世界其他地区进行推广。如今,业内专家一致认为,FC/NES完全是单枪匹马地使家庭电子游戏产业复活了[2]。

任天堂在1990—1991年发布了SFC,保持了它在家庭电子游戏机市场的主导地位。但是,在1994—1995年索尼发布PS游戏机后,它开始失去优势。一方面,随着未来几代家用游戏机的出现,任天堂第3代家用游戏机(Nintendo 64,简称N64)和第4代家用游戏机(Nintendo Game Cube,简称NGC)的市场份额逐渐被索尼和微软抢走,任天堂的地位进一步被削弱;另一方面,任天堂的GB在1989年发布时抢占了掌机游戏的格式,它的后续版本(GBC/GBP/GBL/GBA/Game Boy Micro)进一步加强了公司对掌机市场的控制。据路透社报道,截至2004年,各种GB游戏机共售出1.68亿台[3],为任天堂赢得了94%的市场份额[4]。

任天堂的成功可以归结于两个关键策略。第一,基于独特的角色开发游戏,围绕最受欢迎的角色制作一系列衍生游戏(如《超级马里奥兄弟》《塞尔达传说》《密特罗德》和《大金刚》等游戏),以及大量的周边商品,如毛绒娃娃、帽子、T恤、玩具等。第二,强调游戏的趣味性和可玩性。这让任天堂在成熟玩家中的形象有些负面,他们可能会觉得任天堂的游戏是针对儿童的。1985—1995年,世嘉曾是任天堂的头号竞争对手,而世嘉就是通过向青少年推销游戏机来占据市场的。过去,消费群体的选择也会导致重要的审查问题的产生(如本书第19章所述)。这一点在2006年推出的任天堂Wii游戏机的广告中也得以体现。

任天堂的总部位于日本京都,截至2006年,任天堂在澳大利亚、奥地利、比利时、巴西、加拿大、丹麦、法国、德国、意大利、日本、墨西哥、荷兰、挪威、瑞典、英国、爱尔兰和美国都设有办事处。它2005财年总体的净销售额为5 150亿日元(约48.1亿美元),毛利率为2 174亿日元(约20.3亿美元)[4]。据招聘网站WetFeet.com(http://www.wetfeet.com/)统计,在全球拥有2 977名员工。岩田聪(Satoru Iwata)于2002年接替山内溥,成为任天堂的第四任总裁。

第 20 章
新一代家用主机游戏系统

莱昂纳德·赫尔曼

在 1983 年的游戏业大萧条之前,美国占据家庭电子游戏产业的主导地位,主要的主机都出口到日本和欧洲(米罗华在荷兰由飞利浦公司所有)。米罗华奥德赛作为 Videopac 游戏机在欧洲出售,在那里比在美国更受欢迎。1983 年,日本公司也决定加入,世嘉发布了两台主机,即 SG-1000 和 Mark III,任天堂发布了任天堂 FC。所有这些主机最初都只是打算在日本发行。

任天堂 FC 在日本取得了巨大成功。不久之后,任天堂开始计划向全球销售这款游戏机。这个计划存在的唯一问题是雅达利主导了电子游戏产业,而任天堂认为自己无法与它竞争。因此,任天堂与雅达利进行协商,希望将任天堂 FC 授权给日本以外世界各地的发行商,雅达利的高管们在看了任天堂 FC 之后对这笔交易十分感兴趣。达成协议后,双方在 1983 年 6 月的消费电子展上进行了最终的签署。

值得一提的是,在消费电子展上发生了一件趣事,即 Coleco Adam 公司推出了 Adam 电脑系统。但是,它究竟算一台电脑,还是一个电子游戏机呢?

电子游戏机和玩游戏的家用电脑之间有着明显的区别。一方面,1983 年,Coleco Adam 公司就获得了生产与分销任天堂家用游戏机的独家授权;另一方面,雅达利获得了生产和分销适用于家用电脑的任天堂游戏的许可。

因此,当雅达利的高管们在 1983 年夏天的消费电子展上参观 Coleco 公司的展台时,看到员工们自豪地在 Adam 电脑系统上玩《大金刚》游戏,他们对此感到忧虑。一方面,Coleco 公司当时正在推销一款廉价的家用电脑

Adam①，用它可以玩雅达利的《大金刚》；另一方面，Adam 的游戏功能使它成为一只披着羊皮的 Colecovision（一款古董家用电视游戏机）。Coleco 公司的人声称 Colecovision 是一个游戏主机，所以可以在它上面玩《大金刚》。雅达利并不认同这种逻辑，毕竟 Adam 显然就是一台电脑。雅达利的代表告诉任天堂要与 Coleco 公司解释清楚，否则他们就不会签署推广任天堂 FC 的协议。

任天堂花了一些时间理清了混乱的局面。事实上，当这一混乱的局面结束时，雅达利公布了它在 1983 年第四季度的巨额亏损。同时，美国电子游戏产业也出现了大萧条。雅达利不再像一年前那样强大，也不再有资格从任天堂获得 FC 的授权。事实上从这时起，雅达利不再是任天堂所担心的威胁了。于是，这家日本公司终于可以自行在全球范围内发行任天堂 FC。

当然，这取决于是否有人仍然关心一个新的电子游戏机。

任天堂在 1985 年 1 月的国际消费电子展上以"任天堂先进视频系统"（NAVS）的名称向美国公众推出了任天堂 FC。该系统能够产生 52 种颜色，而且是完全无线的，它的控制器使用红外线向主机发送信号。此外，它的控制器本身也与流行的操纵杆不同。NAVS 的矩形控制器采用一个可以在八个方向中的任意一个方向移动的触控板。光枪也将与目标游戏，如《霍根的小巷》和《打鸭子》一起出售。

尽管电子游戏在各地的销量都很少，任天堂还是在消费电子展上受到了很多关注。任天堂承诺 NAVS 将在 1985 年春季后面世。然而，到了截止日期却没有任何有关 NAVS 的后续。当年 6 月，任天堂在消费电子展上的另一个位置展示了被称为"Nintendo Entertainment System"（任天堂娱乐系统，即 NES）的主机。

在这个主机上，无线控制器消失了，但一个 10 英寸高的机器人 R. O. B. 伴随着任天堂 FC 诞生了。虽然 R. O. B. 可以被用来玩一些游戏，但它本质上是一个特洛伊木马程序（Trojan horse）。由于电子零售商似乎不想再与电子游戏系统有任何关系，任天堂只能将 R. O. B. 作为一种玩具推广到玩具店。

---

① 当时的 Coleco 公司想与苹果公司竞争，所以给该电脑取名为"亚当"（参考伊甸园的故事）。——译者注

1985 年 10 月中旬，任天堂终于在纽约大都会区成功地测试了这款游戏机。这要归功于游戏《超级马里奥兄弟》，因为是它证明了人们仍然对电子游戏很感兴趣。1986 年 2 月，这款售价 159 美元的游戏机在全国发布。

任天堂在 1986 年 1 月的消费电子展上展示了 NES，主展台旁是卫星展台，那里也有在发布 NES 游戏的第三方公司。然而，与为早期美式游戏机生产游戏的第三方公司不同的是，这些为 NES 制作游戏的公司得到了任天堂的许可。事实上，为了防止市场上出现过多的游戏，任天堂授权第三方公司生产游戏。此外，为了确保这些公司向任天堂申请了授权，任天堂单独为全部第三方公司生产了所有的游戏卡带。同时，为了防止第三方公司生产自己的游戏卡带，任天堂在 NES 中还设计了一个"锁定"芯片。任何流氓公司在不支付授权费用就自己制作游戏的情况下是无法打开锁定芯片的，游戏也无法在 NES 上运行。由授权公司销售的每款游戏的包装盒上都印有任天堂的"质量印章"（seal of quality），以向消费者保证游戏获得了任天堂的认可。

但是，在 1986 年，并非只有 NES 这样做。随着任天堂的成功，世嘉决定效仿它，于是也发布了美国版本的 Mark III。他们称之为 Sega Master System（SMS）。

SMS 与 NES 非常相似，它们都配备了外观相似的控制器和可用于射击游戏的光枪。虽然 NES 配备了 R. O. B.，但没过多久就不支持玩家使用该机器人进行游戏了。SMS 除了使用标准的游戏卡带，还使用了游戏卡。这些游戏卡可以容纳放在卡带中的同样大小的游戏，所以生产和销售成本更低。

虽然在业界有很多人认为 SMS 的技术优于 NES，但更多的人还是购买了 NES。SMS 没有任何吸引人们购买游戏机的突出游戏，而任天堂有《超级马里奥兄弟》系列游戏。

除了任天堂和世嘉，令人惊讶的是，雅达利也在 1986 年（因为雅达利当时的首席执行官曾声称雅达利将不再涉足电子游戏）发布了两款游戏机。

1984 年 5 月，雅达利发布了一款新的游戏机——7800。尽管遭遇了游戏业的崩溃，但雅达利认为游戏行业仍然有存活与发展的空间，因为在 1984 年 1—4 月，游戏卡带的销量已达 2 000 万份，其中的一半以上是全价售出的。雅达利委托专人进行了一项市场调研，以确定公众对新主机的确切需求。掌握这些信息后，雅达利与马萨诸塞州的通用计算机公司（General Computer Corporation，简称 GCC）合作，开发出了价值 140 美元的雅达利 7800 游戏机。

这款游戏机与 2600 的游戏库完全兼容。然而，在这款游戏机发布之前，华纳通信公司将雅达利独资（Atari Inc.）的事业部（生产电子游戏和电脑的部门）卖给了康懋达公司的创始人杰克·特拉米尔。这家新公司名叫雅达利公司（Atari Corp.）。杰克·特拉米尔本人对游戏机丝毫不感兴趣，因此已经生产出来的 7800 游戏机被闲置在仓库中。

在任天堂成功地证明人们确实对电子游戏机依然抱有热情之后，杰克·特拉米尔决定用仓库里闲置的 7800 游戏机赚钱。1986 年，他发布了这个闲置了两年的游戏机和为它设计的 7 个游戏卡带。与大部分人意料之中的一样，这时的雅达利已经无法与任天堂或世嘉竞争了。

但是，这款 7800 游戏机并不是杰克·特拉米尔为游戏迷准备的唯一"惊喜"。他的公司还发布了一款新设计的 2600 重置版，它的外形类似小型的 7800 游戏机，但零售价只有不到 50 美元。这款游戏机的目标用户是那些负担不起高价游戏机的低收入家庭。在接下来的几年里，雅达利为 2600 游戏机发布了 7 款新游戏。尽管它没能恢复 20 世纪 80 年代初游戏机的受欢迎程度，但它一直在市场上坚挺到了 1991 年。这 14 年的销售时长至今仍是游戏机界不错的纪录，只有任天堂的 GB 在市场上停留的时间更长（17 年）。

雅达利在 1984 年整体出售时，杰克·特拉米尔只收购了它的事业部。游戏部门被华纳通信保留，并更名为雅达利游戏公司（Atari Games）。一年后，雅达利游戏公司的控股权被卖给日本游戏公司南梦宫，南梦宫又转手将雅达利游戏公司的股权卖给公司的部分员工。1988 年，雅达利游戏公司成立了一家名为天元（Tengen）的子公司，专门销售 NES 的卡带游戏。天元很快成为 NES 的授权发行商，但没过多久它就成了任天堂的麻烦。

1988 年底，天元将任天堂告上法庭，称任天堂在电子游戏行业拥有不公平的垄断地位。这种垄断是通过非法行为实现的，如操纵价格、使用计算机芯片锁定技术，以及禁止未经许可开发 NES 软件等。随后，天元发现了一种可以绕过 NES 锁定芯片在没有得到任天堂批准的情况下生产与它兼容的游戏的方法。很快，天元宣布它将开发、制造和售卖 NES 兼容游戏，并且无须获得任天堂的授权。

天元在未经任天堂批准的情况下为 NES 发布的游戏包括《俄罗斯方块》，这是一款由阿列克谢·帕基特诺夫于 1985 年在苏联设计的游戏。这款游戏非常受欢迎，游戏的目标是防止方块堆积到屏幕顶部。

罗伯特·斯坦恩(Robert Stein)是欧洲一家名为 Andromeda 的软件公司的创始人,他在匈牙利发现了《俄罗斯方块》,并迅速与帕基特诺夫就这款游戏的全球版权进行了谈判。收购了这款游戏之后,罗伯特·斯坦恩很快将它授权给英国软件公司 Mirrorsoft 及其美国子公司 Spectrum Holobyte。Mirrorsoft 随后将日本街机游戏授权给世嘉,并将北美街机游戏、家用主机游戏机和掌机游戏机的版权授权给雅达利游戏公司。很快,天元就发布了 NES 版本的《俄罗斯方块》。

不过,在 Mirrorsoft 将这款游戏的版权授权出去的同时,任天堂也想获得这款游戏的家用主机版权,尤其是它们的新款掌机 GB。任天堂的霍华德·林肯和荒川实飞到莫斯科直接与苏联对外贸易协会交涉,他们在那儿得知罗伯特·斯坦恩只获得了《俄罗斯方块》的电脑版权。于是,任天堂很快就获得了《俄罗斯方块》的家用主机游戏机和掌机版权,并大量生产了这款游戏。由于天元公司没有发行这款游戏的合法权利,它不得不召回所有仍在商店货架上售卖的《俄罗斯方块》游戏卡带,总共退回并销毁了 26.8 万盒[1]。

16 位主机的崛起

1989 年,电子游戏杂志的读者们见证了一个新术语的诞生——16 位游戏。在计算机术语中,"比特"是二进制数字的缩写,是一个基本的信息单位,只有两个可能的值,即 0 或 1(或两种状态:开或关)。从 20 世纪 70 年代中期到 80 年代末,所有的电子游戏机都是 8 位系统,这意味着系统以由 8 位组成的字节为单位处理和发送数据到屏幕上。由于每个比特都可以打开或关闭,每个字节总共代表了 256 种不同的组合。这些流行语迅速变得十分重要,因为在 1989 年,16 位系统即将发布的消息传开了。一个 16 位的系统用 16 位字节处理和传递信息,有超过 65 000 种不同的组合,从而允许系统在相同的时间内处理更多的信息,以提高速度。

第一个被公布为 16 位系统的主机是由日本电气股份有限公司(NEC Corporation,简称 NEC)在日本发布的 PC-Engine。从技术上讲,它勉强算是合格的。PC-Engine 确实有一个 16 位的处理器——图形处理器,可以在不同分辨率的屏幕上同时显示多达 256 种颜色。然而,它的 CPU 是 8 位的——它之前的所有系统都是如此。当 NEC 在美国发布 PC-Engine 时,它选择了一个能更真实地反映其处理能力的名字：TurboGrafx-16。

TurboGrafx-16 游戏的小塑料卡与世嘉 SMS 主机中使用的卡片非常相似，它们被装在类似于存放光盘音频的那种塑料盒中。尽管 NEC 并没有因为发布第一个真正的 16 位主机而创造历史，但它以另一个原因在历史上占有一席之地。

1989 年，NEC 发布了一款用于主机的光盘播放器，它能够从光盘中读取数据。虽然光盘播放器可以用来播放标准的音乐光盘，但它是专门为电子游戏设计的。光盘是电子游戏技术的一大突破。在此之前，一款游戏能够使用的最大代码量是 256 KB，而一张光盘可以包含 550 MB 的代码量（或者说是满负荷卡带的 2 000 倍）。因为光盘可以任意且快速地获取数据，所以主机能够在玩家没意识到的时候加载新的信息。由于光盘可以容纳如此多的信息，基于光盘的游戏在复杂性、细节和声音方面的表现都达到了极致。

尽管 Turbografx-16 在历史上是一个重要标志，但它并没有像 NEC 被期望的那样成为最畅销的产品——即使它增加了可选择的光盘播放器。然而，世嘉却获得了这次创造历史的机会。

PC-Engine 在日本发布后不久，世嘉宣布将发布一款真正的 16 位主机。1989 年 8 月底，世嘉在纽约和洛杉矶地区推出了首款美版 MD 游戏机（Genesis）。它的承诺在美国兑现了，几乎每个买了游戏机的人都对它的高分辨率和清晰的立体声感到满意。很快它就被拿来与 Turbografx-16 进行比较，虽然很多人认为 NEC 的游戏机图形效果更好，但多数玩家对 Genesis 的速度更加印象深刻。

世嘉还为 Genesis 提供了令人惊喜的外围设备，一个是人工调制解调器（telegenesis modem），它允许玩家通过电话在线对抗。针对 SMS 玩家，世嘉发布了一个电源转换器，玩家把它插在 Genesis 上即可玩 SMS 的游戏。此外，世嘉还为 Genesis 发布了一款光盘播放器，简称为世嘉光盘。这款索尼生产的 CD-ROM 播放器和 Genesis 协同，创造出出色的游戏。同时，世嘉光盘包含一个独立的 12.5 MHz 处理器，比 Genesis 本体的 7.5 MHz 处理器的速度快得多。这两个 CPU 一起工作，完全消除了系统从光盘中加载新信息时所需的游戏读取时间。

除了 68000 CPU，世嘉光盘还有两个定制的显卡。这些显卡使光盘播放器能在电视屏幕上呈现出更为丰富的颜色和子画面，而世嘉的 MD 游戏机

（和 Genesis）无法单独地做到这一点。这两个显卡还为世嘉游戏添加了缩放和旋转功能。除了定制的世嘉光盘游戏，它们还可以播放标准音乐光盘和新的"CD+G"光盘（光盘＋图形）。在日本，这是个大事件，因为这意味着玩家可以播放卡拉 OK 唱片。

在 Genesis 发布之后，任天堂最终在 1991 年发布了自己的 16 位主机——美版 SFC(SNES)。这比 Genesis 的首次亮相晚了近两年。在此之前，一种新型的游戏机已经发行了。

SNK 公司是一家街机游戏制造商，它的 Neo·Geo 看起来与其他的街机没什么两样，除了玩家可以选择 5 个不同的游戏。与以前的家庭电子游戏机一样，每个游戏都存储在一个卡带中。以 Neo·Geo 为例，每个卡带都是 VHS 录像带大小的，可以存储 330 M 的数据。当一款游戏开始失去吸引力而面临下架时，街机操作人员只需更换磁带而不是整台机器。玩家还可以从街机运营商那里购买 4 K 存储卡，这些存储卡可以插入机器中用来保存游戏。

继 1989 年在日本成功地推出 Neo·Geo 后，SNK 在美国发行了一个家庭版的 Neo·Geo。家庭版 Neo·Geo 使用了与街机相同的卡带，所以玩家可以在街机上或家中玩完全相同的游戏。它还允许玩家将街机游戏保存在存储卡中，然后在家里玩。

尽管 SNK 声称 Neo·Geo 是 21 位的机器，但实际上它使用的是与 Genesis 一样的 16 位处理器。它还拥有一个额外的与 SMS 相同的 8 位处理器。双处理器允许 Neo·Geo 在屏幕上同时显示 4 096 种不同的颜色（TurboGrafx-16 只能同时显示 512 种颜色）。Neo·Geo 还能从 15 个不同的通道发出声音(Genesis 只使用了 10 个独立的通道)。

然而，Neo·Geo 提供的所有功能都是单独收费的。SNK 以两种不同的包装出售 Neo·Geo，基本的绿色系统版的零售价为 399 美元，包含一台主机和一个控制器；消费者只需再花 200 美元就可以购买黄金套装版，它附带一个额外的控制器和一盘游戏磁带（磁带本身的建议标价为 199 美元）。虽然这个系统吸引了喜欢 SNK 热门游戏类型的硬核玩家，但它对 Genesis 无法形成任何竞争。

竞争是随后由任天堂公司引发的。随着已有 8 年历史的 NES 开始崭露头角，任天堂意识到自己必须在市场上推出更先进的系统。任天堂计划在

1991 年 9 月 1 日发布 SNES，售价为 200 美元，配备 16 位处理器。许多 NES 用户迫切地想知道他们的 8 位机还能得到多大程度的兼容。任天堂在夏季消费电子展上宣布 SNES 将通过一个插件向下兼容 NES。

随着 SNES 的发行，任天堂在家用主机领域又有了强有力的"一员大将"。然而，尽管 SNES 很受欢迎，任天堂的名誉也很好，但在 1991 年圣诞季，任天堂失去了它在电子游戏市场的龙头地位——世嘉控制了 55% 的 16 位市场，成为作品最畅销的游戏公司。在多数情况下，Genesis 的销量是 SNES 的两倍之多[2]。这个销量很大程度上要归功于世嘉发布的一款名为《刺猬索尼克》的新游戏。它是一款类似于《超级马里奥兄弟》的游戏，玩起来速度极快。

尽管世嘉略显优势，但它的成功是短暂的。就在世嘉与任天堂在 16 位机的领域展开争夺时，后者的主机设计师已经开始研究下一代机器了。随着 32 位机的出现，新的竞争也随之而来。

第 21 章

CD-ROM 游戏

卡尔·塞里恩

虽然基于磁盘的存储在最近才成为一种标准,但它在电子游戏发行的历史上已经存在很长一段时间了。这个术语包含广泛的技术,从软盘、模拟激光盘到各种数字光学媒体。在数字光学媒体中,光盘拥有最忠实的用户和最长的寿命。截至 2006 年,仍有相当数量的 PC 游戏刻录在光盘上。当它在 20 世纪 90 年代中期成为最常见的电子游戏发行格式时,激光唱片已经成为音乐行业的标准。与用于发行音乐专辑和电影的磁带不同,光盘允许相对快速、任意、非线性地获取内容。但这些功能在卡带游戏机中已经十分常见了。雅达利 2600 或超级任天堂游戏卡带中的 ROM 可以直接连接系统的运行记录,立即读取数据。光盘驱动器的光学装置无法与之竞争。事实上,光盘将臭名昭著的"载入"画面呈现给主机玩家。电子游戏首先受益于只读光盘的存储能力,虽然光盘格式的核心技术原理与最近的 DVD 标准(可以在 Xbox 和 PS2 上找到)及其他专用的磁带格式[如 Dreamcast(世嘉梦工厂,简称 DC)主机的 GD 光盘和 NGC 光盘]相同,但只读光盘技术的集成及其对游戏在设计和开发方面的影响超出了本章的讨论范围。

1980 年,索尼和飞利浦就音频光盘格式的规格达成了一致。这份协议被称为"红皮书"标准(the "red book" standard)。随后,1985 年又出现了"黄皮书"("yellow book"),其中详细说明了只读光盘技术的数据结构。1986 年,一个直径 12 厘米的光盘可以容纳 550 MB 的数据。到了 2006 年,同样的光盘容量可以达到 700 MB。在 20 世纪 80 年代中期,即使是行业中最大的企业也不可能制作出足够的内容来填补这个额外的空间。相比之下,家用主机的卡带大小通常以 megabits 为单位,转换成 MB(megabytes)后,16 位一代主机可用的存储空间显得相对较少，如 Turbografx-16 的 TurboChip（或 HuCard）最多只有 2.5 MB，世嘉 Genesis 的卡带只有 4 MB，SNES 的卡带只有 6 MB。在个人电脑方面，20 世纪 90 年代初，最大的游戏需要少量高密度软盘（每个磁盘有 1.44 MB）。当然，这些尺寸对于那一代的大多数游戏来说已经足够了。与此同时，制作游戏的新方法也开始出现，如声音/图像/视频的数字化和计算机成像（computer-generated imagery，简称 CGI）技术。集成各种价值的能力定义了光盘时代最显著的一个流行词——多媒体。在现实中，多媒体首先与全动态影像的发展紧密相关，这种对电影般的运动错觉的迷恋实际上导致了大量不同的视频压缩技术产生。通常对于特定的开发人员而言，在图像质量、帧率和屏幕上动画的比例方面都没有实际的规范。只读光盘格式的引入带来了扩充内容的需求，于是出现了许多不同的策略。

基于光盘的游戏系统

对于个人电脑用户来说，光盘游戏始于 1987 年 Cyan Worlds 发行的《The Manhole》。然而，在第一代基于光盘的游戏系统中，只读光盘和驱动器的高成本导致使用该技术的用户基数较小。1989 年，NEC 公司率先将光盘技术引入主机领域。它的 Turbografx-16/PC-Engine 只读光盘外围设备可以以每秒 150 KB 的速度传输数据。这一特性被称为 1X 标准（the 1X standard）。由于 1MB 中有 1 024 KB，考虑到光盘上的总存储空间（约 650 MB），这个传输速率可能显得不够。但是，这还不是系统最严重的性能瓶颈。作为一个附加组件，Turbografx-CD 依赖于主机自身的显示和处理能力。Turbografx-16 可以轻松地处理典型的 2D 游戏技巧（如子画面和视差滚动），并通过屏幕上的一些技术调整显示 512 种中的大部分可用颜色。但是，它的运行内存和显卡内存（分别为 8 KB 和 64 KB）无法满足光盘时代的多媒体需求。世嘉在 1992 年向美国市场推出的 MD 游戏机的光盘附加组件也是如此，虽然它提供了更快的 CPU 和更大的内存，但在大多数情况下，屏幕显示颜色被限制在 64 种。个人计算机（IBM PC）和兼容系统上的图形适配器越来越强大。例如，与 1987 年 VGA 标准兼容的卡可以同时显示来自 262 144 个调色板中的 256 种颜色。1989 年，富士通（Fujitsu）在日本推出了 FM Towns 电脑。它采用尖端的 PC 技术（但与 PC 软件不兼容），最受欢迎的功能实际上是集成的一倍速光驱。在美国，软件出版协会（Software Publishing Association）[包括微软、戴尔和创意科技公司（Creative Labs）]也致力于开发多媒体应用程序和游戏标准。1990年，软件出版协会建立了多媒体计算机（Multimedia PC，简称 MPC）规范，包括电脑光盘用户的配置指南。最后，康懋达 CDTV 系统和飞利浦 CD-I 系统（均于 1991 年发布）推出了介于家用电脑和游戏机之间的第三类产品，旨在为客厅带来更多的多媒体应用。

有趣的是，许多基于光盘的第一代游戏系统都以某种方式进行了升级，如 NEC 在 TurboChips 上发布了各种系统和内存升级，世嘉的一些光盘游戏也利用了 32X Genesis 的附加组件。富士通发布了许多版本的 FM Towns，包括 1991 年的 FM Towns Marty，这是第一个集成光盘驱动器的主机。随后，NEC 公司在 1992 年推出了 Turbo Duo，它是一种全新的系统设计，本质上相当于 Turbografx-CD 的最新系统卡。MPC 标准在 1993 年被重新评估。同年，3DO 公司和康懋达推出了它们的光盘主机。3DO 和 Amiga CD32 具有二倍速光驱，升级为可以读取由运动图像专家组（Moving Picture Experts Group，简称 MPEG）开发的 MPEG-1 标准影像。随着世嘉土星（Sega Saturn，简称 SS）和索尼 PS 于 1995 年在美国的发行，开发者已能够通过技术，即两倍的传输速率、足够的运行/显卡内存和可以显示数百万种颜色的图形处理器，将高质量的 FMV 整合到自己的光盘游戏中。光盘游戏的多媒体功能日益成熟。与此同时，这些系统最早实现了实时 3D 操作。值得注意的是，FMV 游戏的能力相对较强，这里提到的大多数光盘系统上都有它们。

是扩展游戏，还是拓展玩法？

只读光盘技术的真正优势在于它拥有巨大的存储空间。游戏玩法相关资源的实际质量取决于任何给定系统的整体能力。当然，从 Turbografx-CD 到 PS1，这些主机资源的细节不断变得丰富，所以数据也变得更加密集。虽然这种进化可以通过光盘格式加以解决，但不能将其视为游戏采用光盘格式的直接结果。

游戏设计中有两个趋势与光盘游戏系统的出现直接相关。"扩展游戏"一词很好地说明了第一种趋势。从制作角度来看，这类例子遵循两个截然不同的理念，即围绕游戏空间增加额外内容或"更多相同的"游戏空间。考虑到只读光盘技术的本质是一种音频播放设备，在游戏世界中添加音乐片段并不令人意外。当玩家在关卡中前进时，音频轨道将直接从光盘中读取，不需要额外的系统资源成本。因此，这一功能可以很容易地整合到任何游戏中。光盘音乐成为早期光盘游戏的主要吸引力，也是最常被添加到光盘系统游戏中的内容(如青色公司的《The Manhole》，它是发行于 1987 年的第一款光盘游戏)。经典的例子还有《雷霆天龙》(Gate of Thunder，射击游戏，HudsonSoft 公司，1992，Turbografx-CD)、《终结者》(平台游戏，Virgin 公司，1993，世嘉光盘)、《Fighting Street》(HudsonSoft/卡普空公司，1989，Turbografx-CD)、《Loom》(图形冒险游戏，卢卡斯影业游戏公司，1991，FM Towns)和《猴岛的秘密》(图形冒险游戏，卢卡斯艺界公司，1992，电脑光盘)。

  第二种围绕游戏的扩展是基于光盘而增加内容。这种情形也在各种游戏类型中蓬勃发展。虽然游戏关卡之间的过场动画早在 20 世纪 90 年代就已经很常见了，而且在电子游戏历史上也很早就出现了(最著名的是 1980 年的《吃豆人》)。但是，只读光盘技术迅速推动了全动态影像过场动画的出现，这些过场动画是由电脑生成的图像、真人视频，或两者兼有。至少，开发者会在动作类游戏中添加介绍的动画序列。此外，这一功能的广泛使用最终与某些游戏类型和系列密切相关，如日本的角色扮演游戏，最著名的是《最终幻想7》(Final Fantasy VII，1997 年由史克威尔公司发行于 PS1)和《命令与征服》(Command & Conquer)系列的《红色警戒》[Red Alert，由西木工作室(Westwood Studios)于 1996 年以电脑光盘的形式发行]。

  第三种"扩展"游戏的策略遵循不同的逻辑，因为它提供了更多的游戏空间和多样性。通常情况下，开发者会为之前的游戏添加额外的关卡，并且/或者在不同的关卡间整合更多的变种，如《终结者》和《真宝珠小子》(Zool，Gremlin 公司，1993，Amiga CD)。乍看上去，具有开创性的只读光盘冒险游戏《神秘岛》(Cyan Worlds，1993，电脑光盘)似乎也遵循着同样的逻辑。从游戏玩法的本质上来看，图像冒险类游戏的代表性经济系统与动作类游戏有所不同，它们的游戏世界通常是通过一系列固定但非常详细的游戏画面来描绘的。虽然《神秘岛》将冒险题材引入"脑筋急转弯"(brain-teaser)的分支中，但它最显著的特征在于增加了独特的游戏画面。从这个角度来看，《神秘岛》显然是我们所称的"扩展游戏"趋势的一部分，它在不影响游戏玩法基础的情况下为现有的游戏类型添加内容。与此同时，这种特殊的扩展会影响我们对游戏世界的看法，这是读取画面的动画、管弦乐曲的美感和附加关卡的额外刺激所做不到的。《神秘岛》并没有增加游戏世界的实际大小，而是扩展了它的丰富度。它也避免了类似于《魔眼杀机》(Eye of the Beholder，西木工作室，1990)或《Ishar》(Silmarils 公司，1992)等第一人称探索游戏里那种影响玩家体验的重复画面，同时保持了游戏的连续性。《神秘岛》中的游戏世界充满了细节，在一定程度上实现了某种表达上的多样性，这是与只读光盘游戏相关的第三种趋势的核心。

在《神秘岛》发行的同一时期，Trilobyte 公司的游戏《第七访客》(1992，电脑光盘)发表了关于只读光盘技术可以实现什么的声明。在游戏的鬼屋中，玩家扮演的角色是漂浮的视角，令人不悦的是，这一身份导致了剧透。有人可能会说，从一个探索节点到另一个探索节点的漂浮视角描述是解开谜题的第一个线索，但它在技术方面显然是值得我们关注的。Trilobyte 公司设法开发了一个系统，能够直接从光盘中传输密集的图形信息(高分辨率的 256 色预渲染动画，每秒超过 10 帧)。在游戏行业中，FMV 技术可能和开发者一样多，但有一件事是肯定的，即或多或少令人信服的运动错觉确实是"饱和世界"(saturated world)趋势的核心元素。所谓饱和，是指真实感的显著增加。这是一种从电子游戏呈现的典型缺点(如重复和僵硬的动作)中提取出来的错觉。光盘游戏的另一个早期特征也符合这个定义，即数字化的声音。流行冒险游戏的"有声电影"版本被改编成光盘游戏，包括《夺宝奇兵：亚特兰蒂斯之谜》(Indiana Jones and the Fate of Atlantis，卢卡斯艺界公司，1993，电脑光盘)和《国王密使Ⅴ：失城记》[King's Quest V: Absence Makes the Heart Go Yonder!，雪乐山公司(Sierra On-Line)，1992，电脑光盘]。像 FMV 一样，数字化的声音会随着时间的推移而呈现出一种永远在变化的错觉。这两种错觉将融合在理想的交互式电影中。许多基于《神秘岛》和《第七访客》模型的克隆游戏都没有明显的真人存在痕迹，但真人 FMV 游戏的爆炸式增长表明，真人形象只能在后台停留这么短的时间。游戏，如《杀人月》(Under a Killing Moon，Access Software 公司，1994，电脑光盘)、《A Gabriel Knight Mystery》(雪乐山公司，1995，电脑光盘)、《Ripper》(Take-Two Interactive 公司，1996，电脑光盘)，都与典型的图形冒险游戏一样依赖角色互动。事实上，这些游戏需要多达 6 张光盘来存储所有的真人场景。早期的游戏都是如此，如《咨询侦探夏洛克·福尔摩斯》(*Sherlock Holmes Consulting Detective*，ICOM Simulations 公司，1991，电脑光盘、Turbografx-CD 和世嘉光盘) 和《流沙斗士》(*It Came from the Desert*，Cinemaware 公司，1991，Turbografx-CD)。

游戏玩法整合下的 FMV 的魅力远远超出了预期的图形冒险类游戏。美国镭射游戏公司将自己的街机激光视盘游戏带到了家用主机中，如《疯狗麦基利》(1993) 和《罪恶刑警》(1994)。而且，许多其他的实景射击游戏都是为世嘉光盘制作的，如《Surgical Strike》《Tomcat Alley》和《Code Monkeys》(分别发行于 1993 年和 1994 年)。使用 CGI 的情况也很常见，大部分游戏主要是以这种形式呈现的，如《叛军突击》(*Rebel Assault*，卢卡斯艺界公司，1993，电脑光盘)、《下水道鲨鱼》(*Sewer Shark*，Digital Pictures 公司，1992，世嘉光盘)、《微生物模拟器》(*Microcosm*，Psygnosis 公司，1994，Amiga CD32)、《赛博利亚》(*Cyberia*，Xatrix 公司，1996，3DO)。有些赛车游戏也会预先渲染赛道，以缓解显示效果受到的玩家速度的影响，如《烈火战车》(*MegaRace*，Cryo Interactive 公司，1993，电脑光盘)。甚至平台游戏也诞生了。横向卷轴 (side-scrolling) 的 3D 关卡在特定时刻进行了轻微的视角修改，如《吸血惊情四百年》(*Bram Stoker's Dracula*，Psygnosis 公司，1993，世嘉光盘)、《时空游侠》(*Time Commando*，Adeline Software 公司，1996，PS1)。最不可能用 FMV 处理的类型无疑是格斗游戏。《Supreme Warrior》(Digital Pictures 公司，1994，3DO) 和《Prize Fighter》(Digital Pictures 公司，1994，世嘉光盘) 实景描绘了主人公眼中的街头格斗和拳击。

然而，在全球范围内，动作游戏的数量明显超过了其他游戏，但很少有真正获得认可的游戏。这种失败部分地归结于 FMV 光盘游戏与所有特定类型的当代经典游戏之间的玩法存在差异。随着行业开始向实时 3D 机制过渡，虚拟世界的视觉表现可能更多地受到用户操作的影响，FMV 所描绘的世界甚至比当时的大多数 2D 游戏更加固定和僵化。在 FMV 射击游戏中，玩家通常会在动态的画面上操纵一个简单的十字准星，爆炸目标则呈现在特定的射击镜头中，而任何 2D 横向卷轴类的射击游戏都能动态地整合玩家的动画角色及其在单个连续场景中创造的混乱场面。动态事件无法被轻易改变和操纵，许多动作游戏最终都依赖于《龙穴历险记》的玩法机制 (在正确的时间点击正确的键)。甚至冒险游戏最终也会让玩家感到失望——真人对话剧情不能像之前基于文本的游戏一样轻易地被理解和跳过。这改变了这种游戏类型的基本节奏。最终，这些游戏的世界中不仅充斥着细节，还充斥着创造者的影子，并且创造者在游戏体验上的权威是技术本身所施加的权威的一种反映。

总之，只读光盘技术确实在几年时间内影响了游戏的面貌，它巨大的存储能力让开发者创出最先进的视觉吸引力。然而，这种对 FMV 的强调更倾向于慢节奏的游戏类型或更简单的游戏机制。光盘使游戏内部素材的质量得以提高，却牺牲了游戏体验本身。这种支持逼真效果的游戏语言的回归让我们想起了声音在电影制作技术中的运用。就像电影语言最终更自然地整合了新的表达形式与资源一样，游戏行业也找到了一种方法，即通过更适合游戏本质的技术去发展 FMV 背后的理念。如今，实时 3D 世界中的内容所包含的数据十分密集，以至于许多游戏几乎填满了一张双层 DVD 上的 8.5 GB 空间。新一代的光媒体已经出现，一张 PS3 的蓝光光盘可以存储多达 50 GB 的信息。尽管这一增长因素并不像光盘技术在 20 世纪 90 年代初的整合那样显著，但这种存储空间超过了当前大多数产品的需求。这些额外的存储空间是否会（以及如何）影响游戏生产策略，或者说更适合哪些内容或游戏种类，它最终是否会像 CD-ROM 那样在一个时代的游戏趋势中发挥同样的决定性作用，还有待观察。

第 22 章
游戏类型简介：互动电影

伯纳德·佩伦

互动电影（interactive movie）在电子游戏历史上占有一席之地的一个主要原因是它的失败是众所周知的。由于激光视盘和只读光盘存储容量的增加，通过将全动态影像和电影技术与游戏体验相结合来实现"电子游戏"的想法出现了。互动电影被视作 20 世纪 90 年代初的前沿技术，也被视为行业的未来（主要是那些创造它的人这样设想）。尽管 DVD 有了更大的存储容量，并且极大地改进了电影剪辑，但到 20 世纪末，已经无人制作互动电影了，因为分支结构有限的可能性、互动性的缺乏、演员糟糕的演技，以及早期互动电影的低分辨率画面和糟糕的回放质量都使它们的名声变得很差。尽管这种不信任是十分普遍的，但这种现象不应该被我们忽视。

既然提到了电影，我们在这里引入吸引力电影（cinema of attractions）的概念，以更好地在它与常见的叙事电影的比较中理解早期电影的特殊性。在电影理论家汤姆·甘宁（Tom Gunning）看来，吸引力电影实际上是与叙事整合的电影相对立的（后者将电影形式置于故事和人物的发展之下）[1]。"吸引力电影"一词指的是早期电影的暴露狂本质（exhibitionist nature）。电影希望展示自己的观赏性，并打破自我封闭的虚构世界，以获得观众的注意。在互动电影中，创作者试图吸引的则是玩家的注意。吸引力电影更感兴趣的是电影的展示能力而不是对故事的讲述；互动电影更关注非线性的故事叙述和有关逼真图像的问题，而不是对创新玩法的开发。在 20 世纪 90 年代早期，全动态影像在游戏中还是新鲜事物，就像电影在 19 世纪末还是个新鲜事物一样。互动电影出现于技术进步的特定时期是可以理解的，并且它们中的一部分在被制作出来后产生了相当大的影响。

虽然这种类型是与真人视频联系在一起的，但首部互动电影是动画电影。这部电影现在在史密森学会（Smithsonian Institution）展出，旁边同时展出的还有另外两款电子游戏，即《PONG》和《吃豆人》。《龙穴历险记》是第一款基于激光视盘的投币游戏。在1982年的投币机贸易展（coin-op trade show）上，当设计师兼程序员里克·戴尔看到第一款使用激光视盘生成背景画面（使用电脑图像展示前景的船舶和激光）的街机游戏《银河战记》（这款游戏最终由世嘉/Bally公司于1984年发行）时，他便明确了自己的想法。为了创造一款基于新型激光视盘载体的游戏，里克·戴尔找到了在1982年制作了著名影片《鼠谭秘奇》（The Secret of NIMH）的迪士尼前动画设计师唐·布鲁斯。随后，唐·布鲁斯与加里·戈德曼（Gary Goldman）、约翰·波默罗伊（John Pomeroy）合作完成了里克·戴尔的项目。《龙穴历险记》的制作成本是那个时代平均预算（130万美元）的10倍，但它在发行后的前8个月就赚到了3 200万美元。这是因为预先录制的22分钟完整动画与其他街机游戏屏幕上的计算机成像相比显得格外吸引人。这款游戏给人的印象非常深刻，玩家需要花费50美分（而非传统的25美分）参与游戏。一些街机拥有者甚至在游戏柜上安装了显示器，这样人们就可以方便地观看他人玩游戏。《龙穴历险记》并不只是一款新游戏，正如唐·布鲁斯在1983年9月所说："我们结合了电脑和动画的独特性能，打造了一种新的娱乐参与式电影风格。"[2] 玩家实际上被邀请去体验属于他"自己的"卡通角色，开始一场魔幻历险，成为勇敢的骑士德克（Dirk），从恶龙辛格（Singe）的魔爪中拯救美丽性感的公主达芙妮（Princess Daphne）。玩家对游戏的实际参与，包括通过使用操纵杆给德克指示方向和敲击动作按钮让他用剑攻击。如果选择的方向是正确的，或者在正确的时刻按下了"剑"的攻击按钮，玩家便能够克服障碍或杀死怪物；如果没有，德克就会以可怕而有趣的方式死去。这种决策树分支（decision-tree branching）玩法能够吸引大量的追随者，并且是互动电影的基本设计模式。的确，《龙穴历险记》的流行见证了类似游戏的发行，如《太空王牌》（Cinematronics/Magicom 公司，1983）、《巅峰战士》（Stern/Seeburg 公司，1983）和《不毛之地》（科乐美/Centuri 公司，1984）。在20世纪90年代，世嘉 TruVideo 公司的作品，如《假面骑士ZO》（The Masked Rider: Kamen Rider ZO，世嘉，1994）和《恐龙战队》（Mighty Morphin Power Rangers，世嘉，1994）甚至使用流行电视剧的镜头重现了类似的体验。然而，这些游戏从未获得同样的成功。如果说《龙穴历险记》"是电子游戏历史上的一个里程碑",那是因为"它的首次亮相不仅为互动娱乐的未来打开了一扇窗,也代表了该行业在1984年崩溃前的最后一次辉煌"[3]。

像《Goal to Go》这类由真实的体育赛事构成的体育游戏,与《龙穴历险记》是同一时期诞生的[4]。与《银河战记》一样,在20世纪80年代,使用视频素材的街机激光视盘游戏的寿命也很短,原因是技术的不可靠。类似于《M. A. C. H. 3》(Minstar/Gottlieb公司,1983)和《Us vs. Them》(Minstar/Gottlieb公司,1984)的射击游戏,以及像《Laser Grand Prix》(太东,1983)和《GP World》(世嘉,1984)这样的赛车游戏,都给予了玩家更具连续性的操作体验。20世纪90年代初,美国镭射游戏公司推出了9款激光视盘游戏,使真人游戏在街机中重现。一份传单强调了它的第一人称射击游戏与当时其他游戏的区别:"玩家是真实电影的一部分……将激光技术与玩家互动结合在一起!"这些游戏原本是为了训练警察而设计的,却为玩家提供了"在娱乐游戏行业中前所未见的现实感"[5]。在游戏《疯狗麦基利》(1990)、《Who Shot Johnny Rock?》(1991)、《太空海盗》(1992)、《罪恶刑警》(1993)和《快枪手》(1994)中,《快枪手》是第一个以"人像"模式而不是通常的"风景"模式制作图像的激光视盘游戏,要求玩家比对手先取出光枪。这些游戏的情节主线是:玩家从臭名昭著的疯狗麦基利手中救出市长和他的女儿,试图找出射杀Johnny的凶手,寻找能量水晶并拯救银河系,加入打击犯罪的力量,并为成为城里跑得最快的枪手而竞争。当然,这些情节都是在不同地点上演枪战的借口。如果玩家还活着,或者没有杀死无辜的旁观者,他就可以收集线索,进一步探索故事;如果玩家在枪战中死亡,他就会失去一条命,人们会对他的死亡发表一些有意思的评论。这与《龙穴历险记》并无太大的不同。

随着基于光盘的家庭系统的出现,电影般的游戏体验出现了。1990年,多媒体电脑的推出和外部设备Turbografx-CD(1989)、飞利浦交互式光盘系统(1991)、世嘉光盘插件(1992)和3DO主机(1993)的发布标志着真人实景画面的使用大大增加。与磁带相比,光盘能容纳的信息量可以存储电影序列(在当时甚至被称为"电影院")。《龙穴历险记》的克隆版和美国镭射游戏公司的第一人称射击游戏便因此进入了主流市场(适配世嘉光盘和3DO上的游戏枪或飞利浦交互式光盘系统中的和平卫士左轮手枪)。激光视盘游戏《Us vs. Them》(1984)拍摄了受到惊吓的市民和军事指挥人员作为任务间隙的过场动画,还有许多其他游戏也有这样的动画(如西木工作室的实时战略游戏系列《命令与征服》就以真人过场的动画闻名)。电影的吸引力促使所有类型的游戏都开始借鉴互动电影制作。

史蒂文·肯特称,《第七访客》(Trilobyte/Virgin Games 公司,1992/1993[6])是引起多媒体革命的三大"杀手级应用"之一(另外两款游戏是 1993 年发行的《神秘岛》和《毁灭战士》)。肯特称,作为技术的展示,《第七访客》是"一个杰作"[7]。对微软创始人比尔·盖茨来说,它是"互动娱乐的新标准"[8]。设计师罗伯·兰德罗斯(Rob Landeros)和格雷姆·迪瓦恩(Graeme Devine)成立了自己的公司 Trilobyte。在游戏的包装盒上,他们写下"第一个在可怕的真实虚拟环境中配有现场演员的互动戏剧"。这款游戏的灵感来自图版游戏(board game)《妙探寻凶》(Clue)和大卫·林奇(David Lynch)的电视剧《双峰》(Twin Peaks,1990—1991)。游戏具有探案性质,玩家要从七名受邀参观邪恶的玩具制造商亨利·斯塔夫(Henry Stauf)的阴森豪宅的幽灵访客中找到一名神秘访客。玩家以"自我"(Ego)的视角(一种脱离实体的意识)在宽屏屏幕上穿行,走过由高分辨率 3D 渲染的各个房间,解决故事中出现的一些谜题。尽管《第七访客》主要是一款益智游戏,但它远非如此。在游戏设计文件的第二个版本中,兰德罗斯和迪瓦恩表示:"我们在 Trilobyte 公司创造了'超级电影'这个词来描述我们为之工作的媒介,整个作品'被视为一部观众参与的大型电影作品'。"[9]的确,多亏了数字压缩技术和全动态影像回放技术的创新,游戏中出现了一些短片剪辑。这些短片显示演员叠映(superimposed over)在带有透明效果和光环效应的 3D 图形上(一个技术错误意外地造就了这款游戏的视觉效果)。与 Trilobyte 的街机游戏背景(基于电影胶片的激光视盘游戏,在前景中使用电脑图像)不同,现在将演员置于虚拟场景的做法已经成为一种常态。通过解开谜题、探索房子、点击物体,《第七访客》的玩家将揭开幽灵访客的欲望,揭示他们的关系,并揭开他们在亨利·斯塔夫的邪恶阴谋中所扮演的角色。令人费解的情节主线也有助于增添游戏的整体吸引力。

《第七访客》的巨大成功使这类游戏及其续作《惊魂 11 小时》(The 11th Hour,Trilobyte/Virgin Games 公司,1995)得以发行。兰德罗斯与导演大卫·惠勒(David Wheeler)合作,后者执导《惊魂 11 小时》的部分内容,并在 DVD 上制作了最后两部互动电影,即《柔情蜜意》(Tender Loving Care,

Aftermath Media/DVD International 公司，1999)和《观点》(*Point of View*，Digital Circus/DVD International 公司，2001)。第一部互动电影由约翰·赫特(John Hurt)主演，讲述了一位丈夫与他可爱迷人却体弱多病的妻子和一个性感、狡猾的护士之间的奇怪关系(为了照顾男人的妻子，护士与这对夫妇住在一起)。第二个故事讲述了一位隐居的年轻艺术家简监视她的音乐家邻居的故事。这两部电影的交互性是一样的。电影分为几个部分，每个部分的结尾都以投票后的意愿调查作为结束，其中的问题与玩家的行动、秘密想法和欲望有关。同时，这些问题的答案将影响电影下一个部分的展开。

虽然《柔情蜜意》和《观点》中有成人内容和一些暴力画面(《柔情蜜意》中还出现了裸体画面)，但在 20 世纪 90 年代末，这些场景并没有太大的问题，因为游戏都是分级的。首先，世嘉的许多游戏都基于真人动作场景。TruVideo 公司的作品，如《幻象杀手》(Fahrenheit，世嘉，1995)和《Wirehead》(1995)利用了类似于《龙穴历险记》的决策树分支玩法，把玩家设定为救火的消防员和大脑中有无线控制器的父亲，他们必须逃离邪恶的魔手。像 Digital Pictures 这样的公司也为世嘉光盘开发了一些游戏，如《创建你自己的视频》(*Make My Video: INXS/Kriss Kross/Marky Mark & the Funky Bunch*，1992)系列、第一人称射击游戏《僵尸杀手》(*Corpse Killer*，1992)、轨道射击游戏《下水道鲨鱼》(1994)、格斗游戏《Supreme Warrior》(1994)和篮球游戏《Slam City with Scottie Pippen》(1995)。Digital Pictures 公司于 1992 年制作了《午夜陷阱》(*Night Trap*)，这是世嘉光盘上发布的第一批真人电子游戏之一。在 20 世纪 80 年代中期，Digital Pictures 公司的创始人汤姆·齐托(Tom Zito)正考虑将电影与电子游戏结合起来。史蒂文·肯特的报告称，他相信控制真人比控制卡通形象能给游戏带来更大的影响[10]。尽管这样的想法还有待商榷，但 Digital Pictures 的游戏确实因为经常引发争议而出名。《午夜陷阱》的灵感来自 1984 年的一部互动电影《猛鬼街》(*A Nightmare on Elm Street*)。《午夜陷阱》拍摄于 1986 年，由电视名人达纳·普拉托(Dana Plato)主演。这并不是一款典型的电子游戏。玩家在其中扮演的是 S. C. A. T. (Sega Control Attack Team 的缩写)的特工，他必须在周末的家庭聚会上保护五名女孩免受吸血鬼的伤害。通过隐藏的摄像头，电影屏幕底部显示的 8 个房间被严密监视，玩家需要使用隐藏在房子里的陷阱抓住那些戴着兜帽的入侵者，并且这些陷阱需要用在游戏中可能随时改变的密码来开启。如果玩家在正确的时刻点击了一个可使用的陷阱，他就抓住了一个入侵者；如果玩家没能这样做，入侵者就会离开房间，或者受害者就会被一个奇怪的钻孔设备攻击或被挂在钩子上。尽管游戏场面并不血腥，女孩们并不是赤身裸体地在房子里到处乱跑，并且玩家的目标是拯救而不是杀死年轻的女孩们，但《午夜陷阱》与格斗游戏《真人快打》(Midway/Acclaim 公司, 1993)在发行之初仍因游戏中的暴力因素而遭到国会的调查。无论这一举措是否受到了任天堂以破坏世嘉商业成功为目的的推动，1993 年 12 月的听证会还是由民主党参议员约瑟夫·利伯曼(Joseph Lieberman)委托举行了。由于所有年轻人都可以购买这款游戏，第一次会议的主要关注点是《午夜陷阱》中演员的逼真形象[11]。听证会推动了评级系统的发展，先是 1993 年世嘉成立了自己的电子游戏评级委员会(Videogame Rating Council, 简称 VRC)，次年电子游戏行业的娱乐软件评级委员会(Entertainment Software Ratings Board, 简称 ESRB)也成立了。《午夜陷阱》的克隆版《双向世界》(Double Switch, Digital Pictures 公司/世嘉, 1993)被世嘉的评级委员会评为青少年游戏(玩家应在 13 岁及以上)。

当《午夜陷阱》受到国会检查的冲击时，基于飞利浦交互式光盘的互动电影《偷窥》(Voyeur, POV Entertainment Group/Philips Interactive Media, 1993/1994)的发行并没有引起什么政治争议。但是，它与《午夜陷阱》的玩法非常类似，内容也是大胆地面向成人，以至于被英国电影分级委员会(the British Board of Film Classification)评为"18 禁"游戏。《偷窥》从一开始就展示了一名同性恋女性穿着内衣模拟性爱的场景。在《偷窥》中，玩家住在霍克(Hawke)的庄园前面，他的家人和客人们正在聚会，大家一同度过父亲决定竞选美国总统前的最后一个周末。警察在一开始就会联系玩家，告知玩家霍克的父亲想要隐藏一个可能危及他政治生涯的秘密，而玩家为了获得与霍克父亲有关的录像和录音证据监视霍克。《偷窥》的玩法包括点击庄园窗口阅读信息、查看个人物品、倾听对话或观看数字环境下角色之间的某些场景等。《偷窥》由拍摄了《麦当娜：真心话大冒险》(Madonna: Truth or Dare, 1991)的好莱坞制片公司制作。正如《偷窥》所展示的那样，它是一个"真正的混合体"。《时代》杂志报道了这个即将到来的"吸引力"浪潮是如何"在屏幕上呈现真实的电影画面，同时让玩家操纵数百个曲折的情节的"[12]。《偷窥》中曲折跌宕的情节虽然没有那么多，但其中的每一个周末的情节都有所不同。1996 年,作为续集的《偷窥 2》(Voyeur II)也采用了同样的套路。

以解谜或侦探故事为中心的互动电影很多,大部分是让玩家与调查人员一起探索的冒险游戏,而不是像《偷窥》那样让玩家单独行动。《福尔摩斯侦探事件簿》(Sherlock Holmes Consulting Detective, ICOM Simulations 公司,1991,共发行三部)这部互动电影最初是为家用电脑的只读光盘开发的,是最早在屏幕中央的小窗口中使用真人视频的电影。如果要(按照想要的顺序)破解夏洛克·福尔摩斯和华生医生推出的三个全动态彩色侦探视频,玩家必须查阅《泰晤士报》(The Times)的不同版本,以获得贝克街巡警的见解,并查看福尔摩斯的档案。无论主角和他的助手是否与他人有过交谈,这些由专业演员在真实场景中拍摄的电影片段都展现了探案的过程。

《福尔摩斯侦探事件簿》的对话具有互动性,玩家可以在图形冒险游戏传统的对话框中选择答案。《神探墨菲》(Tex Murphy)系列(Access Software公司,1989—1998)共有五部,第二部《火星大悬案》(Martian Memorandum,1991)是用小且分辨率低的发言者头部的特写来回答问题的。然而,即使玩家应该"体验互动电影"(根据游戏包装盒的说法),但他们也只有在第三部经典游戏《杀人月》(1994)中才能在真人视频中看到菲利普·马洛(Philip Marlowe)式的侦探形象。有了这种"为现实主义设定了一个新标准的交互式 3D 体验",导演克里斯·琼斯(Chris Jones)同时扮演神探墨菲,颠覆了电影《开罗紫玫瑰》(The Purple Rose of Cairo,1985)的理念,让观众参与了虚拟世界[13](不出所料,互动电影的其他设计师也有同样的想法)。这个虚拟世界与电影的现实标准相距甚远,它展示了 2042 年的旧金山。在那里,硬派的私家侦探必须在 7 天内完成拯救世界的任务。作为该类型的范例,3D 电脑图像环境中的导航是通过第一人称视角(为了节省制作成本)进行的,即通过点击物体和对话框与人互动,然后播放电影片段。《潘多拉密令》(The Pandora Directive,1996)和《神探墨菲:监督者》(Tex Murphy: Overseer,1998 年发行的光盘和 DVD)以宽屏图像的形式结束了《神探墨菲》系列。各种冒险悬疑和侦探电影类的游戏也被开发出来,如《武装贵妇人》(The Dame Was Loaded,Beam Software/Philips Interactive Media 公司,1995)、《灵魂侦探》(Psychic Detective,Colossal Pictures/Electronic Arts 公司,1995)、《In the First Degree》(Brøderbund 公司,1995)、《Ripper》(Take-Two Interactive 公司,1996)、《间谍之道》(Spycraft,动视公司,1996)、《黑色大丽花》(Black Dahlia, Interplay/Take-Two Interactive 公司, 1997)、《月之暗面》(Dark Side of the Moon, SouthPeak Interactive 公司, 1998)和《X 档案》(X-Files Game, Hyberbole Studios/Fox Interactive 公司, 1998)。此外，Hyperbole Studios 制作的两部"虚拟电影"(virtual cinema)是早期案例的典范，即 1993 年的《量子门》(Quantum Gate)和 1994 年的《旋涡：量子门Ⅱ》(The Vortex: Quantum Gate II)。

真人视频的吸引力使克里斯·罗伯茨(Chris Roberts)、罗贝塔·威廉姆斯(Roberta Williams)和简·詹森(Jane Jensen)等著名的游戏设计师都开始朝着这个方向研究。克里斯·罗伯茨的《银河飞将》(Wing Commander)系列从 1990 年开始就取得了成功。这款游戏描述了人类系统的邦联和基拉希帝国(the Empire of Kilrathi)之间的银河战争(基拉希帝国是一个好战的猫科外星人种族)。《银河飞将 3：猛虎之心》(Wing Commander III: Heart of the Tiger, Origin Systems 公司, 1994)不仅是一种对太空战斗的模拟，它还实现了克里斯·罗伯茨的一个梦想，即拍摄一部互动电影(1999 年，他还执导了改编自《银河飞将》系列的电影)。所有带有真人视频的游戏都很昂贵，《银河飞将 3：猛虎之心》更是被宣传为价值数百万美元(350 万美元)的作品。最重要的是，它"由专业人员编写并在好莱坞拍摄"(游戏包装盒上这样写着)。由马克·哈米尔[Mark Hamill,《星球大战》中的卢克·天行者(Luke Skywalker)]、马尔科姆·麦克道威尔(Malcolm McDowell)和约翰·里斯-戴维斯(John Rhys-Davies)主演的演员阵容让这款游戏不负众望。为了在战斗中取得成功，克里斯托弗·布莱尔上校(Colonel Christopher Blair，马克·哈米尔饰)的主要目标是保持他部队的士气。通过对话可以知道，他必须在关于角色或事件的两个选项中作出选择。玩家所作的决定将会对接下来发生的事情产生影响。同时，士兵们在士气高涨的情况下能够更好地战斗。互动视频场景可以增加角色的深度，也有助于故事的发展，所以《银河飞将 4：自由的代价》(Wing Commander IV: The Price of Freedom, 1995，预算高达 1200 万美元)和《银河飞将：世纪的预言》(Wing Commander: Prophecy, 1997)也选择以同样的方式讲述故事。

罗贝塔·威廉姆斯和简·詹森延续了雪乐山公司通过让玩家点击鼠标进行冒险游戏的传统风格，创造了两部经典的互动电影。作为公司的联合创始人和著名的《国王密使》系列的设计师，罗贝塔·威廉姆斯想要尝试一些新鲜的东西，于是她决定制作一款恐怖游戏，并认为有必要使用真正的演员去吓唬人们[14]。第三人称视角的《幽魂》(Phantasmagoria，雪乐山公司，1995)的故事背景是一个数字渲染的庄园和城镇[《幽魂 2：血肉之谜》(Phantasmagoria II: A Puzzle of Flesh)，它并非由罗贝塔·威廉姆斯设计，而是在真实场景中拍摄的]，主角艾德丽安(Adrienne)不小心放出了邪恶的灵魂，这个灵魂控制了她的丈夫，所以她必须探明庄园的秘密，并与这个邪恶的灵魂斗争。这款游戏涉及强奸和一些暴力死亡的场景，饱受争议之下，澳大利亚政府对它发布了禁令。尽管如此，它在当时仍被视为一个杰作，并被列入 1995 年 9 月《电子游戏月刊》(Electronic Gaming Monthly)的"十大热门榜单"(与《惊魂 11 小时》一起)。简·詹森的《心魔：加百利骑士之谜》(The Beast Within: A Gabriel Knight Mystery，雪乐山公司，1995)也很受欢迎。其中，狩魔猎人加布里埃尔·奈特(Gabriel Knight)和他的助手格蕾丝(Grace Nakimura)轮番出场，破解狼人的神秘存在。这款游戏被称赞为一场伟大的冒险，也被视作在拍摄背景时使用实景视频的少数几个成功案例之一。更为重要的是，简·詹森的系列游戏本身就非常具有代表性，2D 版的《狩魔猎人：父之罪》(Gabriel Knight: Sins of the Fathers，1993)、全动态影像版的《心魔：加百利骑士之谜》和之后 3D 版的《狩魔猎人 3：血咒疑云》(Gabriel Knight 3: Blood of the Sacred, Blood of the Damned，1999)都是如此。

  1983 年《龙穴历险记》发行时，助理编辑特尔卡·佩里(Telka S. Perry)在她的文章《电子游戏：下一波浪潮》(Video Games: The Next Wave)中强调，尽管磁盘交互技术为街机游戏(此处应该补充一下，也包括家庭电子游戏)提供了真实性，但纯粹主义者仍然认为，电子游戏的终极进化在于实时生成的电脑图像[15]。事实证明这是对的，随着 20 世纪 90 年代中期实时 3D 引擎图像处理能力的增强，互动体验更加真实，电影图像制作成本的增加及延展性的缺乏，再加上有限的游戏玩法，互动电影对设计师和玩家的吸引力越来越小。如同早期的"吸引力电影"一样，互动电影也会让位于其他应用。20 世纪 80 年代和 90 年代的互动电影的实践表明，电子游戏确实不是电影。

第 23 章
20 世纪 90 年代及之后的街机游戏

马克·J.P.沃尔夫

20世纪90年代初,街机电子游戏面临着来自家用主机电子游戏日益激烈的竞争。随着技术的进步,家用主机电子游戏正逐渐赶上街机游戏。一些带有三维填充多边形图形的游戏已经出现,而这在之前是街机游戏能够做到但家用主机游戏做不到的。许多在家庭里不可用的专属接口和控制器诞生了,它们的出现促使整个十年的街机体验被重新定义了。最终,甚至连街机厅本身也被重新定义为游戏中心、娱乐中心或网吧,试图以此将玩家吸引回来。

但是,随着技术的革新,人们开始谨慎地转向更可靠、更真实的游戏类型,包括竖版的射击游戏(动作发生在垂直轴上)、格斗游戏和驾驶游戏。这些题材的游戏数量在增加,其他题材的游戏数量却在减少,具有创新性的游戏设计也在减少,许多续作和系列游戏都是基于前人的成功才获得了认可和接受。开发商甚至都不太情愿去制作三维图像的游戏,直到家用主机游戏出现后,才很快实现了这种转变。此外,基于子画面(sprite-based)的游戏在这十年中持续发展,画面变得更加精致,而游戏玩法却保持相对不变。

尽管开发商试图重新定义街机体验并将玩家吸引回来,但街机电子游戏自20世纪90年代还是开始衰落。行业出版物《自动售货时报》(*Vending Times*)的调查显示,1988年的街机上大约有100万款电子游戏,到了2000年,这一数字下降到45万[1]。20世纪90年代,几乎没有哪款街机游戏能达到家喻户晓(哪怕不玩游戏的人也知道)的程度①。也许只有《真人快打》(1994)广为人知,但它因为游戏中极端暴力的致死动作而声名狼藉。随着人

---

① 这段话是典型的美国中心主义,因为在中国完全是另一幅情景。——译者注

们对新街机游戏兴趣的减退,老式街机电子游戏开始成为怀旧的对象,甚至成为收藏品,因为它们的辉煌岁月已成为历史,与它们一起长大的孩子也成了有能力购买旧游戏的大人。

20世纪90年代早期:续作、变体和系列游戏

20世纪90年代前期,出现了大量垂直滚动类射击游戏、格斗游戏和模仿俄罗斯方块的游戏,在日本还有麻将游戏。自第一款垂直射击游戏《太空侵略者》问世以来,这类游戏在街机电子游戏中便大受欢迎,并成为街机游戏的主要类型。在20世纪90年代的前半期,太东发布了三部《太空侵略者》续作,即《太空侵略者91》(Super Space Invaders '91,1991)、《太空侵略者DX》(Space Invaders DX,1993)和《太空侵略者95》(Space Invaders '95,1995)。尽管20世纪90年代的游戏具有更为清晰的图像,还有全新升级的道具和为玩家提供的额外选择(如《太空入侵者DX》有供双人游戏的分屏),但游戏玩法和基本内容仍没有变化,许多都是衍生游戏。

随着20世纪90年代一些系列游戏续作的出现,格斗游戏受到了欢迎,如三款来自SNK的游戏,即《饿狼传说:格斗之王》(Fatal Fury: King of Fighters,1991)、《饿狼传说2》(Fatal Fury 2,1992)和《饿狼传说特别版》(Fatal Fury Special,1993),以及来自卡普空的5版与《街头霸王2》相关的游戏,即《街头霸王2(冠军版)》(Street Fighter II — Champion Edition,1991)、《街头霸王2:天下斗士》(Street Fighter II — The World Warrior,1991)、《街头霸王2:究极格斗》(Street Fighter II — Hyper Fighting,1992)、《街头霸王2(彩虹版)》(Street Fighter II — Rainbow Edition,1993)和《街头霸王2:新的挑战者》(Street Fighter II — The New Challengers,1993)。新的格斗游戏系列有Midway的《真人快打》系列[《真人快打》、《真人快打2》(Mortal Kombat II,1993)、《真人快打3》(Mortal Kombat 3,1995)、《终极真人快打3》(Ultimate Mortal Kombat 3,1995)和《真人快打4》(Mortal Kombat 4,1997年)]、南梦宫的《铁拳》(Tekken)系列(出现于90年代中期)和更多的《街头霸王》系列游戏①。

---

① 还有在中国街机厅掀起风暴效应的SNK《拳皇》系列。——译者注

20世纪90年代早期出现了几十款益智游戏，但大多数都与《俄罗斯方块》非常相似——将掉落的方块排列成行或将3个相同颜色的方块组合起来，当屏幕上充满了方块时，行或匹配的方块就会消失。仅1990年就有Philko公司的《俄罗斯方块解谜》(Atomic Point)、世嘉的《俄罗斯方块擂台》(Bloxeed，以数字化图像为背景)、《宝石方块》(Columns)和《宝石方块2：世界版》(Columns II: The Voyage Through Time)，SMCM公司的《曲吉鼠解谜2》(Cookie and Bibi 2)，任天堂的《马里奥医生》(Dr. Mario)，SNK的《方块》(Puzzled)，太东的《骰子方块》(Palamedes)，Bullet Proof Software公司的《帽子方块》(Hatris，这款游戏主要是堆叠帽子而不是积木)，以及Jaleco公司的《俄罗斯方块Plus》(Tetris Plus)等。有些益智游戏确实创新了玩法。例如，Bullet Proof Software公司的《水管狂想曲》(Pipe Dream，1990)，这是一款家庭电脑游戏的变体；Leland公司的《同化棋》(Ataxx，1990)，这款游戏就像一个棋盘游戏；世嘉的《立体球道》(Borench，1990)和Kaneko公司的《魔法水晶》(Magical Crystals，1991)，这两款游戏的玩法都很独特。此外，在日本，麻将游戏也很受欢迎，每年都会推出十几款。直到1994年，麻将游戏的数量才有所减少。这些游戏的视觉装饰各不相同，主题方面涉及战争、棒球、魔幻/奇幻冒险、赛马和脱衣舞(甚至还有动画角色)。甚至还有一款名为《血战唐人街》(China Town，1991)的日本游戏，它在http://www.klov.com/网上被描述为"介于麻将和俄罗斯方块之间"[2]。

尽管20世纪90年代早期出现了许多流行的游戏类型，还出现了许多续作和衍生游戏，但在游戏接口和交互方面出现了更多的创新。自20世纪80年代中期NES问世以来，街机游戏就一直在与家用主机游戏系统竞争，到了90年代中期，这种竞争变得更加激烈。

革新的接口

就像电视出现后电影试图把观众拉回影院一样，街机电子游戏的制作者们也在想方设法地提供当时大多数家用游戏机无法提供的体验。自1972年《乒乓双打》(PONG Double)发行之后，20世纪70—80年代，可供4个玩家同时玩的街机游戏就已经出现了。在90年代，3人和4人游戏的数量急剧增加，甚至还出现了一些6人游戏，如世嘉的《Hard Dunk》(1994)，雅达利的

《沙漠鹫狮》(T-Mek，1994)，科乐美的《X 战警》(X-MEN，1992)，南梦宫的《小蜜蜂 3》(1990) 和《Attack of the Zolgear》(1994)，以及赛车游戏，如南梦宫的《最后一圈 2》(Final Lap 2，1991)，世嘉的《梦游美国》(Daytona USA，1994) 和《麦斯超级机车赛 TT》(Manx TT Superbike Twin，1995)。当主机联网时，《麦斯超级机车赛 TT》可以容纳 8 名玩家，而一款名为《梦游美国 2：超级版》(Daytona USA 2: Power Edition，1999) 的游戏则可以与多达 40 名玩家联网。

虽然在早期就已经出现了专门的接口设备，如 Kee Games 公司的《Formula K》中使用的方向盘和脚踏板，或者世嘉的《Balloon Gun》中使用的两把装配枪，但在 20 世纪 90 年代的街机电子游戏中，专门的接口设备已然比比皆是。最常见的是驾驶类座舱游戏，各种驾驶或赛车游戏中都有汽车座椅和方向盘，如科乐美的《超速驾驶》(Over Drive，1990)，世嘉的《极速赛车》(Rad Rally，1991)、《世嘉超级 GT》(Sega Super GT，1997) 和南梦宫的《Driver's Eyes》(1990)。《Driver's Eyes》的全景图像分布在三个视频显示器上，可以延伸到玩家的周边视野。南梦宫的《警匪双枪》(Lucky & Wild，1993) 是一款双人合作游戏，交互设备有方向盘、脚踏和两支枪。

其他的赛车交互游戏还有雅达利的《Vapor TRX》(1998)、《炙热公路》(Road Burners，1999)，南梦宫的《铃鹿 8 小时耐力赛》(Suzuka 8 Hours，1992)，世嘉的《超级摩托车》(Super Hang-On，1992)、《摩托竞赛》(Motor Raid，1997) 和《哈雷机车》(Harley Davidson & L. A. Riders，1998)，这些游戏都含有一个摩托车车把。太东的《Landing Gear》(1995) 是一款带有油门杆和操纵杆接口的飞机模拟器，世嘉的《航空驾驶员》(Airline Pilots，1999) 是一款在日本航空公司的飞行员和工程师的帮助下制作的商业波音 777 飞机模拟器。

玩家可以在太东的《高压水枪模拟器》(Power Shovel Simulator，1999 年) 中模拟驾驶挖掘机，在《摩托艇比赛》(Stricor's Powerboat Racing，1998 年) 中模拟驾驶摩托艇 (使用了三个相邻的屏幕呈现宽屏效果)，在《电车 Go! 2》(Densha De Go! 2) 中模拟开火车，在南梦宫的《空中脚踏车》(Prop Cycle，1996) 中模拟骑踏板自行车，在科乐美的《装饰飞行》(Hang Pilot，1997) 中模拟驾驶悬挂滑翔机，在南梦宫的《水上摩托艇赛》(Aqua Jet，1996) 和《御风者》(Wave Runner，1996) 中模拟驾驶水上摩托艇，甚至还可以在南梦宫的《终极赛马》(1997)中模拟骑马。

有些游戏的操作界面不是供玩家坐着玩的,而是让玩家站着通过脚的移动来操作。世嘉的《顶尖滑板高手》(*Top Skater*,1997)采用了滑板接口,而南梦宫的《高山冲浪运动员》(*Alpine Surfer*,1996)采用了滑雪板接口。此外,南梦宫还制作了两款滑雪游戏,即《高山滑雪》(*Alpine Racer*,1995)和《高山滑雪 2》(*Alpine Racer 2*,1997),它们都为玩家配备了滑雪板和滑雪杆。世嘉的《滑雪冠军》(*Ski Champ*,1998)也有类似的接口。

其他体育游戏也有专门的接口。例如,Gaelco 的《Football Power》(1999)中有一个足球,玩家通过踢足球控制游戏中球场上的足球;Global VR 公司的《Kick It!》(1997)配有一个拴在绳子上的足球,玩家要将它踢进一个小球门区,而屏幕上的守门员试图阻止它;在南梦宫的《Family Bowl》(1998)中,玩家要将一个小保龄球滚入一条窄保龄球道,然后传感器根据球的位置判断屏幕上的哪个保龄球瓶被击倒;Stern 公司的保龄球游戏《Super Strike》(1990)使用的是主球和桌面球道;格兰德的《油稽撞球》(*Slick Shot*,1990)是在一张微型台球桌上使用一个主球和一根全尺寸球杆,并用红外传感器来探测球的运动;太东的《音速超人》(*Sonic Blast Man*,1990)是一款配有拳击手套,且屏幕中的出拳目标会对玩家的出拳作出反应的拳击游戏(每场比赛玩家只能出拳 3 次);Jaleco 公司的《Arm Champ》(1988)和《Arm Champ II》(1992)都配有一条机械手臂,供玩家进行掰手腕的角力。当时甚至还有一些钓鱼游戏,它们都以配有钓鱼竿接口为特色,如南梦宫的《Angler King》(1990),世嘉的《Sport Fishing》(1994)、《Sport Fishing 2》(1995)、《Get Bass》(1998)和《Sega Marine Fishing》(1999)。

新接口通常会催生新的游戏类型,如 20 世纪 90 年代就出现了"节奏和舞蹈"类的游戏,玩家必须根据音乐协调自己的动作。科乐美制作了许多这样的游戏,为此它成立了一个专门的独立部门,即 Benami Games("Benami"是"Beatmania"和"Konami"的结合)团队来制作这些游戏。Devecka 公司的《Drumscape》(1990)和科乐美的《狂热鼓手》(*DrumMania*)系列(1999—2001 年共发行了 5 款游戏)都有一套小型鼓槌,玩家可以用固定的鼓槌来玩游戏。科乐美的《狂热节拍》(*Beatmania*)系列游戏(1998—2007 年共发行了 34 款)主要以 5 键或 7 键钢琴和 DJ 转盘界面为特色,玩家可以在音乐播放时进行互动。南梦宫的《Guitar Jam》(1999)、SCEI 的《UmJammer Lammy》(1999)

和科乐美的《吉他高手》(GuitarFreaks)系列(1998—2006年共发行了14款)都是双人游戏,是用两把全尺寸吉他作为接口来配合音乐演奏的。不过,玩家是通过按下吉他上的按键而不是拨动琴弦来进行操作。有些《狂热鼓手》和《吉他高手》系列的游戏甚至可以联网,这样两个吉他手和一个鼓手就可以一起演奏一首乐曲。

其他游戏的接口则需要玩家的整个身体进行移动。其中,最著名的是科乐美的《劲舞革命》(Dance Dance Revolution,简称DDR,1998),它让玩家遵循屏幕上的一系列舞蹈步骤,在压敏传感的舞池界面上跳舞。《劲舞革命》催生了一系列流行游戏(1998—2006年有16个版本),它甚至被用在了加州的一门体育课上。最终,这些游戏出现在家用主机系统中。在2003年,PS2最畅销的7款游戏中,有3款是DDR的改编版。科乐美还在2000年和2001年制作了几款《Dance Maniax》游戏。在游戏中,红外运动传感器可以探测玩家手臂和腿的运动。还有一些公司制作了动作导向的游戏,韩国公司Andamiro在1999年发布了一个带有舞池界面的游戏《Pump It Up》,被科乐美以侵犯专利为由起诉。南梦宫1998年发布的游戏《Jumping Groove》的接口要小得多,玩家的每只脚对应着一个位置,他们要依次做出动作。同年,南梦宫还发布了《Balance Try》,游戏中有一个摇杆,玩家要在摇杆移动时试着保持站立。

当时比较有特色的游戏还有SNK/Saurus公司的《终极电流急急棒》(The Irritating Maze,1997)。这款游戏有一个喷气机,当玩家犯错时,喷气机会突然袭击玩家(游戏警告称癫痫患者和孕妇不能玩这款游戏)。Virtuality公司的《Dactyl Nightmare》(1992)的特色是玩家可以通过头戴式显示器看到三维世界,可以看到并射击彼此的角色。这款游戏的三维世界比较简单,其中四处飞翔的翼指龙对玩家有很大的吸引力。VR8公司的《魔幻战将》(Virtual Combat,1993)是一款单人游戏,它挂在游戏柜上的头戴式显示器可供玩家佩戴。此外,甚至还有一款游戏将电脑键盘作为输入设备。在世嘉的游戏《死亡打字员》(The Typing of The Dead,1999)中,玩家可以通过快速、准确地输入文字来杀死扑向他们的僵尸。

尽管在20世纪90年代,街机电子游戏在硬件方面进行了革新,但在软件方面,尤其是在游戏画面上,家用主机系统正迎头赶上,提高了玩家的期望值。因此,街机游戏要想保持竞争力并继续发展下去,就必须满足这些玩家的期望和要求。

向三维图像的转变

自雅达利的《战争地带》的线框图形和《我，机器人》的填充多边形图形出现以来，三维生成的电脑图形就已经出现在街机游戏中。但是，前者看起来像线条画，而且细节有限，后者也是如此，没什么质感。雅达利几次尝试使用3D 图形，如 1989 年的《Hard Drivin'》和《S. T. U. N. 赛车》。不过，只有拥有足够强的计算能力、足够详细的三维物体和环境才能够生成优质的 3D 图形，也才能在图形上与当时最好的基于子画面的图形抗衡。这不仅是编程的问题，也是硬件的问题。南梦宫的《究极坦克》（Cyber Sled，1993）生成了填充多边形图形，但需要冷却风扇来防止游戏运行时的过热现象。许多游戏似乎并不需要 3D 图形的额外维度，如带有自上而下的视图的垂直射击游戏。直到 20 世纪 90 年代末，这类游戏仍然是基于子画面的。

制作三维图形的另一种方法是使用视频剪辑，包括真人或手绘动画。光盘游戏开始于 20 世纪 80 年代，一直持续到 90 年代，Leland 公司的《龙穴历险记Ⅱ：时间扭曲》曾在 1984 年完成，但由于遭遇游戏业的危机便没有发布（详见本书第 18 章"电子游戏产业的大崩溃"）。美国镭射游戏公司的《疯狗麦基利》和《疯狗 2：黄金失窃案》都配有两支光学枪，用于射击屏幕上的目标；世嘉的《虚拟武术世界》（Holosseum，1992）和《入侵者 2000》（Invaders 2000，1992）使用抛物面镜为每款游戏的图形提供更为立体的外观。通过光学枪和镜子，这些游戏打造了一种很难在家里复制的游戏体验。但是，一旦家用电脑和家用游戏机系统开始使用只读光盘，并结合全动态影像，许多光盘游戏就能够被改编成家用主机游戏（1984 年出现了一款家庭激光视盘游戏系统，即里克·戴尔的 Halcyon，但是它价格昂贵，没有得到普及）。

与视频图像一样，还有其他形式的图形看起来是三维的，但不涉及任何实际的三维计算。例如，雅达利的《迷宫任务》中有一个可以俯视走廊的三维视角，但玩家不能在其中自由移动。有些游戏，如太东的《光明使者》（Light Bringer，1993）、Seta 公司的《双鹰 2》（Twin Eagle II，1994）和阿特拉斯公司（ATLUS）的《魔法之国大作战》（Princess Clara Daisakusen，1996）都使用了等距视角，在不需要任何 3D 计算的情况下缓解了游戏过于平面化的问题。其他游戏,如 Irem 公司的《梦幻足球 94》(*Dream Soccer '94*,1994)和 SNK 的《得点王 3:下一次的荣耀》(*Super Sidekicks 3 — The Next Glory*,1995)使用了倾斜视角,虽然看起来比等距视角更平坦,但仍能够给基于子画面的游戏带来更为立体的感觉。有些基于子画面的游戏,如《科乐美 GT 赛车》(*Konami GT*,1985)通过使用缩放子画面来创造一种 3D 运动的错觉。

20 世纪 90 年代初出现了一些使用真正的三维图形的游戏。1992 年,Virtuality 公司发行了《Dactyl Nightmare》,Catalina Games 公司发行了《桌球》(*Cool Pool*)。后者是一款具有可旋转的三维台球桌的台球游戏,玩家可以从不同的角度进行游戏,并且能够设置击球视角。

1993 年,《神秘岛》与《毁灭战士》发行时,家庭电脑游戏的图形逐渐地能与街机游戏媲美了。《神秘岛》使用的是预先渲染的静态图像,但看起来很漂亮;《毁灭战士》的图像不够详细,但具有互动性,并且是实时生成的。同年,更多有真正 3D 图形的游戏开始出现在街机上,包括世嘉的两款格斗游戏《黑暗边缘》(*Dark Edge*)、《VR 战士》(*Virtua Fighter*),南梦宫的《究极坦克》,VR8 公司的《魔幻战将》,Alternate Worlds Technology 公司的《德军总部 VR》(*Wolfenstein VR*),科乐美的《Polygonet Commanders》和雅达利的《Hard Drivin'》。一家名为 Virtual World 的新公司也制作了两款 8 人游戏《机甲争霸 3050》(*Battletech*,1993)和《红色星球》(*Red Planet*,1993)。不过,这两款游戏仅限于"虚拟世界"网站,街机中并没有。

在 1994 年和 1995 年,更多的 3D 游戏问世,包括南梦宫的《魂之利刃》(*Soul Edge*,1995)和《铁拳》系列的前两款游戏,世嘉的《VR 射手》(*Virtua Striker*,1994),SMCM 公司的《Hyper Pac-Man》(1994),Strata 公司的《司机的边缘》(*Driver's Edge*,1994),南梦宫的《山脊赛车 2》(*Ridge Racer 2*,1994)和太东的《钢铁牛仔侠》(*Real Puncher*,1994)。在 20 世纪 90 年代的大部分时间里,3D 图形主要出现在格斗和赛车类的游戏中。格斗游戏通常是让两个角色用各种动作互相攻击,所以 3D 计算通常只限于两个角色[尽管后来的一些游戏,如《铁拳 3》(*Tekken 3*)也有 3D 背景]。在赛车游戏中,赛道呈现为一种 3D 景观,玩家以第一人称的视角驾车穿过赛道,所以玩家观看的视角会受到道路本身的限制。

1995 年,随着两个 32 位家用主机游戏机系统世嘉土星和索尼 PS 的发布,家用主机游戏又一次向 3D 图形迈进(这两款游戏机都于 1994 年底在日本首次亮相,并于 1995 年在北美上市),64 位系统的任天堂于 1996 年上市。新一代的家用主机游戏机系统可以进行三维计算,更专业的主机也出现了,家用主机游戏在许多方面终于赶上了街机游戏。在接下来的几年里,随着更强大的家用主机的出现,街机逐渐走向衰落。

街机的衰落

就像电子游戏在 20 世纪 70 年代和 80 年代初取代弹球游戏一样,到了 90 年代,电子游戏开始被赎回游戏(redemption games)取代,因为运营商认为它们更有利可图。赎回游戏通常包含某种技能(如投球),玩家可以用代币或票券兑换奖品。有些游戏(如娃娃机游戏)也允许玩家直接获得奖品,只要他们有获得奖品所需的技能。赎回游戏通常比电子游戏的耗时更短,并且它们并不像许多电子游戏那样被人们认为涉嫌暴力,所以它们更面向家庭。餐厅有时会为赎回游戏设置单独的房间,商场的长廊也经常设有这种空间。就像一些混合弹球/电子游戏一样,也有电子游戏和赎回游戏的混合,如南梦宫的《鬼!》(*Golly! Ghost!*,1991)、Kaneko 公司的《邦克的冒险》(*Bonk's Adventure*,1994)、Game Room 公司的《Frantic Fred》(1998)和卡普空的《Mallet Madness》(1999)。正如上面讨论的接口革新带来的游戏体验,这些游戏及其收益也为玩家提供了家用主机游戏无法提供的体验。

随着老式街机的衰落,街机厅变成了游戏中心、电子游戏休息室和主题娱乐中心。除了游戏,这些中心还提供餐饮和社交服务。在 20 世纪 90 年代,南梦宫创办了 Cyberstation Amusement Zones 连锁店,并开设了游戏剧院。游戏剧院是 6 人一组在小房间里坐着玩游戏,房间里有十几个放映机,可以将图像投射到墙上。南梦宫的《全尺寸山脊赛车》(*Ridge Racer Full Scale*,1994)的特色是有一辆供玩家坐的全尺寸汽车,汽车被安置在一个有 18 英尺屏幕的房间里,游戏的背景被投影在屏幕上。汽车的方向盘、刹车、离合器、齿轮和其他控制装置都影响着屏幕上发生的事情。1990 年,Virtual World 公司在芝加哥开设了一个游戏中心,在接下来的几年中,该公司在美国各地开设了更多的游戏中心。一直到 2007 年,这些游戏中心还在营业。在每个中心,8 名玩家可以进入联网的座舱,参加《机甲争霸 3050》和《红色星球》两款游戏的比赛。除了座舱,每个中心还设有休息室和小吃店,玩家可以在那里放松，观看比赛回放、比赛成绩和记录，还可以买到夹克和塑料小人等其他商品。

1997 年，几家著名的媒体公司开始建设主题娱乐中心连锁店，如迪士尼、索尼、维亚康姆（Viacom）和世嘉。世嘉旗下的 GameWorks 是梦工厂和环球影城的合资企业。雅达利的创始人诺兰·布什内尔开了一家名为 uWink Media Bistro 的餐厅，每张餐桌上都摆放着电子游戏。在某些方面，一些新的游戏中心已经与游戏厅曾经的形象明显不同了。举个例子来说，尽管 GameWorks 试图成为一个人们可以见面和社交的地方，但它最初却吸引了比预期更多的电子游戏的年轻男性玩家，于是 GameWorks 决定将重点转向保龄球和投球等游戏，以改变形象和目标用户群体。莫琳·特卡奇克（Maureen Tkacik）为《华尔街日报》（*The Wall Street Journal*）撰文称：

> GameWorks 吸引的主要是男性和沉迷于电子游戏的未成年人，而不是那些 20 多岁的单身人士。同店销售额或开业至少一年的店面销售额开始暴跌，游戏中心的扩张停止。今年早些时候，梦工厂出售了它作为合作伙伴的股份。
>
> 现在，这家由世嘉和威望迪（Vivendi）共同创办的公司正在董事长兼首席执行长贝尼森（Ron Benison）的带领下努力扭转局面……贝尼森已经决定……从事保龄球、滑球、宾果（Bingo）和台球等娱乐活动。

在日本，20 世纪 90 年代也见证了游戏厅向娱乐中心的转变。一方面，它更倾向于以家庭为导向，有时可以避免游戏厅负面形象的影响；另一方面，游戏仍然是人们关注的焦点。在 Cyberglobe 和 Cyberglobe 2 这样的游戏中心，玩家们坐在摆满联网电脑的桌子前，这些电脑为玩家们提供了一个在《反恐精英》（*Counter-Strike*，1999）等游戏或在 Xbox 等家用主机游戏系统中比赛的机会。这两个游戏中心都位于加州旧金山周边的湾区。到了 2003 年，这种游戏中心的数量迅速增长。iGames 公司（http://igames.org/）的马克·尼尔森（Mark Nielsen）称："我们现在看到的只是一个刚刚爆发的开端。"

游戏中心的未来将取决于它能否构建起社区感，让玩家有理由在家庭以外的地方玩游戏。这里有网络游戏和一些最先进的电子游戏技术，有时还有旧的街机游戏。

旧街机游戏的回归

尽管在 21 世纪初，街机游戏已经淡出人们的视野，但游戏本身却以收藏和怀旧的形式卷土重来。随着游戏厅的关闭，它们的游戏被出售，许多在游戏伴随下长大的玩家现在已经成为有购买能力的大人，他们可以买下这些游戏放到家中的地下室作为收藏。

到了 20 世纪 80 年代末，收藏家已经开始购买游戏，并在 1990 年成立了电子游戏保护协会（Video Arcade Preservation Society，简称 VAPS）。到 2006 年底，该协会已发展了近 2 000 名会员，拥有约 27 000 款游戏。电子游戏保护协会汇集大家的集体智慧，创建了"电子游戏杀手列表"网站（Killer List of Videogames，简称 KLOV），并在 2002 年下半年创立了国际街机博物馆（International Arcade Museum），KLOV 也是其中的一部分。如今，www.klov.com 网站可以说是街机电子游戏信息最多的在线资源库，拥有数千款游戏的信息和图像。许多其他网站，如 www.gamespot.com、www.basementarcade.com 和 www.gamespy.com，也是电子游戏新闻、评论和其他游戏信息的来源。

在 20 世纪 90 年代，博物馆也开始将街机电子游戏视为历史文物。从 1989 年 6 月到 1990 年 5 月，位于纽约阿斯托利亚的美国移动影像博物馆（American Museum of the Moving Image，简称 AMMI）举办了"热回路：街机游戏"（Hot Circuits：A Video Arcade）展览，展出了自第一款电子游戏机《电脑太空战》（1971）以来的精选街机游戏。在 20 世纪 90 年代，还有许多其他的电子游戏博物馆展览，包括基思·范斯坦的巡回展览《Videotopia》，该作品也在网上（www.videotopia.com）展出。杂志也开始迎合游戏收藏家们的喜好，1997 年曾报道自动点唱机和街机机台收藏指导的《GameRoom》杂志将内容范围扩大到街机游戏，并在 2001 年出版了《街机游戏价格指南》（The Arcade Video Game Price Guide）。这是有关街机游戏收藏的最早的指南手册之一。

此外，甚至有些发行于 20 世纪 90 年代的街机游戏本身也是复古游戏。随着老游戏进行 3D 版更新，如南梦宫的《铁板阵 3D 加强版》（Xevious

3D/G，1996)和太东的《太空战斗机 G》(G-Darius，1997)，包含老游戏的游戏机也发布了。这些老游戏有《南梦宫经典游戏系列 Vol. 1》(Namco Classic Collection Volume 1，1995)、《南梦宫经典游戏系列 Vol. 2》(Namco Classic Collection Volume 2，1996)、Braze Technologies 公司的《超级大金刚》(Double Donkey Kong，1999)和 Two-Bit Score 公司的《吃豆人超级 ABC》(Pac-Man Super ABC，1999)。家用主机的游戏版本也出现在针对家用电脑的收藏集中，其中有一些可供下载的版本也出现在互联网上，供像 MAME 这样的模拟器使用(这些模拟器试图在个人电脑上以数字形式重现这些游戏)。

尽管街机几乎消失了，但游戏本身还没有消失。它们现在是 20 世纪后期文化和怀旧的一部分，它们曾经的文明继续影响着电子游戏产业，并让更多公众开始了解游戏行业，为游戏行业其他方面的发展奠定了基础。

第 24 章
掌机游戏系统

莱昂纳德·赫尔曼

到 20 世纪 70 年代中期,电子游戏已经成为人们日常生活的一部分。尽管直到 1980 年雅达利在电子计算机系统(VCS)上发布《太空入侵者》时,它们才成为家庭中的"必备"物品,但它们已不再像 1972 年奥德赛发布时那样令人好奇。人们将电子游戏体验转移到便携式设备上只是一个时间问题。

早期的电子掌机

1976 年,电子游戏逐渐开始影响全球。电子游戏因为 1975 年雅达利的家用主机游戏《PONG》开始被很多人知晓,但那时它还不是一个家喻户晓的名字。世界上最大的玩具公司美泰认为,加入这个行业的时机已经成熟。美泰最初的目标并不是创造一个能够与雅达利 VCS(当时雅达利 VCS 还没有发布)相抗衡的电子游戏系统,他们想创建自己的细分市场(niche market)。

1976 年,美泰成功地发行了世界上第一款掌机游戏《赛车》(*Auto Racing*)。它就像当时的主机游戏一样简单,甚至更容易操作。游戏机本身大概有一个手持计算器那么大,屏幕右边有一个垂直的 LED 显示屏。这款游戏的玩法是玩家控制屏幕底部的红色 LED 光点(汽车),并通过左右转向避免与下降的光点(迎风而来的汽车)相撞。

《赛车》并非一夜成名,但幸运的是,这款游戏确实让美泰公司有足够的兴趣继续研发下去。美泰的下一款掌机游戏《足球》(*Football*)发布于 1977 年,其中还使用了一个在控制台顶部水平运行的 LED 显示器。就像在《赛车》里一样,足球运动员被描绘成红色的 LED 灯。尽管如此,玩这款游戏的人还发现，《足球》与真实事物的相似度几乎达到了当时技术所能呈现的最高水平。同时，人们可以在路上玩这款游戏，而不是只能坐在电视机前，这一点让它更有吸引力。

1976—1978年，美泰发布了几款掌机游戏，它们多是基于体育运动的，如棒球和篮球。1978年，Coleco公司跟随美泰的脚步，发行了自己的掌上体育游戏系列《Head-To-Head》。与美泰的游戏不同，Coleco的《Head-To-Head》系列游戏可以由两个人玩。另外，它还有人机模式。这些设备本身看起来就像通过位于中间的通用屏幕而联机的两台美泰掌上电脑，玩家们面对面地坐着玩游戏。

1974年，雅达利发布了一款名为《Touch Me》的街机游戏。这台机器上面有一些大按钮，按钮上面有随机闪烁的灯，玩家必须按照灯闪烁的顺序按下按钮，这样才能继续游戏。如果有人输了，机器就会发出刺耳的噪声。这款游戏并不成功，而当它在1976年11月的美国音乐运营商（Music Operators of America，简称MOA）展览上展出时，家庭电子游戏的发明者拉尔夫·贝尔注意到了它。尽管他喜欢这款游戏，但游戏的外观设计并没有给他留下深刻印象。

几个月后，拉尔夫·贝尔决定开发一款基于儿童游戏《我说你做》（*Simon Says*）的掌机游戏。他和搭档霍华德·莫里森（Howard Morrison）以《Touch Me》为模型，用4种悦耳的号声替代他们不喜欢的游戏音效，也替换了这款游戏中其余他们不喜欢的部分。最终该游戏被妙极百利公司买下，被命名为《西蒙》（*Simon*），并适时地在1978年的假期发布。最终，这款游戏成了有史以来最畅销的电子游戏[1]。

巧合的是，雅达利决定发布一款手持版的《Touch Me》。1978年，在《西蒙》发布前，一款看起来像黄色计算器的掌机Touch Me就已发布，但它并没有成功地吸引用户。《西蒙》发行后，《Touch Me》加入了被称为"《西蒙》复制品"的众多电子游戏的行列。

可编程掌机

1979年，继《西蒙》之后，妙极百利公司推出另一款名为微视（Microvision）的掌机。微视由史密斯工程公司（Smith Engineering）的杰伊·史密斯（Jay

Smith)设计,含有 2 英寸的方形液晶显示屏和一个拨号控制器。它的图形小且呈块状,但与之前的手持设备上的发光屏幕相比,这些图形有更多的移动方式。

微视的系统是可编程的,可以更换游戏卡带。尽管微视的屏幕很小,妙极百利公司还是发布了一系列具有挑战性的游戏卡带。与市场上的可编程控制台不同,微视没有自己的 CPU,即处理所有数据的中央处理器。相反,微视的每个游戏卡带都有自己的 4 位微处理器,这使系统可以很容易地升级,因为新的游戏卡带可以拥有更强大的 CPU。

GB 时代

令人惊讶的是,那个时代还没有对可编程掌机游戏做好准备,1981 年前后,微视便从商店的货架上消失了。虽然新的专用手持设备不断地被开发出来,但直到 1989 年,一款新的可编程掌机才发布。

那时,任天堂是电子游戏机的主要生产商,所以开发掌上游戏机对任天堂来说是很正常的事情。与微视一样,任天堂 GB 也采用了单色液晶显示屏和可更换的游戏卡带。GB 比微视小,大约和索尼随身听一样大,所以更容易放进口袋,也更便携。任天堂将自己的许多热门游戏从任天堂 FC 移植到 GB 上,这对 GB 的成功起到了一定的作用。其中,有一款游戏特别受欢迎,甚至人们购买 GB 只是为了拥有这款游戏。

《俄罗斯方块》在所有的主机和电脑上都取得了成功。任天堂意识到,一款兼具复杂性和简单图形的游戏将是 GB 的最佳选择。任天堂甚至将《俄罗斯方块》与 GB 捆绑在一起销售,这种营销方式帮助任天堂销售了数百万台 GB。GB 从一开始就很成功,尽管多年以来 GB 不断发生改变,但它一直都很受欢迎。

1996 年,任天堂对 GB 游戏机进行了第一个重大改变,即发布 Game Boy Pocket(GBP)。这款游戏机比原来的 GB 小,但屏幕更大。

1997 年,任天堂在日本发布了一款带有背光的 GB 游戏机 Game Boy Light(GBL)。这款游戏机原定于 1998 年在日本以外的地区发行,但随后它的开发却突然转到另一个方向。任天堂没有发布 GBL,而是发布了人们期待已久的任天堂 Game Boy Color(GBC)。这款掌机带有一块彩色屏幕。

GBC 是向下兼容的，这意味着玩家通过它可以玩之前 GB 推出的所有游戏。但是，这些先前的游戏在 GBC 上运行时都无法呈现为真彩色，GBC 会将原先单色版本中深度不同的阴影替换为不同的颜色。当然，任天堂也推出了一些新游戏，它们在 GBC 上可以呈现为彩色，但在早期的设备上呈现为单色。这些游戏装在不同颜色的卡带里，以便于人们进行区分。最初的单色游戏使用的是灰色卡带，而彩色游戏用的是黑色卡带。但是，不久之后，任天堂开始制作只能在 GBC 上而不能在早期设备上玩的彩色游戏，这些游戏都装在透明的卡带盒中。

2001 年，Game Boy Advance(GBA)出现了。这是一款有 32 位系统的游戏机，与 SFC 有同样质量的图像，并与之前的所有 GB 卡带完全兼容。同时，它的卡带只有原来 GB 卡带的一半大小，且不与 GBA 以外的任何系统兼容。与之前屏幕在顶部、控制区在底部的垂直游戏机不同，GBA 游戏机的组件是水平排列的，它的屏幕位于中间，左右两边都配有控制按钮。

任天堂在 2003 年发布了 Game Boy Advance SP(GBSP)[1]，重返垂直游戏机的掌机市场。这款游戏机采用翻盖设计，可以将屏幕折叠到控制面板上关闭，防止灰尘进入。它还有一个背光屏幕，并完全兼容之前所有的 GB 游戏。

2004 年，任天堂推出一款新的名为 DS 的掌上设备[2]，官方并未承认 DS 的缩写与"双屏幕"(dual screen)有关。它设有两块没有背光的屏幕，一个在顶部，一个在底部，两个屏幕可以像 GBSP 一样闭合在一起。顶部的屏幕代表一个标准的游戏，而底部的屏幕允许玩家使用触控笔。虽然 DS 从来没有正式成为 GB 系列，但它的确可以兼容 GBA 卡带和 GBA 装在闪存卡上的游戏。

任天堂在 2005 年发布一款新的 GB 游戏机 Game Boy Micro(GBM)，它是一个很小的、水平设计的设备，中间有一块大屏幕。这是第一个不百分之百地兼容之前其他设备的游戏机。与 DS 一样，它只接受 GBA 的游戏卡带。

2006 年，任天堂在掌机市场发布的产品是 NDS Light(NDSL)，它是一款重新设计的带有背光的 DS 游戏机。

---

[1] 国内俗称"小神游 SP"。——译者注
[2] 国内一般称它为 NDS。——译者注

其他掌机

任天堂在可编程掌机市场上占主导地位的时间超过 15 年，其他公司也在不断地试图与之竞争，但大多数公司都因为各种原因失败了。

雅达利在 1989 年发布了一款掌机游戏 Lynx，与最早的 GB 游戏机几乎同时问世。Lynx 是一款 16 位彩色系统的游戏机，最初由当时领先的游戏软件公司 Epyx 设计。不幸的是，雅达利将它定价为 189 美元，而 GB 的售价仅为 109 美元。与 GB 不同的是，Lynx 还包含定制芯片。在圣诞节期间，任天堂很容易就能供应足够的 GB，而雅达利却无法满足市场需求。

雅达利重新设计了 Lynx，并在 1990 年发布了 Lynx II，这是最初的彩色掌机的微型版。雅达利成功地将这款新游戏机的价格降至 99 美元，尽管当时 GB 占据了市场的主导地位，但降低售价这一举措也提高了 Lynx II 的销量。

1991 年 5 月，世嘉通过发布游戏机 GG（Game Gear）与雅达利一起进入了彩色掌机市场。尽管 GG 的价格高于 Lynx，体积更大，电池续航时间更短，但它的销量仍超过了 Lynx。GG 还与 SMS（Sega's Master System）兼容，这有助于其销售。1994 年，雅达利将注意力集中在它的最后一款主机 Jaguar 上，而 Lynx 则逐渐淡出人们的视野。

1995 年，世嘉决定发行自己当时正流行的 MD 游戏机的掌机版本 Nomad。这个便携游戏机可以玩所有的 MD 游戏，并标志着游戏主机第一次以手持的形式发布。不过，Nomad 的电池很快就会耗尽，虽然它有一个交流适配器，但使用适配器意味着便携性的丧失。这使它实际上成为世嘉 MD 的一个更昂贵的版本。

顺便一提的掌机

1992 年，香港的 Watara 公司发布了一款名为 Supervision 的掌机。它的黑白液晶显示屏幕是所有手持系统中最大的，屏幕内置在一个旋转底座中，使玩家可以在光线太过刺眼时倾斜屏幕。这款游戏机上的按钮比 GB 的更大，间隔也更大。

Supervision 最初的售价为 50 美元，额外还包含一款游戏卡带，其单独的售价为 8—18 美元。Supervision 的游戏比 GB 上的游戏简单。不过，这款游戏机的销量很低，知道它的人并不多。1992 年，为数不多的几家售卖 Supervision 的商店也下架了这款游戏机。

Tiger Electronics 公司于 1997 年首次进入可编程掌机市场。虽然售价 69.99 美元的 game.com 游戏机有一个与 GB 一样的单色液晶显示屏幕，但它也有一些内置的其他功能，如纸牌游戏、计算器、电子邮箱、电话号码数据库和日历。game.com 与众不同的地方是它使用了触控笔和触摸屏技术，比任天堂决定在 DS 中应用这类技术早了七年。虽然手写笔可以用来选择菜单选项，但它的主要用途还是书写信息。这是非常重要的，因为 game.com 可以连接互联网，用户可以注册基于文本的在线电子邮件服务。不过，game.com 的系统无法存储数据，因此，用户无法保存或打印他们的消息。

由于分销不畅、游戏目录少和营销的限制，game.com 无法与 GB 竞争。Tiger Electronics 公司重新设计了这款游戏机，并在 1998 年发布了零售价为 50 美元的小型 game.com Pocket Pro。可惜为时已晚，到了 2000 年，game.com 逐渐被人们遗忘。

1998 年，Neo·Geo 主机背后的开发公司 SNK 决定发布一个单色掌机。奇怪的是，SNK 仍为它选择了旧主机的名称。Neo·Geo Pocket 的发行持续了大约一年，后来被 Neo·Geo Pocket Color 取代了。旧系统能够玩大多数为新系统制作的彩色游戏，尽管这些游戏在单色机上不会显示为彩色的。

2000 年，SNK 被一家名为 Aruze 的日本公司收购。当时，这款掌机在北美和欧洲的销量正在下降，剩余的库存被送回亚洲重新包装。令人惊讶的是，这些游戏机的库存在 2003 年被送到美国，并捆绑了 6 个卡带。由于缺乏宣传和游戏数量，这些重新包装后的游戏机销量依然不佳。

日本玩具公司万代曾多次试图进入电子游戏行业，并最终在 1999 年通过推出游戏机 Wonderswan 获得了机会。这款游戏机仅在日本发布。一些评论家认为，Wonderswan 很有可能与任天堂的游戏机竞争，因为它是由 Koto 公司开发的，而 Koto 公司的创始人是 GB 的最初设计者横井军平。就像之前出现的 Neo·Geo 一样，Wonderswan 最初是单色的，但一年后被游戏机 Wonderswan Color 取代了。虽然一开始 Wonderswan 在与 GB 的竞争中稳住了自己的优势，但任天堂的游戏机最终打败了 Wonderswan，

Wonderswan 逐渐变得无人问津。

作为游戏机的存储卡

1998 年，世嘉和索尼都为各自的游戏机 DC 和 PS 发布了存储卡。虽然这些设备不能被视为真正意义上的掌机，但它们确实是可以玩个性化游戏的自给自足的设备。

世嘉将自己的 Visual Memory System（VMS）吹嘘为"世界上最小的便携式游戏存储卡"。与之前的存储卡不同，除了存储游戏数据，VMS 还可以作为独立的设备。它有动作按钮、方向键和自己的小液晶显示屏幕。两个 VMS 可以连接起来，允许玩家在两人之间传输数据。但是，世嘉并没有像计划的那样支持 VMS。尽管世嘉宣布将推出图形化的原创独立游戏，但这些游戏从未发行，而 VMS 也在 2001 年随着 DC 一起消亡。

索尼的 Personal Digital Assistant（PDA）于 1998 年 2 月推出，与世嘉的 VMS 类似。PDA 可以像标准存储卡一样插在 PS 上，玩家可以将 PS 游戏中的角色加载到 PDA 上。他们可以在没有 PS 的情况下训练这些角色。当玩家能够使用 PS 时，角色便能再次被下载到游戏中。PDA 还带有红外线功能，所以游戏玩家可以很容易地交换角色。

不过，PDA 并不仅仅是 PS 的外围设备，索尼计划发行只能在 PDA 上玩的简单游戏。软件可以在标准的 PS 光盘上使用，这些光盘通过游戏主机将它们加载到 PDA 上。索尼计划在 PDA 发布时推出 12 款游戏，并且至少有一家第三方公司（史克威尔）计划支持 PDA。

之后，索尼将 PDA 更名为 PocketStation，并于 1999 年 1 月 23 日在日本发售。这款微型掌上游戏机很快就销售一空，索尼立即宣称，由于 PocketStation 在日本的需求如此之高，它将不得不推迟在美国和欧洲的发布，以充分满足市场的需求。

当 PS2 正式上市时，索尼宣布将改进 PocketStation，使它能够与新主机兼容。这一决定实际上使 PocketStation 在日本以外地区发行的所有计划都泡汤了。索尼计划通过增加内存和电池功率来提升 PDA。

不幸的是，对于那些购买了 PocketStation 的用户来说，索尼从未支持过它。相反，索尼放弃了作为游戏机的存储卡，完全专注于 PS2。

索尼 PSP

索尼在 2003 年宣布将进军掌上游戏机市场。它的 PSP 于 2004 年 12 月在日本上市，三个月后在北美上市，可以玩游戏、看录像、听 MP3，并提供互联网支持。不过，这一切都价格不菲——PSP 的零售价被定为 250 美元。

PSP 的彩色屏幕是有史以来的掌机中最大的——4.3 英寸的 16：9 的宽屏。不过，自 Lynx 发布以来，电池寿命都没有大幅提高。虽然 PSP 在屏幕关闭的情况下可以播放 10 个小时的 MP3，但用户在将屏幕亮度调到最大并接入无线网络时，它的电量只能使用约 3 个小时。

索尼没有使用卡带，而是在一种名为通用媒体光盘（universal media disc，简称 UMD）的小型专用光盘上发布了软件。这种光盘宽 2.5 英寸，有 1.8 GB 的数据存储容量。由于 PSP 既可以播放视频，也能玩游戏，所以主要的电影制片厂开始用 UMD 格式发行电影。

到 2006 年，索尼在全球售出了 2 470 万台 PSP，这是有史以来非任天堂制造的最成功的掌机。然而，这一数字远远低于任天堂同期售出的 3 500 万台 DS1[2]。可以肯定的是，任天堂在掌机领域占据了近 20 年的霸主地位，现在仍是如此。

未来

便携式游戏的未来将走向何方？这很难说。索尼和微软等一些公司认为，便携式游戏的未来在于将游戏主机缩小到便携尺寸。任天堂似乎在遵循简约化的原则。还有一些公司认为，便携式游戏的未来是在手机和掌上电脑上。无论这些观点中的哪个是正确的，我们都可以肯定，便携式游戏将会在未来很长的一段时间内存在。

资料四
世嘉公司简介

艾莉森·麦克马汉

世嘉是规模较大的电子游戏公司之一,也是任天堂多年来的主要竞争对手。世嘉是少数几家在街机电子游戏和家用主机游戏机方面都取得成功的一家公司。它创建于1951年,当时美国通过了监管老虎机的法律,这使得在夏威夷军事基地管理游戏室的马蒂·布罗姆利(Marty Bromley)购买了一些当时在美洲大陆上不允许使用的游戏机,并创办了世嘉公司,目的是给美国军人提供娱乐。1964年,日本最大的娱乐公司Rosen Enterprises与世嘉合并,成为世嘉企业有限公司(Sega Enterprises)。1966年,世嘉发布一款名为《潜望镜》的机电游戏。这款游戏在日本、美国和欧洲都大受欢迎,成为日本第一个出口的娱乐游戏。高昂的运输成本导致玩家在美国的街机上每玩一次游戏就要收取25美分的费用,这为未来几年的街机游戏设定了标准价格。

为了与任天堂1985年在北美发布的NES竞争,世嘉于1986年发布第一款家用主机SMS,并于1987年发布16位的MD游戏主机。1989年,世嘉在美国发行Genesis。1991年,世嘉又推出新的吉祥物刺猬索尼克(Sonic the Hedgehog)。到1994年,世嘉在销量上开始落后于任天堂,并为MD游戏机推出世嘉光盘外设——世嘉32X(性能从16位升级为32位)。同年,世嘉在日本推出土星,并遇到新的竞争对手——索尼PS。到了1997年,土星显然已无法与PS竞争,于是便停产了。

1999年,世嘉在美国发行了DC游戏机,它的预售销量创下了纪录。2000年,DC上添加了世嘉互联网服务,到2001年,这款游戏机的销量已达到1000万台[1]。DC当时处于行业领先地位,它比索尼的PS2早一年发布,而且发布时就带有一些优秀的游戏,最著名的是《索尼克大冒险》(1998)和

《莎木》(2000)。此外,DC 从 16 位升级为 32 位,同时它的设计方式使重新对电脑游戏进行编码变得更容易。显然,世嘉希望玩家购买一台 DC 而不是电脑来玩在线游戏,也希望玩家能充分利用精心设计的 Dream Arena 门户网站和游戏机的低廉价格。但是,开发者很犹豫,他们更愿意等到 PS2 发布,而且在 PS2 发布前的关键一年里,世嘉的 Dream Arena 网站上没有提供任何在线游戏。

《莎木》证明了世嘉的优势在于游戏设计。玩家将扮演芭月凉(Hazuki Ryo)的角色,在他的世界中漫游,交替进行侦查和战斗。时间在《莎木》中不断流逝,即使玩家与故事中的角色没有任何互动,他们也拥有自己的生活。整个故事被制作成非常逼真、美丽的 3D 图形。随后,这款游戏的在线版本被宣布处于开发流程,但在 2002 年春天,开发停止了。大约在同一时间,世嘉退出了硬件竞赛,转而选择开发其他主机上的游戏或街机游戏。世嘉的转型就如同它之前的许多转型一样,标志着行业发生了翻天覆地的变化。在这个行业,竞争的焦点不是主机的性能,而是游戏内容,所以世嘉仍是世界上最大的游戏公司之一。

第 25 章

共享软件游戏：处于爱好者与专业人士之间

布雷特·坎帕

随着 20 世纪 80 年代早期个人电脑，如 IBM PC、Apple II、雅达利 400/800、Commodore 64 等的出现，家庭电脑游戏成为一个新兴的产业。那是一个创业风靡的时期，许多业余程序员都想要销售自己的游戏，或是为了在这个新兴的行业里找到一份全职工作，进而展示自己的游戏。这一时期的一些突破性游戏，也就是我们所熟知的商业游戏，其实都始于业余爱好者的努力，包括：《Rogue》，一款典型的"地下城探索"游戏，引领了资源管理型角色扮演类游戏和随机生成环境的使用；《淘金者》，一款快节奏的单屏幕黄金收集游戏，在游戏中挖洞是玩家避免被抓到的唯一方法；《魔域帝国》是一部以庞大的奇幻喜剧为背景的经典文字冒险游戏。但是，这种从"业余"到"专业"开发人员的转变变得普遍的同时，另一种介于二者的第三类开发人员也出现了。

"共享软件"（shareware）是一种分发方法，它试图保留基于大学框架的游戏开发的一些公共特征，同时利用商业软件的经济效益。一个共享软件程序通常有两种版本：一种是无需付费并鼓励用户复制和二次传播的"免费"版本（这是一种口口相传或"病毒式"的营销）；另一种是"注册"（或"付费"）版本，通常会在免费版本的基础上增加额外的功能或文档。共享软件的免费发行版经常提示用户通过直接向作者付费来注册"完整"版本。在互联网出现之前的 20 世纪 80 年代和 90 年代初，大多数共享软件（游戏和更普通的应用程序）的注册费用为 10—40 美元。这笔费用通常以支票的形式支付，甚至也可以通过普通的邮政邮件交付现金。作为回报，玩家可以获得卡带、手册或完整程序的注册代码。

共享软件的意义可能是矛盾的。它们融合了对更先进的功能作出承诺的推销技巧，对用户草根软件社区发展的诉求的呼吁，以及对赔偿直截了当且带有负罪感的恳求。"免费软件"这类术语通常表示用户可以免费获得完整版的程序，而且无需支付注册费。因此，尽管支付费用经常以善意捐助的形式出现，却显得更加自由。虽然共享软件和免费软件经常被放在一起讨论，但免费软件与业余爱好者的联系更紧密，而共享软件被视作具有创业性质。在20世纪90年代末的互联网繁荣期，共享软件类似于"网络创业型公司"，而免费软件更像用户运行的社区网站。共享软件的概念是由三位开发者提出的，他们每个人都创造了重要的早期商业程序：吉姆·克诺普夫（Jim Knopf）开发了数据库软件 PC-File（1982）；安德鲁·弗鲁吉尔曼（Andrew Fluegelman）开发了一个使用拨号调制解调器的网络程序 PC-Talk（1982）；鲍勃·华莱士（Bob Wallace）开发了一款文字处理器程序 PC-Write（1983）。尽管共享软件起源于办公软件，但电脑游戏程序员迅速采用了这种形式，并在20世纪80年代中期开始发布共享软件和免费软件。

经典的个人电脑共享软件和免费软件

早期的一个亮点是由丹·贝克（Dan Baker）、艾伦·布朗（Alan Brown）、马克·汉密尔顿（Mark Hamilton）和德里克·沙德尔（Derrick Shadel）开发的游戏《野兽》（*Beast*，1984）。这是一款非常简单却极具深度的动作游戏，玩家从上到下地操纵密集的绿色方块，推拉墙壁等结构，努力粉碎位于它们之间的敌人——"野兽"（图 25.1）。《野兽》借鉴了经典的"推块"游戏《推箱子》（*Sokoban*，1982），但《推箱子》是一步一步解决谜题的结构，《野兽》则提供了一种疯狂的自由形式和实时的空间控制模式。尽管《野兽》的玩法相对晦涩，但它在今天仍然吸引着大量粉丝，并能让人想起当时著名的商业经典作品。例如《淘金者》，它利用消极空间（negative space）吸引和诱捕玩家通过电脑控制的猎人。《野兽》在后期孵化出的极其聪明、作为强大对手的"兽蛋"让人想起 Williams Electronics 公司的热门街机游戏《鸵鸟骑士》。从技术角度来看，《野兽》的创新之处在于它的游戏玩法虽然高度视觉化，但完全是用 ASCII 文本字符［美国信息交换标准代码（American Standard Code，简称 ASCII）主要负责计算机之间文本表示和通信方法的标准化。ASCII 允许使用标准的字母和数字，以及通用的数学符号和相关字符］构建的。

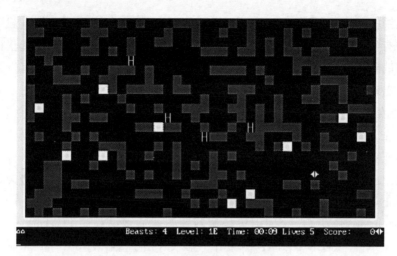

图 25.1 《野兽》的游戏界面

注：这个游戏看似简单，其实里面存在各种抽象的、基于文本的、非常聪明的"H"状敌人。

早年间广受欢迎的角色扮演游戏《Rogue》就已经使用了"文本图像"技术——使用字母、数字和符号（不管是清晰的还是模糊的）粗略地代表游戏世界中的角色和对象。但是，《野兽》将这种模式从回合制转变为动作模式，保持了关卡的流动性。这对于图形硬件有限的早期 PC 来说是非常有效的。在《野兽》游戏界面的标题上方有一个典型的免费软件声明："这是《野兽》的免费版本，你可以把它复制下来送人。如果你喜欢这个游戏，请给丹·贝克捐款（20 美元）。"大卫·克拉克的《Sopwith》（1984—1986，图 25.2）是一款以第一次世界大战为主题的游戏，它影响了横向卷轴类航空题材的发展。虽然游戏的前提很简单，即玩家的飞机必须尝试通过射击或轰炸来摧毁敌方的飞机和地面目标。但是，游戏玩法却具有不同寻常的非线性和复杂的概念。例如，与大多数街机或动作类飞行游戏不同的是，玩家必须达到并保持足够的速度使飞机离开地面，以此在空中保持飞行。玩家不能只考虑射击策略，因为飞机失速的危险可能等同于成为敌方目标的危险。在大多数其他水平飞行的模式中，游戏是按照从左到右的顺序，以固定、稳定的速度展示景观的［南梦宫的《天空小子》（*Sky Kid*）很少见地使用了从右到左的顺序］，而《Sopwith》允许（也经常要求）玩家随心所欲地在地图上漫游，直到所有目标被摧毁。

图 25.2 《Sopwith》的游戏界面

注：这款游戏看起来很简单，实际上却是一款非常复杂的飞行游戏。

从历史上看，《Sopwith》最有趣的一点是它介于业余爱好者的免费软件和商业软件之间的微妙地位。当大卫·克拉克编写这款游戏时，他还是加拿大数据库和网络公司 BMB Compuscience 的程序员。为了展示 BMB 公司刚刚开发的 PC 网络技术 Imaginet，克拉克加入了一个多人模式。但是，BMB 并不是一家游戏公司。为了实现盈利，BMB 在展会上推广 Imaginet 技术，并选择赠送《Sopwith》。二十年后，这款游戏仍然拥有忠实的追随者——大卫·克拉克在 2000 年发布了一个权威的"作者版"。当然，Imaginet 专有的支持在游戏的历史中鲜为人知。《Sopwith》是难以用技术预测的一个范例，也是程序员的个人兴趣对雇主产品产生影响的体现。

温德尔·希肯（Wendell Hicken）的回合制坦克战斗游戏《焦土》（*Scorched Earth*，1991—1995，图 25.3）可能是最受欢迎的电脑共享软件游戏。乍看上去，《焦土》是简单的"命中或被命中"的火炮攻击系列游戏，它的弹药（追踪导弹、汽化器、"土弹"和其他混合物）、随机生成的风景和天气条件，以及社交性的游戏风格，都为玩家创造了深度的可重玩性（replayability）。其中，最著名的是它的"热椅子"多人模式（"hot seat" multiplayer mode），即玩家在一台电脑前轮流进行游戏。与大多数战争游戏相比，《焦土》精确的物理效果使它与根据台球或高尔夫等运动改编的电子游

图 25.3 《焦土》中引起大爆炸的小型回合制坦克

注：这是一款不太严肃的战争游戏，明亮的颜色和精确的导弹瞄准让人想起台球或迷你高尔夫。

戏有更多的共同点。像许多受欢迎的共享软件和免费软件一样，《焦土》的成功在于它限制了自己的野心，迎合了早期 PC 的特殊（通常是限制性的）功能，选择了精简的图形风格，即单屏、侧视效果的山脉，用少量明亮、饱和的颜色装饰。《焦土》让人立即上瘾的吸引力是臭名昭著的，它强大的影响力体现在商业游戏《百战天虫》(Worms) 系列上，这款游戏在多个平台上取得了成功。

BBS 和门游戏

由于没有商业交易所提供的场所和库存帮助，独立游戏总是更依赖于网络，即数字和社交网络所提供的非正式的口头交易。电脑共享软件和免费软件主要的分发渠道是拨号调制解调器或电子布告栏系统（bulletin board systems，简称 BBS）。在互联网出现之前，这些社区通常存在于个人家庭电脑，其他电脑端的用户可以通过调制解调器用标准电话线"呼叫"这些社区。尽管有些 BBS 确实具有区域性或全国性的影响力，但这种对电话系统的依赖使大多数 BBS 在规模上还是局限于本地。顾名思义，BBS 最初是一个用户可以进行讨论、分享知识和软件的地方。由于调制解调器的速度限制，这些 BBS 几乎总是以文本而不是图像的形式呈现。然而，颜色和视觉表征通常是通过特殊的非字母数字 ASCII 和 ANSI 字符来添加的——这是一种《Rogue》和《野兽》等游戏中已有的"文本艺术"技术。美国国家标准协会（American National Standards Institute，简称 ANSI）提供了额外的功能，允许 ASCII 文本着色，并在一定程度上支持动画。

BBS 本身通常是业余爱好者的聚集地，所以它总是与共享软件和免费软件游戏有一种天然的联系。除了充当游戏文件传输的中转站，许多 BBS 还在本地托管自己的游戏。这些所谓的"门游戏"（door games，指的是 BBS 软件"在一旁"运行附加程序的方式）对于游戏的历史非常重要，因为之前其他平台就已经出现了许多多人联网游戏。由于大多数 BBS 一次只允许一个人登录（因为连接到 BBS 需要专用的电话线），所以门游戏基本上是回合制的。但是，让 BBS 作为游戏的"大本营"意味着它的世界可以无限期地运作下去，跟踪和记录每个玩家每天、几周甚至几个月的行动——就像今天流行的大型多人在线游戏一样。阿米特·帕特尔（Amit Patel）制作的《太阳王国精英》（*Solar Realms Elite*，1990）在当时是非常先进的。每个玩家在游戏中管理一块星球殖民地，平衡经济发展、贸易和税收、自然资源、军事联盟和外交（包括间谍活动），以及生态健康等方面。评估轴的范围之广，允许玩家探索各种即使是在当前的大多数游戏中都没过的策略。其他流行的门游戏包括类似主题的《贸易战 2002》（*Trade Wars 2002*，1986）和中世纪动作角色扮演游戏《The Pit》（1990）。

共享软件的高峰期

在 20 世纪 80 年代，大多数共享软件都是由程序员用晚上、周末或工作、学习之余的时间在家里开发出来的。注册费是玩家（有时候是业余开发者）相互支持的一种友好方式。然而，到了 20 世纪 90 年代初，共享软件已经构建起自己的"大商业"版图，创立了一些能够协助收款（增加如免费电话订购等的便利）的有进取心的公司，并进行大规模软盘复制和邮政交换。其中，最著名的两家公司是 Apogee Software 和 Epic MegaGames。最初，这两家公司只是简单地扩展了其创始人自己的游戏，即 Apogee Software 公司创始人斯科特·米勒(Scott Miller)的《Kingdom of Kroz》(1987)和 Epic MegaGames 公司创始人蒂姆·斯威尼(Tim Sweeney)的《ZZT》(1991)。这两款游戏都在轻松、奇幻的主题中与冒险和益智游戏有所融合,并都将《Rogue》和《野兽》的 ASCII 文本图像模式提升到新的更为复杂的级别,即在屏幕上呈现丰富多彩的地图。《Kingdom of Kroz》最终发展成一个有 8 款游戏的系列游戏,而《ZZT》的关卡编辑器允许用户使用自己的世界来扩展游戏,使其至今也极具吸引力。

这些早期游戏的成功构建了一个比之前的独立开发者更有组织的发行框架。据说《ZZT》已经为蒂姆·斯威尼积累了 3 万多名注册用户[1],Apogee Software 和 Epic MegaGames 也开始扩大它们的发行业务。Apogee Software 公司发行了横向卷轴式平台游戏,如其内部作品《毁灭公爵》(*Duke Nukem*, 1991)和 id Software 公司的《Commander Keen》(1990)。id Software 公司是由来自得克萨斯州的四个好友和 Apogee Software 公司发行服务的客户共同创建的一家公司,也是非常有潜力的共享软件开发商。后来,该公司制作了《毁灭战士》和《雷神之锤》(*Quake*)等热门游戏。1992 年,Epic MegaGames 推出了《吉尔的丛林》(*Jill of the Jungle*)系列游戏。虽然这些动作游戏在 PC 上很受欢迎,却缺乏创新性,没有哪款游戏的技术能与 FC 上的《超级马里奥兄弟 3》或 SFC 上的《超级马里奥世界》(*Super Mario World*, 1991)相提并论。其中,《超级马里奥世界》是平台游戏的巅峰之作。IBM 个人电脑更多是为了商业应用而不是游戏开发的,它根本没有任天堂和世嘉游戏机上专用的图形硬件。

然而,Apogee Software 公司在 1992 年 5 月发行的一款游戏改变了这一切。id Software 公司的《德军总部 3D》是一款以第二次世界大战为主题,以纳粹狩猎和集中营为题材的突破性作品,仅凭一己之力就普及了现代三维游戏,并开创了第一人称射击(first-person shooter,简称 FPS)类型的游戏。在它之后的 15 年里,这类游戏一直是主流游戏。尽管《德军总部 3D》及其后继作品《毁灭战士》无疑是使用共享软件模式的最知名和最成功的游戏,但它们并不是彰显 PC 进步到能与主机系统竞争甚至相匹敌的孤例。对于 Apogee Software 公司和 Epic MegaGames 来说,1994 年是它们大获成功的一年。它们在这一年打造出了一系列具有顶级编码、图像和游戏玩法的游戏。一名成熟的荷兰图像程序员阿尔然·布鲁斯(Arjan Brussee)最终通过 Epic

MegaGames 的《爵士兔子》(*Jazz Jackrabbit*)使 PC 横向卷轴类游戏受到玩家的喜爱;《生死决斗:2097》(*One Must Fall: 2097*,图 25.4,也是 Epic MegaGames 制作的)是一款非常突出的二维格斗游戏,通过使用机器人作为角色对该游戏类型进行了一些调整。此外,垂直射击类游戏(长期以来一直是街机和主机游戏)以 Apogee Software 公司的《雷电威龙》(*Raptor: Call of the Shadows*)和阿尔然·布鲁斯的下一款作品《天龙战机》(*Tyrian*,1995)最为突出。

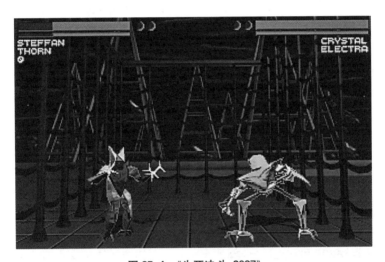

图 25.4 《生死决斗:2097》

注:这是少数几款成功的 PC 动作格斗类游戏之一。

值得注意的是,这些游戏几乎都不是 Epic MegaGames 和 Apogee Software 公司开发的,却是由它们独家发行的。这些"中间商"公司不仅能够养活自己,还能通过共享软件的方式发展壮大,这表明共享软件与主流商业游戏行业之间的显著差异正在消失。能体现这一转变的一个例子便是《天旋地转》(*Descent*,1995)。这是一款独特的 3D 动作游戏,玩家可以驾驶一艘小型飞船穿越太空中的未来风格的采矿隧道。飞船的引擎通过引入完整的六方向自由度(six degrees of freedom)扩展了第一人称射击游戏的 3D 功能,得益于零重力太空主题,即允许玩家不间断地观察并向各个方向移动,而不是局限于地面。《天旋地转》的技术与当时其他的商业电脑游戏的技术一样复杂,它是由小公司 Parallax 开发、Interplay 公司发行的共享软件。Interplay

公司是一家传统的、完全商业化的公司，与 Epic MegaGames 和 Apogee Software 来自不同的独立开发社区。Epic MegaGames 和 Apogee Software 公司脱离了它们的共享软件协会，完全融入了更大的行业。在这个行业中，它们仍然很突出：Apogee Software 公司在 1996 年将自己的品牌名称改为"3D Realms"，随后开发了一款大获成功的游戏——《马克思·佩恩》(Max Payne, 2001)；Epic MegaGames 发布了 3D 游戏《虚幻》(Unreal) 系列 (1998)，作为技术开发的引擎，该系列成为当今许多备受欢迎的 3D 游戏的基础。20 世纪 90 年代中期，随着家庭互联网接入的迅速发展，商业游戏公司开始提供大量即将发布或新发布游戏的"演示"，这是一种免费的娱乐来源，吸引了其余尚未进入大型发行公司的共享软件开发商的注意力，并引起了它们的行动。在 90 年代后期，共享软件模式已经不再受到青睐。

20 世纪八九十年代作为"共享软件时代"，既不是个人制作和发行游戏的开始，也不是其结束。早在 20 世纪 60 年代，美国各地的大学校园里的程序员就在交易和调整自己的游戏，而免费游戏（即使这个术语已经不那么流行了）在今天的许多平台上仍然存在，其中以网页游戏最为突出。然而，对于许多好奇的用户来说，共享软件和免费软件是他们得以在新型个人电脑上找到并玩电子游戏的第一个机会，不管是商业游戏还是其他游戏。共享软件不仅在 IBM PC 兼容平台上蓬勃发展，而且几乎在当时所有的家用电脑平台上都有，包括 Commodore 64、雅达利 400/800、ST、Spectrum ZX 等。这些游戏为游戏玩法和传统游戏类型的革新与发展作出了许多贡献，而"自己动手"(do-it-yourself，简称 DIY) 的精神和被吉姆·克诺夫 (Jim Knopf，最初的共享软件创始人之一) 称为"用户支持软件"的经济实验[2] 则为我们提供了一个更丰富的社会环境，帮助我们更好地理解电子游戏作为这个时代最庞大且最重要的媒体产业是如何建立的。

第四部分

迈入次世代（1995—2007 年）

到了 1995 年，3D 游戏在街机厅和家庭中都发展得如火如荼。那一年，有三款新的家用主机游戏机系统在北美发布，即索尼 PS1、任天堂 64（N64）和世嘉土星（SS）。它们的出现引领着家用主机游戏进入一个新阶段。家庭电脑游戏也开始使用 3D 图形，索尼 PS 与 SS 通常以光盘的形式发布游戏（N64 仍然使用卡带盒，它也是最后一款使用卡带盒的主流家用主机）。

当时，街机游戏很难与家用主机游戏竞争，尽管有很多游戏场景难以在家中复制（如玩家站立的可移动滑雪板、自行车界面或移动驾驶舱），它们仍因为家用主机游戏而失去了用户。但是，街机厅也有家庭场景所不具备的优势。街机厅是一个人们可以聚集的公共空间，它凭借社交优势进化成游戏中心、娱乐中心和网吧，试图以此吸引玩家重返街机厅。

同时，社交游戏也出现于在线游戏中。在线游戏在 20 世纪 90 年代末和 21 世纪初迎来蓬勃发展，《无尽的任务》、《网络创世纪》、《阿斯龙的召唤》、《星球大战：星系》(Star Wars Galaxies) 和《魔兽世界》等游戏吸引了来自世界各地的数百万名玩家。

到了 20 世纪 90 年代后半期，电子游戏已经在世界各地（如北美、南美、欧洲、亚洲和澳大利亚）流行。虽然电子游戏在不同国家和地区的呈现形式各不相同，但在绝大部分地区都取得了成功。

最开始只有简单图形的街机游戏只是一种创新的萌芽，电子游戏到现在已经发展为一个千亿美元的全球化产业。即使是那些美术设计和玩法都相对简单的老游戏，现在也以各种形式重新发行，因为每一代玩家都会不断缅怀陪伴自己成长的老游戏。

第 26 章
新一代家用主机游戏系统

莱昂纳德·赫尔曼

1977—1991 年,随着雅达利 2600 的诞生和消亡,游戏主机的设计似乎停滞不前了。图形处理技术随着新系统的发展得到了改进,但游戏性能的进步似乎趋于停滞了。在早些年推出的所有主机几乎都只有 8 位处理器,直到 SFC 和世嘉 Genesis 的发布,主机才正式步入 16 位处理器时代。

16 位系统的主机一般被称为第四代游戏主机。第一代游戏主机(1972—1975 年)是非可编程系统,第二代游戏主机(1976—1984 年)是早期的 8 位可编程系统,第三代游戏主机[1985—1991 年(大约)]是更先进的 8 位系统。

随着第四代系统的发布,有远见的人开始认真关注起主机的未来。随着更优秀的系统的引入,"按位处理"(bit processing)这个概念逐渐消亡,代际之间的划分也逐渐模糊①,所有的新系统都被归为一类,即"次世代"。

1991 年,在任天堂发布 SFC 后,它再次凭借雄厚的实力与世嘉展开竞争。世嘉当时以 Genesis 主机在市场中居于领先地位,尽管它早于 SFC 一年发布,但任天堂很快便迎头赶上了。SFC 刚一上架,任天堂就宣布将发布这款 16 位主机的光驱版。尽管 NEC 的 Turbografx-CD 播放器插件并没有打破主机的销售纪录,但任天堂和世嘉都看到了光驱这种新媒体的机会,毕竟一张光盘可以储存 550 MB 的代码。这个容量是储存功能最强大的卡带的 2 000 倍,能够提供当时最好的、复杂的细节和声音。

任天堂曾与索尼合作,为 SFC 创造了一个价值 700 美元的 CD 附加组件。它们协议的一部分是允许任天堂使用索尼旗下哥伦比亚电影公司的电

---

① 事实上,在 2021 年,代际仍被用于划分游戏主机。——译者注

影角色 IP。索尼将开发一个独立的单元，名为 Play Station①。Play Station 设有一个卡带槽，是专为 SFC CD 版打造的。然而，索尼要求获得所有 CD 游戏的控制权。当任天堂总裁山内溥得知这一点后，他立即停止了与索尼的所有合作，并与飞利浦签约，创建了其他的 CD 格式。

飞利浦的方法是使 SFC CD 格式与它自己的 CD-I 格式兼容，并计划在 1991 年作为一个独立的多媒体单元发布。飞利浦还获得了在 CD-I 应用程序中使用塞尔达和马里奥等任天堂角色 IP 的权利。

最终，任天堂与飞利浦的合作关系也破裂了，于是任天堂计划自己为 SFC 开发一款 CD 播放组件。事后看来，考虑到世嘉的遭遇，这可能不一定是一件坏事。

世嘉的 CD 播放器是 Genesis 主机的附加组件，于 1991 年底在日本发行，近一年后又以世嘉 CD 的名义在美国发行。不幸的是，它最终并不像世嘉的高管们所期望的那样受欢迎，原因可能出在世嘉为该系统发布的游戏上——世嘉没有将扩展的存储空间用于更复杂的游戏，而主要是用于全动态影像。当时，全动态影像对游戏来说是一个新奇的东西，但它并没有为游戏带来增值，消费者根本不愿意花钱在没有趣味的游戏上。

尽管各类 CD 化都明显失败了，但没有人选择放弃。1991 年，游戏巨头美国艺电公司的创始人特里普·霍金斯（Trip Hawkins）创立了一家名为 3DO 的新公司，目标是创造一个以 CD 为载体的通用游戏机。霍金斯并没有称这个游戏机为电子游戏机，而是将它作为一种类似于飞利浦 CD-I 系统和康懋达 CDTV 系统（这两种多媒体设备都是在 1991 年推出的）的多媒体设备出售。多媒体设备只是一台没有键盘或鼠标的电脑，它可以运行 CD 上提供的交互式软件（不一定是游戏）。这些设备当时被吹捧为教育设备，因为很多软件都具有百科全书式的多样性。

CDTV 和 CD-I 系统没有取得商业上的成功，主要是因为公众搞不清楚它们到底是什么。它们是电脑还是游戏机？二者的区别尚不清楚，所以这些系统没有得到大力推广，公司也没有主动向公众解释它们的作用。

1993 年 9 月，当 Amiga CD32 发布时，康懋达公司试图更好地区分电子

---

① 这时 Play Station 还是个独立组件。此处依旧称它为 Play Station，以区分后来的 PS1。——译者注

游戏主机与多媒体主机。康懋达特别宣称该系统是一种基于 CD 的 32 位游戏机，售价 400 美元。它与几乎已经退市的 CDTV 系统兼容，所以上市时有许多现成的软件可用。

虽然 CD32 在欧洲相当成功，它在北美市场却毫无动静。它在欧洲的成功也是短暂的。由于零部件供应问题，康懋达无法满足新的市场需求。当康懋达国际 (Commodore International) 于 1994 年 4 月申请破产时，CD32 已经停止生产了。

在 CD32 发行后一个月，与公司同名的主机 3DO 于 1993 年 10 月发行。该系统由包括松下 (Panasonic) 和三洋 (Sanyo) 在内的几家公司开发，它们还积极地展开了一系列宣传活动。人们可以从购物中心设立的购物亭专门体验这个系统。然而，这还不足以让 3DO 像音频和视频一样常见（霍金斯最初的想法是他的主机作为 aud-DO 和 vi-DO 之后的第三台逻辑组件）。虽然 3DO 有很多教育游戏可供玩家选择，但也有很多游戏给消费者的印象是 3DO 只是另一台普通的游戏机，而且它 700 美元的零售价并不是当时大多数家庭负担得起的。

如果说 3DO 是一个伪装成游戏主机的多媒体主机，雅达利 Jaguar 则恰恰相反。雅达利的最后一款主机 Jaguar 于 1993 年底发布，售价为 250 美元。尽管雅达利吹嘘该系统为 64 位，但很多人并不认同，就像 Turbografx-16 也不是一台真正的 16 位机器一样。无论如何，Jaguar 比当时市场上的其他游戏机更强大，而且最初的销量也很好。但是，开发者发现该系统对编程并不友好，导致游戏应用软件一直都不多——虽然雅达利声称已经有 20 多家第三方开发者签约。因此，当索尼和世嘉推出新的 32 位游戏机时，基本上给雅达利的命运下了最终的审判。

世嘉系统

直到 1994 年底，新的 32 位主机才在日本上市。当时，世嘉还发布了一款名为 32X 的奇怪设备。它是一个附加的适配器，可以将 Genesis 变成 32 位游戏机。

世嘉发行 32X 的目的是想在 32 位游戏机市场超越任天堂。32X 插入了 Genesis 的卡带插槽，并可以接受任何标准的 Genesis 游戏，起到了承上启下的作用。当然，它也可以接受使用 32 位处理器的特殊的 32 位卡带。此外，世嘉 32X 可以与世嘉 CD 一起使用，世嘉基于此发布了一系列 32X-CD 游戏。

32X 从未对公众产生过什么吸引力，它的失败不仅因为 150 美元的高昂价格，更重要的是世嘉在一年内推出了一个真正的 32 位主机。

世嘉的 32 位主机土星究竟是何时发布的，这还有待考证。为了确保新主机同时满足日本和美国市场的确切需求，土星已经开发了两年之久。为了抢在索尼之前上市，世嘉匆忙地推出新主机，因为情报显示，索尼也将在当年推出一款游戏主机。土星本身有 8 个处理器，包括 2 个 CPU，这其实让第三方公司很难充分利用它的所有功能。此外，土星使用的不是定制芯片，而是现成的组件，这意味着很多处理指令必须通过编程来处理，而不是让系统承担大部分工作。对于第三方设计而言的另一个障碍是缺乏好用的开发工具，程序员必须使用高难度的汇编语言才能达到良好的性能，所以大多数时候他们只使用双 CPU 中的一个。

土星和之前的世嘉系统一样，也有一个卡带插槽，但软件只在 CD 上运行，这个插槽是未来给额外附加的外部设备预留的。

土星原本计划于 1994 年第四季度发布，但它实际的发布日期取决于索尼。1991 年消费电子展之后，任天堂宣布撕毁与索尼的协议而选择飞利浦。面对这种情况，索尼首先决定放弃所有原计划的那种同时有 CD 和 SFC 卡带的 Play Station（该名称最初是两个单词，而不是一个），不过已经开始了的工程项目还是会继续保留。当任天堂得知索尼仍然计划推出一款接受 SFC 卡带的主机时，它对索尼提起诉讼，声称任天堂拥有"Play Station"的名字版权。1992 年底，索尼和任天堂解决了分歧，因为索尼最终同意为 SFC 继续制作 CD 播放器，以及继续自主开发兼容 CD 播放器和 SFC 卡带的 Play Station。任天堂允许索尼继续开发与 SFC 兼容的 Play Station，还有一个前提条件是，任天堂掌握所有为这个机器设计的 CD 游戏的版权。

索尼 PlayStation[①]

此时，索尼开始考虑 SFC 的未来，它意识到这个主机正逐渐走入历史，

---

① 注意，两个单词合并了，新的时代开启了。——译者注

而任天堂还没有宣布任何新主机。但是，此时的 SFC 显然在技术上显得老旧了。于是索尼决定继续开发一个不兼容 SFC 的独立主机，这个新的 32 位系统将被称为 PlayStation（PS1）。

1994 年 4 月，索尼正式宣布 PS1 将于年底在日本发行，次年 9 月在北美和欧洲发行。索尼在日本以外的地区延迟发布 PS1，是为了给国外的开发者足够的时间来创造优质的游戏。索尼还展示了 PS1 的新功能，PS1 内的定制芯片上有一个名为 R3000A 的 32 位 RISC CPU，在三个高性能子系统的支持下，PS1 可以创造出复杂的 3D 几何图形。PS1 还可以播放全动态影像。虽然它完全是 CD 驱动的，但玩家可以插入外部存储卡来保存游戏数据。

1994 年 11 月 22 日，世嘉土星在日本的销售量为 17 万台[1]。大名鼎鼎的《VR 战士》就是在土星主机上的一款游戏，它也是世界上第一款 3D 的格斗游戏。11 天后，索尼在日本推出了 PS1。索尼最开始只生产了 10 万台 PS1，所以每个客户限购 1 台。到 1994 年底，所有土星主机都已经售罄，但一些 PS1 仍在商店的货架上。评论家们认为 PS1 是当时最优秀的主机，但这款主机缺乏像《VR 战士》一样流行的游戏。

1995 年，这两款主机都在 1 月的消费电子展上展出，并宣布了在美国的发布日期。世嘉宣布同年 9 月 2 日发布北美版土星主机后，索尼紧接着宣布美国版本的 PS1 将于 20 天后，也就是 9 月 22 日上市。随后，在 1996 年 5 月举行的首届电子娱乐展（Electronic Entertainment Exhibition，简称 E3）上，PS1 宣布定价为 299 美元。世嘉不相信索尼能做出这种高性价比的主机，所以在 E3 上，世嘉也发布了一个令人震惊的消息——原本承诺的土星发售日期只是一个抛给索尼的诱饵，其实消费电子展当天就有 3 万台土星在四家玩具连锁店发行，分别是玩具反斗城（Toys 'R' Us）、EB（Electronics Boutique）、巴贝奇（Babbage's）和 Software Etc，每台机器的零售价为 399 美元，并且全都预装了《VR 战士》。

不幸的是，这个计划适得其反。第三方开发公司被打乱了计划，所以发布时玩家能玩的都是世嘉自己的游戏。其他诸如沃尔玛等零售渠道也对此感到非常不满，因为世嘉没有选择它们作为首发渠道，而是选择了玩具反斗城。KB Toys 的高管们拒绝在自家的商店上架土星和世嘉的下一代产品 DC，原本为土星预留的货架全部被分配给了 PS1。

索尼于 1995 年 9 月 9 日发布了美国版 PS1 游戏机。那时已经有近 10

万台主机被预订,创下了主机销售数量的新纪录。1995 年底,世嘉不得不将土星的价格降至 299 美元,但此时 PS1 已然具备了领先优势。

N64

同样让世嘉感到头疼的任天堂也于 1996 年发布了一款 64 位游戏机,名为 Nintendo 64(N64)。该游戏机于 1996 年 6 月 23 日在日本发行,随后于 1997 年 9 月在北美发行。

任天堂反其道而行之地选择了继续使用卡带,而非 CD。因此,任天堂也受到了不少批评,因为生产卡带更昂贵(从而导致游戏售价更高),而且生产卡带的时间比生产 CD 要长得多。尽管任天堂没有发布声明,但批评它的人都知道任天堂希望能对 N64 相关的所有产品从许可到生产都进行严格的控制。任天堂坚持自己的决定,声称使用卡带的读取速度更快。为了取悦客户,任天堂宣布将在 1997 年发布一个名为 64DD 的磁盘驱动器。除了玩家可以使用 64DD 来保存游戏,任天堂还将以磁盘格式销售 N64 版本的《塞尔达传说》。此外,任天堂还计划发布一个内存扩展包,为主机增加 4MB 的内存。

当 30 万台 N64 主机和三款游戏在日本正式发布时,其中的 80% 是预售,这也打破了索尼创下的预售纪录。零售商能拿到任天堂多余的非预售额度极其稀少,所有主机在第一天就售罄了。三天后,任天堂又向市场发售了 20 万台 N64,但同样也在一天内就卖光了。1996 年 6 月,任天堂再次发行 20 万台 N64,整个夏天又额外发行了 100 万台。之后,任天堂便转头主攻美国市场。最大的意外发生在 1996 年 9 月,任天堂为了阻止索尼和世嘉进行竞争式降价,压在最后一刻宣布美国地区 N64 的零售价为 200 美元。

N64 在北美预售了 50 万台,尽管只有两款游戏《飞行俱乐部》(*Pilot Wings*)和《超级马里奥 64》(*Super Mario 64*)。这个成绩等于索尼三个月的销量和世嘉全年的销量。由于这款主机的销售成绩非常不错,任天堂决定将调度日本和欧洲的配货,来使北美的 N64 库存翻倍。尽管任天堂大获成功,批评者仍然质疑卡带是否真的可以与 CD 长期竞争。任天堂确信,只要游戏质量足够高,那就可以,《超级马里奥 64》就是一个绝佳的例证。据视频软件经销商协会(The Video Software Dealers Association)报道,《超级马里奥

64》在发布的第一周就产生了 5.2 万美元的租金。也就是说,《超级马里奥 64》平均每分钟就能租出去一部。

世嘉梦工厂(世嘉 DC)

随着 N64 的成功,世嘉北美分公司的总裁伯尼·斯托拉(Bernie Stolar)意识到土星在游戏主机中只能排第三位。1997 年初,日本世嘉同意斯托拉开发新主机的意见,公司首次开放自己的开发团队,并从 IBM 聘请了一名顾问。随后,这名顾问在美国世嘉总部成立了一个团队。日本方面的开发部门则对美国团队的独立感到不满,双方产生了竞争。日本方面决定采用 NEC 生产的 Hitachi SH4 处理器,美国方面则采用 IBM/Motorola 的 PowerPC 603e 处理器。不幸的是,在 1997 年 4 月,3dfx 公司上市时披露了正在开发世嘉的下一款主机。这是世嘉不想看到的,因此在同年 7 月,世嘉最终选择使用日本团队开发的系统。这个名为"梦工厂"(Dreamcast,简称世嘉 DC)的新系统于 1998 年 11 月 27 日在日本发布,1999 年 9 月 9 日在北美发布。世嘉 DC 在硬核玩家中大受欢迎,同时它也是第一个能够进行在线游戏的主机。该系统(首次)内置 56k 拨号调制解调器和一个可供选择的宽频以太网调制解调器。世嘉 DC 还附带一个有浏览器的磁盘。同时,世嘉打造了能让玩家联网的 SegaNet,最早的在线游戏有《啾啾火箭》(*ChuChu Rocket*)、《NFL 2K1》和《梦幻之星 OL》(*Phantasy Star Online*)等。

与之前的 CD 主机不同的是,为世嘉 DC 设计的游戏类型被世嘉称为 Gigadisc(GD)。GD 光盘是一种允许增加存储容量的专有格式。虽然 GD 与任何其他系统都不兼容,但世嘉 DC 可以播放其他标准的音频 CD。

世嘉 DC 也与个人电脑密切相关,甚至使用了微软的 Windows CE 操作系统。这被吹捧为对 PC 游戏开发者很友好,因为他们可以相对轻松地将现有的 PC 游戏转换为世嘉 DC 的格式。当时,大多数开发者都发现世嘉 DC 的原生操作系统优于 Windows。这件事让微软意识到需要进军电子游戏硬件领域了。

世嘉为世嘉 DC 发布了一些独特的配件,如带有液晶屏幕的存储卡、虚拟存储单元(virtual memory unit,简称 VMU),以及部分游戏,如《索尼克大冒险》。玩家可以将迷你游戏加载到 VMU 上,屏幕也可以用于查看存储在

VMU 上的数据。

世嘉发布了一款键盘，方便使用者浏览网页。这是第一款为游戏主机设计的键盘。它还发布了一个钓鱼竿控制器，可用于钓鱼游戏。虽然其他主机也有这些类似的外部设备，但世嘉 DC 的这些外部设备都是由世嘉自己发布的。此外，还有一款无法兼容其他系统的外部设备，是世嘉为音乐游戏《欢乐桑巴》(Samba de Amigo)设计的沙锤。

最开始世嘉 DC 的销量非常可喜，一度让世嘉的主机超越 N64 位居第二。然而，2000 年 3 月，索尼宣布同年晚些时候将发布 PS2 后，世嘉 DC 的销量就开始停滞。当人们了解到索尼计划发布的内容，并且新主机将兼容上一版 PS1 时，许多玩家开始观望，思考要不要购买一台新主机。

新的 PlayStation(PS2)

在 PS2 于 2000 年 3 月 4 日在日本发布之前，相关宣传就已经铺天盖地。与使用专有 GDG 格式的世嘉 DC 不同，PS2 游戏将以 DVD 的形式发行。DVD 格式在 1995 年底推出，彼时尚未在全世界广泛流行。DVD 格式的优势在于它存储的数据是 CD 的六倍，同时还使 PS2 能播放 DVD 电影，这是当时其他主机都无法做到的。PS2 也吸引了一批电影爱好者，因为它的零售价为 300 美元，远低于当时独立的 DVD 播放机。PS2 将完全兼容索尼原来的系统，这也让 PS1 的用户感到兴奋。

在日本发行后的几天内，索尼就打破了 100 万台的新纪录。最初的主机供应商售出了有缺陷的存储卡——由于运行 DVD 软件的驱动程序留在存储卡上，用户发现他们的日本系统可以播放来自世界任何地区的 DVD[①]。2000 年 10 月 26 日，索尼在美国发布 PS2 时及时修复了这个漏洞，将 DVD 驱动程序直接硬编码到主机中。

由于需求巨大，PS2 很快就售罄，索尼无法补货。那些抢到了 PS2 的人则在 eBay 和其他网站上以高达 1000 美元的价格出售二手机。据报道，消费者排队购买 PS2 时甚至还发生了抢劫案。从没有任何一款主机像 PS2 一样引起了这么多暴力事件。尽管如此，索尼还是认为这次发布是成功的。

---

① 这是因为索尼受 bug 影响没有锁区。——译者注

索尼在 PS2 发布时并没有停止使用最初的 PS1,而且索尼重新设计了 PS1,使它几乎像便携式 CD 播放器一样小,并将价格降到 100 美元以下。这款主机被重新命名为 PS One。索尼为 PS One 配备了一个可供选择的屏幕,并将其定位为可在车上使用的便携式设备。在 2000 年 7 月 7 日发布后,PS One 的销量超过了所有其他有竞争性的主机,包括 PS2。

微软 Xbox

参与了世嘉 DC 的开发后,微软便有能力发布自己的游戏主机了,并且在 2000 年 3 月实现了这一目标。PS2 在日本发布不到三周,比尔·盖茨在游戏开发者大会(Game Developer's Conference,简称 GDC)上正式宣布,微软确实在开发一款游戏主机。

有点讽刺的是,这一声明间接导致了 DC 的死亡。由于 DC 在全球的销量远远落后于 PS2,世嘉便认为另一款主机的引入只会进一步影响 DC 的销售。于是,世嘉在 2001 年 3 月停止了 DC 的制作,并将游戏业务转型为软件开发。

微软的系统名为 Xbox,于 2001 年 11 月在北美首发。这台美国生产的主机配置了英特尔奔腾Ⅲ中央处理器(Intel 733 MHz Pentium Ⅲ CPU)和英伟达(Nvidia)NV2a 250 MHz 图形处理器。它有 64MB 的统一内存,支持联网,而且还首次使用了一个 8GB 的硬盘驱动器和 Windows 2000 的操作系统,定价为 299 美元。

Xbox 不仅是一台没有键盘的电脑,与 PS2 一样,它也可以播放 DVD。但区别是,PS2 可以使用游戏控制器播放 DVD,Xbox 则需要购买价格为 30 美元的遥控器。微软这样做的目的是将 Xbox 与 DVD 播放器区别开来,从而避免支付 DVD 的授权费。

任天堂 GameCube(NGC)

在 Xbox 发布三天后,任天堂在北美发布了 GameCube(简称 NGC,当然,日本版早两个月前就发布了),这也是它在北美发布的第一个非卡带系统。与竞争对手不同的是,任天堂选择了一种专有的存储媒体,这种光盘是标准 DVD 大小的四分之三。正因为如此，这个价值 200 美元的 GameCube 无法播放 DVD（任天堂也就不用支付 DVD 的授权费）。

虽然这时的 GameCube 没有它的两个竞争对手那么强大，但任天堂相信，公司拥有如马里奥、塞尔达和宝可梦等成熟的知名角色，肯定能够保证主机的顺利发行。任天堂还设计让 GameCube 与便携式游戏机 Game Boy 兼容，通过一根连接线就可以在 Game Boy 和 GameCube 两台机器上玩同样的游戏。一台 GameCube 上最多可以连接 4 个 Game Boy 控制器。任天堂还发布了一个 Game Boy 适配器，允许玩家在电视机上玩 Game Boy 的游戏。GameCube 还可以通过局域网同时连接最多 7 个 GameCube 游戏，不过每台主机都需要单独的显示器。

主机间的竞争

2002 年 11 月，微软推出了 Xbox Live，这是一种订阅制服务，允许玩家联网。尽管 PS2 的销量高于 Xbox，但索尼的高管们意识到，在线游戏是一个不能再被忽视的细分领域。于是，带有联网功能的游戏逐渐出现。然而，与微软的 Xbox Live 不同，微软本身就为在线游戏提供网络服务器，而索尼为玩家提供服务器有赖于第三方供应商。不过，这并不影响索尼致力于将 PS2 打造成在线游戏主机。

PS2 的玩家不需要为 Xbox Live 这样的订阅服务付费，仅仅需要购买一个可选的网络适配器即可。索尼还发布了一个 40GB 的硬盘，可以用于下载额外的关卡、地图、武器等内容。该硬盘也与游戏《最终幻想 11》（*Final Fantasy XI*）一起出售。随着玩家不断深入地探索虚拟世界，系统也不断下载游戏环境的添加内容，然后被保存在硬盘驱动器中。

任天堂在 2002 年底发布可选的在线适配器时，也提供了在线游戏。但是，任天堂并没有积极地推广 GameCube 的在线功能，也很少有游戏支持这一功能。

最终，索尼的 PS2 在全球的销量超过 1.2 亿台，是主机之战中毫无争议的赢家。微软卖出了 2400 万台 Xbox，只是索尼 PS2 销量的一个零头[2]。不过，考虑到 Xbox 是微软的第一台主机，这仍然是一个里程碑式的成绩。任天堂以 2100 万台的销量排名第三，这让人们猜测它可能会像世嘉那样放弃硬件市场。任天堂否认了这一传言,因为它正在研究下一个取代 GameCube 的主机。

XaviXPORT

2003 年,索尼为 PS2 发布了一个新的、独特的配件——Eye Toy。它是一款通过 USB 连接插入 PS2 的摄像头。最初,这款摄像头和游戏《Eye Toy:Play》一起销售。《Eye Toy:Play》包括一系列迷你游戏,通过一系列摄像头实时输入玩家屏幕上的图像。随后,玩家移动身体,这样他们在屏幕上的图像就可以执行不同的任务,如弹出气球。这些游戏本身并不是很有趣,但游戏中体现出的想法是独特的。

涉及身体运动的游戏并不新鲜,早在"元祖级"跳舞机《劲舞革命》中,玩家就通过随着音乐起舞并用脚来回应屏幕上的箭头。跳舞的舞垫就是一个巨大的控制器,它对玩家脚部的反应就像传统控制器对手指的反应一样。不过,Eye Toy 是家用机第一次以非传统的形式对玩家的身体动作作出反应。

2004 年,一家名为 SSD 的日本公司发布了一个名为 XaviXPORT 的独特游戏系统。这个系统在涉及身体动作的游戏方面更进一步。它并不是一个标准的游戏机,也不是为了与已有的产品竞争。这个系统只有少数卡带,但它们都有一个相似的主题——运动。

XaviXPORT 采用了无线控制器。它的独特之处在于,每一款游戏都搭配一个控制器销售。例如,搭配《Xavix Golf》的控制器是一个高尔夫球杆,搭配《Xavix Bowling》的控制器是一个保龄球。用户在游戏时通过使用特殊的控制器来模拟运动。在棒球游戏《Xavix Baseball》中,球员可以观看屏幕上的投手投球,然后在适当的时间挥动球棒控制器。

该主机只发布了 6 款游戏,但这足以表明,玩电子游戏并不仅仅意味着坐在沙发上按下按钮。虽然该系统在商业上并没有取得成功,但它让公众看到了电子游戏的未来。

微软 Xbox 360

当索尼在 2000 年发布 PS2 时,它就在竞争中领先一年的时间。到 2005

年底，该轮到微软了。微软于 2005 年 11 月 22 日发布了 Xbox 360，并且立即售罄。这个系统有两种销售方式：标准模式在美国的售价为 399.99 美元，配有一个可拆卸的 30GB 硬盘、一根网线、一个 Xbox Live 耳机、一个遥控器和一个无线控制器；核心模式的整体价格为 299.99 美元，除了一个有线控制器外再无任何配件。

许多抱着预期购买 Xbox 360 的消费者很快就失望了，因为虽然它支持高清图像，但只能在高清电视机上显示。对于那些没有高清电视机的人而言，Xbox 360 显示的图形效果与原来的 Xbox 差不多。

还有一个问题是，Xbox 360 并不能真正地兼容最早的 Xbox 中的游戏。为了在 Xbox 360 上玩 Xbox 的游戏，玩家首先必须从 Xbox Live 加载模拟软件到一张 CD 上。然后，该软件必须从 CD 安装到 Xbox 360 的硬盘驱动器上。但是，那些 Xbox 360 核心版的买家并没有硬盘，即使用了模拟软件，这两个系统之间仍存在太多的技术差异，无法实现百分之百的兼容。整个 Xbox 库大约只有 30% 的游戏可以在 Xbox 360 上运行。尽管微软定期更新模拟软件以方便玩家玩更多的游戏，但微软已经多次宣布，并非所有 Xbox 的游戏都兼容于 Xbox 360。

索尼 PlayStation 3(PS3)

PS3 于 2006 年 11 月 11 日在日本发布，一周后在北美发布，它并没有出现困扰 Xbox 360 的兼容性问题。索尼已经向公众保证，如果目标 PS2 游戏符合索尼的技术要求清单，它就可以在 PS3 上玩。在 1 500 款 PS2 游戏中，只有大约 3% 的游戏与新系统不兼容，索尼也为此开发了补丁。

PS3 的发布情景与一年前的 Xbox 360 和 2000 年的 PS2 相似——在正式发布之前，人们就在商店外面排了几个小时，但不少人由于主机库存不足而被拒之门外。于是，许多"黄牛"很快转向在 eBay 上出售二手主机，价格高达 2 300 美元。

PS3 的定价方式也与 Xbox 360 相似：高配版的 PS3 配备了 60GB 的硬盘，售价为 599 美元；平价版的 PS3 配备了 20GB 的硬盘，售价为 499 美元。还有一个相似之处是，它们都支持高清电视。此外，将 PS3 连接到标准电视上的人不会发现新主机和上一代主机之间有任何区别。

尽管微软领先了一年，但索尼仍然认为 PS3 最终将超过其竞争对手。到了 2007 年初，微软的领先优势就不明显了。PS3 在推出后的 1 个月里供不应求，索尼宣布将在 2006 年底前在全球范围内供应 40 万台。但是，PS3 的高价格对那些没有高清电视机的人来说吸引力也很有限。

不过，PS3 的主要竞争对手并不是 Xbox 360，而是任天堂的最新主机。虽然任天堂的最新主机在纯硬件性能方面无法与 PS3 或 Xbox 360 竞争，但它一些独具特色的创新甚至吸引了非游戏玩家。

任天堂 Wii

在这个代号为"革命"（Revolution）的新主机的开发过程中，任天堂的目标不是与索尼和微软竞争，而是吸引尽可能多的人成为玩家。任天堂明白，它必须想出一些真正革命性的东西。虽然最后这个主机并没有被大多数人认为具有革命性，但它确实引起了很多关注。Revolution 于 2006 年 11 月 19 日在北美推出，两周后，在日本，主机的名称已经改为 Wii。这个词听起来像英语单词"we"（我们），意思是这个主机是适合所有人的。

这个新系统乍一看与 XaviXPORT 很像。它拥有一个名为 Wii Sports 的功能，在虚拟的棒球和高尔夫球运动中，玩家可以把无线控制器当作棒球或高尔夫球杆使用。任天堂把控制器做得很简单，所以它看起来并不像运动设备。当时的大部分主机控制器都有 7 个按钮，而任天堂 Wii 遥控器（Wii Remote）只有两个按钮。

虽然 Wii 遥控器很简单，但从它发布的第一天起就麻烦不断。Wii 遥控器上有一个腕带，可以环绕在玩家的手腕上。玩体育游戏时，许多玩家系紧了腕带却没有握紧控制器，于是腕带和遥控器会松开，有时遥控器甚至会被直接甩到电视上。任天堂迅速修正了这个问题，使腕带更为安全，并免费提供给所有 Wii 的用户。

Wii 充分利用了无线技术，包括使用无线连接来联网。它允许玩家获取新闻和未来五天的天气预报。玩家还可以使用互联网访问虚拟主机。这是一项在线服务，允许玩家下载早期的任天堂游戏，包括从 FC 到 N64 的任天堂自家主机，以及 Turbografx-16 的游戏。此外，虽然 Wii 使用了标准的 5 英寸光盘，但能够完全兼容 GameCube。

主机之战

PS3 和 Wii 在北美的发布日仅相隔几天，但这两款主机在 2006 年的假期里都是缺货状态。任天堂宣布将有 400 万台主机上市，其中的大部分将分配给美国。索尼对此次短缺的回应是，全球只有 40 万台库存。一个月后，Wii 似乎是三种系统中最受欢迎的。或许因为无聊的好奇心，或许是在物理互动上的创新，也有可能是因为更低的价格，Wii 似乎是当时人们觉得最好的选择。

当然，现在就确定主机之战的赢家可能还为时过早。如果任天堂没能提供更多基于 Wii 遥控器的创新游戏，它的受欢迎程度可能会迅速下降。而如果家庭高清电视机的数量持续提升，PS3 便可能会更受欢迎。

不过，有一件事是肯定的，那就是任何主机的流行都是短暂的。几年后，新的系统将取代 Xbox 360、PS3 和 Wii。也许还会有新的公司像微软在 2001 年那样加入战场，导致某家公司像世嘉那样放弃了自己的主机市场。要知道，这个行业的"玩家"会不断地更换，但游戏玩家永远都会在①。

---

① 此书出版于 2007 年，主机大战的故事似乎到此为止了。然而，到我翻译此书的 2022 年，从全球范围内来看，依旧是任天堂、索尼和微软的"御三家"，只不过已成为 Switch、PS5 和 Xbox Series X 的新时代了。——译者注

第 27 章
在线角色扮演游戏

凯利·布德罗

在线角色扮演游戏(online role-playing games,简称 Online-RPG)拥有多样且丰富的历史,从学生宿舍到公司董事会办公室,你都能看到它的身影。通过技术的发展,在线角色扮演游戏已经从晦涩的文本冒险发展成数百万人"居住"的极其复杂的虚拟世界。在线角色扮演游戏的起源存在争议,关于这个问题,在游戏学中尚处于开放辩论的状态,所以通常有多种说法[1]。

重要的是,从技术上来说,游戏的发展并不是线性叠加的,因为早期的多人联网游戏经常是在封闭的大学网络上被创建的,游戏开发往往是孤立的。因此,各类概念的发展是同步发生的。从这个意义上来看,在线角色扮演游戏的历史更像是网络式的,而不是线性的。

文字时代:1977—1989 年

在 20 世纪 70 年代末,第一个多人联网角色扮演游戏在伊利诺伊大学的柏拉图系统(the PLATO system)上诞生了。《摩瑞亚矿坑》(*Mines of Moria*, 1977)由查克·米勒(Chuck Miller)创造,是最早的图形游戏之一。这款游戏由精细、繁多的线图组成场景,包括怪物、门、走廊的墙壁,以及状态数值图表(显示角色当前的力量和状态)[2]。虽然《摩瑞亚矿坑》可以支持多达 200 名玩家同时在线,但玩家间的交流非常有限,游戏世界也不持久(每过 24 小时就刷新)。柏拉图系统上的第二款更具互动性的游戏是《奥布莱特》(*Oubliette*, 1977),是一款基于小组的地下城探索游戏。但是,就像《摩瑞亚矿坑》一样,游戏世界存在的时间很短,玩家之间的交流依然十分有限[3]。

1978年，在埃塞克斯大学，罗伊·特鲁布肖（Roy Trubshaw）为 DEC PDP-10 系统编写了第一个正式的基于文本的多用户地下城（multi-user dungeon，简称 MUD）游戏。这个游戏的世界很小，只有几个不同的位置，玩家可以导航前往，并与同处一个空间的其他玩家进行对话。理查德·巴特尔（Richard Bartle）与特鲁布肖合作建立了一个战斗系统和《MUD1》，第一个目标导向的交互式 MUD 游戏便诞生了。

《MUD1》是一款基于幻想的角色扮演游戏，通过力量和魔法吸引玩家合作，并为不朽的目标战斗。为了玩《MUD1》，玩家将登录一个远程服务器，并连接到一个托管游戏的 BBS 上。一旦进入游戏，玩家就会收到位置、角色和其他相关信息的文本描述。为了让玩家在游戏空间中与其他玩家进行导航和互动，他们可以输入命令并处理信息，以推进游戏。与基于柏拉图系统的游戏相比，《MUD1》具有革命性的变化是，它的游戏世界是持久的，而且特定角色的信息，如玩家积累的经验、关卡和游戏内的物品都存储在系统中。《MUD1》是运行时间最长的 MUD 游戏，至今仍然可以通过网络浏览器运行[4]。随着《MUD1》越来越受欢迎，在英国之外，其他的 MUD 游戏开始出现了。

当游戏从 BBS 支持的系统转移到使用调制解调器连接的系统时，玩家能够实现本地游戏互联。到了 1983 年，随着阿兰·克利茨（Alan Klietz）的奇幻角色扮演游戏《哥特权杖》的发行，MUD 游戏开始商业化。《哥特权杖》基于传统的龙与地下城角色扮演系统设计，具有典型的幻想角色扮演元素，包括牧师和游侠这些使用魔法的角色，以及经验积累的养成机制。同时，游戏支持多达 16 名玩家同时通过调制解调器连接。《哥特权杖》遵循与早期 MUD 游戏相同的玩法，是基于文本和命令驱动的，玩家在各种类型的谜题、团队战斗冒险中进行游戏。

这款游戏以特许经营的形式在几个地点发行，由那些可以独立运行该系统的个人拥有并运营。每个特许经销权的所有者都有一个相对简单的"世界编辑器"（world editor），以创建游戏内事件（in-game event），处理世界重置，并改变任何游戏内的对象的属性。他们通常会作为游戏的地下城主（dungeon master，简称 DM）。由于个人 DM 能够操纵游戏元素和改变内容，《哥特权杖》这种独特的动态游戏体验影响了其他游戏，如马克·彼得森（Mark Peterson）的《混乱之剑》（*Swords of Chaos*，1984）和布雷特·威格士

（Brett Vickers）的《魔多的探索》（*Quest of Mordor*，1993）。其他在这个时候开始出现的商业 MUD 游戏还有《龙之门》（*Dragon's Gate*，1984）、《镜子世界》（*Mirrorworld*，1985）、《AberMUD》（1988）和《TinyMUD》（1989）。《TinyMUD》已经成为一种最具影响力的游戏形式，因为它将游戏玩法和世界创造进行了结合。同时，《TinyMUD》对《Avalon》（1989）等游戏产生了影响。《Avalon》是第一款通过 Windows telnet 在互联网上发布的 MUD，至今仍以《Avalon，the Legend Lives》为名[5]。

像素游戏：1990—2007 年

从基于文本到基于用户图形界面的玩法，这个转变始于卢卡斯影业游戏公司的《栖息地》（*Habitat*，1985）。这款游戏拥有"实时动画，用户进入一个在线模拟的世界，可以交流、玩游戏、冒险、恋爱、结婚、离婚、创业、创立宗教、发起战争、抗议统治者并尝试自治"[6]。虽然《栖息地》不像 20 世纪 80 年代的许多 MUD 游戏那样基于真正的三维或幻想，但对许多人来说，《栖息地》是第一个，也是最具影响力的、高度成功的、复杂的大型多人在线角色扮演游戏。

《无冬之夜》（*Neverwinter Nights*，1991）通常被视作世界上第一款现代图形化的大型多人在线角色扮演游戏。该游戏由量子电脑服务公司（Quantum Computer Services，是 AOL 公司的前身）发行，是 SSI 和 TSR 公司共同开发的，也是第一款《专家级龙与地下城》（*Advanced Dungeons & Dragons*，简称 AD&D）系列的在线游戏。它的服务器托管了一个持久的游戏世界，在鼎盛时期能同时支持多达 500 名玩家。《无冬之夜》的独特之处在于，它结合了实时第一人称图形游戏、交互式聊天引擎和基于回合制的战斗系统。这也是第一个引入有组织的 PvP（player-versus-player）游戏玩法和玩家公会的在线角色扮演游戏。

1993 年，另一款经典的幻想角色扮演游戏，即《叶塞伯斯的阴影》（*The Shadow of Yserbius*）在 Sierra 公司的网站上发布。在《叶塞伯斯的阴影》中，玩家在创建角色时可以选择不同的种族、职业、战斗技能、公会联盟，这些属性在游戏世界中会影响游戏的玩法。游戏世界中的战斗是回合制的，冒险活动由四人一组进行。玩家可以探索地下城，面对像素化的怪物，通过收集宝藏、增加技能点和其他属性来增强角色能力。同时,《叶塞伯斯的阴影》还给玩家带来了具有挑战性的解谜环节和社交互动。

受《哥特权杖》的启发,游戏《子午线59》(*Meridian 59*)于1995年由3DO发行。这是世界上第一款商业化在线游戏,也是第一个完全由3D引擎开发的在线角色扮演游戏,能够为玩家提供3D游戏视角。游戏中不仅有PvP战斗,也有公会战;玩家不仅要保护自己,还要保护他们的公会伙伴。《子午线59》玩法的独特之处在于,它并不是基于传统的幻想角色扮演游戏框架单纯地依靠提升等级来发展的。相反,玩家根据战斗、探索等不同类型的玩法,可以独立开发出不同的技能和属性。例如,玩家需要多次使用同一咒语才能增强这个咒语的力量,而且玩家必须频繁地投入战斗才可以增强战斗技能。虽然《子午线59》曾在2000年关闭服务器,但它现在已经重新开放,并拥有一群活跃且忠诚的粉丝。

Origin Systems公司在1997年发布了《网络创世纪》(简称UO),在几周的时间里,就有近46 000名玩家注册[7]。它的游戏系统难以支持这么多玩家同时在线,所以经常崩溃,导致全体玩家离线。除了这个缺点,UO给许多人都带来了一种革命性的游戏体验。玩家可以在他们购买的土地上持续建造房屋,这就要求玩家投入更多的时间和精力。对一些玩家来说,这为他们创造了一种沉浸式的游戏世界的体验。这款游戏与《子午线59》一样抛弃了严格的角色升级模式,拥有自己独特且复杂的技能系统。PvP也是UO玩法的重要组成部分。与过去的在线游戏不同,UO删除了PvP安全区域的设定,导致在游戏的任何地方都可能发生战斗。

另外,UO摒弃了传统的回合制战斗系统,采用的是动态反应性战斗系统,允许玩家实时参与战斗。与之前的游戏相比,它的图形效果也有了显著的提升,对玩家采用了与当时其他网游一样的等距四分之三视角(isometric three-quarter-view perspective),使玩家能够看到发生在他们周围的动作,这在PvP环境中成为一个新的优势。《网络创世纪》最近正在由艺电公司重新开发,它在2007年夏天发行了全新版的《网络创世纪:王国重生》(*Ultima Online: Kingdom Reborn*)。

随着计算机技术的快速发展和更广泛的互联网接入,玩家对在线角色扮演游戏的兴趣持续增长。在这个背景下,Verant Interactive公司于1999年3月发行了《无尽的任务》,玩家数量在2001年之前持续上升,在2004年达到

45万人左右。这个游戏具有托尔金式的美学风格，遵循传统的幻想角色扮演游戏的玩法，即玩家在进入游戏创建角色时可以设置性别、种族和信仰，并将天赋点数分配给不同的属性。自定义角色贯穿了整个游戏过程，玩家在升级过程中会获得新的装备，并增强技能。进入游戏后，玩家可以从第一人称视角、第三人称视角或传统的等距三分之一视角（isometric three-quarter view）中选择一种视角模式。《无尽的任务》中的图形旨在突破技术极限，而且它在用户界面上的设计简单有效。同时，这款游戏鼓励合作，一些游戏内事件需要多达80名玩家共同努力，以赢得一场史诗般的战斗[1]。PvP的游戏玩法是游戏里最小的一部分，如在特殊的竞技场战斗区域和特别专用的PvP服务器中。截至2007年，《无尽的任务》陆续发布了13个扩展包，在不断扩张的市场中，它始终保持着庞大的玩家基础。

随着市场的扩大，各大网游如雨后春笋般出现，如《混乱 Online》（Anarchy Online，2001）、《亚瑟王宫的阴影》（Dark Age of Camelot，2001）、《魔剑》（Shadowbane，2003）、《星球大战：星系》（2003）、《地平线》（Horizons，2003）、《英雄城市》（City of Heroes，2004）和《天堂Ⅱ》（Lineage II，2004）等。这类游戏在商业上取得巨大成功的标志是2004年秋季，暴雪公司（Blizzard）发布的《魔兽世界》（简称WOW）[2]。因为即时战略游戏《魔兽争霸3：混乱之治》的大火，全世界的玩家们在《魔兽世界》发布前就开始排队等待了。同时，《网络创世纪》《无尽的任务》和《亚瑟王宫的阴影》等早期网游的风格开始从偏多人的玩法逐渐转变为更独立的单人玩法，玩家练级的时间更短，需要其他玩家的协助也更少。

《魔兽世界》的图像清晰、色彩丰富，玩家的动作也更流畅敏捷。它的玩法是围绕任务系统设计的，其他角色扮演类游戏中常见的关卡进展重复的问题在《魔兽世界》里得到了改善。相比于《无尽的任务》中需要大量玩家进行的史诗战斗，《魔兽世界》的史诗战斗需要的玩家数量更少（约20—40名玩家）。《魔兽世界》也被认为正式引入了"副本"（instance）的玩法。副本其实

---

[1] 这里意味着最早的团队副本概念出现了。——译者注
[2] 中国的一个网游时代开启了，《魔兽世界》也是诸多"80后"和"90后"一生的回忆。这个游戏甚至影响了中国互联网的发展，如当年在百度贴吧上出现的"WOW吧"。——译者注

是针对不同小分队的个性化重复式地下城。副本的建立解决了玩家对游戏内资源的过度争夺和玩家聚集导致服务器过载的问题，身处不同服务器的玩家也可以体验相同的游戏内容。到 2006 年春天，《魔兽世界》的全球在线玩家高达 650 万人；到 2007 年 8 月，这一数字已经增长到 900 万[8]①。

  这些年来，其他公司发行的网游也取得了巨大成功，对在线角色扮演游戏产生了影响，特别是《领土在线》(*The Realm Online*，1996)，它被视作持续运行时间最长的大型多人在线角色扮演游戏。随着西方文化变得越来越数字化，大型多人在线角色扮演游戏逐步扩展为流行文化的一部分，网络游戏用户的增长开始面向特定群体，如针对少年儿童的《卡通镇 OL》(*Toontown Online*，2003)和《星愿 OL》(*Rose Online*，2005)，以及面向成年人的虚拟社交世界，如《第二人生》(*Second Life*，2003)等[9]。随着在线角色扮演游戏的持续发展，每个细分的玩家群体都为这个全球数千亿美元规模的产业作出了贡献，而且近期仍在蓬勃发展。

---

① 《魔兽世界》巅峰期的在线玩家一度高达 1 300 万人。——译者注

第 28 章
索尼 PlayStation 简介

多米尼克·阿瑟诺

早在 1988 年,索尼就开始开发一个项目,它就是 PlayStation。后来它成为第一台销量超过 1 亿台的主机,并终结了任天堂主导电子游戏市场的时代。当时,索尼以技术授权的形式与任天堂合作,任天堂使用索尼的 SPC-700 处理器[由久夛良木健(Ken Kutaragi)设计],用于任天堂即将在 1990 年推出的 SFC 中播放声音和音乐。当时的顶级电子游戏公司任天堂将不断发展的 CD-ROM 技术视作一个巨大的机会,认为借助这个机会可以超越竞争对手世嘉。当时,世嘉对任天堂在市场上的影响力的威胁越来越大(世嘉当时的主机 MD 曾在欧洲和北美与任天堂的 NES 和 SNES 竞争)。NEC 的主机 PC-Engine 于 1987 年在日本发布,很快就非常受欢迎,销量一度超过了世嘉 MD 和任天堂 FC。PC-Engine 的 CD-ROM 版于 1988 年进入日本市场。该系统随后于 1989 年出口到北美,并在 1990 年以另一个名字 TurboGrafx-16 出口到欧洲,后来又改名为 Turbografx-CD。

面对压力,任天堂与索尼达成协议,索尼将为任天堂的 SFC 开发一个使用 CD-ROM 的附加设备(就像几年后添加到世嘉 MD 中的世嘉 CD 一样)。作为交换,任天堂允许索尼开发自己的 Play Station 平台(是一个同时带有 SFC 卡带槽和多媒体光盘机的机器)。SFC-CD 组件和 Play Station 原本都将在 1989 年的消费电子展上发布。然而,任天堂没有意识到它使用的 CD-ROM 格式技术正由索尼负责开发。这意味着索尼将持有所有游戏的专利技术(尚不清楚这到底是因为任天堂没有正确地解释合同,还是索尼采取了巧妙的法律措辞)。这完全违背了任天堂的商业惯例。于是,索尼在消费电子展上展出 Play Station 的第二天,任天堂就宣布将与飞利浦合作为 SFC 开发一个附加设备,而飞利浦是索尼在 CD-ROM 技术领域最大的竞争对手。任天堂与飞利浦签署了一份与索尼类似的合同交易,但有一个显著区别,即任天堂将持有所有为 SFC 制作的 CD-ROM 游戏的版权。

面对任天堂突然的背叛,索尼决定继续开发自己的项目,并决心进入电子游戏市场。由于任天堂和飞利浦的结盟违反了任天堂与索尼的协议,而且任天堂仍在 SFC 中使用了索尼的声音芯片。因此,索尼设法通过协商,想在 Play Station 上保留 SFC 的卡槽(尽管这么做最终会让任天堂获得授权游戏的大部分利润)。索尼在 1991 年的东京国际电子展(Tokyo International Electronics Show)上宣布了 PlayStation 计划在 1992 年夏天发布,这比 SFC CD-ROM 附加设备还早 6 个月。这一行为彻底激怒了任天堂,并撕毁了与索尼之间的协议。索尼转而创建了子公司 Sony Imagesoft,为世嘉 CD 和 SFC 开发并发行游戏。任天堂在观察到世嘉和飞利浦的 CD 游戏主机失败后,慢慢推迟并最终取消了自己的 CD-ROM 附加设备生产计划。

1993 年,任天堂与硅图公司(Silicon Graphics)达成协议,开发一个基于 3D 图形的 64 位控制系统。这在本质上超越了 32 位 CD-ROM 一代的硬件。随着世嘉 MD 游戏系统的发布,索尼决定等待下一个周期再进入市场。因此,Play Station 被完全重新设计,SFC 的卡槽端口也被删除。索尼的 PlayStation(现在是一个连起来的词,即 PS1)于 1994 年 12 月 3 日在日本发布,并于 1995 年 9 月和 11 月向世界其他地区销售。自此,索尼彻底与任天堂分道扬镳。世嘉土星于 1994 年 11 月在日本发布,前六个月的销量超过了 PS1。世嘉试图在 1995 年 5 月出人意料地在美国推出主机,以抢占先机。但是,由于缺乏第三方支持和软件生产的延迟,致使游戏内容不足,从而失去了窗口期优势。相比之下,PS1 出色的首发游戏选择和大量稳定的第三方开发商为展示自身的优势提供了充足的机会。同时,PS1 在美国的零售价格是 299 美元,比土星低 100 美元。到 1996 年 6 月任天堂在日本发布下一款游戏机时,PS1 已经吸引了相当多的游戏玩家和开发商。

PS1 征服了游戏世界,结束了任天堂统治家用游戏主机市场的十年。到 1999 年 12 月,索尼已售出 7 000 万台 PS1,而 N64 仅售出 2 870 万台[1]。好在任天堂凭借过去积累的财富和 Game Boy 对掌机市场的垄断幸存了下来。毕竟,掌机市场占电子游戏(包括掌机和主机)总市场份额的 31%。32 位和 64 位家用主机时代的赢家显而易见:在 2000 年这个硬件新世纪的萌芽期,索尼 PS1 占据全球 34% 的市场份额，几乎是 N64 游戏机（17.5%）的两倍[2]。

根据索尼 2006 年 3 月的数据，PS1 的出货量为 1.0249 亿台，在家用游戏主机里率先突破一亿台大关。截至 2007 年 3 月，仅有索尼自家的 PS2 销量与 PS1 旗鼓相当。有一部分原因是索尼在 2000 年发布了一个更小的 PS1 重制版，被称为 PS One，类似于任天堂早期的"新 NES"。任天堂虽然失败了，但 PS One 却成功地保住了消费者对老旧的 PS1 的兴趣。这是一个伟大的成功，PS One 前六个月的销量甚至超过了索尼自己新发布的主机 PS2。加上原始硬件和 PS One，索尼生产了 11 年的 PS1，这对于家用游戏机来说是极长的寿命了。最终，PS1 的生产于 2006 年 3 月 23 日正式结束。

授权协议

相比于 N64 和世嘉土星，PS1 更受游戏开发者欢迎的原因有很多。首先，开发者的热情被任天堂严格的授权政策消磨殆尽，他们转而发现索尼的条款更具吸引力。根据史蒂夫·肯特的说法，"索尼的授权是以'每款游戏 10 美元'为基础的，其中包括制造光盘、手册和包装"[3]。其次，开发者看到了 CD-ROM 格式的双重优势，即低生产成本和成倍增加的存储容量。这也为开发者进行创作提供了可能性。肯特说：

> 与压制 CD 的成本相比，为 Project Reality（任天堂即将推出的 N64 游戏机的开发代号）制造卡带将变得非常昂贵。当时，制造一个 8MB 的卡带的成本超过 20 美元，而制作一张 640 MB 的 CD 的成本才不到 2 美元。CD 上额外的存储空间可用于视频剪辑、动画、音频文件、音乐和大型游戏。[4]

最重要的一点，在 PS1 上编程要比在世嘉土星上容易得多。世嘉土星的架构基于两个中央处理器，这对大部分程序员来说是一个挑战，土星的开发者都很少能够充分地利用它的主机能力。在美国，生产方面的问题尤为如此，更别说世嘉提前四个月的发布让开发者措手不及，导致他们没有足够的时间来熟悉这个系统。

游戏库

根据索尼的官方数据，2006 年 3 月，PlayStation 全系列拥有 7888 款游戏，全球累计出货量达到 9.61 亿台。就像之前的 FC 和 SFC 一样，PlayStation 系列的成功要归结于其庞大且备受瞩目的游戏库。索尼几乎囊括当时所有的游戏大作（除了任天堂官方游戏《塞尔达传说》和《超级马里奥》系列），包括《侠盗猎车手》、《麦登橄榄球》(Madden NFL Football)、《托尼·霍克职业滑板》(Tony Hawk's Pro Skater)、《极品飞车》、《古墓丽影》和《真人快打》。虽然这些游戏也适用于其他系统（特别是世嘉土星、DC 和 N64），但索尼还有大量的独家游戏，包括《GT 赛车》(Gran Turismo) 系列。这个系列的第一款游戏成为 PlayStation 全系列最畅销的游戏，全球售出超过 1000 万份。其他的独家游戏系列还有《凯恩的遗产》(Legacy of Kain)、《虹吸战士：搏击行动》(Syphon Filter)、《烈火战车》(Twisted Metal) 系列、《铁拳》、《世界职业摔角联盟》(WWF SmackDown)。另外，由顽皮狗(Naughty Dog)工作室开发、索尼在美国发行的《古惑狼》(Crash Bandicoot) 中的主角形象在营销中被定位为索尼吉祥物，对标世嘉的刺猬索尼克和任天堂的马里奥。在音乐游戏《动感小子》(PaRappa the Rapper) 中，玩家必须在正确的时间按下按钮才能让主角随着音乐说唱，这款游戏推动了如今被称为"音游"(rhythm games)这一类型的游戏的发展。《生化危机》(Resident Evil) 和《寂静岭》(Silent Hill) 系列诞生于索尼主机，并且衍生出无数续作，最终跨越多个游戏平台，还被改编成电影。

还有许多源自其他平台的作品，或者移植到 PlayStation 的系列中，或者在 PlayStation 系列中得到重生。最著名的例子就是史克威尔公司的经典作品《最终幻想》系列。史克威尔与任天堂的独家合作关系受到了两大因素的威胁：一是任天堂的内容政策，二是在光盘时代继续使用卡带的风险。史克威尔想要在更高容量的存储介质上开发主题更为成熟的游戏，而这两大要求索尼的 PlayStation 系列都可以满足。1997 年，史克威尔在美国发行了《最终幻想 7》。这个游戏立即成为超级大热门，并重新定义了角色扮演游戏类型。在此之前，美国认为角色扮演游戏市场在日本之外只是小众市场而已。凭借着《最终幻想 8》(Final Fantasy Ⅷ)、《最终幻想 9》(Final Fantasy Ⅸ)、《穿越时空》[Chrono Cross，任天堂 SF 上出现的广受好评的《时空之轮》(Chrono

Trigger)的续作]和此后成为系列作品的外传游戏《最终幻想战略版》(Final Fantasy Tactics),史克威尔在 PlayStation 系列平台上蓬勃发展起来。1998 年,随着《合金装备》(Metal Gear Solid)系列在 PS1 上独家发售,科乐美旗下的《合金装备》(Metal Gear)系列又重新焕发了生机。这一系列游戏在 1990 年首次发布,凭借 3D 图形和复杂的叙事,奠定了潜行型动作游戏类型 (stealth-based action game genre)的基础。凭借着《恶魔城:月下夜想曲》(Symphony of Night),科乐美还将自己久负盛名的《恶魔城》系列带到 PlayStation 上。这也表明,此类 2D 平台游戏在 3D 时代仍然有一定的市场。相较于传统的练级,《恶魔城:月下夜想曲》通过开放式的探索、角色养成和物品收集,重新定义了这个系列游戏①。卡普空也通过《洛克人 8》(Mega Man 8)、《洛克人 X4》(Mega Man X4)和《洛克人 X5》(Mega Man X5)加入了 PlayStation 平台的竞争②。

毫无疑问,这些大作向 PlayStation 的迁移吸引了许多玩家购买索尼的主机。还有一个激励因素是,1997 年,索尼在美国推出了"Greatest Hits"精选集,重新组合了所有销量高且销售时长超过一年的游戏[5]。当时,热门游戏被重新包装起来,贴上不同的标签,并以折扣价出售(建议售价是 24.99 美元,但许多零售商以 19.99 美元出售)。这一行为向玩家提供了一系列更划算的成功的游戏作品,很快就成为行业标准。后来,任天堂和微软相继推出了类似的"Player's Choice"和"Platinum Hits"游戏合集。

技术规范

索尼 PS1 是一款 32 位主机,旨在与世嘉的 32 位主机土星(在索尼发布前十几天于日本发布)和任天堂的 64 位主机 N64(一年半后进入市场)竞争。大家认为尽管它的硬件不如世嘉土星强大,但更易于编程,所以 PS1 上的大多游戏的实际质量比土星上的游戏的质量要高。同样,虽然 N64 拥有更强的原始处理能力,但在当时,3D 游戏其实不太需要 64 位处理器的高精度处理。与 PS1 的 CD-ROMs 相比,N64 卡带存储空间不足的问题也没有得到补救。

---

① 类似于"银河城"的游戏概念诞生了。——译者注
② 美版名为 Mega Man,因为原来日版的名字"Rockman"在美国有歧义。——译者注

因此，虽然理论上索尼的主机质量低于它的竞争对手，但它并没有在竞争中处于劣势。

PS1 还标志着游戏主机历史上"破解芯片"（modchips）的开始。通过将一个破解芯片加到系统中，玩家可以跳过或修改索尼的程序代码来修改验证或绕开锁区。如此一来，玩家就可以刻录一个游戏的 CD-R 拷贝在主机上玩，或者玩其他地区的游戏。破解芯片导致了盗版的猖獗，人们可以在当地的商店租赁游戏，然后回家自己刻录一个游戏。同时，随着互联网的日益普及，以百万计的用户可以从专用网站或网络上下载盗版游戏。

PS1 上包含五个独立的组件：CPU、GPU（graphics processing unit，即图形处理器）、SPU（sound processing unit，即声音处理器）、一些板载内存（onboard memory）和一个 CD-ROM 驱动器。CPU 是由 LSI Logic 制造的 32 位芯片，运行频率为 33.8688 MHz。它每秒可以处理 3 000 万条指令（million instructions per second，单字长定点指令平均执行速度，简称 MIPS），具有 132 MB/s 的总线速度，以及 4 KB 的指令缓存和 1 KB 的数据缓存。它还包含几何变化引擎（geometry transformation engine，简称 GTE）和数据解压缩引擎（data decompression engine，简称 DDE）。GTE 具有 3D 图形计算的额外处理能力，每秒可以处理 6 600 万条指令，渲染 360 000 个平面和 180 000 个光源、纹理贴图或多边形。索尼最初声称 PS1 每秒可以显示 150 万个多边形，但这个预估是在没有考虑人工智能处理和其他通常会限制电子游戏中可分配给图形的资源量的操作情况下作出的。DDE 的功能是解压缩图像和视频文件，已被广泛应用于《最终幻想 7》等游戏中，用来播放高质量、预渲染的过场动画。

GPU 负责绘制屏幕上的 2D 图形（包括经过计算的 3D 多边形）；SPU 具有 24 个通道，采样率为 44 100 Hz（标准音频 CD 质量）；PS1 的板载内存包括 2 MB 的 RAM，额外有专用于视频和声音处理的内存，分别为 1MB 和 512 KB；操作系统则分配了 512 KB 的 ROM。

CD-ROM 是双速驱动器，最大数据传输率为 300 KB 每秒。它与 CD-DA（用于播放音频 CD）和 XA Mode 2（用于增加 CD 存储容量）标准兼容。PS1 第一次生产时的内部设计导致激光装置在长时间使用后会稍微失去平衡，从而妨碍它正确地读取 CD-ROM。这是由于激光装置（laser unit）由塑料制成，并且距离电源太近，过热的情况下会导致塑料合金略微变形，继而改变光束的角度。索尼在随后的生产中解决了这个问题[6]。

资料五
索尼公司简介

马克·J.P. 沃尔夫

索尼公司是电子产品、通信技术、电视机、计算机显示器、电子游戏、电影、音乐和其他娱乐产品的全球顶尖制造商之一。在电子游戏市场,最著名的产品就是 PlayStation 系列家用游戏主机。

索尼公司的前身是 1946 年成立的东京通信研究所(Tokyo Telecommunications Engineering Corporation),1958 年更名为"索尼"(SONY),由"Sonus"["音速"(sonic)的拉丁语]和"Sonny"(根据索尼官网显示,表示"矮小年轻的男孩")组合而成。20 世纪 50 年代,索尼在日本生产了第一批磁带、支持磁带的录音设备和晶体管收音机,并于 1960 年在美国成立了索尼美国分公司。虽然晶体管收音机并不是由索尼发明的,但它是第一家成功销售晶体管收音机的公司,而且销售晶体管收音机为索尼带来的利润使其能开发其他产品。

在接下来的几十年里,索尼陆续推出了一些新技术,如 1975 年的 Betamax 磁带格式、1979 年的随身听、1984 年的 Discman 便携式 CD 播放器、1985 年的 Video8 格式、1987 年的 DAT(digital audio tape,即数字录音带),以及 1992 年的 MiniDisc 格式。索尼还在 1983 年生产了 MSX 家用电脑,并凭借 1994 年的 PS1、2000 年的 PS2、2006 年的 PS3 和 2005 年的 PlayStation Portbale(PSP)在游戏主机领域取得巨大成功。这些产品持续推动了索尼的成长,并反哺公司在新的领域进行扩张①。

如今,索尼是一家大型跨国集团,在中国、西班牙、法国、加拿大、韩国和

---

① 在 2020 年底,PS5 已经面世了。——译者注

其他地区都有分支机构,是世界上最大的媒体集团之一,旗下拥有不同媒介形式的媒体公司。在音乐方面,1988年,索尼收购了哥伦比亚唱片公司(CBS Records),1991年更名为索尼音乐娱乐公司(Sony Music Entertainment);2004年,索尼音乐娱乐公司与BMG唱片公司(BMG Records)合并,成为索尼BMG音乐娱乐公司(Sony BMG Music Entertainment)。在影视方面,1989年,索尼收购了哥伦比亚电影公司(Columbia Pictures),并更名为索尼影视娱乐公司(Sony Pictures Entertainment);2005年,索尼领导一个国际财团收购了米高梅公司(MGM Company)。在游戏方面,1993年,索尼还成立了索尼电脑娱乐公司(Sony Computer Entertainment),生产电子游戏和主机系统。这些年来,索尼从未停下创新的脚步,截至2007年,它的产品条线里还有高清设备和高清格式专利、计算机技术、视频播放系统、数码相机、机器人、音频设备、广播技术和记录媒体等。

第 29 章
电子游戏里的明星：劳拉·克劳馥

艾莉森·麦克马汉

1996 年，Eidos 游戏公司的游戏《古墓丽影》创建了女冒险家劳拉·克劳馥(Lara Croft)的形象，她后来成为 20 世纪 90 年代最知名的游戏明星之一。开发这款游戏的工作室 Core Design 表示，它最初设计的是一个男性角色，但由于游戏的主要玩法是解谜和潜行，而不是动作，所以才决定改为女性[1]。劳拉是由设计师托比·加德(Toby Gard)创造的，他在一次采访中承认，他鼠标的意外滑动导致劳拉的乳房变大至 150%，而不是 50%。其他人也认为这是个好主意，据加德说，"市场营销人员认为大胸是一个很好的营销热点"[2]。因此，市场部决定让劳拉继续用她的性感来作为营销点，以至于加德选择离开 Core Design，因为他觉得他们歪曲了这个角色的形象和营销方式。《古墓丽影》后来成为一个系列，在各种平台上发行了十几款游戏[3]。另外，以劳拉为主要人物，Top Cow Productions 公司制作了 50 本漫画书、3 部小说和 2 部故事片。两部故事片分别为《古墓丽影》(*Lara Croft: Tomb Raider*，2001)和《古墓丽影 2》(*Tomb Raider: The Cradle of Life*，2003)，都由安吉丽娜·朱莉(Angelina Jolie)饰演劳拉·克劳馥。

劳拉·克劳馥是谁？

根据游戏里的信息，劳拉有最喜欢的音乐[U2 乐队和九寸钉乐队(Nine Inch Nails)]，有最喜欢的食物[芸豆吐司(beans on toast)]，有最喜欢的城市（亚特兰蒂斯、威尼斯和伦敦）和最喜欢的武器（双手 Uzis 冲锋枪和 M-16 自动步枪）。她于 1968 年 2 月 14 日情人节出生在伦敦市温布尔登。她身高

1米7，体重55公斤，有棕色的头发和棕色的眼睛，还有"著名的"34D的胸。她的教育经历包括私人课程（3—11岁）、温布尔登女中（11—16岁）、戈登斯敦寄宿中学（16—18岁）和瑞士女子精修学校（18—21岁）。她的爱好是攀岩、极限滑雪和狙击。

从好莱坞电影《古墓丽影》第一部的剧本中，我们了解到劳拉的父母在带她去喜马拉雅山登山时死于飞机失事，劳拉被一个西藏僧侣救下并活了下来，这个藏僧教授她战斗技巧，随后成为她的贴身男仆。虽然剧本中没有提到，但我们一般认为劳拉掌握的古代语言、阅读古代地图的技能，以及对古墓宝藏价值的了解也是由藏僧教授的。劳拉还得到了三个技术大神的帮助[让人想起在《X档案》里帮助特工穆德（Agent Mulder）的技术大神/阴谋论者]，他们为她设计、制造武器，并提供远程支援。在电影出现之前，劳拉只有一个技术大神朋友，而且所有的技能是由已故的父亲传授的。劳拉的人设在不断改变。2006年，游戏《古墓丽影：传奇》（*Tomb Raider: Legend*）里的劳拉拥有了全新的背景故事，虽然与她之前的故事有所冲突，但她的传奇还在不断继续。

女神

如同所有的神一样，劳拉也有她的女祭司，即在"肉身空间"（meatspace，指现实世界）中与她样貌相似的原型。Eidos聘请模特在展览和开业活动中扮演劳拉[Eidos聘请了超过六位的模特，包括罗娜·迈特拉（Rhona Mitra）、为美国《花花公子》杂志拍摄过封面的内尔·麦克安德鲁（Nell McAndrew）、泳装模特劳拉·韦勒（Lara Weller）和英国女演员卡丽玛·阿德贝（Karima Adebibe）等]。当好莱坞的新演员变成电影明星，首先是因为工作室的宣传为演员构建起了一定的形象；其次是演员自己作出的选择，即选择接受角色或在公共场合"扮演"角色的人设（当然也有同时选择上述两种方式的演员）；最后是粉丝的主观设定（如玛丽莲·梦露的同性恋粉丝看到的人设，与渴望占有她的异性恋粉丝看到的人设并不相同）。劳拉·克劳馥代表着造星（star making）的一大进步，因为她不是一个围绕着真人打造的明星，而是让不同的演员扮演同一个虚拟角色，从罗娜·迈特拉到安吉丽娜·朱莉，她们都依附于劳拉这个角色。

劳拉是从哪里来的？

根据 Eidos 的资料，一家名为 Core 的公司在 U. S. Gold 与 Eidos 合并之前的一年就已经与 U. S. Gold 合并了。Core 的首席艺术家托比·加德将劳拉塑造为在寺庙和金字塔背景下的女性印第安纳·琼斯形象，《波斯王子》(*Prince of Persia*) 一类的冒险游戏是他主要的参考对象。Core 工作室的产品开发主管阿德里安·史密斯（Adrian Smith）说："我们希望这是一款能让玩家对角色感到亲切的游戏，这就是第三人称视角的来源，这样你就可以随时看到她。我们希望她成为一个尽可能真实的人，这样玩家就能真正认同这个角色。"

"我们想要一个腼腆而敏捷的人，这是一个存在于幻想中的人，劳拉与这些特征都沾边。"因为 3D 末日风格的射击游戏已经有很多了，人们期待劳拉的世界能提供更丰富的内容。战斗只是其中的一部分，冒险才是游戏的核心。这意味着每个要通过的场景本身就是一个谜题。这并不夸张，因为劳拉完成任务的方式在风格和运动能力上都非常独特。在一套严格的参数设置下，游戏内允许的行动自由程度令人难以置信。

很明显，Eidos 成功地打造了一个明星。与大多数明星一样，劳拉·克劳馥有一种跨越边界的魅力，不管是男女、成年人或青少年，都深深地被她吸引了。虽然她只是一个虚拟角色，但对她的粉丝来说，这似乎并不重要。但是，这又确实有所不同，因为人们对劳拉的喜爱和对电影明星的喜爱不太一样。换句话说，人们在一定程度上可以控制劳拉，所以与她的连接同我们与电影明星的连接不同。

在许多游戏，如《模拟人生》中，尽管玩家可以改变环境，但对角色的控制程度没有那么强，如果迫使角色朝着某个方向前进，他们经常会摇摇头说不，角色的行为有时是不可控的。扮演虚拟角色的游戏的玩法也有一种类似的不可靠的感觉。在像《古墓丽影》这样的单人游戏中，劳拉·克劳馥带着被塑造的外表和个性来到人们身边，围绕着这个角色就已经形成了一定程度的明星崇拜。但是，《古墓丽影》的每个新玩家都必须学会让劳拉移动，学会通过行走、跳跃、游泳来避免致命的障碍。游戏中的每次失败都会导致劳拉死亡，这时玩家必须重新开始，努力使他和劳拉在游戏中再前进一些。换句话说，对于化身，玩家有两种形式的识别同时发挥着作用。玩家在代入化身（在这里，化身就是劳拉·克劳馥）视角的同时，必须时刻注意计算机界面或者说程序设置好的"凝视"视角。从这个意义上说，电脑游戏代表了经典电影设备面临的一些压力，并且要提供打破困境的解决方案。同时，这也带来了新的问题，即玩家需要投入时间来学习游戏的交互界面。也许正是这一点造就了劳拉·克劳馥的明星地位——我们的快乐不仅来自对她的认同，也来自我们给了她生命的气息，正如拉比（Rabbi Loew）创造了泥人哥连（Golem），上帝创造了亚当。

第 30 章

游戏类型简介：
第一人称射击游戏

鲍勃·雷哈克

在最流行的电子游戏中，《毁灭战士》《雷神之锤》《虚幻》《半条命》《荣誉勋章》《光环》等都是第一人称射击（first-person shooting，简称FPS）游戏的经典案例。它们通过复杂的图形和暴力内容打造了强大的令人身临其境的效果。此外，FPS游戏也一直是人们对电子游戏在道德和心理影响方面争论的焦点——此类游戏是否会成为攻击性甚至杀人行为的训练模拟器？如果是，应该如何监管？FPS游戏的源头可以追溯到20世纪70年代中期，当时游戏行业里的几个身处世界不同地区的设计者开始研发电脑图形，致力于让玩家沉浸在三维空间。在整个20世纪80年代，这些尝试仍在继续，游戏开发者想让玩家体验画面更精致、探索性更强的游戏世界。随着互联网的发展，FPS游戏在20世纪90年代初开始呈爆发式增长，并成为联网PC中的"杀手级应用"（killer App），玩家能够在竞技场风格的死亡竞赛中战斗，并产生新的团队化游戏玩法，如夺旗（capture the flag，简称CTF）等。如今，高端射击游戏对处理器和内存的要求很高，促使着用户不断升级他们的电脑或购买新的游戏机。每一代射击游戏都突破了计算机硬件和智能编程的极限，成为被最广泛认可和全球利润最丰厚的一种电子游戏类型。

FPS游戏是从主观角度进行的，即玩家仿佛置身三维空间，可以直接感知到一个真实地延伸到远方的游戏世界。游戏中的动作在连续的跟踪镜头下展开，模仿好莱坞视角的摄像机。但是，游戏将这一概念延伸到了极端，即摄像机不是从外面凝视玩家的替身，而是直接"成为"玩家。由于强调临场感，FPS游戏具有高度的沉浸感和即时的互动体验。它最成功的地方在于这种感觉几乎就是玩家发自内心的代入感。FPS游戏可能比任何其他游戏类型更能从肉体层面解决玩家的问题,与音乐剧、恐怖片、色情片、低俗喜剧等"身体类型"(body genres)的电影类似,FPS游戏也受到了与那些被污名化的文化形式同等程度的谴责。但是,FPS游戏饱受争议不仅是因为它的高沉浸度的画面,还有它名字里的第三个词——射击。在它最纯粹的形式下,FPS游戏是无情的、具有侵略性的,游戏里的行动由射击和被射击驱动。作为与对手互动的主要手段,远程武器提供了具有象征性的图示——枪管(如霰弹枪、等离子步枪或火箭发射器)从画面底部伸出,指向位于屏幕中心的(真实或暗示的)准星。这把枪连同握着它的手,将玩家的空间与游戏的空间连接起来,在3D图形的辅助下,给玩家带来一种错觉——"你在这里"。

玩FPS游戏的体验是通过另一个人的眼睛探索一个无限展开的世界(有时是幽闭恐怖的迷宫,有时是广阔的开放区域),欣赏具有丰富细节的风景。射击游戏在对一个充满细节的世界进行可视化时,以扮演特工的玩家为中心,射击者将计算机游戏的基本幻想字面化处理了。这种方式即使在仅由文本组成的游戏中也是存在的,如具有开创性意义的游戏《巨洞冒险》。威廉·克劳瑟于1973年编写了这个游戏,随后由斯坦福人工智能实验室(Stanford Artificial Intelligence Laboratory,简称SAIL)的唐·伍兹修改。在游戏中,玩家可以探索一个由室外和室内空间、房屋和地下洞穴组成的巨大空间,里面充满了各种生物、物体和谜题。在一个最适合被描述为"第二人称"的探索过程中,玩家通过输入指令、接收描述、导航等步骤来实现与游戏世界的互动。例如,在游戏的开头部分,有文字写道:"你站在路的尽头,面前是一栋小砖房,周围是一片森林,一条小溪从建筑之间流出,顺着沟壑而下。"

《巨洞冒险》中的"你"在功能上等同于化身的"我",因为"你"既指代人类玩家,也指代玩家在游戏世界中的替身。更重要的是,它强调了电子游戏中"有一个化身"对玩家的重要性——诱导玩家想象自己是屏幕后的世界里完整存在的居民。20世纪70年代中期的图形技术只能在视觉上给玩家展现粗糙的颜色块,但与之矛盾的是,纯文本形式的《巨洞冒险》具有小说化的描述,需要玩家进行高度的心理解析来感受化身。玩家在页面(或屏幕)上看到人称代词,并将这个角色与自己联系起来。

早期的 3D 游戏

在《巨洞冒险》出现之后的几年，用虚拟躯体探索虚拟世界的梦想随着计算机技术的进步得以不断拓展。FPS 游戏与高端设备密切相关，如 3D 加速的专用硬件、大容量内存和高速处理器，用于计算视线透视、移除隐藏的墙壁、绘制具有逼真纹理的表面，以及生成巧妙光影效果的软件等。可以说，FPS 游戏体现了电子游戏的技术前沿，每次革新都会驱动用户升级他们的计算机硬件（特别是显卡）或购买新的主机。因此，FPS 游戏在电子游戏行业中扮演着特殊的角色，它反映了游戏及其图形在信息技术普及和民主化方面的重要历史功能。

三维视角一直都是游戏设计师的目标，虽然 20 世纪 70 年代早期的街机游戏主要是以俯视图和侧视图显示块状分辨率图像，能展示的颜色也很有限。但是，诸如赛车和飞行模拟这样的游戏形式也试图模拟三维视角，如将观众置于挡风玻璃和视窗后，凝视聚集在远处消失的火车轨道、地平线上的铁轨和近大远小的物体。关于早期 3D 游戏的一个尝试是坦克战斗模拟游戏《黑豹》。1975 年，这款游戏以美国西北大学的柏拉图多用户计算机系统为基础被开发出来。1980 年，《黑豹》的许多特征出现在第一个成功的商业化游戏——雅达利的《战争地带》中。游戏中，玩家在一片干旱地区控制坦克系统，向敌人的车辆开火。当被敌方的导弹击中，玩家的视野画面上就会出现锯齿状的裂缝。这是当年那个时代许多玩家都可以回忆起来的反射性痉挛，会将他们从机柜的潜望镜和双操纵杆的沉浸中拉回来。

《战争地带》的矢量图形游戏空间不是通过像素块费力地绘制出整体，而是仅绘制连接各个顶点的线，从而产生一个具有纯数学流动性的线框模型。但是，《战争地带》的图形只在平滑性和维度上还过得去，因为战场上的障碍都是非常简单的锥体、方块和圆柱。这些形状都由透明的线框组成，没有纹理，只有骨架。不久之后，雅达利发布的另一款 3D 游戏《暴风射击》在运用抽象的美术表现战斗时，使用了丰富多彩的线框模拟狂潮、闪电和螺旋。《暴风射击》是绝对透视的——玩家凝视着不断后退的隧道，代表敌人的形状就像巨大的雨点向他们袭来。

在整个 20 世纪 80 年代，街机电子游戏不断扩展第一视角（主观视角）图形的边界。雅达利的《顶尖赛手》是一款视觉图像丰富的赛车游戏,但就像 Vectorbeam 的《Speed Freak》或《暴风射击》这些早期游戏一样,它们都缺乏一个可见的、有生命的、比机器和车辆更好识别的化身。另一款街机游戏,即任天堂的《拳无虚发》在这方面就做得更好。这个游戏模拟了一场拳击比赛,玩家们透过由线框构成的身体凝视着对手的眼睛。最终,还是 FPS 游戏在家用个人电脑上以迷宫游戏的形式奠定了这类图形显示的基础。Med 系统为 Apple II 和 TRS-80 发布了一系列简单的 3D 渲染迷宫,其中充满了暗门、谜题、宝藏和危险因素,如《Rat's Revenge》(1980)、《Deathmaze 5000》(1980)、《Labyrinth》(1980)、《Asylum》(1981)和《Asylum 2》(1982)。1984 年,《Asylum 2》推出了一个针对雅达利 800 和 Commodore 64 的版本。此类游戏中有许多都是小威廉·邓曼(Jr. William F. Denman)制作的,他也因此成为第一人称游戏的先驱。1986 年,卢卡斯影业游戏公司发布了《异星救援》(Rescue on Fractalus!),这是当时流畅的 3D 空间动画制作的高水准代表作。还有一款非常流行的家用主机 3D 游戏是 Acornsoft/Firebird 的《Elite》(1984),这是一款模拟太空飞行和贸易的游戏。

第一波 FPS 游戏浪潮

不过,直到 20 世纪 90 年代初,随着游戏设计和硬件方面的进步,FPS 游戏才开始真正蓬勃发展起来。最新的处理器、得到扩展的内存容量和存储媒介,以及新兴的互联网技术等,为 3D 图形的发展、迷宫般庞大的游戏空间和多人在线游戏创造了可能。这些要素迅速定义了这个游戏品类,大量的开发者都追求实现同一个目标——沉浸式 3D 迷宫探索。但是,在激烈的竞争下,只有一家公司,即 id Software 成了具有突破性的开拓者。

1992 年,由窥镜工作室(Looking Glass Technologies)开发、Origin Systems 发行、理查·盖瑞特创作的《创世纪:地下世界》(Ultima Underworld)诞生了,它是经久不衰的角色扮演系列游戏《创世纪》中的一款。《创世纪》系列的第一款游戏是 1980 年在 Apple II 上发布的《阿卡拉贝》(Akallabeth),它拥有真正意义上的基本的第一人称图形,为玩家提供了一个窗口,玩家可以通过这个窗口观察一个简单的 3D 线框迷宫。12 年后,《创世纪:地下世界》已经可以将石头和木材的纹理绘制到墙壁、地板和天花板上,在创造沉浸式环境方面取得了实质性的飞跃。在第一人称视角的另一种呈现形式上,兰德·米勒和罗宾·米勒的《神秘岛》让玩家置身于一个充满谜题的岛屿。游戏以一系列静止画面展开,它的渲染逼真、动画精细、音效丰富,玩起来感觉就像在点击幻灯片。

显然,在这段时间里有一个创想正逐渐浮现,并等待着被人们采纳。这就是虚拟现实(virtual reality,简称 VR),即利用复杂的视听美学将真实的人类嵌入虚幻的空间。FPS 游戏的出现将家用电脑和主机变成了一个小型的现实模拟器,并艺术化地表现了科幻小说中想象出来的技术。例如,从雷·布雷德伯里(Ray Bradbury)的短篇小说《面纱》(*The Veldt*,1951)中的令人毛骨悚然的育儿室,到《头脑风暴》(*Brainstorm*,1983)里的神经记录,再到威廉·吉布森(William Gibson)的《神经漫游者》(*Neuromancer*,1984)中的赛博空间,以及《星际迷航:下一代》(*Star Trek: The Next Generation*,1987)中各种版本的全息甲板。

最终,1992 年出版的小说《雪崩》(*Snow Crash*)最直接地表现了射击游戏中包含的实用技术和文化幻想的双重元素。作者尼尔·斯蒂芬森(Neal Stephenson)描绘的元宇宙(Metaverse)是一个用户以虚拟形象生活的网络虚拟环境,它推动了 FPS 游戏及后来的图形密集型游戏(不一定是第一人称视角)的进化,如大型多人在线角色扮演游戏《无尽的任务》和《魔兽世界》。元宇宙描绘的虚拟现实里充满了乐趣、动作、冲突、竞赛和假面舞会。《雪崩》摒弃了此前在科学和商业领域的 VR 研究所具有的抽象数据结构和枯燥的可视化的缺陷,将 VR 重塑成一个有趣的空间。这不仅可以在个人 PC 上实现,而且是非常实用的技术。

这种反叛的流行文化和炫技式的技术发明的结合,正是书呆子气的《创世纪:地下世界》《龙与地下城》,以及冷峻而神秘的《神秘岛》中所缺少的灵感火花。为了吸引大众,应用级 VR(desktop VR)不仅需要先进的技术,还需要一些基本的特质,即可以快速移动、具有狂欢性、易于访问等。id Software 的产品往往都具备上述三个要素。id Software 是一家总部位于得克萨斯州的小型软件公司,由两个富有才华的年轻人共同创建。就像约翰·列侬(John Lennon)和保罗·麦卡特尼(Paul McCartney)那样,在这两位天才的合作关系中实现了一种在后来他们的个人作品中都无法重现的魔力。约翰·卡马克(John Carmack)是一位令人印象深刻的编程天才;约翰·罗梅洛

(John Romero)是一位设计师和概念艺术家,他喜爱重金属音乐、黑色幽默、露骨的血腥和强大的火力。这对伙伴在 20 世纪 80 年代玩着《爆破彗星》和《防卫者》这些街机游戏长大,这些很容易快速上手("射击移动的东西即可")的游戏为他们 1991 年第一次创作 3D 游戏《Hovertank 3D》和《Catacombs 3D》打下了基础。这两部作品不仅是游戏,也是技术测试——卡马克用快速、流畅地渲染 3D 空间的专门代码在这两部游戏上试运行。这两个游戏基本上都是在迷宫中进行,即玩家沿着走廊进军,绕过角落,找到需要攻击的怪物或邪恶的机器。

这些早期的射击游戏即使只使用了现在看起来似乎有些荒谬的有限图像,但它们体现战斗模拟的基本表现依然十分优秀。凭借着独特的视角,就算是最初级的射击游戏也会产生持续的悬念和惊喜,因为玩家看不到非正前方或潜藏在附近的东西。玩家可见的行动半径实际上被缩小到一个人的正常视线范围。因此,射击游戏标志着游戏中知觉、知识和策略之间的关系发生了深刻的变化。虽然像 Stern Electronics 的《迷宫射击》这样的游戏呈现了与《Hovertank 3D》差不多的情况,即玩家在迷宫中开枪,并被一群敌人追赶。但是,《迷宫射击》的屏幕是俯视图和侧视图的组合,玩家可以一目了然地看到给定屏幕的整个空间,包括在房间其他区域等待的机器人。从一个具体化的视角来看,这些区域会被墙壁挡住;当然,从一侧退出的话,就会出现一张新的地图,里面有新的对手。相比之下,id Software 早期的射击游戏从根本上控制了玩家的认知,所以几乎每"前进"一步都伴随着意想不到的刺激。

id Software1992 年发布的《德军总部 3D》也是如此,它是 Muse Software 的 Apple II 游戏《德军总部》(1981)的更新版本。在游戏中,玩家要探索一座城堡,里面充满纳粹士兵、咆哮的恶犬和装满战利品、弹药的宝箱。同样,玩家在原始 2D 版本的游戏中可以看到多个房间的上帝视角让位给后退的走廊和关闭的门的地面视角。玩家所能看到的和游戏中化身(理论上)所能感知的,二者间不再存在差距。相反,这两种视角融合在一起,创造了一个完全"有人类气息的"化身,以及一个更具沉浸感的游戏世界。

《德军总部 3D》很受欢迎,但 id Software 的下一款游戏《毁灭战士》才真正地引发了 FPS 游戏的狂潮,并在玩家心目中定义了这种游戏类型(无论是好是坏)。当然,它的故事情节并没有特别具有突破性,与之前无数科幻设定的游戏类似，即一名太空陆战队的队员对抗火星基地上的恶魔野兽。除了图形，《毁灭战士》最大的创新与逐渐走向互联的网络趋势相关（调制解调器到调制解调器的连接、局域网，以及互联网的新架构）。在网络上发布的《毁灭战士》在当时成了一款非常流行的共享软件，它的可下载试玩版吸引着用户去购买完整版的游戏。

《毁灭战士》能表现互联特性的地方是，玩家可以在网络上展开"死亡竞赛"（deathmatches），互相射击和躲避，而不是仅仅同电脑生成的 AI 对手进行游戏。将网络环境作为游戏空间的想法至少可以追溯到 20 世纪 70 年代的多用户地下城（简称 MUD）游戏中。MUD 游戏和早期的《巨洞冒险》一样，都是基于文本的，它们的交互是基于文字而非图形，其中的游戏是一个复杂的集体联动，是作为互动的矩阵。在线 FPS 游戏的一个更为直接的祖先是 3D 游戏《迷宫战争》（*Mazewar*）及其众多变体。《迷宫战争》是 1974 年为 IMSAI PDP 计算机开发的。随后，它出现在许多不同的网络平台上，让玩家在线框迷宫中相互对抗（或与电脑控制的 AI 对抗）。从某种意义上说，这些图形非常简单——玩家之间的关系就像一个个没有实体的眼球。但是，从另一个意义上来说，玩家处在一个有其他人存在的环境之中，并冒着一旦被看到就可能被攻击的风险。《迷宫战争》可以说是对 20 年后出现的各种射击游戏的最直接的预言。

《毁灭战士》还有一个历史性的突破，即它改变了电子游戏软件的底层架构。这些变化影响了之后的游戏构思、设计和营销方式。大量的代码被用于渲染 3D 游戏世界，填充物体和角色，并为玩家的动作制作动画，这足以让它从概念上与其他游戏的内容相区分。游戏引擎由创造世界的代码及其各种组件（如物理、声音、照明、人工智能等子引擎）组成，引擎和游戏本身一样是一种产品。卡马克在 id Software 的工作涉及制作更为复杂的引擎等，而罗梅洛则负责创建数据并将其内置到这些引擎中。因此，id Software 能在 1994 年将《德军总部 3D》的引擎以 "3D Realms" 的名字授权给 Apogee Software 公司，后者用它制作《龙霸三合会》（*Rise of the Triad*），而《毁灭战士》的引擎则被 Raven Software 公司用于制作《毁灭巫师》（*Heretic*，1994）。

引擎/数据架构的出现，以及随之而来的创造世界的潜力也为建立特许经销权提供了新的可能性。游戏续作或扩展包含已有引擎的新数据，如《毁灭战士 2：人间地狱》（*Doom II: Hell on Earth*，1994）。引擎使游戏具有层次化(levelization)，大型游戏被划分出独立的章节，每个章节都发生在不同的地图上，理论上可以由多个设计师制作(这也是中世纪风格和科幻风格的色调在 id Software 的作品中不断转变的原因)。射击游戏的架构还取得了一个重要的成果，即玩家定制化游戏出现了，玩家可以制作他们自己的关卡和模组(又称为 MODs，modifications 的缩写)。

射击游戏的成熟

在整个 20 世纪 90 年代，id Software 凭借着定义了这个品类的经典游戏，还有授权给其他开发者的复杂的 3D 引擎这两大法宝，制霸整个 FPS 游戏市场。从《毁灭战士》《毁灭战士 2》到《雷神之锤》《雷神之锤 2》，每一次产品的发布都伴随着引擎的升级换代和新扩展包的推出，如 1997 年发布的《雷神之锤》扩展包《Scourge of Armagon》和《永恒消融》(*Dissolution of Eternity*)和 1998 年发布的《雷神之锤 2》扩展包《The Reckoning》《Ground Zero》。所有这些射击游戏和扩展包都被束缚在简单的叙事框架中，通常包括次元门、融合机械，以及恶魔和野兽的战斗场景。但是，对于 1999 年的《雷神之锤 3：竞技场》，id Software 在很大程度上废除了叙事。《雷神之锤 3：竞技场》和它的名字一样，游戏场景类似于一个虚拟的竞技场，玩家在这里互相战斗，或者可以单纯地打打人机模式。《雷神之锤 3：竞技场》在商业上取得的成功反映了"死亡竞技"的玩法对于 FPS 游戏的重要性。在那个时候，FPS游戏就已经分流为两种不同的模式，即叙事型的单人游戏和基于网络的多人团队游戏(包括子品类，如夺旗)。

罗梅洛在 20 世纪 90 年代末离开后，id Software 继续生产能够吸引媒体关注并占据一定市场份额的射击游戏，但卡马克非凡的技术创新似乎牺牲了叙事的复杂性。《重返德军总部》(*Return to Castle Wolfenstein*, 2001)基本上是使用《雷神之锤 3：竞技场》的引擎对《德军总部 3》进行重制。与之类似，《毁灭战士 3》(*Doom 3*, 2004)和《雷神之锤 4》(*Quake IV*, 2005)也是通过对图形的更新来重温之前的大作。使用第一人称的方式也逐渐被 id Software的竞争对手采用，最早的是 Bungie 公司。Bungie 为麦金塔电脑系统(Macintosh，简称 Mac)推出了《马拉松》(*Marathon*)系列游戏：《马拉松》(1994)、《马拉松 2：迪朗达尔》(*Marathon 2: Durendal*, 1995)、《马拉松：无限》(Marathon Infinity，1996)。这一系列游戏的风格将持重的科幻小说和创新的死亡竞赛玩法相结合。更黑暗的科幻风格游戏还有窥镜工作室的《网络奇兵》(System Shock，1994)，它的续作是艺电推出的《网络奇兵 2》(System Shock 2，1999)。这两款游戏都混合了角色扮演和第一人称射击游戏的玩法与恐怖的元素。其他品类融合的作品还有《毁灭公爵 3D》(Duke Nuke'em 3D，1996)和《影子武士》(Shadow Warrior，1997)，二者都来自 3D Realms。FPS 游戏还被证明适用于其他的游戏系列，如《星球大战》系列的《黑暗力量》(Dark Forces，1995)、《绝地武士》(Jedi Knight，1997)的扩展包，以及 1998 年至今的相关续作，还有《星际迷航》系列的《精英部队》(Elite Force，2000)和《精英部队 2》(Elite Force 2，2003)。

如果说 1992 年是 FPS 游戏的诞生年，1998 年则见证了它的成熟，几款具有分水岭意义的游戏重新定义了射击游戏的玩家体验，它们就是 Epic Games/GT Interactive 的《虚幻》和 Valve/Sierra Studio 的《半条命》。这两个游戏都具有复杂的故事情节，还有窥镜工作室的《神偷:暗黑计划》(Thief: The Dark Project)。在上述的每款游戏中，玩家都可以通过多种途径实现目标，游戏鼓励玩家体验逼真的游戏世界。此外，当时以第二次世界大战为背景的射击游戏特别受欢迎，如 DreamWorks Interatcive/EA 的《荣誉勋章》(1999)和 Digital Illusions CE/EA 的《战地 1942》(Battlefield 1942，2002)。当然，还有大量的游戏保留了 id Software 最初的射击游戏精神，如 Croteam 的《英雄萨姆》(Serious Sam，2001)、People Can Fly/DreamCatcher Interactive 的《恐惧杀手》(Painkiller，2004) 和 Monolith Productions/Vivendi 的《极度恐慌》(First Encounter Assault Recon，2005)。

近年来也出现了一些重量级的游戏，它们高调发布，并大力宣传自己在图形和声音方面的技术成就，迅速成为硬核游戏社区的焦点[1]，其中的第一款游戏可能就是《光环》(2001)。它是 Bungie 的回归大作，也是 Xbox 游戏机的核心游戏。《光环》以詹姆斯·卡梅隆(James Cameron)的影片《异形 2》(Aliens，1986)和拉里·尼文(Larry Niven)的小说《环形世界》(Ringworld，1974)中的冒险科幻故事为背景。据传，《光环》是 Bungie 自己《马拉松》系列

---

[1] 就在本书英文版面世的 2007 年，具有划时代意义的 FPS 游戏诞生了，即 Infinity Ward 公司开发的《使命召唤 4:现代战争》(Call of Duty 4: Modern Warfare)。——译者注

的续作，它成功地融合了单人和多人游戏。2004 年，Valve/Sierra Studio 的《半条命 2》和 id Software 的《毁灭战士 3》展示了射击游戏的两极：《半条命 2》游戏氛围荒凉、玩法复杂；《毁灭战士 3》则风格极简，以潜行射击的玩法为主。然而，这两款游戏都重视图形的展示，特别是《毁灭战士 3》，它因为卡马克开发的引擎而受到极大的关注——首次在游戏中渲染所有的灯光，进行实时计算，而不是依赖于预先设定的"灯光贴图"（lightmaps）。

不过，我们还应该注意到的是，让射击游戏脱颖而出的一些共同特征，如复杂图形、沉浸体验和玩家发自内心的存在感。当然，多年来，这些特征也给 FPS 游戏招致许多批评。在很大程度上而言，由于 id Software 对范式的早期影响，射击游戏通常与游戏中最糟糕和最具文化腐蚀性的影响联系在一起——这类游戏训练了玩家的战斗感知和反应，从而使他们对暴力行为感到麻木，甚至无法分辨幻想和现实。一些批评人士甚至称 FPS 游戏为"杀人模拟器"（murder simulator），而这个指控可能也并非空口无凭。在校园枪击事件中，杀手的主要群体往往是 FPS 游戏的玩家，这一点很难反驳。但是，正如这一观点的批评者所指出的，对这种相关性还有其他解释，如受折磨的青少年所经历的社会排斥与许多可疑的亚文化相关联，包括哥特文化、重金属、漫画和恐怖电影等。当然，也有无可争议的证据表明，大多数玩暴力电子游戏的人不会犯下这样的罪行。

然而，文化对 FPS 游戏的反应很有趣，因为这类游戏揭示了我们对娱乐技术的看法，即对"模拟"和"沉浸"的阴暗面保持怀疑。FPS 游戏这种典型的"最先进"的游戏类型实际上是以电子游戏的基本特征为基础的。这种媒介一直依赖于所谓的"第一人称"来使玩家参与动态环境，哪怕这些环境中的动作仅仅取决于键盘、鼠标和控制器的输入。结合数字娱乐其他方面的特征，如分支叙述、迭代或循环形式结构和被称为人工智能的适应性行为等，电子游戏固有的反应能力和明显的个人特征锚定了许多标准，如沉浸感、互动性、临场感和流动性等。我们据此将"游戏"这个全新的概念从出版、电影和电视这些早期的媒体形式中剥离出来，并进行定义。

资料六
复古游戏

鲍勃·雷哈克

如果你曾在壁橱里找到一台旧电脑或游戏机，插上电源后，你高兴地发现它仍然可以使用，你就是复古游戏运动（retrogame movement）的一员；如果你曾经使用模拟器玩一款为老式主机设计的游戏，或者在街机前享受20世纪七八十年代的橱柜式游戏的怀旧乐趣，你就是复古游戏运动的一员；如果你在数码商店排队时，想买一个专用操纵杆连上电视机来玩一下过去的热门游戏，如《俄罗斯方块》《吃豆人》《赛车》或《小蜜蜂》，你就是复古游戏运动的一员。复古游戏运动是一场重新回顾经典老派游戏的历史演变中的运动，玩家借此欣赏过去游戏中的创新之举。正如上文所述，复古游戏运动可以有多种形式。这些活动的统一标准是对旧技术和互动艺术形式的瞻仰，将经典电子游戏同时视作历史的痕迹和可玩的当下，类似于活物博物馆。

除了自己去寻找和购买旧时的游戏，还可以借助其他三种主要途径接近复古游戏，即模拟器、商业产品和小平台设备。模拟器指在实际计算机的内存中模拟"虚拟计算机"的程序，允许当前的技术模拟旧机器的操作。通过复活 Z80 或 6502 处理器的幻影版本（phantom version），多街机模拟器等模拟器可以在当代个人电脑上模拟《爆破彗星》《大金刚》《真人快打》等街机游戏。由于它们通常是未经授权的，所以模拟器运营方经常会与版权方产生冲突，迫使这种复古游戏运动进入一种"地下数据"（data underground）的状态。其中，ROM 文件经常（通常直接从旧游戏设备的芯片上直接提取出原始软件架构的快照）在网上被非法传播。虽然模拟器本身是合法的，但在它们上面玩游戏的行为是违法的。相比之下，商业产品使消费者能够合法地购买和玩旧游戏的预包装版本。这可以采用上面提到的那种包含芯片的操纵杆形式，即一台计算机与控制器组合起来，通常它们内置的各类经典游戏合集可供玩家选择，如《卡普空经典游戏合集》(*Capcom Classics Collection*)、《世嘉经典游戏合集》(*Sega Classic Collection*)和《南梦宫50周年纪念合集》(*Namco Museum 50th Anniversary*)等。当然，这些经典游戏合集也可以在PS2和Xbox 360等游戏机上玩。此外，手机、iPod和PDA等便携设备(如NDS或PSP等)也是玩家玩复古游戏的理想选择。

复古游戏运动让历史保持活力，这场运动提出了关于游戏媒介演变的有趣问题，也催生了欣赏旧游戏音乐与美术的亚文化。复古游戏特别有趣，因为人们对电子游戏的技术滤镜，导致无论这些游戏是在什么年份发布的都会被视作"最尖端的技术"，是当年最新和最强的技术应用。不过，复古游戏运动似乎打破了这种滤镜，它提醒我们，受摩尔定律(Moore's Law，集成电路的晶体管密度每隔18个月便会增加一倍，性能也将提升一倍)的影响，游戏的更新速度比电影等传统媒体的发展速度要快得多，因此是迅速而残酷的。当然，经典游戏本身也独具魅力，这可能是玩家出于对有限内存和图形的优雅技术解决方案("黑客"的核心)的欣赏心态，也可能是玩家对当前膨胀到需要DVD-ROMs和昂贵主机电脑的主流游戏的批判性回应。

第 31 章
独立电子游戏和实验性电子游戏

布雷特·坎帕

在 20 世纪 90 年代中后期，随着越来越多的家庭接入互联网，本地拨号公告板系统的共享软件交易社区逐渐演变为交换免费独立游戏的网站。通过降低技术门槛和保障技术支持的平台，如 Flash（现在的 Adobe）[1]等，类似于短片拍摄、炭笔素描或诗歌写作，独立开发者可以制作简单、袖珍的高质量游戏。Newgrounds（www.newgrounds.com）成立于 1995 年，是一个 Flash 门户网站，也是历史最悠久的一家独立游戏网站，用户可以在这里上传并立即发布自己的游戏（和其他多媒体应用）。

特别是在 21 世纪初，这些网站见证了社交网络和品牌传播的兴起，推动了 YouTube 和 Flickr 这些社区网站的发展。Newgrounds 的宣传语"Everything, by everyone"精准地捕捉了用户的需求。早在这种做法流行之前，Newgrounds 就提供了一个用户驱动的投票系统，用于展示每天的热门投稿。该网站的创始人汤姆·富尔普（Tom Fulp）不仅是潮流的引领者，还利用他的网站发表了 2002 年他参与合作开发的一款 Flash 游戏——《外星原人》（Alien Hominid）。《外星原人》作为一款免费游戏而大受欢迎，于是被一家商业发行公司选中，并移植到 PS2 和 GameCube 主机上。虽然还是延续了业余开发游戏历史上长期以来确立的商业模式，但它是这个平台上第一个用 Flash 创建的游戏，具有里程碑意义。其他致力于推广独立游戏的著名网站还有 Jay Is Games（http://jayisgames.com/）和 Game Tunnel（www.gametunnel.com）等。

---

[1] 在 2020 年底，Flash 也成为历史了。——译者注

当今独立游戏的领域很广泛，我们如何玩游戏、为什么玩，以及还有哪些主题可以在游戏中加以表现等，游戏设计师们不断对上述命题展开探索。独立游戏远不是一个利基市场，相反，它对于帮助我们了解游戏的历史和现状有着重要的作用。

独立物理游戏

独立游戏不受公司限制，可以按照人们的期望去进行游戏。独立设计师可以在几天内快速地创建工程、制作游戏原型并收到玩家们的反馈，而大多数商业游戏的开发周期达到 18 个月或更长，这是独立游戏与商业游戏最大的区别。这种实验在培育新玩法方面尤其富有成效，因为游戏的规则是玩家与世界互动的基础。现有游戏类型（角色扮演游戏、第一人称射击游戏等）的玩家对游戏有一定的期望，这种期望是通过对游戏建立熟悉度而培养出来的。打破这些期望扩展了我们将游戏视为媒体的这种想法的边界，从这个方面而言，独立游戏非常出色。一个例子是，独立游戏对 21 世纪基于物理（physics-based）的游戏趋势作出了重大的贡献。它们放弃了类似马里奥僵硬、可预测的跳跃，而是转向更复杂的跳跃、摆动和扭曲动作，或许这可以被描述为一种更"触觉化"（tactile）的游戏风格。

芬兰游戏开发公司 tAAt 的"dismount"系列就是一个典型的例子。2002 年，tAAt 在网站 Home of the Underdogs(www. the-underdogs. info)上发布了《非常人类滚台阶》(*Porrasturvat*，又名 *Stair Dismount*)。这款游戏的玩法简单又残忍：玩家只需要在开始选择一个不幸的角色，定好位置和游戏难度，然后便会从楼梯上滚下来，尽可能地伤害自己（图 31.1）。这款游戏采用悠闲的爵士风格的背景音乐，是"布娃娃物理"（rag doll physics）模型的荒谬延伸。这种模型在《半条命》等动作游戏中越来越受欢迎。在这些游戏中，角色的身体就像用绳子松松垮垮地绑在关节上一样。《非常人类滚台阶》通过这种前卫的策略取得了成功，它将游戏玩法的边缘产物转移到注意力的中心，突出了游戏的人为性（artificiality）。《非常人类滚台阶》还自觉地保留了那种只能从电子游戏中满足期待的奇怪的故事情节，即作为一个寻求保险单损害索赔的超级英雄，你必须伪造你与邪恶力量斗争的证据，以此制造一个令人信服的场景。2003 年，tAAt 创作了《非常人类滚台阶》的续作

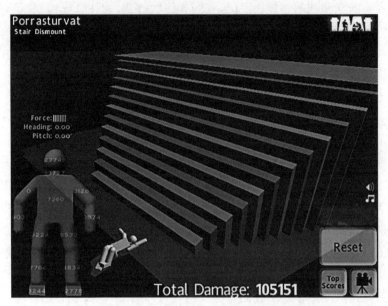

图 31.1 《非常人类滚台阶》的玩家从楼梯上摔下来

《Rekkaturvat》(又名《Truck Dismount》)。这次的主角是一名反派英雄,他坐在一辆车中,身处于一个噩梦般的滑板公园。这个系列游戏在当时拥有一批狂热的粉丝,因为他们强调游戏的"意外"(是对传统游戏目标的颠覆)。

改变游戏玩法的重点并不等同于定义全新的品类,许多独立游戏的开发者已经将类似于《非常人类滚台阶》的基于物理的尝试移植到更为传统的游戏中。克萨巴·罗萨(Csaba Rozsa)的《疯狂摩托车》(*Elasto Mania*,2000)就是对摩托车越野赛类游戏的模仿。这个游戏中有一辆敏感得离谱且像裹满了糖浆一样迟缓的摩托车,如同被沉重的橡皮筋绑住了一样。玩家在这个游戏中没有对手,只需要通过一条看似简单的障碍赛道。这个游戏和"dismount"系列一样,用极端的精确度代替了速度,重新诠释了传统赛车类游戏的玩法。这款游戏也提醒我们注意游戏的选择性和建构性。如果说"加速"与传统街机驾驶游戏中简单的按键有关,《疯狂摩托车》则通过这个简单的动作给玩家带来非同寻常的真实感和复杂性。事实上,这个游戏在多个层面上都对玩家具有吸引力,因为它在一个可识别的环境中为玩家提供了一种全新的玩法。从更长远的角度来看,它也为游戏表现提供了另一种可能性。

在商业市场上，游戏往往因为自身的画面而被外界评判。其中，审美评估与技术紧密相连，发行公司（通常还包括游戏媒体）认为最好的图形是那些使用最新硬件、最强 3D 技术和具有最高分辨率的图形。自然，由一两个或几个设计师和程序员组成的独立开发团队通常缺乏与这个商业标准和由维护它的上百号人组成的生产流水线竞争的途径和资源。但是，独立游戏团队通过努力克服了在技术和个人能力方面的限制，设计师们为游戏探索了新的美学领域，延续了音乐、电影、地下漫画和其他领域的独立媒体传统。以物理动作游戏《N》(2004)为例，它是一款集合了瘦且结实的布偶忍者角色、单屏幕画面和重重关卡的益智游戏，会让人想起经典的《淘金者》。游戏动作集中在玩家身上，物理模型提供了高精度的控制和安静的环境。与大多数游戏角色的普通动画不同，在《N》中，人们觉得同样的场景不可能以同样的方式出现两次。游戏角色尽管是利用单色的简笔画描绘的，但看起来是非常鲜活的。这款游戏的开发者雷甘·伯恩斯（Raigan Burns）和梅尔·谢泼德（Mare Sheppard）追求极简主义的游戏风格，既精简、生动地展示了视觉效果，还提高了游戏的可玩性。这种方法同样离不开技术限制、复古游戏和独立的艺术眼光的影响。

另外两款极简主义的游戏是《Spout》(2003) 和《TUMIKI Fighters》(2004，图 31.2)，它们都出自日本的独立游戏开发者之手。在《Spout》中，玩家驾驶一辆只有一个像素大小的车辆穿过稀疏的黑、白、灰色的洞穴。《TUMIKI Fighters》则延续了长健太（Kenta Cho）对经典滚动射击类型的彩色复兴。这个游戏采用一种优雅的附加游戏机制，玩家可以"抓住"虚弱的敌人落下的碎片进行积累和扩展，最终填满近一半的屏幕，整个画面具有粉彩画的风格。《TUMIKI Fighters》与另类的商业游戏《块魂》(*Katamari Damacy*, 2004)都体现了这种增量效果。在后者中，玩家通过滚动一个不断膨胀的黏球，稳稳地带走移动路径上的所有物体。这两款游戏在几周之内相继发布，但市场认为《块魂》是一个奇怪的产品。本章中描述的独立实验向我们展示了探索性游戏玩法的起源。

因此，独立游戏会促使设计师重新审视那些被视作过时了的类型、风格和技术，并在此基础上进行创新。例如，独立物理游戏非常喜欢通过二维图形来展示画面，而不使用三维的艺术风格。平面射击游戏（《TUMIKI Fighters》)和格斗游戏（《外星原人》）两种类型在 16 位主机时代的全盛时期

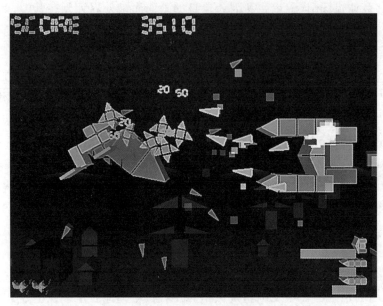

图 31.2 《TUMIKI Fighters》的玩家在游戏里建造了一艘临时船

注：在游戏中，玩家的船是通过合并被击败的敌人的飞船残片而不断建造起来的。

十分流行，常常出现在世嘉 MD 或 SFC 上，但它们在如今的市场上已经算异类了。不过，虽然独立游戏有着明显的复古倾向，但独立游戏和商业游戏同样受到技术进步的推动，只不过独立游戏更注重利用技术进步的机会调整和发展游戏性（如计算物理模型），而非仅仅提升图形效果。在一个由硬件定义进步的行业中，平台的更迭速度极快，而独立游戏以历史的、真实的审美眼光看待未来。我们可以进行一个类比，从电影史的文化理解角度展开简短的反思：如果有人认为黑白电影是过时或粗糙的，是艺术选择之下的淘汰品，他们这么认为的原因除了受到客观视觉效果的影响之外，还受到他们自身主观电影历史感的塑造程度的影响。

未经授权的游戏开发：自制游戏社区

如果说独立物理游戏通过游戏玩法不断进行着试验，独立游戏社区则在知识产权、品牌塑造和经济层面上对游戏行业提出了挑战。这些程序员野心勃勃、技术精湛，而且必然要有更大的胆量才能为各式专用主机开发未经授权的"自制"游戏（"homebrew" games）。游戏史上每一代主要的主机都有自制社区或各类自制场景，如 20 世纪 70 年代末 80 年代初的雅达利 2600、90 年代末的世嘉 DC，以及最近的索尼 PSP 都是广受欢迎的创作平台。

任天堂旗下非常火爆的 Game Boy Advance(GBA)掌机系统就拥有相当庞大的粉丝群体。对比而言，与基于 Flash 的在线游戏不同，Flash 游戏是任何人都可以在 PC 或 Mac 上制作和参与的，而 GBA 是一个专有系统，只能针对性地玩特定游戏。同时，任天堂还保持着系统的封闭性，即 GBA 游戏设计工具的编码和访问是保密的，只向精选的开发团队开放，他们通过购买价格为数千美元的开发套件获得官方授权。任天堂控制着 GBA 市场的每一个方面，不论项目的立项、作品上线还是包装设计，甚至预购要求都严格地控制在自己手中。此外，经济风险则由开发商承担，任天堂还会为自己保留大量的版税。因此，未经任天堂同意，以自制形式开发 GBA 游戏只能以地下形式进行。

自制也是法律上的一块灰色地带，GBA 游戏（就像所有的游戏机一样）都是以实体卡带的形式发行的，所以如何在机器上启动一个非官方的程序就是第一道障碍。业余开发者和粉丝会从香港的在线商店购买第三方闪存卡（flash cards）。它是一种特殊的硬件设备，允许游戏文件在 GBA 和标准个人电脑之间传输。第三方闪存卡只是数据的管道，所以它们并不是只用于合法的自制软件，也可以用于盗版游戏。对于任天堂来说，它专注于保护自己高利润的技术，所以容易忽略一些细微之处。任天堂简单地将这些设备贴上非法标签，无形中将合法的独立自制软件开发者和盗版者一起扫地出门。

无论任天堂是出于便利性、封闭性还是公开的敌意，自制游戏爱好者都只能进行逆向工程，即通过破解系统硬件获得需要的知识、设备和内部技术结构，如 ROM 布局（机器内的哪些内存区域，分别执行什么功能）和 BIOS（基本的输入/输出系统，启动系统并提供对高级数学计算等内置功能的访问代码）。像 www.gbadev.org 这样的非官方 GBA 开发中心的网络社区，对这种黑客技术信息的交流至关重要。事实上，自制开发者的驱动力一部分是来自挑战禁忌的渴望，即挑战任天堂严格的保密制度；还有一部分原因与当今"现代"的电脑有关，即现在电脑系统固有的技术限制能让一台这么小的机器启动并运行也是一种技术上的挑战。极客们就是这样的弄潮儿。GBA 的自制开发只是一个长期传统的、以男性为主导的年轻的消遣方式中的最新一种,就像20世纪早期的业余"无线电男孩"(radio boys)、20世纪五六十年代的车库摇滚和改装车运动、20世纪70年代通过自制计算机俱乐部(Homebrew Computer Club)创造的初代苹果电脑一样。

虽然它们带有的实验属性相对较低,但GBA已经推出了许多原创和可玩性较高的自制游戏(以及其他类型的程序),总共在网上发布了数百款。它们涵盖所有主要的游戏类型,其中比较突出的有益智游戏《ClacQ》。在这个游戏里,玩家通过建造精致的桥梁使滚动的鸡蛋能够安全通过。还有《The Tragical Historie of Rodion and Rosalind》,一个顶级的以中世纪为背景的侧滚动的冒险类角色扮演游戏,具有相当强烈的16位SFC时代的风格(图31.3)。又如《Llamabooost》,一个《机器人大战》风格的俯视角射击动作游戏。自制爱好者对高精度技术挑战的兴趣导致当时的人们热衷于对经典的8位电子游戏进行像素级复刻,如慢节奏的物理游戏《Thrust》和滚动式动作游戏《Nebulus》。

图31.3 实验类游戏中的场景

注:玩家在《ClacQ》中搭建桥梁以使鸡蛋通过(左);《Tragical Historie of Rodion and Rosalind》中借助"剪刀石头布"展开的角色扮演游戏(右)。

与许多基于PC的独立物理游戏一样,GBA有一种独特的复古吸引力:GBA基于2D图形的设计给它带来了一种更为古典的视觉和游戏风格,就像陪伴着这一代游戏爱好者长大的《密特罗德》和《塞尔达传说》系列一样。此外,更不用说任天堂的文化共鸣了,这个品牌如此成功,以至于在20世纪80年代,任天堂就是电子游戏的代名词(对许多非游戏玩家来说也是如此)。自制GBA游戏的开发者处于一个矛盾的位置,即他们违背了任天堂公司技术系统的封闭性要求，但他们似乎又可以合法地参与其中。他们的行为既不是对传统品牌的"忠诚"，也不是"反公司品牌"的"打劫"或类似于"广告克星"的"文化干扰"，而是对该游戏系统在商业意图方面的横向再利用。

虽然自制游戏开发者可能会钻技术和法律的空子，但他们仍然依附于任天堂。然而，独立的非商业化开发者坚持通过技术力量访问游戏硬件并自制游戏场景的行为也激起了一场抗议。令人惊讶的是，这种抗议不是政治性的。在我们的数字社会中，关于知识产权的辩论，如在线音乐的数字版权管理（digital rights management）已经成为一个重要的战场。自制游戏的开发者发起了一个和平的、非盗版、非侵权的运动，试图让游戏内容的生产更为平民化，这确实也是美国政治辩论的核心。

第 32 章
欧洲的电子游戏

拉斯·康扎克

许多在欧洲发行的电子游戏都比在美国和日本发行的要晚，但欧洲的电子游戏也对全球游戏的发展产生了影响。作为一名游戏学家，客观来讲，有必要承认欧洲的电子游戏不管是在文化上还是在美学上都是电子游戏发展史上具有影响力的一部分。欧洲的游戏产业可能受到技术影响而缺乏繁多的主机型号，但在游戏内容上可圈可点。

辛克莱电脑公司的兴衰

说到欧洲的计算机，也许最具代表性的例子就是英国的克莱夫·辛克莱爵士（Sir Clive Sinclair）和他旗下一家名为"辛克莱电脑"（Sinclair Computers）的公司，后来更名为辛克莱研究有限公司（Sinclair Research Ltd.）。1980 年 2 月，该公司推出了 ZX80。这个型号的电脑价格便宜，套件（kit-form）售价为 79.95 英镑，现货售价为 99.95 英镑。随后，它在 1981 年 3 月推出的 ZX81 价格更低，套件售价为 49.95 英镑，现货售价为 69.95 英镑。1982 年 2 月，天美时（Timex）获得了在美国生产和销售辛克莱电脑的授权，并以天美时辛克莱（Timex Sinclair）的名称进行了注册。

1982 年 4 月，ZX Spectrum 问世，16 KB 的版本定价为 125 英镑，48 KB 的版本定价为 175 英镑。与旧机器的不同之处是，ZX Spectrum 是彩色的，屏幕支持八种不同的颜色，它的声音来自内置扬声器，听上去像是连接不良的电话。游戏的外部存储通常是在卡带上，这种存储不便于微调，而且不可靠，容易丢失数据。还有一个问题是，它使用的是橡胶键盘（后来被真正的键盘取代），并且大多数游戏都是由键盘控制的。这个键盘很难按到正确的键位，而且键盘上的字母也容易褪色。不过，玩家可以买到操纵杆替代这个键盘。

ZX Spectrum 的许多游戏实际上使用的是来自《Your Spectrum》（后期更名为《Your Sinclair》）和《Sinclair User》这些杂志的代码。用户准确无误地输入杂志上的代码后，运气好的话，就可以玩到游戏，并将它保存在磁带上以备之后使用。

当然，它们也发布了商业游戏，其中很多都是街机里的流行游戏，经过修改并重新命名，随后发布在 ZX Spectrum 上。这样一来，它就可以避免版权问题。当然，还有其他包含各种玩法的原创游戏，从常见的动作类街机游戏到策略游戏都有，如 Firebird Software 的《Elite》(1985)，Imagine Software 的《目标：叛徒》(Target Renegade, 1988)，Ocean Software 的《大逃亡》(The Great Escape, 1986)、《时光倒流》(Where Time Stood Still, 1988)，Electric Dreams Software 的《异形战机》(R-Type, 1988)，Hewson Consultants 的《Zynaps》(1987)、《Exolon》(1988)，Bug-Byte Software 的《Manic Miner》(1983)，Microsphere 的《Back to Skool》(1985)，Ultimate Play the Game 的《Atic Atac》(1983)，Durell Software 的《矮人矿坑》(Saboteur, 1986) 和 The Edge Software 的《Fairlight：A Prelude》(1985)。其中，很多游戏都被破解并制成盗版，在游戏社区的玩家间自由分发，破坏了正版游戏的商业利益。

在 20 世纪 80 年代，辛克莱电脑占有重要的市场份额。由于这个产品的成功，克莱夫·辛克莱本人也在 1983 年被封为爵士。然而，在 1985 年，他决定创业，制造名为 C5 的电动汽车；1992 年，他又打算创业制造名为 Zike 的电动自行车。这两次在交通出行工具上的创新都以失败告终，并导致公司遭受巨大的损失。

大概是为了致敬辛克莱爵士，苏联在 1990 年发布了一台名为 Hobbit 的电脑，它以 ZX Spectrum 硬件为基础，并且拥有 64 KB 的内存。Hobbit 在英国短暂上市，面向那些愿意购买类似架构下更好的电脑的 ZX Spectrum 粉丝。

英国游戏的扩张

伊恩·利文斯通（Ian Livingstone）和他的室友史蒂夫·杰克逊（Steve

Jackson,他不是美国游戏公司 Steve Jackson Games 里的那个 Steve Jackson)一起创立了英国游戏公司 Game Workshop。该公司最初是美国的角色扮演游戏《龙与地下城》的代理商。利文斯通和杰克逊还制作了著名的《战斗幻想》(Fighting Fantasy)系列游戏书,全系列从《火焰山的魔法师》(The Warlock of Fire-Top Mountain,1982)开始,到《木乃伊的诅咒》(Curse of the Mummy,1995)结束。1983 年,他们发布了基于幻想世界观的迷你游戏《中古战锤》(Warhammer Fantasy Battle)。以这个幻想世界为基础,后来发展出来几款原创的电脑游戏:《战锤:角鼠之影》(Warhammer: Shadow of the Horned Rat,1995)、《战锤:黑暗预兆》(Warhammer: Dark Omen,1998)、《战锤:混沌之痕》(Warhammer: Mark of Chaos,1998)和《战锤 OL:决战世纪》(Warhammer Online: Age of Reckoning,2008)。人们普遍认为,战锤的幻想世界是暴雪娱乐公司《魔兽争霸》(1994)和《魔兽世界》(2004)的直接灵感来源。同样,《星际争霸》(Starcraft,1998)也类似于迷你游戏《战锤 40K》(Warhammer 40 000,1987),后者是基于 Game Workshop 中古战锤系列的科幻小说制作的。

在 20 世纪 80 年代,利文斯通为游戏公司 Domark 做了一些设计工作,他在那里设计了冒险游戏《Eureka!》(1984)。Domark 奖励给第一个通关该游戏的人 25 000 英镑。1995 年,Domark 与 Eidos Interactive 合并。

1987 年,勒斯·埃德加(Les Edgar)和彼得·莫利纽克斯(Peter Molyneux)创立了英国游戏公司牛蛙制作(Bullfrog Production)。他们制作发行的具有创新性的上帝模拟游戏(god game)《上帝也疯狂》(1989)和《地下城守护者》(Dungeon Keeper,1997)在当时很流行。后者讽刺了《龙与地下城》等游戏中的地下城。上帝模拟游戏是一种建造与模拟经营类的游戏,将玩家置于具有神圣或超自然力量的实际位置,玩家对有独立人格的人物所处的环境负责,并要保护和影响这些人物。1995 年,美国艺电公司收购了牛蛙制作公司。两年后,莫利纽克斯离开了艺电,与杰克逊一起创立了狮头工作室(Lionhead Studios)。狮头工作室以三个系列游戏而闻名,即上帝模拟游戏《黑与白》(Black & White,2001)、角色扮演游戏《神鬼寓言》(Fable,2004)和模拟游戏《电影梦工厂》(The Movies,2005)。

英国最大的两家电子游戏发行公司是 SCi(成立于 1988 年)和 Eidos(成立于 1990 年)。2005 年,在 SCi 收购 Eidos 后,二者合并为一家。然而,如果是在 20 世纪 90 年代，这种情况就不太可能发生。1993—1999 年，Eidos 是全球发展最迅速的公司，其股价上涨了 400 多倍[1]，旗下的游戏系列有 Core Design 的《古墓丽影》、IO Interactive 的《杀手》系列（*Hitman*，2000）、Pyro Studios 的《盟军敢死队》系列（*Commandos*，1998）、离子风暴（Ion Storm）的《杀出重围》（*Deus Ex*，2000）、水晶动力（Crystal Dynamics）的《凯恩的遗产》（1996）、克罗诺斯（Kronos）的《恐惧反应》（*Fear Effect*，2000）和窥镜的《神偷》系列（*Thief*，1998）等游戏。IO Interactive 公司的丹麦游戏开发者制作了《杀手》系列，Pyro Studios 公司的西班牙游戏开发者制作了《盟军敢死队》系列，这都展示了 Eidos 公司在欧洲地区游戏开发领域的广泛影响力。

单看《古墓丽影》这个游戏就能发现，Eidos 对流行文化有巨大的影响力。由托比·加德设计的游戏角色劳拉·克劳馥就是女性化的印第安纳·琼斯（Indiana Jones），她通常被视作后现代女权主义偶像。值得注意的是，利文斯通确实为《古墓丽影：十周年纪念版》（*Tomb Raider: Anniversary*）中最新版的劳拉·克劳馥的设计作出了贡献。《古墓丽影：十周年纪念版》是由水晶动力和 Buzz Monkey Software 共同开发的，发布于索尼的 PSP、PS2、任天堂的 Wii，以及微软的 Windows 平台。其中，PS2 和 Windows 版本于 2007 年 6 月 1 日在欧洲发布，2007 年 6 月 5 日在北美发布。此外，PC 游戏平台 GameTap 宣布，在这款游戏发布零售的当天，玩家就可以在其平台上玩到。这款游戏后来也在 Steam 上发行。PSP 版本也即将于此后不久发布，Wii 版本也将在晚些时候发布，Xbox 360 版本在 2007 年 6 月 18 日正式发布。在 2006 年，SCi/Eidos Interactive 是世界上第十六大电子游戏发行商。

法国的游戏业务

一些法国游戏发行商的评级甚至高于 SCi/Eidos。威望迪游戏（《魔兽世界》的所有者）和育碧（Ubisoft）都是最大的电子游戏发行商。此外，英宝格（Infogrames）拥有全球排名第 19 的游戏发行商雅达利的控股权。这三家公司组成了具有影响力的法国游戏产业。

英宝格由布鲁诺·邦内尔（Bruno Bonnell）和克里斯托夫·撒佩特（Christophe Sapet）于 1983 年 6 月创立。这家公司本来想叫 Zboub Système（Zboub 是法国俚语中的脏话），但法律顾问建议不要这样命名，后来就改成叫"Infogrames",由"信息"和"程序"两个单词组合而来。公司搬到维勒班时,决定将一只犰狳作为 LOGO。布鲁诺解释说:"这只恐龙一样的动物是我们的象征,不管是严寒还是酷暑,犰狳总是能够适应生存环境。"

英宝格不仅是一家发行商,还是一家开发商,它旗下著名的产品有《Passengers on the Wind》(1986)、《南北战争》(*North and South*, 1989)、《鬼屋魔影》(*Alone in the Dark*)系列(1992)、《碟中谍》(*Mission Impossible*,1998)和《过山车大亨》(*Rollercoaster Tycoon*, 1999)。其中,《Passengers on the Wind》是由20世纪80年代弗朗索瓦·波容(François Bourgeon)的法国漫画系列改编而来,十分贴合原著;《南北战争》是根据比利时动画片《蓝色家园》[*Les Tuniques Bleues*,作者是迪普伊(Dupuis)]改编的,动画片讲述的是美国内战的故事。

公司成立十年后,英宝格在法国证券交易所成功上市。1999年,英宝格收购了 GT Interactive,将公司更名为 Infogrames, Inc.。2001年,它还收购了孩之宝,包括 MicroProse、雅达利和 Game.com。随后,英宝格将游戏部更名为雅达利。在21世纪,新的雅达利推出了许多《龙与地下城》类型的游戏,如《灰鹰:邪恶元素之神殿》(*Temple of Elemental Evil*, 2003)、《博德之门:黑暗联盟》(*Baldur's Gate: Dark Alliance*, 2004)和《无冬之夜2》(*Neverwinter Nights 2*, 2006)。这是因为新雅达利收购的孩之宝拥有《龙与地下城》,而孩之宝1999年收购了威世智(Wizards of the Coast),威世智在1997年收购了 TSR 公司(后者开发了《龙与地下城》)。

然而,2006年9月,由于股价下跌至1美元,雅达利宣布将从纳斯达克退市。几天后,大卫·皮尔斯(David Pierce)取代布鲁诺·邦内尔,被任命为雅达利的新任 CEO。皮尔斯之前曾在环球影业、米高梅公司、索尼电影娱乐公司、索尼音乐娱乐公司和索尼奇观担任高管。2007年4月,布鲁诺离开20多年前他自己创立的公司。

育碧由吉勒莫特(Guillemot)家族的五个兄弟于1986年创立,伊夫·吉勒莫特(Yves Guillemot)是董事长兼首席执行官。育碧的第一款游戏是《僵尸》(*Zombie*, 1986),之后是《雷曼》系列(*Rayman*, 1995)、《生死赛车》(*POD*, 1997)、汤姆·克兰西(Tom Clancy)的《幽灵行动》(*Ghost Recon*)系列(2001)、《神秘故事:三部曲》(*Myst: Trilogy*, 2002)、《波斯王子:时之沙》(*Prince of Persia: The Sands of Time*, 2003)、《超越善恶》(*Beyond Good*

& Evil，2003)、《孤岛惊魂》(Far Cry)系列(2004)和《战火兄弟连》(Brothers in Arms，2005)等。

育碧最初是一家法国发行公司，为MicroProse和美国艺电公司发行产品。很快，育碧开始在英国和德国发行游戏。1996年，育碧上市。2004年，艺电收购了育碧近20%的股票。这次恶意收购最终失败。如今，育碧公司在全球各地都设有办事处。

威望迪则有一段奇怪的历史。1853年12月，拿破仑三世的一项敕令促使一家名为Compagnie Générale des Eaux的公司(简称CGE)成立了。如果不是1976年被任命为首席执行官的盖伊·德乔尼(Guy Dejouany)，这可能只是一家普通的公司。20世纪80年代，CGE开始在废物管理、能源、运输服务、建筑和房地产等领域进行投资，这家老牌公司的利益变得多样化。1983年，CGE参与了Canal+(法国的第一个付费电视频道)的创建，这自然而然地使CGE在20世纪90年代对通信媒体展开投资。

1998年，CGE公司更名为威望迪，并于2000年分为威望迪环球公司(Vivendi Universal，后来更名为威望迪)和威望迪环境公司[Vivendi Environnement，后来更名为威立雅环境集团(Veolia Environnement)]。威望迪游戏公司[Vivendi Games，前身为威望迪环球游戏(Vivendi Universal Games)]拥有暴雪娱乐公司的《魔兽争霸》(1994)、《暗黑破坏神》(Diablo，1996)、《星际争霸》(1998)、《魔兽世界》(2004)、《情圣拉瑞》(Leisure Suit Larry，1987)、《古惑狼》(1996)、《斯派罗》(Spyro，1998)、《地面控制》(Ground Control，2000)和《地球帝国》(Empire Earth，2001)等游戏。

由这些公司开发和发行的游戏与世界其他地区的游戏并没有什么不同，不像法国电影等其他的艺术领域那样独树一帜，法国的游戏似乎并没有明显的法国风格。然而，由雅达利公司发行、法国游戏工作室Quantic Dream开发的《华氏温度计》[Fahrenheit，2005，在美国和加拿大市场上又称为《幻象杀手》(Indigo Prophecy)]等互动叙事游戏表明，游戏设计师可能确实有向复杂叙事结构的风格发展的意识。1999年，Quantic Dream及其游戏设计师大卫·凯奇(David Cage)的经典作品《恶灵都市》(Omikron: The Nomad Soul)由Eidos发行。

其他欧洲国家的情况

英国和法国可能在欧洲拥有领先的电子游戏发行商,但欧洲其他地区也有在商业收入和艺术表现上均取得巨大成功的作品。有趣的是,这些游戏通常是在许多不同的欧洲国家制作出来,再面向全球的玩家社区,所以通常很难判断某款游戏是哪个国家的公司生产的。这并不是说这些游戏都是具有同质特征的全球化产物,但它们通常以超越国界的方式被制作出来。其中的一个原因可能是大多数游戏都是面向动作而非面向语言的,语言比动作更具有民族文化色彩。不过,这并不意味着欧洲其他国家的游戏不具有文化的多样性,只是说这种多样性不常常在游戏中表现出来。

说到俄罗斯,我们发现了一款诞生于 20 世纪 80 年代中期的有趣游戏——《俄罗斯方块》,它与西方和日本制作的游戏完全不同。《俄罗斯方块》由阿列克谢·帕吉特诺夫设计,德米特里·帕夫洛夫斯基(Dmitry Pavlovsky)和瓦迪姆·格拉西莫夫(Vadim Gerasimov)协助制作。1986 年,《俄罗斯方块》的游戏版权首次被卖给英国的 Mirrorsoft 和美国的 Spectrum Holobyte。到 1988 年,苏联政府开始通过一个名为 Elektronorgtechnica(简称 Elorg)的组织来销售《俄罗斯方块》的版权。几年后,这款游戏就获得了巨大的成功。不过,帕吉特诺夫并没有从中赚到钱,任天堂通过销售《俄罗斯方块》却大发横财。

再说德国,这是一个具有优良的游戏设计传统的国家,甚至还有一种风格的桌游被简称为德式桌游(German-style board games)。德式桌游是一类广泛的易于学习的家庭游戏,适合少数玩家进行,游戏时长适中。人们可能会认为,德国的电子游戏行业将非常关注这类游戏,但在旧的桌游行业和新的电子游戏之间产生联系似乎并不容易。

德国电子游戏行业的增长来自新的公司,而不是旧的桌游,如 Ascaro、Piranha Bytes、Synetic、Funatics、Crytek、Sunflowers Interactive Entertainment 和 Blue Byte Studio 等公司都是新时代的例子。著名的德国游戏有 Ascaron 的《航海家》(The Patrician,1992)、《顶尖赛手》(1996)、Blue Byte Studio 的《工人物语 2》(The Settlers Ⅱ,1996)、Piranha Bytes 的《哥特王朝》(2001)和 Crytek 的《孤岛惊魂》(2004)。

也就是说，优秀的德式桌游和电子游戏产业之间是存在联系的，《航海家》和《工人物语 2》在设计上是类似德式桌游传统的游戏。在某种程度上，它们都是基于家庭游戏概念的相当简单的战略游戏。此外，《航海家》是基于德国文化的历史背景设计游戏的一个很好的案例，主要描述了中世纪晚期汉萨同盟（the Hanseatic League）之间的贸易；《哥特王朝》的名字听上去很有德式风格，但它不过是另一个关于剑和魔法的角色扮演游戏；《顶尖赛手》是一个关于管理赛车队的游戏，这类游戏在世界上的任何地方都可以被制作出来；流行的射击游戏《孤岛惊魂》也是如此，并没有什么突出的德国特色。

近年来，斯堪的纳维亚地区的游戏设计创造了奇迹。例如，由丹麦游戏公司 IO Interactive 开发的游戏《杀手：代号 47》（*Hitman: Codename 47*，2000）是一款令人印象深刻的 3D 第一人称潜行游戏，玩家只需扮演一个代号为 47 的杀手完成任务，在游戏中探索自己被隐藏的过去。其他值得一提的丹麦制作的游戏还有 Deadline Games 的《无可救药》（*Total Overdose*，2005）和 Interactive Television Entertainment（简称 ITE）的互动电视游戏《巨魔雨果》（*Hugo the TV Troll*，1990）。《巨魔雨果》是根据已经在全球 40 多个国家播出的互动电视游戏《奥斯瓦尔德》（*OsWald*，1988）改编的。在瑞典，有 Paradox 的《欧陆风云》（*Europa Universalis*，2000）和 DICE 的《战地 1942》等游戏。芬兰则以 Remedy Entertainment 的《马克思·佩恩》（2001）而闻名，它在游戏动作场景中引入了减速的概念，类似于电影《黑客帝国》中的"子弹时间"。Funcom 是一家有趣的挪威游戏开发公司，不仅制作了电子游戏《无尽的旅程》（*The Longest Journey*，1999），还有热门的大型多人在线角色扮演游戏《混乱 Online》（2001），这是一款设定在 Rubi-Ka 星球和影之地（Shadowlands）的科幻游戏。还有玩家期待已久的大型多人在线角色扮演幻想游戏《科南时代：希伯来人的冒险》（*Age of Conan: Hyborian Adventures*）于 2007 年 4 月开始测试，并将于不久正式发行。另一个有趣的大型多人在线角色扮演游戏《星战前夜》（*EVE Online*，2003）是由冰岛游戏公司 CCP 设计的，它是一款科幻游戏，故事背景与未来星系之间的交易和战争有关。

地中海地区的电子游戏在过去的几年里一直在增长，其中包括前面提到的来自西班牙的 Pyro Studios 的《盟军敢死队》系列。在 20 世纪 80 年代，同为西班牙的 Dinamic Software（后来的 Dinamic Multimedia）为 ZX Spectrum、Amstrad 和 Commodore 64 家用电脑设计游戏，最著名的是《唐·

吉诃德》(*Don Quijote*，1987)和《战后》(*After the War*，1989)。如今，它们以 1992—2006 年制作的足球管理模拟游戏《PC Fútbol》系列而闻名。西班牙的其他游戏公司还有 Effecto Caos(后来更名为 Xpiral)，它为 Amiga 电脑设计了创新游戏《Vital Light》(1994)，以及 Pendúlo Studios 出品的冒险游戏《逃亡：冒险之路》(*Runaway: A Road Adventure*，2001)。意大利游戏公司 WaywardXS Entertainment 以运动游戏而闻名，另一家意大利公司 Milestone 则制作了一系列赛车游戏。

尽管许多游戏还只有非英语的欧洲语言版本，没有面向更广泛的用户进行本土化，但欧洲的游戏开发依然在发展。同时，欧洲游戏产业更侧重于游戏软件的开发，许多新的游戏玩法和概念都起源于欧洲。

欧洲的游戏协会及其管理和支持

英国电子游戏行业早在 1989 年就创立了捍卫自己权益的组织，即 ELSPA。今天，ELSPA 指娱乐和休闲软件发行商协会(Entertainment and Leisure Software Publishers Association)。但是，在 2002 年之前，它的意思还是欧洲休闲软件发行商协会(European Leisure Software Publishers Association，改名的原因可能是相关人员意识到他们处理的是英国国内问题，而不是泛欧洲地区的问题)。1994—2003 年，ELSPA 自愿为在英国发行的各类游戏进行分级(因为英国电影分级委员会不想对电子游戏进行评级)。分级系统将游戏分为以下年龄段：3—10 岁、11—14 岁、15—17 岁和 18 岁以上。一个红色的 X 用以表示游戏不适合该年龄组，对勾则表示合适。后来，年龄段变为 3+、11+、14+ 或 18+。2003 年 4 月，分级系统被泛欧洲游戏信息组织(Pan European Game Information)的分级系统取代，也被称为 PEGI 系统。如今，ELSPA 关注的是通过在国家和国际层面的政府游说来推动游戏行业发展，委托各方进行市场调查和信息收集，如收集英国游戏销量数据，并通过它的反盗版部门牵头反盗版活动，以维持游戏行业的健康发展。

如前所述，PEGI(昵称 Piggy，意为猪仔)是一个关于欧洲电子游戏内容的评级系统，成立于 2003 年，旨在帮助欧洲的父母在购买电子游戏时作出明智的决定。PEGI 的年龄段分别为 3+、7+、12+、16+ 和 18+。作为补充，还有七个不同的图标简要地描述游戏，可适当地附加在年龄标记旁边，分别是脏话、歧视、毒品、恐惧、赌博、性和暴力。PEGI 系统已被 20 多个欧洲国家接受。与一些人的想法不同，PEGI 系统与游戏的难度无关，它只判定游戏内容与特定年龄分段是否合适。这个体系也与欧盟无关，如德国就不是该体系的一部分，因为德国的审查制度比欧洲其他国家的标准更为严格。德国的审查机制被称为"独立的自我控制"（Independent Self-Control），它不允许游戏中出现红色的鲜血或公开展示纳粹主义和十字记号。因此，哪怕是反纳粹的游戏，如 id Softeware 的《德军总部 3D》或 Pyro Studio 的《盟军敢死队：深入敌后》（Commandos: Behind Enemy Lines，1998）都被禁止，因为游戏内容涉及盟军士兵执行杀死纳粹士兵的任务。

其他欧洲国家也用不同的方式来审查电子游戏。波兰预计将不再遵循 PEGI 系统的评级，因为天主教保守党政府希望制定更为严格的法律。2002 年 7 月，希腊议会通过了希腊第 3037 号法律，全面禁止电子游戏。尽管该法律旨在禁止赌博，但它确实波及了所有的电子游戏。2003 年 12 月，根据欧盟的一封公函，该法律的适用对象应当仅限于网吧。公函解释说，该法律可能与欧洲立法相冲突。在这种情况下，欧洲法院实际上可以对希腊采取行动。这场争论不仅受到希腊和欧洲其他地区的游戏行业的密切关注，而且在美国也是如此，人们担心对电子游戏的禁令会导致难以预料的状况出现。

欧盟一直在支持电子游戏行业，对创新的多媒体项目和电子游戏的创业给予了融资上的支持。20 世纪 80 年代，欧洲国家的广播媒体面临着激烈的竞争，因为受到廉价的非欧洲电视节目的竞争，非欧洲电视节目完全适应了全新的私人广播公司的节目。欧洲的电影制作当时也十分低迷。所有这些情况都推动了欧洲 MEDIA 项目计划的出现。该项目自 1991 年 1 月以来一直努力促进欧洲媒体产业的发展，作为欧盟的一个产业支持计划，旨在提高欧洲电影、电视和新媒体产业的竞争力，并增强欧洲媒体产品的国际传播力。从 1991 年至今，该项目目前有四个长期的项目计划：MEDIA I（1991—1995 年）、MEDIA II（1996—2000 年）、MEDIA Plus（2001—2006 年）和 MEDIA 2007（2007—2013 年）。

欧洲的 MEDIA 项目一开始并不是为了支持电子游戏产业。但是，1996—1998 年出现了一个媒体创业项目平台；1999—2000 年，该项目支持第一阶段和第二阶段的拼盘投资（slate funding，电影拼盘投资指一般由一家银行或投资公司建立一支电影基金,从私人或机构投资者那里募资。这笔基金随后被用于投入某个特定制片机构在一定时间范围内的较多数量的电影项目。一般而言,电影拼盘投资项目会涉及10—30部电影,投资额度在10%—50%);2001—2007年,这个项目支持单一发展的项目和拼盘投资。在最新的MEDIA项目中,首次参与的创业者可以直接申请电子游戏制作的融资支持,一个游戏项目最多可以申请10万欧元(此前只能获得5万欧元),而且没有游戏类型的限制。

另一个促进欧洲电子游戏产业的尝试是欧洲游戏开发者联盟(European Game Developer Federation,简称EGDF)。该组织成立于2006年11月,代表了奥地利、比利时、德国、英国、意大利、荷兰和北欧国家的500多个欧洲游戏开发工作室。这些国家在电子游戏行业雇佣了超过15 000名员工[2]。EGDF的总部位于瑞典的马尔默,其目标是促进和支持游戏行业。现在说这个组织在未来几年是否会成功还为时尚早,但它表明游戏开发在欧洲正受到越来越多的关注。

在与电子游戏领域有关的研究中,不同的角度会导致人们产生不同的观点。2001年3月初,杰斯珀·朱尔(Jesper Juul)和利斯贝斯·克拉斯特拉普(Lisbeth Klastrup)在丹麦哥本哈根信息技术大学举行了一场名为"计算机游戏和数字文本"(Computer Games and Digital Textualities)的会议。这是世界上第一次从学术角度探讨电脑游戏的会议。2002年,在芬兰的坦佩雷又召开了一场名为"计算机游戏和数字文化"(Computer Games and Digital Cultures)的会议。在这次会议上,弗兰斯·梅拉(Frans Mayra)成立了数字游戏研究协会(Digital Game Research Association,简称DiGRA),于2003年在荷兰的乌得勒支举行了第一次会议。如今,这个会议每两年举行一次,每次都会在全球范围内的一个新城市举行。

当电子游戏的研究进入千禧年后,人们对电子游戏教育的需求明显增加了。因此,许多欧洲国家已经启动了电子游戏教育计划,丹麦国家数字互动娱乐学院(National Academy of Digital, Interactive Entertainment,简称DADIU)就是一个例子。该学院是一个跨学科的教育机构,基于艺术和设计方面与丹麦大学展开合作。这个学院与电子游戏行业的合作也十分密切,两年内联合游戏公司制作了两部作品。如此看来,这些变化能在未来引领欧洲的游戏进入一个更加有趣的产业发展过程。

第 33 章
亚洲的电子游戏

吴伟明

日本的流行文化是全球文化不可分割的一部分[1]。在日本文化的所有形式中，电子游戏可能是最全球化的，因为它具有强大的普遍吸引力和跨文化传播力[2]。日本电子游戏制造商，如任天堂、世嘉和索尼独步全球。日本的游戏系列，如《马里奥兄弟》《街头霸王》和《最终幻想》等，自20世纪80年代中期以来就主导着电子游戏的全球市场。尽管在全球范围内都广受欢迎且具有巨大的影响力，但相对而言，日本电子游戏在西方中心主义的游戏研究中仍是被忽视的。西方世界对日本电子游戏只有一些基础研究[3]，对日本电子游戏在亚洲的影响却知之甚少。

街机电子游戏：从 2D 游戏到 3D 在线游戏

在亚洲，20世纪70年代末80年代初，大多数中国港台地区和新加坡的年轻人都是通过玩美国游戏公司推出的简单的早期电子游戏才开始了解游戏的。虽然这些游戏软件实际上通常是由南梦宫和太东等日本公司设计的。

在20世纪八九十年代，街机游戏迅速涌现，并达到了流行的顶峰。去街机室成为中国港台地区和新加坡年轻一代最受欢迎的一种娱乐形式。其中，最流行的游戏类型就是格斗游戏，特别是《街头霸王》和《拳皇》系列在整个亚洲引起了轰动。拥有这两款游戏的游戏机前面很容易排起长队，它们甚至影响了游戏玩家和亚洲娱乐产业的语言和行为。例如，《街头霸王》和《拳皇》系列游戏在20世纪90年代的亚洲非常流行，并在中国港台地区被改编成电影、漫画、戏剧和流行歌曲，影响了亚洲青少年的行为和语言[4]。在新加坡，由于《街头霸王2：新的挑战者》流行一时，里面的主角隆（Ryu）成为玩家崇拜和模仿的对象。新加坡的孩子们学会像隆那样跳跃、出拳。隆在推出一个火球时会说一句"Ha do ken"①，小孩子们便把这句话当口头禅来表示攻击[5]。

自21世纪以来，亚洲街机的数量一直在减少，主要是因为来自游戏厅的竞争相当激烈。在过去的十年里，小型游戏厅迅速涌现，顾客以经济实惠的价格换取与他人互动、玩游戏的时间，这迫使许多单机游戏馆关闭。同时，在线技术已经对街机游戏产生了影响，街机上的许多游戏当时已经可以在网上玩了，亚洲其他地区的玩家可以在网上与日本的玩家对战。例如，在亚洲的在线游戏对抗中，中国香港地区的玩家就很擅长赛车和麻将游戏。

在中国大陆和台湾地区，游戏厅的公众形象非常糟糕，它们会定期接受安全检查和来自官方的管理。在过去的十年里，台北的大部分游戏厅都被迫关闭了。由于游戏厅存在形象方面的问题，许多人羞于提及，父母阻止他们的孩子去游戏厅。中国香港地区以前的游戏厅大多都很小（不到50台投币机），通常烟雾弥漫、肮脏、昏暗。它们有时与毒品走私和帮派活动有关，导致警察经常定期突袭，也致使游戏厅成为教师、父母和社会舆论的批评目标。在过去的几年里，许多小型游戏厅都关闭了。

剩下的游戏厅相对较大和干净，特别是新加坡的游戏厅的形象要好很多。它们干净、明亮、无烟、宽敞，消费者把它视为与亲朋好友一起娱乐的场所。大部分游戏厅位于购物中心，可以拥有政府要求的巨大空间。许多十八九岁、二十出头的年轻人会去那里玩，父母们也带着孩子去玩一些非格斗射击类的娱乐游戏，如迷你保龄球和篮球。许多大型游戏厅也有SNK、世嘉和南梦宫等厂商生产的大头贴机（photo-sticker machine）。因此，新加坡的游戏厅也被称为娱乐中心。

如果说索尼在家用电子游戏市场上占据了上风，任天堂控制着掌机游戏市场，世嘉则是亚洲街机游戏市场毫无争议的霸主。世嘉提供了大量的街机机器和软件，其他比较主要的街机机器和游戏软件的制造商有SNK、南梦宫和卡普空。世嘉的游戏软件是最贵的，大型街机中心可以负担得起，中型街机中心拥有的世嘉的游戏则相对较少。SNK的软件相对便宜，所以SNK给

---

① "はどうけん"的发音，意为波动拳。——译者注

世嘉带来了巨大的挑战。当时流行的游戏类型有格斗游戏,如《街头霸王》《拳皇》和《高达》(*Gundam*)系列;赛车游戏,如《梦游美国》和《头文字D》(*Initial D*)系列;射击游戏,如《VR战警》(*Virtua Cop*)和《化解危机》(*Time Crisis*);体育游戏,如《实况足球》(*Winning Eleven*)和《VR射手》系列;舞蹈游戏,如《劲舞革命》。

中国港台地区多进口日本的原版游戏,而新加坡更偏好英文版本,因为港台地区的玩家能够理解日语中使用的汉字,而许多新加坡人更习惯使用英语。在新加坡,英文版本的游戏比例在亚洲最高,也有部分日语和汉语游戏,但流行程度相对较低。

从玩家玩日系游戏的方式也可以看出文化差别。在中国香港地区,一些"高玩"会邀请挑战者来打擂台,有时打擂的败者不仅会失去面子,还会失去一些金钱(下赌注在香港地区的游戏玩家中确实十分普遍)。此外,香港地区的玩家之间还有一些不成文的共识。例如,在街机顶部放代币意味着预订下一场游戏。在某些游戏,如《街头霸王》中,香港地区的玩家也有让游戏更公平或更刺激的规则。比如,在BO3(three-round)的格斗游戏中,第一轮的获胜者必须在第二轮作出让步,这样双方才能进行第三轮。如此一来,双方(通常是陌生人)可以玩得更久,避免发生冲突或丢面子。这种做法在亚洲其他地区的游戏中心的玩家中并不常见。

家用主机:从任天堂FC到PS3

美国人向日本人打开了亚洲电子游戏市场的大门。20世纪80年代初,美国电子游戏巨头雅达利在亚洲推出了雅达利2600。尽管它在美国取得了成功,但雅达利2600未能在亚洲掀起一场电子游戏革命。在那段时间,大多数亚洲第一代游戏玩家都是在游戏厅玩游戏,家用主机对他们来说太陌生、太贵了。可以说,任天堂在亚洲创造了电子游戏的繁荣和文化。1985年,任天堂来到中国港台地区和新加坡(同年它也在美国市场推出了NES)。任天堂很快凭借其8位游戏机FC统治了亚洲市场。《大金刚》《魂斗罗》和《马里奥兄弟》等游戏是20世纪80年代在亚洲最受欢迎的作品。按照20世纪80年代中期的标准,FC还是很昂贵的,只有亚洲的大城市的富裕家庭才能负担得起。因此,玩游戏开始成为一种集体活动,小孩和同学们聚在一个拥有FC

的朋友家里玩游戏。当时,中国港台地区的电子游戏商店以实惠的价格提供任天堂主机和软件的租赁服务。

FC的流行程度在20世纪80年代末达到了顶峰。但20世纪80年代电子游戏在亚洲的流行不应该被夸大,因为玩家的数量其实并不多,许多家庭也没有第二台电视用来玩游戏。FC在日本和美国比它在世界的其他地方更受欢迎[6],大量未经授权的FC山寨机器(亚洲所谓的"红白机",1985年在中国香港地区被制造出来)和盗版任天堂卡带(主要制造于中国台湾地区和泰国,每个卡带上有数百款游戏)对FC的普及起到了重要作用①[7]。

20世纪80年代末90年代初,世嘉成为任天堂的主要竞争对手。世嘉主机系统在8位游戏机市场上输给了FC,但在1989年,世嘉通过推出亚洲首台16位游戏机MD扭转了局面。这是一个巨大的成功,因为亚洲玩家已经玩腻了8位主机。任天堂在开发16位游戏机时速度缓慢,直到1991年才进入亚洲市场。1989—1991年是世嘉在亚洲的黄金时代,当时世嘉MD占据电子游戏市场大约一半的份额。它推出的游戏有《刺猬索尼克》、《超级忍》(Super Shinobi)、《离子战机》(Herzog Zewei)和《第一滴血》(Rambo)。

1991年,任天堂卷土重来,推出了令人期待已久的16位游戏机SFC。它比世嘉MD具有更好的图像表现、声音效果和软件作品。SFC在短短几个月内就占据了亚洲电子游戏市场的最大份额。SFC有许多由任天堂设计或专门为该主机发行的优秀经典游戏,如《最终幻想》(版本4、5、6)、《勇者斗恶龙》②(Dragon Quest,版本4、5)和《超级马里奥世界》。作为任天堂有史以来最成功的产品,SFC在市场上风光了大约5年,直到1996年才让位于新发布的32位游戏机——索尼PS1和世嘉土星。具有讽刺意味的是,SFC除了高超的技术和优秀的游戏,山寨硬件(如中国港台地区制造的"超级UFO"和"Doctor")和盗版软件也间接地促进了它的销量。Doctor在香港地区还拍摄了电视广告,它的制造商后来因侵犯版权而被任天堂起诉。

1996年后,索尼PS1和世嘉土星用CD代替了卡带,从而为玩家提供了水平完全不同的图像和音效。PS1很快迎头赶上,并成为亚洲电子游戏行业

---

① 大名鼎鼎的"N合1"黄卡带。另外,到了20世纪90年代,最出名的FC"山寨机"小霸王学习机在中国诞生了。——译者注

② 早期在西方名为"Dragon Warrior"。——译者注

历史上的最大赢家,所有顶级软件公司都为它开发游戏,如《铁拳》系列、《山脊赛车》系列、《寄生前夜》(*Parasite Eve*)和《化解危机》等。20 世纪 90 年代末到 21 世纪初,PS1 毫无争议地是亚洲排名第一的游戏机。为什么索尼 PS1 在亚洲如此成功呢?颇具讽刺意味的是,最重要的因素居然是中国港台地区、马来西亚和泰国制造的廉价盗版 CD 软件让 PS1 销量激增。在中国港台地区和新加坡,几乎所有的 PS1 主机都可以通过插入一个特殊的芯片进行破解,玩家便可以使用盗版的 CD 软件。一张盗版 CD 可能比原版便宜几十倍。PS1 的游戏数量也比竞争对手多,其中的几百款都有盗版。

还有一个原因,就是索尼更重视亚洲市场。索尼在中国港台地区和新加坡都设立了地区办事处,以促进和监督 PS1 的销售,并为 PS1 游戏机提供维修服务。索尼甚至专门为亚洲国家制作了专有的索尼 PS1 主机,并为母语为英语和中文的国家制作游戏。例如,索尼面向亚洲的机型选择了 200—220 伏电压(而非面向日本的 100—110 伏),附带一本英文手册,主机说明使用的也是英语(而非日语)。索尼选择了在中国港台地区、新加坡和马来西亚进行推广[8],其著名的商业策略就是在相对不成熟的市场推广"全球本地化"。该策略由罗兰·罗伯逊(Roland Robertson)提出,面向那些对本地化较为敏感的全球公司。索尼在新加坡等东南亚地区推广游戏的时候就采用了这种策略。索尼了解亚洲的文化差异,并制定了相应的本地化营销策略。例如,根据新加坡政府倡导的家庭价值观,索尼 PlayStation 新加坡办公室推出了可供全家人玩的游戏来培养家庭价值观。在 1999 年的父亲节,索尼组织了一个由父子团队组成的电子游戏锦标赛。此外,索尼还为中文社区制作了中文游戏。例如,《神雕侠侣》(*The Condor Hero*, 2000)是一款改编自金庸著名武侠小说的 PS1 中文游戏,在中国港台地区大受欢迎[9]。

世嘉土星尽管最初取得了成功,但它还是远远落后于索尼 PS1,成为第二名。其中的一个原因是世嘉土星的盗版 CD 软件不多,土星主机和游戏的价格也更高。与索尼不同,世嘉没有良好的营销渠道网,它的产品只能在电子游戏商店买到。1998 年 11 月,世嘉通过在中国港台地区和新加坡推出 32 位游戏机世嘉 DC 而短暂复出。世嘉 DC 代表着电子游戏技术的突破,也在日本和中国港台地区获得了巨大的反响。但是,由于价格高昂且游戏数量有限,它在东南亚的反响平平。

此时,曾经的亚洲市场冠军任天堂的股价跌至第三位。在 SFC 之后,任天堂直接开发了一款 64 位游戏机。结果，它将利润丰厚的 32 位游戏机市场完全留给了索尼和世嘉。任天堂花了 5 年时间才将自己的 64 位游戏机 N64 引入亚洲。不幸的是，N64 的发布时间很不巧。它出现在 1996 年年中，而当时大多数玩家刚购买了他们的第一台索尼 PS1 或世嘉土星。玩家还没有消化 32 位技术，所以对购买 64 位游戏机不感兴趣。任天堂在设计和营销 N64 的方式上出现了失误，卡带格式的存储技术和价格高昂的游戏也严重地影响了它的销量。N64 的游戏总体来说都非常好[如《皮卡丘》①（*Pikachu*）和《塞尔达传说 64》（*Legend of Zelda 64*）]，但 N64 的游戏数量相对较少，这个系统在日本和中国港台地区只取得了非常一般的成绩。即使是 1998 年初在中国香港地区和新加坡上市的盗版游戏机（中国台湾地区的"Doctor V64"）也没能提高它的销量，因为它的软件太贵了。

2000 年初，索尼在日本推出了 PS2，反响非常热烈。2001 年 12 月，也就是微软在亚洲推出 Xbox 一个月后，它被引入中国港台地区、新加坡、泰国和马来西亚。从 2001 年到现在（截至 2006 年 9 月），PS 系列和 Xbox 系列一直是亚洲家用电子游戏机市场的竞争对手。最终的获胜者是 PS2，因为它可以兼容旧的 PS 软件。这意味着在市场上，PS2 有更多的游戏（包括授权和盗版），并且有更好的广告和客户服务[10]。微软的 Xbox 则位列第二。由于盗版问题，微软在亚洲各主要国家都设立了 Xbox 办事处。Xbox 也采用"全球本地化"策略（为全球市场定制产品，以适应当地的法律和文化环境），在亚洲推出了数百款游戏，配有英文或中文说明，甚至还用英文和普通话配音。然而，许多亚洲玩家还是认为 Xbox 的游戏太过西化了。

亚洲一直是下一代家用游戏机的主战场之一。Xbox 360 于 2005 年 12 月在日本推出，并于 2006 年 3 月在中国港台地区发售，但它在亚洲的成绩一般。直到 2006 年底，索尼的 PS2 还一直处于领先地位。随着 2006 年 11 月索尼 PS3 和 2006 年 12 月任天堂 Wii 的推出，任天堂重新夺回了亚洲家用电子游戏机的主导地位。正如游戏行业专家预测的，任天堂 Wii 是次世代家用游戏主机竞争中的赢家，这要归功于它革命性的遥控设备和极具吸引力的价格（只是 PS3 的一半左右）。

---

① N64 上有《宝可梦竞技场》《皮卡丘啾有精神》《宝可梦随乐拍》等名称，作者大概指的是第二款，但它是一款纯聊天游戏。——译者注

掌机游戏：从 Game & Watch 到 NDS 和 PSP

口袋大小的电子游戏机在亚洲已经流行了大约 30 年。20 世纪 70 年代末到 80 年代初，那时的大部分游戏都非常简单（如《Western Bar》《拳击》《Submarine》），玩家大多是中小学生。到了 20 世纪 90 年代至 21 世纪初，掌机游戏已经变得越来越流行，游戏更加复杂，玩家需求也更加多样化。

在 20 世纪 90 年代之前，掌机市场已经对小型玩具和电子公司广泛开放。中国的内地、港台地区和马来西亚、韩国的小工厂生产了很多掌机。它们相当便宜，孩子们有能力购买，而且游戏也非常简单。这些机器对成年人而言没什么吸引力，因为每个机器都只设计了一个游戏，它的难度是小孩也可以在几天内掌握的，所以人们很快就厌倦了它。卡西欧公司（Casio）还将赛车游戏和射击游戏融入在它的一些电子手表当中。电脑益智游戏《俄罗斯方块》在 20 世纪 80 年代末开创了亚洲第一个掌机游戏热潮，甚至一些计算器也可以玩《俄罗斯方块》。任天堂可能是 20 世纪 80 年代唯一一家对掌机游戏产生影响的日本制造商。它的第一代非卡带式电子游戏设备 Game & Watch 在亚洲非常受欢迎。

业内的巨头，如世嘉、索尼和万代，最终都在 20 世纪 90 年代进入了这个利润丰厚的市场，掌机成了儿童和成人中流行的玩具和娱乐方式。任天堂的 Game Boy 和世嘉的 Game Gear 是第一代基于卡带的掌机，而任天堂的 Game Boy 也成为电子游戏史上最成功的掌机。1989 年，任天堂在中国港台地区和新加坡推出了 Game Boy，并取得了巨大的商业成功。人们可以用它玩当时流行的任天堂游戏，如《俄罗斯方块》《快打砖块》《超级马里奥兄弟》《大金刚》，所以 1989—2005 年，任天堂完全主导了亚洲的掌机市场。同时，大量未经授权的 Game Boy 配件，如扬声器、放大镜和操纵杆都在中国香港地区被制造出来，并在亚洲广泛流通。世嘉是一个后来者，直到 1991 年才在亚洲推出自己的游戏设备，并在 20 世纪 90 年代初对 Game Boy 形成了挑战。不同于单色游戏机 Game Boy，Game Gear 有一块彩色液晶显示屏。Game Gear 的盗版很少，这导致它在亚洲的流行程度不高。

Game Boy 的成功一部分与廉价的盗版卡带供应有关，这些盗版卡带大多是在中国台湾地区制造的。每个卡带上有 10—30 款游戏，但玩家只需花费一个原装卡带的价格。《宝可梦》是一款 Game Boy 游戏，1997 年在日本轰动一时。它的衍生游戏《皮卡丘》在 1998 年被制作成 N64 游戏和一款流行的掌机，即《口袋皮卡丘》(Pocket Pikachu)。然而，《宝可梦》并没有在新加坡和中国港台地区的 Game Boy 粉丝中掀起热潮。为了获得更高的利润，亚洲的游戏商店通常会推荐台湾地区制造的"30 合 1"盗版卡带，而不是像《宝可梦》这样的原创软件。1998 年 10 月，任天堂推出了第四代游戏机 Game Boy Color。它的机身设计极具吸引力，玩家可以在彩色液晶屏上玩一些复杂的游戏，从而成为日本和中国港台地区的热门产品。一个奇怪的现象是，亚洲的许多 GBC 玩家并没有购买专为 GBC 设计的软件，而是使用最初为旧版 Game Boy 制造的盗版旧卡带玩游戏。2003 年，任天堂推出最后一款也是最强大的 Game Boy 机型——Game Boy Advance。该机型统治了市场大约两年，直到下一代掌机，即基于卡带的双屏 NDS 和基于通用媒体光盘的索尼 PSP（2005 年 5 月 12 日在中国港台地区和新加坡推出）诞生。从那时起，NDS 和 PSP 一直在正面竞争，NDS 似乎略占上风。NDS 开发的《任天狗》(Nintendogs，一种类似虚拟宠物的模拟游戏) 在 2005 年底成为中国港台地区和新加坡最热门的掌上游戏。PSP 也有众多的追随者，特别是年轻人认为它是一个多功能的时尚电子设备，而不仅仅是游戏掌机。

除了基于卡带的掌机，老式的非卡带掌机游戏在亚洲也有市场。拓麻歌子（音译自 Tamagotchi）是一个虚拟电子宠物，被放在一个形状和大小都很像蛋的机器里。拓麻歌子 1996 年由万代推出，在日本的高中女生群体中引发了巨大的轰动，并很快就风靡全球。它在纽约和中国香港地区，以及 1997 年初的中国台湾地区和新加坡等地都引发了热潮[11]。例如，在新加坡，当高岛屋百货公司 (Takashimaya Department Store) 于 1997 年 4 月 8 日宣布计划发售这款宠物机时，有数百人在外面排队，不到两个小时的时间，1 000 套宠物机就全部售罄了。玩具反斗城也遇到了类似的情况。在这个时期，商店销售的所有玩具都是从日本进口的日文版本，买家甚至需要阅读日文说明书来学习如何交互[12]。后来，在日本和中国内地、港台地区制造的十多种包括猫、狗、怪物、青蛙和恐龙在内的仿制品充斥着亚洲市场。值得一提的是出自中国香港地区的仿制品 Tamahonam。在这款游戏机上，玩家通过教歹徒喝酒、吸烟和战斗来训练他。Tamahonam 引起了争议，并因为过度暴力而在新加坡被禁止。

拓麻歌子很快在中国港台地区、新加坡和泰国掀起持续了大约 6 个月的热潮。不论是学生还是成年人都对它很疯狂,很多人为这款游戏夜以继日、废寝忘食。万代在亚洲还推出了很多拓麻歌子的衍生品,如钥匙链、午餐盒、文具、书籍、T 恤,甚至袜子。拓麻歌子也被改编成任天堂 Game Boy 的游戏和索尼 PS1 的游戏。大众媒体刊登了有关它的报道,一些学校、办公室和工厂开始禁止使用拓麻歌子[13]。人们为他们死去的电子宠物设立了网络墓地,甚至新加坡政府也利用这种潮流,在 1997 年推出了"拓麻歌子战争英雄"(Tamagotchi War Hero)。这是一款用电子宠物在学校教授新加坡历史的教育软件。

当人们对拓麻歌子感到厌倦时,万代的拓麻歌子团队在 1997 年开发了一种新的轰动性产品——数码宝贝(Digimon)。玩家可以将虚拟宠物培养成一只怪兽,当两个游戏机连接时,它可以与另一只怪兽战斗。与拓麻歌子不同,数码宝贝主要受到小孩子的欢迎,尤其是亚洲的小学生。在 1998 年初引入亚洲后,数码宝贝成为中国港台地区和新加坡的儿童群体中最受欢迎的电子玩具。这种情况持续了大约四五年,其间,拓麻歌子团队还推出了 10 代以上的数码宝贝。

与拓麻歌子相比,数码宝贝相对较贵,因为其中许多都是"水货"(parallel imports)。"水货"指在一个国家市场上销售的正版(非假冒)游戏机或游戏,随后被进口到另一个国家,但该产品在第二个国家没有获得知识产权所有者的许可。在亚洲,进口行货之前,消费者只能依赖更昂贵的"水货"。

所有数码宝贝的机器尺寸都很小(4 厘米×6 厘米),便于携带。在 20 世纪 90 年代末到 21 世纪初的全盛时期,它是亚洲大城市的孩子们的必备品。数码宝贝在一些学校里是被禁止的,因为它制造出噪声,并且宣扬战斗精神。例如,新加坡的一所学校向家长们提出了以下建议来解决这个问题:第一,只允许孩子们在完成家庭作业后玩;第二,只允许孩子们每天玩两个小时;第三,鼓励孩子们做其他更有意义的事情,如阅读和玩国际象棋;第四,家长不要过度反应,这毕竟只是一种潮流,很快就会消失[14]。数码宝贝的玩家聚集在地铁站、游乐场、购物中心和游戏中心等公共场所,并互相进行"战斗"。一些组织(如社区中心、教会和志愿组织)也加入这一队伍,把数码宝贝纳入他们的活动。

如今,非卡带的掌机游戏已经不那么流行了,因为许多亚洲年轻人开始用手机玩游戏和听音乐。21世纪初推出的新一代拓麻歌子和数码宝贝都没能在亚洲产生影响。非卡带的掌机游戏正在被卡带式的竞争对手和其他电子设备取代。

亚洲游戏文化的形成

我们如何在日本流行文化全球化的大背景下定位亚洲的电子游戏文化？它有什么鲜明的特点？东亚与东南亚在消费和对日本电子游戏进行本土化方面又有何不同？

为了理解日本电子游戏在亚洲的特点，有必要区别东亚和东南亚在游戏文化中的差异。从玩家人均拥有游戏机的比例、游戏销量、游戏了解程度和热情几个维度来看，东亚在消费日本游戏方面领先于东南亚。

在中国港台地区，家用电子游戏系统被视作如电视机和电饭煲一样的家庭必需品，但在新加坡，只有不到一半的家庭拥有一台游戏主机。在东南亚的主要城市（如吉隆坡、曼谷和马尼拉）也是同样的情况。

不同地区的玩家态度也是不一样的。东亚的玩家更认真，更重视游戏。他们成立游戏俱乐部，参观游戏展会，阅读游戏杂志，排队购买新游戏，在网上写文章或讨论游戏，熬夜"爆肝"只求通关游戏。中国港台地区甚至有电子游戏杂志。

与之相反的是，东南亚玩家则缺乏硬核玩家［御宅族(otaku)］精神。他们把游戏当作一种娱乐消遣，通常既不阅读游戏杂志，也不研究游戏。东南亚玩家跟不上新的发展，游戏经销商进口新游戏的速度缓慢，通常会比中国港台地区晚半年到一年。同时，东南亚进口游戏的数量也很少。玩家更喜欢等待英文版的游戏，所以日语游戏少，也没什么市场。例如，《毕业生》(*Graduation*)在中国港台地区很受欢迎，在东南亚却反响平平，因为它包含太多的日语对话。同样，《World's First Soccer》和《织田信长传》(*Oda Nobunaga's Den*)等游戏在中国港台地区很受欢迎，但在东南亚几乎没人购买，因为它们没有英文版本。

在中国港台地区，许多游戏玩家想更多地了解他们喜欢的游戏，于是对日本的历史、文化和语言都产生了兴趣。例如，在玩了J联赛(J-League's)和与织田信长相关的游戏后，他们可能会寻找关于J联赛和织田信长生平相关的信息。中国港台地区的游戏玩家热衷于了解日本文化，几乎所有的游戏杂志都有一个教读者日语游戏术语的板块。而东南亚玩家就不太关心日本的历史、文化和与他们所玩游戏相关的语言。对于他们来说，电子游戏只是一个没有国界的娱乐，他们并不一定把游戏视作了解日本的跳板。

在中国港台地区，电子游戏是儿童电视节目和青年杂志的必备内容。例如，香港的亚洲频道（Asian channel）会定期播放有关电子游戏的新闻，并在其儿童节目中组织游戏比赛。相比之下，新加坡的杂志和报纸就没有游戏板块。在香港，《东周刊》（*East Touch*）和《壹本便利》（*Easy Finder*）等热门周刊和《东方日报》（*Oriental Daily*）等主要报纸都设有游戏板块。在香港，大众媒体会报道有关游戏的节目和比赛，而东南亚的媒体对报道游戏的相关活动则不太感兴趣。例如，虽然电子游戏在儿童中很受欢迎，但它们并不会出现在儿童电视节目中；日本公司或当地组织在新加坡、曼谷和吉隆坡举办过相当多的游戏节目和比赛，但大众媒体对这些活动并不感兴趣。如果媒体选择报道，它们通常会关注Cosplay（服装扮演，指装扮成漫画或游戏中的角色），而不是游戏本身。

许多日本的硬件和软件公司已经在中国港台地区和美国设立办事处，但很少有人在东南亚设立办事处。索尼、万代、科乐美和SNK都在新加坡设立了办事处，但似乎只有索尼的办事处是活跃的。万代办事处主要负责数码宝贝及其衍生品，科乐美和SNK的办事处则是一个小型联络处。科乐美在台湾有一个制作中文游戏软件的分公司，一些台湾公司已经从日本软件厂商那里获得了制作汉化版日本游戏的授权。中国台湾和香港地区的软件公司也已经开始为日本制造商开发和销售游戏。日本游戏开发者还从韩国和中国内地、港台地区招聘人才，如《神雕侠侣》就是由日本人和中国人合作开发的。这种合作在东南亚就没有。尽管新加坡有很多软件公司，但大多数都专注于英语在线游戏，几乎没有日语互动。

以亚洲游戏文化的地域差异为背景，我们可以通过与日本游戏文化进行比较来考察亚洲游戏文化的一些相似之处。首先，亚洲盗版游戏盛行，而且在推动日本电子游戏在亚洲发展的过程中发挥了重要作用，盗版一直是亚洲游戏消费的主要形式。从20世纪80年代初到现在，未授权软件一直主导着亚洲市场。这些未经授权的游戏包括盗版游戏，未经授权的新游戏，如《街头霸王2》和《第四代》（*The Fourth Generation*），以及未经授权的中文版日本游戏，如《光明与黑暗》(Shining Force)。亚洲是盗版游戏的生产和进口大洲[15]。

所有国家都有一些针对盗版的监管，但这些监管是否有力就不得而知了。日本几乎没有盗版软件，因为消费者愿意为正版游戏软件付费。同时，日本的游戏比中国港台地区和新加坡的游戏便宜很多。此外，日本正版软件的二手市场非常广阔，政府在打击盗版方面也非常有力。

中国大陆、台湾地区和马来西亚是盗版游戏的主要制造和分销中心，而中国香港地区和新加坡则是盗版游戏的主要进口地区。在马来西亚、泰国等国家，玩家会购买盗版软件，许多游戏商店还专门销售盗版软件。事实上，购买盗版软件比购买正版软件要容易得多，甚至许多游戏只能买到盗版。游戏商店也建议玩家购买盗版，以获得更高的利润。盗版游戏在短期内普及了电子游戏，长远来看却损害了电子游戏产业和文化。

亚洲各国政府一直试图打击盗版，但无济于事。游戏商店有各种聪明的办法钻空子。执法人员在商店里几乎找不到任何盗版游戏软件，因为它们被存放在隐蔽的隔间或店铺外面。游戏商店会向客户展示游戏名单，让他们进行选择，然后从其他地方获取盗版软件。有些商店只在晚上或某些特定的日子里销售盗版软件。一些人雇佣有前科的人来经营店铺，在被抓住时可以替代真正的店主承担法律责任。游戏商店之间甚至形成了一张情报网，互相通报警察突袭和可疑人员之类的信息。2006 年，中国香港特别行政区将"破解 PS2 以读取盗版软件，并在互联网上上传或下载未经授权的游戏软件"定为非法行为，许多其他地区也采取了类似的措施来加强版权保护。

其次，有关电子游戏的法律控制和社会偏见都很强烈。大多数亚洲国家都对电子游戏有直接或间接的审查制度。然而，亚洲地区对电子游戏审查的严格程度是不如电影、漫画和电视节目的（中国大陆除外）。大多数亚洲地区的政府只有在接到老师或家长的投诉时才会屏蔽某些电子游戏。如果游戏被发现有问题，进口商将受到严厉处罚。因此，亚洲的游戏进口商和分销商通常会进行自我审查，不会进口含有过多色情或暴力内容的游戏。东亚在这方面比东南亚自由一些。例如，麻将类的游戏在日本和中国港台地区很流行，但没有被引入新加坡，因为它们包含色情素材（如玩家获胜时，屏幕上的性感女郎会一件一件地脱掉自己的衣服）。

有一些具有争议性的游戏（如《真人快打》）因为终结技能过于血腥暴力

而被中国香港地区和新加坡禁止,中国台北甚至曾一度关闭了所有的游戏厅,后来只允许几家大型游戏中心重新开放。在中国大陆,官方对电子游戏的控制一直非常严格,各种游戏(包括街机游戏、PC游戏、家用主机游戏和网络游戏)都受到审查,其中许多游戏因为包含色情、暴力、赌博或不良信息而被禁止。新加坡政府基本上禁止了所有带有色情内容的游戏。在中国香港地区,警察认为游戏中心是犯罪的温床,并对其进行监视。在韩国,出于政治和历史原因,任天堂、世嘉和索尼的日本游戏机被官方禁止20多年,直到2000年6月才被解除,所以韩国的玩家以PC游戏和网游为主。大多数亚洲人,尤其是教育工作者、社会批评家、政治家和父母,都对电子游戏持否定态度。大众媒体热衷于报道关于游戏成瘾或游戏犯罪的负面新闻,如香港最近就有一则电视广告,以网络游戏成瘾为例来劝阻人们不要参与赌博。

最后,日本的电子游戏一直很受欢迎,并对亚洲的文化产业产生了影响。与其他形式的日本流行文化相比,电子游戏文化在很多方面都是相当独特的。

第一,虽然它比日本的漫画、动画、周边、电视剧和流行音乐在亚洲开始传播的时间更晚,却产生了非常大的影响。日本电子游戏在20世纪80年代中期被引入亚洲后立刻获得了成功,自此成为日本流行文化中最受欢迎的一种形式,只有动漫才可以比得上游戏的流行程度。电子游戏文化一直在强劲发展,而且没有丝毫停滞的迹象,日本的电子游戏几乎没有同类的竞争对手。在漫画、动画、电视剧、音乐、食物、时尚和商品等方面,日本流行文化正在与西方、亚洲和当地的文化市场展开竞争。直到过去几年,Xbox、美国与韩国网游的崛起才略微改变了这种情况。在此之前,亚洲的电子游戏市场几乎由日本人主导。

第二,玩游戏是一种儿童和年轻男性之间的文化。较之其他形式的日本流行文化,电子游戏的用户主要是青少年和二十岁出头的人,主要是高中生和大学生。

第三,电子游戏引发了一场"娱乐革命"[16],刺激了亚洲各国其他形式的流行文化消费。流行的电子游戏,如《超级马里奥兄弟》《宝可梦》《侍魂》《最终幻想》《街头霸王》和《拳皇》等催生了漫画、电影、动画、CD、VCD、商品和其他衍生产品。亚洲的电影、游戏、漫画、电视剧和流行音乐大量借鉴了日本的电子游戏,比如至少有65部中国香港地区的漫画改编自《街头霸王》和《拳皇》系列[17]。

在亚洲文化的大背景下,通过对日本电子游戏的全球普及和本地消费情况展开历史概述,可以发现东亚和东南亚是日本游戏的消费中心。同时,日本在街机游戏、家用主机和掌机市场上遥遥领先,玩日本游戏已经成为亚洲青年文化中不可分割的一部分,并对亚洲的娱乐产业产生了影响。然而,日本游戏的短板是网络游戏,在这一领域,日本被韩国、美国和中国台湾地区超越了。

一项调查表明,亚洲玩家不是被动型消费者,用约翰·费斯克(John Fiske)的话来说,他们确实是"主动型用户"[18]。玩家根据自己的文化背景,以自己的方式消费和解读日本电子游戏。正因如此,日本的电子游戏才能上升到亚洲地区的维度,成为一种混合文化。这种混合性挑战了两个观点,这两个观点有些影响力,却也略显过时了。首先,把日本电子游戏视作一种文化帝国主义的旧思想不适合亚洲的文化语境[19],因为亚洲玩家已经将日本电子游戏本地化了。其次,由于政治原因(审查制度使游戏变得相对"干净")、经济原因(购买盗版软件更便宜)、社会原因(玩家的背景)和文化原因(偏好英文或中文游戏),日本的电子游戏在亚洲各地区都进行了不同程度的本地化。最后,文化上的"无味"理论("odorless" theory)认为,日本电子游戏在很大程度上是一种没有强烈意识形态和文化身份的技术[20]。这个理论不完全正确。对于大多数亚洲玩家来说,日本文化可能是一个主要的吸引点,而不是一个问题;他们玩的日本电子游戏越高级,就越会要求它们具有日本特色。

第 34 章
澳大利亚的电子游戏

托马斯·H. 阿佩利

说起澳大利亚的电子游戏,似乎有一种站在政治化角度去理解电子游戏的趋势。这种观念认为,游戏不仅仅是游戏,它还受到政治的影响。这导致几个电子游戏的创意和艺术元素受到来自澳大利亚联邦政府的压力。虽然澳大利亚已经长期拥有面向国际和国内市场的本地电子游戏制作行业,但监管电子游戏的法律导致许多能在国际发行的电子游戏无法在澳大利亚发行,因为电影和文学分类办公室(the Office of Film and Literature Classification)拒绝给它们评级。在这些游戏中就有 The Collective 工作室的《红犀牛:嘻哈狂潮》(*Marc Ecko's Getting Up: Contents Under Pressure*,2006)。尽管有这种限制性的环境,澳大利亚政府还是资助了"逃离伍默拉"项目团队出于政治动机的艺术游戏设计项目,如《逃离伍默拉》(*Escape from Woomera*,2004)。这两个例子和围绕它们产生的争议,源于部分电子游戏或多或少地有通过艺术表达政治的议程。

澳大利亚的电子游戏产业

澳大利亚电子游戏产业的历史始于 1980 年,Beam Software 公司在维多利亚州的墨尔本成立。该公司因颇具创新性的文本冒险系列游戏出名,如《霍比特人》(1982)。Beam Software 很快被两家有影响力的澳大利亚公司效仿,它们的总部都设在新南威尔士,一个是成立于 1982 年的 Strategic Studies Group(简称 SSG),另一个是 1985 年成立的 Microforte。20 世纪 90 年代,随着澳大利亚游戏产业规模的扩大,许多公司在墨尔本和昆士兰州的布里斯班成立。Torus Games 和 Tantalus Interactive 于 1994 年在墨尔本成立，IR Gurus Interactive 公司于 1996 年成立。在昆士兰州的布里斯班还有两家公司，Auran 成立于 1995 年，Krome 工作室成立于 1999 年。虽然澳大利亚不太算得上是一个游戏行业中心，但它有悠久的出口传统。截至 2006 年，澳大利亚有超过 40 个游戏运营开发工作室，价值合计 1.1 亿澳元[1]。澳大利亚最古老的电子游戏公司 Beam Software 改名为 Melbourne House，经过雅达利和英宝格之手，总部位于布里斯班的 Krome Studios 于 2006 年 11 月宣布收购 Melbourne House，成为澳大利亚最大的独立游戏开发工作室，拥有 300 多名员工，而当时全澳大利亚的游戏行业从业者大概才 1 600 人[2]。这时，Krome Studios（后更名为 Krome Studios Melbourne）在澳大利亚的游戏行业中占据了重要地位。其中，《泰思虎奇幻冒险》(Ty the Tasmanian Tiger)系列在全球的销量超过 200 万份。该工作室最近也完成了多平台游戏，如《斯派罗传说：新的开始》(Legend of Spyro: A New Beginning，2006)等。不过，它们现在更专注于开发自有 IP，完成了《地狱男爵》(Hellboy)的制作，该游戏于 2007 年由科乐美发行。

澳大利亚的游戏产业几乎完全集中在墨尔本、维多利亚州和布里斯班。就像 Krome Studio 一样，Auran 也是位于布里斯班的全球知名工作室，因铁路模拟器《模拟火车》(Trainz)系列游戏而闻名，Auran 在商业上的创新经常在其他领域被广泛讨论[3]。目前，Auran 正在开发一款关注 PvP 玩法的大型在线角色扮演游戏——《Fury：Unleash the Fury》。最近几年，Auran 也开始为澳大利亚、新西兰和亚洲市场发行 PC 游戏。其他值得注意的公司还有三家位于墨尔本的公司：专注于本地体育游戏的 IR Guru Interactive；为掌机系统开发游戏的 Tantalus Interactive；本来专注于 GBA，最近却在多平台发布了《史莱克冲撞》(Shrek Smash N' Crash Racing，2006)的 Torus 公司。另外，总部位于新南威尔士州的 Strategic Studies Group 是同样杰出且迎合利基市场的游戏公司，开发了回合制战略 PC 游戏《Decisive Battles of WWII》系列。在悉尼和堪培拉都有工作室的 Microforte 已经脱离了游戏开发领域，它们现在正为大型多人在线角色扮演游戏的制作开发工具，借助 BigWorld 技术公司，Microforte 与中国的大型多人在线角色扮演游戏的开发者一起取得了一定程度上的成功。

尽管这个行业明显处于健康的发展状态，但澳大利亚游戏开发者协会

(the Game Developers' Association of Australia)承认,在未来几年,澳大利亚的游戏业会面临几个重大挑战,特别是如何维持独立的澳大利亚游戏工作室。随着电子游戏行业的高薪中心(美国和日本)通过海外外包的形式降低成本,外国对澳大利亚游戏开发工作室的收购也有所增加。随之而来的是,它们利用澳大利亚游戏产业在紧缩的预算下取得可观成果的行业声誉,为海外发行商开发了基于授权产品的游戏[4]。虽然澳大利亚85%的游戏公司声称在开发自己的IP,但90%的产出都是与授权产品相关的[5]。维多利亚州政府的"维多利亚电影数字媒体基金"(the State Government of Victoria's Film Victoria Digital Media Fund)致力于为开发者提供参与国际竞争所需的高科技和设备。正如澳大利亚信息通信技术部部长强调的,要开发本地IP并"提出自己的概念"[6]。虽然一些澳大利亚的电子游戏公司已经开发了自己的概念和IP,但澳大利亚的电子游戏还被视作一种艺术领域的集中部署,以展示它们对电子游戏的政治角色这一新概念的理解。

《逃离伍默拉》

《逃离伍默拉》是由一个自称"逃离伍默拉"的项目团队设计的,团队由记者、艺术家、游戏美术设计师和程序员组成。他们在开发这款游戏时考虑了政治因素,所以这款游戏的主题强调了位于南澳大利亚的伍默拉移民接待处理中心的恶劣环境。该中心和全国各地其他类似机构的作用是处理非法移民的详细资料和庇护申请,并收容他们。它从1999年开始运作,到2004年关闭。特别是在2000年,伍默拉中心已经成为"被指控过度拥挤,侵犯被拘留者人权"的矛盾聚集之地。随后,媒体开始关注伍默拉中心和被拘留者的困境,将拘留非法移民这一高度撕裂的社会议题带入了公众视野。

2004年5月,在伍默拉中心关闭后,近乎成品的《逃离伍默拉》终于发布了可下载的在线版本,尽管拘留寻求庇护者的做法在澳大利亚的其他中心仍在继续。这款游戏实际上是在Valve Software的《半条命》(1998)的基础上加以修改的另一种模式。凭借这个游戏,"逃离伍默拉"项目团队通过新媒体艺术委员会(the New Media Arts Board,简称NMAB)从澳大利亚艺术委员会(the Australian Council of the Arts,简称ACA)那里获得了2.5万澳元[7]。澳大利亚联邦移民部部长菲利普·鲁多克(Philip Ruddock)严厉批评了这一举措,他的同事、联邦艺术部部长罗恩·肯普(Ron Kemp)要求 ACA 和 NMAB 作出解释。NMAB 的主席迈克尔·斯奈林(Michael Snelling)试图缓和局面,他声称该项目仅仅是根据其艺术价值获得资助的,而且在任何情况下,项目成员都"没有试图为难民的困境提供政治或道德解决方案"[8]。随后,其他的党派很快也被卷入这场争论。难民组织的支持者认为,这款游戏"淡化了难民的困境"。而澳大利亚人权协会(the Australian Human Rights Commissioner)的奥兹多斯基(Sev Ozdowski)博士则认为,这"充其量只是个游戏而已……别上纲上线"[9]。当 ACA 在 2004 年解散 NMAB 时,许多人认为其对《逃离伍默拉》的赞助就是导火索[10]。当然,《逃离伍默拉》是一个得到一定程度资助的项目,它在澳大利亚的影响是巨大的。在一些学术文献中,作为政治积极分子利用电子游戏来扩大政治辩论范围的例子而被引用。例如,乔恩·多维(Jon Dovey)和海伦·肯尼迪(Helen Kennedy)的《游戏文化:电脑游戏作为新媒体》(Game Cultures: Computer Games as New Media, New York: Open University Press, 2006),乔夫·金(Geoff King)和塔尼亚(Tanya Krzywinska)的《〈古墓丽影〉与〈太空入侵者〉:电子游戏的形式与背景》(Tomb Raiders & Space Invaders: Videogames Forms & Contexts, New York and London: I. B. Tauris, 2006)。

虽然澳大利亚政府对本地艺术游戏项目的反应有些令人震惊,但如果把它放在"禁止从其他地区进口全球流通的电子游戏"的宏观战略被严格执行的大背景下,对《逃离伍默拉》的严厉反应是值得赞赏的。为了在澳大利亚获得商业发行权,电子游戏必须通过书面申请从澳大利亚政府的电影和文学分类办公室获得分级认定(G,普通;PG,推荐在家长指导下使用;MA,推荐给成熟观众;MA15+,不适合 15 岁以下的人),书面申请材料还包括对游戏玩法的书面介绍,以及游戏中任何有争议的视频段落[11]。值得注意的是,在电子游戏中,R18+(仅供成人)的等级可能不会被批准通过。游戏的分类是根据六个类别建立的,即主题、暴力、性、语言、吸毒和裸体。如果对 R18+ 进行宽松的解释,它只是拒绝对色情(明确的、非模拟的性行为)和性暴力进行分类,但 R18+ 也包含对媒介互动利用"激励和奖励"机制的警告[12]。如果媒介的互动奖励涉及性、性暴力或毒品,电影和文学分类办公室可以直接拒绝对其进行分类。

无论出于什么原因,拒绝对电子游戏进行分类都是澳大利亚电子游戏产业和消费者争论的焦点。高调拒绝分类已经致使玩游戏的公众强烈要求将 R18＋分类扩展到电子游戏领域，如 Rockstar North 公司的《侠盗猎魔》（Manhunt，2003）、《侠盗猎车手：圣安地列斯》（Grand Theft Auto: San Andreas，2004），还有 Blitz Games 在 2006 年制作的《落水狗》[13]。在法律层面对游戏分类管理的上一次审查是在 2002 年，当时南澳大利亚州否决了一项允许游戏参与 R18＋评级类别的提议[14]。

《红犀牛：嬉哈狂潮》

The Collective 的游戏《红犀牛：嬉哈狂潮》设定在一个反乌托邦的未来世界，通过涂鸦动员大众反对独裁警察国家的限制。这个主题与 Smilebit 的《街头涂鸦：未来版》（Jet Set Radio Future，2002）很像，后者被认定为 MA15＋。雅达利第一次为《红犀牛：嬉哈狂潮》申请分级时也选择了 MA15＋。然而，昆士兰州地方政府协会对该游戏的评级提出了上诉，该协会是昆士兰州旅游区黄金海岸的地方管理机构综合体。该协会的代表罗恩·克拉克（Ron Clark）认为，"该游戏提倡在公共财产上涂鸦、火车冲浪、打架斗殴和其他反社会行为"[15]。该协会认为，拒绝这个申请的决定可以防止这些活动的升级。当地记者也没有忘记讽刺克拉克的这个回应。雅达利很愤怒，并发表了一份声明，称禁止《红犀牛：嬉哈狂潮》简直与焚书坑儒没什么两样，工作室对此感到失望[16]。

拒绝分级申请的决定在审查委员会的成员中存在争议。由于委员会的四名成员在决定时形成了二比二的局势，于是委员会召集人莫琳·谢利（Maureen Shelley）进行了第二次试图打破平局的投票，她还曾投票支持"对游戏重新分级"的上诉。莫琳在报告中说，这款游戏会助长涂鸦犯罪，打破了委员会的底线[17]。这是澳大利亚第一次以助长犯罪为由拒绝游戏的分级申请。虽然委员会认为通常提到的犯罪行为是性暴力和吸毒，但未指明的一般犯罪也可以用"主题"为由进行审查——起码在本案中是如此。在审查委员会作出决定的官方报告中，委员会对游戏的审查一共有三页，其中的两页半与审查主题有关，剩余的半页纸用于制造其他五个类别（暴力、性、语言、吸毒和裸体）的"莫须有"[18]。

报告强调了两个相关的主题，审查委员会认为这两个主题使游戏不受欢迎,即涂鸦作为一种合法艺术形式的概念和使用涂鸦作为政治抗议的手段[19]。委员会还关注游戏的流畅性和对涂鸦亚文化的熟悉程度[20]。他们表示:"游戏的客观目的是鼓励或使游戏的潜在玩家进行涂鸦或参与涂鸦文化。"[21]在委员会看来,这个游戏煽动了涂鸦犯罪,助长了犯罪倾向[22],而且这种倾向受到电子游戏的交互性影响有所加剧。委员会认为,像商业化的训练模拟一样,这款游戏可以用来"训练"罪犯①[23]。他们不赞成《红犀牛:嘻哈狂潮》通过在游戏中使用真实的涂鸦艺术家的传记将涂鸦描绘为一种合法的艺术形式,并认为这会美化或正常化涂鸦犯罪[24]。少数人的反对意见尖锐地陈述了他们为什么认为游戏应该保留 MA15 + 分级的原因,即"游戏的基调哲学是逃避现实,并将这种逃避设计为娱乐"[25]。

澳大利亚的游戏产业是一个在本地增长的新兴领域。然而,澳大利亚游戏开发公司面临的一个关键问题与知识产权密切相关。维多利亚州政府已经认识到了这个问题,但州政府的态度显然是不支持电子游戏的,而是认为它只是一种幼稚的消遣。同时,一旦这些游戏被艺术化地用于表达政治观点,或将犯罪行为重新定位为艺术和政治,就超出了政府对媒介的理解和欣赏边界。虽然许多国家和地区都担心电子游戏存在色情或暴力问题,但这些担心只是单纯地害怕面向成年人制作的游戏可能被孩子们接触而已。不过,在澳大利亚,电子游戏似乎也必须远离任何与艺术或政治批评有关的暗示。

---

① 澳大利亚有非法涂鸦罪,这是《红犀牛:嘻哈狂潮》遭遇审查争议的法律背景。——译者注

第五部分

近距离观察电子游戏

在了解电子游戏的开发流程时，我们总会遇到一些需要解释的新名词，有时也会出现一些需要来自不同领域的知识才能解答的问题。不过，随着对这些问题的解答，我们对电子游戏会有更深刻的理解，也会对它们的发展感到欣慰。

　　本书的最后一部分以电子游戏开发从个人行为发展为成本可达数百万美元的大型团队活动这一历程为线索，介绍一些电子游戏研究过程中会涉及的话题与可能遇到的问题。前文涉及的与电子游戏相关的其他方面的知识，在这一部分中也将得到更细致的讨论。这一部分的各章节将对电子游戏的图像、声音和它们各自的发展历程分别进行介绍。结尾部分的电子游戏年表囊括类型丰富的电子游戏，我们依据游戏类型对它们进行了分类。考虑到电子游戏本身时常引起争议，这一部分从伦理和道德层面展开了讨论。同时，我们还讨论了电子游戏与其他形式的媒介的关系，并在最后对电子游戏的未来进行了展望。

第 35 章
电子游戏的开发流程

张费钦

在过去的三十年里,电子游戏开发的基本流程发生了巨大的改变,但仍保留了一些普遍的基本框架。甚至可以说,日益复杂的电子游戏产品在某种程度上反过来影响了游戏的开发方式。电子游戏最初在 20 世纪 60 年代是学校主机上运行的供学生娱乐的软件,在 70 年代与 80 年代作为主机与早期个人电脑的软件而被开发出来,后来发展至 90 年代逐渐成为成熟且具有特定分类的形式。在这一时期,不少电子游戏公司的创新能力有所下降。主机与个人电脑对三维图像硬件的普及弥补了这一不足,所以厂商逐渐重视游戏的画面真实感和沉浸式的游戏体验。上述两个方面被一些从业者视作主导游戏市场的重要因素。

电子游戏的开发过程涉及许多工作,包括游戏策划、内容生产和程序编写。这些工作可以由一个人完成,也可以通过团队协作完成。这些工作或许是理性的、充满创造性的,但换句话说,完成这些工作就是要在定义相当明确的领域内解决问题。虽然大多数游戏开发过程都由相对固定的内部开发组来完成,或许在两年或更长的时间中,某款游戏的开发工作完全在这个组的内部进行,但通过与发行商的沟通,招募临时工和外包部分内容的开发在近年来逐渐普遍起来。

电子游戏产业的绝大部分是由独立游戏工作室和发行商组成的,发行商负责为旗下的游戏工作室提供资金,支撑它们开发游戏。发行商有时也会进行自己的游戏开发,它们通常会在这些项目中投入一定的资源,以保证开发出的游戏作品具有符合消费者期待的内容与质量。有时,独立游戏工作室会提出游戏的最初概念,并在游戏开发的早期与发行商沟通以寻求合作,而一些能力更强的工作室则会尝试利用备选资源（有时是另一家发行商）来开发游戏原型，以此证明其提出的游戏概念具有可行性。随后，它们会再向同一家或另一家发行商寻求资金支持，来进行游戏后续的完整开发。

电子游戏的开发过程

由于游戏是投入大量不同类型的资源进行整合与利用所得到的产品，所以对游戏的开发过程进行计划往往是非常必要的。许多工作室会聘请专业人士作为制作人，让他们负责规划游戏的开发进度，并确保投入的资源（如开发人员的时间）得到有效利用。然而，游戏设计所具有的创造性使游戏开发注定具有不确定性，导致适应开发过程中难以预料的情况（或设计问题）成了游戏开发的日常。

一个非典型的游戏开发过程可以概括为以下三个或四个阶段，即概念设计、预开发和正式开发（通常认为存在第四个阶段，也就是后续开发，但它一般不被视作一个独立的开发阶段。这里特别对此进行说明，以保证描述的完整性）。可以说，这种划分方式为游戏开发这个连贯的过程构建了基本轮廓，就像为艺术品设计雏形一样。每一个阶段都有一个里程碑式的标志，通常是某个特定的决策与成果，但同时，不同阶段也可能相互关联。值得一提的是，游戏的不同构成部分，也就是软件开发、美术和游戏设计，在整个游戏开发过程中的进度是不尽相同的。

概念设计

在概念设计阶段，一款游戏需要确定它的核心概念。这是它区别于其他游戏的关键，自然也是游戏开发的第一阶段。它为整个游戏提供了框架，通常包含游戏玩法中的核心机制（玩家进行游戏过程中需要反复进行的思考与交互活动）和游戏的基本设定，但并不包含任何具体的代码（程序）或美术设计。当然，开发者也可以在纸上实现简单的美术设计，用以帮助团队理解游戏的核心概念。

游戏的初始概念会受到许多因素的影响。其中，有些因素是创造性的活动，如灵感或头脑风暴；有些因素是客观需求，即对现有游戏进行改进；有些因素是"创造—理性"框架之外的需要,如发行商的需求或某一类游戏本身的要求。

概念设计可以由某个很有想法的人完成,也可以在小组内通过头脑风暴(组内成员逐一地对原始概念进行增删与重构,再将想法传递给下一个人)一步一步地建立起来。它可能最初只是灵机一动,是关于这个游戏"长什么样"的想法,随后大家为它增添细节,确定游戏要怎么运行,以及游戏的核心玩法如何实现。在概念设计的过程中,设计者可能会从许多地方获取灵感,如其他电子游戏、桌游、书籍、电影等。这一过程也确定了这款游戏区别于其他游戏和它吸引人的地方。在某些工作室中,这一阶段的工作还包括进一步进行特征构建,即列出那些在头脑风暴中获得共识的、有望被引入游戏作为游戏特色的设计。

最初的游戏概念会被总结在各种概念文档中。它为最初的游戏概念确定了细节,包含游戏所有的独特性设计,如游戏的核心机制、游戏风格(玩家如何与游戏交互)、游戏的背景故事与设定和游戏的视觉风格。虽然这看起来似乎是简单的工作,但在大多数时候,设计者需要对当前和短期内的技术与开发能力具有足够的了解,以保证游戏的开发能够顺利完成。游戏天然的交互属性又使得人们只有在真正地玩过游戏之后,才能对游戏有全面的了解。因此,在游戏开发的早期阶段,开发者在向投资者介绍游戏时,常常会进行一些补充,如"这款游戏会(如何运行),但在某些情况下……"当然,一款游戏越是新颖,就越难以被接受。

预开发

预开发阶段需要具体地实现游戏,这里包含正式与非正式的定义。在正式的定义中,预开发(进行游戏原型的开发并完成游戏开发的相关基础工作)是保证游戏开发顺利进行的关键阶段。通俗地讲,就是个人或开发组使游戏从最初的概念变得有血有肉。

关于游戏的预开发(包括游戏原型)有助于控制开发过程中的混乱,以及减少开发过程中的隐患(这种说法得到了《游戏开发者》刊内文章的认同)这一观点,一直以来是存在争议的。在一篇文章中,马克·塞尔尼(Mark Cerny)和迈克尔·约翰(Michael John)指出,预开发事实上是一个制造混乱的过程,因为这一过程"要创造一张画布,在上面找到能使游戏与众不同的核心概念或功能"。因此,这也必然意味着设计师"要呕心沥血地工作"[1]。他们认为预开发能节约时间,并且能避免早期错误导致的后期开发资源的浪费,所以应该在原型开发过程中重视它。虽然大多数开发者会认同这一优点,但也有开发者质疑预开发可能无法作为一个阶段被独立出来。在一些项目中,预开发和正式开发是相互交织的;在另一些项目中,尤其是那些资深开发者进行类似游戏(如续作)的开发时,游戏的核心机制事实上已经昭然若揭了。因此,这样的阶段模型并不适用于每一个成功的项目。马克和约翰想要反驳的另一种说法是预开发"需要100页的设计文档",哪怕事实上很多开发组确实在游戏开发过程中会提前撰写设计文档。这样做的原因通常比较复杂,我们会在后面详细讨论。

一种比较典型的预开发模式是,主策划/开发者独自进行开发,或由主策划领导的核心团队进行开发,确定游戏的构想和后续的细节,随后投入对原型和一些可展示部分的开发,用以确保公司愿意投资这款游戏。如果是独立游戏的开发,则要努力吸引发行商或其他组织的投资。

预开发中最重要的环节大概就是对原型或游戏早期具有可玩性的版本的开发了。此处的"可玩性"用来展示玩家如何一步一步地进行游戏,其中包括代码、早期的一系列美术和动画,以及简单的游戏规则。它使玩家能够简单地体验游戏的部分内容。同时,在这个阶段,游戏的主要视觉风格将被确立。这个开发工作会持续到发行商被说服并进行投资为止,它也能够更好地帮助团队了解游戏实际上会被开发成什么样子。由于游戏是具有交互性的产品,最终开发出来的成品游戏可能与设计者一开始在纸上的构想非常不同。在预开发的早期阶段,这可能会催生业界所谓的"第一个可玩的"或"首次实现所有主要游戏元素的功能性和可玩性"的版本[2]。预开发通常以概念文档的完成作为结尾(包括游戏原型),有时也会有数页或更多的文档(通常包含相关的美术设计),用于说服发行商接受这款游戏。

在不同人的观念和不同的项目中,原型开发、预开发和概念设计的关系也有所不同。例如,《爱丽丝梦游魔境》(American McGee's Alice, 2000)具有独特的美术风格,但它的玩法相对传统,所以它的预开发用了约三个月,其中的大部分时间用于使美术设计与游戏主题更融洽。许多团队也会经历长达数月的预开发过程。此外,引入新的游戏类型会让设计者在预开发上花费更多的时间。威尔·怀特(Will Wright)在设计出《模拟人生》[3]的游戏概念前,用了超过两年的时间进行广泛的研究与阅读。

正式开发

　　游戏开发的第三个阶段是正式开发。在这一阶段,设计者会实现游戏的具体设计。正式开发阶段通常会扩大开发团队的规模。这一阶段的游戏开发团队可能需要更多的程序、美术、关卡、文案、音效师、测试等,每个人负责实现文档中某一特定的部分。在这一阶段,设计者将实现游戏全部的美术资产,还要撰写出完整的游戏剧情。游戏通常具有许多分支对话选项(如根据玩家不同的选择而出现的不同剧情),所以完整的文案文字量甚至会多过一本小说的文字量。游戏的基本设计在这一阶段仍然会或多或少地有所调整。有些项目会在这个阶段完全废弃整个游戏设计,仅仅是因为设计者在开发过程中发现整个游戏是那样的平平无奇(这也是需要进行原型开发的原因)。对于设有关卡的游戏而言,关卡设计在该阶段已经展开。对于第一人称视角或动作游戏来说,这意味着开发者要设计一系列供玩家进行动作挑战的空间。对那些需要规划统筹的游戏,如即时战略类游戏而言,地图场景设计的意义就等同于关卡设计。在许多战略游戏中,设计师还要达成游戏设计的平衡性,这涉及数值量化或为游戏单位和其他对象进行赋值的活动。例如,在棋类游戏中,游戏单位就是棋子;在电子游戏中,游戏单位不仅包含那些代表军事单位的棋子或玩家操作的角色(化身),也包含具有产出效果的建筑和其他可交互的对象。这也能用以确保不同玩家之间具有相同或至少相对平衡的战斗力。一般来说,如果不对这些不同的兵种组合进行广泛的游戏测试,就很难预测对阵双方的各种战斗单位的效果。同时,游戏的程序编写仍在进行,并且这一阶段会完整地实现技术与图像层面(如人工智能、用户交互等)的需求。最终,音效、音乐、声音、演出和其他内容也将完成开发。

　　正式开发阶段通常会有更加正式的测试,并随着游戏的一系列版本的发行作为阶段性标志,如 α 版、β 版和最终测试版(gold master version,简称GM)。一些开发者会将 α 版视作第一个完整的版本,β 版则是尽力排除已知bug 的版本[4],GM 版则是用于商业生产的最终版(用于量产或发行的光碟)。虽然测试可能会持续出现在游戏产品开发的整个生命周期,但 β 版的测试可能是最详尽的,毕竟这一版本之后会面向玩家进行发布,所以要确保产品能较好地符合他们的期待。在正式开发阶段,还有一个收尾的过程。在这个过程中,软件的 bug 被不断地发现并修正,设计师也会不断地完善游戏的平衡并对玩法进行测试。

后续开发

电子游戏商业化发行之后则进入第四个阶段,即后续开发。虽然电子游戏并不像电影和动画一样具有传统意义上的"后续开发阶段"(特指对电影进行剪辑,使其符合上映要求),但对于电子游戏而言,在游戏正式发行后仍然有通过更新补丁或代码对新发现的 bug 进行修复的流程。

游戏设计与设计文档

根据团队的经验与自信程度,游戏的细节设计可能在预开发阶段就完成,也可能在完整开发时才进行。虽然游戏的策划者非常了解游戏的核心概念,但对游戏进行详尽的设计能帮助团队中的其他人更好地了解游戏并实现具体的设计。

详细的游戏设计一般会通过长达数百页的设计文档进行呈现,会在预开发的阶段中完成,有时甚至更早。关于游戏设计有两种不同的设计思路,即在开发之前完成所有的设计,或在开发的过程中进行设计。前者倾向于在设计文档时进行更加详尽的叙述。设计文档可以勾勒出游戏世界的轮廓,包括主要的游戏单位类型及其包含的对象(如建筑、人物及其个性、对象之间的关系、故事线等),世界运行的规则及其对游戏玩法的影响,还有区别于其他游戏的特色和竞品分析。

在设计游戏的同时,游戏策划需要进行一些更为细致的数值设计工作,如为不同的游戏单位赋予不同的数值(如某一战斗单位的火力),以及对不同玩家的游戏单位间的交互进行平衡(如游戏单位之间的克制关系)。虽然设计文档会对这些数值关系进行详细的说明,但最终的游戏数值仍然需要大量的平衡与修正工作。换句话说,设计者要重新设置游戏数值,或进行更加详尽的测试,使游戏单位的赋值与游戏单位间的关系更加合理。这些工作是为了提升游戏体验,使游戏更具挑战性,让玩家在其中体会到更多乐趣。

由于设计文档对游戏中的每个方面和各部分的实现都作了详尽的说明,所以在开发初期,团队会参照文档的要求展开工作。设计文档具象化地呈现出整个游戏的概念,并对后续的开发工作进行详细的规划。撰写设计文档的过程也是帮助团队确认项目可行性的过程。不仅如此,设计文档还能促成团队成员间的高效交流,确保每个人都能清楚地了解项目的内容与细节。

诚然,游戏设计是开发工作中必不可少的一部分,但游戏策划也很清楚,成功的游戏(无论这些游戏是否新颖)必然都较好地实现了后续的开发工作。这与团队其他成员在整个游戏开发过程中的付出是密不可分的[5]。一个精妙的点子和一款革命性的新游戏的区别就在于大量细致化的工作——既富有创意,也足够合理。然而,即使是一个小小的(如交互设计上的)瑕疵,都有可能让游戏完全失去可玩性,或令玩家感到失望。不仅如此,游戏策划往往认为单纯的一个想法是"廉价的"或"毫无意义的"。在他们看来,任何一个好的游戏策划都应该随时具有无穷无尽的灵感。话虽如此,但对于一款革命性的游戏来说,一个具有远见且有竞争力的想法必不可少。

游戏开发过程中的一些问题

由于游戏在开发过程中需要大量的程序设计和项目管理等其他方面的工作,游戏也具有技术性和逐渐流程化的特征[6]。程序设计意味着设计师在开发游戏时可能会面临一些与开发软件类似的问题,毕竟他们都需要进行合理的规划,以提高开发的效率和可靠性。因此,开发软件时常用的技术也越来越多地被应用在游戏开发领域。事实上,由于游戏还包含一些复杂的系统设计和提升玩家体验的交互设计,所以开发游戏的难度一般而言是高于开发软件的。

首先,游戏项目的开发过程会受到许多因素的干扰。一方面,干扰来自设计本身,包括游戏设计(方案不符合实际或无法实现)、程序设计(技术问题或技术制约导致开发目标无法达成)和美术设计;另一方面,游戏开发中普遍存在一些问题,而这些问题有时在其他高科技产品的开发过程中也很常见[7]。具体来说,这些问题有开发管线(pipelining of content)工作的同步问题(如在策划者设计完成后需要实现大部分内容的开发),难以在最终开发完成前进行整个游戏的测试和功能蔓延(feature creep)等。功能蔓延指在开发过程中,策划团队或开发团队会不断地向游戏中添加新的机制以增加游戏性。但是,有时游戏中添加的玩法过多,或添加的玩法会让游戏本身变得混乱,偏离最初的设计目标。这就要求设计团队在项目开发过程中持续地展开测试,或在投入开发前删去不必要的内容。

其次,许多问题出在团队的内部。比如,重要的团队成员可能在开发过程中离职,或团队内的交流出现了障碍。后者使团队协调越来越成为一个游戏策划或制作人应具备的关键能力。此外,在项目推进的过程中,开发组会不断地组织会议(可能是整个开发组的会议,也可能是其中某个小组的会议),以确保资源得到了合理分配,如合理规划某位程序员的工作饱和度,或甄别团队是否在某个关键节点面临瓶颈。会议的具体内容随开发阶段的不同而有所变化,同时也取决于团队的沟通与协作需求。值得一提的是,一些团队也可能会从因前期计划不周而导致的混乱中受益,因为团队反而能在开发过程中对不太完备的初始设计进行补充甚至重构。随着游戏变得越来越复杂,开发团队也不可避免地变得越发庞大,沟通也自然变成单向的命令式传达。在一些规模更大的团队中,协作是由各个部门的领导人推动的,大多数成员并不知道项目的全貌,也不清楚游戏设计的迭代过程。

最后,商业环境也是影响游戏开发的一个因素。玩家(消费者)可能只对最优秀的游戏感兴趣,尽管他们的偏好会不断地改变,但大多数人的口味并不会发生太大的变化。然而,对于游戏开发者来说,如何应对这种心态矛盾甚至反复无常的消费者,或许是最令他们头疼的一个问题。就像一款游戏在完成开发之后,总会面对这样一个问题——如果要开发续作,它与上一部作品有多大的区别才能保证它具有竞争力的同时,还能让玩家保持一定的熟悉感。此外,工作室需要设法满足发行商提出的严格的最后期限,如游戏要在圣诞节之前上市。

随着产业与技术的成熟,游戏开发无疑会越来越流程化,也会出现越来越多的商业化项目和量产作品。这或许会影响创造力在游戏开发中的地位。将游戏开发中的这些理性因素与看似具有创造力的内容相结合,会导致具有创造性特征的产业中(如电影)出现的不良问题再次出现在游戏产业中。

尽管游戏策划在开发过程中完整地展示了游戏内容,但许多部分(如美术、设计甚至是程序)可能在最后会被抛弃(所以除了原型,还可能产生其他的额外开销)。很多因素都会导致这种状况发生,其中包括团队对开发内容的不满和发行商产品策略的变化等。在预开发过程中产出的原型或许只是对代码和美术的粗略组合,所以在更优秀的样本出现后,旧的内容自然会被替代。这种情况一般出现于一些革命性的游戏(如世界上第一款音乐游戏《动感小子》,1996 年发布于索尼 PS1 平台)中,或者出现在一些经过反复打磨,以求为玩家提供更好的体验的游戏(如第一人称射击游戏《半条命》)中[8]。

游戏开发中创造性与理性的平衡

游戏开发通常被视作一项具有高度创造性的工作,也是一项相当循规蹈矩的工作。创造的行为在整个产品开发的过程中随时都可能出现,比如概念设计工作可能需要一个或数个游戏策划或团队成员对游戏提出各自的想法,并互相进行讨论与修正。大多数创造性的工作都集中在概念设计阶段,创造力也会表现为不同的形式,毕竟不同的游戏体现的是设计者对于世界的不同看法,它们的玩法自然也大相径庭。以彼得·莫利纽克斯开发的《地下城守护者》为例,它颠覆了传统的玩家角色。在这款游戏中,玩家并不像在传统的幻想角色扮演类游戏中那样,作为探索地下城的主角进行游戏;玩家操控着地下城,并利用机关对入侵地下城的"英雄"(由电脑控制的角色)展开攻击。这款游戏的概念看似简单,却给玩家带来相当新鲜的游戏体验。还有一个例子是威尔·怀特的《模拟人生》(玩家在游戏中可以以另一个身份生活在虚拟时空)。同样,这款游戏看起来就像普通的洋娃娃模拟器,但它事实上是一款革命性的产品。为了让团队与发行商能够理解这个项目,制作者甚至进行了大量的社会科学研究。当然,它也成为有史以来最成功的游戏之一。这些游戏的成功都离不开创造力中包含的一种能力,即制作者能够甄别(可以实现的)想法的好坏。

在后续的开发阶段(如正式开发阶段),创造力仍然发挥着作用,尽管此时它可能与一些更为细枝末节的设计或实现工作有关。在类似的琐碎部分,团队成员的许多创造能力也可以得到彰显[9]。例如,游戏策划可以根据随时迸发的灵感添加新的玩法,程序员可以通过代码使游戏的运行更加高效、合理。因此,即使是程序设计工作,需要的也不仅仅是成熟的技术,还需要(甚至是高度需要)游戏策划对工作内容和用户体验这两方面有一定的审美。

大部分的游戏开发过程都是传统的,或者是基于问题解决导向的。这包括大量的设计工作(如为游戏设计更加高效的系统和更具可玩性的游戏规则,以及它们应包含的一系列内容),包括程序设计(克服技术上的问题)和内容设计(如美术表现)。这些工作本身确实是富有创造性的,而且不仅仅指传统意义上的创造性。

第36章
电子游戏中的图像

卡尔·塞里恩

> 为什么多边形是电子游戏中最常用的视觉元素呢？因为无论次世代的设备变得多么令人惊讶，具有如何深刻的跨时代意义，电子游戏在天性上，就像西方艺术从文艺复兴时期发展至写实的摄像艺术一样，不断地促使它构建越来越精妙的虚拟画面。
>
> ——史蒂文·普尔(Steven Poole)[1]

在电子游戏的发展过程中，视觉表现的优化似乎是最主要的动力。能够在虚拟环境中描绘更加真实的世界这件事吸引着许多人，并让他们有理由购买更昂贵的设备，如最新的家用机或更新的电脑硬件。但是，我们不应仅仅将视觉表现视为追求极致的仿真，静态渲染与动态渲染的质量差异和大量与特定游戏系统相关的成像技术都向我们展示了视觉表现技术发展的坎坷过程。不仅如此，一些最新的3D游戏整合了旧有的图形技术，同时2D游戏在移动平台上仍然大受欢迎。尽管游戏设备的发展历史不长，但它们的种类可谓恒河沙数。在本章中，我们会列举典型的例子，对一些最基础的成像技术进行介绍。有别于简单的历史梳理，我们将尝试探讨一些在视觉设计上长期使用且将一直适用的法则。

在电子游戏中，视觉展示最初也是从草图开始的，只有几个形状、几种颜色。世界上最早的街机游戏《电脑太空战》和《PONG》的画面极其简陋，甚至很难使人联想到它们所指代的真实世界中的东西(科幻小说与桌球)。在早期的游戏中，许多游戏都以宇宙作为背景，这其实不难理解——不仅是因为程序员对于科幻作品的热爱，黑色背景天然地与太空的空荡契合。在这种基础上进行设计,还能够最大程度地减小程序的体积。在街机游戏发展的前十年里,人们发现,除了进行画面仿真,游戏还能在其他方面体现出娱乐性。在位图的展示方式下,屏幕被分割成单独的像素点,而每一个像素点的展示内容都是独立的。因此,这种展示方式的效果主要受到两个因素的制约,即展示能力(主要是屏幕的分辨率和同屏颜色数量)和处理能力(工作内存和中央处理器的频率)。上述两者是紧密相连的,早期游戏的高颗粒度可被认为是由屏幕分辨率低导致的(如雅达利 2600 的最高分辨率理论上是 192×160),但也与设备无法处理高精度的点阵图有关(因此会产生大片同色的块状区域)。这些限制有利于同时描绘场景的正面和侧面,并显示在屏幕上。以一幅点阵图为例,如建筑的墙砖,它们的组合和平铺构成游戏场景,用以规划玩家的运动空间(图 36.1)。

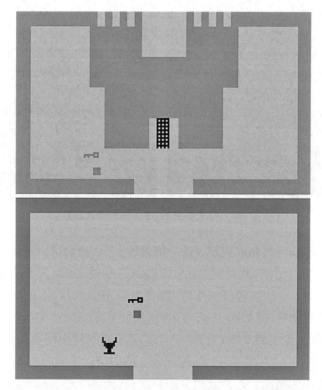

图 36.1　雅达利 2600 上《魔幻历险》的游戏截图

注:上图展示了黄金城的外观,下图是城内的景象。城门打开时,玩家通过城堡大门即可入内。

如果像史蒂文·普尔所说的那样将视觉艺术的历史延长一些,我们会发现,文艺复兴之前的一些油画作品中展现的一些空间堆叠方式的差异,在早期的游戏作品中是很典型的。

随着家用机、街机和个人电脑的不断发展,图像展示与处理技术也在不断革新。更高分辨率的点阵图能更加便捷地展示不同的角度,所以能为游戏世界增加一些深度。街机版本的《立体空战》便通过引入侧轴投影中的等角透视方式(图36.2),实现了真实三维空间的效果,即空间中的每一个维度都是同等地位,没有灭点(vanishing point)。

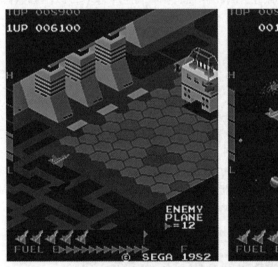

图36.2 《立体空战》中的等角透视效果

为了将游戏空间拓展到超过单一屏幕的大小,我们可以通过展示多个相邻空间[如《魔幻历险》和《寻宝记》]或借助一些技术(如页面滚动)来实现。后者在Kee Games的《超级汽车》中被首次应用。当然,不论是表示电脑控制的角色的连续移动[如在1982年的《铁板阵》(*Xevious*)中],还是对玩家移动的反馈(如在街机游戏《防卫者》中),多层平面空间图层都会逐渐出现,以展示3D效果。在《月球巡逻》中,三个独立的图层以不同的速度移动,简单地表达出了景深的概念。这种被称为视差滚动(parallax scrolling)的技术随后在表示多个平面及/或多个独立物体("精灵",我们稍后会讨论这一概念)的运动时被广泛使用,就像街机游戏《直升机大战》(*Choplifter*,1985)中展示的那样。通过水平与垂直的视差滚动，许多动作游戏中出现了拟真的灭点。同时，在视觉边界上，玩家也能察觉到隐藏在位图中的视角位置。

马克·沃尔夫认为，"电子游戏发展成现在的模样，或许是因为在视觉效果上，开发者试图向电影和电视作品看齐"[2]。不仅如此，技术的飞速发展也刺激着游戏开发者追求电影级别的画面的野心。图形冒险游戏时代的发展和早期随之出现的精细的位图集成就是这一想法的最早实践，人物的特写镜头也逐渐广泛地应用于人物对话场景中（图36.3）。同时，有些作品也尝试加入镜头切换的画面结构，如《芝加哥之王》（*King of Chicago*，1987）中的中镜头／特写镜头结合（图36.4），Delphine Software 为 Amiga 开发的《游轮凶案》（*Croisière pour un Cadavre*）中运用的正／反打镜头。在早期，游戏开发者甚至使用数码相片来制作这些高精度的位图［如 Access Software 开发的《神探墨菲：残酷大街》（*Tex Murphy: Mean Streets*）］。这些方式通常都为某个具体的静态场景增加了细节，它们无疑使大多数硬件资源被用于处理数据量

图36.3　游戏中的特写镜头

注：左图出自雪乐山的《国王密使Ⅴ：失城记》，右图出自卢卡斯影业公司的《Loom》。

图36.4　《芝加哥之王》的游戏画面

庞大的图像。这种缺陷在数码摄影中更为突出。此外,玩家对镜头语言的了解较为有限,所以游戏中的画面素材无疑会向着更加贴近电影画面的方向发展。显然,电影级别的画面展示重点是连贯的动作表现。

在第一代平台上,游戏中的运动物体被称作"精灵",我们用这个术语来表示物体的底层渲染机制(当然,这在一定程度上取决于系统)。精灵在屏幕上的运动通过播放一系列不同的位图或动画帧来展示。1984 年,Brøderbund Software 在 Apple II 上发行了乔丹·麦其纳(Jordan Mechner)开发的《空手家》(*Karateka*)。这款游戏的人物动作在游戏圈引起了不小的关注。随着动作捕捉技术的出现,麦其纳随后也在同一平台上发布了他最著名的作品——《波斯王子》(1989)。事实上,这一技术的概念也借鉴了知名的动画制作技巧,即转描(rotoscoping)。人物的每一个动作都是根据电影中的模特动作精心绘制的,王子那惊人的可动性(行走、奔跑、跳跃、攀爬和持剑格斗等)和栩栩如生的表现背后,都凝结着制作人员难以估量的时间与心血(图 36.5)。

图 36.5　运动的分解动作(以麦其纳的《波斯王子》为例)

注:图片来自发布于 Amiga 平台的游戏版本。

1992 年,Midway 发布的《真人快打》引起了街机游戏圈的广泛关注。这款游戏中的每一个角色都是以真人演员的一系列动作为蓝本进行制作的,人物的主要框架还融入了依托精灵的动作架构。同时,《真人快打》的战斗结局短片仍然逊于电影水准的画面表现。在 20 世纪 80 年代早期,以激光视盘游戏(如雅达利发行的《火狐》)已经能够存储电影级别的画面素材了,但游戏的玩法仍然很有限,所以这段时间并没有出现很多新游戏。在实现将电影画面融入游戏的这一终极目标的同时,MPEG 开发出了针对 CD-ROM 技术的电影压缩标准。然而,不同游戏间的数字视频序列(全动态视频)质量天差地别,并且相较于 1989 年被提出的 MPEG-1 标准还显得十分粗糙。Access Software 开发的《神探墨菲:火星大悬案》(1991)就运用了 FMV 展示游戏中的审讯过程。这些场景都很短,仅出现在一个低分辨率的小窗口中,并且存在丢帧的问题。更为先进的 CD-ROM 存储技术则允许游戏中播放质量更高的 FMV。可以说,《神探墨菲》系列游戏见证了 FMV 嵌入技术的发展历程(图 36.6)。

图 36.6　全动态视频

注:四个画面分别出自《神探墨菲:残酷大街》(1989)中的数字图像(左上)、《神探墨菲:火星大悬案》(1991)中窗口化的实景演出视频(右上)、《神探墨菲:杀人月》(1994)中场景内的动态人物(左下)、《神探墨菲:监护人》(1998)中的全屏播放的视频(右下)。

通过前文我们知道,电子游戏借助多种方式尝试再现影视内容,先是通过对话与旁白的结合,到动画技术的应用,再到后来完整的数字化展示。这种对内容进行重现的理念就是由杰·博尔特(Jay David Bolter)和理查德·格鲁辛(Richard Grusin)建立的新媒体体系中的核心概念[3]。实际上,人们常常以一种更积极的方式来理解它,即新媒体对旧的媒介形式的"缺陷"进行"重构"。不过,电子游戏的情况显然更加复杂,因为在它提供的所有交互内容中，并没有哪一种是在视觉真实性上严格地优于其他媒介形式的。换句话说，观众并不会认为电子游戏提供的这类内容是对传统媒介内容的重构或再现，而会倾向于认为它是某种替代方案。但是，这种观念是如何形成的呢？除缺乏细节和画面不够流畅外，电子游戏在视觉表现上最明显的短板便是大量的重复——平铺且重复的点阵图和重复使用的动画效果不可避免地令人感到雷同。除了视觉上的真实性，电影还具有一个重要的特征，那就是视角的多变性。《游轮凶案》的电影质感主要归功于它的游戏引擎（这个引擎恰好也叫 Cinématique，在法语中指"电影"），它让游戏能够以多个视角进行场景的呈现。不仅如此，FMV 的魅力还在于它能够让任何一张普通图片以完全不同的方式被展示出来。那么，当人们能够通过技术手段重现电影内容之后，游戏开发者对 FMV 的兴趣又是如何突然消失的呢？

虽然真人视频在各方面都具有很高的质量，但它无法很好地对用户的输入进行反馈。所谓的互动电影在短暂的流行后很快就式微了，受限于操作和硬件设备的存储容量，即使这一形式能够借助多样的选项和庞大的内容量来提供丰富的游戏体验，它仍然无法成为主流的游戏形式。这个理由显然是不够有说服力的。随后流行的图形冒险类游戏仅仅在互动电影的形式上进行了延伸，其中的交互反馈仍然是具有局限性的。讽刺的是，当时很多流行的游戏大量使用动作序列而不是 FMV，其部分原因恰恰体现在那些严重依赖真人表演的游戏之中。事实上，计算机成像本身更适合预算相对较低的操作，而不是需要场景建构或昂贵的现场拍摄。这些游戏展示的虚拟场景也向我们展示了电子游戏在未来能够提供的画面，即在达到电影质感的同时，能够对用户的行为进行即时反馈。

超越电影画面

计算机成像遵循的原则是十分简单的，即通过电脑模拟由基础几何形状（立方体、球体等）的结合、重复而构造出来的物体和整个场景。设计师在模型的表面会应用贴图（2D 的图像），对于一些自然现象，如光照、阴影、折射、反射、流体和一些气体等，则会用具体的算法加以控制。CGI 设计师会以写实主义作为自己的设计理念。如今，电脑合成的图像往往看起来太过完美了。事实上，剔除作品中这种超现实的感觉是不太容易的，简单地添加污渍和模拟氧化效果并不能完全抹去合成物体外观上的那种千篇一律。而且,比物体和场景的写实更大的挑战则是虚拟场景中的动态效果。它往往需要大量精细的调整才能使动效看起来逼真,或至少有那么一点儿像真实的运动。设计师们会在物体内部添加虚拟骨骼,其中的每一个关节都由一系列的参数控制。对于像人体动作这样复杂的动作,动画师们通常需要借助动作捕捉技术来获取必要的动作数据,即让演员穿上特制的服装做出指定的动作,服装会在一些主要的关节部位装有传感器。最后,设计师会选择一个摄像机视角。随后,这些由摄像机捕捉到的素材就会在计算机的图形处理硬件中被处理。

借助合适的素材,CGI能够达到近乎电影水准的视觉真实性。这一技术也被应用在真人电影的拍摄中,为创作者提供了巨大的帮助[如乔治·卢卡斯(George Lucas)的《星球大战》三部曲(1999—2005)]。为了追求极致的逼真,坂口博信(Hironobu Sakaguchi)和莫托·萨克巴拉(Moto Sakakibara)在2001年拍摄了电影《最终幻想:灵魂深处》。同样,在电子游戏产业,CGI的应用也很广泛。1993年,Trilobyte开发的《第七访客》与Cyan公司开发的《神秘岛》通过CGI技术向玩家展示了可被探索的虚拟世界。这也是FMV技术提倡的理念。RARE工作室1994年在SFC平台上开发的《大金刚国度》中的大多数元素(从背景到精灵)都在高性能的硅图公司的工作站上进行了预渲染。得益于在各类媒介形式上的出色表现,CGI逐渐不再只是为了实现真人动作仿真而被使用的临时替代性手段,而是变得越来越有吸引力,各种类型的电影都开始使用电脑进行画面渲染。但是,随着PS1平台1997年发布的《最终幻想7》的成功,这一技术开始与日式角色扮演类游戏紧密相关。在上面这些例子中,CGI并没有重新定义电子游戏中的视觉设计基础,它只是替代了传统的纸质作画或数字化的图像素材。那么,我们如何才能将这项单纯的图形技术与追求更好的图像表现的理念结合起来呢?

菲利普·奎奥(Philippe Quéau)针对CGI提出了一种权威的核心理念,即"数字图像合成技术与摄影技术无关,它们只是字面上看起来有关系而已"。这些技术"并非为了追求对真实世界的'重现',我们关注的是技术本身生产出的作品"[4]。3D模型可以通过数学公式进行构建,所以便于计算机处理,一个具体的数字渲染图像仅仅是模型包含的无数种可能中的一种。但是,为了体现出对电子游戏所能提供的极致体验的追求,这样的图形处理是需要实时进行的。即使在 3D 游戏逐渐常态化的 20 世纪 90 年代,受到当时技术条件的限制,3D 空间内的虚拟物体的构建在整个游戏发展的历程中看上去还是相对原始的。在 20 世纪 80 年代初期,与位图同时存在的还有另一种技术——矢量图。区别于位图对每个像素点进行每秒 30 次左右的更新,矢量图通过电子束直接表示需要展示的轨迹,屏幕的其余空间则是黑色的。与位图相比,矢量图中的直线具有更高的分辨率,运动也更加平滑。于是,具有清晰的图像和流畅的运动效果的 2D 游戏纷纷问世(最著名的就是雅达利的《爆破彗星》)。更有趣的是,矢量图很快就被运用于 3D 场景的线框构建。

在 1980 年,雅达利的《战争地带》街机游戏首次在电子游戏中使用了 3D 的游戏空间,其中的物体都是由简单几何体(立方体和三棱锥)构成的。但是,由于矢量图特性的限制,它们的表面都是透明的。在游戏中,通过控制坦克的移动,玩家可以向任意方向进行探索。同时,根据玩家视角的变化,游戏中的背景与物体(或它们的某个面)都会进行重新绘制(图 36.7)。

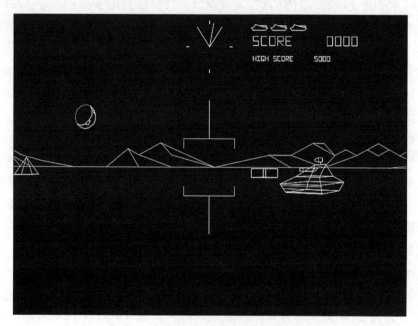

图 36.7　雅达利的街机游戏《战争地带》

注:这是第一款使用 3D 效果的街机游戏。

早期的游戏将游戏玩法集中于对空间深度这一概念的应用,最著名的有雅达利的街机游戏《夜行车手》。但是,与科乐美随后发布的拥有彩色界面的《太阳系战机》(Gyruss,1983)和世嘉的《太空哈利》一样,游戏中颠簸的小路上向玩家迎面而来的那些物体,事实上都是由游戏引擎中的 2D 精灵控制的。即使游戏呈现了逼真的深度上的视觉体验,游戏引擎也仅仅是将动作移动到另外一个坐标轴上。然而,从冗余的角度来看,这与卷轴射击游戏(side-scrolling game)没有什么区别。线框结构的 3D 画面引起了业内的兴趣,并被雅达利公司运用于基于《星球大战》电影制作的两款游戏的改编中(分别在1983 年和 1985 年发行)。为了表现真实的 3D 世界,设计师要对那些场景中的多边形进行填充,而这对矢量图来说并不容易。雅达利在《我,机器人》中对此进行了首次尝试(图 36.8)。有趣的是,这款游戏允许玩家通过两个特定的按键移动视角。

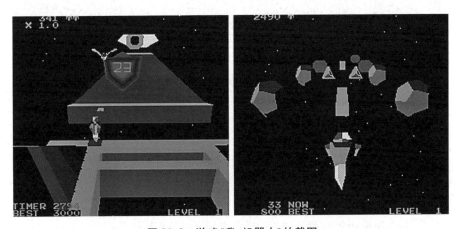

图 36.8　游戏《我,机器人》的截图

注:图片来自 http://www.klov.com/。

由于《我,机器人》的销量惨淡,基于多边形进行场景搭建的 3D 技术开始被广泛地应用在随后流行的驾驶模拟类游戏中,如 Sphere 公司的《Falcon》(1987)、Lerner Research 开发的《Chuck Yeager Advanced Flight Trainer》(1987)和微软 3.0 版本的《模拟飞行》(Flight Simulator,1988)。这一时期也出现了一些动作/冒险游戏。值得一提的是,这些游戏都使用了 Incentive Software 开发的 Freescale 引擎,如《Driller》(1987)和《城堡大师》(Castle

Master，1990)。讽刺的是，随着 id Software《毁灭战士》的发布，3D 游戏逐渐流行起来，但这款游戏的引擎却并不完全是 3D 的。它的引擎部分地使用了 2D 贴图(将 2D 图像应用于平面，并根据视角进行调整)，游戏世界中的墙壁、地板和天花板都有渲染限制，并因此确定了空间范围，限制了第一人称视角，游戏中的物体(如机关、敌人)则通过不同尺寸的精灵进行控制。id Software 在 1996 年推出的《雷神之锤》使用的引擎则更多地使用 3D 技术渲染场景，包括其中广受欢迎的一些生物(图 36.9)。

图 36.9 《雷神之锤》中的光照贴图(light map)和具有 3D 纹理的生物
注：图片引自 http://planetquake.gamespy.com。

虽然《毁灭战士》中的场景光源是统一的，但《雷神之锤》引入了光照贴图，即在特定场景中，设计师会对光源及其产生的阴影进行预渲染，随后应用在贴图上。与其他几款游戏一起，《雷神之锤》成为当年人们购买第一代 3D 加速卡的一大动力。如今，我们也会在个人电脑上使用加速卡来替代图形适配卡。街机和家用机同样也有处理 3D 图形的硬件条件，而且更多公司纷纷开始转向对 3D 作品的开发，如 Tamsoft 发行在 PS1 上的《斗神传》(*Battle Arena Toshinden*) (1994)，任天堂在 N64 平台上发布的《超级马里奥 64》(1996)，世嘉发行的街机游戏《世嘉拉力锦标赛》(*Sega Rally Championship*, 1995)。

在如今的游戏场景中，多边形仍是最常用的基本单位。CGI 设计师匠白光(Alvy Ray Smith)曾估算，为了在屏幕中重现真实的世界，每秒需要显示 8000 万个多边形[5]。如果认为高度复杂的几何构造是 3D 引擎所面临的唯一难题，那我们就太天真了。人们看到的世界充满了远比多边形(brick，计算机图形中最基本的构造单位)更难被感知的自然现象,如水、烟、雾、火和爆炸,都是很难通过单纯的材质和多边形的堆积来表示的。如今,游戏中的特效都运用了一系列惊人的技术。例如,可编程着色器控制着像素和定点的展示(三维空间中的坐标所确定的点),所以它在许多图像引擎的某些子系统中得到了应用。粒子系统对简单的原始单位(primitive,通常是较小的 2D 物体)进行重新排列和聚类,以此来模拟火焰、烟雾之类的扰动等。凹凸映射(bump mapping)和法线映射(normal mapping)为多边形平整的表面添加了不平整表面的阴影值。它们根据场景中不同的光源位置而有所变化,所以不用为纹理和遮挡所导致的阴影绘制额外的几何图形。不仅如此,与光线相关的现象对交互环境的拟真程度有着至关重要的影响。光的散射、反射、折射,不同材质的反射率,以及遮挡与阴影,都需要设计者根据玩家行动进行实时计算。考虑到大量的移动光源,如枪火和爆炸,如今还没有一款游戏能够完全模拟这些因素。

表面之下

即使特效技术层出不穷、日益复杂,3D 游戏仍然有同质化的趋势,平铺的素材和重复的动效导致游戏产生了与 2D 时期类似的感觉。无疑,游戏的画面会变得越来越精细,直到像电影一样真实,或许这一天会比预想中来得更早。Valve Software(俗称 V 社)推出的《半条命 2》(2004)其实已经向我们展示了在各种意义上都可以称为电子游戏视觉设计最大挑战的虚拟演员形象,或许不久后它们就会变得与真人一样(图 36.10)。

图 36.10 《半条命 2》的截图

由于设计师能够在玩家的周围建构一个虚拟的世界,游戏这一媒介形式也可以向虚拟现实这一更大的目标迈进。VR 致力于完全地重塑我们的肉体与世界的关系,并将电脑的存在尽可能自然地融入这种关系。3D 游戏引擎事实上已经可以模拟出第一人称视角,并且一些开发者正尝试将一些视觉指示(如体力槽和弹药量表)更和谐地添加到游戏中。人们似乎会很自然地认为这种交互式的娱乐媒介会向更加宏大的目标发展。例如,艾莉森·麦克马汉发现,很多游戏已经开始采用第一人称视角了[6]。但是,这种假设还只是一个开始。最有趣的是,3D 引擎如今被用于制作一些惊人的电影化场景。虚拟摄像机能够从一些非凡的角度和瞬间捕捉玩家的表现,如 Rockstar North 在 PS2 平台发布的《侠盗猎车手 3》(*Grand Theft Auto III*, 2001)和育碧在 Xbox 平台发布的《波斯王子:时之沙》(2003)。随着电脑能够合成的动画场景越来越接近电影,一些流行的游戏重新采用了《龙穴历险记》的游戏玩法(在合适的时机按下对应的按键),如卡普空发行在 GameCube 上的《生化危机 4》(*Resident Evil 4*, 2005),SEGA-AM2 在 Dreamcast 上发行的《莎木 2》(2001),以及 Quantic Dream 在家用电脑上发行的《幻象杀手》(2005)(即使此前这种玩法曾被谴责更像"电影"而非"游戏")。同时,与镜头相关的特效,如运动模糊、聚焦和镜头光斑也像其他画面效果一样得到了模拟并不断被优化。一些第一人称射击游戏甚至引入第三人称的部分,如 Bungie 的《光环:战斗进化》(2001)和 Starbreeze 的《超世纪战警:逃离屠夫湾》(*The Chronicles of Riddick: Escape from Butcher Bay*, 2004)。上述两款游戏都发行于 Xbox 平台。

诚然,游戏产业对于还原电影级的画面仍然十分痴迷,而电影般的视觉表现与交互性(正是互动电影所追求的)的融合或许是未来驱动游戏发展的主要动力。图像处理技术的变革所具有的不稳定性如今日益明显,具体的技术总是顾此失彼,或许是为了某个特定的图像效果就不得不牺牲处理用户输入的速率。电子游戏中的视觉设计早就超越了单纯的成像技术,在高质量与多种类的动画背后,AI 决定了人物在特定环境下的成长,以及他们如何与其他虚拟人物互动。在游戏世界的表象上,虚拟的物理定律模拟着重力,并实时计算着爆炸的强度。随着这些动态模型的引入,虚拟世界能够展现出不同于视觉仿真的全新意义。如果认为媒介的发展仅仅是为了集成更完整、更复杂的仿真模型,那就太天真了。随着新技术的出现,它不仅能够越来越完备、精细地模拟世界,就像电子游戏不断更新着它创造的视觉假象一样,它也将不可避免地影响我们看待游戏的方式。

第 37 章
电子游戏中的音效

埃里克·皮卡门尼

关于电子游戏的音效设计,最早可以追溯到有史以来最著名的雅达利发行的游戏《PONG》。游戏最具标志性的音效是击球时发出的声呐般尖锐的"滴滴"声(通过对游戏设备本身的电路系统中的音效进行放大而实现,由雅达利的工程师阿尔·奥尔康开发[1]),这就是一种音效设计。太东发行的《太空侵略者》在音效设计的基础上制作了游戏的原声带,即在游戏中持续播放的、随背景变化的节奏。虽然这种原声带是否为真正意义上的音乐仍有待商榷,但《太空侵略者》确实是第一款拥有持续且可交互音效的畅销作品(在玩家击溃侵略者时,其余的敌方单位会移动得更快,音乐的节奏也会加快)。南梦宫的《吃豆人》涉及音效设计的各个方面。音效设计师甲斐敏夫(Toshio Kai)制作的原声带包含静态与动态的音效。例如,在每一个关卡开始时都会播放开场音乐,在关卡切换时则会播放间奏,在玩家控制的吃豆人每次死亡时,都会播放一系列刺耳的音效。在电子游戏发展的早期,电脑的硬件较为原始,硬件和软件的每一次革新都是对未知领域的一次探索,游戏开发者也在这一过程中相互促进。有不少街机游戏尝试加入数字语音[如 Stern 开发的《迷宫射击》和威廉姆斯公司开发的《星风血雨》(*Sinistar*,1982)],而 Cinematronics 开发的《龙穴历险记》则借助激光视盘这一载体,在游戏中加入数字音效和全动态影像,即使这种存储形式自身的复杂性导致游戏的交互性较为有限[2]。在当时的条件下,合成语音与全动态影像仅仅是新奇的事物,它们为游戏向一种媒介形式的发展提供了很大的帮助。

家庭游戏鲜有应用持续的音乐原声带,这主要是受到设备存储与声音输出设备的限制。第一代家用机和个人电脑(如 1978 年的米罗华奥德赛和

IBM 在 1983 年推出的 PC XT）的运行内存通常都小于 1MB，并且一次只能播放一种简单的音效，也无法控制声音的大小。那时的游戏都是通过汇编语言设计的，所以音效设计师需要有较强的编程能力——这就是为何当时的音效设计师同时也是游戏程序的设计师。雅达利 1977 年推出的 VCS 家用机（就是我们熟知的雅达利 2600）拥有双声道输出，但它音效芯片中的伪随机计数程序（pseudo-random counting procedure）导致它对不同的波形（如方波、正弦波、锯齿波等）应用的调制方式不同。因此，以不同波形演奏的同一个音可能会出现高达一个半音的区别[3]。后来的机器，如 1982 年的 Colecovision 和康懋达 64，它们的声卡则具有 3—4 条声音通道，并且内存也得到了升级。这已经是当时的技术极限了。又比如雅达利 VCS，拥有 128B 的内存，卡带容量最高为 4 KB。相比于如今的家用机（如 PS2、GameCube 和 Xbox）所具有的 40 MB—60 MB 的内存，超过 64 声道的声音输出，以及高达数 GB 的游戏光盘存储量，20 世纪 70 年代末 80 年代初的电脑在声音输出上的表现是相当有限的。

除了单纯的数据限制，早期电子游戏的音效与音乐也受到游戏本身的形式制约。第一代街机游戏的目标群体是那些对游戏和电脑一无所知的玩家。正如游戏设计师理查德·劳斯（Richard Rouse III）所说：

> 首先，游戏设计的理念是让玩家快速地理解游戏，这样在他们第一次接触这款游戏的时候，就能理解这款游戏是如何运作的，以及为了完成游戏需要做些什么。其次，游戏的流程不应该过长（即使对这款游戏的老玩家而言也是如此）。可以假设每位玩家仅为一轮游戏支付 0.25 美元，而如果一款游戏通过一个半小时的游戏内容仅营收 0.25 美元，开发这款游戏就是不划算的。[4]

玩家一开始通常会被技术上的内容震撼到。但是，随着电子游戏的普及，玩家逐渐期待从游戏中获得一些全新的体验。如果缺乏有竞争力的核心玩法，即使具有最新的声卡或最逼真的特效，这款游戏也无法超越过去的游戏。在 20 世纪 80 年代中期，家用机和个人电脑将电子游戏从游戏厅带到了客厅，并且随着这种形式上的改变，电子游戏的侧重点也发生了改变。相较于过去注重视觉与听觉刺激的游戏开发，设计者开始尝试通过声音拓展游戏的故事内容。相较于街机游戏通常被设计为玩家平均花费每 0.25 美元进行 2.5 分钟游戏的重复性游戏体验,家用机与个人电脑上的游戏则可以提供让玩家玩数小时、数日甚至数月的游戏内容[5]。随着叙事逐渐成为游戏体验的重要部分,音乐演出也逐渐穿插在剧情的叙述过程中。这也让音乐成为游戏中不可或缺的部分,而非可有可无的内容[6]。

在 20 世纪 80 年代,得益于两款家用机,音乐设计逐渐成为游戏的灵魂——它们就是康懋达 64 和 FC。康懋达 64 拥有罗伯特·亚恩斯(Robert Yannes)制作的 SID(sound interface device,音效交互设备)芯片。SID 芯片能够生成三通道、四类型的音效,并且具有多种滤波器[7]。相比于当时其他的 8-bit 家用机(如雅达利 2600、雅达利 5200),以及家用电脑(如 Apple II 和 ZX Spectrum),康懋达 64 的声音系统是无与伦比的。它和之后的型号 Amiga(第一代使用声音采样而非标准波形合成音的设备之一)如今依然被广泛地应用于芯片音乐(chiptune)和演景(demoscene)的制作。芯片音乐和演景音乐的制作者以这种方式在游戏之外进行关于游戏音乐制作技术的练习,并且不会为此投入额外的商业资源。他们通过这种方式展示自己的技术,并且为旧有游戏带来关注度。他们借助程序来模仿老式家用机和电脑的音效,还会制作自己的原创作品和其他作品的 8-bit 版本,显得既复古又具有未来性[8]。

随着 FC 于 1985 年在美国的发行,五通道声音系统首次出现在家用机上。同时,它的卡带容量(单卡带存储空间高达 512 KB,如果使用存储卡还可以更高)也给声音内容提供了更多的空间。FC 上的代表作《超级马里奥兄弟》所取得的成功,标志着游戏音效设计新时代的到来。这在很大程度上归功于游戏的作曲者——近藤浩治(Koji Kondo)。近藤浩治极具创意的音乐设计既舒缓又充满活力,这在游戏音乐的制作中是独一无二的。游戏音乐会随着玩家在场景中的移动而改变(在地下关卡会变得低沉而有节奏感,在水下关卡则变得轻快而富有气泡感),并且体现了玩家状态的变化(在玩家时间即将耗尽时,声音会短暂地加速;在玩家处于无敌状态期间,会出现特殊旋律)。这种音乐设计也被后来的许多作品采用,如卢卡斯艺界公司的《星球大战:X 翼战机》(*Star Wars: X-Wing*,1993)和任天堂的《塞尔达传说:时之笛》[9](*The Legend of Zelda: Ocarina of Time*,1998)。近藤浩治和同事田中宏和[Hirokazu "Hip" Tanaka,任天堂游戏《密特罗德》(1987)、《马里奥医生》(1990)、《地球冒险》(*Earthbound*，1994)的音乐制作人]共同为任天堂早期的畅销作品进行独家的音效设计[10]。

随着《超级马里奥兄弟》和类似作品的问世，游戏中的音乐和音效类型逐渐变得复杂起来，但单独的音效仍然相对原始。1986年，世嘉推出了音效与FC相当的 Master System(SMS)。但是直到 Sega Genesis(1989)、SFC(1991)和其他16位设备问世，游戏中的音效设计才逐渐成为我们如今熟悉的样子。借助 Sega Genesis 搭载的六通道和超级任天堂的八通道音频输出，相较于前一代的作品，此时的游戏原声带能够拥有成倍的细节与深度。其中，声波合成被调频与波表(采样)合成替代，后者听起来更加真实，并且都能通过合成器进行音量与音效的调节(如颤音、混响、摇摄和渐弱)。借助更大的存储空间(超级任天堂的卡带拥有 0.25 MB—6 MB 的存储量)，游戏的流程也能够变得更长，游戏画面变得更加精致，并且能通过音效改变呼应游戏情节的变化。在这一潮流中出现了一个大家熟悉的例子——史克威尔的《最终幻想3》(*Final Fantasy 3*，1994)。它的音乐制作人植松伸夫(Nobuo Uematsu)也是首批因自己的作品而获得国际声誉的游戏音乐设计师[12]。在《最终幻想3》中，每一个英雄与反派都有他们各自的主题曲，并在他们成为游戏主角时播放。这种设定为游戏的人物与事件赋予了文字无法提供的体验。

同时，主机游戏的游戏音效也在不断进化，家用电脑上的游戏也在经历巨大的改变。在20世纪90年代中期光碟压缩技术到来以前，游戏音效设计师就有远见地推广了功能丰富的 MIDI(musical instrument digital interface，乐器数字接口)形式。MIDI 是1981年由工程师大卫·史密斯(David Smith)提出的一种协议,在1983年被规范化,随后作为"General MIDI"的标准版在1991年被 MIDI 协会推出。这一形式源于音乐家通过连接各种合成器来简化演出的编排的想法[11]。MIDI 文件对于当时的主机来说具有较高的质量(他们声称能够模拟128种乐器的声音,并且最高能够以16个不同的通道分别播放),而且文件大小放进3.5英寸的软盘(每张可容纳1.44MB)中绰绰有余。罗兰(Roland)公司于1991年推出的通用 MIDI 兼容声卡 Sound Canvas 使 MIDI 格式成为游戏音乐作曲家的一个主流选择[13]。由于 MIDI 文件仅包含待演奏的音符指示代码,而不是合成乐器本身,所以 MIDI 音乐文件的大小仅为 WAV 和 AIFF 之类文件的零头。MIDI 的优势在于它具有通用性,任何适用 MIDI 协议的设备都可以读取 MIDI 文件。这一特性使它自 20 世纪 90 年代初期起就被广泛应用于电脑平台。不过,这一特性也给它带来了负面影响。由于 MIDI 文件通过电脑的声卡合成音乐,所以同一 MIDI 文件在不同设备上播放的音乐随电脑声卡的不同而有所变化,有时会有极大的差别。就如艾伦·马克斯所说:"随着声卡制造商集成高质量的合成模块,声卡内置的乐器音效将会越来越好。但是,由于各个制造商的生产水平存在差异,一张卡上播放的高质量音乐,在另一张卡上播放时听起来可能就像火车的轰隆声。"[14]尽管存在这样的缺陷,MIDI 仍然因为具有相当多的优点而被作为音乐合成形式使用——一段音乐通常由一个 MIDI 音序器或键盘生成,随后通过采样库转化为更加复杂的文件形式[15]。

随着优于软盘的数据存储形式被开发出来,家用电脑和主机上的技术也逐渐迭代。在 1985 年被率先投入使用的 CD-ROM 存储形式后来成为 20 世纪 90 年代中期电脑游戏的主要存储媒介[16]。在家用机领域,Sega CD(1992)、松下 3DO(1993)、雅达利 Jaguar(1993)、世嘉土星(1995)和索尼 PlayStation(1995)均采用 CD-ROM 进行游戏存储。这也让它们能够使用符合红皮书音频规范(飞利浦与索尼在 1980 年推出的红皮书音频规范规定了 CD 具有 44.1 kHz 的采样率,而 SFC 的音频采样率是 32 kHz,FC 的脉冲音频采样率是 28 kHz)的 CD 音乐。PS1 和 N64 都能输出 24 通道的音频。N64 采用卡带存储游戏,所以容量较小(4 MB—64 MB),而 PS1 使用的 CD 则具有更大的容量(650 MB—700 MB)。在 1998 年,科乐美推出了街机游戏《劲舞革命》,因其将音乐与充满节奏性的舞蹈与游戏机制相结合而广受关注。随着 CD 和 DVD 的存储能力提升,下一代的主机均不可避免地采用光碟存储游戏。世嘉 DC(1999)、索尼的 PS2(2000)、任天堂的 GameCube(2001)和微软的 Xbox(2001)都是在 21 世纪初面世的游戏主机,它们都具有数倍于 20 世纪 80 年代主机的声音通道和音频库。在 2000 年,美国艺术与科学院(the National Academy of Arts and Sciences)允许游戏原声参与格莱美奖的评选,但直到 2007 年都没有游戏获得该奖项。随着 2005 年 Xbox 360 主机的问世及其出色的性能,加之游戏中对于玩家创作音效的实现(如美国艺电公司的《模拟人生 2》(*The Sims 2*)和 Rockstar 的《侠盗猎车手:圣安地列斯》),游戏音乐与其他音乐类型的界限逐渐变得模糊。

音乐与叙事——自适应音频

如今,大多数游戏都包含剧情音效与非剧情音效,同一款游戏的音效在剧情推进的过程中可能会在这两端跳动。通过对比早期的游戏,我们能发现这两种音效的区别:在威廉姆斯公司开发的《防卫者》中,最主要的音效就是发射光束和单位爆炸的声音;在史克威尔的《时空之轮》(1995)中,最特别的是背景音乐贯穿游戏始终,并且会根据玩家所处的时空改变,还会反映游戏剧情情感的变化。尽管剧情音效很重要,但现在大多数游戏都会加入非剧情音效,就像如今一些电影会引入现成的音乐片段,不论是较短的音效(如枪炮声、人物的台词),还是更长的环境中的音效(如风吹过树叶的声音、炉火的声音)。例如,在 Valve Software 的游戏《半条命 2》中,几乎所有的音效都是剧情音效,除了玩家到达新地点时出现的一小段提示音。游戏的策划舍弃了传统的切屏式转场方式,而是采用人物对话和事件来衔接剧情,以此规避剧情连接处的空白。游戏的音效设计也体现了这一理念,即无处不在的环境音效能很好地与反乌托邦的战场环境相辅相成。

不同类型的电子游戏的音效设计过程不尽相同,但大体上都遵循游戏设计的流程,团队会根据游戏的需要和可用的资源来选择音效师或团队。随着游戏制作成本的增加,游戏音效设计上的预算也相应地增加了,一些游戏甚至会邀请知名乐队或音乐家参与游戏原声带的制作。然而,游戏中的大多数音效仍然是由开发团队内部的某个小组或一些自由作曲家完成的。同时,出于游戏体量和预算的考虑,大多数游戏音乐倾向于使用合成乐器而非真实乐器进行演奏。在与设计团队的其他成员(包括美术、程序和文案)进行沟通后,音效设计师会对游戏的调性和需求有初步的了解,随后开始编曲工作。根据游戏体量的不同,音乐设计的需求可能只是几种不同的音效,也可能是长达几小时的、完整的管弦乐原声带。有时会有一个包含管乐师、编曲师、配音演员和音乐人的团队参与声音演出;有时音效设计师一个人就能完成整个工作。无论工作的规模如何,音效设计师都会在设备允许的范围内和截止时间前尽可能地满足游戏在音乐上的需求。在整个过程中,音效设计师都会与团队的其他成员保持联系,以了解需求的变动。与电影配乐的制作一样,电子游戏的音效设计师也常在项目的截止日期前被安排大量的任务,通常这时整个游戏的大多数甚至所有的视觉设计都完成了。最后一刻的修改可能导致整个原声带需要重新录制甚至重新编写。虽然游戏制作中的任何一项工作都不能单独保证游戏取得成功，但不管是出于对任何类型、系统和受众方面的考虑，具有高质量的音效设计的游戏都是开发者所追求的[17]。

尽管电影音乐和游戏音乐在某些方面是相同的，但两者仍有一个关键的差异——交互性。具体而言，观影的过程是被动的，所以电影的配乐同样是被动的；电子游戏是交互性的，给互动音乐提供了空间。没有玩家的操作，游戏的剧情就无法推进，所以游戏音乐必然与玩家的行为紧密相连。游戏音乐需要与游戏的风格相符，如果一款游戏具有极高的自由度，那么游戏音乐也应该与玩家的各种操作保持同步。完全的交互式音乐[interactive music，或称自适应音频（adaptive audio）]一直以来都是游戏业界所追求的，而且一些游戏已经在此方面取得了一定的成果。但是，如何反馈甚至预测玩家的操作仍然是一个很大的问题。正如作曲家亚历山大·布兰登（Alexander Brandon）所说：

> 交互式音乐指用户使用任何输入设备进行任何操作（可以是点击鼠标或按下某个按键）时都会出现的音乐。自适应音频指游戏事件发生……用户对声音效果产生影响的同时，音效也会对用户产生影响。[18]

在开放世界的游戏和一些更加新鲜的游戏类型，如沙盒游戏中["沙盒"（sandbox）一词用于描述一种鼓励玩家进行试验与创造的游戏环境，有人认为这类游戏不应带有任何类型的叙事内容]，这个问题就变得更加复杂了。某些红皮书音频的奇怪特性（如不能调节音乐的速度和音调，一次只能播放一轨音频等）让它们难以应用于自适应音频，而更加简洁且标准化的音乐文件形式（如 MIDI）更能胜任这项工作。同时，在卢卡斯艺界公司于 20 世纪 90 年代推出 iMUSE 系统并借助它在几款游戏中完成了多段循环音频的平滑过渡后，这一说法也得到了验证[19]。微软的 DirectMusic 接口（于 1999 年问世并沿用至今）使作曲家可以将 MIDI 文件适配更多、更新的音乐格式。

大多数游戏都喜欢在音乐中加入一定的适应性。通常来说，这种适应性最多就是在玩家到达新关卡、新区域或玩家状态变化时改变音乐的旋律。哪怕是角色死亡或败北时的"game over"音效也被称作自适应音频，毕竟它是由玩家的操作或不活跃触发的。游戏的风格通常决定了它的原声带能够包含多大比例的适应性。例如,角色扮演游戏(RPG)较之其他类型的游戏更加注重角色的成长。这类游戏往往具有更宏大的故事内容,也就有体量更大的原声带。由于 RPG 是最依赖叙事的游戏类型,所以它在实现交互性的时候会受到限制。大多数情况下,RPG 不允许玩家过于偏离设计好的游戏故事线和相应的音乐。因此,虽然 RPG 的原声带制作得相当华丽(通常也确实如此),它的内核却更贴近电影音乐。第一人称射击游戏的玩家对环境的高交互性需求导致这类游戏很适合自适应音频的制作:游戏中的敌人突然出现,通道开启或关闭;玩家不断改变游戏风格,在阴影中缓慢移动以避开敌人耳目,然后突然一阵扫射,出其不意地击溃敌人。真正的适应性原声带会根据玩家的风格灵活变化,还能够烘托游戏气氛或揭示一些音效线索。例如,不论是谨慎还是鲁莽的玩家,在敌人出现的时候都会触发"敌方主旋律"(enemy theme)的播放。不过,不同类型的玩家听到的音效是不同的,如播放小调的变奏版本(区别于大调的一般版本),或者旋律更加模糊而不是清晰可辨的,等等[20]。随着游戏的复杂程度和为玩家提供的自由度越来越高,游戏音乐逐渐顺应了前所未有的数量庞大的场景与叙述氛围。大多数电子游戏仍是围绕战斗进行设计的。但是,随着游戏的技术开始允许玩家进行比单纯的敌对行为更为深层次的互动,游戏对更加细致的游戏音效设计的需求将比以往更大。同时,随着电子游戏在体量与细节上的不断进化,游戏的音乐也必然会随之不断革新。

　　自 1972 年游戏音乐的概念出现以来,它在游戏中的重要性日益增加,不论对玩家还是对开发者来说都是如此。游戏音效发展至今,它的设计已经不再是游戏画面或玩法的附庸,而是作为一个动态的整体,能够被单独加以审视。一些玩家与非玩家甚至更喜欢通过 CD 单独播放那些备受推崇的音效设计师和作曲家的作品,或者在音乐厅演奏或欣赏他们的作品。至此,游戏音乐已经发展到可以完全脱离游戏作品而被单独评价与体验的地步[21]。在 2005 年,美国艺电公司与史克威尔·艾尼克斯开始通过在线音乐服务软件 iTunes 提供游戏音乐。与电子游戏主题相关的手机铃声也广受欢迎。例如,2006 年 5 月 6 日,《超级马里奥兄弟》的主题曲在连续上榜 80 周后,攀升至公告牌(Billboard)榜"十大最受欢迎铃声"第二位[22]。2005 年 5 月 19 日,《商业周刊在线》(Business Week Online)刊登的文章《从"哔哔声"到公告牌榜》

(From Beeps to Billboard)这样描述了一种现象：

  《光环2》是一款讲述经过基因改造的超级士兵对抗邪恶势力的游戏。它的原声带自2004年11月发行以来已经销售九万多份。它最高达到162位的销量成绩标志着游戏音乐第一次进入公告牌榜销量的前200名（与此同时，电影的原声带通常只有一万份左右的销量，并且从未上榜）。[23]

游戏音乐已经从一开始重复的"哔哔声"发展为如今完全数字化的音频，还能与传统音乐产业中的作品在制作的精良程度和原创性上分庭抗礼。同时，游戏音乐正以它自己的方式逐渐发展成能被大众认可的音乐形式。

第 38 章
电子游戏类型

马克·J. P. 沃尔夫

在研究文学与电影的时候,学者经常借助类型对它们进行区分,并指出同一类型具有的共性。这种思路被证明是行之有效的。类型的设计并非易事,比如设计者要确定某种类型(或子类型)的基础与内涵,注意对不同题材的叠加和糅合,或者要设计包含多种子类型的作品(所以要有标准来确定什么能够被称作类型),考虑受众对某种类型作品的体验。此外,设计者还要思考不同类型(甚至某种类型的内部特征)随着新作品的问世而不断变化的边界。

由于观众(在物理上和精神上)的参与更加直接且生动,游戏类型的研究与文学与电影研究是不一样的。从某种程度上来看,对游戏的描述与分类基本上围绕玩家的参与方式进行,而不仅仅是通过题材进行分类。游戏的分类工作最早是由开发并标记游戏的游戏公司和专门的游戏评测人员负责进行的。随后,克里斯·克劳福德(Chris Crawford)在他 1982 年出版的《电脑游戏设计艺术》(*The Art of Computer Game Design*)中提到,玩家的经验和游戏所需的活动(通常称为"互动")在很大程度上为电子游戏类型的划分提供了基础[1]。

题材还是类型

就像舞蹈的不同类型(狐步舞、华尔兹、芭蕾舞、爵士舞)是通过舞者的步伐而不是装扮进行划分的,在对电子游戏进行分类时,应该依赖的是它们的交互性而非题材。虽然有些电子游戏可以使用电影的分类方式加以归类(我们可以说《亡命之徒》是西部作品、《太空侵略者》是科幻作品、《Combat》是对战游戏），但借助题材进行分类的方式会忽视不同游戏中玩家体验的相似与不同之处。《亡命之徒》与《Combat》都是雅达利 2600 上的早期游戏，两者在本质上是十分相似的：它们都有简洁的人物操作，在一个存在障碍的有限地图上进行射击，只不过前者的主角是牛仔，后者的主角是坦克。与之类似，动视在雅达利 2600 平台发行的《Chopper Command》事实上是用直升机取代太空船的另一款类似于《防卫者》的游戏。此外，《太空侵略者》、《太空区域》（*Spaceward Ho!*）、《防卫者》、《星球大战》和其他诸多游戏都可以被视作科幻题材，但它们给玩家带来的游戏体验各有千秋。随着游戏叙事的日益复杂化和电影化，脱胎于电影那种基于题材与主题的分类方式可能变得越来越适用，但不论如何，交互性将一直是影响游戏体验的最重要因素。

　　游戏给玩家提供的交互性取决于游戏要达成的目标。在电子游戏中，几乎总是要有一个明确的目标，玩家要做的就是努力完成它们（或者寻找目标，然后达成它，如《神秘岛》那样）。在达成目标的过程中，就需要一些具体的交互方式。因此，至少对于玩家操作的角色来说，游戏的目的通常是完成其中某些明确的、可被分析的内容。游戏的目标是玩家的动力。以此作为基础，考虑多种形式的交互性对于建立一系列游戏类型是非常有帮助的。游戏的目的可以有不止一个，也可以被分割为不同的阶段性目标，这就使一款游戏可以兼具多种类型，就像电影可能具有多种类型一样。例如，电影《银翼杀手》（*Blade Runner*）既是科幻电影，也是硬派侦探类型（hardboiled detective genre）。《吃豆人》中的游戏目标是吃掉那些黄色的豆子，以此得分并闯关。为了达成这一目标，玩家要控制角色躲避背后追赶而来的幽灵，同时在迷宫中移动。因此，《吃豆人》最基础的分类虽然是"收集类"（collecting）游戏，但我们也可以把它视作逃生游戏或迷宫游戏（尽管这些要素较为次要）。通过对游戏目标所确定的基础游戏类型进行讨论，我们可以依据交互方式将种类繁多的游戏确定为不同类型。

依据交互方式确定游戏类型

　　下面列出的 43 种电子游戏类型是以游戏交互体验的主要形式作为考量依据，包括游戏的目标、玩家与所操作角色之间的关系和控制方式几个因素。

同时，这里提出的某些类型涉及一些并不能被称为"游戏"的计算机程序（如诊断软件、演示样本、教育游戏、迷宫、模拟程序和实用工具）。但是，由于它们也是通过与卡带和磁盘类似的方式进行存储的（也因此误导了很多的游戏收藏爱好者），而且这些程序有时也包含一些游戏性元素（如《马里奥教打字》）。出于对完整性的考虑，此处也将它们纳入讨论。随着游戏类型的增加与扩张，我们必须要对原本的类型进行子类型的划分（如射击类游戏可以包含第一人称视角射击、第三人称视角射击、横向卷轴射击、垂直射击游戏等）。但是，将每一类型的每个子类型详细地罗列出来超出了本章希望展示的范围，并且会增加许多篇幅，所以此处不多加陈述。

在随着电子游戏的发展而产生的文化中，某些固有的术语在玩家间已经慢慢出现并被广泛使用了，这些术语和概念在书末的术语表中有相应的介绍。有些游戏的类型同时涉及一些常见的与影视作品相关的分类（如改编、冒险、追逐）；有些游戏类型，如逃生、迷宫或射击类，则确定了一些非常具体的电子游戏，并且体现了它们交互的基本方式。这些用于描述类型的术语针对的是游戏所具有的交互方式，与它们是单人游戏、多人游戏或网络游戏等概念无关。由于同一款游戏中可以出现不同的玩家行为和游戏目标，一般而言，一款游戏通常会涉及两个或更多的类型。同时，像《M*A*S*H》和《星球大战：叛军进攻》(Star Wars: Rebel Assault)这类具有不同章节或场景的游戏，它们的每个章节都可以被归为不同的类型。在本章中，作为例子的电子游戏包括街机游戏、家用主机游戏、家庭电脑上的游戏和少数网络游戏。下面这个清单的格式遵循美国国会图书馆（the Library of Congress）的《动态图像媒介体裁格式指南》(Moving Imagery Genre-Form Guide)，由布莱恩·塔维斯（Brian Taves）主席、朱迪·霍夫曼（Judi Hoffman）和卡伦·隆德（Karen Lund）编写，他们的工作为本书所列的清单提供了启发，并作出了很好的示范。选取他们制作的清单作为蓝本，不仅是因为这是美国国会图书馆采用的严谨的制表规范，更是因为他们为类型划分方式设计了详尽、清晰且覆盖广泛的规范，而非只是设立生硬的分类标准。因此，我在下文列出的游戏类型会包含尽可能多的内容。同时，也正如前文提到的，有一些类型（如诊断软件、演示样本、实用工具）在严格意义上并不能算作游戏。

下文涉及的类型有抽象游戏、改编游戏、冒险游戏、养成游戏、击球游戏、桌面游戏、捕捉游戏、卡牌游戏、接球游戏、追逐游戏、收集游戏、对战游戏、演示样本、诊断软件、避障游戏、驾驶模拟游戏、教育游戏、逃生游戏、格斗游戏、飞行模拟游戏、赌博游戏、互动电影游戏、模拟经营游戏、迷宫游戏、跑酷游戏、纸笔游戏、弹球游戏、平台跳跃游戏、编程游戏、解谜游戏、答题游戏、竞速游戏、音乐舞蹈游戏、角色扮演游戏、射击游戏、模拟游戏、运动游戏、策略游戏、桌面运动游戏、射击竞技游戏、文字冒险游戏、模拟训练游戏和实用工具。

1. 抽象游戏

抽象游戏指游戏采用抽象、非写实的画面,并且游戏目标不具有叙事性。通常这类游戏的游戏目标是开展建造活动、遍历地图、填满屏幕(如《俄罗斯方块》《Qix》《水管狂想曲》《Q伯特》),或者是摧毁、清空地图上的元素(如《打砖块》《吃豆人》)。抽象游戏中的角色可以是人或动物的形象,但通常不意味着角色要模拟动物或真人的行为。顾名思义,这类游戏一般具有一定程度的抽象性,但如果设计师想要通过游戏模拟某些具体内容,一般而言玩家是能够觉察到的。举例来说,虽然早期的雅达利2600上诸如《篮球》和《街头赛车》(Street Racer)这样的游戏的画面简单而粗糙,但它们仍然通过游戏的设计和游戏内的互动模拟了人和赛车的形象。这类游戏不包括通过移植其他媒介形式上的游戏而形成的电子游戏,如《国际象棋》(Checkers)和《黑白棋》(Othello)。这两款游戏虽然在设计和游戏方式上都是抽象的,但鉴于它们是从其他形式的游戏改编而来的,所以不被归类为抽象游戏。

示例:《快打砖块》、《占地金刚》(Amidar)(也是收集游戏)、《同化棋》、《立体空间方块》(Block Out,也是解谜游戏)、《打砖块》、《狂暴弹珠》(Marble Madness)、《吃豆人》(也是收集游戏、逃脱游戏和迷宫游戏)、《水管狂想曲》、《Q伯特》、《Qix》(也是收集游戏)、《超级打砖块》、《暴风射击》(也是射击游戏)、《俄罗斯方块》(也是解谜游戏)。

2. 改编游戏

改编游戏一般是以其他媒介上的游戏或游戏活动为基础的,如体育游戏、桌面运动游戏、桌面游戏、卡牌游戏,或者根据书籍、短篇故事、漫画、互动小说、戏剧等其他类型的作品内容进行游戏剧情设计与叙事的游戏。此处的讨论涉及如何改编原作品，能够在保证故事完整性的同时，为游戏提供足够的交互性，或者在将游戏改编成其他形式的游戏时，保证改编的作品符合原作。不过，这个术语不用于描述仅采用其他作品中的主要人物而不遵循原著剧情的游戏。将街机游戏移植到主机或电脑上的行为也被视作改编，这一过程通常会降低原本作品的图像细节、复杂程度，有时也会减缓游戏流程的推进速度。在某些情况下，一些街机游戏（如《电脑太空战》）反而是以电脑游戏为蓝本进行改编的。对于模拟类游戏而言，只有在游戏内容存在原型时，才能被视作改编游戏。

注：参考运动游戏、桌面运动游戏、桌面游戏、卡牌游戏、纸笔游戏和模拟游戏。

示例：改编自卡牌游戏的有《Casino》《Eric's Ultimate Solitaire》《Ken Uston Blackjack/Poker》，改编自动画的游戏有《间谍大战》(*Spy Vs Spy*)、《辛普森一家》(*The Simpsons*)，改编自漫画的游戏有《蜘蛛侠》《X战警》《忍者神龟》，改编自电影的游戏有《电子世界争霸战》(*Tron*)、《星球大战》、《电光飞镖侠》(*Krull*)、《布偶金银岛历险记》(*Muppet Treasure Island*)，改编自纸笔游戏的有《吊人游戏》(*Hangman*)、《井字棋》，改编自体育运动的游戏有《美式橄榄球》(*American Football*)、《Atari Baseball》、《网球热击》(*Hot Shots Tennis*)，改编自桌面游戏的有《PONG》、《真实台球》(*Sure Shot Pool*)、《虚拟台球》(*Virtual Pool*)，改编自电视节目的游戏有《家庭问答》(*Family Feud*)、《挑战自我》(*Jeopardy*)、《Joker's Wild》、《密码》(*Password*)、《价格猜猜看》(*The Price is Right*)、《Tic-Tac Dough》、《$25 000 Pyramid》、《命运之轮》(*Wheel of Fortune*)。

3. 冒险游戏

这类游戏通常包含由多个房间或屏幕空间组成的"世界"，而游戏的目标通常不仅是单纯的捕捉、射击、占领或逃生（当然也可能会包含其中的某几个类型或所有类型）。游戏目标的完成一般也被划分为几个阶段，如寻找钥匙—打开房门—在另一块区域寻找任务道具。游戏角色通常会持有一些物品，如武器、钥匙、工具等。游戏背景通常设定为某个特定的历史时间和地点，如中世纪亚瑟王统治下的英格兰，或者与某些主题相关，如科幻、幻想、谍战等。这个游戏类型不包含《大金刚》这种线性结构的闯关游戏和《玛雅历险记！》这种游戏内容局限于通过奔跑和跳跃来躲避危险的游戏（详见"跑酷游戏"），也不包含《龙穴历险记》《小工具》和《星际迷航：博格立方体飞船》这类不支持玩家在游戏世界中自由探索（仅能进行有限的操作），只能在线性叙事结构下观看设定好的剧情的游戏（详见"互动电影游戏"）。

注：基于文字叙述产生的冒险类游戏，详见"文字冒险游戏"；一些主题与冒险游戏类似的游戏，详见"跑酷游戏"与"互动电影游戏"。

示例：《魔幻历险》（发布于雅达利 2600 平台）、《E. T. 外星人》（也是改编游戏）、《鬼屋探险》、《电光飞镖侠》（也是改编游戏）、《神秘岛》（也是解谜游戏）、《夺宝奇兵》（也是改编游戏）、《间谍大战》（也是改编游戏）、《蜘蛛侠》（也是改编游戏）、《古墓丽影》系列、《Venture》、《上古卷轴》（*The Elder Scrolls*）系列、《创世纪》系列。

4. 养成游戏

这类游戏涉及某种电子宠物的成长，有时还包括对它的饲养，如果玩家照料不当，甚至会导致它"死亡"。通常这类游戏的目标是增加电子宠物的"心情"和"满足感"（虽然这类程序是否能够被称为"游戏"还有待商榷）。此外，这类游戏不包含进行资源分配或注重管理的游戏（详见"模拟经营游戏"）。

示例：《水族箱》（*AquaZone*）、《Babyz》、《Catz》、《Creatures》、《Dogz》、《小小电脑人》（*The Little Computer People*）、《模拟人生》（也是模拟经营游戏）。

5. 击球游戏

详见"桌面运动游戏"。

6. 桌面游戏

桌面游戏指根据真实的桌面游戏改编而来（详见"改编游戏"）或那些在

游戏设计和玩法上与桌面游戏类似却没有原型的游戏。这类游戏包含经典的国际象棋、跳棋、西洋双陆棋,以及著名的《趣味拼字游戏》(Scrabble)和《大富翁》(Monopoly)。这类游戏不包含如台球与乒乓球这类需要肢体上的操作技巧的游戏(详见"桌面运动游戏"),也不包含《吊人游戏》和《井字棋》这种只需要纸笔就能进行的游戏(详见"纸笔游戏"),也不包括那些以卡牌为工具且不需要棋盘的游戏。飞利浦/米罗华公司发行的三款游戏《征服世界》《指环探索》和《华尔街商战》是需要真实的桌面游戏道具作为辅助的电子游戏。

注:此处不特别列出改编游戏中的桌面游戏。同时,大多数桌面游戏也是策略游戏。

示例:《西洋双陆棋》(Backgammon)、《海战棋》(Battleship)、《妙探寻凶》、《世界征服》、《华尔街商战》、《大富翁》、《黑白棋》、《指环探索》、《趣味拼字游戏》、《西洋陆军棋》(Stratego)、《电子跳棋》(Video Checkers)、《电子国际象棋》(Video Chess)。

7. 捕捉游戏

这类游戏的目标包括占领地点,以及捕捉那些逃跑或尝试躲避玩家的人。游戏的内容可能包含组织物体或人物的移动[如《打地鼠》(Gopher)和《警察抓小偷》(Keystone Kapers)],或者封锁它们的逃跑路线(如《Surround》或街机游戏《电光飞镖侠》中的光轮关卡)。这类游戏不包含那些物体与人物固定不动(详见"收集游戏")和包含不会躲避的玩家角色(详见"接球游戏")的游戏。同时,那些包含单位交换的策略游戏(如国际象棋和跳棋)也不属于此类,玩家的角色并不直接代表玩家。

注:不必在捕捉游戏中强调追逐游戏的分类,因为前者在定义上包含后者。一些多人游戏也属于逃生游戏,因为里面往往会有一位玩家进行追捕,而另一位玩家需要逃脱的情况。在一些游戏中也会出现捕捉物体的环节。例如,在《吃豆人》中,吃豆人吞下超级药丸后就可以追逐并吃掉幽灵,以及玩家在《超人》中捕捉罪犯。

示例:《打地鼠》、《Hole Hunter》、《警察抓小偷》、《Surround》(也是逃生游戏)、《Take the Money and Run》(也是逃生游戏)、《得州电锯杀人狂》(Texas Chainsaw Massacre)、《电光飞镖侠》中的光轮关卡。

8. 卡牌游戏

这是通过改编已有的卡牌游戏或游戏玩法，主要基于卡牌而进行设计的一种游戏（如电脑上的各种纸牌游戏）。虽然大多数卡牌游戏都采用标准的四花色扑克牌，也有一些游戏使用特殊的卡牌（如根据帕克兄弟公司开发的《Milles Bornes》竞速卡牌游戏而设计的共享软件游戏《1 000 Miles》）。这类游戏不包含主要为回答问题的问答游戏。

注：如上文提到的，此处不对兼为改编游戏的卡牌游戏进行单独说明。同时，许多含有赌博元素的游戏也可以被称为赌博游戏。

示例：《1 000 Miles》（也是竞速游戏）、《21 点》（*Blackjack*，也是赌博游戏）、《Casino》（也是赌博游戏）、《Eric's Ultimate Solitaire》、《Ken Uston Blackjack/Poker》（也是赌博游戏）、《Montana》、《电子扑克》（*Video Poker*，也是赌博游戏）。

9. 接球游戏

这类游戏的主要玩法是捕捉屏幕中的物体或人物。如果某些物体或人物是运动的，玩家一般会沿一定的路径移动，并且运动路径与玩家的行为无关。在某些情况下，玩家也会对这些物体的运动造成影响［如在《疯狂动物园》（*Stampede*）中，玩家可以挤开路上的牛］，但无论何时，这些对象都不会主动避开玩家的追逐。这一分类不包含那些目标静止不动（详见"收集游戏"）或会主动避开玩家（详见"捕捉游戏"）的游戏。同样，那些需要花费时间来使用移动物体（如《青蛙过河》中的浮木和《玛雅历险记》中的藤蔓）的游戏也不属于此类。那些包含抛球、击球和接球的运动游戏也不属于此类，因为在这些游戏中，作为对象的球被反复使用，它们既没有被"获取"，也不能从游戏中移除。

示例：《Alpha Beam with Ernie》（也是教育游戏）、《Big Bird's Egg Catch》、《特技马戏团》（*Circus Atari*）、《Fishing Derby》、《Lost Luggage》、《疯狂动物园》、《Quantum》，以及《街头赛车》的第 21—27 关。

10. 追逐游戏

详见"接球游戏""捕捉游戏""驾驶模拟游戏""逃生游戏""飞行模拟游戏"和"竞速游戏"。

11. 收集游戏

这类游戏的主要玩法为收集静止目标(如《吃豆人》和《捕鼠器》或扩张玩家周围的地盘(如《Qix》《占地金刚》),得分情况通常由收集目标的数量或占领区域的大小来决定。此处的"收集"可以指简单的操作,比如经过目标或击中目标,随后目标消失[如《吃豆人》中的点和《空中自行车》(Prop Cycle)中的气球]。那些需要玩家追逐移动目标(详见"接球游戏")或目标会主动避开玩家角色(详见"捕捉游戏")的游戏和需要玩家使用道具(如钥匙、货币或武器)来间接获取目标物的游戏不属于此类。有些游戏需要收集目标的碎片来合成完整的目标物,如《蜘蛛侠》中的桥梁和《鬼屋探险》中的骨灰盒,但这些游戏的目标通常不只是简单地进行收集,所以它们也不属于收集游戏。

示例:《占地金刚》(也是抽象游戏)、《捕鼠器》(也是迷宫游戏和逃生游戏)、《吃豆人》(也是迷宫游戏、逃生游戏)、《间谍大战》(也是对战游戏、迷宫游戏)、《空中自行车》(也是飞行模拟游戏)、《Qix》(也是抽象游戏)。

12. 对战游戏

这类游戏通常指由两个以上的玩家参与,或者玩家与电脑控制的角色共同参与,向彼此发射某种投射物,并且游戏各方都持有相似的道具,以此达成平衡的战斗游戏。一般而言,对战游戏强调操作性(maneuverability),有时还需要智胜对手。此类游戏不包括敌对双方存在明显战力差异或缺乏必要的游戏平衡的射击游戏,那些不包含设计要素的战斗游戏也不属于此类。虽然这类游戏的题材可能非常广泛,如《亡命之徒》中的西部牛仔、《Combat》中的坦克和飞机、《军阀乱战》中的盾牌,但此类游戏的基础玩法都是向敌方射击并躲避对方的攻击。

注：相关游戏详见"格斗游戏""射击游戏"。

示例：《机甲争霸 3050》《战争地带》《Combat》《Dactyl Nightmare》《亡命之徒》《军阀乱战》和《间谍大战》（也是收集游戏、迷宫游戏）。

13. 演示样本

演示样本指用以描述游戏或游戏系统的卡带、光碟或下载内容。这类卡带通常用于在商店里展示游戏内容。虽然演示样本可能并不包含完整的游戏内容，但它们看起来和完整游戏的卡带完全一样，有时也会被当作游戏卡带进行收藏或交易。同时，这些卡带通常包含在游戏的卡带清单中。光碟和内容下载形式的演示样本则可以让玩家在不购买完整游戏的情况下体验游戏内容。

注：如上所述，此处不对兼为实用工具的演示样本作单独说明。

示例：《Adam Demo Cartridge》、《Dealer Demo》（发行于 Bally Astrocade 平台）、《说明卡带》（*Demonstration Cartridge*，随 RCA Studio II 机器附赠）、《Music Box Demo》（随 Coleco Adam 机器附赠）。

14. 诊断软件

诊断软件指用于测试系统功能的卡带。虽然这类卡带本身并不是游戏，但它们的外形与游戏是一样的，有时也会被作为游戏进行收藏和交易，通常也包含在卡带清单中。

注：如上文所述，此处不对兼为实用工具的诊断软件作单独说明。

示例：雅达利 5200 系统的诊断软件（识别号为 No. FDS100144）、雅达利 7800 系统的诊断软件（识别号为 No. CB101196），Coleco Adam 的最终测试卡带（Final Test Cartridge）和超级控制器测试卡带（Super Controller Test Cartridge）。

15. 避障游戏

避障游戏指主要玩法是躲避炮弹或其他移动物体的游戏。这类游戏的得分通常取决于玩家成功地躲避的物体数量或通过的关卡数量[如《高速公路》(*Freeway*)、《青蛙过河》]。避障游戏不包括那些玩家在躲避射击时也可以进行反击的游戏(详见"对战游戏""射击游戏")。在《爆破彗星》和《太空侵略者》这类游戏中,躲避射击和移动物体的碰撞固然重要,但得分并不仅是通过躲避障碍而获得的,玩家通常可以通过射击来摧毁障碍物,所以它们不属于避障游戏。

示例:《Dodge 'Em》(也是驾驶模拟游戏)、《高速公路》(也是跑酷游戏)、《青蛙过河》(也是跑酷游戏)、《逃生之旅》(*Journey Escape*)和《街头赛车》中的部分关卡(也是驾驶模拟游戏和竞速游戏)。

16. 驾驶模拟游戏

驾驶模拟游戏指注重驾驶技术的游戏,比如对转向、操控、速度和燃料的控制。这类游戏不是以赢得比赛为主要目标的游戏(详见"竞速游戏"),也不是以撞击或躲避障碍为主要玩法的游戏(详见"跑酷游戏"),除非在上述游戏中需要较大程度地依赖驾驶技术来赢得游戏的胜利。在大多数情况下,驾驶模拟游戏中都会出现交通工具,而跑酷游戏通常为徒步。驾驶模拟游戏的得分通常取决于特定路段的配速,而不是玩家是否击败了比赛中的对手。同时,驾驶模拟游戏通常是单人游戏。

示例:《Dodge 'Em》(也是避障游戏)、《Indy 500》(也是竞速游戏)、《夜行车手》、《顶尖赛手》(也是竞速游戏)、《红色星球》(也是竞速游戏)、《街头赛车》(也是避障游戏和竞速游戏)。

17. 教育游戏

教育游戏指出于教学目的而设计的游戏,主要的游戏内容包含课程学习内容。这类游戏通常被设计为具有与游戏结构类似的电脑程序,而不是直接呈现课程内容,所以通常具有得分、限时评价或对正确回答的奖励。这类程序的游戏性差异较大。

注:如上文所述,此处不对兼为实用工具的教育游戏作单独说明。

示例:《Alpha Beam with Ernie》(也是接球游戏)、《基础数学》(*Basic*

Math》、《马里奥学前教育：数字篇》（*Mario's Early Years: Fun With Numbers*）、《马里奥教打字》、《Math Blaster：Episode 1》、《数学大奖赛》（*Math Grand Prix*）、《Morse》、《数字游戏》（*Number Games*）、《学前数学》（*Playschool Math*）、《拼字游戏》（*Spelling Games*）、《单词游戏》（*Word Games*）。

18. 逃生游戏

逃生游戏的游戏目标是摆脱他人的追赶或从围困中脱身。这类游戏的结局可以是开放式的，即在游戏的结尾，玩家可能成功逃脱，也可能到达某个安全区域或另一个封闭的地点，在那里可以暂时躲避追杀者（但并没有摆脱追杀，如《吃豆人》）。这类游戏不包括玩家可以对追杀者进行攻击而非只能逃窜的游戏（详见"对战游戏""射击游戏"），也不包括《魔幻历险》《鬼屋探险》这类不同玩家之间进行追逐的游戏。

示例：《吃豆人》（也是收集游戏、迷宫游戏）、《Maze Craze》（也是迷宫游戏）、《捕鼠器》（也是收集游戏、迷宫游戏）、《吃豆小姐》（也是收集游戏、迷宫游戏）、《Surround》（也是捕捉游戏）。

19. 格斗游戏

格斗游戏中的角色通常要在赤手空拳的情况下进行一对一的搏斗。在大多数格斗游戏中，格斗者都是人类或拟人化的角色，含有射击或交通工具的游戏不属于此类（详见"对战游戏""射击游戏"）。同时，仅带有格斗元素，但具有其他游戏玩法的游戏（如《Ice Hockey》）也不属于此类（详见"运动游戏"）。

示例：《复仇者》（*Avengers*）、《女子摔跤大赛》（*Body Slam*）、《拳击》（*Boxing*，也是运动游戏）、《真人快打》系列、《魂之利刃》、《铁拳》系列、《摔跤大战》（*Wrestle War*）。

20. 飞行模拟游戏

飞行模拟游戏是注重飞行技巧的游戏，如转向、高度控制、起飞/降落、操控、速度控制、燃料控制等。这类游戏不包含以射击敌方单位为主要目标的游戏(详见"对战游戏""射击游戏")。除非在上述游戏中,飞行技巧是取得游戏胜利的必要条件。飞行模拟游戏中可以出现飞机、鸟类或宇宙飞船;游戏背景可以是天空[如《A-10 攻击机》(*A-10 Attack*)、《空中自行车》]、洞穴(如《天旋地转》)或外太空(如《Starmaster》《星际飞船》)。

注:详见"对战游戏""射击游戏""运动游戏""模拟训练游戏"。

示例:《A-10 攻击机》(也是训练模拟)、《天旋地转》(也是迷宫游戏、射击游戏)、《F/A-18 Hornet 3.0》(*F/A-18 Hornet 3.0*,也是训练模拟)、《无限飞行》(*Flight Unlimited*,也是训练模拟)、《空中自行车》(也是收集游戏)、《Solaris》、《Starmaster》(也是射击游戏)。

21. 赌博游戏

赌博游戏指通过进行下注并在接下来的一轮游戏中导致玩家资产增加或减少的游戏。赌博游戏通常会开展多轮赌博,玩家的赌注或资金也会随之增加或减少。这类游戏不包含那些没有出现赌博环节的游戏,单轮游戏的结果不会对下一轮产生影响的游戏也不属于此类。

注:详见"卡牌游戏""桌面运动游戏"。

示例:《21 点》(也是卡牌游戏)、《Casino》(也是卡牌游戏)、《老虎机》、《电子扑克》(也是卡牌游戏)、《You Don't Know Jack》(也是问答游戏)。

22. 互动电影游戏

互动电影游戏由各种分支剧情与相应的视频片段或其他运动影像组成,并且剧情走向取决于玩家的选择。玩家通常会在某个剧情节点进行选择,此时游戏画面会停滞或循环;或者在视频播放的过程中进行一系列活动,玩家的操作会导致事件中止或改变其走向。虽然玩家在游戏中被赋予有限的活动自由,但整个游戏的流程大体上还是线性的,一系列核心事件大体是保持一致的(或有一小部分的不同)。这类游戏不包含以视频片段作为画面背景,能够对角色进行完全操作的游戏(如《星球大战:叛军进攻》),以及《神秘岛》这类允许玩家对游戏世界进行自由探索与漫游,但仍将结果和可能的叙事路径限制在一系列视频序列中,并通过预先设定的叙事进行线性发展的游戏。

示例：《龙穴历险记》《太空王牌》《小工具》《Johnny Mnemonic》《星际迷航：博格立方体飞船》。

23. 模拟经营游戏

玩家在模拟经营游戏中要合理地分配有限的资源，进行社区、机构或王朝的建造与扩张。同时，玩家要处理内部矛盾（如《模拟城市》中的犯罪与人口问题）和诸如自然或意外等的外部威胁（如《模拟城市》中的天灾与怪兽，以及《太空区域》中需要进行宜居化改造的星球）。这类游戏中通常存在来自其他玩家的竞争。其中，单机的模拟经营游戏通常具有开放式结局，即此时社区或机构随着游戏的进行会持续扩张与发展；多人模拟经营游戏一般以击败所有其他对手为目标，此时游戏也会结束。在某些情况下，这类游戏也能够胜任教育任务。例如，在一些博物馆演示的游戏中，会出现对供需关系或其他经济学原理的模拟。

注：详见"教育游戏""实用工具"。

示例：《航空霸业》(*Aerobiz*)、《恺撒 2》(*Caesar II*)、《文明》(*Sid Meier's Civilization*)、《M. U. L. E》、《大富翁》、《铁路大亨》(*Railroad Tycoon*)、《模拟蚂蚁》(*SimAnt*)、《模拟城市》、《模拟农场》(*SimFarm*)、《模拟大楼》(*SimTower*)、《太空区域》。

24. 迷宫游戏

这类游戏的目标就是走出迷宫。当然，通常玩家可以在某种程度上辨别出游戏中的房间或通道是否被有意设计得让人难以识别方向，有时也需要玩家花费一定的精力来寻找正确的路径（例如，玩家可以对比《迷宫射击》《吃豆人》和《毁灭战士》中的迷宫难度）。迷宫可以是俯视角（如《吃豆人》）、侧视角（如《淘金者》）或第一人称视角（如《毁灭战士》）的，这类游戏有时也会将画面隐藏起来（如《Maze Craze》中的一些关卡）。在某些情况下，玩家在游戏里的角色可以对迷宫进行操作，如调整某条路的通畅情况（如《捕鼠器》），甚至挖洞或重新创造路径（如《淘金者》《打空气》）。相较于从迷宫中走出来，有些迷宫游戏（如《淘金者》中的关卡）更注重到达迷宫的某个位置，以达成某些成就或取得某些物品。一般而言，玩家的角色在走迷宫时会面临追杀，但并不是所有的迷宫都如此。迷宫也会被嵌入其他类型的游戏中，如《魔幻历险》中的蓝色迷宫、《神秘岛》贫瘠纪元（Selenetic Age）中的地下迷宫。

示例：《天旋地转》（也是飞行模拟游戏和射击游戏）、《打空气》、《毁灭战士》（也是射击游戏）、《K. C. Munchkin》（也是收集游戏、逃生游戏）、《淘金者》（也是平台跳跃游戏）、《Maze Craze》、《捕鼠器》（也是收集游戏、逃生游戏）、《吃豆人》（也是收集游戏、逃生游戏）、《Tunnel Runner》、《Tunnels of Doom》（也是冒险游戏）、《吃豆小姐》（也是收集游戏、逃生游戏）、《间谍大战》（也是收集游戏、对战游戏）、《Take the Money and Run》。

25. 跑酷游戏

跑酷游戏的游戏目标是通过复杂或充满障碍的路段。一般而言，玩家的路线是线性的，并且可以通过奔跑和跳跃来避开危险。这类游戏不包括仅需要玩家控制方向来通过平整路段（详见"驾驶模拟游戏"）和仅避开物体或任务、不需要玩家向前移动（详见"避障游戏"）的游戏，也不包括存在追逐/被追逐（详见"追逐游戏"）和向敌方射击（详见"对战游戏""射击游戏"）的游戏。此外，游戏中有复杂的游戏目标（详见"冒险游戏"）和包含穿越特定路径以外的任务的游戏（详见"平台跳跃游戏"）也不属于此类。

注：虽然跑酷游戏通常会尽可能地在考虑玩家向前运动的情况下设计为线性关卡，但线性的具体表现是不尽相同的，比如有些游戏允许角色折返或选择其他路径。

示例：《Boot Camp》、《Clown Downtown》、《高速公路》（也是避障游戏）、《青蛙过河》（也是避障游戏）、《玛雅历险记》、《丛林狩猎》（*Jungle Hunt*）。

26. 纸笔游戏

这类游戏改编自使用纸笔进行的游戏（详见"改编游戏"），不包含绘画与涂鸦软件（详见"实用工具"），也不包含改编自《龙与地下城》这类原型与纸笔游戏相差甚远的游戏。

注：如上文所述，此处不对兼为改编游戏的纸笔游戏作单独说明。

示例：《3D 井字棋》(*3-D Tic-Tac-Toe*)、《Effacer》、《Hangman from the 25th Century》、《Noughts and Crosses》、《井字棋》和某些卡带游戏中出现的《吊人游戏》。

27. 弹球游戏

这类游戏是对弹球游戏的模拟。虽然弹球游戏可被视作桌面运动游戏，但电子弹球游戏的历时之长、种类之多，足以让它成为一个独立的分类。

注：如上文所述，此处不对兼为桌面运动游戏的弹球游戏作单独说明。

示例：《街机弹珠台》(*Arcade Pinball*)、《Astrocade Pinball》、《Electronic Pinball》、《Extreme Pinball》、《Flipper Game》、《Galactic Pinball》、《卡比弹珠台》(*Kirby's Pinball Land*)、《Midnight Magic》、《弹子球》(*Pachinko!*)、《弹珠台》(*Pinball*)、《挑战弹珠台》(*Pinball Challenge*)、《梦幻弹珠台》(*Pinball Dreams*)、《幻想弹珠台》(*Pinball Fantasies*)、《Pinball Jam》、《弹珠台高手》(*Pinball Quest*)、《弹球魔法师》(*Pinball Wizard*)、《恐龙战队弹珠台》(*Power Rangers Pinball*)、《终极弹珠》(*Pro Pinball*)、《真实弹珠台》(*Real Pinball*)、《索尼克弹珠台》(*Sonic Pinball*)、《桌上轨道珠》(*Spinball*)、《面具后的弹珠台》(*Super Pinball: Behind the Mask*)、《Super Sushi Pinball》、《霹雳弹》(*Thunderball!*)、《True Pinball》、《电子弹珠台》(*Video Pinball*)。

28. 平台跳跃游戏

平台跳跃游戏的主要目标是通过奔跑、攀爬、跳跃和一系列移动通过关卡。顾名思义，游戏角色和场景物体一般以侧视呈现，而且不会出现俯视，以此构建画面中的"上"与"下"。平台跳跃游戏通常具有躲避掉落物体、对抗（或绕开）非玩家角色的特征，往往会将一些角色、目标物或奖励设计在场景的顶端，并以此推动剧情。这类游戏不包含那些不涉及高度上的提升或关卡设计的游戏（详见"冒险游戏"），也不包含那些玩法仅仅是通过设有障碍的路段的游戏（详见"跑酷游戏"）。

注：相关游戏详见"冒险游戏"和"避障游戏"。

示例：《疯狂攀登者》(*Crazy Climber*)、《大金刚》、《大金刚 Jr.》、《淘金

者》、《蜘蛛侠》(雅达利 2600)、《超级马里奥兄弟》(也是收集游戏)、《瓦里奥大陆》、《耀西岛》(Yoshi's Island)。

29. 编程游戏

编程游戏的主要目标是通过编写一段程序来控制游戏中的对象。这些对象随后会基于玩家编写的程序进行对抗或对环境作出反应。这类游戏不包含那些需要玩家掌握操作某类机械的基本技巧的游戏,如《神秘岛 2:星空断层》(详见"解谜游戏"),需要玩家对游戏角色进行直接操作的游戏也不属于此类。根据基于程序进行的活动类型,这类游戏也可以被归为其他类型。

示例:《AI 舰队指挥官》(AI Fleet Commander)、《AI 战争》(AI Wars)、《核心战争》(CoreWar)、《C 语言机器人》(CRobots)、《Omega》、《RARS》(Robot Auto Racing Simulator)、《机器人大战》(Robot Battle)。

30. 解谜游戏

解密游戏的主要目标不是玩家间或玩家与其他角色的对抗,而是要玩家提出某种解决方案,通常包含解码、移动、学习使用各种不同的工具,以及放置或组装某些物体。大多数谜面都有视觉或声音上的描述,至少也会有一些口头的介绍。解谜游戏不包含那些仅进行提问与回答的游戏(详见"问答游戏")。此外,大多数文字冒险游戏也包含解谜要素,会通过文本对画面和声音进行描述。

示例:《第七访客》、《雅达利电子魔方》(Atari Video Cube)、《立体空间方块》、《骰子解谜》(Dice Puzzle)、《银河系漫游指南》(The Hitchhiker's Guide to the Galaxy,也是文字冒险游戏)、《Jigsaw》、《神秘岛》(也是冒险游戏)、《鲁比克魔方》(Rubik's Cube,也是改编游戏)、《仓库番》(Sokoban)、《Suspended Animation》(也是文字冒险游戏)、《俄罗斯方块》(也是抽象游戏)。

31. 问答游戏

问答游戏的主要目标是正确地回答游戏中的问题。这类游戏的得分通常基于玩家答对的问题的数量或在进行相应下注后玩家获得的金钱。游戏中的有些问题是根据桌游或电视问答节目改编而来的。

注：能够对自己的答案下注的游戏也是赌博游戏。

示例：《$25 000 Pyramid》（也是改编游戏）、《Fax》、《挑战自我》（也是改编游戏）、《NFL Football Trivia Challenge '94/'95》、《Name That Tune》（也是改编游戏）、《You Don't Know Jack》（也是赌博游戏）、《Sex Trivia》、《Trivial Pursuit》（也是改编游戏）、《Trivia Whiz》、《Triv-Quiz》、《Video Trivia》、《Wizz Quiz》。

32. 竞速游戏

竞速游戏的主要目标是赢得比赛胜利或比对手跑得更远［如《窄道车手》(Slot Racers)］。这类游戏通常需要一些驾驶技巧，所以部分竞速类游戏也是驾驶模拟游戏。当赛道上存在电脑操作的交通工具时，单机游戏也可以被视作竞速游戏。但是，如果不存在竞争或其他角色仅仅作为道路障碍出现交通工具时，这款游戏就只能被视作驾驶模拟游戏。

注：详见"驾驶模拟游戏"。如上文所述，此处不对兼为体育游戏的竞速游戏作单独说明。虽然这类游戏因为大多需要驾驶技巧而被归类为驾驶模拟游戏，但某些游戏（如《1000 Miles》）并非如此。

示例：《1 000 Miles》（也是卡牌游戏）、《梦游美国》（也是驾驶模拟游戏）、《High Velocity》（也是驾驶模拟游戏）、《Indy 500》（也是驾驶模拟游戏）、《马里奥赛车 64》(Mario Kart 64，也是驾驶模拟游戏)、《数学大奖赛》（也是教育游戏）、《顶尖赛手》（也是驾驶模拟游戏）、《红色星球》（也是驾驶模拟游戏）、《窄道车手》（也是避障游戏）、《街头车手》（也是避障游戏、驾驶模拟游戏）、《超级 GT》（也是驾驶模拟游戏）。

33. 音乐舞蹈游戏

要求玩家跟随音乐节奏的游戏叫作音乐舞蹈游戏。这类游戏可能需要一些常规电子游戏硬件之外的控制器，如模拟鼓（如《狂热鼓手》）、碟盘（如《狂热节拍》）、吉他（如《吉他高手》），甚至是沙锤状的控制器（如《欢乐桑巴》),有时玩家还需要根据提示的舞步进行舞蹈(如《劲舞革命》)。

示例:《狂热节拍》、《Bust-a-Groove》、《劲舞革命》、《吉他高手》、《动感小子》、《Pop'n Music》、《欢乐桑巴》、《太空频道 5》(*Space Channel 5*)、《拉米乐队》(*Um Jammer Lammy*)、《线条兔子》(*Vib-Ribbon*,也是跑酷游戏)。

34. 角色扮演游戏

在角色扮演游戏中,玩家要塑造或操作一个可成长的角色。这个角色通常具有种族、所属势力、性别和职业等属性,可能还会有一定的能力数值,如力量与敏捷度。这类游戏有单人模式,如《创世纪 3:埃希德斯》(*Ultima III: Exodus*, 1983),也可以是多人游戏,如一些网络游戏。这类游戏不包含《魔幻历险》《夺宝奇兵》这类不强调角色特性的游戏。

注:许多网络游戏,包括多用户空间(multi-user dimensions,简称 MUD)、面向多用户(multi-user object-oriented,简称 MOO)和多用户共享幻觉(multi-user shared hallucination,简称 MUSH)的网络游戏均属此类。不过,它们被视作游戏的程度可能会因游戏玩家、游戏系统的操作性、游戏为玩家设计的目标,以及能否引发竞争等而有所不同。

示例:《黎明之砧》(*Anvil of Dawn*)、《暗黑破坏神》、《龙剑客 2:龙剑客之心》(*Dragon Lore II: The Heart of the Dragon Man*)、《辐射》(*Fallout*)、《魔界屠杀令》(*Mageslayer*)、《梦幻之星》、《Sacred Pools》、《创世纪》系列和《龙与地下城》系列。

网络游戏有《公路争霸战》(*Interstate '76*)、《象牙塔》(*Ivory Tower*)、《JediMUD》、《北极光》(*Northern Lights*)、《亡命之徒 MOO》(*OutlawMOO*)、《PernMUSH》、《RiftMUSH》、《Rivers of MUD》、《Sunflower》、《Unsafe Haven》、《VikingMUD》、《Zodiac》。

35. 射击游戏

射击游戏也被通俗地称为"Shoot'em up"或"Shooters",指含有射击且通常需要摧毁一系列敌人或物体的游戏。与通常为一对一战斗且具有基本相同的攻击手段的对战游戏不同,射击游戏中一般会有多个敌人("'em"是

"them"的缩写)同时对玩家发起攻击(如《太空侵略者》和《大蜜蜂》),或者存在多个可摧毁的目标(如《大蜈蚣》),而它们通常能够对玩家造成伤害(如《爆破彗星》)。在大多数情况下,玩家操作的角色和敌对角色的数量(甚至火力)都存在较大差异[如《亚尔的复仇》(Yar's Revenge)],而且玩家需要灵活地移动。像《恒星轨迹》(Stellar Track)这种需要玩家与敌人互相射击,但不必进行快速闪避(详见"策略游戏")的游戏不属于此类。

射击游戏大致分为三类:第一类,玩家的角色在屏幕底部前后移动,向上方进行射击,同时敌人从四面八方出现,并向下射击(如《太空侵略者》);第二类,玩家的角色在屏幕中自由地移动,迎击从各个方向出现的敌人(如《迷宫射击》和《机器人2084》);第三类是第一人称视角射击游戏(如《毁灭战士》)。射击游戏不包含存在战斗但不需要射击的游戏(详见"对战游戏"),对战双方具有平衡的火力与配置的游戏(详见"对战游戏")也不属于此类。此外,敌方不会对玩家的角色造成威胁的游戏(详见"射击竞技游戏")也不属于此类。在某些情况下,玩家角色会以防御而非进攻为主,如《亚特兰蒂斯》(Atlantis)、《Commando Raid》、《导弹指令》、《导弹防御 3D》(Missile Defense 3-D)。

示例:《爆破彗星》《机器人战争》《大蜈蚣》《毁灭战士》《Duckshot》《小蜜蜂》《千足虫》《导弹指令》《机器人2084》《太空侵略者》《亚尔的复仇》《立体空战》。

36. 模拟游戏

详见"模拟经营游戏"与"模拟训练游戏"。

37. 运动游戏

通过已有的运动项目或其变体改编而来的游戏被称作运动游戏。

注:如上文所述,此处不对兼为改编游戏的体育游戏作单独说明。详见"驾驶模拟游戏""格斗游戏""跑酷游戏""竞速游戏""桌面运动游戏"。

示例:《美式橄榄球》、《雅达利棒球》、《保龄球》、《拳击》(也是格斗游戏)、《Fishing Derby》(也是接球游戏)、《大众网球》(Hot Shot Tennis)、《Golf》、《人类炮弹》(Human Cannonball,也是射击竞技游戏)、《Ice Hockey》、《麦登橄榄球 97》(Madden Football 97)、《迷你高尔夫》(Miniature Golf)、《北美

职业冰球大赛 97》(*NHL Hockey 97*)、《PONG》(也是桌面运动游戏)、《飞碟射击》(*Skeet Shoot*，也是射击竞技游戏)、《Track & Field》、《夏季运动会》(*Summer Games*)、《电子奥运会》(*Video Olympics*)、《RealSports Soccer》、《RealSports Tennis》、《RealSports Volleyball》、《模拟高尔夫》(*SimGolf*)、《Sky Diver》、《*Tsuppori Sumo Wrestling*》、《世界系列棒球 98》(*World Series Baseball '98*)。

38. 策略游戏

强调通过策略而非灵巧的移动来达成目标的游戏叫作策略游戏。在这类游戏中，灵活的动作通常对获得游戏胜利而言并不重要。

注：详见"模拟经营游戏"(如《M. U. L. E.》《太空区域》)和"桌面游戏""卡牌游戏""对战游戏"。

示例：《同化棋》(也是抽象游戏)、《跳棋》(也是桌面游戏)、《国际象棋》(也是桌面游戏)、《大富翁》(也是桌面游戏)、《M. U. L. E.》(也是模拟经营游戏)、《黑白棋》(也是桌面游戏)、《太空区域》(也是模拟经营游戏)、《恒星轨迹》。

39. 桌面运动游戏

桌面运动游戏改编自已有的桌面游戏，玩家需要应用动作方面的技巧和行动(如打台球和乒乓球)。这类游戏不包含不需要动作技巧的游戏(详见"桌面游戏""卡牌游戏")，一些无法在桌面进行的游戏(详见"体育游戏")也不属于此类。关于模拟弹球游戏的电子游戏，详见"弹球游戏"。

注：如上文所述，此处不对兼为改编游戏的桌面运动游戏作单独说明。

示例：《乒乓之战》(*Battle Ping Pong*)、《电子桌上足球》(*Electronic Table Soccer!*)、《Parlour Games》、《口袋台球》(*Pocket Billiards!*)、《PONG》(也是运动游戏)、《真实台球》、《Trick Shot》、《虚拟台球》。

40. 射击竞技游戏

这类游戏的主要目的是瞄准和射击，有时这类游戏的射击目标会对玩家属性造成伤害(如《Wabbit》)。这个概念术语不适用于玩家角色之间的射击游戏(详见"对战游戏""射击游戏")和任何不涉及射击的游戏(详见"接球游戏""收集游戏"),也不适用于物体或人物角色主动躲避玩家的游戏。

示例:《空海作战》、《嘉年华》(Carnival)、《人类炮弹》、《神射手射击/飞碟射击》(Marksman/Trapshooting)、《西部枪手》(Shooting Gallery)、《飞碟射击》(也是运动游戏)、《Wabbit》。

41. 文字冒险游戏

文字冒险游戏主要依赖文本实现与玩家的交互,通常是对游戏世界及其中所发生的事件的描述。有些文字冒险游戏会使用图像,但通常是不具有交互性的插图,它们不会影响玩家的体验。还有一些文字冒险游戏允许玩家控制的角色在游戏世界中自由移动(一般而言,这种移动通过类似"向北""向南""向东""向西""向上""向下"的指令来完成),而且具有一定程度的交互性。此外,有的文字冒险游戏的形式是线性的,可以直接展示有关剧情分支的选项。玩家通常可以携带一些可被储存的道具,也可以与电脑控制的角色进行有限的对话。虽然有些游戏可能包含对话框(如《恒星轨迹》)或依赖文字展开描述(如《神秘岛》中的博物馆里的书籍),甚至会将文本作为图形元素(如《Rogue》)。但是,这类游戏仅指玩家主要依赖文字展开对游戏世界的探索,并体验剧情、事件的游戏。

注:如上文所述,此处不对兼为冒险游戏的文字冒险游戏作单独说明。联网的多玩家文字冒险游戏通常被视作角色扮演游戏(详见"角色扮演游戏")。此外,几乎所有的文字冒险游戏都是解谜游戏。

示例:《银河系漫游指南》、《兵临城下》(Planetfall)、《Leather Goddesses of Phobos》、《Suspended Animation》、《魔域帝国》。

42. 模拟训练游戏

指以训练且通常为提升一些运动技巧,如转向(如在驾驶和飞行模拟器中)而对真实场景进行模拟的游戏。这类游戏不包括注重管理的模拟(详见"模拟经营游戏")和运用策略(详见"策略游戏")的游戏。这类游戏可以包含一些机构使用的真实情景仿真,如用于训练宇航员、坦克手或飞行员的游戏,也包含简单的、具有游戏性的、主要用于娱乐的模拟,如《Police Trainer》《A-10 攻击机》。

注:如上文所述,此处不对兼为实用工具的训练模拟作游戏单独说明。

示例:《A-10 攻击机》、《科曼奇 3》(*Comanche 3*,也是飞行模拟游戏)、《F/A-18 Hornet 3.0》(也是飞行模拟游戏)、《无限飞行》(也是飞行模拟游戏)、《Police Trainer》、军用和航空飞行模拟器,以及应用于驾驶员教育的驾驶模拟。

43. 实用工具

实用工具指具有除了娱乐目的以外的卡带和程序,尽管它们可能被设计成与游戏类似的结构(如《马里奥教打字》)或含有某些娱乐要素。实用工具本身通常并不是游戏,但其中有些软件具有与游戏卡带相同的外观,所以作为游戏软件被收藏与交易,并被列在卡带清单上。

注:详见"演示样本""诊断软件""教育游戏""模拟训练游戏"。

示例:《基本编程》、《Beginning Algebra》、《Beginning Math》、《Computer Programmer》、雅达利 5200 系统的诊断软件(识别号为 No. FDS100144,也是诊断软件)、《Home Finance》、《Infogenius French Language Translator》、《马里奥教打字》、《Music Box Demo》(也是演示样本)、《数字游戏》(*Number Games*)、《Speed Reading》、《拼字游戏》(*Spelling Games*)、《盲打助手》(*Touch Typing*)、《单词游戏》。

资料七
最畅销的电子游戏

马克·J.P.沃尔夫

电子游戏是门巨大的生意。美国电子游戏产业仅2004年一年就创造了99亿美元的营收,2005年为105亿美元,2006年则达到125亿美元[1]。

那么,有哪些游戏是畅销游戏呢?在回答这个问题时,我们要考虑很多因素。首先,电子游戏的类型不尽相同,这就让横向比较变得很困难,或者说不是太公平。街机游戏一般是以每局25美分(有些为50美分甚至更贵)为基础进行设计的,家用主机游戏则是买断式的,还需要玩家购买相应的硬件。家用电脑游戏也是买断式的,但可共享的游戏并不需要玩家购买,通常是可以免费获取的,所以无法统计销量。此外,盗版游戏也会影响市场,它们的存在意味着游戏的官方销量无法真实地反映玩家的数量。

一般而言,发行于1972年的《PONG》是第一款引起话题的街机游戏,随后是1978年发行的《太空侵略者》,再之后是1980年于北美发行的《吃豆人》和《防卫者》。这些游戏通常被视作史上最成功的街机游戏,每一款都创造了超过十亿美元的营收——几乎没有电影能够达到这个水平[2]。由于街机游戏自20世纪90年代起逐渐式微,所以它们不太可能再取得这样的成就了。

其次,在家用主机游戏设备领域,雅达利2600几乎是那十年里最畅销的游戏机,直到FC出现并夺走了它的霸主地位。家用主机游戏设备通常是与游戏捆绑销售的,这也增加了游戏的销量。例如,有史以来最畅销的家庭电子游戏《超级马里奥兄弟》由于与FC捆绑销售,卖出了超过四千万份[3]。

电脑游戏通常会移植到许多家用主机上,这也有助于游戏的销售。《神秘岛》支持许多平台,包括索尼PS1、世嘉MD、雅达利Jaguar和兼容MAC、IBM的机器。虽然《神秘岛》和《第七访客》都发行于1993年,而且当年的销量都超过了十万份,但前者很快就从后者手上夺走了史上最畅销的家用电脑游戏的头衔。直到 2002 年,《模拟人生》以 630 万份的销量跃居第一[4]。

最后,也有一些基于订阅的在线角色扮演游戏,有成百上千的玩家以月卡的形式付费。在这类游戏中,《魔兽世界》是体量最大的。截至 2007 年暑期,它拥有超过 900 万名玩家。其中,有 200 万名北美玩家、150 万名欧洲玩家、350 万名中国玩家[5]。

第 39 章
作为争议对象的电子游戏

多米尼克·阿瑟诺

  新的娱乐方式的出现总是伴随着各种争议。与此前的漫画书、电视等一样,电子游戏自诞生起就处在社会争议的风口浪尖。第一代电子游戏(如《PONG》和米罗华奥德赛的《排球》游戏)的销售,以及一些人为了获得社会支持而作出的努力,使传统的游戏概念被拓展了,电子游戏逐渐被视作一种数字化地展示已有现象的形式。因此,除了一些特殊情况,它没有引起人们的任何反感与社会问题(有一个特殊的例子,可参见本书第 40 章"道德、伦理与电子游戏"中提到的雅达利 2600 上的《卡斯特的复仇》)。

  值得注意的是,第一款引起争议的电子游戏是 Exidy 公司发行的以保罗·巴特尔(Paul Bartel)的电影《死亡飞车 2000》命名的街机游戏《死亡飞车》。《死亡飞车 2000》由大卫·卡拉丁(David Carradine)、西蒙尼·格里菲斯(Simone Griffeth)和西尔维斯特·史泰龙(Sylvester Stallone)主演。在游戏中,玩家需要通过驾驶车辆撞倒"Gremlins"(意为"小精灵",但它具有人体般的外形,根本不是精灵的形象,所以下文我依旧使用英文表示)来获得分数。受到撞击时,Gremlins 会发出尖叫,然后会在消失的同时在原地形成一块墓碑。人们发现,游戏中的 Gremlins 与人类角色在外形上别无二致,并且 Gremlins 事实上只是开发者为了减少游戏可能引发的质疑而玩的文字游戏,因为"Gremlins"的开发代号是"行人"。所以,这款游戏实际上是要求玩家(可能是一个儿童玩家)针对普通人而非怪兽、宇宙飞船等做出暴力行为,并且这种暴力行为发生在仿真背景中(根据游戏粗糙的画面和游戏名称,用隐晦的美术设计等手段加以暗示,而不是直接通过生动的图像进行展示)。这款游戏因此引起了来自社会的抗议,许多抗议者和大量的媒体宣传为《死亡飞车》提供了额外的曝光度。但是，这并不足以让它有更高的销量。正如历史学家史蒂文·肯特所说："根据 Exidy 公司创始人皮特·考夫曼（Pete Kauffman）提供的资料，Exidy 仅售出了 1 000 份《死亡飞车》游戏。这个数量仅是 Midway 公司同年推出的《海狼》和《热火枪战》的零头。"[1]

在 20 世纪 80 年代后半期，任天堂及其"家庭友好政策"成功地将电子游戏推销给儿童群体。这也敦促任天堂对自己的产品进行更严格的审查，以确保它们是适合孩子的娱乐软件——在更好的情况下，还可以是学习工具①。这引发了第一次关于电子游戏的社会浪潮，当时出现了大量的调查、研究、辩论、抗议，以及围绕这一主题的充满激情的演讲。这些都促使电子游戏的概念进入主流文化，并成为一种常识[2]。对于大多数人来说，电子游戏有助于培养手眼的协调和解决问题的能力，还有人们整体上的空间方向感与理解能力，也有一些声称能够进行传统课程（如地理和历史）教学的游戏（如《Where in the World is Carmen Sandiego?》《文明》）。但是，电子游戏也被认为导致了一些反社会行为和越来越频繁的暴力行为，还会引起人们的健康问题（如肥胖和癫痫）。因此，自 2007 年起，许多电子游戏的说明书都会增加关于可能引发光敏性癫痫的警告[3]。

暴力问题

《死亡飞车》的案例也引发了人们对电子游戏在伦理方面的争议，尤其是游戏对暴力画面日益精细的展示。在 1992 年，Midway 的《真人快打》则在这条路上走得更远了。为了对标卡普空空前成功的《街头霸王 2》，《真人快打》试图通过增加大量越界的内容以引起争议：游戏角色能够横穿屏幕，释放火球、冻住对手或瞬间传送，并最终会面对拥有四只手的人形敌人和能够改变外形的巫师。然而，大家发现，这些内容在游戏大量的暴力描写面前都显得微不足道——仅仅是一个刺拳就能让敌人的面部或身体血流如注。这款格斗游戏中的创新引发了人们对于游戏中含有"血淋淋的死亡场面"的许多争议。在游戏中，当对手被击败时，他/她并不会倒在地上，而是重新起身，停在原地且不能采取任何行动。胜利者此时可以通过移动并选择使用"终结技"

---

① 比如中国的小霸王学习机。——译者注

攻击失败者,随后就会出现时长为数秒的处决指令。如果角色正确地完成了这些指令,敌人就会在残忍的方式下被肢解、焚烧或斩首。

与《死亡飞车》不同,逼真的画面是《真人快打》的一个优点。开发团队没有采取手绘然后进行角色动作设计的方式,而是对真实的演员进行动作记录,将他们的动作以照片的形式数字化地存储下来,并分别对它们进行动态化。这一技术让这款游戏的暴力元素臭名昭著,以至于时任美国参议员约瑟夫·利伯曼在1993年举行了一场有关电子游戏的听证会。在听证会上,他声称这是在向孩子们销售暴力[4]。一系列的听证会主要针对的对象是《真人快打》和1992年世嘉CD的游戏《午夜陷阱》,主要因为它们采用了演员的真实影像。听证会的主要成果是加速了娱乐软件评级委员会的成立。这个委员会是电子游戏产业内部成员自发运作的团体。

接下来几年产生了大量具有争议性的游戏。在这些游戏中,值得一提的有《毁灭战士》,这是一款畅销的第一人称射击游戏。1999年,美国发生"4·20科伦拜中学校园枪击案"时,这款游戏被认为引发了其中一个男孩的犯罪行为。此外,还有《侠盗猎车手》系列。人们认为这一系列游戏将暴力行为带入了与游戏场景相同的现实城市,并且允许玩家借助种类繁多的武器挑战普通人、妓女,甚至执法机关。

色情内容

容易引发问题的色情内容在电子游戏中出现得更早一些。1982年,Mystique开发并发行了《卡斯特的复仇》,这是雅达利2600上一款臭名昭著的游戏。在游戏中,玩家控制一个裸体的男人,从一个要塞出发,穿过一片平原。在这个过程中,玩家要躲避障碍,最后找到一个被拴在柱子上的印地安女性并强奸她。不出所料,这款游戏引发了各类社会团体的抗议,雅达利公司的名誉受到极大的损害,即使它根本没有参与这款游戏的开发。

在《卡斯特的复仇》的影响下,一些体量相对较小且不那么露骨的色情电子游戏出现在个人电脑而非电子游戏主机上。其中,最著名的是Sierra公司在1987年发行的《情圣拉瑞:拉瑞在花花公子岛》。这款游戏在1996年之前发布了五部续作,玩家在游戏中操作一个中年失意的男人,竭尽全力地与各种各样的女人性交。受到当时的显示水平限制,这款游戏的分辨率很低,最吸引人的反而是它透露出的幽默感。除了这一系列的游戏，大多数含有色情裸露内容的游戏本质上都是脱衣扑克、脱衣弹球、脱衣麻将和脱衣解谜游戏。20世纪90年代，FMV技术的出现意味着色情电子游戏能够使用真人演员参与的真实视频。同时，这一时期出现了大量以此作为卖点的游戏，不断试探着"成人互动娱乐"的底线。其中，《Riana Rouge》(1997)和《Michael Ninn's Latex》(1998)是具有较大影响力的两款游戏。我们不应该将色情电子游戏与以Digital Playground(简称DP)于1997年率先推出的"虚拟性爱"(Virtual Sex)系列为代表的"成人互动视频"混淆，因为后者并不是严格意义上的游戏。

20世纪90年代末期之后，随着互联网用户的增加和网络开发工具(如Adobe Flash)的普及，人们能够制作更多的色情游戏。这些作品通常是爱好者们以"Hentai"风格(一种在日本流行的手绘风格)进行制作的①，通常属于"模拟约会"的类型。这类色情游戏与一般的电子游戏不同，它们由特定的组织通过特定的渠道进行发售。因此，就像私人色情片和网络色情片不会与主流电影同时出现并引起轰动一样，色情电子游戏也没有引起太多的争议。

某种程度上而言，反倒是一些常规的、广为流传的电子游戏中带有的不和谐内容招致了主流媒体对电子游戏的批判。《午夜陷阱》就是第一批受此非议的游戏之一，有人认为它在游戏剧情中涉嫌"诱使一群大学女生在郊区高档住宅举行睡衣派对"。但是，在一系列国会听证会的仔细审查下，被认为敏感的内容主要是玩家可以选择不去拯救游戏中的女孩，让她们自生自灭，只是游戏中身穿睡衣和其他衣着暴露的角色确实将这款本就在悬崖边的游戏又向前推了一把——《午夜陷阱》在美国的多个商店不由分说地被下架。但与此同时，得益于这款游戏得到了大范围的曝光，销量反而戏剧性地增加了。在随后的两年，《午夜陷阱》在多个平台发布了重制版，娱乐软件评级委员会也将其评级为M级(Mature，即适合17岁以上的玩家)。随后，发布于1995年的《幽魂》则通过模拟强奸场景使这种争议到达一个新的高度。虽然游戏并没有出现人物腰部以下的镜头，但玩家能清楚地辨认出施暴的一方，即女主角艾德丽安(Adrienne)的丈夫正在做一些禽兽不如的事情。这款游

---

① Hentai的日文写作"变態"，指涉及色情的内容。因此，"Hentai"的首字母"H"有时也被作为色情或性交的暗示。——译者注

戏在澳大利亚遭到封禁，在德国和英国也被划分为成人可玩的游戏。在美国，这款游戏被娱乐软件评级委员会评为 M 级，但并没有任何其他的处理措施。

在接下来的几年中，Rockstar 公司发行的《侠盗猎车手》系列引起了两次比较大的争议：一次是在 2001 年发行的《侠盗猎车手 3》中，玩家可以将妓女带到车上并与她做爱；另一次则是与《侠盗猎车手：圣安地列斯》有关的"热咖啡事件"（Hot Coffee Incident）。后者也引起了不少的媒体关注。在《侠盗猎车手 3》中，性行为并没有直接出现在画面上，玩家只能看到主角所在车辆产生短暂的前后震动。在《侠盗猎车手：圣安地列斯》中，玩家操作的角色的女友会邀请他去她的家中"喝一杯热咖啡"。随后，镜头留在室外，屋内会传出呻吟。然而，Rockstar 的开发人员设计了一款小游戏来控制屋内的活动，玩家需要根据节奏按下相应的按键来填充"性奋"量表，最终让女友达到性高潮，以此促进两人的和谐关系。这一内容在游戏发售时就被废弃了，相关的数据却留在光盘里。玩家们最终通过修改 PC 版本的游戏代码成功地运行了这款小游戏，并且使用第三方插件将它移植到主机上。这一事件最终导致娱乐软件评级委员会将《侠盗猎车手：圣安地列斯》从 M 级调整为 AO 级（Adults Only，即成人限定，适合 18 岁及以上的玩家），还制定了相关政策，要求许多零售商对它进行下架处理。Rockstar 随后重新发布了移除"热咖啡"内容的版本，以此将游戏的评级回调。

引起类似争议的非正式游戏内容还有 Bethesda Softworks 在 2006 年发行的《上古卷轴 4：湮灭》（The Elder Scrolls IV: Oblivion）。虽然游戏角色的服装最多只能被脱到身着内衣的程度，一些 modder[①] 找到了游戏中隐藏的上身赤裸的女性角色的美术素材。随后，他们发布了一个补丁解锁了这些内容，导致这款游戏的评级从 T 级（Teen，即青少年级，适合 13 岁及以上的玩家）提升到 M 级。

意识形态

有些游戏传达的意识形态被认为是危险或反动的，还有一些游戏故意设

[①] "modder"指游戏修改或增强程序（modification，简称 MOD）的作者。他们通常以制作 MOD 来正向地表达自己的创造力，并致力于扩展自己喜欢的游戏的内容。——译者注

计一些敏感话题试图引起争议。《刺杀肯尼迪：重装》(*JFK: Reloaded*, 2004)让玩家扮演李·哈维·奥斯瓦尔德(Lee Harvey Oswald,传闻中暗杀肯尼迪的凶手)，游戏内容则是再现对肯尼迪的暗杀。《侠盗猎车手》系列不仅因为色情内容而遭到谴责，也因为鼓励玩家在游戏中犯罪而饱受非议。Rockstar随后发布的《恶霸鲁尼》[*Bully*,在英国也被称为《狗咬狗》(*Canis Canem Edit*, 2006)]与《侠盗猎车手》类似，鼓励玩家在寄宿学校做一个捣蛋鬼，并且允许玩家捉弄、殴打甚至霸凌其他孩子。此外，玩家控制的男性角色可以与某些男孩接吻，这一行为类似于狮头工作室在2004年制作的《神鬼寓言》中的男性英雄可以与某些男性角色结婚。在另一种极端的意识形态中，美国陆军开发了《美国陆军》(*America's Army*, 2002)，并公然将它作为征兵的工具(更多例子详见本书第34章"澳大利亚的电子游戏")。

一款名为《蔷薇守则》(*Rule of Rose*, 2006)的生存恐怖类游戏在英国的发售被取消了，随后在澳大利亚也遭到封禁。这款游戏的故事核心是一个19岁的女孩被一群年轻、邪恶的女孩囚禁。《泰晤士报》的大卫·查特(David Charter)报道称："《蔷薇守则》将玩家带入一个年轻女孩的视角，这个女孩在每次尝试逃离孤儿院的时候都会被反复地殴打与羞辱。她被捆住双手、捂住嘴巴，浸泡在液体中，被活埋、被扔进'不洁小屋'(Filth Room)。"[5]但是，这一说法遭到视频标准委员会(Video Standards Council)成员劳里·霍尔(Laurie Hall)的反对，该组织将这款游戏评为T级："我并不知道所谓的游戏中的施虐内容从何而来，也没有看到有孩子被埋起来。这些内容纯属编造。"[6]同时，查特还声称："索尼公司没有在美国发行《蔷薇守则》，因为担心会引起强烈反应，特别是对所谓的女同性恋和受虐狂的暗示。"霍尔则澄清道："游戏中并没有任何有关未成年的色情内容。"然而，这款游戏的游戏总监石川修司(Shuji Ishikawa)却不这么认为。他在接受Gamasutra的采访时说："游戏里肯定是有一些色情内容的，也会有一些可能让人不舒服的内容，但这并不是重点。"[7]就如《蔷薇守则》的例子所呈现的那样，大多数电子游戏在意识形态上面临的争议都是非常主观的。

随着游戏画面越来越精细与真实、游戏规模日益扩张，加之设计者对日常场景而非幻想或科幻题材背景的应用，必然会引起越来越多的争议。

资料八
电子游戏分级系统

马克·J.P.沃尔夫

依照美国电影协会(Motion Picture Association of America,简称MPAA)采用的针对电影的分级标准,电子游戏产业数次尝试建立游戏分级系统。世嘉为了对本公司的游戏进行分级,建立了电子游戏评级委员会。同时,3DO公司也有自己的电子游戏分级系统。自1994年起,娱乐软件顾问委员会(Recreational Software Advisory Council,简称 RSAC)开始对家用电脑上的游戏软件进行分级,但不负责家用主机游戏的评级。随后,这一组织被合并至互联网内容评级协会(Internet Content Rating Association,简称ICRA)。但是,上述评级系统均未被业界广泛采纳。

1994年,娱乐软件协会(Entertainment Software Association,简称ESA)成立了娱乐软件分级委员会,对家庭电子游戏和电脑游戏进行分级。尽管北美发行的大多数游戏均采用它们的评级标准,但 ESRB 是非营利性的自治组织,它对游戏的评级属于自发行为。娱乐软件分级委员会将游戏分为六个等级:EC级(面向幼儿,Early Childhood,3+)、E级(面向所有人,Everyone,6+)、T级(面向青少年,Teen,13+)、M级(成熟,Mature,17+)、AO级(成人限定,Adults Only,18+)和RP级(待评级,Rating Pending)[1]。"EC"级指面向3岁及以上人群的游戏;"E"级指面向6岁及以上人群的游戏,这类游戏中可能含有轻微的暴力行为和词汇;"T"级的游戏可以包含暴力的内容和词汇,也可以出现一些暗示性的主题;"M"级则表示游戏可能包含

---

[1] 现行的评级规范中加入了"E10+",即面向10岁以上的人群。同时,自2018年起,娱乐软件分级委员会取消了EC级。——译者注

直白的性主题、大量与暴力相关的内容和词汇；"AO"级的游戏具有直接的色情暴力画面，这类游戏不适合 18 岁以下的群体接触；"RP"级表示游戏的评级尚未确定。

具体而言，电子游戏与电影的分级不尽相同。电影内容通常会从头到尾、完全地展示给审查机构，所以从某种意义上说，审查人员是完全了解电影内容的。但是，电子游戏通常需要玩家掌握一定的技巧并花费数个小时的时间来探索游戏世界，体验游戏事件。同时，玩家可能无法确认自己是否已经体验到游戏的全部内容。游戏开发者和发行商在向娱乐软件分级委员会介绍自己的游戏时，可以通过隐瞒某些内容轻易地获得理想的分级，以此赢得更多的受众。为了应对这种情况，2006 年 9 月，美国国会通过了两个法案：《电子游戏真相法案》(Truth in Video Gaming Act, S. 3935)，规定娱乐软件分级委员会有权获取将要评级的游戏的完整内容，并应在评级前充分体验该游戏；《电子游戏行为准则法案》(Video Game Decency Act, H. R. 6120)则提出了一些用以防止在对游戏进行分级与分类时出现欺骗情况的法条。

在北美以外的地区应用的游戏分级系统有日本于 2002 年参照娱乐软件分级委员会成立的计算机娱乐分级机构(Computer Entertainment Rating Organization，简称 CERO)和由欧洲互动软件联盟(Interactive Software Federation of Europe，简称 ISFE)于 2003 年成立的泛欧洲游戏信息组织，后者的分级被超过二十个欧盟国家采用。

第 40 章
道德、伦理与电子游戏

马克·J. P. 沃尔夫

与电影和电视一样,电子游戏有时也会因为包含太多的暴力、性、刻板角色和缺乏教化的内容而受到批评。但是,当强调电子游戏与其他媒体的相似之处时,我们很可能会忽视它在伦理和道德方面引发的新问题。

电子游戏与传统媒体

传统媒体(如小说、电影和电视)中的叙事往往试图通过表现行为与后果之间的因果关系来体现某种世界观、想法或观点(故事的教训或道理)。它们模拟了这样一类情景,即角色的行为与降临在他们身上的命运是联系在一起的。例如,有人犯罪被抓获并进了监狱;反之亦然,有人做了好事并得到奖励(这都取决于作者的观点)。这种成功地让观众相信事件之间的因果关系的合理叙事也可以成为观众的一种替代体验,甚至可能影响他们在未来的行为,就像电影可能影响一个人的行为一样。

但是,影响(influence)与动机(cause)是不一样的。当然,广告商认为看了它们的广告的人更有可能购买产品(否则它们就不会制作广告)。许多研究试图将暴力电影与攻击性行为联系起来,但无论在哪种情况下,影响都不能成为动机。

然而,电子游戏可以与某些行为产生因果联系。原因很简单,这些行为是玩游戏时所必须的。例如,在许多射击游戏中,如果玩家在玩游戏时不具有侵略性,很快就会以失败而告终。为了精通游戏,玩家必须学会以某种方式行动和思考。因此,玩家活动是电子游戏施加影响的一种方式:他们是在做出行动，而不仅是看着别人操作游戏。经过一段时间之后，玩家就会习得新的技能和反应能力。与任何其他形式的训练一样，这些技能的发展需要很多时间，也需要很多次试验和机械的重复。游戏时的设备屏幕和镜头片段可能被观看几十次，不像其他的媒体产品（如电影、电视节目或书籍），通常的观看次数屈指可数。玩家甚至需要学习在解决谜题时进行战略性或分析性思考，或者训练自己作出快速、下意识且不涉及思考的反射性反应。

在一段时间内，电子游戏的影响力被忽视了。尽管成人市场巨大，但它们被视为主要面向儿童的媒介。随着游戏复杂性的不断增加，一些游戏中才出现了成人内容和主题。被忽视的部分原因可能是游戏最初的呈现并不复杂——图像相对简单，在设计上更具标志性和抽象性。同时，游戏中发生的动作也是标志性的，与设计者试图描述的真实体验相距甚远（因此被认为是无害的）。但是，随着电子游戏图像的复杂性和逼真性的提高，玩家的体验感也随之增强，原本主要是概念性的图像（相当抽象和块状化，以至于游戏手册必须描述每种图像的含义）变得更加直观，看起来更像它们所代表的东西，模拟效果也得到了改善。当然，表现出复杂行为的高分辨率屏幕角色并不比表现出简单行为的低分辨率角色更真实。但是，由于游戏玩法的细节和复杂性，玩家对这些角色的体验有所不同。

需要指出的是，传达暴力或色情思想并不需要高分辨率。Exidy 于 1976 年推出的街机游戏《死亡飞车》是最早使用人类角色的游戏之一。游戏中有一些矮小、呈块状的人形物体，被当成碾压的目标。这导致《死亡飞车》成了争议对象。虽然单一的粉色像素块很难被称为冒犯，但到底在多高的分辨率下，一幅图像才能被识别为是色情或暴力的？其实，即使是低分辨率的雅达利 2600 系统也有足够的像素来传达这种想法。1982 年，250 名抗议者聚集在纽约希尔顿酒店外，原因是第三方开发商 Mystique 在这里发布了第一款限制级游戏《卡斯特的复仇》（详见本书第 39 章"作为争议对象的电子游戏"）。后来，雅达利以该游戏损害了自己的名誉而起诉 Mystique[1]。

在电子游戏中，不论分辨率如何，图像都是传达想法的手段。更高的分辨率能够更具体、详细地表达想法。随着图像看起来越来越像照片，设计者的想法在视觉表达中变得更为具体，也越来越像其他媒体制作的图像，包括获取真实世界的知识和进行社会互动的媒体。而且，在许多多人游戏中，尤其是在线角色扮演游戏中，玩家之间的社交互动成为游戏的重要组成部分。

电子游戏中的社交元素

随着图像的发展，游戏玩法本身也变得越来越复杂。从一开始，在街机和家用主机中，多人游戏就与单人游戏并存。玩家们一起出现在玩游戏的房间里（他们很可能也认识彼此），游戏过程中发生的大部分社交活动都发生在游戏场地之外。然而，在网络游戏和在线游戏中，玩家通常不会出现在同一间屋子里，他们也不认识彼此。像《网络创世纪》《阿斯龙的召唤》《星球大战：星系》《无尽的任务》《魔兽世界》这样的角色扮演游戏，它们的在线世界中可能拥有数百万名玩家，他们在游戏之外不用与自己的队友相见，就可以相遇、交谈，并组成联盟和公会。玩家角色是由真人控制的，所以游戏中发生的社交互动是真实的，尽管这种互动比真人互动的影响有限。

社交元素丰富了游戏的玩法，大多数玩家通过自己的游戏角色认识彼此。这意味着玩家可能与游戏中代表他们的虚拟角色有更强的利害关系。大多数角色扮演游戏都是长期的（可能持续数年），其间允许玩家角色积累技能、力量和能力。花在角色发展上的时间、精力、情感投入甚至资金投入都会增加玩家对角色的认同感和价值感，角色也会成为玩家的另一个自我，而不仅仅是屏幕上的替代品。

在主机或街机的单人游戏中，玩家也能产生很强的角色认同。玩家经常会说"我被杀了"或"它打败了我"之类的话，即使屏幕上的玩家角色有自己的名字和身份。当电影观众看到角色的故事线呈现的各种情节时，最多只会设想如果他们处于类似的情况下会是什么感觉。但是，在电子游戏中，玩家通过行动或反应使屏幕上的事件发生，其中就涉及一种从模拟到仿真的转变。在这种转变中，我们可以发现，电子游戏在三个方面发挥着影响，即玩家的反应和行为、三观，以及某些被游戏促进和磨炼的思维方式。

从模拟到仿真

模拟和仿真之间的区别类似于同情和移情之间的区别。"sympathy"和"empathy"都来自同一个希腊语词根"pathos"，意思是"感觉"（来自"paschien"，指忍受或感觉），前缀"sym"来自"syn"，意思是"在一起"，"em"来自"en-",意思是"在……中"[2]。"sympathy"表示一个人有与第三方相处的经验或感觉;"empathy"的感觉则更加内在化。同样,模拟可以局限于被动思考,而仿真必然涉及行动。综合而言,它们可以影响人的行为、信仰和观点。

反应和行为

观看武打电影并不能提高人的快速反应能力,但格斗或动作类的电子游戏却可以提高人的手眼协调和反应能力。游戏动作的快速发生往往需要玩家发展反射反应而不是思考反应,有时甚至会产生巴甫洛夫刺激反应训练。在这种训练中,反射速度是至关重要的。这些反应各不相同,包括《俄罗斯方块》《水管狂想曲》中的抽象平面操作和构造,《神秘岛》《神秘岛2》中对好奇心的探索,以及《毁灭战士》《虚幻竞技场》中一触即发的自动杀戮。虽然游戏可以被设计为发展各种技能和反射反应,但遗憾的是,射击和杀戮才是最常见的。

电影和电视节目可能会鼓励某些类型的行为,但电子游戏不仅是鼓励这些行为,电子游戏非常需要它们。与基于互联网页面浏览的互动不同,电子游戏通常包含鼓励竞争行为的输赢场景。在许多情况下,竞争行为涉及攻击。克雷格·安德森(Craig A. Anderson)和卡伦·迪尔(Karen E. Dill)在《人格与社会心理学》(*Journal of Personal and Social Psychology*)杂志上的一篇研究文章指出,"暴力电子游戏与攻击性行为和犯罪行为呈正相关关系",并且"接触图像暴力的电子游戏会增加人的攻击性思维和行为"[3]。这项研究考虑了除游戏内容之外的其他因素,包括玩家的倾向、犯罪行为、喜爱的游戏、花在游戏上的时间和其他数据。相较于以往的研究,它的调查范围更加广泛。尽管如此,涉及图像分辨率、游戏速度、角色认同、叙事介入等方面的相关性仍有待探索。

在游戏中,我们还必须考虑玩家动作和行为产生的情境。正如在电影中一样,观众对暴力场景的反应可能会有所不同,这取决于观众的身份是与受害者还是施害者一致。在具有杀戮或被杀戮心态的电子游戏中,玩家可能会发现自己游走在这两种角色之间。但是,一般而言,游戏中最主要的角色通常是杀手,至少在大多数射击游戏中是如此。

随着时间的推移,玩家习得的反应和行为会变得根深蒂固,甚至影响玩家的个性。有研究表明,电子游戏可能会让人上瘾。格里菲斯(Griffths)和亨特(Hunt)的一项研究表明,多达五分之一的青少年可能在病理上依赖电子游戏[4]。根据安德森和迪尔的说法:

> 电子游戏的选择和动作组件……再加上游戏的强化属性,有很强的学习体验效果。从某种意义上说,暴力电子游戏为习得攻击行为提供了一个完整的学习环境。同时,它们还为行为提供了建模、强化和演练的空间。这种学习策略的组合已被证明比单独使用的任何一种方法都更加有效。[5]

许多关于电子游戏的心理学研究都集中在电子游戏与暴力和攻击行为的关系上。但是,如上所述,玩家在电子游戏中学习的技能和反应并不总是涉及暴力或攻击行为。如果暴力和攻击性游戏可以影响玩家的行为,那么游戏在设计上似乎可以鼓励积极和有用的技能。虽然安德森和迪尔的研究确实使用了《神秘岛》和《Tetrix》(一种类似《俄罗斯方块》的游戏)来比较暴力游戏与非暴力游戏之间的差异,但研究通常不会探索益智类冒险游戏是否能让玩家更敏锐地观察或提高他们解决问题的能力。

儿童教育游戏和教授成人心理技能(如解决问题或资源管理)或身体机能(如手眼协调或打字)的教育游戏的存在也表明,人们借助电子游戏可以学到很多东西。教育游戏也在更广泛的学术环境中得到开发,如美国得克萨斯大学奥斯汀分校的 I. C. Squared 研究所或麻省理工学院的《游戏教学计划》(Games-to-Teach)。

然而,大多数游戏都没有以学习为目标,游戏里的学习可能是无意的。正如美国军方一位上校在接受美国广播公司新闻网的采访时所说:

> 计算机上的飞行模拟器将教你如何飞行,你可以将从模拟器上学习的技能在现实中应用。同样,电脑上的谋杀模拟器也可以教你如何杀人,这些技能也可以在现实中得到应用。[6]

电子游戏与其他类型的软件的不同之处在于,它们通常以叙事为基础,并设置在屏幕上的动态世界中。因此,电子游戏不仅可以鼓励人们学习或教授技能，还可以传递某些世界观[7]。这些技能和世界观也可以在游戏之外的生活中发挥作用。

伦理世界观

故事通常通过将角色行动和结果联系起来以体现它们包含的某些观点价值或道德伦理。坏人和反派在故事结束时受到惩罚，英雄和好人得到奖励。同时，角色行为的后果和结果，个人行为的重要性及其对他人的影响也是文学和电影中的一个共同主题。

作者通过将想法置于叙事背景，而不是直接公开地陈述想要传达的意义，联系行动和结果的想法会更加自然，更接近现实世界中的事件或受众自己的生活。电子游戏包含玩家自己的选择和参与，玩家可以在其中做不同的事情，探索行动和结果的因果链。电子游戏甚至可以更隐秘地体现一种世界观，玩家的活动和体验带来的生活感使事件似乎发生于现在而不是过去。即使游戏的程序已经决定了行动和后果的联系，玩家在游戏世界中作选择的机会也会使结果看起来不那么像是预先设定好的。《模拟城市》《模拟人生》和其他模拟游戏会涉及几十种规则，玩家通过这些规则展开实践，在不断的试错过程中探索这些规则成为想要在游戏中取得成功的玩家的总体目标。

大多数电子游戏在体验方面的可塑性和可重复性也许会破坏模拟世界或消解情景的一些积极影响，因为当游戏可以重新开始或玩家有多条"命"时，没有什么是最终的或不可逆的。玩家粗心的行为可能会结束一次游戏，但除此之外，不会产生持久的影响，大不了重新来过。因此，很少有电子游戏能引起玩家深刻的情感或感觉，这可能是电子游戏仍然没有被赋予"艺术"地位的一个原因。然而，电影和电视在早期的发展过程中也有过类似的斗争。与移情相反，带有暴力图像内容的游戏可能会导致玩家脱敏，特别是当游戏将暴力定义为幽默、酷，或将暴力作为解决问题的方法（以及作为默认反应）时。此外，有些游戏颠覆了这些默认假设，如在《创世纪 4：圣者传奇》(Ultima IV: The Quest for the Avatar) 中，道德变得很重要，滥杀、滥抢可能会对玩家不利。

不过，在线角色扮演游戏与街机游戏或家庭电子游戏大不相同，它涉及屏幕上展示的虚拟世界——它在某些方面更像真实的世界。《魔兽世界》《阿斯龙的召唤》等游戏的世界是可持续的,无论玩家是否登录,游戏每天持续24小时运行(因为这些游戏有几十万名玩家,在任何时间都至少有几千名玩家登录)。如果游戏无法重启,玩家就可能会在游戏中投入大量的时间和金钱。因此,当玩家的角色战斗到死亡时,会面临更多的风险。玩家角色联盟之间存在合作与竞争,游戏中也有分级的社会系统。虽然有些游戏中存在攻击性和暴力行为,但世界的持续性、社会因素和可持续的特性给玩家带来了截然不同的游戏体验。当然,关于暴力的性质和限制的争论仍在继续。太多的玩家在彼此间展开战斗,他们可以互相残杀,导致玩家账户的数量减少(从而导致游戏企业减少收入)。然而,冲突不够频繁也可能让玩家感到扫兴,所以设计者必须在两者之间找到平衡。西蒙·卡恩(Simon Carne)博士是《阿斯龙的召唤》的玩家,他解释道:

《阿斯龙的召唤》有6个服务器,其中5个是"非PK"(non-player killer,简称NPK)服务器,玩家可以选择退出与其他玩家之间的战斗。在剩下的一个名为"暗潮"(Darktide)的服务器中,玩家不能选择退出战斗。这意味着任何人在任何时候都可以杀死你,即使你是低级别的(新手)玩家。如果他们杀了你,对方就能获得经验值,还能偷走你的装备(如果你有的话)。

暗潮服务器的玩家通常会分为两个阵营。一个阵营被称为"PKs",里面的玩家会杀死任何不是他们友军的人[这被称为"RPK"(random player killing)或随机玩家杀戮]……另一个阵营被称为"Antis"(如果用"Anti-PK"表示会显得相当混乱),里面的玩家只会杀死参与"RPK"的公会成员的人。也有一些公会不一定会杀死他们遇到的所有人,但只会杀死与他们交战的公会(这些公会通常不是RPKs,但不会主动杀死RPKs,可以被称为中立公会)。最糟糕的RPKs会对新手展开杀戮,甚至出现信任杀戮的情况(先是表现得十分友好,直到玩家放下戒备,然后在"背后"杀死你)……

我曾经在一个非PK服务器上玩了大约10分钟,我不明白这种非PK的服务器有什么意义。然而,你必须承认,大多数人喜欢在非PK的环境下玩游戏。毕竟如果玩家有更多的PK需求,微软早就打开另一个PK服务器了[8]。

在玩家投入时间、金钱,建立关系并具有一定"社会结构"的虚拟世界中,随着游戏的推进,他们在这个虚拟世界的精神状态会延伸到现实世界——道德开始变得重要起来。

显然，现实世界的道德与网络游戏世界的"虚拟道德"之间存在差异。虽然"杀死"其他玩家可能被视作一种侵略行为，但这仍然属于《网络创世纪》的既定游戏规则。当然，玩家可以通过远离暗潮服务器来避免这种行为，甚至那些角色被杀死的玩家也可以通过创建新角色再次回到游戏中。不过，"杀戮"的隐喻和许多人将"假装杀戮"视作一种乐趣的问题仍然存在。射击或杀戮的想法已经在电子游戏文化中根深蒂固，以至于许多人似乎很难想象它的另一面。这个问题最早出现在1976年的游戏《死亡飞车》中。当时的电子游戏图像非常简单，只不过是粗糙的表达。而今天，随着图像向写实主义发展，这个问题比以往任何时候都更值得讨论。

图像暴力、杀戮、谎言、欺骗和其他涉及玩家角色之间社会互动的道德问题通常是玩家之间讨论的主题。当然，围绕电子游戏的更大的辩论出现在法庭上——"4·20美国科伦拜中学校园枪击案"中被害儿童的家属对大型电子游戏公司提起了高达50亿美元的诉讼。受害者的家属称，如果不是因为暴力游戏给人们提供了练习射击的机会，枪击案可能就不会发生[9]。然而，还有其他可能比这些更加微妙的潜在影响，包括玩家默认的假设，以及他们思考或建构世界的方式。可以说，一种内在的哲学观暗含于游戏背景中，并塑造着玩家的体验。

思维方式

通过角色替身进入电子游戏叙事世界的玩家，如果想要获得成功，就必须让自己的思维适应游戏的要求。暴力或杀戮类的电子游戏最能说明这一点。在这类游戏中，玩家的角色总是处于危险之中。正如安德森和迪尔总结道：

每次人们玩暴力的电子游戏时，他们都会预演攻击性脚本。这些脚本可以教导玩家，并加强他们对敌人的警惕（敌意感知偏见）和对他人的攻击性。同时，玩家会预判他人的表现具有攻击性，从而强化对使用暴力的积极态度，以及对暴力解决方案的信念——它们是有效且恰当的。此外，反复接触暴力画面很可能使人变得麻木。本质上而言，这些与攻击相关的知识结构的创造、自动化使用和脱敏效应会改变个体的人格[10]。

不仅是暴力游戏，那些因为难度、编程漏洞或糟糕的设计而让人受挫的

游戏也会产生类似的影响。正如心理学家瑞贝卡·特夫斯(Rebecca Tews)所言:

游戏可能会改变玩家在人际关系中的行为。游戏特别是暴力或令人沮丧的游戏似乎会引起人们产生更多的威胁感知。在游戏威胁情境下,生理唤醒的程度会增强(可能会转化为其他可感知的威胁情境),导致人们减少对解决问题的传统策略的使用,并适当果断地解决人际冲突。[11]

玩家在游戏场景中的选择通常都非常有限,不论是通过重复的游戏玩法练级,还是由于计算机崩溃和软件错误,都可能会影响玩家的耐心,并使他们陷入沮丧状态。在家里输给一起玩游戏的朋友或在公共游乐场输给陌生人,都可能会影响玩家的自尊。而且,有趣的是,许多电子游戏的设计方式总是以玩家的失败告终。例如,《太空入侵者》总是设法侵入屏幕底部并压碎玩家,《吃豆人》最终被追逐它的鬼魂抓住。各种各样的格斗和射击游戏总是以玩家角色的死亡(或多人死亡)作为游戏的结局。

然而,并非所有的游戏都设计得如此悲观,一些游戏(如《神秘岛》《神秘岛2:星空断层》《创世纪3:埃希德斯》)具有可供玩家实现的目标和故事情节,可以在玩家顺利达成时结束。然而,即使是这些游戏也都具有自己的世界分析模型,并推动某些决策过程,影响玩家在游戏世界外的思维。其中,玩家视角的构建方式影响了这种效果。

电子游戏可能是唯一频繁地使用第二人称的媒介,特别是在冒险游戏中。从图像上看,这些游戏模拟了第一人称视角,但玩家是参与者(第二人称模式),而非"我"(第一人称模式)或观察者(第三人称模式)。所有游戏的内容都是围绕着玩家而构建的,还为他们创造了一种体验。游戏中的其他角色通常是帮助或阻碍玩家角色的,当它们说话时,通常是直接针对玩家角色(而非游戏中的其他角色)的。游戏中的物品是供玩家使用、获取、消耗或毁坏的。整体的游戏效果可能会使玩家形成一种以自我为中心的功利主义观点。在这种观点中,玩家根据"游戏世界中的一切将如何影响我们"或"对我们有用"来考虑问题。

当然,游戏世界也会对玩家产生积极的影响。例如,完成冒险游戏通常需要玩家具有目标导向行为和持之以恒的信念。虽然冒险游戏充满了各类谜题和模糊的概念,但与他们在现实生活中遇到的问题相比,游戏世界还是相对清晰、简单的。电子游戏可能让玩家暂时远离现实生活中的复杂问题,并提供可被解决和简化的冲突和目标。游戏中存在的问题可以在几个小时（或几天）内解决，而且是一定存在解决方案的。

无论在哪种情况下，这些影响可能都是不易察觉的。但是，如果人们反复接触某种思考方式，慢慢地就会产生长期的影响。部分影响已经得到了证实——某些思维方式（如过度竞争和个人财富的积累）已经成为资本主义社会的驱动力。这也许可以解释具有类似主题的游戏为什么会兴起和流行。此外，电子游戏可以产生积极的影响，提高人们解决问题的能力、观察力和耐心。

虽然大多数人能够清楚地区分电子游戏和现实生活，但从游戏中学到的想法可能会以积极或消极的方式影响人们的其他行为。然而，随着媒体在人们生活中的日益普及，电子游戏与现实生活之间的界限开始变得模糊。美国艺电公司2001年发布的游戏《Majestic》便是为那些喜欢界限模糊的游戏玩家设计的。这款游戏被称为"渗透进人们生活的悬疑惊悚片，让你猜测游戏的结束和现实的开始"[12]。它通过电子邮件、语音邮件和传真向玩家发送线索，甚至利用美国在线服务公司（AOL）的即时消息。游戏在几个月内实时进行，玩家可以随时收到线索①。正如美国广播公司新闻网站的专栏（ABCnews.com）作家黛安·林奇（Dianne Lynch）所说：

> 为了实现这个目标，美国艺电公司及其合作伙伴Anim-X付出了巨大的努力。它们在全国各地购买了数百个电话号码，建立了数十个嵌入复杂访问限制和隐藏线索的网站，甚至建立了虚假的公司来迷惑人们。[13]

对于那些担心游戏与现实的模糊界限的人来说，这款游戏还突出了"可调整的现实主义设置"，将收到的信息识别为游戏的一部分。游戏可以一个人单独玩，也可以与在线社区中的其他人一起玩（这些人可能是真正的玩家，也可能是工作人员）。

《Majestic》在很大程度上是单一玩家独自体验的，而那些基于社交结构和每天24小时、每周7天的持续性在线角色扮演游戏，才是最能结合幻想与

---

① 这其实是侵入式虚拟现实互动游戏（alternate reality game，简称ARG）。——译者注

现实的游戏类型。有些玩家每天花几个小时在角色扮演游戏上，与朋友们在游戏里消磨时间，甚至有时会取代他们在游戏以外的真实世界的关系。玩家角色之间的友谊和婚姻会影响他们在现实世界的观念。克利斯汀·吉尔伯特(Christine Gilbert)在《电脑游戏》(*Computer Games*)杂志中描述了这样一种虚拟婚姻：

>　　这些网络关系中会有一些在现实世界中存活下来吗？回答是"是的"。那么，是否有一些人的配偶被其他公会的成员夺走了？根据论坛上的说法，还真的有。索尼互动娱乐公司的斯科特·麦克丹尼尔(Scott McDaniel)证实，《无尽的任务》收到了玩家配偶的投诉。这些投诉不仅涉及游戏的成瘾性，还涉及游戏对人们在现实世界的关系造成的损害。研究还发现，真的有人已经离开了他们在现实世界中的配偶，然后去找那些可以在游戏中帮助他们通过副本的人。
>　　虽然有一些令人悲伤的故事，但也有相当多正能量的例子。例如，有很多已婚夫妇每天晚上都一起分享寻找新冒险的乐趣。[14]

随着在线角色扮演游戏发展成模仿现实世界的新社交体验形式（至少在基本方式上是如此），它们已经不再只是游戏了。它们不仅会影响玩家的现实生活，还会成为玩家每天花几个小时上网的重要理由。当前，网络游戏的复杂性和图像细节不断得到强化，玩家账户的数量也日渐增长。

成长中的媒介

虽然大多数电子游戏的内容都不太具有启发性，但随着开发者对它们具有的可能性的不断探索，这一媒介似乎正走向成熟。射击游戏和暴力内容可能会一直存在，就像人们仍然可以在电影和电视中看到各种闹剧一样，但游戏开始朝着更广泛的内容的方向发展。许多过去的畅销游戏，如《吃豆人》《俄罗斯方块》《神秘岛》和《模拟人生》都是非暴力游戏，具有巨大的受众潜力。《电子游戏》中一篇关于2000年最佳游戏的文章指出，"最被忽视的事实"是"当年大多数最畅销的游戏都没有涉及任何暴力内容"[15]。游戏设计师彼得·莫利纽克斯的史诗游戏《黑与白》(2001)便是以道德为主题进行创作的,他所在的公司"实际上引入了一个心理学家团队去探索道德的概念,并与具有现实后果的行为联系起来"[16]。此外,eGenesis 公司开发的一款角色扮演游戏《沙漠中的故事》(*A Tale in the Desert*)中根本没有玩家战斗,比起通过杀戮升级或积累财富,角色是基于道德任务和完成挑战而获得提升的。

许多畅销游戏都是非暴力的,这一事实应该鼓励游戏开发者扩大媒介的范围并探索更多的可能性。商业上的成功推动了电子游戏的技术发展,而技术也揭示了媒介创造替代体验和互动的潜力。我们希望随着游戏媒介的成熟,设计师和开发人员能够迎接挑战,充分地挖掘电子游戏的更多潜力。

第 41 章
电子游戏与其他媒体的关系

马丁·皮卡德

在 20 世纪 90 年代,导演乔治·卢卡斯在他强大的影业帝国中建立了一个游戏部门——卢卡斯艺界公司,并创造了一系列有史以来最具叙事性和电影感的电子游戏,如《猴岛的秘密》(1992)、《山姆和迈克斯流浪记》(*Sam and Max Hit the Road*, 1993)、《极速天龙》(*Full Throttle*, 1996)和《冥界狂想曲》(*Grim Fandango*, 1998)。相反,电子游戏行业的领军者已经获得了足够的权力来控制将游戏改编为电影的制作流程。例如,微软公司以自己开出的条件将电子游戏《光环》的改编权卖给好莱坞电影公司。

当时,甚至电影制作人也开始分享对这两种媒介的创作兴趣。例如,史蒂文·斯皮尔伯格一直声称自己是电子游戏的爱好者。1995 年,他成立了梦工厂互动公司(DreamWorks Interactive)。这是一家专门制作电子游戏的公司,它比较有名的作品有 1999 年的《荣誉勋章》。这款游戏是根据斯皮尔伯格的原创概念进行制作的。2005 年,斯皮尔伯格与美国艺电公司签订一份合作合同,他会亲自设计三款新的电子游戏[1]。

这些例子表明,电子游戏与其他媒体,特别是在电影和(在较小的程度上)电视之间,已经形成了无可争议的联系。正如我们看到的,这些媒体之间的联系已经在许多方面展开。首先,电子游戏和电影(或电视)之间的视听相似性和经济竞争是最明显的。其次,从经济角度来看,电子游戏行业也与这些媒体保持着合作关系。

由于电子游戏已经成为一个庞大的产业,涉及许多在特定部门工作的大量员工,所以电子游戏的制作流程和设施与电影和电视有许多相似之处。其中,一些行业合并成实力强大的跨国公司(如索尼公司),这些公司在上述媒介领域都有收益。另外,主要的电影制片厂都有自己的电子游戏制作部门,如上面提到的卢卡斯艺界公司和梦工厂互动公司。

电子游戏的展示渠道与电影和电视类似。例如,你可以在电影院看到街机游戏,以及家用主机与电视机相连,还有大型音像店将电子游戏、电影和电视剧影碟的租赁集中在一起等[2]。所有这些例子都显示出这些行业之间的密切关系。此外,音乐产业也正在成为电子游戏产业中的一个重要角色,电子游戏的原声带越来越受欢迎[3]。电子游戏音乐的现场音乐会(如2006年的电子游戏现场巡演)的演出场场爆满。如今,电子游戏的音乐创作方式与电影配乐相似。而且,就像在电视上一样,电子游戏中的广告也已经成为一种普遍现象。动视和尼尔森娱乐(Nielsen Entertainment)在2005年末就这一问题进行了一项研究,发现"年轻玩家认为,游戏内置广告如果能很好地融入游戏,会增加他们对游戏的乐趣"[4]。

许多电子游戏理论与其他媒介有着密切的联系,因为它的许多基本概念和思想主要来自电影和电视研究。媒介理论家亨利·詹金斯认为,所有这些联系起来的媒介会发生质变,从而表现为更宏大的文化结果,他称其为"媒介融合"(media convergence)。这种融合表现在许多方面,如技术、经济、社会、文化和全球化[6]。

电子游戏与其他媒介之间的这种关系可以追溯到早期的电子游戏历史。在20世纪80年代初,电子游戏就因改编自电视剧和美国电影而闻名,特别是在雅达利2600游戏机上。

早在20世纪70年代中期,电影和电视行业就意识到了新媒体的潜力,它们当时试图在电子游戏市场中占有一席之地——CBS Electronics①和二十世纪福克斯公司(20th Century Fox)制作了自己的游戏卡带,仅雅达利2600上就有几十部电影和电视节目有改编成游戏卡带的计划。[7]

直到1983年,市场的饱和导致北美电子游戏产业崩溃,加之雅达利2600(如《吃豆人》)或电影(如《E.T.外星人》)的电子游戏改编版等制作拙劣的授

---

① 哥伦比亚广播公司旗下的公司。——译者注

权游戏的急切发行,电影行业才失去了对电子游戏的兴趣。这是一个巨大的失败,也成为雅达利大崩溃的标志。还有一个原因可能是史蒂文·利斯伯吉尔(Steven Lisberger)的电影《电子世界争霸战》(Tron,1982,第一部基于电子游戏世界的电影)在商业上的失败。这场失败让好莱坞远离CGI技术和整个电子游戏产业长达十年之久[8]。

电子游戏与电影

好莱坞原本几乎完全没有与电子游戏相关的主题,但这种情况并没有持续很久。美国从任天堂和世嘉等公司进口的日本家用游戏机(尤其是1983年的FC、1985年的世嘉SMS、1988年的世嘉MD和1990年的SFC)改变了电子游戏的历史进程。由于这些游戏机在家庭中的流行,电影业重新对电子游戏产生了兴趣(和经济利益上的想法)。1989年,环球影业与任天堂合作发行了托德·霍兰德(Todd Holland)的电影《小魔法师》(The Wizard,也译为《小鬼跷家》)。这部电影主要是为任天堂FC、任天堂的游戏硬件插件能量手套(Power Glove)和即将发行的《超级马里奥兄弟3》等产品拍摄的一部长篇宣传片。这部电影在青年游戏玩家中引起的轰动使得《超级马里奥兄弟3》在全球销售"超过1 700万份……创下了一款不与主机硬件捆绑在一起的盒装游戏的持续销售纪录"[9]。

由于电子游戏产业在20世纪80年代末至90年代初不断推出改编自电影的电子游戏(尤其是FC上的许多游戏都是根据电影改编的)[10]。因此,好莱坞改编电子游戏只是一个时间上的问题。当时,最引人注目的电影就是改编自有史以来最著名的电子游戏IP——任天堂的马里奥。1993年,好莱坞电影公司与任天堂联合推出了电影《超级马里奥兄弟》(Super Mario Bros.),由鲍勃·霍斯金斯(Bob Hoskins)扮演马里奥。尽管这部电影在商业上和电影评论界都是失败的(它的票房收入为2 000万美元,而成本为4 200万美元[11]),但电影公司认为这是一个吸引游戏玩家进入电影院的机会。同时,它给电子游戏产业提供了一个获得版权收入和更好的媒体报道机会。

随着《街头霸王II》《真人快打》《VR战士》等格斗游戏的出现,街机游戏再度流行起来,仅1990—1995年就有20多家公司制作了100多款街机格斗游戏。其中,最著名的是卡普空的《街头霸王》系列、Midway的《真人快打》系列和SNK的《拳皇》系列。随后,有电影公司决定改编其中的一些游戏,因为它们动态的战斗和时尚的图像暴力非常适合好莱坞动作电影的观众。1994年,根据1987年的街机游戏《双截龙》改编,由詹姆斯·尤基奇(James Yukich)导演的《双龙奇兵》(Double Dragon)上映之后,斯蒂芬·德·索萨(Steven de Souza)执导的《街头霸王》(Street Fighter)也上映了。但是,后者并没有取得很大的成功(预算3500万美元,总票房3300万美元)。第一部相对成功的改编自电子游戏的电影是1995年保罗·安德森(Paul W. S. Anderson)执导的《格斗之王》(Mortal Kombat)。这部电影的预算为2000万美元,在美国获得了7000万美元的票房,并在全球获得了1.22亿美元的票房。它的受欢迎程度足以制作续集《格斗之王2》(Mortal Kombat: Annihilation,1997),导演是约翰·R.莱昂耐迪(John R. Leonetti)[12]。

继1999年根据科幻游戏《银河飞将》改编的电影《激战星河》(Wing Commander)票房惨淡之后,一个比《格斗之王》还要大的商业成功接踵而至,这是第一部改编自电子游戏,并且基于女性偶像劳拉·克劳馥的电影——由西蒙·韦斯特(Simon West)执导的《古墓丽影》(Lara Croft: Tomb Raider)。这部影片的预算为8000万美元,在美国获得了1.31亿美元的票房(第一周的票房为4700万美元),这使它在商业上成为改编自电子游戏的最成功的电影。2003年,扬·德·邦特(Jan de Bont)执导续集《古墓丽影2》(Lara Croft Tomb Raider: The Cradle of Life),并再次由安吉丽娜·朱莉饰演劳拉·克劳馥。

与此同时,日本一家名为史克威尔的公司开发了全球最受欢迎的角色扮演游戏《最终幻想》系列。史克威尔影业公司(史克威尔的电影部门)与哥伦比亚电影公司合作,致力于对史克威尔的电子游戏系列进行华丽的改编,并制作第一部逼真的数字动画电影。尽管这部电影因其先进的技术而受到关注,但因为1.37亿美元的巨额预算,由坂口博信亲自执导的《最终幻想:灵魂深处》(Final Fantasy: The Spirits Within,2001)在商业上却是一个巨大的失败——它在美国仅获得3200万美元的票房,在全球获得8500万美元的票房。颇具讽刺意味的是,这个电影项目的最终损失约为1.23亿美元(包括营销成本),最终导致史克威尔影业公司破产,并与长期以来的竞争对手艾尼克斯合并①。

---

① 合并之后成为今天的史克威尔·艾尼克斯(SQUARE ENIX),简称SE社。——译者注

说回好莱坞，各大电影公司决定利用几年前在日本兴起的新流行文化兴趣，即恐怖电影和游戏。因此，好莱坞电影公司赶紧制作了几部日本恐怖电影的翻拍版，而不是简单地引入日本的恐怖片，如《午夜凶铃》(Ringu)、《咒怨》[The Grudge(Ju-On)]、《鬼水怪谈》(Dark Water)和《惹鬼回路》[Pulse (Kairo)]。不久之后，好莱坞决定将电子游戏改编成恐怖求生电影，其中的第一部电影改编自《生化危机》系列游戏。2002 年，保罗·安德森(Paul W. S. Anderson)导演了《生化危机》(Resident Evil)，由米拉·乔沃维奇(Milla Jovovich)主演。这部电影的预算为 3 200 万美元，全球票房为 1.01 亿美元。2004 年，亚历山大·维特(Alexander Witt)执导了续集《生化危机 2：启示录》(Resident Evil: Apocalypse)。

继恐怖电影热潮之后，备受争议的德国导演乌维·鲍尔(Uwe Boll)购买了几款恐怖电子游戏的版权，并开始制作自己的游戏改编作品，如《死亡之屋》(House of the Dead, 2003)、《孤胆义侠》(Alone in the Dark, 2005)和《吸血莱恩》(BloodRayne, 2005)等。然而，这些改编电影大多是烂片，并激怒了游戏玩家(尽管如此，他们还是去电影院看了鲍尔的作品或购买了 DVD)。《死亡之屋》在美国的票房为 1000 万美元，预算只有 700 万美元；《孤胆义侠》的预算为 2 000 万美元，在美国的票房只有 500 万美元；《吸血莱恩》的预算为 2 500 万美元，但在全球仅获得 300 万美元的票房。不过，相较于票房，这些影片的 DVD 销售利润要高得多。与乌维·鲍尔有关的争议持续到 2006 年。当时，他决定与最激烈的批评者进行一场名为"愤怒的鲍尔"(Raging Boll)的拳击赛。这些关于比赛的镜头被用于他的下一部电影，即另一部改编自暴力电子游戏的《邮政恐怖分子》(Postal, 2007)。

2005 年，由安德泽·巴特科维卡(Andrejz Bartkowiak)执导、改编自电子游戏的恐怖电影《毁灭战士》(Doom)上映，主演是摔跤冠军道恩·强森(Dwayne Johnson)。尽管请到了巨星参演，但这部改编电影在评论界和商业上再次失败了——它的拍摄预算为 7000 万美元，在美国的票房为 2800 万美元。在撰写本书时，最近的一部改编自电子游戏的电影是广受好评的《寂静岭》(Silent Hill, 2006)。这部电影由法国电影制片人克里斯多夫·甘斯(Christophe Gans)执导[他也是《狼族盟约》(Brotherhood of the Wolf/Le Pacte des Loups, 2001)的导演]，剧本由罗杰·阿夫瑞(Roger Avary)编写[他也是《亡命之徒》(Killing Zoe)的导演、《落水狗》(Reservoir Dogs)和《低俗小说》(*Pulp Fiction*)的编剧]。即使有这些大牌电影人物在幕后操刀,而且甘斯自称是《寂静岭》系列游戏的玩家和粉丝,这部电影还是遭到了差评,票房上的表现也令人失望——拍摄预算为 5 000 万美元,全球票房只有 7 200 万美元。

尽管这些电影都没有成为大片,但将电子游戏改编成电影的趋势远未结束。考虑到好莱坞电影公司授权了大量电子游戏的电影改编权,未来几年将有比以往更多的改编作品。事实上,几乎所有的电子游戏畅销作品都被电影公司或制片人买走了版权,有几个项目已经在制作中,最令人期待的项目(也许不包括乌维·鲍尔的项目)是《细胞分裂》(*Splinter Cell*, 2007)、《光晕》[*Halo*, 2008,由威纽特影业(WingNut Films)制作,彼得·杰克逊(Peter Jackson)执导]和《合金装备》[*Metal Gear Solid*, 2008,由著名游戏设计师小岛秀夫(Hideo Kojima)执导]。为了缓解等待中的焦急心情,粉丝们可以购买改编自其中一些电子游戏的漫画和小说,这也是游戏开发商越来越流行的做法。2006 年初,小岛秀夫发布了一本以《合金装备》中的宇宙为基础的数字漫画小说,并以 UMD 格式独家销售给索尼的 PSP 平台。2006 年夏,Bungie Studios 出版了一本改编自游戏《光环》的漫画小说。

电子游戏与漫画/动画

美国的游戏机时代开启之后,许多电子游戏都是根据漫画改编的。这些改编作品大多是以漫威(Marvel Comics)和 DC(Detective Comics)的超级英雄系列为改编基础。MobyGames 网站列出了 100 多部改编自漫威和 DC 漫画的游戏作品(更准确地说,有 67 部改编自漫威,有 39 部改编自 DC)。以这种改编方式出现的主要角色有漫威的 X 战警、蜘蛛侠,以及 DC 的超人和蝙蝠侠。

在日本,这个名单还要更长,因为日本的电子游戏一直与其他媒介,特别是动画(アニメ,Anime)和漫画(まんが,Manga)有密切的联系。日语的漫画对应英文的"Comic"或指印刷的卡通画。而"アニメ"是根据独特的美学创作出的日本动画电影,几乎完全受到漫画的影响。电子游戏在日本流行文化中具有极其重要的地位[13],吸引了整整一代人,他们在日本被称为"视觉世代"(视觉世代,shikaku sedai)[14]。痴迷于这些爱好的人被称为"御宅族"("おたく""お宅",在日语里具有贬义)。

因此，在日本，几乎所有流行的漫画和动画都被改编成电子游戏[15]，并且越来越多的游戏被引进到欧洲和北美。尽管法国、意大利、加拿大和美国等国家的儿童自20世纪70年代末就开始接触日本动漫，但所有涉及日本流行文化的热潮真正地始于大友克洋（Otomo Katsuhiro）导演的改编自漫画的动画片《阿基拉》（Akira，1988）。随后，在20世纪90年代出现了其他一些作品，如押井守（Mamoru Oshii）根据士郎正宗（Masamune Shirow）的漫画改编的《攻壳机动队》（Ghost in the Shell: Stand Alone Complex，1996），以及庵野秀明（Hideaki Anno）的电视动画片《新世纪福音战士》（Neon Genesis Evangelion，1995）系列。这些作品也被改编成电子游戏。例如，1988年，《阿基拉》被改编到FC上，《攻壳机动队》于2004年被改编在PS2上，《新世纪福音战士》则在1999年被改编到任天堂64上（不过，《新世纪福音战士》从未在日本以外的地区发行）。

毫无疑问，世界上许多对日本动画感兴趣的年轻人，也是漫画和动画改编的电子游戏系列[如《龙珠》（Dragon Ball）、《机动战士高达》（Mobile Suit Gundam）、《钢之炼金术师》（Full Metal Alchemist）等]的玩家和消费者，甚至美国的一些粉丝也被称为"御宅族"。在美国，改编动画电影和电视动画片的现象较少，除了基于迪士尼人物的游戏（有100多个）和基于大受欢迎的《辛普森一家》系列的游戏（有20多个）。这种情况直到皮克斯（Pixar）和梦工厂等工作室采用3D动画技术制作的电影出现才有所改变。到目前为止，这些工作室的每部故事片都是改编自电子游戏，因为3D动画和电子游戏有相同的目标受众和类似的视觉风格及技术。对于这种类型的电影而言，电子游戏已经成为明显的周边产品。

相反，将电子游戏改编成漫画和动画的作品则较少，就算改编了，作品也不为人所知。在此，我们有必要看看日本方面的发展。除了前面提到的将《合金装备》改编成漫画以外，最著名的例子就是《宝可梦》（也译为《口袋妖怪》）系列电子游戏。它在日本和北美都非常受欢迎，以至于人们可能忘记这个系列是在GBA上开始的[《宝可梦蓝》（Pokemon Blue）和《宝可梦红》（Pokemon Red）于1996年在日本发行，1998年在北美发行]。事实上，《宝可梦》涉及大量的周边产品，如电视剧、动画片、雕像、可爱的玩具、家居用品，以及几乎每件儿童服装上都有的皮卡丘形象。尽管《宝可梦》系列在北美是最广为人所知的一部动画片，而且可能是最成功的电子游戏改编作品，但它并非第一次体现出电子游戏与电视的密切关系。

电子游戏与电视

自从电子游戏作为一种流行现象出现后,电子游戏产业就与电视有了紧密的联系,但电影产业往往认为电子游戏只是一种衍生品。与电视类似,电子游戏在儿童进入叙事的过程中起到了至关重要的作用,也对消费主义主体的构建起到了很重要的作用。

因此,电子游戏的背景和角色首次在周六早晨的电视动画片中被改编成电视节目并不是巧合。最先流行的是《吃豆人》系列(从1982年9月25日开始,播放到1984年9月1日)。汉纳巴伯拉动画公司(Hanna Barbera)在原始街机游戏《吃豆人》《吃豆小姐》《小吃豆人》和《超级吃豆人》的基础上,在电视动画片中赋予了所有这些角色新的生命。该节目的主角是吃豆人一家,它们在大多数情节中都被游戏中常见的反派幽灵怪兽困扰。这一家人总是通过咀嚼能量球为自己提供能量并吃掉鬼怪,以摆脱麻烦。多年来,其他的动画节目也相继上映,如《青蛙过河》(1982)、《超级马里奥兄弟:超级秀!》(*The Super Mario Bros. Super Show!*, 1989)、《刺猬索尼克》(1993)和《大金刚国度》(1998)等。

电子游戏的热潮还激发了一个名为《星际游乐园》(*Starcade*)的电视智力问答节目。1982—1984年,这档游戏节目在美国各地的电视台播出,一般在星期六上午或下午的时段播出。节目内容包括有关电子游戏的各种问答,以及在街机游戏中进行一对一的比赛,胜者可以获得电子奖品和街机终端的大奖(参赛者通常是父子)[17]。虽然街机游戏在儿童和成人中都很受欢迎[18],但家用电子游戏系统由于其简单的控制和简洁的图形,更多是针对儿童。此外,由于雅达利2600、Intellivision和Colecovision等系统可以与电视机相连,它们成为儿童娱乐的替代物,与电视形成竞争关系,能提供电视不具备的控制感和娱乐活动。

尽管电子游戏行业基于电视节目改编游戏已经有一段时间了,而且动画片也会从电子游戏现象的流行中受益[19],但有些版权许可依然很难获得,特别是在街机领域(因为《死亡飞车》引发过争议)[20]。例如,在日本,任天堂的游戏设计师宫本茂(Shigeru Miyamoto)想获取授权,以《大力水手》为主题开发一款新的街机游戏,但是被国王影像企业(King Features Syndicate)拒绝了,宫本茂不得不为游戏制作一个原创角色。跳跃者(Jumpman)这个角色就是这样诞生的,后来它在街机游戏中改名为马里奥,最后被命名为大金刚[21]。一开始,甚至连"大金刚"(Donkey Kong)这个名字都引发了法律问题,因为它与电影角色"金刚"(King Kong)看似有紧密的联系。当然,任天堂最终获得了《大力水手》的版权,并在1983年制作成街机游戏,但这款游戏远没有《大金刚》和《超级马里奥兄弟》系列那样成功。

电子游戏和电视(主要是动画片)之间的交流越来越频繁[22],一些极受欢迎的游戏(如《星球大战》《星际迷航》)利用各种媒体推销衍生产品(如电影、电视、电子游戏、漫画、小说、玩具等),并分别有100多款和50多款与它们有关的衍生游戏。这种积极的策略利用了消费者对喜欢的IP的渴望,因为一旦特许经营的消费开始,人们就会在逻辑和情感上希望获得该特许经营中的周边产品,以在物质上和叙事上对整体有一个全面了解。

玛莎·金德(Marsha Kinder)在她的《电影、电视和电子游戏中的权利游戏:从〈布偶娃娃〉到〈忍者神龟〉》(*Playing with Power in Movies, Televi-sion, and Video Games: From Muppet Babies to Teenage Mutant Ninja Turtles*)一书中将这种市场化的特许经营称为"娱乐的超级系统"(supersy-stem of entertain-ment),并以《忍者神龟》在20世纪80年代末的巨大成功作为解释这一现象的很好的范例[23]。在金德看来,《忍者神龟》在儿童中的成功是基于动物(海龟)、科幻小说(变种人)和日本武术(忍者)的巧妙结合,以及该特许经销权在多种媒体中的扩展。《忍者神龟》的"超级系统"始于Mirage公司的一本漫画书和创作于1987年的一系列非常受欢迎的漫画。最早的《忍者神龟》游戏出现在FC上,之后还有一款同名街机游戏,再然后出现了许多掌机上的《忍者神龟》游戏,如FC游戏《忍者神龟》(1989)和《忍者神龟II:街机版》(*Teenage Mutant Ninja Turtles II: The Arcade Game*, 1990)。到了1990年,由斯蒂夫·巴伦(Steve Barron)导演的《忍者神龟》(*Teenage Mutant Ninja Turtles*)故事片终于上映,它的成功催生了一系列续集。这种超级娱乐系统的成功在很大程度上依赖于"跨媒介叙事"(transmedia storytelling)的理念。

跨媒介叙事与媒介融合

在《全息甲板上的哈姆雷特:网络空间叙事的未来》(*Hamlet on the*

Holodeck: the Future of Narrative In Cyberspace)一书中,珍妮特·默里(Janet Murray)在引入"网络戏剧"(cyberdrama)的概念时承认跨媒介叙事是"即将到来的数字故事形式……包含许多不同的格式和风格。但是,从本质上讲,它把单一的独特实体……通过数字媒体形式对故事本身进行了重新创造"[24]。几年后,亨利·詹金斯创造了"跨媒介叙事"这个术语[25]。这个概念是"媒介融合"的一个方面。詹金斯这样描述道:

> 内容在多个媒体平台上流动,多个媒体行业之间进行合作,从而在新旧媒体之间寻找新的媒体融资结构,同时发现媒体受众的迁移行为——媒介受众几乎会去任何地方寻找他们想要的类型的娱乐体验。[26]

这种表现形式是由《星球大战》系列电影推动的,其中的配套产品发挥了核心作用。例如,在 20 世纪 80 年代,《星球大战》的配套手办和车辆系列的收入超过了电影本身[27],成为周边产品营销的先例。从那时起,几乎每部以年轻观众为目标的好莱坞大片都会对商品(包括电子游戏)进行宣传。与《星球大战》有关的电子游戏主要有两个目的:重现三部曲中最令人难忘的场景(供粉丝们体验),以及增加新的故事情节和形式来扩展《星球大战》的宇宙。这种做法并不局限于美国。日本最近的跨媒介叙事的例子与《新世纪福音战士》(1995—1997)和《血战:最后的吸血鬼》(*Blood, the Last Vampire*, 2001)等的特许经销权有关,包括与它们相关的各类漫画、动画、小说和电子游戏。其中,每一款游戏都讲述了不同的故事,为塑造系列作品的世界观锦上添花。

受到这些成就的启发,《黑客帝国》系列电影的创造者沃卓斯基"兄弟"①(Wachowski Brothers)宣称自己是电子游戏、日本动漫和漫画的狂热爱好者,并试图通过《黑客帝国:进入矩阵》(*Enter the Matrix*, 2003)来扩展跨媒介叙事的概念。这是一款电子游戏,可以扩展《黑客帝国 2:重装上阵》

---

① 拉里·沃卓斯基(Larry Wachowski)于 2006 年变性后改名为拉娜·沃卓斯基(Lana Wachowski),安迪·沃卓斯基(Andy Wachowski)于 2016 年变性后改名为莉莉·沃卓斯基(Lilly Wachowski),他们现在是沃卓斯基姐妹。因此,这里的"兄弟"加了引号。——译者注

(*The Matrix Reloaded*,该电影与《黑客帝国:进入矩阵》电子游戏同一天发行,2003 年 5 月 15 日)的故事,并预告了电影三部曲中第三部的进展。因此,在游戏《黑客帝国:进入矩阵》中,玩家可以扮演电影中的两个次要角色——奈奥比(Niobe)和幽灵[分别由演员贾达·萍克特·史密斯(Jada Pinkett Smith)和安东尼·王(Anthony Wong)扮演]。在《黑客帝国 2:重装上阵》和《黑客帝国 3:矩阵革命》(*The Matrix Revolutions*,2003 年)中,这些角色对人类的胜利变得越来越关键(尤其是奈奥比)。这样一来,游戏就不再是单纯的衍生品,更成为跨越多种媒介形式和平台的复杂作品中的一个组成部分。它填补了电影故事中的空白,促进了受众对电影三部曲的理解。除了电子游戏,沃卓斯基"兄弟"还在电影官方网站(http://whatisthematrix.warner-bros.com/)上发布了一些衍生材料,如九集系列动画片《黑客帝国》(*The Animatrix*,2003)、两本漫画书《黑客帝国》(*Matrix Comics*,2003)和相关的补充内容。

出于同样的目的,与《黑客帝国》相关的两款电子游戏陆续被推出。2005 年,沃卓斯基"兄弟"发布了一款名为《黑客帝国 Online》(*The Matrix Online*)的大型多人在线角色扮演游戏。它延续了电影三部曲的故事——在第三部电影结束后,机器和人类在尼奥[由基努·里维斯(Keanu Reeves)饰演]的帮助下达成了和解。《黑客帝国 Online》允许玩家成为三个对立群体[锡安(Zion)的人类、机器或梅罗纹加(Merovingian)的流亡者]中的一员,三方都在努力获得对黑客帝国的控制权。游戏制作者定期发布他们所谓的"实时事件"(live event),以刺激玩家产生对虚拟世界的沉浸感。2005 年底,英宝格发布了另一款基于《黑客帝国》系列创作的电子游戏《黑客帝国:尼奥之路》(*The Matrix: Path of Neo*),剧情同样由沃卓斯基"兄弟"编写。这款游戏将玩家置于尼奥的位置,重温了尼奥在电影三部曲中的主要冒险经历,但具有电影中从未出现过的新视角。

这款突破性的系列游戏的营销策略使它们成为独特的跨媒介作品,这是由多种媒介(如电影、电子游戏、网站、漫画、动画等)的融合带来的。对于那些不想被局限于特定媒介或平台的创作者,以及那些希望从热门作品中获得最大利润的制作人来说,媒介融合和跨媒介叙事正成为一种新的趋势。这种文化实践强调了其他媒介在电子游戏的出现和构建中的重要性,并有助于人们预测电子游戏在未来可能的发展方向。电子游戏的"中介性"远不是一种单纯的趋势,而是构成媒介的重要组成部分。

资料九
如何在电子游戏行业找到工作　　马克·J.P.沃尔夫

任何想要在电子游戏行业工作的人都应该首先想好哪个领域最适合自己,如策划、开发、美术、动画、测试、编程或制作等。游戏策划负责提出想法并加以开发;开发团队将设计进一步发展成可以实施、构建和测试的模型;美术人员负责设计游戏的外观和风格,包括背景艺术、游戏场景、角色和对象,甚至包括游戏世界中的灯光和声效;动画师负责设计游戏中出现的动作,包括逐帧(手工或数字)绘制角色和事件,监督动作捕捉过程,记录现场演员的动作并将它们应用到计算机生成的角色上;质量保证人员也被称为电子游戏测试人员,负责检查游戏的玩法,确保游戏运行顺畅,没有软件漏洞;程序员负责制作游戏的代码;制作人负责组织项目,确保所有参与上述工作的人员之间的合作能顺利进行。这些领域中还有一些细分得非常专业的职位,并且根据游戏的种类而有所不同。

首先,如今进入电子游戏行业的一个最佳途径是获得电子游戏设计和制作专业课程或学校[如迪吉彭理工学院或福赛大学(Full Sail University)]的学位。虽然背景和经验很有帮助,但运气和工作地点也很重要。例如,南加州、旧金山湾区、西雅图等地拥有比其他地区更多的游戏开发公司。有些人则是从其他职业转来的,他们已经磨炼出电子游戏行业认为有用的技能(如电影制片人、图像设计师、艺术家或计算机程序员)。通常情况下,一方面,能否找到工作取决于你是否在其他地方做过类似的工作;另一方面,一个拥有广泛经验和文化知识的全面发展型人才会比那些只有限于游戏的狭窄经验的人更有优势。

其次,游戏行业网站(如gamesindustry.biz和Gamasutra.com)、游戏书

籍和许多游戏开发公司也在自己的网站上列出了大量的行业信息[1]。你的目标如果是入职一家特定的公司,通常可以直接给相关的工作人员发送电子邮件并提出申请。这时,对某一特定公司及其工作的详细了解(而不是对那些公司只有一个大概的了解)会使求职者在面试中脱颖而出。

最后,尝试着创造你自己的游戏,可以是用软件编程的游戏,也可以是根据现有游戏制作的 MOD。如果你真的喜欢这份工作,你应该在正式入职之前的很长一段时间就开始着手准备,并长期地坚持下去。

第 42 章
电子游戏的未来

马克·J. P. 沃尔夫

电子游戏已经存在了 40 多年,并呈现出多种形式。除了娱乐之外,有些游戏还会讲述故事,有些游戏则会模拟情境,并让玩家去自己探索。电子游戏已经被用于教育领域。作为一种教学工具,有些游戏甚至渴望具有艺术性,并试图为玩家创造有趣的体验。游戏可以一个人单独享受,也可以与朋友们一起沉浸其中。例如,在线角色扮演游戏就是由数百万陌生人共同参与的活动。综合来看,我们可以说,玩家在玩游戏的过程中进入了游戏在屏幕上创造的迷你世界。

为了推测电子游戏媒介的未来,我们可以扩展并推断出所有这些电子游戏发展的方向,即作为娱乐、叙事、模拟、教育、艺术与体验、传播和次创造(subcreation,这个术语是由托尔金定义的,用以描述建立一个想象世界的产品和过程)的电子游戏。

作为娱乐的电子游戏

虽然娱乐不一定是它们的唯一目的或功能,但电子游戏主要是为娱乐而被制作和使用的,它在这方面的程度甚至超过了戏剧、电影、电视或几乎任何其他类型的媒介。娱乐作为电子游戏的主要用途(居于主导地位)已经掩盖了其他的可能性,也许是因为这一功能中存有丰富的可能性。例如,电子游戏的场所数量不断增加,街机游戏出现在酒吧、餐馆、电影院、购物中心和几乎任何有自动售货机的地方。电子游戏还可以将娱乐与锻炼结合起来。例如,玩家在玩游戏《劲舞革命》时做的是全身有氧运动,加州的一所学校甚至把它运用到体育课程中,因为这款游戏能教给人平衡、计时和协调等方面的技巧[1]。

其他出现在家庭中的游戏,首先是出现在电视机上,随后出现在手持设备和家用电脑中[甚至出现在操作系统中,如微软 Windows 系统中包含的《扫雷》(*Minesweeper*)游戏],当然还有掌上电脑、腕表和手机上。在未来,我们也许可以期待在任何带有屏幕的互动电子设备上发现游戏。

多人游戏也可能出现新的玩法。目前,在线游戏的玩家数量较多,但也有其他方式作为拓展。例如,玩家可以通过手机连线电视节目扮演参赛者;玩家也可以聚集在一起,我们想象一个 IMAX 影院,影院的每个座位上都有游戏控制器,每个座位控制着大屏幕上的一个角色,允许数百人同时在同一个大屏幕上玩游戏。

电子游戏成为我们文化组成部分的另一种方式是跨媒介特许经营,包括它与电影、电视节目、棋盘游戏、纸牌游戏、桌面游戏、小说,以及其他电子游戏等的联系。在今天,制作方为一系列媒介同时开发特许经销权的现象并不罕见。例如,《黑客帝国》的电子游戏是和电影《黑客帝国 2:重装上阵》《黑客帝国 3:矩阵革命》在同一时间开发的,而且用了相同的演员、故事情节和特效。通常情况下,整个系列的游戏都会被制作出来,如《星球大战》和《星际迷航》系列。随着游戏图像的改进、逼真程度的提高,以及电影图像越来越多地由计算机生成,游戏与电影中的图像外观不断地趋于一致。

作为叙事的电子游戏

大多数电子游戏都会围绕着某些类型的故事(有时是非常薄弱的故事),将叙事改编为互动媒介,让玩家在其中行动并作出决定,既给讲故事带来了限制,也带来了新的可能性。在某些情况下,文学作品中很少使用的技巧更适用于互动。例如,第二人称叙述便是冒险游戏中典型的对话模式。大多数游戏都以第一人称体验为导向,即玩家的化身在故事中扮演主角,角色的结局取决于玩家的行动。故事事件的范围从固定剧情(就像游戏开头序列中揭示的许多事件)到条件事件(取决于玩家的行为),再到随机事件(如攻击者或障碍的出现)。

为电子游戏写作意味着创作包含多种路径的故事。起初,这导致了更简单的叙事或互动性较低的游戏。互动性不高的游戏,如被称为互动电影的游戏类型,通常不受欢迎,最后胜出的是更为简洁的故事情节。街机游戏的成功是由每小时的投币量或客流量决定的,所以它们将复杂的故事情节换成快速的动作和最先进的图像。这也导致叙事上的创新往往出现在家庭游戏中。

家庭游戏通过所用的存储介质容量的增长而扩大了叙事潜力,存储介质从卡带到软盘,再到 CD-ROM,现在又发展为 DVD-ROM,从而产生了更好的游戏图像、更多元的叙事途径和更丰富的游戏世界。其他方面的进步也增加了故事在游戏中发生的可能性。例如,在在线角色扮演游戏中,游戏中的多数角色都是由其他玩家控制的,但使用由算法和人工智能驱动的计算机角色有助于实现更多的角色交互。真人控制的角色和计算机人工智能角色都拓展了更多种类的游戏活动,可以确保玩家进行无限期的开放式游戏(如模拟系列游戏或大多数在线游戏)。

一个值得我们思考的问题是,不断增加的叙事可能性将如何影响学者对游戏本身的学术研究呢?研究者将不得不花更多的时间探索游戏叙事的可能性,这就使他们无法保证看到或经历所有的情节,导致研究成本的增加。毕竟许多游戏已经设计成需要玩家花费 40 个小时或更多的时间才能完成,而大多数电影只需要 2 个小时左右的时间。

随着人工智能和其他游戏结构开始使用算法生成叙事,游戏进入了另一个领域,即计算机模拟领域。这便是互动叙述的未来所在。

作为模拟的电子游戏

许多早期的游戏已经开始对重力或弹跳等物理现象进行简化模拟,到了 20 世纪 80 年代,更多以模拟为中心的游戏开始出现。例如,游戏《M. U. L. E.》(一款关于打造家园的家庭游戏)就是一种对管理的模拟。玩家必须在平衡竞争需求的同时分配有限的资源,模拟简单的经济原理。这类游戏中最成功的系列始于 1989 年——由威尔·怀特制作的《模拟城市》及《模拟人生》系列,它们至今仍在运营。虽然基于模拟的游戏设有一些目标,如建立一座成功的城市或扩展一个人的帝国,但从一个游戏到下一个游戏的总体目标是理解支配模拟的基本原则和算法。因此,模拟游戏不仅可以模拟系统、机构,还可以模拟其背后的政治理念。

随着模拟变得越来越复杂,游戏开始可以对各种各样的现象进行建模。例如,《模拟人生》已经以一种简化的形式将这一类型的游戏从对经济或政治现象的关注转移到心理学领域。由于玩家在玩游戏时可能不会有意识地分析支配游戏的基本规则中体现出的世界观,所以游戏的设计可能会传递出比表象(如种族、性别、种族等)更微妙的东西,如想法和思维方式。这样的暗示可能需要玩家经历很多个小时的游戏后才能被注意到,但它们是玩家对游戏进行深入分析时所必需的内容。

我们也可以猜测一下,未来的此类游戏会模拟哪些更为详细的系统或机构。现在,人们已经可以在游戏中扮演上帝[如《黑与白》(2001)和《黑与白2》(2005)],创造一个像地球一样的世界[如《模拟地球》(*SimEarth*,1990)],成为拉丁美洲的独裁者[如《海岛大亨》(*Tropico*,2001)],以及建造主题公园、铁路、塔楼、古代帝国或进行战争。也许有一天,我们会看到模拟医疗保健组织、公立学校系统、非营利组织或其他领域的游戏。这些游戏可能有助于揭示社会或政治领域的复杂性。这种模拟越能捕捉到现实生活中系统和机构的工作情况,电子游戏就越能向更具教育意义的方向发展。

作为教育的电子游戏

即使早期的家庭游戏系统(如米罗华奥德赛和雅达利2600)内容相当简单,它们也声称拥有对儿童具有教育意义的程序。在如今的家用电脑上,教育软件填补了实用软件与游戏之间的空白,有些甚至是游戏的衍生产品,如《马里奥教打字》。街机上最具有教育意义的是一些益智游戏或智力竞赛游戏,以及美国军队打算用于坦克训练的修改版《战争地带》。

今天,电子游戏正被认真地考虑作为一种教育手段。由麻省理工学院和微软合作的游戏教学项目"Games-to-Teach Project"正在探索通过使用游戏来教授数学、科学和工程。这个项目已经有了一套游戏概念的框架,其中的一部分正处于开发中,麻省理工学院和微软希望它们被设计出来之后能成为具有市场价值的产品。例如,《Supercharged》这款游戏可以教授电磁学和带电粒子的物理原理;《Environmental Detectives》涉及环境工程调查,玩家可以在掌上电脑上玩。其他同类的游戏还涉及光学谜题,质量和速度对杠杆、滑轮、弦和齿轮的影响,以及各类机械工程的原理。还有一些游戏涉及心理学、病毒学、免疫学、历史、设计和建筑。此外,"Games-to-Teach Project"项目也在探索教育化的网络游戏环境。

数字媒体联合实验室(Digital Media Collaboratory)是由得克萨斯大学奥斯汀分校的 I.C. Squared 研究所发起的,它也致力于将电子游戏作为教育手段。这个研究所有两个项目,即 EnterTech 和 Career Connect,涉及对工作环境的模拟,可用于培训没有机会接受教育却需要掌握工作技能的个人,为他们进入劳动力市场提供了便利。EnterTech 项目开始于 2000 年,并取得了成功。《Syllabus》上的一篇文章称:"超过 67% 的 EnterTech 毕业生找到了工作或进行深造。"[2]这个研究所的另一个项目"流行游戏中学习/教育内容的估值矩阵"(Valuation Matrices for Learning/Educational Content in Popular Games)正在研究商业性计算机游戏展示教育效用的潜力[3]。

随着电子游戏技术扩展到虚拟现实(virtual reality,简称 VR)和增强现实(augmented reality,简称 AR)领域,新的教育可行性也将出现,而在线游戏社区是另一个潜在领域。一些教育工作者会对电子游戏作为教学工具持怀疑态度,这可能与他们对电子游戏的意义和定义所知甚少,或者他们对电子游戏的科学与社会价值的认知水平有限有关。随着新技术的出现,学生们能够获得旧技术无法提供的新体验,也许这些教育者会改变他们的思维,并开始将电子游戏纳入课程。

关于电子游戏和教育,我们应该问的一个问题是"谁在进行教育"。希望消费者了解的是,一些产品的广告商已经开始制作"广告游戏"(advergame)了。根据《连线》(Wired)杂志的说法,广告游戏是"一种可下载或基于在线网络的游戏,目的是实现产品的植入"[4]。游戏融入的理念和思维方式可能隐藏在游戏的设计和编程中,而不是像教科书中描述的那么明显。游戏中的经济运作方式或社会群体的互动方式基于理论,而这些理论将根据设计游戏的团体的政治倾向和信仰产生很大的不同。学生在玩这类游戏时可能从未意识到控制游戏事件中所模拟的理论,更不用说质疑这些理论是否合理了。当然,任何作为教育工具的东西都有可能成为具有隐蔽性的政治工具。

由于电子游戏能被用来表达某些想法或观点,我们可以将其视为艺术表达和体验艺术的形式。

作为艺术与体验的电子游戏

也许是因为在整个历史中,娱乐一直是电子游戏的主要功能,所以电子游戏作为艺术与体验的潜在功能是最容易被人们忽视的。作为一种基于时间的视觉媒介,电子游戏拥有巨大的艺术表达潜力。尽管电子游戏已经被用于艺术表达,但这种艺术几乎总是受制于商业考虑,导致许多艺术潜力没有被触及。因此,关于电子游戏未来发展的一个重要问题是,如何使游戏的制作手段更容易为艺术家所用,并使制作技术足够友好,方便艺术家能够直接工作,让他们无须在硬件设计或计算机代码编写等技术方面过多地依赖他人。艺术家们第一次使用计算机技术开始创作电子游戏时,似乎不可避免地遇到了诸如此类的技术障碍。

此外,电子游戏的图像是一个潜力极大却尚未得到深度发展的领域。从定义上讲,电子游戏是一种依赖信息处理速度和交互速度的视觉媒介。玩家玩游戏的主要内容就是阅读和解释游戏的图像,便于理解游戏内的导航和任务指示,如收集或使用物体、正确地与角色互动等。从最早的游戏开始,抽象与表现之间的张力就存在于电子游戏的图像中,这导致了游戏在图像阅读方面存在不同的难度。早期的游戏由于图像制作水平有限,通常会尽可能地呈现出代表性。当然,偶尔也会有被刻意制造出来的抽象图形游戏。但是,随着图像表现力的增强,这类游戏的数量在20世纪八九十年代不断减少。

最近,在电子游戏中,用于材质贴图的纹理中重新出现了一些抽象性。不过,这算一种对抽象模式的具象使用。至于抽象游戏,像索尼PS1上的《Rez》和《Tron 2.0》之类的游戏也许是一种迹象,表明游戏行业逐渐意识到抽象给新设计提供的可能性。游戏不仅在外观上是抽象的,在行为上也是抽象的。这要求玩家学习特定的规则并了解如何去解释事件,从而顺利地玩游戏。因此,无论是游戏的外观还是内部的行为,抽象化都是未来电子游戏设计的主要潜在领域,也是需要人们进一步探索的领域。

总的来说,人们对电子游戏作为艺术和体验的功能的探索还较少,也许是因为行业一直没有看到这种商业可行性。当然,艺术家也必须更深入地探索游戏媒介可以传达什么,以及如何利用它来表达想法和经验。更进一步而言,我们还可以考虑电子游戏如何成为一种传播媒介。

作为传播的电子游戏

一旦承认电子游戏被用于表现、模拟和教育,我们就会发现,这种媒介也可以用来传播道德和伦理观念(无论是有意还是无意的)。电子游戏不仅是向我们展示了一些内容,它还要求我们通过游戏去参与一些事情。游戏在本质上可能需要玩家具备不同的行为能力,如攻击行为、合作行为、快速反应、解决问题的能力、手眼协调能力、导航能力、怀疑能力、战略思考能力等。游戏对特定行动和特定能力的要求程度不同。根据这些要求之间的组合方式不同,游戏鼓励玩家时采取的特定态度也不同。奖励或惩罚玩家行为的规则和游戏中的各类因果关系都会暗示行为的价值,以及基于这些价值的道德和伦理观念。此外,关卡编辑器和其他创作工具也让玩家能够修改游戏,将自己能体现的信息个性化。考虑到电子游戏的受众范围涉及成人和儿童,我们可能会思考,电子游戏是如何影响不同年龄段的人,以及他们又是如何看待电子游戏的。

除了上述的单向传播,电子游戏也以大型多人在线角色扮演游戏的形式形成了双向传播。当玩家是一个庞大游戏社区中的一员,他们在同一个游戏世界中遵循相同的规则时,上述所有涉及道德和伦理的元素就会对玩家的思维产生更强烈的影响。在《网络创世纪》《无尽的任务》《阿斯龙的召唤》和《星球大战:星系》等大型多人在线角色扮演游戏中,社区建设是游戏的主要组成部分,玩家可以成为彼此的朋友或敌人,组建联盟和公会,并进行单独对抗或团队对抗。玩家会与他们从未谋面的陌生人建立起牢固的友谊,许多在线友谊也会延伸到现实生活中,玩家甚至会因此而结婚。与此同时,玩家花在网络游戏上的大量时间可能会使一个人远离现实世界的友谊和活动。

随着网络世界的细节、深度和吸引力的增加,以及许多人认为现实世界正变得更加危险和不安全,人们可能会期待社会的转变。这时,网络世界就变得越来越重要了。换句话说,网络世界的重要性日益增加,并开始对现实世界的事件产生更大的影响和作用。有了如此大基数的玩家,以及可以持续数年的游戏内容,网络游戏世界的运作方式变得不同于其他游戏类型,它更像一个微型世界。

作为"次创造"的电子游戏

1939 年,托尔金提出了"次创造"的概念,认为人类可以将上帝创造的宇宙中的概念和元素重新组合,并创造自己的想象世界。托尔金自己的奇幻世界阿尔达(Arda)和其中的中土世界(Middle-Earth)就是这样的例子,其他的例子还有《星球大战》和《星际迷航》中的星系。这些世界不仅仅有简单的故事背景,还包含自己的地理、历史、时间轴、文化、语言,甚至是动植物,从而成为完整且内在一致的想象世界。

大规模的电子游戏,特别是大型多人在线角色扮演游戏正朝着这个方向发展。有些在线游戏拥有数百万名玩家,游戏发生在持续且长久的世界中,这意味着它可以一天 24 小时、一周 7 天不停地运转。这些游戏世界的地理面积可能非常庞大。例如,《网络创世纪》游戏世界的面积"超过 1.89 亿平方英尺","需要 38 000 个 17 英寸的显示器,几乎足以占据一个足球场"[5]。在这些游戏世界中,物品的买卖已经发展成经济,一些虚拟物品和人物的买卖甚至发生在现实世界的 eBay 上。一位研究人员在研究网络游戏《无尽的任务》中的王国诺拉斯时得出结论:"诺拉斯中的物品的美元价值创造速度之快,使诺拉斯的人均国民生产总值轻松地超过了(包括印度和中国在内的)几十个国家。"[6]随着这些虚拟经济的发展,网络游戏无疑将对现实世界的经济产生越来越大的影响。

将电子游戏视为次创造的世界,是未来学术研究能够将这类电子游戏的复杂性、深度和巨大规模看得更清晰的一种方式。还有很多游戏的系列故事发生在次创造下的同一个世界观里,如《神秘岛》或《星球大战》系列游戏。随着研究对象规模的扩大,研究人员也有必要用新的方法来研究电子游戏。目前,相关的学术研究还有很长的路要走,这样才能赶上这些迅速发展、扩大的游戏世界。

用户生成游戏

电子游戏的未来几乎肯定会继续包含各类用户生成游戏(user generated game)。许多游戏引擎和编辑器被设计出来,如克里斯·琼斯的 Adventure

Game Studio 引擎（简称 AGS 引擎，发布于 1997 年，并在随后的十年中不断更新）或詹姆斯·佩奇（James Paige）的 OHRRPGCE 引擎（全称为 Offcial Hamster Republic Role Playing Game Creation Engine，发布于 1997 年）都允许用户创建自己的游戏。围绕着这些引擎，UGC（user generated content，用户生成内容）游戏社区如雨后春笋般涌现。电子游戏行业也开始鼓励 UGC 游戏，微软的 XNA（发布于 2004 年并在随后更新）和任天堂的 WiiWare（截至 2007 年 8 月尚未发布）等程序也推动了游戏的发展。任天堂甚至在 2007 年 6 月宣布，用户将可以在 Wii 主机的 WiiShop 上购买和出售 UGC 游戏[7]。

由于很少有用户能够像大型游戏工作室或游戏制作公司那样为游戏设计投入时间、金钱和资源，所以用户生产内容的方式可能无法创造公平的竞争环境。不过，这一行为却能为创造出新的游戏提供可能性，并增加游戏的多样性。那些对于大型公司来说规模太小、太深奥或商业价值不够突出的项目，将有机会通过 UGC 游戏获得用户，许多新的小型公司也可能会因为 UGC 游戏而获得成功。UGC 游戏最终将同时惠及游戏用户和游戏行业。

未来的电子游戏硬件

除了出现在一切有屏幕的电子设备上，电子游戏硬件还可能采用新的设计，促使新的游戏类型产生。即使仅仅在硬件设计的一个领域中发挥创意，也会导致许多有趣的想法产生，如改变屏幕的形状。想象一下，如果一块电子游戏屏幕被完全包裹在一个圆柱体上，即使像《PONG》和《打砖块》这样简单的游戏也会因为玩家无法同时看到整块屏幕而变得更具挑战性。又如，两面都有屏幕的游戏平板电脑，或在一个立方体的六个面都有屏幕的游戏机，游戏中的动作能在屏幕间流畅地移动，可以为游戏设计师和玩家带来新的挑战（在撰写本书时，只有任天堂 DS 具有一块以上的屏幕）。玩家甚至可以用全新的方式体验更古老、更简单的游戏。想象在一个覆盖了大半个球体的球形屏幕上玩《吃豆人》之类的游戏：有了水银开关，通过重力感应分辨游戏的哪个方向是朝上的，吃豆人可以总是出现在球体的顶部，玩家需要绕整个游戏一周才能穿过迷宫。像纸张般柔韧的薄屏幕将为电子游戏硬件的设计带来更多可能性，因为每出现一个新的硬件设计，就会出现一系列使用这种硬件设计的游戏,包括那些没有新技术就不可能出现的游戏。

在过去的十年里,电子游戏在深度和复杂性方面有了巨大的进步,对电子游戏的研究已经成为媒介研究中增长最快的领域之一。包括游戏设计师、教育学家、媒介理论家和艺术家在内的各类人士已经开始对电子游戏巨大的潜在用途和功能展开探索。对于许多玩家来说,电子游戏在他们的日常生活中成为使用频率最高的媒介。然而,对于越来越多的在线游戏玩家来说,网络游戏已经成为他们的一种生活方式。无论人们如何推测媒介的未来,很明显,电子游戏肯定会发挥越来越重要的作用。

电子游戏术语表（按英文首字母顺序排列）

1. 算法（algorithm）：用以运行游戏、确定游戏的所有事件和响应、控制游戏的程序。

2. 吸引模式（attract mode）：当街机游戏处于待机状态时，游戏通常会处于吸引模式。这个模式会自动演示游戏以吸引玩家。在吸引模式下，屏幕处于运行状态，还可以防止图像出现"烧屏"的现象。

3. 化身（avatar）：指玩家在电子游戏世界中的角色或表现形式。通常情况下，玩家可以利用某种方式对角色进行个性化设定，从而具有独特性。这个词最初源自梵文，指印度教的神以物理形态出现在地球上。

4. 存储库开关（bank-switching）：在早期的 8 位机编程中，存储库开关用于增加可寻址的 RAM 或 ROM 的数量。这项技术将内存划分为不相连的部分或组，并且一次只能访问其中的一个组。尽管这个过程的编程复杂，还具有一定的局限性，但这项技术能让那些要求大内存的游戏突破硬件限制，在一个原本无法处理它们的系统上运行。

5. 镶嵌板（bezel）：在街机游戏机上，被放置于显示器屏幕前面的玻璃板。这种基于游戏主题的艺术品通常用于填充显示器周围的区域。

6. 位（bit）：二进制数字（binary digit）的缩写。一个 bit 有两种状态，开或关，表示为 1 或 0。bit 是计算机内存的基本组成部分。

7. 位图（bitmap）：由像素网格组成并储存为像素网格的图形。

8. 字节（byte）：信息存储单位，1 个字节等于 8 个 bit。字节是计算机编程中用于内存寻址的"字"。

9. 卡巴莱（cabaret）：一种比典型的直立式街机游戏柜小的微型游戏柜。

10. 柜子（cabinet）：通常是由木头制成的大盒子，用于放置街机游戏机。

11. 阴极射线管（cathode ray tube）：一种显示设备，通常用于电视、计算机显示器、雷达、示波器和街机。将锥形玻璃管的一端加宽成屏幕，然后释放电子束，在涂有磷光体的屏幕上进行磁扫描。磷光体根据电子束的强度发光，从而在屏幕上产生图像。

12. CGI：计算机生成图像（computer-generated imagery）的缩写。计算机图像在各种媒体中都有运用，通常在电影或电视中称为计算机图像。

13. 驾驶舱（cockpit）：一种可供玩家坐在里面玩游戏的设备，带有座椅和顶架。

14. 酒桌式街机（cocktail）：一种像小桌子的游戏柜，玩家可以坐在桌边，桌面为显示器。玩家可以在桌子上面放饮料，所以酒桌式街机的英文被称为"cocktail"。

15. 投币机（coin-op）："coin-operated"的缩写，通常指自动售货机、拉霸游戏机、弹球游戏、街机游戏和其他投币式游戏。

16. 主机（console）：指交互式娱乐计算机系统，可供玩家在家里玩电子游戏。与其他个人计算机或投币操作的街机不同。

17. 转换（conversion）：通常通过转换套件（conversion kit）将街机游戏安装到原本不用于玩游戏的改装游戏柜中。街机运营商也可能使用这些工具包，通过在旧游戏柜中安装新游戏来重复利用柜体。

18. 过场画面（cut-scene）：出现在电子游戏各关卡之间的一种短动画场景，通常涉及与游戏相关的角色和事件；或者是一系列的连续镜头，作为游戏发生的背景故事的一部分，用来发展剧情或强化主角。

19. DECO 卡带系统（DECO Cassette System，简称 DCS）：1981 年，电子游戏公司 Data East 推出了 DECO 卡带系统，可以将新游戏从卡带上传到街机柜体中。然而，这些卡带并不可靠，很容易消磁。DECO 卡带系统在日本取得了一定的成功，但在美国却失败了。在为 DCS 制作了大约 40 款游戏后，Data East 于 1985 年终止了该系统的售卖。

20. 专用（dedicated）：以玩电子游戏为主目的而专门设计的控制台系统。当提到街机游戏时，这意味着游戏安装在原始的工厂机柜中，而非经过装换套件处理。

21. 叙事（diegesis）：源于希腊语单词"διήγησις"（叙事），指叙事世界。故事人物生活在这个世界，事件也发生于这个世界。角色可以听到的对话和声音效果被视作"剧情"（diegetic），而角色听不到的配乐被视作"非剧情（nondiegetic）"。

22. 二极管（diode）：一种用作单向电阀的电子元件。给二极管阳极和阴极加上正向电压时，二极管导通；给二极管阳极和阴极加上反向电压时，二极管不通。

23. 双列直插并联开关（dual in-line parallel switch，简称 DIP）：通常是装在电路板上的 8 个一组的开关，街机运营商用它们设置游戏参数，如难度等级、额外游戏机会的分数阈值和其他变量（当然，玩家无法访问这些开关）。

24. 彩蛋（Easter eggs）：电子游戏中未被明确记录的隐藏元素，玩家通常会意外地发现这些彩蛋。电子游戏的第一个彩蛋是程序员沃伦·罗比内特在雅达利 2600 上的游戏《魔幻历险》（1979）中加入的，用于自夸。这个彩蛋显示的信息为"Created by Warren Robinett"（由沃伦·罗比内特开发）。

25. 模拟器（emulator）：可以为玩家复刻旧系统上的游戏体验的计算机程序。一些多街机模拟器可以模拟经典的街机游戏，还有一些程序可以用来模拟家用主机上的游戏。然而，模拟器并不总是能完全准确地模拟游戏，所以在研究中使用模拟器时要格外注意。

26. 格式塔（Gestalt）：这个术语源于德语单词，意思为"形状、形式、外形或图形"，通常指构成整体的各部分合在一起时产生的整体效果。格式塔心理学关心的问题是人类系统如何感知部分与整体，以及探究人类在感知部分与整体时如何将它们联系起来。

27. 千兆字节（gigabyte）：缩写为 GB，是信息存储单位，约等于十亿字节。按照计算机系统的准确计算，千兆字节等于 2^{30} 字节，即 1 073 741 824 字节（有时也写作"gibibyte"）。

28. 触觉反馈（haptic feedback）：玩家拿在手中用以模拟力量和移动的控制器装置，与游戏中的事件同步，可以增加阻力或振动。

29. 独立（indie）："independent" 的缩写，指由非主流的公司制作或投资的游戏或电影，如著名的"独立游戏"概念。

30. 界面（interface）：界面是用户和软件程序进行交互的设备集合，包括菜单、光标和文本框等概念性内容，以及屏幕、鼠标、手柄、游戏控制器、麦克风和扬声器等物理设备。界面设计通常要考虑使用上述哪几种元素，以及如何有机地使用它们。

31. JAMMA：日本游戏机制造协会（Japanese Arcade Machine Manufacturers' Association）的缩写，成立于 1982 年。1985 年，JAMMA 推出了一种布线标准，被称为街机游戏的 JAMMA 标准。这个标准成为 20 世纪八九十年代日本和美国游戏行业使用的主要标准之一。

32. 千字节（kilobyte）：缩写为 KB，是信息存储单位，约等于一千字节。按照计算机系统的准确计算，千字节等于 2^{10} 字节或 1 024 字节（有时也写作"kibibyte"）。

33. 千赫（kilohertz）：缩写为 kHz，是电学中的频率单位。一赫兹等于每秒钟一次周期性变动重复，千赫等于每秒钟一千次周期性变动重复。在计算机中，赫兹的数值代表着计算机的处理速度。

34. 激光视盘（laserdisc）：一种光盘存储介质，主要用于存储 20 世纪 80 年代的电影、电子游戏（如《M. A. C. H. 3》或《火狐》）中的背景图像，以及与游戏事件有关的视频。这些视频可以按照游戏算法确定的顺序进行播放，如《龙穴历险记》《太空王牌》。

35. 发光二极管（light-emitting diode）：发光二极管由磷化镓、砷化镓制成，当向二极管施加电流时，二极管便会发光。LED 可以是红色、黄色或绿色的，但红色是最常见的。尽管许多掌机和手持设备会使用 LED 显示屏，但任天堂的 Virtual Boy 是唯一一个使用 LED 显示屏的基于像素的成像系统。

36. 液晶显示器（liquid crystal display）：简称 LCD，显示器上有一层薄薄的、夹在细金属丝和偏振膜网格之间的长液晶分子（该晶体用于光的偏振）。通过晶体的光被偏振并反射回人眼，从而形成明亮、清晰的亮格。当电流作用于栅极时，液晶分子沿同一方向排列，失去偏振效应，光线因此被吸收，形成暗格。早期的 LCD 屏幕是黑白的，如很多 20 世纪 80 年代早期的游戏。此外，妙极百利公司的微视掌机或任天堂的 Game Boy 等游戏系统中也有黑白显示的游戏。彩色 LCD 屏幕现在很常见，如 Atari Lynx、Game Boy Color。当然，也包括笔记本电脑的屏幕。

37. 逻辑电路（logic circuit）：逻辑电路是接受一个或多个输入（以比特位表示）并产生单个输出的基本电子电路。逻辑电路的两个基本逻辑门是与非门和或非门。如果与非门的两个输入都是 1，与非门返回 0，否则返回 1；或非门在两个输入都为 0 时才返回 1，否则返回 0。所有其他逻辑门的构建都可以借助这两个门。

38. 大型多人在线角色扮演游戏(massively multiplayer online role-playing game)：简称 MMORPG，一种由数十万名玩家在虚拟世界中玩的在线电脑角色扮演游戏，通常一天 24 小时都可以玩，如《无尽的任务》《网络创世纪》《星球大战：星系》和《魔兽世界》。《魔兽世界》已经成为世界上最大的 MMORPG，拥有超过 900 万名玩家。

39. 兆字节(megabyte)：缩写为 MB，是信息存储单位，约等于十万字节。按照计算机系统的准确计算，兆字节等于 2^{20} 字节，即 1 048 576 字节(有时也写作"mebibyte")。

40. 兆赫(megahertz)：缩写为 mHz，是电学中的频率单位。一赫兹等于每秒钟一次周期性变动重复，兆赫等于每秒钟十万次周期性变动重复。在计算机中，赫兹的数值代表着计算机的处理速度。

41. 微芯片(microchip)：微芯片在技术上又被称为微处理器，在单个计算机芯片上包含许多半导体，具有多种功能。在微处理器出现之前，计算机需要将独立组件(通常是电子管)连接在一起，这样会占用更多的空间和能量，从而严重地限制了计算机的功率和速度。

42. 多媒体(multimedia)："multiple media"的缩写，通常指将音频、视频、动画和交互性融为一体的电子信息技术。

43. 非玩家角色(non-player character)：简称 NPC，电子游戏中由计算机而非任何人类玩家控制的角色。

44. NTSC：北美、日本和其他几个地区使用的彩色电视标准，由美国国家电视系统委员会(National Television System Committee)建立。在该标准下，视频的帧速率为 29.97 fps(帧/秒)，纵横比为 4∶3，每帧扫描线为 525 行。

45. PAL："phase alteration line"的缩写，即逐行倒相。欧洲、亚洲、非洲和澳大利亚部分地区使用的彩色电视标准。在该标准下，视频的帧速率为 25 fps，垂直扫描线为 576 行。

46. 视差滚动(parallax scrolling)：前景与背景在移动时产生的不同视差。其中，物体在前景平面的滚动速度比在背景平面快，即使在没有进行 3D 计算的情况下也可以给人以 3D 的印象。

47. 像素(pixel)："picture element"的缩写。像素以单一颜色或值作为图片的最小单位，它的形状可以是圆形、方形或矩形。这些形状表示图片可以分割成的最小单位。

48. 偏振器（polarizer）：偏振器是一种过滤器，仅允许具有特定性质的电磁波（光）通过。一些偏振器会吸收不具有所需特质的光，另一些偏振器会使光偏转。

49. 玩家角色（player-character）：电子游戏中由玩家控制的角色。

50. 多边形图形（polygonally based graphics）：用多边形在三维空间中表示或表示近似于物体曲面的物体造型方法。精灵是在二维平面中生成的。

51. 移植（port）：指将电子游戏从一个系统或平台改编到另一个系统或平台上。当然，有时也要对原游戏进行细小的更改。

52. 印刷线路板（printed circuit board）：简称 PCB，一种非导电板，上面有固定的电子元件，通过蚀刻在板上的电路连接固定的电子元件。线路板里的内存芯片与游戏的其他组件连接在一起。"printed"指用于蚀刻电路板以进行大规模生产的方法。

53. RAM（random access memory）：随机存取存储器，在计算机中用于暂时存储数据。存储的数据可以修改，一旦断电，其中的数据将随之丢失。

54. 光栅、光栅扫描（raster/raster scan）：一种通过 CRT 在屏幕上生成图像的扫描类型。通过一行行地来回移动扫描，生成带有填充区域的图像，最终让图像填满整个屏幕。矢量扫描与之相反，只在屏幕上绘制单个线段，而不填充屏幕。电视图像和大多数电子游戏都使用光栅扫描。

55. RGB：通过单独输入红色、绿色和蓝色的分量视频信号在显示器上形成彩色图像。

56. 角色扮演游戏（role-playing game）：简称 RPG，玩家在游戏世界中扮演虚拟角色，并与他人合作展开冒险的游戏类型。通常角色的各方面属性由控制它们的玩家决定，而且角色可以随着游戏的进程在属性上产生变化。

57. ROM：只读存储器（read-only memory），计算机中只能读出信息而无法写入信息的存储器。信息一旦被写入后就固定下来，即使切断电源信息也不会丢失，如装有游戏程序的盒装芯片。

58. 缩放（scaling）：通过改变分辨率来放大或缩小图像。

59. 滚动（scrolling，有水平、垂直、对角、四向或八向等方式）：在一个小窗口内移动一幅较大的图像，每次只显示它的一部分。在电子游戏中，滚动最早出现在 Kee Games 公司的《超级汽车》(1977) 中。

60. SECAM：一种法国彩色电视标准，读作"塞康制"（法语为"séquentiel couleur à mémoire"，意为"按顺序传送彩色与存储"），用于欧洲、亚洲和非洲的部分地区。与 PAL 标准一样，它的帧频为 25 fps，垂直扫描线为 576 行。

61. 精灵 (sprite)：计算机图形学中的一种位图（用于生成图像的像素小网格）。精灵可以在屏幕上移动并调整大小，但其表面始终面向同一个方向。精灵用于创建更大的图像，通过移动和调整精灵的大小，可以给游戏带来深度方面的错觉。

62. 自毁电池 (suicide battery)：可能是为了打击盗版而安装的。这些电池为一小部分保存着序列号的 RAM 供电。序列号用于解码游戏的 ROM 中的程序。因此，当电池耗尽时，保存序列号的 RAM 中的数据将被擦除，而失去序列号会导致游戏无法继续运行。有几家公司在自己的街机游戏中使用了自毁电池，其中最大的两家是世嘉（1987 年之后开始使用）和卡普空（1989 年之后开始使用）。

63. 太字节 (terabyte)：缩写为 TB，是信息存储单位，约等于一万亿字节。按照计算机系统的准确计算，太字节等于 2^{40} 字节或 1 099 511 627 776 字节（有时也写作"tebibyte"）。

64. 轨迹球 (trackball/track-ball/trak-ball)：一种游戏控制器，将一个滚动球作为输入设备，从而实现光标在屏幕上的移动。轨迹球允许玩家快速地移动和变向，如《雅达利足球》(1978)、《导弹指令》(1980) 和《狂暴弹珠》(1984)。

65. 直立式 (upright)：最常见的街机游戏柜类型，玩家可以站在直立式街机前玩游戏。

66. 矢量图 (vector graphics)：通过矢量监视器生成。这个监视器将所有的图形创建为一系列逐一绘制的线段（详见"矢量监视器"）。

67. 矢量监视器 (vector monitor/vector scan monitor)：一种电子束以直线形式移动的监视器，电子束的轨迹可以在屏幕上的任何位置开始和结束。图像通过电子束的轨迹线绘制，而非光栅扫描。矢量游戏有《爆破彗星》《战争地带》《暴风射击》和《星球大战》。

68. 线框 (wireframe)：图形的类型名称，即图形所有内容都表示为一系列的线，没有填充区域。线框渲染用于显示图形对象的空间位置和交互，并且不需要渲染图形表面，从而加快创建图形的效率。
69. XY 监视器(XY monitor)：详见"矢量监视器"。
70. Z 轴(z-axis)：在三维空间中，朝向或远离玩家视角的运动方向。

资源指南

网站

尽管游戏公司的官方网站很有用，但它们也并不是总会提供游戏列表，而且它们一般仅限于为公司和产品做广告。其他网站的可靠性和实用性也各不相同，所以我在下文列出了一些有用、可靠的网站。电子游戏在英文中常被表述为"computer game"和"video game"，所以网络搜索关键词通常必须同时包含两种拼写（截至 2007 年 4 月 2 日，这些网址都是有效的）。

1. http://fly.hiwaay.net/~lkseitz/cvg/cvglit.shtml。上面有大量与电子游戏相关的书籍和论文列表（只罗列了 1998 年之前的文献）。
2. http://marvin3m.com/arcade/。描述了 1977 年以前的街机游戏的历史，是关于电子游戏的一个极好的网络资源。
3. http://vgrebirth.org。"电子游戏重生"（video game rebirth，简称 VGR）是家用主机的信息源，包括一个在线社区和一个包含超过 34 000 条游戏简介的目录。
4. http://www.arcadecollecting.com/dead/dead.html。"The Dead Battery Society"的网页包含与 20 世纪八九十年代的一些街机游戏上的"自毁电池"有关的信息。
5. http://www.arcadeflyers.com。Arcade Flyer Archive 包含各种旧街机游戏的宣传单信息，玩家从这些传单中可以找到与游戏相关（如屏幕图像、特殊功能和柜体设计）的有用信息，还能了解制作这些游戏的公司当年是如何营销它们的。
6. http://www.arcade-history.com/index.php?page=detail&id=2623。这个网址广泛地记录了街机游戏的历史。
7. https://atari2600.com/。玩家可以通过该地址购买雅达利的旧产品和许多其他早期的家用主机与游戏。
8. http://www.cooganphoto.com/gravitar/gravitar.html。这是一个专门介绍游戏《重力战机》(1982) 的网站，游戏高分纪录保持者丹·库根 (Dan Coogan) 对该游戏进行了

详细的分析。

9. http://www.dadgum.com/giantlist。经典游戏的开发者列表，对于确认游戏作者的身份、提供可能的联系人，以及对游戏制作进行初步研究非常有用。

10. http://www.digipen.edu。迪吉彭理工学院提供数字互动娱乐技术学位，该校许多学生都从业于电子游戏行业。

11. https://dmoz-odp.org/Games/Video_Games/。作为开放数据库项目的一部分（根节点也有桌游的信息），该网页列出了几千个电子游戏网站，并按照主题进行了排列和分类，比搜索引擎更方便。同时，它带有网站列表的注释。

12. http://www.dragons-lair-project.com/community/related/articles/dl.asp。这个网站提供了许多有关激光视盘游戏的杂志文章扫描。

13. https://www.fullsail.edul。福塞大学的广告称用 21 个月的时间即可完成游戏开发学士学位课程（Game Development Bachelor's Degree Program）。

14. https://www.gamedeveloper.com/。电子游戏行业新闻的来源，包括工作列表、简历、产品新闻等。

15. http://www.gamearchive.com。可搜索与电子游戏相关的资料档案。

16. http://www.gamegirlz.com。一个杂志形式的网站，可以提供女性玩家感兴趣的材料，并与女性玩家建立在线社区联系。

17. http://www.gameinformer.com。一个杂志形式的网站，包括游戏新闻、评论、预览和一些下载功能。虽然大部分资料都是关于新游戏的，但也有些旧档案。

18. http://www.gamesindustry.biz/。这个网站以行业新闻、工作列表、公司目录和电子游戏行业的播客为主要特色。

19. http://www.gamespot.com。该网站有游戏新闻、游戏评论、游戏预览、作弊代码、游戏下载、游戏论坛等内容。

20. http://gamestudies.org/。第一个与电子游戏研究相关的在线学术刊物。

21. http://www.geocities.com/TimesSquare/Lair/9260/labels.html。关于雅达利卡带且标签的有趣且有深度的网站。

22. http://www.islandnet.com/~kpolsson/timeline.htm#vidgame。肯·波尔森（Ken Polsson）汇编的电子游戏历史，可以说是最好、最详细的时间表，每个条目都有参考来源。

23. http://www.klov.com。KLOV 可能是规模最大的一个收集街机游戏信息的网站，上面有超过 4400 款游戏的信息，包括街机的技术信息、图片和一些游戏的视频剪辑。关于具体游戏的详细信息（如《吃豆人》），详见 http://www.klov.com/game_detail.php?letter=P&game_id=10816。

24. http://www.pong-story.com。大卫·温特建立的网站，包含大量关于美国和欧洲的数十种《PONG》系统和模仿者的信息，以及它们背后的一些历史。该网站组织得很好，提供了各种资料，甚至有机器芯片的图片。

25. http://www.retrogames.com。一个关于老式电子游戏和运行这些游戏的模拟器信息的网站。

26. http：//www.solvalou.com。该网站介绍了用于5 000多款街机游戏的双列直插并联开关设置。
27. http：//www.starcade.tv/starcade/episodes.asp。该网站提供了与电子游戏有关的电视节目《星际游乐园》的完整剧集。
28. http：//www.system16.com。一个关于各种电子游戏系统硬件的网站。上面关于游戏软件的信息也很靠谱，如"世嘉博物馆"部分有超过1 000款世嘉游戏的信息。
29. http：//www.thedoteaters.com/。该网站介绍了带有图片的电子游戏史。
30. http：//www.vaps.org。街机保护协会是一个国际性的街机游戏收藏者团体，拥有超过2 500名会员。该网站提供了许多街机游戏收藏家的联系信息，包括他们所拥有的游戏的信息。这对于想要研究电子游戏的研究人员或任何有兴趣了解街机游戏的人来说都很有用。
31. http：//www.vgf.com。该网站提供了与电子游戏有关的论坛和档案。
32. http：//www.videogames.org。该网站提供了与家用主机有关的信息，包括早期主机系统的列表和照片，并以时间轴的形式进行了整理。
33. http：//www.videotopia.com。基思·范斯坦的网站Videotopia，是以他的同名博物馆巡回展览为基础建立的。该网站上有关于电子游戏的文章、保护协会的信息，以及各种电子游戏的超链接。

模拟器①

模拟器是模拟电子游戏软件和硬件的程序。对于研究游戏的人员来说，如果找不到早期的游戏主机和卡带的实体，通过模拟器可以很好地了解某些早期游戏的情况。然而，许多模拟器并不能准确地再现研究人员想要模拟的游戏。例如，模拟器上的图像可能不会以原来的比例出现，而且现代电脑屏幕为玩家提供的体验往往与玩这些游戏时的早先的显示器有很大的不同。尽管模拟器很有用，但研究人员应该意识到这些差异，并尽可能地获取原始的软件和硬件。

1. https：//www.zophar.net/marcade/hive.html。商业电子游戏模拟器的制造商网站。
2. https：//stella-emu.github.io/。Stella是一个雅达利2600的模拟器，支持多个操作系统，并有大量的游戏ROM可供使用。
3. http：//www.classicgaming.com/vault/。该网站提供了家用游戏主机的模拟器列表，包括Arcadia 2001、雅达利2600、雅达利5200、雅达利7800、Coleco Systems、MSX、Neo·Geo、FC、世嘉MD、世嘉SMS、Turbografx-16和Vectrex。
4. http：//www.daphne-emu.com。一个专门针对激光视盘游戏的模拟器，有下载、论坛、常见问题问答和屏幕截图等内容。

---

① 原书提供的与模拟器有关的网址基本上都失效了，此处更新了转移后的新地址。——译者注

5. http://www.mame.net/。当前世界上最强大的街机模拟器。MAME 能够运行超过 3 000 个街机游戏,网站主页显示了从 1997 年 5 月 12 日到 2007 年(本书英文版出版的时间),近 10 年里有超过 5 400 万次的访问量。同时,这个主页可以链接到其他的模拟器网站。
6. http://www.pong-story.com/odyemu.htm。ODYEMU 是一个米罗华奥德赛的模拟器,该网址介绍了奥德赛的故事和地位。

视频

1. *Game Over: Gender, Race, & Violence in Video Games*, 35 min. The Media Education Foundation, 2000, http://www.mediaed.org. 这是一部具有教育价值的纪录片,涉及电子游戏中的性别、种族和暴力问题。
2. *Lara Croft: Lethal and Loaded*, 50 min. West Long Branch, NJ: White Star Video, 2001.
3. *Once Upon Atari*, 120 min. Directed by Howard Scott Warshaw. Scott West Productions, 2003, http://www.onceuponatari.com/contact.html.

书籍

1. Aarseth, Espen. *Cybertext: Perspectives on Ergodic Literature*. Baltimore, MD, and London: The Johns Hopkins University Press, 1997.
2. Adams, Ernest. *Break into the Game Industry: How to Get a Job Making Video Games*. New York: McGraw-Hill Osborne Media, 2003.
3. Avedon, Elliott M., and Brian Sutton-Smith. *The Study of Games*. New York: Wiley, 1971.
4. Banks, J. "Gamers as Co-creators: Enlisting the Virtual Audience — A Report from the Netface." In *Critical Readings: Media and Audiences*. Edited by Virginia Nightengale and Karen Ross. Maidenhead, England: Open University Press, 2003.
5. Bell, A. G. *Games Playing With Computers*. London: Allen and Unwin, 1972.
6. Bethke, E. *Game Development and Production*. Plano, TX: Wordware, 2003.
7. Blanchet, Michael. *How to Beat the Video Games*. New York: Simon and Schuster/Fireside, 1982.
8. Bogost, Ian. *Unit Operations: An Approach to Videogame Criticism*. Cambridge, MA, and London: MIT Press, 2006.
9. Buchsbaum, Walter H., and Robert Mauro. *Electronic Games: Design, Programming, and Troubleshooting*. New York: McGraw-Hill, 1979.
10. Buckwalter, Len. *Video Games*. New York: Grosset & Dunlap, 1977.

11. Bueschel, Richard M. *Guide to Vintage Trade Simulators and Countertop Games*. Atglen, PA: Schiffer, 1997.
12. Burnham, Van. *Supercade: A Visual History of the Videogame Age 1971 – 1984*. Cambridge, MA: MIT Press, 2001.
13. Cassell, Justine, and Henry Jenkins, eds. *From Barbie to Mortal Kombat: Gender and Computer Games*. Cambridge, MA: MIT Press, 1988.
14. Castronova, Edward. *Synthetic Worlds: The Business and Culture of Online Games*. Chicago and London: University of Chicago Press, 2006.
15. Chiang, Bor-Yang. *Involvement and Motive in Sports Video Game Playing, Televised Sports Viewing, Live Sports Attendance and Team Sports Participation*. Archival/manuscript material, thesis (M. A. in mass communication). University of Wisconsin-Milwaukee, 1996.
16. Cohen, Scott. *Zap: The Rise and Fall of Atari*. New York: McGraw, 1984.
17. Crawford, Chris. *The Art of Computer Game Design*. Berkeley, CA: McGraw-Hill/Osborne Media, 1984. http://www.vancouver.wsu.edu/fac/peabody/game-book/Coverpage.html.
18. DeMaria, Rusel. *The 7th Guest: The Official Guide*. Rocklin, CA: Prima, 1993.
19. DeMaria, Rusel, and Johnny L. Wilson. *High Score! The Illustrated History of Electronic Games*. Berkeley, CA: McGraw Hill/Osborne, 2004.
20. Dovey, J., and H. Kennedy. *Game Cultures: Computer Games as New Media*. Maidenhead, England: Open University Press, 2006.
21. Fine, Gary. *Shared Fantasy: Role-Playing Games as Social Worlds*. Chicago and London: University of Chicago Press, 1983.
22. Frasca, Gonzalo. "Ephemeral Games: Is It Barbaric to Design Videogames after Auschwitz?" In *Cybertext Yearbook 2000*. Edited by Markku Eskelinen and Raine Koskimaa. Saarijärvi (Finland: University of Jyväskylä, Research Centre for Contemporary Culture, 2001).
23. Frasca, Gonzalo. *Videogames of the Oppressed: Videogames as a Means for Critical Thinking and Debate*. Master's thesis. Atlanta, GA: Georgia Institute of Technology, 2001.
24. Friedman, Ted. "Making Sense of Software: Computer Games and Interactive Textuality." In *Cybersociety: Computer-Mediated Communication and Community*. Edited by Steve Jones. Thousand Oaks, CA: Sage, 1995.
25. Fromm, Rainer. *Digital Spielen — Real Morden?* Marburg, Germany: Schüren, 2002.
26. Fuller, Mary, and Henry Jenkins. "Nintendo and New World Travel Writing: A Dialogue." In *Cybersociety: Computer-Mediated Communication and Community*. Edited by Steven G. Jones. Thousand Oaks, CA: Sage, 1995.
27. Gabriel, Évelyne Esther. *Que faire avec les jeux vidéo?* Paris: Hachette, 1994.

28. Galloway, Alexander R. *Gaming: Essays on Algorithmic Culture*. Minneapolis, MN: University of Minnesota Press, 2006.
29. Gieselmann, Hartmut. *Der Virtuelle Krieg*. Hannover, Germany: Offizin Verlag, 2002.
30. Goldstein, Jeffrey, and Joost Raessens, eds. *Handbook of Computer Game Studies*. Cambridge, MA, and London: MIT Press, 2005.
31. Goodman, Robert L. *How to Repair Video Games*. Blue Ridge Summit, PA: Tab Books, 1978.
32. Greenfield, Patricia Marks. *Mind and Media: The Effects of Television, Video Games, and Computers*. Cambridge, MA: Harvard University Press, 1984.
33. Heiserman, David L. *How to Design & Build Your Own Custom TV Games*. Blue Ridge Summit, PA: Tab Books, 1978.
34. Herman, Leonard. *Phoenix: The Fall and Rise of Home Videogames*, 4th ed. Springfield, NJ: Rolenta Press, 2007.
35. Herz, J. C. *Joystick Nation: How Videogames Gobbled Our Money, Won Our Hearts and Rewired Our Minds*. Boston, MA: Little Brown, 1997.
36. Ichbiah, Daniel. *La saga des jeux vidéo*. Paris: Éditions Générales First-Pocket, 1997.
37. Jaffe, Martin S. *Regulating Videogames*. Chicago: American Planning Association, Planning Advisory Service, 1982.
38. Juul, Jesper. *Half Real: Video Games between Real Rules and Fictional Worlds*. Cambridge, MA, and London: MIT Press, 2005.
39. Kafai, Yasmin Bettina. *Minds in Play: Computer Game Design as a Context for Children's Learning*. Hillsdale, NJ: Lawrence Erlbaum Associates, 1995.
40. Kent, Steven L. *The Ultimate History of Video Games: The Story behind the Craze that Touched Our Lives and Changed the World*. New York: Three Rivers Press, 2001.
41. Kinder, Marsha. *Playing With Power in Movies, Television, and Video Games: From Muppet Babies to Teenage Mutant Ninja Turtles*. Berkeley, CA: University of California Press, 1991.
42. King, Geoff, and Tanya Krzywinska. *Tomb Raiders & Space Invaders: Videogame Forms & Contexts*. London and New York: I. B. Tauris, 2006.
43. King, Geoff, and Tanya Krzywinska, eds. *Screenplay: Cinema/Videogames/Interfaces*. London: Wallflower Press, 2002.
44. King, Lucien, ed. *Game On: The History and Culture of Video Games*. New York: Universe, 2002.
45. Klanten, Robert, and Jaro Gielens, eds. *Electronic Plastic*. Berlin: Die Gestalten Verlag, 2000.
46. Kohler, Chris. *Power Up: How Japanese Video Games Gave the World an Extra*

Life. Indianapolis: Brady Games, 2005.
47. Kristof, Ray, and Amy Satran. *Interactivity by Design*. Mountain View, CA: Adobe Press, 1995.
48. Kubey, Craig. *The Winners' Book of Video Games*. New York: Warner Books, 1982.
49. Kurtz, Bill. *Encyclopedia of Arcade Video Games*. Schiffer Book Farm, PA: Schiffer, 2003.
50. Lambert, Steve, and Suzan Ropiquet, eds. *CD-ROM: The Current and Future State of the Art*. Redmond, WA: Microsoft Press, 1986.
51. Lammers, Susan. *Programmers at Work*. Redmond, WA: MicroSoft Press, 1986.
52. Le Diberder, Alain, and Frédéric Le Diberder. *L'Univers des Jeux Video*. Paris: Éditions La Découverte, 1998.
53. ———. *Qui a Peur des Jeux Vidéo?* Paris: Éditions La Découverte/Essais, 1993.
54. Lischka, Konrad. *Spielplatz Computer*. Heidelberg: Verlag Heinz Heise, 2002.
55. Loftus, Geoffrey R. *Mind at Play: The Psychology of Video Games*. New York: Basic Books, 1983.
56. Marks, Aaron. *The Complete Guide to Game Audio*. Manhasset, NY: CMP Books, 2001.
57. McGowan, Chris, and Jim McCullaugh. *Entertainment in the Cyber Zone*. New York: Random House Information Group, 1995.
58. Mertens, Mathias, and Tobias O. Meißner. *Wir waren Space Invaders*. Frankfurt am Main: Eichborn, 2002.
59. Messaris, Paul, and Lee Humphreys, eds. *Digital Media: Transformations in Human Communication*. New York: Peter Lang, 2006.
60. Murray, Janet H. *Hamlet on the Holodeck: The Future of Narrative in Cyberspace*. Cambridge, MA, and London: MIT Press, 1997.
61. Museum für Sepulkralkultur. *Game Over*. Kassel, Germany: Museum für Sepuralkultur, 2002.
62. Newman, James. *Videogames*. New York: Routledge, 2004.
63. Perron, Bernard. "Jouabilité, Bipolarité et Cinéma Interactif." *Hypertextes. Espaces Virtuels de Lecture et D'écriture*. Edited by Denis Bachand and Christian Vandendorpe. Québec: Nota Bene, 2003.
64. Perron, Bernard. *La Spectature Prise au Jeu, La narration, La Cognition et le Jeu dans le Cinéma Narratif*. Ph. D. thesis. Université de Montréal, 1997.
65. Pias, Claus. *Computer Spiel Welten*. München, Germany: Sequenzia Verlag, 2002.
66. Poole, Steven. *Trigger Happy: Videogames and the Entertainment Revolution*. New York: Arcade, 2000.
67. Provenzo, Eugene. *Video Kids — Making Sense of Nintendo*. Cambridge, MA: Harvard University Press, 1991.

68. Quéau, Philippe. *Éloge de la Simulation. De la vie des Langages à la Synthèse des Images.* Seyssel: Éditions du Champ Vallon, 1986.
69. Rötzer, Florian, ed. *Virtuelle Welten — Reale Gewalt.* Hannover, Germany: Verlag Heinz Heise, 2002.
70. Rouse, Richard, III. *Game Design Theory and Practice*, 2nd ed. Plano, TX: Wordware, 2005.
71. Ryan, Marie-Laure. *Narrative as Virtual Reality: Immersion and Interactivity in Literature and Electronic Media.* Baltimore, MD, and London: The Johns Hopkins University Press, 2001.
72. Saltzman, Marc. *Game Design: Secrets of the Sages*, 2nd ed. Indianapolis: Brady Games, 2000.
73. Sanger, George. *The Fat Man on Game Audio: Tasty Morsels of Sonic Goodness.* Berkeley, CA: Peachpit Press, 2004.
74. Schwartz, Steven A., and Janet Schwartz. *Parent's Guide to Video Games.* Roseville, CA: Prima Lifestyles, 1994.
75. Sheff, David. *Game Over: How Nintendo Conquered the World.* New York: Vintage Books, 1994.
76. ———. *Game Over: How Nintendo Zapped an American Industry, Captured Your Dollars, and Enslaved Your Children.* New York: Random House, 1993.
77. ———. *Game Over: Nintendo's Battle to Dominate an Industry.* London: Hodder and Stoughton; New York: Vintage Books, 1990.
78. Skurzynski, Gloria. *Know the Score: Video Games in Your High-Tech World.* New York: Bradbury Press; Toronto: Maxwell Macmillan Canada; New York: Maxwell Macmillan International, 1994.
79. Smith, Greg M., ed. *On a Silver Platter: CD-ROMs and the Promise of a New Technology.* New York: New York University Press, 1999.
80. Spencer, Donald D. *Game Playing With Computers.* New York: Spartan Books, 1968.
81. Sullivan, George. *Screen Play: The Story of Video Games.* New York: F. Warne, 1983.
82. Tronstad, Ragnhild. "Performing the MUD Adventure." *Innovations: Media, Methods and Theories.* Edited by Gunnar Liestøl, Andrew Morrison, and Terje Rasmussen. Cambridge, MA: MIT Press, 2003.
83. Uston, Ken. *Ken Uston's Guide to Buying and Beating Home Video Games.* New York: Signet, 1982.
84. Wolf, Mark J. P. *Abstracting Reality: Art, Communication, and Cognition in the Digital Age.* Lanham, MA: University Press of America, 2000.
85. ———. "On the Future of Video Games." In *Digital Media: Transformations in*

Human Communication. Edited by Paul Messaris and Lee Humphreys. New York: Peter Lang, 2006.
86. ———. The World of the D'ni: Myst and Riven. Milan, Italy: Costa & Nolan, 2006.
87. Wolf, Mark J. P., ed. The Medium of the Video Game. Austin, TX: University of Texas Press, 2001.
88. Wolf, Mark J. P., and Bernard Perron, eds. The Video Game Theory Reader. New York: Routledge Press, 2003.
89. Wright, Steve. "Stella Programmer's Guide." Reconstructed online in 1993 by Charles Sinnett from the 1979 original. http://www.classic-games.com/atari2600/stella.html.
90. Zimmerman, Eric, and Katie Salen. The Game Design Reader: A Rules of Play Anthology. Cambridge, MA, and London: MIT Press, 2005.
91. ———. Rules of Play: Game Design Fundamentals. Cambridge, MA, and London: MIT Press, 2003.

期刊

专门讨论电子游戏的期刊有《Videogame Advisor》《Arcade》《Game Fan》《NEXT Generation》《Ultimate Gameplayers》《电脑游戏》《2600 Connection Magazine》《RePlay》《Play Meter》,以及其他像《Computer Graphics World》这样从图形的角度介绍电子游戏的文章。

1. Ackerman, Elise. "The Pinball Wizard Blues." U.S. News & World Report 127, no. 19 (November 15, 1999): 56.
2. Adams, Ernest W. "The Challenge of the Interactive Movie." Computer Game Developers' Conference, 1995. http://designersnotebook.com/Lectures/Challenge/challenge.htm.
3. ———. "Three Problems for Interactive Storytellers." Gamasutra.com, December 29, 1999. http://www.gamasutra.com/features/designers_notebook/19991229.htm.
4. Alexander, Charles P. "Video Games Go Crunch!" Time 122, no. 17 (October 17, 1983): 64.
5. Anderson, Craig A., and Karen Dill. "Video Games and Aggressive Thoughts, Feelings, and Behavior in the Laboratory and in Life." Journal of Personality and Social Psychology 78, no. 4 (April 2000): 772–90. http://www.apa.org/journals/features/psp784772.pdf.
6. Anderson, Craig A., and Catherine M. Ford. "Affect of the Game Player: Short-Term Effects of Highly and Mildly Aggressive Video Games." Personality and Social Psychology Bulletin 12, no. 4 (1986): 390–402.
7. Asher, Mark. "Massive (multiplayer) Entertainment: Playing Together Online …

Yesterday, Today, and Tomorrow." *Computer Games* (May 2001):53-68.

8. Au, Wagner James. "Dispatches from the Future of Gaming, Page 3: Will Wright Speaks... To Arnold Schwarzenegger?" *Gameslice.com*, 2001. http://www.gameslice.com/features/gdc/index3.shtml.

9. Baba, Y., and Feichin Ted Tschang. "Product Development in Japanese TV Game Software: The Case of an Innovative Game." *International Journal of Innovation Management* 5, no. 4(2001):487-515.

10. Banks, John. "Controlling Gameplay." *M/C: A Journal of Media and Culture* 1, no. 5(1998). http://www.uq.edu.au/~webmedia/9812/game.html.

11. Baumgärtel, Tilman. "Alle Nazis werden Dreiecke." *Die Zeit* 16(2002). http://www.zeit.de/2002/16/Kultur/200216_computerspielkun.html.

12. Bayer, Glen. "SNES-CD Profile." *N-Sider. The World's Most In-Depth Nintendo Resource.* http://www.n-sider.com/articleview.php?articleid=279.

13. Blickstein, Jay, and John Soat. "When it Comes to Sexual Harassment, Play Carefully." *Information Week*, no. 774 (February 21, 2000):29.

14. Brightman, James. "Breaking: U.S. Video Game Industry Totals $12.5 Billion in 2006." *GameDailyBiz.* http://biz.gamedaily.com/industry/feature/?id=14940.

15. Buchanan, Levi. "It's All in the Game." *Chicago Tribune*, May 17, 2005.

16. Bulik, Beth Snyder. "Arcade craze swings into the living room." *Advertising Age* 75, no. 26, midwest region edition (June 28, 2004):3, 52.

17. Cole, Vladimir. "World of Warcraft Breaks 8 Million Subscribers." *joystiq.com*, January 11, 2007. http://www.joystiq.com/2007/01/11/world-of-warcraft-breaks-8-million-subscribers.

18. Collins, Karen. "Flat Twos and the Musical Aesthetic of the Atari VCS." http://www.popular-musicology-online.com/issues/01/collins-01.html.

19. ——. "Loops and Bloops." *soundscaptes.info.* http://www.icce.rug.nl/~soundscapes/VOLUME08/Loops_and_bloops.html.

20. Crawford, Chris. "The History of Computer Games: The Atari Years." *The Journal of Computer Game Design* 5. http://www.erasmatazz.com/library/JCGD_Volume_5/The_Atari_Years.html.

21. Croal, N'Gai. "The Art of the Game." *Newsweek* 135, no. 10 (March 6, 2000):60.

22. ——. "Making a Killing at Quake." *Newsweek* 134, no. 21 (November 22, 1999):104.

23. Crockford, Douglas. "The Untold Story of *Maniac Mansion*." *Wired*, no. 1.04 (September/October 1993). http://www.wired.com/wired/archive/1.04/nintendo.html?pg=1&topic=&topic_set.

24. Dominick, Joseph R. "Videogames, Television Violence, and Aggression in Teenagers." *Journal of Communication* 34(1984):136.

25. Dunford, James. *Playstation Hardware FAQ*, September 26, 1995. http://www.gamefaqs.com/console/psx/file/916392/4701.
26. Durham, Ken. "History of Pinball Machines." Game Room Antiques website. http://www.gameroomantiques.com/HistoryPin.htm.
27. Eimbinder, Jerry, and Eric Eimbinder. "Electronic Games: Space-Age Leisure Activity." *Popular Electronics*, multipart essay appearing over several months in 1980.
28. Elkin, Tobi. "Dreamcast System Brings Sega Back into Contention." *Advertising Age* 71, no. 7 (February 14, 2000): 17.
29. ——. "Sony Blitz Sets Stage for the Next PlayStation." *Advertising Age* 70, no. 45 (November 1, 1999): 24.
30. Ellis, Desmond. "Video Arcades, Youth, and Trouble." *Youth and Society* 16, no. 1 (September 1984): 47.
31. Elmer-Dewitt, Philip. "The Amazing Video Game Boom." *Time* 142, no. 13 (September 27, 1993): 43.
32. Fitzsimmons, C. "Push for 18+ Game Ratings Fails." *The Australian*, November 12, 2002. http://web.archive.org/20021115103906/http://australianit.news.com.au/articles/0,7204,5466570%5e15319%5e%5enbv%5e15306,00.html.
33. Frasca, Gonzalo. "Ludologia Kohtaa Narratologian." *Parnasso* 3 (1999): 365–71. Also published as "Ludology Meets Narratology. Similitudes and Differences Between (Video) Games and Narrative." http://www.ludology.org/articles/ludology.htm.
34. ——. "Simulation 101: Simulation versus Representation" (2001). http://www.ludology.org/articles/sim1/simulation101.html.
35. Friedman, Ted. "The Semiotics of Sim City." *First Monday* 4 (1999). http://www.firstmonday.dk/issues/issue4_4/friedman/.
36. Gagnon, Diana. "Videogames and Spatial Skills: An Exploratory Study." *Educational Communication and Technology* 33, no. 4 (1985): 263–75.
37. Gallasch, K. "Australia Council Restructures: New Media Arts Wasted." Message posted to the Fibreculture Forum, December 9, 2004. Archived at http://www.fibreculture.org/myspinach/fibreculture/2004-December/004292.html.
38. Garrity, Brian. "Video-Game Console Makers Eye New Music-Download Applications." *Billboard* 111, no. 42 (October 16, 1999): 3.
39. Gilbert, Christine. "Virtually Married." *Computer Games*, no. 125 (April 2001): 22–26.
40. Gillen, Marilyn A. "Sega Bowing 'Backward-Compatible' Game." *Billboard* 106, no. 35 (August 27, 1994): 104.
41. Gonzalez, Lauren. "When Two Tribes Go to War: A History of Video Game Controversy." *GameSpot*. http://www.gamespot.com/features/6090892/.

42. Goodale, Gloria. "Inside Video Games." *Christian Science Monitor* 92, no. 20 (May 26,2000):13.
43. ——. "Video Games Get Smarter, Good-Looking." *Christian Science Monitor* 92, no. 80 (March 17,2000):19.
44. Graetz, J. Martin. "The Origin of *Spacewar!*" *Creative Computing* (August 1981).
45. Griffiths, M. D., and N. Hunt. "Dependence on Computer Games by Adolescents." *Psychological Reports* 82(1998):475–80.
46. Guth, Robert A. "Inside Sony's Trojan Horse." *The Wall Street Journal*, February 25,2000, eastern edition, B1.
47. ——. "Sony Gears Up to Ship One Million Units Of PlayStation 2 for Next Month's Debut." *The Wall Street Journal*, February 3,2000, eastern edition, A23.
48. Haddon, Leslie. "Electronic and Computer Games, the History of an Interactive Medium." *Screen* 29, no. 2(1988):52.
49. Hagiwara, Shiro, and Ian Oliver. "Sega Dreamcast: Creating a Unified Entertainment World." *IEEE Micro* 19, no. 6 (November/December 1999):29.
50. Hamilton, David P. "Entertainment: Pow Goes Posh as Arcades Zap Old Image." *The Wall Street Journal*, July 2,1993, eastern edition, B1.
51. Hara, Yoshiko. "Chip-Supply Kinks May Slow Volume Runs of Playstation 2." *Electronic Engineering Times*, no. 1102 (February 28,2000):22.
52. Hill, J. "Game Industry at the Crossroads." *The Age*, September 7,2006. http://www.theage.com.au/news/games/game-industry-at-the-crossroads/2006/09/06/1157222139337.html?page=fullpage.
53. Horton, C. "Videogames See Another Hot Year." *Advertising Age* 62, no. 3 (January 21,1991):55.
54. ——. "Zapping the Recession." *Advertising Age* 63, no. 3 (January 20,1992):56.
55. Hosefros, Paul. "Flying the 'Big Iron,' No Experience Needed." *New York Times*, January 13,2000.
56. Humphreys, S., B. Fitzgerald, J. Banks, and N. Suzor. "Fan-based Production for Computer Games: User-led Innovation, the 'Drift of Calue' and Intellectual Property Rights." *Media International Australia* 114(2005):16–29.
57. Hutcheon, B., L. Hearn, and D. Braithwaite. "Australia Bans Graffiti Game." *The Age*, February 16,2006. http://www.theage.com.au/news/breaking/australia-bans-graffiti-game/2006/02/15/1139890798010.html?page=3.
58. ——. "Australia First to Ban Graffiti Game." *The Age*, February 17, 2006. http://www.theage.com.au/news/breaking/australia-first-to-ban-graffiti-game/2006/02/17/1140064210144.html.
59. Jenkins, Henry. "From Barbie to Mortal Kombat: Further Reflections." Paper presented at the conference *Playing by the Rules: The Cultural Policy Challenges of*

Video Games. Chicago, October 2001. http://culturalpolicy.uchicago.edu/conf2001/papers/jenkins.html.

60. ——. "Power to the Players: Why Video Games Need the Protection of the First Amendment." *Technology Review* (June 7, 2002). http://www.technologyreview.com/Infotech/12867/?a=f.

61. ——. "Transmedia Storytelling." *Technology Review* (January 2003):1.

62. ——. "Welcome to Convergence Culture." *Receiver* (March 2005):2.

63. Jones, George, and Ken Brown. "Arcade 2.0: The Future of Public Gaming Doesn't Accept Coins." *Computer Gaming World*, no. 230 (September 2003):40–44.

64. Juul, Jesper. "Games Telling Stories?" *Game Studies* 1, no. 1 (July 2001). http://www.gamestudies.org/0101/juul-gts/.

65. ——. "The Open and The Closed: Games of Emergence and Games of Progression." *CGDC Conference Proceedings*. Edited by Frans Mäyrä. Tampere, Finland: Tampere University Press, 2002.

66. Ko, Marnie. "Mortal Konsequences." *Report/Newsmagazine* 27, no. 2 (May 22, 2000), 47 (Alberta edition).

67. Koerner, B. I. "How PONG Invented Geekdom." *U.S. News & World Report* 127, no. 25 (December 27, 1999):67.

68. Kroll, Jack. "Emotion Engine? I Don't Think So." *Newsweek* 135, no. 10 (March 6, 2000):64.

69. Kushner, David. "Care for a Latte with That, Mr. Nukem?" *New York Times*, September 23, 1999.

70. Laird, John E. "Research in Human-Level AI Using Computer Games." *Communications of the ACM* 45, no. 1 (January 2002).

71. Le Diberder, Alain. "L'interactivité, une Nouvelle Frontière du Cinema" (Dossier: Numérique, Virtuel, Interactif. Demain le Cinéma). *Cahiers du Cinéma* 503 (June 1996):122–26.

72. Lefton, Terry. "Nintendo Rides Game Boy, N64 Openings with $25M+ in Q4." *Brandweek* 40, no. 37(October 4, 1999):4.

73. Levy, Steven. "Here Comes PlayStation 2." *Newsweek* 135, no. 10 (March 6, 2000):55.

74. Lewis, Michael, and Jeffrey Jacobson. "Game Engines in Scientific Research." Special issue, *Communications of the ACM* 45, no. 1 (January 2002).

75. Lohr, Steve. "Microsoft Plans to Try Its Hand at Video Games." *New York Times*, March 10, 2000.

76. Maiello, Michael, and Tom Post. "Game Boy." *Forbes* 165, no. 11 (May 15, 2000):328.

77. McCullough, J. J. *Nintendo's Era of Censorship* (2004). http://www.

filibustercartoons. com/Nintendo. php.
78. Mehrabian, Albert, and Warren Wixen. "Lights Out at the Arcade." *Psychology Today* (December 1983):72.
79. Meloni, Wanda. "Gaming's Golden Age?" *Computer Graphics World* 23, no. 4 (April 2000): 21.
80. Menez, Gene, Kevin Cook, and Mark Mravic. "All That's Missing Is the Sweat." *Sports Illustrated* 91, no. 23 (December 13,1999):32.
81. Messer, Ian. "Sega's Stock Climbs on Reorganization, Despite Wide Losses." *The Wall Street Journal*, November 29,1999, eastern edition, B28.
82. Miller, Skyler. "The History of Square." *Gamespot. com* (2001). http://www. gamespot. com/gamespot/features/video/hist_square/index. html.
83. Miller, Stephen C. "Most-Violent Video Games Are Not Biggest Sellers." *New York Times*, July 29,1999.
84. Moriarty, Tim. "Uncensored Videogames: Are Adults Ruining It for the Rest of Us?" *Videogaming and Computergaming Illustrated*, October 1983.
85. Nagourney, Adam. "Hillary Clinton Seeks Uniform Sex and Violence Rating for a Range of Media." *New York Times*, December 22,1999.
86. Neal, Victoria. "Pac-Man Fever." *Entrepreneur* 27, no. 11 (November 1999):256.
87. Newman, James. "In Search of the Videogame Player: The Lives of Mario." *New Media & Society* 4, no. 3(2002):405-22.
88. Nicholls, S. "Ruddock Fury over Woomera Computer Game." *The Age*, April 29, 2003. http://www. theage. com. au/articles/2003/04/29/1051381948773. html.
89. Nulty, Peter. "Why the Craze Won't Quit." *Fortune* (November 15,1982):114.
90. Office of Film and Literature Classification. "Guidelines for the Classification of Film and Computer Games," 2007. http://www. oflc. gov. au/resource. html? resource=62&filename=62. pdf.
91. ——. "Review Board Decisions, *Marc Ecko's Getting Up: Contents Under Pressure*. http://www. oflc. gov. au/resource. html? resource=794&filename=794. pdf.
92. Oh, Susan, Danylo Hawaleshka, and Tanya Davis. "An Elaborate Hunt." *Maclean's* 113, no. 4 (January 24,2000):9.
93. Oka, Masaaki, and Masakazu Suzuoki. "Designing and Programming the Emotion Engine." *IEEE Micro* 19, no. 6 (November/December 1999):20.
94. Pearce, Celia. "Sims, BattleBots, Cellular Automata God and Go: A Conversation with Will Wright by Celia Pearce." *Game Studies* 2, no. 1 (July 2002). http://www. gamestudies. org/0102/pearce/.

95. Perry, Telka S. "Video Games: The Next Wave." *IEEE Spectrum* 20, no. 12 (December 1983):52-59.
96. Perry, Telka S., and Paul Wallich, "Design Case History: The Atari Video Computer System." *IEEE Spectrum* (March 1983).
97. Rae-Dupree, Janet, and Irene M. Kunii. "Can Dreamcast Make Sega's Dreams Come True?" *Business Week*, no. 3661 (December 27,1999):62.
98. Rakoff, David. "Let the Games Begin." *New York Times Magazine* 149, no. 51685 (October 24,1999):38.
99. Rash, Wayne. "The Little Graphics Engine That Could Change the Net." *Internetweek*, no. 803 (March 6,2000):53.
100. Ridgeon, Chris. "Planet Lara: Where the World Revolves Around Lara." http://www.planetlara.com/index.asp.
101. Rubin, Owen R. "Memories of a Vector World." ACM SIGGraph's *Computer Gaming* 32, no. 2 (May 1998). http://www.siggraph.org/publications/newsletter/v32n2/contributions/rubin.html.
102. Ryan, Marie-Laure. "Beyond Myth and Metaphor — The Case of Narrative in Digital Media." *Game Studies* 1, no. 1 (July 2001). http://www.gamestudies.org/0101/ryan/.
103. Schmidt, C. James. "Sex-and-Violence Ratings: What's in Them for Libraries?" *American Libraries* 31, no. 4 (April 2000):44.
104. Schutte, Nicola S., John M. Malouff, Joan C. Post-Gorden, and Annette L. Rodasta. "Effects of Playing Videogames on Children's Aggressive and Other Behaviors." *Journal of Applied Social Psychology* 18, no. 5(1988):454-60.
105. Selnow, Gary W. "Playing Videogames: the Electronic Friend." *Journal of Communication*, no. 34(1984):148.
106. Skow, John. "Games That Play People." *Time* (January 18,1982):58.
107. Smith, Tracy. "Video Game That's Good for You." *CBSnews.com*, June 13,2002. http://cbsnews.com/stories/2002/06/13/earlyshow/contributors/tracysmith/main512169.shtml.
108. Snyder, Beth. "FCB Puts Looking Glass on Kids' Digital World." *Advertising Age* 71, no. 6 (February 7,2000):26.
109. Stevenson, Seth, and N'Gai Croal. "Not Just a Game Anymore." *Newsweek* 134, no. 26 (December 27,1999-January 3,2000):94.
110. Swalwell, M. "The Meme Game: Escape from Woomera." *RealTime* 55(2003). http://www.realtimearts.net/rt55/swallwell.html.
111. Swalwell, M., and K. Neil. "'Unaustralia the Game' and the Possibility of Independent Satirical Videogames." Presented at the Annual Conference of the Cultural Studies Association of Australasia, December 2006.

112. Takahashi, Dean. "How Four Renegades Persuaded Microsoft to Make a Game Machine." *The Wall Street Journal*, March 10,2000, eastern edition, B1.
113. ——. "The Real Video Game Wars." *The Wall Street Journal*, March 20,2000, eastern edition, R16.
114. ——. "Sega Console Grabs Big Sales in First 3 Days." *The Wall Street Journal*, September 20,1999, eastern edition, B8.
115. ——. "'Sonic' Boom Marks Sega's Comeback in Video Games." *The Wall Street Journal*, January 13,2000, eastern edition, B6.
116. ——. "Video Games Transcend Child's Play as the Industry Broadens Its Appeal." *The Wall Street Journal*, May 12,2000, eastern edition, B6.
117. ——. "Video-Game Violence Is Under Attack as Issue Heats Up Before Sales Season." *The Wall Street Journal*, November 24,1999, eastern edition, B14.
118. ——. "With Sony in Its Sights, Microsoft Weighs Entry into Game Machines." *The Wall Street Journal*, October 26,1999, eastern edition, B1.
119. Talbot, Ben. "Compete, Command and Conquer: Playing for Space at the International Games Cultures Conference." *Intensities: The Journal of Cult Media* (2001). http://davidlavery.net/Intensities/PDF/talbot.pdf.
120. Taylor, Chris. "Game Wars." *Time* 155, no. 11 (March 20,2000):44.
121. ——. "PlayStation Redux." *Time* 155, no. 21 (May 22,2000):156.
122. Thomson, David. "Zap Happy: World War II Revisited." *Sight and Sound* 11, no. 7 (July 2001):34 – 37.
123. Thorsen, Tor. "Steven Spielberg, EA Ink Three-game Next-gen Deal." *Gamespot.com*, October 14,2005. http://www.gamespot.com/news/6135746.html.
124. Tkacik, Maureen. "Back to Bingo: Arcade Firm Shrugs Off High-Tech Flash — Game Works Thinks It Has a Winner with Classics Like Bowling and Skee-Ball." *The Wall Street Journal*, July 23,2001, eastern edition, B10.
125. Townsend, Christian. "Getting the Oh-So-Real Feeling." *Business Review Weekly* 21, no. 44 (November 12,1999):206.
126. ——. "Sagging Sega Hopes For a Dreamcast Run." *Business Review Weekly* 21, no. 44 (November 12,1999):206.
127. Traiman, Steve. "Shortages Hurt Video, PC Game Sales." *Billboard* 112, no. 5 (January 29,2000):67.
128. Tschang, Feichin Ted. "Videogames as Interactive Experiential Products and Their Manner of Development." *International Journal of Innovation Management* 9, no. 1 (2005):103 – 31.
129. Wade, Will, Junko Yoshida, Anthondy Cataldo, and Yoshiko Hara. "M'soft Xbox Takes On Sony." *Electronic Engineering Times* 1104 (March 13,2000):1.
130. Waggoner, Ben, and Halstead York. "Video in Games: The State of the Industry."

Gamasutra. com, January 3, 2000. http://www.gamasutra.com/features/20000103/fmv_01.htm.
131. Walker, Trey. "The Sims Overtakes Myst: Electronic Arts' Virtual-life Game Has Surpassed the Popular Adventure Game Myst in Terms of Sales To Become the Best-selling PC Game of All Time." *Game-Spot*, March 22, 2002. http://www.gamespot.com/pc/adventure/myst/news.html?sid=2857556.
132. Webb, Marcus. "Arcade-Style Viddies Confront Challenging Future as Market Fragments and Shrinks." *Vending Times* 41, no. 11 (September 25, 2001-October 24, 2001).
133. Whalen, Zach. "Play Along — An Approach to Videogame Music." http://www.gamestudies.org/0401/whalen/.
134. Wheless, James W. "Video Games and Epilepsy" (2006). http://www.epilepsy.com/info/family_kids_video.html.
135. Whitmore, Guy. "Design with Music in Mind: A Guide to Adaptive Audio for Game Designers." *Gamasutra. com*, May 28, 2003. http://www.gamasutra.com/resource_guide/20030528/whitmore_01.shtml.
136. Whitmore, Stuart. "Playing Hardware Hardball." *Asiaweek* 26, no. 12 (March 31, 2000):43.
137. Wildstrom, Stephen H. "Boy, Can This Box Play Games." *Business Week* no. 3650 (October 11, 1999):22.
138. Wilson, J. "Indie Rocks! Mapping Independent Game Design." *Media International Australia* 115(2005):109–22.
139. Wolf, Mark J. P. "Assessing Interactivity in Video Game Design." *Mechademia 1: Emerging Worlds of Anime and Manga, of the series Mechademia: An Annual Forum for Anime, Manga and The Fan Arts* (December 2006).
140. ——. "Book Notes: *Myst*." *Film Quarterly* 52, no. 1 (Fall 1998):98.
141. ——. "Game Studies and Beyond." *Games & Culture: A Journal of Interactive Media* 1, no. 1(2006):116–18.
142. ——. "Inventing Space. Toward a Taxonomy of On- and Off-Screen Space in Video Games." *Film Quarterly* 51, no. 3 (Fall 1997):11–23.
143. ——. "The Subcreation of Transmedia Worlds." *Compar(a)ison: An International Journal of Comparative Literature* 2 (Fall 2005).
144. ——. "Virtual Sub-Creation: Two Top Computer Games Were Made by Christians." *World* (December 6, 1997):23.
145. Yang, Dori Jones. "Bill Gates Has His Hand on a Joystick." *U.S. News & World Report* 128, no. 11(March 20, 2000):54.

各章节注释

第 2 章

[1] Mark J. P. Wolf, *The World of the D'ni: Myst and Riven* (Milan: Costa and Nolan, 2006). 该书中有详尽的对比。

第 4 章

[1] Richard M. Bueschel, *Guide to Vintage Trade Simulators and Countertop Games* (Atglen, PA: Schiffer, 1997).
[2] Ken Durham, "History of Pinball Machines," GameRoomAnitiques.com, http://www.gameroomantiques.com/HistoryPin.htm (accessed August 14, 2007).
[3] J. Martin Graetz, "The Origin of Spacewar!" *Creative Computing* (August 1981).
[4] Sol Lewitt, "Paragraphs on Conceptual Art," *Artforum 5*, no. 10 (June 1967): 79–83.
[5] Gene Youngblood, *Expanded Cinema* (New York: E. P. Dutton, 1970).

第 5 章

[1] 详见 Mark J. P. Wolf and Bernard Perron, editors, *The Video Game Theory Reader* (New York: Routledge, 2003)."Introduction"部分中有更多关于电子游戏的历史研究。
[2] 参见网络资源：http://www.klov.com/。
[3] 参见网络资源：http://gamestudies.org/0601。

第 7 章

[1] 详见"Vintage Coin Operated Fortune Tellers, Arcade Games, Digger/Cranes, Gun Games and Other Penny Arcade Games, pre-1977," http://marvin3m.com/arcade/ (accessed April 5, 2007); "Electromechanical Game," http://www.everything2.com/index.pl?node_id=1242873(accessed March 27, 2007)。

[2] Steve Fulton, "Atari: The Lost Years of the Coin-Op, 1971–1975," http://www.armchairarcade.com/aamain/content.php?article.101(accessed March 27, 2007).

[3] Ibid.

[4] Steven L. Kent, *The Ultimate History of Video Games: The Story Behind the Craze that Touched Our Lives and Changed the World* (New York: Three Rivers Press, 2001), 116.

第 8 章

[1] 更多关于早期家用主机的信息，参见大卫·温特的网站：http://www.pongstory.com/。

第 9 章

[1] Leonard Herman, *Phoenix: The Fall and Rise of Video Games* (Springfield, NJ: Rolenta Press, 2007), 4th ed.

[2] Ibid.

[3] Leonard Herman, "The Baer Essentials," *Electronic Gaming Monthly* (January 2000): 168–176.

第 11 章

[1] Leonard Herman, *Phoenix: The Fall and Rise of Video Games*.

[2] Telka S. Perry and Paul Wallich, "Design Case History: The Atari Video Computer System," *IEEE Spectrum* (March 1983).

第 12 章

[1] Kent, *The Ultimate History of Video Games*, 130.

［2］虽然有些资料显示《星际雄鹰》出现在 1977 年，但它的作者蒂姆·斯凯利（Tim Skelly）在叙述中把 1978 年作为《星际雄鹰》的创作年份。参见 http://www.dadgum.com/giantlist/archive/cinematronics.html（accessed April 10, 2007）。

［3］参见 GameArchive.com，http://www.gamearchive.com/Video_Games/Manufacturers/Atari/asteroids.html（accessed July 27, 2007）。

［4］参见 klov.com，http://www.klov.com/game_detail.php?letter＝A&game_id＝6939（accessed April 10, 2007）；关于卖了 7 万套游戏的图片，详见"Asteroids," GameArchive.com，http://www.gamearchive.com/Video_Games/Manufacturers/Atari/asteroids.html（accessed April 10, 2007）；关于《爆破彗星》，详见 http://markn.users.netlink.co.uk//Arcade/aster.html。

［5］一部分资料显示，《红男爵》的发售时间为 1980 年，但网站 GameArchive.com 的信息显示，该游戏的站立版和驾驶舱版的发售时间均为 1981 年（详见 http://www.gamearchive.com/Video_Games/Manufacturers/Atari/red_baron.html，accessed April 11, 2007）。网页同时提供了一份扫描版的《红男爵》操作指南，其版权所有日期也是 1981 年。

［6］Kent, *The Ultimate History of Video Games*, 164.

［7］尽管 1982 年通常被视作《黑寡妇》的发布年份，但在雅达利为矢量游戏做编程开发工作的欧文·鲁宾（Owen R. Rubin）在他的文章中将 1983 年作为发售年份。参见 "Memories of a Vector World," ACM SIGGraph's *Computer Gaming 32*, no. 2(May 1998), http://www.siggraph.org/publications/newsletter/v32n2/contributions/rubin.html（accessed April 11, 2007）。

第 13 章

［1］Chris Morris, "Game Over: Pac Man Turns 25: A Pizza Dinner Yields a Cultural Phenomenon — and Millions of Dollars in Quarters," CNNMoney.com, May 10, 2005. 也可参见莫里斯在 Twin Galaxies 平台上发布的一份报告，http://money.cnn.com/2005/05/10/commentary/game_over/column_gaming/index.htm（accessed January 24, 2007）。

［2］参见书中的一段采访，Susan Lammers, *Programmers at Work* (Redmond, WA: MicroSoft Press, 1986). 它随后被发布在互联网上，参见 http://www.geocities.com/SiliconValley/Heights/5874/iwatani.htm（accessed January 23, 2007）。

［3］详见 "The Virtual Pac-Man Museum," http://www.zutco.com/pacman.htm, for images of some of these products。

第 14 章

［1］*BYTE Magazine 3*, no. 7 (July 1978): 67.

［2］参见 http://www.economicexpert.com/a/TRS:80.htm (accessed August 25, 2007) 和 http://indopedia.org/TRS-80.html (accessed August 25, 2007)。

第15章

［1］关于《巨洞冒险》及其多个版本的历史，参见 http://www.rickadams.org/adventure/a_history.html (accessed on February 25, 2004)。

［2］关于游戏和它涉及的实际洞穴的关系，详见 "The Real 'Colossal Cave'," http://www.rickadams.org/adventure/b_cave.html。

［3］"A Short History of Interactive Fiction," http://www.inform-fiction.org/manual/html/s46.html。

［4］详见 Mark J. P. Wolf and Bernard Perron, ed., *The Video Game Theory Reader* (New York: Routledge, 2003)。该书由罗比内特撰写前言，深入讨论了将《冒险》改编为图形游戏时遇到的问题。

［5］参见 http://www.atariage.com/software_page.html?SoftwareLabelID=1。

［6］参见卢卡斯影业的游戏手册 *Maniac Mansion*, 1987。

［7］视频片段早在《龙穴》(1983) 和里克·戴尔的 Halcyon 家用电子游戏系统中得到了应用，但直至 CD-ROM 出现前，家用电脑都没有足够的内存来存储视频片段。

资料二

［1］参见 http://www.greatgamesexperiment.com/user/EA%20Games (accessed July 28, 2007)。

［2］参见 Gamespot.com, http://www.gamespot.com/news/index.html (accessed July 28, 2007)。

［3］参见 Gamasutra.com, http://www.gamasutra.com/php-bin/hews_index.phy?story=9051 (accessed July 28, 2007)。

［4］Robert Summa, "'No more online gaming for you!' says EA," joystiq.com, http://www.joystiq.com/2006/08/06/no-more-online-gaming-for-you-says-ea/。

第16章

［1］Kent, *The Ultimate History of Video Games*, 152。

［2］据说《吃豆人》和《防卫者》的盈利都超过10亿美元，详见 http://www.gamespot.com/gamespot/features/all/greatestgames/p-44.html (accessed July 21, 2006)。

［3］虽然《战争地带》有第一个基于三维多边形的场景，但 Vectorbeam 的《Speed Freak》拥

有第一个以三维多边形为基础的对象,是第一款具有真正三维演算功能的街机游戏。

[4] 尽管《暴风射击》的屏幕界面显示版权日期为 1980 年(罗马数字),但它的实际发行日期为 1981 年。还有很多其他类似的游戏是在编程完成后的某个时间才发售的,所以显示的日期并不总与发行日期一致。

[5] 数据参见伯恩思坦研究公司(Bernstein Research)的资料;Albert Mehrabian and Warren Wixen, "Lights Out at the Arcade," *Psychology Today* (December 1983):72; Charles P. Alexander, "Video Games Go Crunch!" *Time* (October 17, 1983):64。

[6] 以下网站含有超过 5 000 个街机游戏的 DIP 开关设置,http://www.solvalou.com/subpage/arcade_dips (accessed August 2, 2006)。

[7] 关于更多有关自毁电池的信息与科普信息,详见"The Dead Battery Society," http://www.arcadecollecting.com/dead/dead.html (accessed on August 2, 2006)。

[8] 本章讨论的大量街机游戏的数据,均来自 http://www.klov.com/, http://www.videotopia.com/, http://www.gamearchive.com/。

第 17 章

[1] Cathleen McGuigan and Peter McAlevey, "Mini-Movies Make the Scene," *Newsweek* (August 8, 1983):79.

[2] Dan Persons, "Laser's Last Stand: Where Have All the Lasers Gone? Can This Be the End of the Road for 'The Saviour of the Arcades'?" *Electronic Games* (July 1984):78.

[3] 参见 Saku Taipale, "MSX and Laserdiscs," *MSX Computer & Club Webmagazine*, no. 93 (June-DeceMBer 2000), http://www.mccw.hetlab.tk/93/msxlaserdisc/en.html (accessed April 16, 2007)。

[4] 详见 www.daphne-emu.com。

第 18 章

[1] 关于 1981 年 5 亿美元的数据可以在《每周新闻》和《时代》上找到。详见 Lynn Langway, et. al, "Invasion of the Video Creatures," *Newsweek* (November 16, 1981):90-94; John Skow, "Games that Play People," *Time* (January 18, 1982):50-58。

[2] "Video Games Are Suddenly a $2 Billion Industry," *Business Week* (May 24, 1982):78-83.

[3] John Skow, "Games that Play People," *Time* (January 18, 1982):58.

[4] "Video Games Are Suddenly a $2 Billion Industry," *Business Week* (May 24,

1982）：78.

［5］Jerry Eimbinder and Eric Eimbinder，"Electronic Games：Space-Age Leisure Activity," *Popular Electronics*，(October 1980)：55.

［6］Ibid.

［7］Peter Nulty，"Why the Craze Won't Quit," *Fortune* (November 15，1982)：114.

［8］*Game Informer 15*，no. 145(May 2005)：150.

［9］"Arcade Games Start to Flicker," *Business Week* (December 6，1982)：39.

［10］Albert Mehrabian and Warren Wixen，"Lights Out at the Arcade," *Psychology Today* (December 1983)：72；Charles P. Alexander，"Video Games Go Crunch!" *Time* (October 17，1983)：64.

［11］"The Trend is Back to Pinball Machines," *Business Week* (May 7，1984)：37.

第19章

［1］Kent，*The Ultimate History of Video Games*，279.

［2］Ibid.，298. 更多关于纽约NES发布会的细节，参见David Sheff，*Game Over：How Nintendo Conquered the World* (New York：Vintage Books，1994)。

［3］Ibid.，308.

［4］Ibid.，360.

［5］详见Steven A. Schwartz and Janet Schwartz，Parent's Guide to Video Games (Roseville：Prima Lifestyles，1994)。施瓦兹夫妇就他们的内容政策向NOA (Nintendo Of America)进行了询问，并在书中转载了他们收到的信件的内容，所引文字均来自美国任天堂公司的答复。

［6］关于修正游戏的例子和官方的《美国任天堂公司电子游戏内容指南》("Nintendo of America's Video Game Content Guidelines")，详见J. J. McCullough，*Nintendo's Era of Censorship*，http：//www. filibuster cartoons. com/Nintendo. php (accessed August 14，2007)。

［7］Douglas Crawford，"The Untold Story of Maniac Mansion," *Wired Magazine*，no. 1. 04 (September/October 1993)，http：//www. wired. com/wired/archive/1. 04/nintendo. html.

［8］这些估算是作者在回答关于NES游戏库确切范围的询问时亲口给出的。

［9］"International NES/Famicom Cartridge List," *The Nintendo Repository*，http：//www. gamersgraveyard. com/repository/nes/nesgames. html.

［10］图表参见http：//www. vgchartz. com/worldtotals. php? name＝&console＝NES&publisher＝&sort＝Total。

［11］关于NES硬件的更多信息，详见http：//nesdev. parodius. com/。

资料三

[1] Darrell Hartman, "Life is Like a Game of 'Donkey Kong'," *The New York Sun*, August 14, 2007, http://www.nysun.com/article/60465?page_no=3 (accessed August 14, 2007).

[2] Levi Buchanan, "It's All in the Game," *Chicago Tribune*, May 17, 2005; Greg Sewart, "Sega Saturn: The Pleasure and the Pain," 1up.com, http://www.1up.com/do/feature?cId=3142283&did=1 (accessed May 4, 2006).

[3] Steven L. Kent, "Nintendo Unveiling a New Portable," *USA Today*, May 11, 2004, http://www.usatoday.com/life/lifestyle/2004-05-11-nintendo-ds_x.htm (accessed May 4, 2006).

[4] "Nintendo Unveils Game Boy Micro," CIOL.com, http://www.ciol.com/content/news/2005/105051803.asp (accessed May 4, 2006).

[5] 参见 Nintendo's 2005 Annual Financial Report, http://www.nintendo.com/corp/report/NintendoAnnualReport2005.pdf (accessed May 4, 2006)。

第 20 章

[1] Leonard Herman, *Phoenix: The Fall and Rise of Video Games*.

[2] Ibid.

第 22 章

[1] 详见 André Gaudreault and Tom Gunning, "Le cinéma des premiers temps, un défi à l'histoire du cinema?" in Histoire du Cinéma, Nouvelles Approches, ed. J. Aumont, A. Gaudreault, and M. Marie (Paris: Publications de la Sorbonne, 1989), 49–63; Tom Gunning, "The Cinema of Attractions: Early Film, Its Spectator and the Avant-Garde," in Early Cinema, Space. Frame, Narrative, ed., Thomas Elsaesser (London: British Film Institute, 1990): 56–62.

[2] 参见 1983 年 9 月的文章 "Dragon's Lair: A Marriage of Science and Art"（包含在 2003 年的游戏《Don Bluth Presents Dragon's Lair 20th Anniversary Special Edition》中）。不过，这里的信息未指明来源。

[3] Marc Saltzman, "Dragon's Lair," *Supercade: A Visual History of the Videogame Age 1971–1984*, ed. Van Burnham (Cambridge, MA: MIT Press, 2003), 348. 作为第一款采用高清电视图像的游戏,《Dragon's Lair 3D: Return to the Lair》

（Dragonstone Software/Ubisoft, 2002）在游戏历史上也有一席之地。

［4］关于早期激光视盘游戏的信息，参见 http://www.dragons-lair-project.com/。这个网站保留了大量重要的参考信息。

［5］相关的信息参见 http://www.dragons-lair-project.com/games/materials/flyers/dl.asp（accessed August 14, 2007）。

［6］该游戏盒上显示的日期是 1992 年，但它被视作发行于 1993 年。同样的情况也适用于游戏《偷窥》的飞利浦 CD-I 版本（1993/1994）。

［7］Kent, *The Ultimate History of Video Games*, 456–57.

［8］Daniel Ichbiah, *La saga des jeux vidéo* (Paris: Éditions Générales First-Pocket, 1997), 208.

［9］Rusel Demaria, *The 7th Guest: The Official Guide* (Rocklin, CA: Prima Publishing, 1993), 344–45.

［10］Kent, *The Ultimate History of Video Games*, 273.

［11］Ibid., 470.

［12］Philip Elmer-Dewitt, "The Amazing Video Game Boom," *Time* (Attack of the Video Games) 142, no. 13 (September 27, 1993): 43.

［13］Rick Barba, *Under a Killing Moon. The Official Strategy Guide* (Rocklin, CA: Prima Publishing, 1995), 229.

［14］Rusel Demaria and Johnny L. Wilson, *High Score!: The Illustrated History of Electronic Game* (Berkeley, CA: McGraw Hill/Osborne Media, 2002), 142.

［15］Telka S. Perry, "Video Games: The Next Wave," *IEEE Spectrum* 20, no. 12 (December 1983): 52–59.

第 23 章

［1］David Kushner, "Care for a Latte with That, Mr. Nukem?" *New York Times*, September 23, 1999, vol. 149, no. 51654; Marcus Webb, "Arcade-Style Viddies Confront Challenging Future as Market Fragments and Shrinks," *Vending Times* 41, no. 11 (September 25, 2001-October 24, 2001).

［2］参见 KLOV.com, http://www.klov.com/game_detail.php?letter=A&game_id=7331。关于这篇文章提到的更多游戏的描述和日期，可参见 http://www.klov.com/。

［3］参见 *Airline Pilots*, http://www.klov.com/game_detail.php?letter=A&game_id=6835。

［4］参见 http://www.bemani.com/ and http://www.konami.com/ for more information。

［5］Tracy Smith, "Video Game That's Good for You," CBSnews.com, http://cbsnews.com/stories/2002/06/13/earlyshow/contributors/tracysmith/main512169.shtml (accessed October 6, 2003).

[6] Beth Snyder Bulik, "Arcade Craze Swings into the Living Room," *Advertising Age* 75, no. 26(June 28, 2004):3,52.

[7] 参见 *Cyber Sled* (in *The Killer List of Videogames*), http://www.klov.com/game_detail.php?letter=C&game_id=7466(accessed November 30, 2006)。

[8] 关于南梦宫为自己的中型游乐设施提供的 System 16 硬件的更多信息,参见 http://www.system16.com/hardware.php?id=833。

[9] Maureen Tkacik, "Back to Bingo: Arcade Firm Shrugs Off High-Tech Flash —GameWorks Thinks It Has a Winner with Classics Like Bowling and Skee-Ball," *The Wall Street Journal*, July 23, 2001.

[10] David P. Hamilton, "Entertainment: Pow Goes Posh as Arcades Zap Old Image," *The Wall Street Journal*, July 2, 1993.

[11] George Jones and Ken Brown, "Arcade 2.0: The Future of Public Gaming Doesn't Accept Coins," *Computer Gaming World*, no. 230 (September 2003):40 - 44.

[12] Rochelle Slovin, "Hot Circuits: Reflections on the 1989 Video Game Exhibition of the American Museum of the Moving Image," in ed. Mark J. P. Wolf, *The Medium of the Video Game* (Austin, TX: University of Texas Press, 2001), 137 - 54.

[13] Dan Hower, John Talarico, Tim Ferrante, *The Arcade Video Game Price Guide* (Cleveland, OH: GameRoom Magazine, 2001).

[14] 尽管据说《超级大金刚》中的声音比原版的音调更高,详见 http://www.klov.com/game_detail.php?letter=D&game_id=7618。

第 24 章

[1] 参见 Aging Hipsters, http://www.aginghipsters.com/blog/archives/000022.php, (accessed July 30, 2007)。

[2] 参见 The Gameroom, http://thegameroom1.blogspot.com/2007_03_27_archive.html, (accessed July 30, 2007)。

资料四

[1] 参见 GamePro.com, http://www.gamepro.com/gamepro/domestic/games/features/111822.shtml, (accessed July 30, 2007)。

第 25 章

[1] 参见 Answers.com, http://www.answers.com/topic/zzt (accessed August 14, 2007)。

〔2〕参见 http://www.sharewarejunkies.com/invjikn.htm (accessed October 13,2006)。

第26章

〔1〕参见 http://www.spiritus-temporis.com/sega-saturn/(accessed August 25,2007); http://info.sonicretro.org/Sega_Saturn (accessed August 25,2007)。

〔2〕Telis Demos, "Ballmer: Xbox Will Capitalize on PS3 Delay," CNNMoney.com, March 17,2006, http://money.cnn.com/2006/03/17/technology/ballmer_fortune/index.htm (accessed August 25,2007)。

第27章

〔1〕参见 "Plato," *The everyday blog of Richard Bartle*, http://www.youhaventlived.com/qblog/2006/QBlog010206A.html。

〔2〕Marty "Retro Rogue" Goldberg, "The History of Computer Gaming," ClassicGaming.com, 2001–2002, http://classicgaming.gamespy.com/View.php?view=Articles.Detail&id=330.

〔3〕Ibid.

〔4〕参见 Multi-User Dungeon, http://www.british-legends.com/。

〔5〕参见 http://www.avalon-rpg.com/(accessed August 14,2007)。

〔6〕Chip Morningstar, R.H. Farmer, "The Lessons of Lucasfilm's Habitat," in ed. Michael Benedikt, *Cyberspace: First Steps* (Cambridge, MA: MIT Press, 1991), 273–301.

〔7〕参见 Ultima Online Release (Part I), http://www.aschulze.net/ultima/stories9/release1.htm。

〔8〕"World of Warcraft Subscribers Surpasses 9 Million," Macworld.com, http://www.macworld.com/news/2007/07/24/wow/index.php (accessed July 31,2007).

〔9〕参见 MMORPG 游戏列表, http://www.mmorpg.com/gamelist.cfm?gameId=0&bhcp=1。

第28章

〔1〕*Business Week*, no.3661(December 27,1999):62.

〔2〕*Advertising Age* 71, no.7(February 14,2000):17.

〔3〕Kent, *The Ultimate History of Video Games*, 511.

〔4〕Ibid., 511.

［5］关于 PlayStation、PlayStation 2 和 PlayStation Portable 系统上最畅销作品的清单，参见 http://en. wikipedia. org/wiki/List_of_Sony_Greatest_Hits_games。文献指出，收录的标准起初是 15 万份，后来提高到 25 万份。

［6］要想了解纠正这些激光问题的详细方法，参见"Playstation CD Laser Repair," http://www. cyber-mag. com/station/laserPSX. htm (accessed March 30, 2007)。

第 29 章

［1］Miranda Sawyer, "Lara Hit in The Face," *The Croft Times* (June 5, 1997), http://www. cubeit. com/ctimes/news0007b. htm (accessed April 30, 2007).

［2］"Lara Hit in The Face: Interview with Toby Gard," *The Croft Times* (June 5, 1997), http://www. cubeit. com/ctimes/news0007a. htm (accessed April 26, 2007).

［3］"Lara's Creator Speaks," tiscali. games, http://www. tiscali. co. uk/games/features/tombraiderlegend/2.

第 32 章

［1］参见 http://www. gameskank. net/company-Eidos%20Interactive. html (accessed August 25, 2007)。

［2］参见欧洲游戏开发者联合会，http://egdf. eu/EGDF_Press_Release_061110. pdf (accessed August 1, 2007)。该机构参与了位于奥地利、比利时、德国、英国、法国、意大利、荷兰和北欧国家的约 500 项研究，总共雇用了超过 15.5 万人。

第 33 章

［1］本章的研究工作得到了中国香港特别行政区政府研究资助局的资金支持 (CUHK4680/05H)。另外，本章关于新加坡电子游戏产业的数据分析参考了 "Japanese Video Games in Singapore: History, Culture, and Industry," *Asian Journal of Social Sciences* 29:1(June 2001, Brill)，在此对文章作者表示感谢。

［2］Reiji Asakura, *Revolutionaries at Sony: The Making of the Sony PlayStation and the Visionaries Who Conquered the World of Video Games* (New York: McGraw-Hill, 2000); Chris Kohler, *Power-Up: How Japanese Video Games Gave the World an Extra Life* (Indianapolis: Brady Games, 2005).

［3］Michael Hayes and Stuart Disney, *Games War: Video Games, A Business Review* (London: Bowerdean, 1995); J. C. Herz, *Joystick Nation: How Videogames Ate Our Quarters, Won Our Hearts, and Rewired Our Minds* (Boston, MA: Little

Brown, 1997); Marsha Kinder, *Playing with Power in Movies, Television, and Video Games: From Muppet Babies to Teenage Mutant Ninja Turtles* (Berkeley and Los Angeles: University of California Press, 1991); David Sheff, *Game Over: How Nintendo Zapped an American Industry, Captured Your Dollars, and Enslaved Your Children* (New York: Random House, 1993).

[4] Benjamin Wai-ming Ng, "Street Fighter and The King of Fighters in Hong Kong: A Study of Cultural Consumption and Localization of Japanese Games in an Asian Context," *Game Studies* 6, no. 1 (December 2006), http://gamestudies.org/0601 (accessed August 14, 2007).

[5] Wui Seng Ng, *Japanese Video Games in Singapore: A Study of Hardware, Software and Players* (Honors Thesis, Department of Japanese Studies, National University of Singapore, 1998):26.

[6] Kinder, *Playing with Power in Movies, Television, and Video Games*, 89–93.

[7] Yat-fai Tsang, *A Study of the Game Console Market in Hong Kong* (MBA thesis, Chinese University of Hong Kong, 1991).

[8] Koichi Iwabuchi, "Return to Japan: Japan in Asian Audiovisual Markets," in Kosaku Yoshino, ed., *Consuming Ethnicity and Nationalism* (Honolulu: University of Hawai'i Press, 1998), 185–196; Roland Robertson, "Glocalization: Time, Space and Homogeneity-Heterogeneity," in Roland Robertson, Mile Featherstone, and Scott Lash, ed., *Global Modernities* (London: Thousand Oaks, 1995), 25–44.

[9] Benjamin Wai-ming Ng, "A Preliminary Investigation of the Jin Yong Fever in Japan," *Hong Kong Journal of Social Sciences*, no. 27 (Spring/Summer 2004): 131–46.

[10] Brian Underdahl, *PS2: Blow the Lid Off* (New York: McGraw-Hill, 2002).

[11] Anne Allison, *Millennial Monsters: Japanese Toys and the Global Imagination* (Berkeley and Los Angeles: University of California Press, 2006), chap. 6.

[12] *The Straits Times*, April 9, 1997, p. 8.

[13] Suet-Yin Cheng and Cui-Yuk Lo, *Consumer Behavior of Tamagotchi Keepers* (MBA Thesis, Chinese University of Hong Kong, 1998).

[14] *Lianhe Wanbao*, December 1, 1998, p. 11.

[15] Hodo Suzuki, *Kaizoku Sofuto No Hon* (Book of Pirated Software) (Tokyo, Japan: Sansai Books, 1997):43–50.

[16] Steven Poole, *Trigger Happy: Videogames and the Entertainment Revolution* (London: Little Brown, 2004).

[17] Ng, "Street Fighter and The King of Fighters in Hong Kong."

[18] John Fiske, *Understanding Popular Culture* (New York: Routledge, 1989), 32.

[19] Herz, *Joystick Nation*; Sheff, *Game Over*.

[20] Koichi Iwabuchi, "Return to Japan: Japan in Asian Audiovisual Markets," in Kosaku

Yoshino, ed., *Consuming Ethnicity and Nationalism* (Honolulu, University of Hawai'i Press, 1998),179 - 183.

第34章

[1] J. Hill, "Game Industry at the Crossroads," *The Age* (September 7,2006), http://www.theage.com.au/news/games/game-industry-at-the-crossroads/2006/09/06/1157222139337.html? page=fullpage.

[2] 参见透视经纪公司（Insight Economics）为澳大利亚游戏开发者协会编写的文章，Australian Electronic Game Industry Profile, 2006, page iii, http://www.gdaa.com.au/docs/Industry_Profile.pdf。

[3] J. Banks, "Gamers as Co-creators: Enlisting the Virtual Audience — A Report from the Netface," in ed. Virginia Nightengale and Karen Ross, *Critical Readings: Media and Audiences* (Maidenhead, England: Open University Press, 2003),268 - 78; S. Humphreys, B. Fitzgerald, J. Banks, and N. Suzor, "Fan-Based Production for Computer Games: User-Led Innovation, the 'Drift of Value' and Intellectual Property Rights," *Media International Australia* 114(2005):16 - 29.

[4] Hill, "Game Industry."

[5] 关于数据"85%"，参见"Insight Economics," *Australian Electronic Game Industry Profile*, p.4;关于数据"90%"，参见 Hill, "Game Industry"。

[6] Hill, "Game Industry."

[7] M. Swalwell, "The Meme Game: Escape from Woomera," *RealTime* 55 (2003), http://www.realtimearts.net/rt55/swallwell.html (accessed February 2,2007).

[8] S. Nicholls, "Ruddock Fury over Woomera Computer Game," *The Age* (April 30, 2003), http://www.theage.com.au/articles/2003/04/29/1051381948773.html.

[9] Swalwell, "The Meme Game."

[10] 参见 Fibreculture 论坛上的留言，Keith Gallasch, "Australia Council Restructures: New Media Arts Wasted," December 9, 2004, http://www.fibreculture.org/myspinach/fibreculture/2004-DeceMBer/004292.html;以及一篇未发表的会议论文，M. Swalwell, K. Neil, "'Unaustralia the Game' and the Possibility of Independent Satirical Videogames," the annual conference of the Cultural Studies Association of Australasia, December 2006。

[11] 参见电影和文学分类办公室（Office of Film and Literature Classification）网站，http://www.classification.gov.au/special.html。

[12] 关于电影和文学分类办公室的小册子，以及电影和电脑游戏分类指南，参见 http://www.comlaw.gov.au/comlaw/management.nsf/lookupindexpagesbyid/IP200508205? OpenDocument。

[13] 关于给电影和文学分类办公室的在线请愿书，参见 http://www.petitiononline.com/

oflcr18/petition.html。

[14] C. Fitzsimmons, "Push for 18 + Game Ratings Fails," *Australian IT*, November 12, 2002, http://web.archive.org/20021115103906/http://australianit.news.com.au/articles/0,7204,5466570%5e15319%5e%5enbv%5e15306,00.html (accessed January 20, 2007).

[15] 参见 B. Hutcheon, L. Hearn, and D. Braithwaite, "Australia First to Ban Graffiti Game," *The Age* (February 17, 2006), http://www.theage.com.au/news/breaking/
australia-first-to-ban-graffiti-game/2006/02/17/1140064210144.html (accessed January 20, 2007)。

[16] Ibid.

[17] Ibid.

[18] 参见审查委员会对《红犀牛：嘻哈狂潮》的审查决定，http://www.oflc.gov.au/resource.html?resource=794&filename=794.pdf, 6-9。

[19] Review Board Decision, sections 6.1.1, 6.1.2, 6.1.4, 6.1.5, and 6.1.7.

[20] Review Board Decision, sections 6.1.6, 6.1.9, 6.1.10, 6.1.11, and 6.1.12.

[21] Review Board Decision, section 7.13.2.

[22] Review Board Decision, sections 7.8, 7.9.1, and 7.9.2.

[23] Review Board Decision, sections 7.11.1 and 7.11.2.

[24] Review Board Decision, section 7.13.4.

[25] Review Board Decision, section 7.14.5.

第35章

[1] M. Cerny and M. John, "Game Development Myth vs. Method," *Game Developer* (June 2002).

[2] E. Bethke, *Game Development and Production* (Plano, TX: Wordware Publishing, 2003).

[3] 参见作者对怀特的采访。

[4] Bethke, *Game Development and Production*.

[5] 参见作者的采访，Feichin Ted Tschang, "When Does an Idea Become an Innovation? The Role of Individual and Group Creativity in Videogame Design" (Copenhagen: DRUID 2003 Summer Conference, June 12-14, 2003)。

[6] Bethke, *Game Development and Production*.

[7] Feichin Ted Tschang, "Videogames as Interactive Experiential Products and Their Manner of Development," *International Journal of Innovation Management* 9, no.1 (2005):103-31.

[8] Y. Baba and Feichin Ted Tschang, "Product Development in Japanese TV Game

Software: The Case of an Innovative Game," *International Journal of Innovation Management* 5, no. 4(2001):487 – 515.

[9] 参见作者对各位游戏设计师的采访。

第 36 章

[1] Steven Poole, *Trigger Happy: Videogames and the Entertainment Revolution* (New York: Arcade Publishing, 2000),125.

[2] Mark J. P. Wolf, "Inventing Space: Toward a Taxonomy of On- and Off-Screen Space in Video Games," *Film Quarterly* 51, no. 3(Fall 1997):12.

[3] Jay David Bolter and Richard Grusin, *Remediation: Understanding New Media* (Cambridge, MA: MIT Press, 2000).

[4] Philippe Quéau, *Éloge de la Simulation: De la vie des Langages à la Synthèse des Images* (Seyssel: Éditions du Champ Vallon, 1986),31.

[5] Jay David Bolter and Richard Grusin, *Remediation: Understanding New Media* (Cambridge, MA: MIT Press, 1999),121.

[6] Alison McMahan, "Immersion, Engagement, and Presence," in *The Video Game Theory Reader*, ed. Mark J. P. Wolf and Bernard Perron (New York: Routledge, 2003),67.

第 37 章

[1] Scott Cohen, *Zap! The Rise and Fall of Atari* (New York: McGraw-Hill, 1984), 28; Kent, *The Ultimate History of Video Games*, 41 – 42.

[2] *The Dot Eaters*,参见 Video Game History 网站。有关语音合成和激光视盘技术在街机游戏中的早期应用的更多信息,参见 http://www.thedoteaters.com。

[3] Karen Collins, "Flat Twos and the Musical Aesthetic of the Atari VCS," http://www.popularmusicology-online.com/issues/01/collins-01.html (accessed August 14,2007). 该网址可以帮助你了解更多关于雅达利 VCS 独特的声音系统,尤其是该系统对声音设计师的限制及其如何对他们的作曲风格产生影响。

[4] Richard Rouse III, *Game Design Theory and Practice, 2nd Ed.* (Plano, TX: Wordware Publishing, 2005),58.

[5] Ibid. 了解更多关于街机游戏音频与家用游戏的要求,参见 Chris Granner, "Tales from the Trenches of Coin-op Audio," Gamasutra.com, http://www.gamasutra.com/features/19991118/Granner_pfv.htm (originally published in the 1999 Game Developer's Conference proceedings)。

[6] Rob Bridgett, "Hollywood Sound: Part Three," Gamasutra.com, http://www.

gamasutra. com/features/20051012/bridgett_01. shtml.

[7] Karen Collins, "Loops and Bloops," soundscapes. info, http://www. icce. rug. nl/~soundscapes/VOLUME08/Loops_and_bloops. shtml.

[8] Dave Green, "Demo or Die!" *Wired*, no. 3. 07(July 1995), http://www. wired. com/wired/archive/3. 07/democoders. html; Flat four radio (United Kingdom), http://www. mcld. co. uk/flatfour/chiptunes/for the four-part podcast on chiptunes.

[9] Zach Whalen, "Play Along — An Approach to Videogame Music," GameStudies. org, http://www. gamestudies. org/0401/whalen/. 扎克在其中讨论了游戏音乐与动画电影原声带的关系(主要围绕《超级马里奥兄弟》),以及游戏音乐对游戏性的提升作用。

[10] 参见 1UP. com, http://www. 1up. com/do/feature? pager. offset=5&cId=3140040; Alexander Brandon's interview with Hip Tanaka, Gamasutra. com, http://www. gamasutra. com/features/20020925/brandon_01. htm。

[11] Christopher John Farley, "Innovators: Time 100: The Next Wave — Music," Time. com(2001), http://www. time. com/time/innovators_v2/music/profile_uematsu. html. 在这篇文章中,植松伸夫被评为该杂志的顶级创新者之一。

[12] 关于 MIDI 的起源,参见 Jeff Rona, *The MIDI Companion: The Ins, Outs, and Throughs* (Milwaukee, WI: Hal Leonard, 1994), 5-7。

[13] 参见 George Sanger, *The Fat Man on Game Audio: Tasty Morsels of Sonic Goodness* (Indianapolis: New Riders, 2003), 187-192. 该文作者高度认可了 Roland Sound Canvas 芯片。随后,市场广泛采用该芯片的声音采样为标准,实现了对 MIDI 音乐的进一步标准化。

[14] Aaron Marks, *The Complete Guide to Game Audio* (Lawrence, KS: CMP Books, 2001), 4.

[15] Ibid., 200-201.

[16] Chris McGowan and Jim McCullaugh, *Entertainment in the Cyber Zone* (New York: Random House Information Group, 1995), 25-29.

[17] 更多关于游戏声音内容的设计,参见 Marks, *The Complete Guide to Game Audio*; Sanger, *The Fat Man on Game Audio*; Alexander Brandon, *Audio for Games: Planning, Process, and Production* (Berkeley, CA: New Riders Games, 2004); Jeannie Novak, *Game Development Essentials: An Introduction* (Clifton Park, NY: Thomson Delmar Learning, 2004)。

[18] Alexander Brandon, "Adaptive Audio: A Report," in ed. Sanger, *The Fat Man on Game Audio*, 203.

[19] 参见 Michael Land 和 Peter McConnell's 在 1994 年申请的 iMuse 专利(U. S. Patent No. 5,315,057), http://pat2pdf. org/patents/pat5315057. pdf。第 21—22 页特别讨论了循环播放的游戏音乐的局限性和对动态游戏配乐系统的需求。详见 iMuse Islandat http://imuse. mixnmojo. com/。

[20] 关于第一人称射击游戏和类似的动作定向游戏中自适应音频的可能性，参见 Guy Whitmore, "Design with Music in Mind: A Guide to Adaptive Audio for GameDesigners," Gamasutra. com, http://www. gamasutra. com/resource_guide/20030528/whitmore_01. shtml。

[21] 以前日本独有的电子游戏音乐的管弦乐现场演出现在正受到美国观众的青睐。相关演出内容参见"Video Games Live"（http://www. videogameslive. com/index. php? s=home）和"PLAY!"（http://www. play-symphony. com/）。

[22] 参见 Billboard. com, http://www. billboard. com/bbcom/charts/chart_display. jsp? g=Singles&f=Hot+Ringtones; Elliot Smilowitz, "Ringtone Market Hits a High Note," UPI Perspectives, May 27, 2005 http://www. accessmylibrary. com/coms2/summary_0286-6807568_ITM。

[23] Olga Kharif, "From Beeps to Billboard," Business Week. com, May 19, 2005, http://www. businessweek. com/technology/content/may2005/tc20050519_8337_tc024. htm。

第 38 章

[1] Chris Crawford, *The Art of Computer Game Design* (Berkeley, CA: McGraw Hill/Osborne Media, 1984).

资料七

[1] "Video Game Set Sales Record in 2005: Game Boy, PSP Lift the Industry, Despite Languid Holiday Season," CNNMoney. com, January 14, 2006, http://money. cnn. com/2006/01/13/technology/personaltech/gamesales/index. htm (accessed January 26, 2007); James Brightman, "Breaking: U. S. Video Game Industry Totals $12. 5 Billion in 2006," GameDailyBiz, http://biz. gamedaily. com/industry/feature/? id=14940 (accessed January 26, 2007).

[2] Jeff Gerstmann, "The Greatest Games of All Time," GameSpot, http://www. gamespot. com/gamespot/features/all/greatestgames/p-44. html (accessed January 26, 2007).

[3] 参见 http://www. games4nintendo. com/ 和互联网上的其他资源。

[4] Trey Walker, "The Sims Overtakes Myst: Electronic Arts' Virtual-Life Game Has Surpassed the Popular Adventure Game Myst in Terms of Sales to Become the Best-Selling PC Game of All Time," GameSpot (March 22, 2002), http://www. gamespot. com/pc/adventure/myst/news. html? sid=2857556 (accessed January 26, 2007).

[5] Vladimir Cole, "World of Warcraft Breaks 8 Million Subscribers," joystiq. com (January 11, 2007), http://www. joystiq. com/2007/01/11/world-of-warcraft-breaks-8-million-subscribers/(accessedJanuary 26,2007).

第 39 章

[1] Kent, *The Ultimate History of Video Games*, 91.
[2] 参见 Craig A. Anderson and Catherine M. Ford, "Affect of the Game Player: Short-Term Effects of Highly and Mildly Aggressive Video Games," *Personality and Social Psychology Bulletin* 12, no. 4(1986):390 – 402; Diana Gagnon, "Videogames and Spatial Skills: An Exploratory Study," *Educational Communication and Technology* 33, no. 4(1985):263 – 75; Nicola S. Schutte, John M. Malouff, Joan C. Post-Gorden, and Annette L. Rodasta, "Effects of Playing Videogames on Children's Aggressive and Other Behaviors," *Journal of Applied Social Psychology* 18, no. 5 (1988):454 – 60。
[3] James W. Wheless, M. D., "Video Games and Epilepsy," epilepsy. com, http://www. epilepsy. com/info/family_kids_video. html (accessed March 9,2007). 电子游戏与癫痫之间的联系尚不清楚,还有待研究。
[4] Kent, *The Ultimate History of Video Games*, 462 – 80.
[5] David Charter, "Torturing This Child is a Game Too Far, Says Appalled EU Boss," Times Onlin (November 17, 2006), http://entertainment. timesonline. co. uk/tol/arts_and_entertainment/article639508. ece (accessed March 19,2007).
[6] Tim Ingham, "505 Games Pulls Rule of Rose Release," *MCV: The Market for Home Computing & Video Games* (November 24,2006), http://www. mcvuk. com/news/24913/505-Games-pulls-out-of-Rule-Of-Rose-release (accessed March 19,2007).
[7] Brandon Sheffield, "Thank Heaven for Little Girls: Why *Rule of Rose* May Be 2006's Most Controversial Game," Gamasutra. com, http://www. gamasutra. com/features/20060607/sheffield_01. shtml (accessed March 19,2007).

第 40 章

[1] Tim Moriarty, "Uncensored Videogames: Are Adults Ruining It for the Rest of Us?" *Videogaming and Computergaming Illustrated* (October 1983).
[2] 参见 "sympathy" "empathy" 的词条, *Webster's New Universal Unabridged Dictionary, Revised Edition* (New York: Dorset and Baber, 1983)。
[3] Craig A. Anderson and Karen Dill, "Video Games and Aggressive Thoughts, Feelings, and Behavior in the Laboratory and in Life," *Journal of Personality and*

Social Psychology 78, no 4(April 2000):772 – 90, http://www. apa. org/journals/features/psp784772. pdf.

[4] M. D. Griffiths and N. Hunt, "Dependence on Computer Games by Adolescents," *Psychological Reports* 82, (1998):475 – 80.

[5] Anderson and Dill, "Video Games and Aggressive Thoughts, Feelings, and Behavior in the Laboratory and in Life."

[6] "The Games Kids Play: Lt. Col. Grossman on Violent Video Games," ABCnews.com, March 22, 2001, http://abcnews. go. com/.

[7] 案例参见 Mary Fuller and Henry Jenkins, "Nintendo and New World Travel Writing: A Dialogue," in ed. Steven G. Jones, *Cybersociety: Computer-Mediated Communication and Community* (Thousand Oaks, CA: Sage Publications, 1995), 57 – 72。两位作者在文章中描述了帝国主义思想如何被植入强调殖民行为的游戏。

[8] 参见 Simon Carne 在 2001 年 3 月 25 日给作者发送的邮件。

[9] Ted C. Fishman, "The Play's the Thing," *The New York Times Magazine*, June 10, 2001.

[10] 参见"GAMM, Appraisal, and Aggressive Behavior," in Anderson and Dill, "Video Games and Aggressive Thoughts, Feelings, and Behavior in the Laboratory and in Life."

[11] Rebecca R. Tews, "Archetypes on Acid: Video Games and Culture," in ed. Mark J. P. Wolf, *The Medium of the Video Game* (Austin, TX: University of Texas Press, 2001).

[12] 参见 2001 年上线的网站 Majestic (http://www. majestic. ea. com),但现在已不可用。

[13] "Playing the New Game of Life?: In the Upcoming, Cutting-Edge Game Majestic It's a Man's, Man's World," ABCnews. com, March 7, 2001, http://abcnews. go. com/.

[14] Christine Gilbert, "Virtually Married," *Computer Games*, no. 125 (April 2001): 22 – 26.

[15] Tricia Gray, "The Year's Best," *Computer Games*, no. 125(April 2001):46.

[16] Tricia Gray, "Shades of Gray: Peter Molyneux's Epic Black & White Will Expose Your Morality for the World to," *Computer Games*, no. 125 (April 2001):68.

第 41 章

[1] Tor Thorsen, "Steven Spielberg, EA Ink Three-Game Next-Gen Deal," GameSpot (October 14, 2005), http://www. gamespot. com/news/6135746. html? q=spielberg (accessed July 22, 2006).

[2] Mark J. P. Wolf, *The Medium of the Video Game* (Austin, TX: University of Texas Press, 2001), 2.

[3] 在日本,自 20 世纪 80 年代以来,这一直是一个相当引人注目的现象。详见 Chris Kohler, *Power Up: How Japanese Video Games Gave the World an Extra Life* (Indianapolisa: Brady Games, 2005), 131-64。

[4] "Activision and Nielsen Entertainment Release Results of Pioneering Research on In-Game Advertising," gamesindustry. biz (May 12, 2005), http://www.gamesindustry. biz/content_page.php?aid=1340(accessed July 17, 2006).

[5] Wolf, *The Medium of the Video Game*, 2-5.

[6] Henry Jenkins, "Convergence? I Diverge," *Technology Review* (June 2001).

[7] Wolf, *The Medium of the Video Game*, 1-2. 在第 9 页的第一个脚注中,沃尔夫列出了 33 个基于电影改编的游戏卡带和 23 个基于电视节目改编的雅达利 2600 游戏卡带。

[8] 关于雅达利 2600 的改编作品,详见 Kent, *The Ultimate History of Video Games*, 237-39。另外,关于电脑合成动画对好莱坞的影响,详见 Philippe Lemieux, *L'image Numérique au Cinéma* (Montréal, Canada: Les 400 Coups, 2002), 26, 35; Philippe Lemieux, *Les Images Numériques au Sein du Cinéma Commercial Hollywoodien* (M. A. thesis, Université deMontréal, 1997)。该书的作者指出,1982—1989 年[1989 年的《深渊》(*Abyss*)在合成动画方面获得了成功],除了极少数的例子,好莱坞电影中几乎不存在电脑合成动画。

[9] Kent, *The Ultimate History of Video Games*, 422.

[10] 要了解 NES 和 Sega Genesis 平台上的从电影中获得灵感的游戏和其他游戏,请访问 MobyGames. com, http://www. mobygames. com/game-group/movie-inspired-games/offset, 0/so, 1a/(accessed August 5, 2006)。

[11] 所有数据均来自互联网电影数据库(http://www.imdb.com/)。

[12] 围绕这款游戏的暴力问题所产生的争议确实对其票房产生了有利影响。关于这个议题的更多内容,详见 Kent, *The Ultimate History of Video Games*, 461-80。

[13] Masuyama, "Pokémon as Japanese Culture?" in ed. Lucien King, *Game On: The History and Culture of Videogames* (London: Laurence King, 2002), 34-35.

[14] Kohler, *Power Up*, 6.

[15] 通常情况下,动漫首先是由漫画改编的,这就是为什么它们紧密相关。MobyGames. com 列出了约 1 000 个受动漫启发或改编自动漫的游戏。参见 http://www. mobygames. com/genre/sheet/anime-manga/(accessed August 17, 2006)。

[16] Kinder, *Playing with Power in Movies, Television, and Video Games*, 3-4.

[17] 关于《Starcade》的更多信息,请访问 http://starcade.tv/starcade/one.asp.

[18] Kent, *The Ultimate History of Video Games*, 152; Kohler, *Power Up*, 52.

[19] 详见注释 7。

[20] 详见本书第 39 章"作为争议对象的电子游戏"。

[21] Kohler, *Power Up*, 38-39.

[22] MobyGames 列出了 186 个直接从电视上的卡通节目获得创作灵感的游戏,包括美国

和欧洲的动画,以及亚洲的动漫。详见 http://www.mobygames.com/game-group/tvcartoon-inspired-games/offset,0/so,1a/(accessed August 5,2006)。

[23] Kinder, *Playing with Power in Movies, Television, and Video Games*.

[24] Janet Murray, *Hamlet on the Holodeck: The Future of Narrative in Cyberspace* (Cambridge, MA: MIT Press, 1998), 271.

[25] Henry Jenkins, "Transmedia Storytelling," *Technology Review* (January 2003):1.

[26] Henry Jenkins, "Welcome to Convergence Culture," *Receiver* (March 2005):2.

[27] Stephanie Kang, "A New Way to Use the Force," *The Wall Street Journal*, August 22,2006。据该文作者说,卢卡斯影业宣称自 1977 年以来,《星球大战》商品的销售额达到 120 亿美元,约为所有 6 部电影全球票房的 3 倍。

[28] Ernest Adams, *Break into the Game Industry: How to Get a Job Making Video Games* (New York: McGraw-Hill/Osborne Media, 2003).

第 42 章

[1] Tracy Smith, "Video Game That's Good for You," CBSnews.com, http://www.cbsnews.com/stories/2002/06/13/earlyshow/contributors/tracysmith/main512169.shtml (October 6,2003).

[2] "University of Texas at Austin: Simulated Workplace Builds Skills, Confidence," Campus Technology (August 12, 2002), in Syllabus, http://campustechnology.com/articles/39197/(July 16,2003).

[3] 参见 I. C. Squared 的网站, http://www.ic2.org/; and the Digital Media Collaboratory's website, http://dmc.ic2.org/。

[4] 参见 Wired.com, http://www.wired.com/wired/archive/9.10/mustread_pr.html。

[5] 参见 "Electronic Arts Sets Worldwide Record for Online Gaming; Ultima Online Beta Test Hosts Nearly 3,000 Gamers Simultaneously Playing in the Same Virtual World over the Internet," Business Wire, August 21, 1997, http://findarticles.com/p/articles/mi_m0EIN/is_1997_August_21/ai_19683542.

[6] Edward Castronova, "Virtual Worlds: A First-Hand Account of Market and Society on the Cyberian Frontier," CESifo Working Paper Series No. 618 (January 14, 2002):3.

[7] Jeff O'Brien, "Nintendo to Sell User-generated Video Games," CNNMoney.com, June 27, 2007, http://thebrowser.blogs.fortune.com/2007/06/27/nintendo-to-sell-user-generated-video-games/(accessed August 3,2007).

索　引

3-D computation　3D计算　51,84,172—173,390
3D Crazy Coaster　《3D Crazy Coaster》　86
3dfx(company)　3dfx(公司)　206
3-D graphics　3D图形　47,115,119,123,160,172—173,187,199,221,224—225,233,235,306
3D MineStorm　《3D MineStorm》　86
3D Narrow Escape　《3D Narrow Escape》　86
3DO　3DO　109,152,155,159,201—202,217,313,349
3D Realms(company)　3D Realms(公司)　196,238,240
3-D Tic-Tac-Toe　《3D井字棋》　333
The 7th Guest　《第七访客》　13,105,154,160,303,334,341
8-bit systems　8位处理器　148,200
8-track audio tapes　8音轨磁带(音频8轨盒)　47
10NES lockout chip　10NES锁定芯片(10NES芯片)　137—138
The 11th Hour　《惊魂11小时》　160,165
16-bit systems　16位处理器　148—149,200
20th Century Fox　二十世纪福克斯公司　364
21-bit system　21位的机器　148
32-bit systems　32位处理器　74,203
32X Genesis add-on　32X Genesis的附加组件　152
64-bit systems　64位处理器　224
65XE computer　65XE　73
130XE computer　130XE　73
1 000 Miles　1 000 Miles　325,335
1943: The Battle of Midway　《1943：中途岛海战》　118
2600jr　2600jr(雅达利2600jr)　74

索引

6502 processor　6502 处理器（6502 微处理器）　242
6507 processor　6507 处理器　77
$25,000 Pyramid　《$25 000 Pyramid》　335
A-10 Attack　《A-10 攻击机》　330,340
AAMA（American Amusement Machine Association）　AAMA（美国游戏机协会）　24
ABCnews.com　ABCnews.com　360,429
AB Cop　《AB Cop》　118
AberMUD　《AberMUD》　216
abstract games　抽象游戏　84—85,112,114,320—321,326,334,338,381
abstraction　抽象艺术　22
ACA（Australian Council of the Arts）　ACA（澳大利亚艺术委员会）　279,280
Access Software　Access Software　154,163,299,301
Acclaim　Acclaim 公司　136,162
Acornsoft（company）　Acornsoft 公司　235
active readers　主动型用户　276
Activision　动视公司（简称动视）　29,69—70,79—80,163
Adam　参见"Coleco Adam"　17,71,142—143,407
Adam Demo Cartridge　《Adam Demo Cartridge》　327
Adam（first man）　亚当（第一个人类）　143,231
Adams, Ernest　欧内斯特·亚当斯　397,402
adaptations　改编游戏　79,320—325,332,334—335,337—338,370
adaptive audio　自适应音频　314—316,426
Adbusters　广告克星　251
Adebibe, Karima　卡丽玛·阿德贝　229
Adeline Software　Adeline Software 公司　155
adjustable realism settings　可调整的现实主义设置　360
Adobe（company）　Adobe 公司　244,400
Adobe Flash　Adobe Flash　346
Advanced Dungeons & Dragons（AD&D）《专家级龙与地下城》　216
Adventure（Atari 2600）《魔幻历险》（雅达利 2600）　79,99—100,297—298,323,329,332,336,388
Adventure（text adventure）《巨洞冒险》（文字冒险）　40,95,99,233—234,238,414
adventure games　冒险游戏　30,40,52,87,98—103,105,107,122,153—155,163—164,230,254,260,299,305,320,322—323,332—334,339,355,359,377
advergames　广告游戏　380
advertisements　参见"in-game advertisements"
Aerobiz　《航空霸业》　331
Africa　非洲　390,392

After Burner 《冲破火网》 118
After Burner II 《冲破火网 2》 118
Aftermath Media (company) Aftermath Media 公司 160
After the War 《战后》 260
Agent Mulder 特工穆德 229
Age of Conan: Hyborian Adventures 《科南时代:希伯来人的冒险》 259
aggression 攻击(行为) 30,83,85—86,89,111,158,162,173,191,232,237—238,264,
　　294,326,329,336—337,340,344,351,354—355,357—358,377,382
Ahl, David H. 大卫·H. 阿尔 36,95,120
AIFF files AIFF 文件 312
AI Fleet Commander 《AI 舰队指挥官》 334
Airline Pilots 《航空驾驶员》 169
Air-Sea Battle 《空海作战》 49,339
AI Wars 《AI 战争》 334
Akallabeth 《阿卡拉贝》 235
Akira 《阿基拉》 369
Albegas 《阿尔贝加斯》 123
Alcorn, Al 阿尔·奥尔康 42,72,309
algorithm 算法 25,27—28,37,44,302,378,386,389
Alice (video game) 《爱丽丝梦游仙境》(电子游戏) 289
Alida 《吉他岛》 107
Alien Hominid 《外星原人》 244,247
Aliens (film) 《异形 2》 240
Allen, Paul 保罗·艾伦 94
Alley Rally 《Alley Rally》 44
Allied Leisure Allied Leisure 公司 41—42,44—45
Alone in the Dark 《鬼屋魔影》 256
Alpha Beam with Ernie 《Alpha Beam with Ernie》 325,328
Alpha Denshi 《Alpha Denshi》 83
alpha version of video games α 版 290
Alpine Racer 《高山滑雪》 170
Alpine Racer 2 《高山滑雪 2》 170
Alpine Surfer 《高山冲浪运动员》 170
Altair 8800 Altair 8800 93—94
Alternate Worlds Technology Alternate Worlds Technology 公司 173
Amazin Software (company) 美国艺电公司 108,201,254,257,313,316,360,363
American Civil War 美国内战 256
American Football 《美式橄榄球》 322,337

索　引

American Laser Games(company)　美国镭射游戏公司　124,155,159,172
American McGee(company)　American McGee(公司)　289
America's Army　《美国陆军》　348
Amidar　《占地金刚》　321,326
Amiga　Amiga　73－74,80,260,299－300,311
Amiga CD　Amiga CD　152－153,155,201
AMMI(American Museum of the Moving Image)　美国移动影像博物馆　176
Amstrad home computer　Amstrad 家用电脑　259
Amusement and Music Operators Association　娱乐和音乐运营商协会　121
amusement centers　娱乐中心　166,174－175,199,264
amyuuzumento sentaa(amusement centers)　参见"amusement centers"
Anarchy Online　《混乱 Online》　218,259
Andamiro(company)　Andamiro(公司)　171
Anderson, Craig A.　克雷格·安德森　354
Anderson, Paul W. S.　保罗·安德森　366－367
Andromeda(company)　Andromeda(公司)　146
Angler King　《Angler King》　170
AnimAction　《AnimAction》　86
The Animatrix　《黑客帝国》　75,259,372－373,377
anime　动画(日本动画、动漫)　39,50,89－90,102－103,105,107,121－123,130,151,153－155,158,160,168,172,193,216,222,235－236,238,247,275,289,291,300－303,308,322,366,368－370,372－374,387,390,426,430
Anim-X　Anim-X　360
Anno, Hideaki　庵野秀明　369
ANSI(American National Standards Institute)　美国国家标准协会　193
Anti-Aircraft II　《Anti-Aircraft II》　45
Anvil of Dawn　《黎明之砧》　336
AOL　美国在线服务公司　216
AOL Instant Messaging　美国在线服务公司的即时消息　360
Apogee Software(company)　Apogee Software(公司)　193－196,238
Apollo Moon Shot Rifle　《阿波罗射月步枪》　21
Apple Computers　苹果电脑(苹果、苹果公司)　72,94,96,250
Apple I computer　苹果一代　94
Apple II computer　苹果二代(Apple II)　94－95,101,120
Apple Macintosh　麦金塔电脑(Mac)　96,239
Aqua Jet　《水上摩托艇赛》　169
AquaZone　《水族箱》　323
Arakawa, Minoru　荒川实　134,146

arcade game cabinets　街机游戏柜　386，392
arcade games　街机游戏　3，6—7，9，11—17，21，25—27，29，30，35，40—42，44，47，49—50，52—53，56，65，69，72—73，75，77—79，82—87，90，96，99，110—111，113—122，125，128—130，140，146，148，158，160，165—168，171—174，176，179，186—187，189，199，234—235，237，242，253，263—264，275—276，296—298，300，304—306，309—311，313，320，322，324，341，343，352，356，364—366，370—371，376，378，386—389，392，394—397，415，425
arcade operators　街机运营商　41，50，83，116—117，130，148，387，388
Arcade Pinball　《街机弹珠台》　333
The Arcade Video Game Price Guide　《街机游戏价格指南》　176
"Arcade video games start to flicker"《街机电子游戏摇摇欲坠》　129
Archon　《执政官》　108
Arda　阿尔达　383
Argentina　阿根廷　57，62
Arkanoid　《快打砖块》　118，269，321
Arm Champ　《Arm Champ》　170
Arm Champ II　《Arm Champ II》　170
Armor Attack　《Armor Attack》　84，86
Arnold, Ken　肯·阿诺德　100
artificial intelligence　人工智能（AI）　13，37，107，225，238，241，290，378
artificial life genre　养成游戏　320，323
artistic expression　艺术表达　277，380—381
Art Master　《Art Master》　86
The Art of Computer Game Design　《电脑游戏设计艺术》　318
Aruze(company)　Aruze(公司)　183
Ascaron(company, origanlly founded as "Ascon")　Ascaron（公司，原以"Ascon"名建立）　258
Ascii (American Standard Code for Information Incharge)　Ascii(美国标准信息交换代码)
Ascii text graphics　Ascii 文本图像　194
Ascon　参见"Ascaron"
Asheron's Call　《阿斯龙的召唤》　199，353，356—357，382
Asia　亚洲　183，199，263—276，278，390，392，430
Assault　《昆虫大作战》
assembly language　汇编语言　203，310
Asteroid　《爆破慧星》　11，12，53，72—79，83，85，89，110，113，237，242，304，328，337，392
Asteroids（arcade version）《爆破彗星》（街机版）　11，72，79，110
Asteroids（Atari 800 version）《爆破彗星》（雅达利 800 版）　74
Asteroids（Atari 2600 version）《爆破彗星》（雅达利 2600 版）　72，78—79

索 引

Asteroids Deluxe 《爆破彗星 DX》 83
Astrocade Pinball 《Astrocade Pinball》 333
Astron Belt 《银河战记》 13,121,123,158,159
Astro Race 《Astro Race》 43
Asylum 《Asylum》 235
Asylum II 《Asylum 2》 235
Atari (company) 雅达利(公司) 42－46,49－50,53－54,60－61,64－65,68－81,83－87,136,145,257,305,345
Atari 400 computer 雅达利 400 17,70,73－74,96,188,196
Atari 800 computer 雅达利 800 17,73－74,96,235
Atari 2600 雅达利 2600 6,14,16－17,27,29,43,60,62,70,74－76,80－81,99－102,113,127,136,150,200,249,265,310－311,319,321,323,341,343,345,352,364,370,379,388,396,430
Atari 2600jr 雅达利 2600jr 81
Atari 5200 雅达利 5200 70,80,311,327,340,396
Atari 7800 雅达利 7800 74,76,81,144,327,396
Atari Baseball 《Atari Baseball》 52,322
Atari Flashback 雅达利 Flashback 76
Atari Flashback 2 雅达利 Flashback 2 76
Atari Games (company) 雅达利游戏(公司) 70,73,87,111,115,117,119,123,145－146
Atari Jaguar 雅达利 Jaguar 202,313,341
Atari Lynx 雅达利 Lynx 8,11,17,74,133,182,185,389
Atari Lynx II 雅达利 Lynx II 74,182
Atari's Coin-Op $50,000 World Championship 雅达利"Coin-Op $50000 World Championship" 128
Atari Soccer 《Atari Soccer》 52
Atari System 1 雅达利主机一代 117
Atari Tank (home system) Atari Tank 16
Atari VCS 参见"Atari 2600" 35,64,403,425
Atari Video Cube 《雅达利电子魔方》 334
Ataxx 《同化棋》 168,321,338
Atic Atac 《Atic Atac》 253
Atlantis 《亚特兰蒂斯》 337
Atlus (company) 阿特拉斯(公司) 172
ATMs 自动取款机 31
Atomic Castle 《原子城》 122
Atomic Energy Laboratory 原子能实验室 37
Atomic Point 《俄罗斯方块解谜》 168

Attack of the Zolgear《Attack of the Zolgear》169

Attract《Attract》58

attract mode 吸引模式 44,85,386

Auran（company）Auran（公司）278

Australia 澳大利亚 141,165,199,277—282,347—348,390

Australian Government Office of Film and Literature Classification 澳大利亚政府电影和文学分类办公室 277

Australian Human Rights Commissioner 澳大利亚人权协会 280

Austria 奥地利 141,262,421

Auto Racing《赛车》178,242

Auto-Slalom《Auto-Slalom》59

Auto Test《Auto Test》44

Avalon《Avalon》216

Avalon Hill Avalon Hill（兵棋游戏公司）75

Avalon, the Legend Lives 参见"Avalon"

Avary, Roger 罗杰·阿夫瑞 367

avatars 化身（角色）30,97,231,233,235,237,276,290,377,386

Avenger《Avenger》45,48

Avengers《复仇者》329

axonometric perspective 等角透视 298

AY-3-8500 chip AY-3-8500 芯片 60,127

Aztarac《Aztarac》86

Babbage's 巴贝奇 204

Baby Pac-Man《吃豆人宝宝》89,114

Babyz《Babyz》323

Backgammon《西洋双陆棋》324

Back to Skool《Back to Skool》253

Badlands《不毛之地》122—123,158

Baer, Ralph 拉尔夫·贝尔 6,16,19,39,55,57,61,63,179

Baker, Dan 丹·贝克 189—190

Baker Street Irregulars 贝克街巡警 163

Balance Try《Balance Try》171

Baldur's Gate: Dark Alliance《博德之门:黑暗联盟》256

ball-and-paddle games 球类运动游戏（球类游戏、击球游戏）16

Balloon Gun《Balloon Gun》45,169

Bally Arcade Bally Arcade 公司 69

Bally Corporation Bally 公司 20—21,42,69,126,158

Bally/Midway Bally/Midway 公司 50—51,118,121

索 引

Bandai 万代公司 8,135,183,269—273
bank-switching 存储库开关 79,386
Barrel PONG 《Barrel PONG》 42
Barricade 《Barricade》 47
Barricade II 《Barricade II》 49
Barron, Steve 斯蒂夫·巴伦 371
Bartel, Paul 保罗·巴特尔 46,343
Bartkowiak, Andrzej 安德泽·巴特科维卡 367
Bartle, Richard 理查德·巴特尔 215
basementarcade.com basementarcade.com 176
Bashful (nicknamed "Inky") Bashful (绰号"Inky") 89
Basic (computer language) Basic 语言 39
Basic Computer Games 《基本计算机游戏》 95
Basic Math 《基础数学》 328
Basic Programming 《基本编程》 6,340
Basketball (arcade game)《Basketball》(街机游戏) 43,51
Basketball (Atari 2600 version)《篮球》(雅达利2600版) 321
Batman (character) 蝙蝠侠 368
Battle Arena Toshinden 《斗神传》 306
Battlefield 1942 《战地1942》 240,259
Battle Ping Pong 《乒乓之战》 338
Battleship 《海战棋》 324
Battle Star 《Battle Star》 85
Battletech 《暴战机甲兵》 173
Battlezone (arcade game)《战争地带》(街机游戏) 11,72,84,111—113,172,234,304,327,379,392,414
Battlezone (Atari 2600 version)《战争地带》(雅达利2600版) 113
Bazooka 《Bazooka》 48
Beam Software Beam Software 公司 163,277—278
Beans on Toast 芸豆吐司 228
Beast 《野兽》 189—190,193—194
The Beast Within: A Gabriel Knight Mystery 《心魔:加百利骑士之谜》 165
Beatmania 《狂热节拍》 170,335—336
Bedlam 《Bedlam》 86
Bedquilt Cave Bedquilt 洞穴 99
Bega's Battle 《贝加之战》 121
Beginning Algebra 《Beginning Algebra》 340
Beginning Math 《Beginning Math》 340

Belgium 比利时 141,256,262,421
Bell Labs 贝尔实验室 37,39
Belson, Jordan 乔丹·贝尔森 22
Benami Games (division of Konami) Benami Games(科乐美旗下的部门) 170
Bendix Bendix 38
Benison, Ron 贝尼森 175
Berzerk 《迷宫射击》 78,86,112,114,237,309,331,337
Betamax Betamax 226
beta version of video games β版 290
Bethesda Softworks (company) Bethesda Softworks(公司) 347
Boyond Good and Evil 《超越善恶》 256
bezel 镶嵌板 386
Big Bird's Egg Catch 《Big Bird's Egg Catch》 325
Bigfoot Bonkers 《Bigfoot Bonkers》 47
BigWorld Technology (company) BigWorld 技术公司 278
Billboard 公告榜 90
Billboard's "Top 10 Ringtones" 公告牌榜"十大最受欢迎铃声" 316
Bingo Novelty Company Bingo Novelty 公司 20
Bionic Commando 《希魔复活》 138
Bios (Basic Input/Output System) BIOS(基本的输入/输出系统) 249
bit (defined) 位(定义) 187,202
bitmaps 位图 12,82,297,299,300,304,386,392
Black & White 《黑与白》 254,361,379
Black Dahlia 《黑色大丽花》 163
Blackjack 《21点》 325,330
Blackjack (computer game)《21点》(电脑游戏) 37
Black Widow 《黑寡妇》 86,413
Blade Runner 《银翼杀手》 319
Blair, Christopher 克里斯托弗·布莱尔 164
Blasto 《Blasto》 51
Bletchley Park 布莱切利公园 38
Blinky 参见"Shadow" 89
Blinx series 《Blinx》系列 30
Blitz! 《Blitz!》 86
Blitz Games (company) Blitz Games(公司) 281
Blizzard Entertainment 暴雪娱乐 254,257
Blockade 《Blockade》 47
Block Buster 《Block Buster》 46

索 引

Block Out 《立体空间方块》 321,334
BloodRayne 《吸血莱恩》 367
Blood, the Last Vampire 《血战:最后的吸血鬼》 372
Bloxeed 《俄罗斯方块擂台》 168
Blue Byte Studio（company） Blue Byte Studio（公司） 258
Blue Shark 《Blue Shark》 51
Blu-ray discs 蓝光光盘 156
Bluth，Don 唐·布鲁斯 121—122,158
BMB Compuscience（company） BMB（公司） 191
BMG Records BMG 唱片公司 227
board games 桌游（棋盘游戏、桌面游戏） 4,7,52,75,127,258,288,335,395
"body genres" of cinema "身体类型"的电影 233
Body Slam 《女子摔跤大赛》 329
Boeing 777 aircraft 波音 777 飞机 169
Boll，Uwe 乌维·鲍尔 367—368
Bolter，Jay 杰·博尔特 301
Bomb Bee 《Bomb Bee》 52
Bomber 《Bomber》 49
Bombs Away 《Bombs Away》 46
Bonk's Adventure 《邦克的冒险》 174
Bonnell，Bruno 布鲁诺·邦内尔 255—256
Boot Camp 《Boot Camp》 332
Boot Hill 《Boot Hill》 48
Borench 《立体球道》 168
Bourgeon，François 弗朗索瓦·波容 256
Bowling 《保龄球》 337
Boxing 《拳击》 269,329,337
Boxing Bugs 《Boxing Bugs》 85
Bradbury，Ray 雷·布雷德伯里 236
Bradley Trainer Bradley Trainer 84,112
Brainstorm（film）《头脑风暴》（电影） 236
Bram Stoker's Dracula 《吸血惊情四百年》 155
Brandon，Alexander 亚历山大·布兰登 315
Braun，Ludwig 路德维希·布劳恩 40
Braze Technology（company） Braze Technologies（公司） 177
Brazil 巴西 141
Breakout 《打砖块》 46,49—52,78,321,384
Breakout（Atari 2600 version）《打砖块》（雅达利 2600 版）

Breakout clones 《打砖块》的变体 49,52,59

British Board of Film Classification 英国电影分级委员会 162,260

Brøderbund Software(company) Brøderbund Software(公司) 300

Bromley, Marty 马蒂·布罗姆利 186

Brookhaven National Lab 布鲁克海文国家实验室 38

Brooklyn Polytechnic Institute 布鲁克林理工学院 40

Brotherhood of the Wolf/Le pacte des loups 《狼族盟约》 367

Brothers in Arms 《战火兄弟连》 257

Brown, Alan 艾伦·布朗 189

Brown, Bob 鲍勃·布朗 65

Brown Box 棕色盒子 61,63—64,68

Brussee, Arjan 阿尔然·布鲁斯 194—195

Bubble Bobble 《泡泡龙》 118

Budokan: The Martial Spirit 《武道馆：大和魂》 108

Bug-Byte Software Bug-Byte Software 253

bugs(in programming) bug 207,290—291

Bulletin Board Systems (BBSs) 电子公告板系统(BBS) 133

Bullet Mark 《Bullet Mark》 45

Bullfrog Productions 牛蛙制作 254

Bully 《恶霸鲁尼》 348

bump mapping 凹凸纹理 307

Bungie Studios (company) Bungie Studios(公司) 368

Bunker-Ramo Corporation Bunker-Ramo 公司 39

BurgerTime 《汉堡时间》 114

Burnham, Van 范·伯纳姆 398

Burning Rush 《Burning Rush》 124

Burns, Raigan 雷甘·伯恩斯 247

Bushnell, Nolan 诺兰·布什内尔 14,20,35,41,65,72,175

Business Week 《商业周刊》 126,128

Business Week Online 《商业周刊在线》 316

Bust-a-Groove 《Bust-a-Groove》 336

byte (defined) 字节(定义) 17,27,74,77—78,93,99,105,146,386,388—390,392

C5 (battery-powered vehicle) C5(电动汽车) 253,387

cabaret cabinets "卡巴莱"橱柜 15

Caesar II 《恺撒2》 331

Cage, David 大卫·凯奇 257

Cage, John 约翰·凯奇 22

Cameron, James 詹姆斯·卡梅隆 240

Canada 加拿大 141,191,226,257,369
Canal+ Canal+ 257
Canis Canem Edit 《狗咬狗》 348
Canyon Bomber 《Canyon Bomber》 49
Capcom 卡普空 115,117－118,138,153,167,174,224,264,308,344,365,392
Capcom Classics Collection 《卡普空经典游戏合集》 243
Capitol Projector Corporation Capitol Projector 公司 44
Capture the Flag 夺旗 232,239
capturing games 捕捉游戏 320,324－326,329
Car Race 《Car Race》 59
card games 纸牌游戏（卡牌游戏） 4,47,116,140,183,325,377
Career Connect Career Connect 380
Carmack, John 约翰·卡马克 236
Carne, Simon 西蒙·卡恩 357
Carnegie Institute of Technology 卡内基理工学院 37－38
Carnegie-Mellon University 卡内基梅隆大学 37
Carnival 《嘉年华》 339
Carnival Rifle 《Carnival Rifle》 41
Carradine, David 大卫·卡拉丁 343
Cartoon Gun 《Cartoon Gun》 50
Casino 《Casino》 322,325,330
Casino Strip 《Casino Strip》 123
Casio (company) 卡西欧公司 269
Castle Master 《Castle Master》 305
Castlevania series 《恶魔城》系列 224
Castle Wolfenstein 《德军总部》 237
Catacombs 3D 《Catacombs 3D》 237
Catalina Games (company) Catalina Games 公司 173
catching games 接球游戏 320,324－326,328,337,339
cathode ray tube 阴极射线管 6,10,20,387
Catz 《Catz》 323
Caveman Caveman 112
CBS Electronics CBS Electronics 364
CBS Inc. 哥伦比亚广播公司 126,364
CBS Records 哥伦比亚唱片公司 227
CCP (company) CCP(公司) 259
CD-DA CD-DA 225
CD+G format "CD+G"光盘 148

CD-i CD-I（交互式光盘、交互式光盘系统） 201,418
CD-ROMs CD-ROMs 224,401
cell phones 手机 17,31,89—90,185,207,243,272,316,377
censorship 审查 136,137,141,261,274—276,281—282,344,346,350,424
Centipede（arcade version）《大蜈蚣》（街机版） 72,75,113,337
Centipede（Atari 2600 version）《大蜈蚣》（雅达利 2600 版） 113
Centuri（company）Centuri 公司 86,158
Century Electronics Century Electronics 公司 112
Cerny, Mark 马克·塞尔尼 288
CERO(Computer Entertainment Rating Organization) 计算机娱乐分级机构 350
CGDA(Computer Game Developers Association) 计算机游戏开发者协会 4
CGE (Compagnie Générale des Eaux) Compagnie Générale des Eaux 公司 257
CGI 参见"computer-generated imagery" 151,155,302—303,306,365,387
Channel F 参见"Fairchild/Zircon Channel F" 16,67—68,78,127
Chapman, Bob 鲍勃·查普曼 36
Charter, David 大卫·查特 348
Chase Game 《Chase Game》 57
chase games 追逐游戏 61,320,324,326,332
Checkers(board games) 跳棋 324,338
Checkers（video game）《国际象棋》 338,321
Checkmate 《Checkmate》 49
Chess (computer game) 国际象棋（电脑游戏） 37—38,271,324
Chess (board game) 国际象棋（桌面游戏） 338
Chess（video game）《国际象棋》（电子游戏） 338
Chicago Coin Machine Manufacturing Company 芝加哥 Coin Machine 公司（Chicago Coin） 21,41—45
China 中国内地 270,273
China Town 《血战唐人街》 168
chip (defined) 芯片（定义） 20,56—62,66—67,77,79,93—94,96,127,135,137—139,144—145,182,203—204,221,225,242,267,310—311,390—391,395,426
Chip'n Dale Rescue Rangers 《松鼠大作战》 138
chiptune 芯片音乐 311
Cho, Kenta 长健太 247
Choplifter（arcade version）《直升机大战》（街机版） 298
Chopper Command 《Chopper Command》 319
Christianity 基督教 136
Christmas Comes to Pac-Land 《Christmas Comes to Pac-Land》 90
The Chronicles of Riddick: Escape from Butcher Bay 《超世纪战警:逃离屠夫湾》 308

索 引

Chrono Cross 《穿越时空》 223
Chrono Trigger 《时空之轮》 223,314
ChuChu Rocket 《啾啾火箭》 206
Chuck Yeager Advanced Flight Trainer 《Chuck Yeager Advanced Flight Trainer》 305
cinema of attractions 吸引力电影 157,165
cinematics 过场动画 103,124,153,160,225
Cinématique (game engine) Cinématique(游戏引擎) 302
Cinematronics (company) Cinematronics 公司 48,50,53,82—87,115,130
Cinemaware Cinemaware 公司 155
circularity 参见"recursion"
Circus 《Circus》 49
Circus Atari 《特技马戏团》 325
Cisco 400 《Cisco 400》 49
City of Heroes 《英雄城市》 218
Civilization 《文明》 344
ClacQ 《ClacQ》 250
Clancy, Tom 汤姆·克兰西 256
Clark, David 大卫·克拉克 190—191
Clark, Ron 罗恩·克拉克 281
Classic Gaming Expo 经典游戏博览会 81
Clay Buster 《Clay Buster》 46
Cliff Hanger 《巅峰战士》 121,158
Clown Downtown 《Clown Downtown》 332
Club Drive 《Club Drive》 74
Clue (board game) 《妙探寻凶》(桌游) 160,324
Clue (video game) 《妙探寻凶》(电子游戏)
Clue VCR Mystery Game 《线索录像机之神秘游戏》 7
Clyde 参见"Pokey"
CMOS chips 互补金属氧化物半导体(CMOS)芯片 56
Cobra Command 《眼镜蛇密令》 122
cockpit games 驾驶模拟类游戏(驾驶类座舱游戏) 118,305
cocktail cabinet 酒桌式街机 387
Codebreaker 《Codebreaker》 78
Code Monkeys 《Code Monkeys》 155
Cohen, Kalman J. 卡尔曼·J. 科恩 38
Cohen, Scott 斯科特·科恩 398,425
Coleco (company) Coleco 公司 17,54,65—66,68—71,73,80,142—143,179
Coleco Adam (home computer) Coleco Adam (家用电脑) 142,327

Coleco Telstar　Coleco Telstar　68

Coleco Telstar Arcade　Coleco Telstar Arcade　69

Coleco Telstar Combat　Coleco Telstar Combat　69

Colecovision　Colecovision　70—71,80,143,310,370

collecting games（genre）"收集类"游戏(收集游戏)　319

Collegiate Licensing Company　Collegiate Licensing 公司　109

color graphics adaptor（CGA）彩色图形适配器(CGA)　101

Colossal Cave Adventure　《巨洞冒险》　40,99

Colossal Pictures　Colossal Pictures　163

Colossus　Colossus　38

Columbia Pictures　哥伦比亚电影公司　200,227,366

Columbine High School shooting　"4·20美国科伦拜中学校园枪击案"　358

Columns　《宝石方块》　168

Columns II: The Voyage Through Time　《宝石方块2：世界版》　168

Comanche 3《科曼奇3》　340

Combat　《Combat》　43,49,78,319,326,327

combat games　对战游戏　319—320,326,328—330,332,336—339

comic books　漫画(美式)　90,228,241,247,256,264,273—275,321—322,343,368—369,371—373,430

Command & Conquer series　《命令与征服》系列　153

Commander Keen　《Commander Keen》　194

Commando Raid　《Commando Raid》　337

Commandos　《盟军敢死队》　255,259,261

Commandos: Behind Enemy Lines　《盟军敢死队：深入敌后》　261

Commando series　《盟军敢死队》系列　255,259

Commodore CDTV　康懋达CDTV系统　152,201

Commodore Computers (company)　康懋达　73,95,145,152,201—202,310—311

Commodore International　康懋达国际　202

Commodore PET　康懋达PET　94

Commodore VIC-20　康懋达VIC-20　96

communication, video games as　作为传播的电子游戏　381

Comotion　《Comotion》　49

compact discs (audio)　光碟压缩技术　312

The Complete Strategyst　《全能战略家》　37

computer-assisted instruction (CAI)　计算机辅助教学　39

Computer Games and Digital Cultures(conference)　计算机游戏和数字文化(会议)　262

Computer Games and Digital Textualities (conference)　计算机游戏和数字文本(会议)　262

索引

Computer Games magazine 《电脑游戏》杂志 361
computer-generated imagery 计算机成像(CGI) 11,151,158,302
Computer Othello 《电脑奥赛罗》 52
Computer Programmer 《Computer Programmer》 340
Computer Quiz 《Computer Quiz》 41
Computer—R-3 《Computer—R-3》 52
Computers and Automation 《计算机与自动化》 20
Computer Space 《电脑太空战》 14,20,35,41—42,54,72,176,296,322
Condor 《秃鹫》 112
The Condor Hero 《神雕侠侣》(游戏) 267,273
Conquest of the World 《征服世界》 7,324
Consumer Electronics Show (CES) 消费电子展 134,142—144,149,203—204,220
Contra 《魂斗罗》 138,265
controversy 争论(对游戏的争议) 24,46,63,93,232,261,280—281,357
conversion 转换 8,10,99,147,150,206,387
Convert-a-Game Convert-a-Game 113
Conway, John 约翰·康威 39
Cookie and Bibi 2 《曲吉鼠解谜2》 168
Cool Pool 《桌球》 173
COPS (arcade game) 《COPS》(街机游戏) 123
Cops'N Robbers 《Cops'N Robbers》 46
Core Design (company) Core Design(公司) 228,255
core mechanics of gameplay 游戏玩法中的核心机制 287
CoreWar 《核心战争》 334
Corpse Killer 《僵尸杀手》 161
Cosmic Chasm 《Cosmic Chasm》 86
Cosmic Osmo 《Cosmic Osmo》 106
Cosmos Circuit 《Cosmos Circuit》 122—123
cosplay ("costume-play") Cosplay(服装扮演) 273
Counter-Strike 《反恐精英》 175
CP System 1 CP System 1 117
Crash Bandicoot 《古惑狼》 223,257
Crash Course 《Crash Course》 49
Crashing Race 《Crashing Race》 47
Crash'N Score 《Crash'N Score》 45
Crawford, Chris 克里斯·克劳福德 318
Crazy Climber 《疯狂攀登者》 333
Crazy Foot 《Crazy Foot》 42

Creative Computing magazine 《创意计算》杂志 120
Creative Labs（company）创意科技公司 152
Creatures 《Creatures》 323
Crime Patrol 《罪恶刑警》 124,155,159
Crime Patrol 2: Drug Wars 《罪恶刑警2：毒品大战》 124
CRobots 《C语言机器人》 334
Crockford, Douglas 道格拉斯·克罗克福德 136
Croft, Lara 参见"Lara Croft"
Croisière pour un cadavre 《游轮凶案》 299,302
Cross Fire 《Cross Fire》 48
Croteam Croteam（工作室） 240
Crowther, William 威廉·克劳瑟 40,99,233
CRT 参见"cathode ray tube" 6—8,10—12,19—20,39,391
Cryo Interactive Cryo Interactive 155
Crystal Castles 《水晶城堡》 115
Crytek（company）Crytek 258
Csaba Rozsa 克萨巴·罗萨 246
Cube Quest 《Cube Quest》 122
cultural "odorless" theory 文化"无味"理论 276
culture jamming "文化干扰" 251
Curse of the Mummy 《木乃伊的诅咒》 254
Custer's Revenge 《卡斯特的复仇》 136,343,345,352
"cute" games "可爱"的游戏（游戏类型） 89
Cutie Q 《Cutie Q》 52
cut-scene 过场动画（过场画面） 387
CVC Gameline CVC Gameline 80
Cyan（company, also known as "Cyan Worlds"）Cyan(Worlds)公司 151,153
cybercafés 网吧 166,199,261
cyberdrama 网络戏剧 372
Cyberglobe Cyberglobe 175
Cyberglobe 2 Cyberglobe 2 175
Cyberia 《赛博利亚》 155
Cybernaut 参见"Albegas"
Cyber Sled 《究极坦克》 172—173
cyberspace 赛博空间 236
Cyberstation Amusement Zones Cyberstation Amusement Zones 174
Cyert, Richard M 理查德·M.西尔特 38
Dabney, Ted 泰德·达布尼 42

索　引

Dactyl Nightmare 《Dactyl Nightmare》 15—16,171,173,327
Daggerfall series 《上古卷轴2：匕首雨》 323
Dambusters 《Dambusters》 116
The Dame Was Loaded 《武装贵妇人》 163
dance　舞蹈　170—171,265,313,318,321,335—336
Dance Dance Revolution（DDR）《劲舞革命》 171,210,265,313,336,376
Dance Maniax series 《Dance Maniax》系列 171
Daphne（emulator）Daphne模拟器 125
Darius 《Darius》 118
Dark Age of Camelot 《亚瑟王宫的阴影》 218
Dark Chambers 《黑暗密室》 100
Dark Edge 《黑暗边缘》 173
Dark Invader 《Dark Invader》 51
Dark Side of the Moon 《月之暗面》 164
Darktide server "暗潮"服务器 357—358
Dark Water 《鬼水怪谈》 367
Dartmouth College　达特茅斯学院　39
Data Age（company）Data Age（公司） 70
Data East　Data East　113,117—118,387
Datsun 280 Zzzap 《Datsun 280 Zzzap》 47
Davis Cup 《Davis Cup》 42
Daytona series 《梦游美国》系列 265
Daytona USA 《梦游美国》 169,335
Daytona USA 2: Power Edition 《梦游美国2：超级版》 169
DC Comics　DC漫画　368
Dead Eye 《Dead Eye》 51
Deadline Games　Deadline Games　259
Dead or Alive ++ 《死或生加强版》 116
Dealer Demo 《Dealer Demo》 327
deathmatches　"死亡竞赛"　238
Deathmaze 5000 《Deathmaze 5000》 235
Death Race 《死亡飞车》 46,343—345,352,358,370
Death Race 2000 《死亡飞车2000》 46,343
Death Star　死星　50,83—85,87
de Bont, Jan　扬・德・邦特　366
DEC（company）DEC（公司） 93
DEC（Digital Equipment Corporation）数字设备公司 38—40
Decisive Battles of WWII series 《Decisive Battles of WWII》系列 278

DECO Cassette System DECO 卡带系统   47,113,117,387
Decuir, Joe 乔·德奎尔 77
dedicated system 专用系统 17—18,68
Deep Thought "深思" 37—38
Defender (arcade game)《防卫者》(街机游戏) 11,26,78,111,113,119,126,128,237,
    298,314,319,341,414
Defender II《防卫者II》 113
Déjà Vu 1: A Nightmare Comes True 《时空线索I:噩梦成真》 102
Dejouany, Guy 盖伊·德乔尼 257
delinquency 犯罪行为 281—282,345,354
Dell (company) 戴尔(公司) 91,97,122,152
Delphine Software (company) Delphine Software 公司 299
Deluxe Baseball《Deluxe Baseball》 47
DeMaria, Rusel 鲁瑟尔·迪马利亚 398
demo genre 演示样本 320,327,340
Demonstration Cartridge《说明卡带》 327
Demon's World《步步惊魂》 116
demoscene 演景 311
Denki Onyko (company) Denki Onyko 公司 53
Denman, William F., Jr. 小威廉·邓曼 235
Denmark 丹麦 141,255,259,262
Densha De Go! 2《电车 Go! 2》 169
Descent《突袭》 195
Desert Gun《Desert Gun》 48
Desert Patrol《Desert Patrol》 48
designers 设计师 5,24—25,88—89,97,108—109,113,116,149,158,160,163—165,
    228,234,237,239,245,247,257,279,289—292,302—303,305—307,310,312,321,
    361—362,368,370,374,384—385,425
design of video games 游戏设计(策划) 27,50,89,113,119,125,147,152,160,166,187,
    235,249,258,277,287,290—293,295,310,314,323,374,381,384
de Souza, Steven 斯蒂芬·德·索萨 366
Destination Earth《Destination Earth》 53
Destruction Derby《Destruction Derby》 44
Deus Ex《杀出重围》 255
Devecka (company) Devecka 公司 170
development process for video games 电子游戏的开发流程 285—286
Devine, Graeme 格雷姆·迪瓦恩 160
Diablo《暗黑破坏神》 257,336

Diagnostic Cartridge （Identification number CB101196） 诊断软件（识别号 No. CB101196） 327
Diagnostic Cartridge （Identification number FDS100144） 诊断软件（识别号 No. FDS100144） 327,340
diagnostic genre 诊断软件 320－321,327,340
DICE（company） DICE 公司 259
Dice Puzzle 《骰子解谜》 334
dictionary look-up games "字典查找"游戏 36
diegesis 参见"'world' of video game" 387
Dig Dug 《打空气》 114,331－332
Dig Dug II 《打空气Ⅱ》 116
Digimon（digital monster） 数码宝贝 271－273
Digipen 迪吉彭（理工学院） 374,395
digital audio 数字音效 309
digital audio tape（DAT） 数字录音带（DAT） 226
Digital Circus（company） Digital Circus 公司 161
Digital Games Incorporated Digital Games Incorporated 公司 47
Digital Illusions CE Digital Illusions CE 公司 240
Digital Leisure Inc. Digital Leisure 公司 124
Digital Media Collaboratory 数字媒体联合实验室 380
Digital Pictures（company） Digital Pictures 公司 155,161－162
Digital Playground（company） Digital Playground 公司 346
digital rights management（DRM） 数字版权管理 251
digital watches 电子手表 269
digitized imagery/photographs 数字化图像 118－119,168
digitized speech/sound 数字化语音 139
DiGRA（Digital Games Research Association） 数字游戏研究协会 25,262
Dill, Karen E. 卡伦·迪尔 354
Dill, William R. 威廉·R. 迪尔 38
Dinamic Software（company, later renamed Dinamic Multimedia） Dinamic Software 公司 259
diode 二极管 388－389
DIP switch 参见 "dual in-line parallel switch"
DirectMusic interface DirectMusic 接口 315
Dirk the Daring Dirk the Daring 121
Discman Discman 226
Discs of Tron 《立体飞盘》 116
disk operating system 磁盘操作系统（DOS） 95

"dismount" games "dismount"系列　245－246
Disney　迪士尼　121,158,175
Disney characters　迪士尼人物　369
Dissolution of Eternity　《永恒消融》　239
"Doctor"（pirated system）"Doctor"盗版系统　266
"Doctor V64"　"Doctor V64"盗版系统　268
Dodge 'Em　《Dodge 'Em》　53,328
Dodgem　《Dodgem》　53
dodging games　避障游戏　321,327－328,332－333,335
Dog Patch　《Dog Patch》　51
Dogz　《Dogz》　323
Domark（company）Domark公司　254
Domino Man　《骨牌人》　116
Dominos　《Dominos》　49
Donkey Kong　《大金刚》　70,98,111－112,114,138,140－143,242,265,269,323,333,371
Donkey Kong 3　《大金刚3》　116
Donkey Kong 64　《大金刚64》　简表5
Donkey Kong Country　《大金刚国度》　303,370
Donkey Kong Country 2: Diddy's Kong Quest　《大金刚国度2：迪科斯与迪迪》　简表5
Donkey Kong Jr.　《大金刚Jr.》　9,17,114,333
Don Quijote　《堂吉诃德》　260
Doom　《毁灭战士》　13,160,173,194,232,237－239,306,331－332,337,345,354,367
Doom（film）《毁灭战士》(电影)　367
Doom II: Hell on Earth　《毁灭战士2：人间地狱》　238
Doom 3　《毁灭战士3》　239,241
door games　门游戏　35,78,110－111,113－114,116,119,128,148,180,192－194,224,242
Double Donkey Kong　《超级大金刚》　177,419
Double Dragon　《双截龙》　118,366
Double Dragon（film）《双龙奇兵》(电影)　366
Double Play　《Double Play》　49
Double Switch　《双向世界》　162
Dovey, Jon　乔恩·多维　280
Dragon Ball　《龙珠》　369
Dragon Lore 2　《龙剑客2：龙剑客之心》　336
Dragon Quest　《勇者斗恶龙》　266
Dragon's Gate　《龙之门》　216

索 引

Dragon's Lair 《龙穴历险记》 98,115,121－124,130,155,158－159,161,165,308－309,323,331,389
Dragon's Lair II: Time Warp 《龙穴历险记Ⅱ:时间扭曲》 123－124,172
Dragon's Lair clones 《龙穴历险记》的克隆版 159
Dragon Warrior series 《勇者斗恶龙》系列 138
Dream Arena portal Dream Arena 门户网站 187
Dreamcast Dreamcast(世嘉梦工厂,DC游戏机) 150,206,308,404,408－409
DreamCatcher Interactive DreamCatcher Interactive 公司 240
Dream Soccer'94 《梦幻足球94》 173
DreamWorks 梦工厂(世嘉) 150,175,206,369
DreamWorks Interactive 梦工厂互动公司 363－364
Driller 《Driller》 305
Drive Master 《Drive Master》 41
Driver's Edge 《司机的边缘》 173
Driver's Eyes 《Driver's Eyes》 169
driving games 驾驶游戏(驾驶模拟游戏) 15,41,44,46－48,53,69,83,123,166,246
Dr. Mario 《马里奥医生》 168,311
DrumMania 《狂热鼓手》 170－171,335
Drumscape 《Drumscape》 170
DS 参见"Nintendo DS" 181,183,384
dual in-line parallel (DIP) switch 双列直插并联(DIP)开关 116,388,396
DualSystem 双人对战游戏系统 117
Duck Hunt 《打鸭子》 41,138,143
Duckshot 《Duckshot》 337
Duck Tales 《唐老鸭历险记》 138
Duke Nuke'em 3D 《毁灭公爵3D》 240
Duke Nukem 《毁灭公爵》 194
Dungeon Keeper 《地下城守护者》 254,294
Dungeon Master (DM) 地下城主(DM) 215
Dungeons & Dragons 《龙与地下城》 99,236,254,256,332,336
Dupuis 迪普伊 256
Durell Software Durell Software 公司 253
DVD International (company) DVD International 公司 161
DVD-ROMs DVD-ROM(DVD-ROMs) 10－11,243,378
DVDs DVD 17－18,26,31,124,150,156,157,160,163,207－209,313,367
Dyer, Rick 里克·戴尔 16,121－123,129,158,172,414
Earthbound 《地球冒险》 312
Easter eggs 彩蛋 26,29,79,388

East Touch《东周刊》273
Easy Finder《壹本便利》273
eBay eBay 207,211,383
Edgar, Les 勒斯·埃德加 254
Edtris 2600《Edtris 2600》81
educational games 教育游戏 328,355
education, and video games 电子游戏教育 262
Effacer《Effacer》333
Effecto Caos 参见"Xpiral" 260
EGDA (European Game Developers' Association) 欧洲游戏开发者联合会 421
EGDF (European Game Developer Federation) 欧洲游戏开发者联盟 262
eGenesis (company) eGenesis 公司 362
Eidos (company) Eidos 公司 228—230,254—255,257,421
Eimbinder, Eric and Jerry 杰瑞·艾宾德和埃里克·艾宾德 404,416
Elasto Mania《疯狂摩托车》246
The Elder Scrolls IV: Oblivion《上古卷轴4：湮灭》347
Electra (company) Electra 公司 45,48
Electric Dreams Software Electric Dreams Software 公司 253
electromechanical games 机电游戏 21,41—42,52,186
Electronic Arts (company) 美国艺电公司(EA) 108,163
Electronic Entertainment Exhibition (E3) 电子娱乐展(E3) 204
Electronic Games magazine《电子游戏》杂志 122,361
Electronic Gaming Monthly magazine《电子游戏月报》杂志 67
Electronic Pinball《Electronic Pinball》333
Electronics Boutique EB 204
Electronic Table Soccer!《电子桌上足球》338
Electro Sport (company) Electro Sport 公司 112,120
Elektronorgtechnica (Elorg) Elektronorgtechnica(简称 Elorg) 258
Elepong《Elepong》42
Elevator Action《电梯大战》81
Elimination《Elimination》43
Eliminator《Eliminator》84—85,113
Elite《Elite》235,240,253
Eliza《伊丽莎》36,95
ELSPA (Entertainment and Leisure Software Publishers Association) 娱乐和休闲软件发行商协会(ELSPA) 260
ELSPA (European Leisure Software Publishers Association) 欧洲休闲软件发行商协会(ELSPA) 260

Empire Earth 《地球帝国》 257
Empire of Kilrathi 基拉希帝国 164
The Empire Strikes Back（arcade game）《帝国反击战》（街机游戏） 87
emulators 模拟器 26，87，125，155，169，177，232，236，241—242，278，294，339—340，355，388，395—397
England 英格兰 59，98，322
enhanced graphics adaptor（EGA） 增强图形适配器（EGA） 101
ENIAC ENIAC 92
Enix（company） 艾尼克斯（公司） 138，366
EnterTech EnterTech 380
Enter the Matrix 《黑客帝国：进入矩阵》 75，372—373
Environmental Detectives 《Environmental Detectives》 379
Epic Games（company） Epic Games（公司） 240
Epic MegaGames（company） Epic MegaGames（公司） 193—196
epileptic seizures 癫痫 171，344，428
Epyx（company） Epyx（公司） 182
Eric's Ultimate Solitaire 《Eric's Ultimate Solitaire》 322，325
ESA（Entertainment Software Association） 娱乐软件协会（ESA） 349
Escape from the Devil's Doom 《逃离魔鬼的末日》 8
Escape from Woomera 《逃离伍默拉》 277，279—280
Escape from Woomera Project Team "逃离伍默拉"项目团队 277，279
escape games 逃生游戏 319，321，324，326，329，332
Esh's Aurunmilla 《拯救辛迪公主》 122—123
ESPN 娱乐体育节目电视网（ESPN） 109
ESRB（Entertainment Software Ratings Board） 娱乐软件分级委员会（ESRB） 24，349—350
Essex University 埃塞克斯大学 215
Ethernet 以太网 206
ethics 参见"moral and ethical dimension of video games"
E.T.: The Extraterrestrial（Atari 2600 game）《E.T.外星人》（雅达利2600版） 100，323，364
Eureka! 《Eureka!》 254
Europa Universalis 《欧陆风云》 259
Europe 欧洲 35，42，54—59，62，74，109，126，142，146，183—184，186，199，202，204—205，220，252，255，257—258，260—262，342，369，390，392，395，430
European Media programme 参见"Media programmes"
European Union 欧盟 261，350
Evans & Sutherland 益世公司 39

EVE Online 《星战前夜》 259
EverQuest（EQ）《无尽的任务》(EQ) 18,199,217—218,236,353,361,382—383,390
Exidy Exidy公司 44,46,48—49,53,83,87,112—113,343—344,352
Exodus 《Exodus》 52
Exolon 《Exolon》 253
Expanded Cinema 《延展电影》 22
expansion packs 扩展包 205,218,238—240
experimental games 实验性电子游戏 244
Exterminator 《灭杀者》 118—119
The Exterminator 《The Exterminator》 8
Extreme Pinball 《Extreme Pinball》 333
Eye of the Beholder 《魔眼杀机》 154
Eye Toy Eye Toy(配件) 210
Eye Toy: Play 《Eye Toy：Play》 210
F1 Race 《F1 Race》 138
F/A-18 Hornet 3.0 《F/A-18 Hornet 3.0》 330
Fable 《神鬼寓言》 254,348
Fahrenheit 《华氏温度计》(又名《幻象杀手》) 257
Fairchild Camera and Instrument Company 仙童公司 67—69,78
Fairchild/Zircon Channel F 16,67—68,78,127
Fairlight: A Prelude 《Fairlight：A Prelude》 253
Falcon 《Falcon》 305
Fallout 《辐射》 336
Famicon 参见"Nintendo Famicon"
Family Bowl 《Family Bowl》 170
Family Feud 《家庭问答》 322
Fantastic 《Fantastic》 41
Far Cry 《孤岛惊魂》 257—259
Fast Draw Showdown 《快枪手》 124,159
Fatal Fury: King of Fighters 《饿狼传说:格斗之王》 167
Fatal Fury 2 《饿狼传说2》 167
Fatal Fury Special 《饿狼传说特别版》 167
Fax 《Fax》 335
F.E.A.R.（*First Encounter Assault Recon*）《极度恐慌》 240
Fear Effect 《恐惧反应》 255
feature construction 特征构建 288
feature creep 功能蔓延 293
Federmeyer, Ed 埃德·费德梅耶 81

Feinstein, Keith 基思·范斯坦 5,176,396
Fighting Fantasy books 《战斗幻想》系列游戏书 254
fighting game 格斗游戏 47,83,116,155,161—162,166—167,173,195,204,247,263,265,321,327,329,337,344,365
Fighting Street 《Fighting Street》 153
filled-polygon graphics 填充多边形图形 13,115,119,166,172
film/movie 电影 3,15,20—27,32,41,46,50,75,83—84,86—87,100,105,109,114—115,120,124,150—151,154,156—165,168,185,200,207,223,226,229—231,233,241,243,247—248,257,259,261—263,274—275,277,280,288,291,293,299—300,302—303,305,307—308,314—319,322,341,343,346,349—354,356,361,363—374,376—378,387—389,423,426,430—431
film history 电影史 248
film scoring 电影配乐的制作 314
Film Victoria Digital Media Fund "维多利亚电影数字媒体基金" 279
Final Fantasy 《最终幻想》 26,138,223,263,266,275,366
Final Fantasy 3 《最终幻想3》 312
Final Fantasy VII 《最终幻想7》 153,223,225,303
Final Fantasy XI 《最终幻想11》 209
Final Fantasy Tactics 《最终幻想战略版》 224
Final Fantasy: The Spirits Within 《最终幻想:灵魂深处》 303,366
Final Fantasy VIII 《最终幻想8》 223
Final Fantasy IX 《最终幻想9》 223
Final Furlong 《终极赛马》 15,170
Final Lap 2 《最后一圈2》 169
Final Test Cartridge 最终测试卡带 327
Finland 芬兰 245,259,262
Firebird Software Firebird Software公司 253
Firefox 《火狐》 13,122,300,389
Fireman Fireman 《消防员》 8
Fire One! 《Fire One!》 48
Fire Power 《Fire Power》 45
Fire Truck 《救火车》 50
first-person perspective 第一人称视角 15,47,51,83,84,90,101,112,163,218,236,290,306,308,320,331,337,359
first-person shooter(FPS) 第一人称射击游戏(FPS) 95,159,161,195,232,240,245,294,308,316,345,426
Fishing Derby 《Fishing Derby》 325,337
Fiske, John 约翰·费斯克 276

Flash Flash　244,249,409,419
Flashback　参见"Atari Flashback"
Flashback 2　参见"Atari Flashback 2"
Flash-based games Flash 游戏　244,249
Flickr Flickr　244
flight simulators　飞行模拟游戏　95,321,326,329—330,332,340
Flight Unlimited　《无限飞行》　330,340
Flip-Out《Flip-Out》　45
Flipper Game《Flipper Game》　333
Flowers, Tommy　汤米·弗劳尔斯　38
Fluegelman, Andrew　安德鲁·弗鲁吉尔曼　189
flying games　飞行游戏　44,121,190—191
Flying Shark《Flying Shark》　48
FM Towns computer FM Towns 电脑　151
FM Towns Marty FM Towns Marty　152
foley artists　管乐师　314
Fonz《Fonz》　47
Football（Atari）《橄榄球》（雅达利）　48,50,52
Football Power《Football Power》　170
Foozpong《Foozpong》　51
"formula games,"　"公式"游戏　36
Formula K《Formula K》　43—44,169
For-Play For-Play 公司　42
Fortress of Narzod《Fortress of Narzod》　86
Fortune magazine　《财富》杂志　128
The Fourth Generation《第四代》　273
Fox and Hounds《Fox and Hounds》　63
Fox Interactive Fox Interactive 公司　164
France　法国　55,59,75,141,226,255—258,367,369,392,421
Frantic Fred《Frantic Fred》　174
Freedom Fighter《自由斗士》　123
Freescape engine Freescale 引擎　305
freeware　免费软件　189—193,196
Freeway《高速公路》　328,332
Frenzy《Frenzy》　114
frequency modulation (FM)　调频　312
Frogger Video Game　《青蛙过河》　75,111—112,325,328,332,370
Frogs《Frogs》　52

"From Beeps to *Billboard*"《从"哔哔声"到公告牌榜》 316
frustration 沮丧状态 359
Frye, Tod 托德·弗莱 79
Fujitsu (company) 富士通公司 151
Full Metal Alchemist 《钢之炼金术师》 369
full-motion video (FMV) 全动态影像 (FMV) 105,120,124－125,151,153,157,160,165,172,201,204,309
Full Sail 福赛大学 374
Full Throttle 《极速天龙》 363
Fulp, Tom 汤姆·富尔普 244
Funai 日本船井公司 121
Funatics (company) Funatics(公司) 258
Funcom (company) Funcom(公司) 259
Fun Games (company) Fun Games(公司) 45
Fun With Numbers 《数字的乐趣》 6
Fury: Unleash the Fury 《Fury: Unleash the Fury》 278
future of video games 电子游戏的未来 210,285,376,383
Gabriel Knight: Sins of the Fathers 《狩魔猎人: 父之罪》 165
Gabriel Knight 3: Blood of the Sacred, Blood of the Damned 《狩魔猎人 3: 血咒疑云》 165
Gadget 《小工具》 13,98,323,331
Gaelco (company) Gaelco(公司) 170
Galactic Pinball 《Galactic Pinball》 333
Galaga 《大蜜蜂》 50,90,112,337
Galaga 3 《大蜜蜂3》 116
Galaxian 《小蜜蜂》 50,52,86,110－111,242,337
Galaxian 3 《小蜜蜂3》 123,169
Galaxian Part X 《Galaxian Part X》 52
Galaxy Ranger 《银河游侠》 121
Galaxy Rescue 《Galaxy Rescue》 53
Gallagher's Gallery 《Gallagher's Gallery》 124
gallium arsenide phosphide 长液晶分子 389
Gamasutra Gamasutra 348,374,402,409－410,414,425－428
gambling games 赌博（在游戏中） 20,62,140,261,275,321,325,330,335
game (as a term) 游戏（作为一术语） 3－9,11－18,20－21,23－32,35－90,92,95－131,133－196,199－282,286－389,391－392,394－396,402,413－418,420,423,425－426,429－430
Game and Watch Game & Watch 269

Game Boy Game Boy(GB) 6,8,11,17,74,81,133,209,221,269—271,389,406,427
Game Boy Advance Game Boy Advance(GBA) 133,181,249,270
Game Boy Advance SP Game Boy Advance SP(GBSP) 181
Game Boy Color Game Boy Color(GBC) 11,17,133,180,270,389
Game Boy Light Game Boy Light(GBL) 141,180
Game Boy Micro Game Boy Micro(GBM) 141,181,417
Game Boy Pocket Game Boy Pocket(GBP) 180
game centers 游戏中心 166,174—175,199,265,271,275
game.com game.com 183
game.com Pocket Pro game.com Pocket Pro 183
GameCube GameCube(NGC) 208—210,212,244,308,310,313
Game Cultures: Computer Games as New Media 《游戏文化:电脑游戏作为新媒体》 280
Game Developer magazine 《游戏开发者》杂志 288
Game Developers' Association of Australia 澳大利亚游戏开发者协会 278,423
Game Developers' Conference 游戏开发者大会 208
game engines 游戏引擎 238,302,305,308,383
Game Gear 参见"Sega Game Gear"
gamesindustry.biz gamesindustry.biz 374,395,430
Game Innovation Lab 游戏创新实验室 109
gameline gameline 80
Game of Life 《生命游戏》 39
Game Room (company) Game Room(公司) 174,404
GameRoom 《Game Room》 176
Games and Culture 《游戏与文化》 25
gamespot.com gamespot.com 176,395,405,407,409—410,414,427,429
gamespy.com gamespy.com 176,306,420
Games-to-Teach 《游戏教学计划》 355
Game Studies 《游戏研究》 25
Games Workshop Game Workshop 254
gametunnel.com gametunnel.com 244
GameWorks GameWorks 175,419
Gans, Christophe 克里斯多夫·甘斯 367
garage rock 车库摇滚 250
Gard, Toby 托比·加德 228,230,255
Gardner, Martin 马丁·加德纳 39
Garriot, Richard 理查·盖瑞特 100,235
GAT (company) GAT公司 116
Gate (computer language) GATE语言 38

Gates, Bill 比尔·盖茨 94, 160, 208

Gates of Thunder 《雷霆天龙》 153

Gauntlet 《圣铠传说》 115

gbadev.org gbadev.org 249

GCE/Cinematronics GCE/Cinematronics 86

GCE/Milton Bradley GCE/Milton Bradley 86

GCE/Milton Bradley Vectrex 参见"Vectrex"

G-Darius 《太空战斗机 G》 177

GDG format GDG 格式 207

GD-ROMs GD 光盘 150, 206

GE 255 system GE 225 分时系统 39

Gemstone II 《宝石争霸 II》 133

General Computer Corporation 通用计算机公司 144

"General midi" "General MIDI" 312

Genesis 参见"Sega Genesis"

genre 游戏类型 3, 46, 52, 57, 69, 88, 98—99, 101, 107, 121, 124, 148, 153—154, 156—157, 166, 168, 170, 195—196, 206, 223—224, 232, 237, 241, 245, 250, 262—263, 265, 285, 289, 315—316, 318—320, 323, 361, 378, 382, 384, 391

Gerasimov, Vadim 瓦迪姆·格拉西莫夫 258

German-style board games 德式桌游 258—259

Germany 德国 398—401

Gestalt 格式塔 388

Get Bass 《Get Bass》 170

Ghost in the Shell 《攻壳机动队》(漫画) 369

Ghost in the Shell: Stand Alone Complex 《攻壳机动队》(游戏) 369

Ghost Recon 《幽灵行动》 256

Ghosts'N Goblins 《魔界村》 115, 138

Gibson, William 威廉·吉布森 236

gigabyte (defined) 千兆字节(定义) 18, 388

"gigadiscs" Gigadisc(GD) 206

GI (General Instruments) 通用仪器公司 60, 66, 127

Gilbert, Christine 克利斯汀·吉尔伯特 361

Gilbert, Ron 罗恩·吉尔伯特 103

Gizmondo Gizmondo 6

global localization/glocalization "全球本地化" 267—268

Global VR (company) Global VR 公司 170

Goal IV 《Goal IV》 44

Goal to Go 《Goal to Go》 122, 159

god games 上帝模拟游戏 254
Godzilla 哥斯拉 21
Gold Coast 黄金海岸 281
Goldman, Gary 加里·戈德曼 158
gold master version of video games 电子游戏最终测试版（GM 版） 290
Gold Medal With Bruce Jenner 《Gold Medal With Bruce Jenner》 122
Golem 泥人哥连 231
Golf 《Golf》 108,138,337
Golly! Ghost! 《鬼!》 174
Gopher 《打地鼠》 324
Gordonstoun Boarding School 戈登斯敦寄宿中学 229
Gotcha 《Gotcha》 43
Gothic 《哥特王朝》 258—259
Gottlieb Gottlieb 公司 21,41,112,115,118—119,159
GP World 《GP World》 122,159
Graduation 《毕业生》 272
Graetz, J. Martin J. 马丁·格雷茨 14,21,38
graffiti 涂鸦 115,281—282,332
Grammy awards 格莱美奖 313
Grand (company) 格兰德公司 170
Grand Theft Auto 《侠盗猎车手》(GTA) 107,223,345,347—348
Grand Theft Auto III 《侠盗猎车手 3》(GTA3) 308,347
Grand Theft Auto: San Andreas 《侠盗猎车手:圣安地列斯》 281,313,347
Gran Trak 10 《Gran Trak 10》 43—44
Gran Trak 20 《Gran Trak 20》 44
Gran Turismo series 《GT 赛车》系列 223
graphical user interfaces GUI(用户图形界面) 97
Gravitar 《重力战机》 86,394
Great Britain 英国 36,38,54—55,57,59,141,146,215,229,252—254,257—258,260,
　　262,347—348,421
The Great Escape 《大逃亡》 253
The Great Wall Street Fortune Hunt 《华尔街财富狩猎》 7
The Great White Buffalo Hunt 《The Great White Buffalo Hunt》 48
Greece 希腊 261,353,387
Greek law number 3037 希腊第 3037 号法律 261
Greenberg, Arnold 阿诺德·格林伯格 66
Gremlin (company) Gremlin 公司 84,153
gremlins "Gremlins"("小精灵") 343

Gridiron 《Gridiron》 49
Griffeth, Simone 西蒙尼·格里菲斯 343
Griffiths, M. D. 马克·D. 格里菲斯 405,429
Grim Fandango 《冥界狂想曲》 363
Ground Control 《地面控制》 257
Ground Zero 《Ground Zero》 239
The Grudge (*Ju-On*)《咒怨》 367
Grusin, Richard 理查德·格鲁辛 301
GT Interactive GT Interactive 公司 240,256
Guided Missile 《Guide Missile》 49
Guillemot, Yves 伊夫·吉勒莫特 256
GuitarFreaks 《吉他高手》 171,335—336
Guitar Jam 《Guitar Jam》 170
Gun Fight 《枪战》 88,344
Gunman 《Gunman》 48
Gunning, Tom 汤姆·甘宁 157
Gun-O-Tronic 电子枪 10—11,58,77
Gypsy Juggler 《Gypsy Juggler》 51
Gyromite 《Gyromite》 138
Gyruss 《太阳系战机》 305
Habitat 《栖息地》 216
hackers 黑客 243
hacks "黑客" 249
Ha do ken "波动拳" 264
Halcyon home laserdisc game system Halcyon 家用激光视盘游戏系统（Halcyon 系统） 129
Half-Life 《半条命》 18,232,240,245,279,294
Half-Life 2 《半条命2》 241,307,314
Hall, Laurie 劳里·霍尔 348
Halo 《光环》(同题材的电影名为《光晕》) 232,240,363,368
Halo 2 《光环2》 317
Halo: Combat Evolved 《光环:战斗进化》 308
Hamill, Mark 马克·哈米尔 164
Hamilton, Mark 马克·汉密尔顿 189
Hamlet on the Holodeck: The Future of Narrative in Cyberspace 《全息甲板上的哈姆雷特:网络空间叙事的未来》 371
Hammurabi 《汉谟拉比》 40
Hanafuda playing cards "花札" 140

handheld games 掌机游戏（掌机） 17,111,133,141,146,178—180,182,264,268—272

Hangman 《吊人游戏》 322,324,333

Hangman from the 25th Century 《Hangman from the 25th Century》 333

Hang Pilot 《装饰飞行》 169

Hanna-Barbera 汉纳巴伯拉动画公司 370

Hanseatic League 汉萨同盟 259

happenings "偶发艺术" 22

haptic feedback 触觉反馈 47,388

Hard Drivin' 《超级赛车》 119

Hard Dunk 《Hard Dunk》 168

hard-edge painting style 硬边绘画风格 22

Hard Hat Mack 《安全帽老兄》 108

Harley Davidson & L. A. Riders 《哈雷机车》 169

Hasbro Interactive 孩之宝互动公司 75

Hatris 《帽子方块》 168

Haunted House（Atari 2600）《鬼屋探险》（雅达利 2600 版） 100,323,326,329

Hawke's Manor 霍克的庄园 162

Hawkins, Trip 特里普·霍金斯 108—109,201

HDTV 高清电视 12,211—213,417

Head On 《Head On》 53

Head-to-Head series 《Head-To-Head》系列 179

Heavy Traffic（arcade game）《Heavy Traffic》（街机游戏） 47

Heavyweight Champ 《重量级拳王冠军》 47,83,118

Heiankyo Alien 《Heiankyo Alien》 53

Hellboy 《地狱男爵》 278

hentai style "Hentai"风格 346

Heretic 《毁灭巫师》 238

Herman, Leonard 莱昂纳德·赫尔曼 63,72,77,142,178,200

Herzog Zewei 《离子战机》 266

Hewlett-Packard 惠普公司 40

Hewson Consultants Hewson Consultants 公司 253

Hex 《Hex》 37

Hicken, Wendell 温德尔·希肯 191

hidden room "隐藏的房间" 79

high-score table 高分排行榜 53

High Velocity 《High Velocity》 335

Higinbotham, William 威廉·希金伯泰 38

Hilton, New York 纽约希尔顿酒店 352

索　引

Hitachi SH4 processor　Hitachi SH4 处理器　206
The Hitchhiker's Guide to the Galaxy　《银河系漫游指南》　339
The Hitchhiker's Guide to the Galaxy（text adventure game）《银河系漫游指南》（文字冒险游戏）　334
Hitman　《杀手》　255
Hitman: Codename 47　《杀手：代号 47》　259
Hit Me　《Hit Me》　47
Hi-Way　《Hi-Way》　45
Hobbit（Soviet computer）　Hobbit（苏联电脑）　253
The Hobbit（text adventure game）《霍比特人》　277
hobbyists　游戏爱好者（业余爱好者）　25，56，125，249—250
Hochberg, Joel　乔尔·霍赫贝格　138
Hoff, Marcian E.　马西恩·E. 霍夫　20
Hoffman, Judi　朱迪·霍夫曼　320
Hogan's Alley　《霍根的小巷》　135，143
Hole Hunter　《Hole Hunter》　324
Holland, Todd　托德·霍兰德　365
Hollywood Pictures　好莱坞电影公司　363，365，367—368
Holmes, Sherlock　夏洛克·福尔摩斯　163
holodeck　全息甲板　236
Holosseum　《虚拟武术世界》　172
homebrew communities　自制游戏社区　248
Homebrew Computer Club　自制计算机俱乐部　93，94，250
home computer games　家庭电脑游戏　14，100，105，111—112，133，168，173，188，199
home computers　家庭游戏　90，103，258，259，309，378—379
home console games　家用主机游戏　11，14，26，52，55，63，71—72，77，85，99，111，113，117—118，122，126，128，133，142，146，166，168，172—175，178，186，199—200，275，320，341，349
Home Finance　《Home Finance》　340
Home of the Underdogs　Home of the Underdogs　245
Home T. V. Game　家庭电子游戏机　55—57，61，69，117，140，148
Hong Kong　香港地区　182，249，264—266，268—270，273—275，421
Horizons　《地平线》　218
horror movies　恐怖电影　241，367
Hoskins, Bob　鲍勃·霍斯金斯　365
Hot Circuits: A Video Arcade（exhibition）　热回路：街机游戏（展览）　176
"hot coffee" incident　"热咖啡事件"　347
hot-rodding　改装车运动　250

Hot Shots Tennis 《网球热击》 322
House of the Dead 《死亡之屋》 367
Hovertank 3D 《Hovertank 3D》 237
HuCard HuCard 151
Hudsonsoft (company) HudsonSoft 公司 153
Hugo the TV Troll 《巨魔雨果》 259
Human Cannonball 《人类炮弹》 337, 339
Hungary 匈牙利 146
Hunt & Score 《Hunt & Score》 78
Huntington Computer Project 亨廷顿计算机项目 40
Hunt the Wumpus 《猎杀吐普》 95
Hurt, John 约翰·赫特 161
Hustle 《Hustle》 49
Hutspiel 《Hutspiel》 37
Hyberbole Studios Hyberbole Studios 公司 164
hybrid redemption/video games 电子游戏和赎回游戏的混合 174
Hyperchase 《Hyperchase》 86
Hyper Movie "超级电影" 160
Hyper Pac-Man 《Hyper Pac-Man》 173
IBM (company) IBM 公司 37, 39, 93, 96, 191, 206, 309, 341
IBM/Motorola PowerPC 603e processor IBM/Motorola 的 PowerPC 603e 处理器 206
IBM PC IBM 个人电脑 96, 194
Ice Hockey 《Ice Hockey》 138, 329, 337
Iceland 冰岛 259
Icewind Dale 《冰风谷》 26
ICOM Simulations, Inc. (company) ICOM Simulations 公司 102, 155, 163
iconography 图示 101—102, 105, 233
ICRA (Internet Content Rating Association) 互联网内容评级协会(ICRA) 349
I. C. Squared Institute I. C. Squared 研究所 380, 431
idea conceptualization 概念设计 287—289, 294
ideology in video games 意识形态(电子游戏中) 97, 276, 347—348
id Software (company) id Software 公司 194, 235—241, 306
IEEE Spectrum 《科技纵览》 78
iGames iGames 公司 175
IGDA (International Game Developers' Association) 国际游戏开发商协会 25
iMacs iMac 91
Imagic (company) Imagic 公司 80, 127
Imagine Software (company) Imagine Software 公司 253

索 引

Imaginet Imaginet 191
imaging technologies/imaging techniques 影像技术/成像技术 3,6,9—12,28,62,82,
 119,296,308
Imax theater IMAX 影院 377
"imitation game" "模仿游戏" 36
IMSAI PDP computer IMSAI PDP 计算机 238
iMUSE system iMUSE 系统 315
Incentive Software (company) Incentive Software(公司) 305
independent games 独立游戏 184,192,244—248,278,286,289,388
Independent Games Festival 独立游戏节 简表 5
India 印度 383,386
Indiana Jones (character) 印第安纳·琼斯 230,255
Indiana Jones and the Fate of Atlantis 《夺宝奇兵:亚特兰蒂斯之谜》 154
Indiana Jones and the Last Crusade (game)《夺宝奇兵 3 之圣战奇兵》 104
indie games 参见"independent games"
indie physics games 独立物理游戏 245,247—248,250
Indigo Prophecy 《靛蓝预言》 257
industry earnings 行业收入 126—128
Indy 500 《Indy 500》 49,328,335
Indy 800 《Indy 800》 45
influence and cause 影响与动机 351
Infogenius French Language Translator 《Infogenius French Language Translator》 340
Infogrames Inc.（company）英宝格公司 75
Infogrames Interactive 英宝格互动公司 75
in-game advertisements 游戏内置广告 364
Initial D series 《头文字 D》系列 265
Inky 参见"Bashful"
integrated circuit（IC）集成电路(IC) 66,92,243
Intel Corporation 英特尔公司 20
Intellivision Intellivision 公司 35,60,69—70,79—80,128—129,370
Intel's 8008 "computer on a chip" 英特尔 8008"单片机" 93
interactive fiction "互动小说" 99
interactive movies 互动电影 13,29,121,124,157—158,160—165,302,308,321,323,
 330,378
interactive music 互动音乐 315
interactivity 交互 7,11,13,15,20,24—25,27,28,31—32,101,104—105,107,112,117,
 124,154,161,163,165,168—169,201,215—217,231,238,270,282,287—292,301—
 302,307—309,311,315—316,318—320,322,339,352—353,378,381,387—388,

390,392

interface 界面 16,25,27－28,32,45,91,96－97,103,170－171,190－191,199,218, 231,305,388,415

International Arcade Museum 国际街机博物馆 176

Internet cafés 网吧 166,199,261

Interplay (company) Interplay（公司） 164,195

Interstate '76 《公路争霸战》 336

Interstellar Laser Fantasy 《星际激光幻想》 121,123

Interton Video 2000 Interton Video 2000 57,59

In the First Degree 《In the First Degree》 163

Invaders 2000 《入侵者2000》 172

Invaders of the Mummy's Tomb 《木乃伊之墓的入侵者》 8

inventory box 物品栏 102－103,105

IO Interactive (company) IO Interactive 公司 255,259

Ion Storm (company) 离子风暴公司 255

iPods iPod 89,243

Irata "The Irata" 113

Ireland 爱尔兰 141

Irem (company) Irem 公司 114－115,173

IR Gurus Interactive (company) IR Gurus Interactive 公司 278

I, Robot 《我，机器人》 13,87,115,118,172,305

irreversibility 不可逆 30－31,356

The Irritating Maze 《终极电流急急棒》 171

ISFE (Interactive Software Federation of Europe) 欧洲互动软件联盟（ISFE） 350

Ishar 《Ishar》 154

Ishikawa, Shuji 石川修司 348

isometric perspective 等距透视 218

Italy 意大利 52,56,58,112,141,260,262,369,421

It Came from the Desert 《流沙斗士》 155

ITE (company) ITE 公司 259

ITT-Océanic ITT-Océanic 公司 55

TT Schaub-Lorentz ITT Schaub-Lorentz 公司 55

iTunes iTunes 316

IT-University in Copenhagen, Denmark 丹麦哥本哈根信息技术大学 262

Ivory Tower 《象牙塔》 336

Iwata, Satoru 岩田聪 141

Iwatani, Toru 岩谷彻 88

Jack and the Beanstalk 《杰克与魔豆》 114

索　引

Jackson, Peter　彼得·杰克逊　368
Jackson, Steve　史蒂夫·杰克逊　253
Jack the Giantkiller　《巨人杀手杰克》　114
Jaguar　参见"Atari Jaguar"
Jakks Pacific　Jakks Pacific 公司　81
Jaleco (company)　Jaleco 公司　168, 170
JAMMA (Japanese Arcade Machine Manufacturers' Association)　JAMMA　117, 389
JAMMA conversion class　JAMMA 标准　117, 119, 389
Japan　日本　21, 35, 50, 52－53, 73－74, 76, 88－89, 111, 113, 117, 123, 130, 133－137, 140－143, 145－148, 151, 153, 167－168, 173, 175, 180, 183－186, 201－208, 210－212, 220－221, 223－224, 226, 247, 252, 258, 263－270, 272－276, 279, 346, 350, 365－372, 387, 389－390, 427, 429
Japan Airlines　日本航空　169
Japanese popular culture　日本流行文化　272, 275, 368－369
Jaws (film)　《大白鲨》(电影)　46
jayisgames.com　jayisgames.com　244
Jazz Jackrabbit　《爵士兔子》　195
JediMUD　《JediMUD》　336
Jenkins, Henry　亨利·詹金斯　364, 372
Jensen, Jane　简·詹森　164, 165
Jeopardy　《挑战自我》　322, 335
Jet Set Radio Future　《街头涂鸦：未来版》　281
JFK: Reloaded　《刺杀肯尼迪：重装》　348
Jigsaw　《Jigsaw》　334
Jill of the Jungle series　《吉尔的丛林》系列　194
Jinyong　金庸　267
J-League　J 联赛　272
Jobs, Steve　史蒂夫·乔布斯　72, 94
John, Michael　迈克尔·约翰　288
John Madden Football　《约翰·马登橄榄球》　108
Johnny Mnemonic　《Johnny Mnemonic》　331
Joker's Wild　《Joker's Wild》　322
Jolie, Angelina　安吉丽娜·朱莉　228－229, 366
Jones, Chris　克里斯·琼斯　163, 383
Journal of Personality and Social Psychology　《人格与社会心理学》　354
Journey Escape　《逃生之旅》　328
Joust　《鸵鸟骑士》　114, 189
Jovovich, Milla　米拉·乔沃维奇　367

Joyboard（by Amiga） Joyboard（Amiga 公司开发） 80
Jr. Pac-Man 《吃豆人二世》 90
JT Storage（JTS） JTS 公司 75
Judd, Donald 唐纳德·贾德 22
Jumping Groove 《Jumping Groove》 171
Jumpman（character） 跳跃者（角色） 112, 371
Jungle Hunt 《丛林狩猎》 332
Juul, Jesper 杰斯珀·朱尔 262
JVC Musical Industries JVC 唱片公司 139
Kai, Toshio 甲斐敏夫 309
Kanal 34 clone 《Kanal 34》的翻版游戏 55
Kaneko（company） Kaneko 公司 168, 174
Kaprow, Allan 艾伦·卡普罗 22
karaoke 卡拉 OK 148
Karateco Karateco 公司 112
Karateka 《空手道》 300
Kasparov, Garry 卡斯帕罗夫 38
Katamari Damacy 《块魂》 247
Kauffman, Pete 皮特·考夫曼 344
KB Toys KB Toys 204
K.C. Munchkin 《K.C. Munchkin》 332
Kee Games Kee Games 43—48, 99, 112, 169, 298, 392
Keenan, Joe 乔·基南 43
Kelly, Ellsworth 埃尔斯沃思·凯利 22
Kemeny, John 约翰·柯梅尼 39
Kemp, Ron 罗恩·肯普 280
Kennedy, Helen 海伦·肯尼迪 280
Kennedy, John F. 肯尼迪 348
Kent, Steven 史蒂文·肯特 82, 136, 160—161, 344
Kentucky 肯塔基州 99
Ken Uston Blackjack/Poker 《Ken Uston Blackjack/Poker》 322, 325
Keystone Kapers 《警察抓小偷》 324
Kick It! 《Kick It!》 170
Kid Icarus 《光神话》 138
Killer List of Videogames（KLOV） 电子游戏杀手名单（KLOV） 25
Killing Zoe 《亡命之徒》 319, 326—327, 367
kill-or-be-killed mentality 杀戮或被杀戮心态 354
kilobyte（defined） 千比特 17, 389

索 引

kilohertz (defined) 千赫兹 389
Kinder, Marsha 玛莎·金德 371
King, Geoff 乔夫·金 280
Kingdom of Kroz 《Kingdom of Kroz》 194
King Features Syndicate 国王影像企业 370
King Kong "金刚" 371
King of Chicago 《芝加哥之王》 299
The King of Fighters 《拳皇》 167, 263, 265, 275, 366
King's Quest (also known as *King's Quest I*) 《国王密使》 102
King's Quest III: To Heir is Human 《国王密使Ⅲ：魔法生死斗》 102
King's Quest V: Absence Makes the Heart Go Yonder! 《国王密使Ⅴ：失城记》 103, 154, 299
King's Quest series 《国王密使》系列 164
Kirby's Adventure 《星之卡比：梦之泉物语》 138
Kirby's Pinball Land 《卡比弹珠台》 333
Kister, James 詹姆斯·基斯特 37
Klastrup, Lisbeth 利斯贝斯·克拉斯特拉普 262
Klietz, Alan 阿兰·克利茨 215
Knight, Gabriel 加百利骑士
Knights in Armor 《Knights in Armor》 47
Knopf, Jim 吉姆·克诺夫 196
Kojima, Hideo 小岛秀夫 368
Konami 科乐美公司 138
Konami GT 《科乐美GT赛车》 173
Kondo, Koji 近藤浩治 311
Koto (company) Koto 公司 38, 183
Kotok, Alan 阿兰·科托克 38
Krome Studios (company) Krome Studios 公司 278
Krome Studios Melbourne Krome Studios Melbourne 公司 278
Kronos (company) 克罗诺斯公司 255
Krull (Atari 2600 game) 《电光飞镖侠》(雅达利 2600 游戏) 100, 322-324
Krzywinska, Tanya 塔尼亚 280
Kurtz, Bill 比尔·库尔茨 400
Kurtz, Tom 汤姆·库尔茨 39
Kutaragi, Ken 久夛良木健 220
Labyrinth 《Labyrinth》 235
Lammers, Susan 苏珊·拉默斯 88
Landeros, Rob 罗伯·兰德罗斯 160

Landing Gear 《Landing Gear》 169

Lara Croft（character） 劳拉·克劳馥（角色） 228－231, 255, 366

Lara Croft: Tomb Raider（film）《古墓丽影》（电影） 107, 223, 228－230, 255, 323, 366

Laserdisc Computer System（company） Laserdisc Computer System（公司） 122

laserdisc games 激光视盘游戏 11, 13, 87, 115, 118, 120, 122－125, 129－130, 155, 159－160, 172, 300, 395－396, 418

laserdiscs 激光视盘 16, 112, 120－125, 133, 157－158, 309, 389

laserdisc technology 激光视盘技术 120－121, 124, 425

Laser Grand Prix 《Laser Grand Prix》 122, 159

Lasonic 2000 Lasonic 2000 59

The Last Bounty Hunter 《最后的赏金猎人》 124

Lawson, Jerry 杰里·劳森 67

LCD 参见"liquid crystal display"

Leader 《Leader》 42

Leather Goddesses of Phobos 《Leather Goddesses of Phobos》 339

LED 参见"light-emitting diode"

Legacy of Kain 《凯恩的遗产》 223, 255

Legend of Spyro: A New Beginning 《斯派罗传说：新的开始》 278

The Legend of Zelda 《塞尔达传说》 103, 139, 141, 205, 223

The Legend of Zelda: Ocarina of Time 《塞尔达传说：时之笛》 311

The Legend of Zelda series 《塞尔达传说》系列 138, 250

Legend of Zelda 64 《塞尔达传说 64》 268

Leisure Suit Larry V 《情圣拉瑞 V》 103

Leisure Suit Larry in the Land of the Lounge Lizards 《情圣拉瑞：拉瑞在花花公子岛》 345

Leland（company） Leland 公司 168, 172

Leland Interactive（company） Leland Interactive 公司 123

Lennon, John 约翰·列侬 236

Leonetti, John R. 约翰·R. 莱昂耐迪 366

Lerner Research（company） Lerner Research 公司 305

Les Tuniques Bleues 《蓝色家园》 256

levelization of gaming 有层次的游戏 31

Levy, Jim 吉姆·利维 79

Lewitt, Sol 索尔·勒维特 22

Liberman, Alexander 亚历山大·利伯曼 22

Library of Congress *Moving Imagery Genre-Form Guide* 美国国会图书馆的《动态图像媒介体裁格式指南》 320

Lieberman, Joseph 约瑟夫·利伯曼 162, 345

索　引

Light Bringer 《光明使者》 172
light-emitting diode (LED) 发光二极管(LED) 6, 10, 389
light guns 光枪 44, 124, 134, 143, 144, 159
The Lighthouse 《灯塔》 107
lightmaps 灯光贴图 241
light pen 光笔 20, 39, 86
LINC 实验室仪器计算机(LINC) 92
Lincoln, Howard 霍华德·林肯 134, 146
Lineage II 《天堂Ⅱ》 218
Lionhead Studios 狮头工作室 254, 348
liquid crystal display (LCD) 液晶显示器(LCD) 6, 8, 10−11, 389
Lisberger, Steven 史蒂文·利斯伯吉尔 365
The Little Computer People 《小小电脑人》 323
Livingstone, Ian 伊恩·利文斯通 253
LJN (subsidiary of Acclaim) LJN(Acclaim 的子公司) 136
Llamabooost 《Llamabooost》 250
local area network (LAN) 局域网(LAN) 18, 209, 238
Lock 'N' Chase 《Lock 'N' Chase》 113
Loco-Motion 《Loco-Motion》 113
Lode Runner 《淘金者》 115, 188−189, 247, 331−333
Loew, Rabbi 拉比 231
logic circuits 逻辑电路 93, 389
The Longest Journey 《无尽的旅程》 259
Looking Glass Studios/Technologies (company) 窥镜工作室(窥镜) 235, 240
Loom 《Loom》 153, 299
looping formal structures 循环形式结构，参见"circularity"
Lost Luggage 《Lost Luggage》 325
"love hotel" "情人旅馆" 140
LSI Logic (company) LSI Logic 公司 225
Lucas, George 乔治·卢卡斯 303, 363
LucasArts 卢卡斯艺界公司 103, 153−155, 311, 315, 363−364
Lucasfilm 卢卡斯影业公司 299
Lucasfilm Games (now LucasArts) 卢卡斯影业游戏公司(现为卢卡斯艺界公司) 39, 103−104, 153, 216, 235
Lucky & Wild 《警匪双枪》 169
Lunar Lander 《月球冒险》 53, 83, 85
Lunar Rescue 《Lunar Rescue》 53
Lund, Karen 卡伦·隆德 320

Lynch, David 大卫·林奇 160
Lynch, Dianne 黛安·林奇 360
Lynx 参见"Atari Lynx"
Lynx II 参见"Atari Lynx II"
M-4 《M-4》 48
M-79 Ambush 《M-79 Ambush》
M.A.C.H. 3 《M.A.C.H. 3》 121,130,159,389
Macintosh 参见"Apple Macintosh"
MacPaint MacPaint 97
MacWrite MacWrite 97
Madden Football 97 《麦登橄榄球97》 337
Madden NFL Football 《麦登橄榄球》 223
Mad Dog McCree 《疯狗麦基利》 124,155,159,172
Mad Dog II: The Lost Gold 《疯狗麦基利II:黄金失窃案》 124
Madonna: Truth or Dare (film) 《麦当娜:真心话大冒险》 162
Mageslayer 《魔界屠杀令》 336
Magical Crystals 《魔法水晶》 168
Magicom (company) Magicom 公司 158
Magnavox (company) 米罗华公司 42,54—55,62,64—70,72,324
Magnavox Odyssey 米罗华奥德赛 6,7,39,42,55,57—58,61,64,142,309,343,379,397
Magnavox Odyssey 200 Odysey200 68
Magnavox Odyssey 300 Odysey300 68
Magnavox Odyssey 400 Odysey400 68
Magnavox Odyssey 500 Odysey500 68
Magnavox Odyssey 2000 Odysey2000 68
Magnavox Odyssey 3000 Odysey3000 68
Magnavox Odyssey 4000 Odysey4000 68
Magnavox Odyssey 5000 Odysey5000 68
Magnavox Odyssey clones 山寨版 57,58
mahjong games 麻将游戏 167—168,264
mainframe computer games 大型计算机游戏 3,14,20,36
Main T. T. 《Main T. T.》 49
Majestic 《Majestic》 360,429
Major Havoc 《Major Havoc》 86—87
Make My Video: INXS/Kriss Kross/Marky Mark & the Funky Bunch 《创建你自己的视频》 161
Malaria 疟疾 40
Malaysia 马来西亚 267—269,274

索　引

Mallet Madness 《Malet Madnes》 174
The Management Game 《管理游戏》 38
management simulation games 模拟经营游戏 331,338
Maneater 《Maneater》 46,88
manga 动漫 275,369,372,430
The Manhole 《The Manhole》 105,151,153
Manhunt 《侠盗猎魔》 281
Maniac Mansion 《疯狂大楼》 103—105,137
Manic Miner 《Manic Miner》 253
Manx TT Superbike Twin 《麦斯超级机车赛TT》 169
Marathon 《马拉松》 239—240
Marathon 2: Durendal 《马拉松2:迪朗达尔》 239
Marathon Infinity 《马拉松:无限》 239
Marbella Vice 《Marbella Vice》 124
Marble Madness 《狂暴弹珠》 321,392
Marc Ecko's Getting Up: Contents Under Pressure 《红犀牛:嘻哈狂潮》 277,281—282,424
Mario (character) 马里奥 112,201,209,223,245,365,371
Mario Bros. 马里奥兄弟 115,263,265
Mario Kart 64 《马里奥赛车64》 335
Mario's Cement Factory 《马里奥的水泥工厂》 17
Mario's Early Years: Fun With Numbers 《马里奥学前教育:数字篇》 329
Mario Teaches Typing 《马里奥教打字》 6,320,329,340,379
Mark III (console system) Mark III 142,144
Marks, Aaron 艾伦·马克斯 313
Marksman/Trapshooting 《神射手射击/飞碟射击》 339
Martian Memorandum 《火星大疑案》 163
Marvel Comics 漫威 368
M*A*S*H 《M*A*S*H》 320
The Masked Rider: Kamen Rider ZO 《假面骑士ZO》 158
Massachusetts Institute of Technology (MIT) 麻省理工学院 14,19,36,38—39,82,355,379
massively multiplayer online games (MMOGs) 大型多人在线游戏 193
massively multiplayer online role-playing games (MMORPGs) 大型多人在线角色扮演游戏 30—31,107,216,219,236,259,278,373,382—383,390
Math Grand Prix 《数学大奖赛》 329,335
Matrix Comics 漫画书《黑客帝国》 373
The Matrix films 《黑客帝国》 75,259,372—373,377

The Matrix Online 《黑客帝国 Online》 373
The Matrix: Path of Neo 《黑客帝国：尼奥之路》 373
The Matrix Reloaded 《黑客帝国2：重装上阵》 372—373,377
The Matrix Revolutions 《黑客帝国3：矩阵革命》 373,377
Mattel Electronics (company) 美泰电子公司 8
Mattel Electronics Baseball 《棒球》 337
Mattel Electronics Basketball 《电子篮球》 8
Mattel Electronics Football 《足球》 57,178—179,392
Maxis Software Maxis Software 公司 5
Max Payne 《马克思·佩恩》 196,259
Mayer, Steve 史蒂夫·梅耶 77—78
Mäyrä, Frans 弗兰斯·梅拉 262
Maze Craze 《Maze Craze》 329,331—332
maze games 迷宫游戏 43,53,113,235,319,331
Mazewar 《迷宫战争》 238
McAndrew, Nell 内尔·麦克安德鲁 229
McCartney, Paul 保罗·麦卡特尼 236
McDaniel, Scott 斯科特·麦克丹尼尔 361
McMahan, Alison 艾莉森·麦克马汉 108,186,228,308
Meadows Games Meadows Games 46—47,49,51
Meadows Lanes 《Meadows Lanes》 49
Tex Murphy: Mean Streets 《神探墨菲：残酷大街》 102,299,301
Mechner, J. 乔丹·麦其纳 300
Mecstron Mecstron 公司 57
Medal of Honor 《荣誉勋章》 109,232,240,363
Media I MEDIA I 261
Media II MEDIA II 261
media convergence 媒介融合 364,371—373
Media Plus MEDIA Plus 261
Media programmes MEDIA 项目 261—262
Media 2007 MEDIA 2007 261
Med Systems Med 系统 235
megabyte (defined) MB/兆字节 105,147,150—151,200,222,225,310,312—313
Mega Corp Mega Corp 8
Mega Drive MD 147,151,182,186,220—221,248,266,341,365,396—397,401
megahertz (defined) 兆赫兹 390
Mega Man 8 《洛克人8》 224
Mega Man X4 《洛克人X4》 224

索 引

Mega Man X5 《洛克人 X5》 224

MegaRace 《烈火战车》 155

Mega Tech System MegaTech 主机 117

Melbourne House Melbourne House 278

Melody Master 《Melody Master》 86

Meridian 59 《子午线 59》 217

Merlin 《梅林》 8

Merovingian 梅罗纹加 373

Metal Gear series 《合金装备》系列 224

Metal Gear Solid 《合金装备》 224,368－369

Metaverse 元宇宙 236

Metro-Goldwyn-Mayer（MGM）米高梅公司 227,256

Metroid 《密特罗德》 138,141,250,311

Mexico 墨西哥 37,141

Michael Ninn's Latex 《Michael Ninn's Latex》 346

microchip（defined）微芯片 65,390

Microcosm 《微生物模拟器》 155

Microforte（company）Microforte 277－278

MicroProse Software（company）MicroProse 75,256－257

Microsoft（company）微软 96－97,123,141,152,160,185,206,208－213,224,255,
268,305,313,315,357,363,377,379,384

Microsoft Flight Simulator 《模拟飞行》 305

Microsoft Windows Windows 97,206,255,377

Microsphere Microsphere 253

Microvision 微视 179－180

Middle-Earth 中土世界 383

Midi（Musical Instrument Digital Interface）format MIDI 312－313,315,426

Midi Manufacturers Association MIDI 协会 312

Midnight Magic 《Midnight Magic》 333

Midway Games Midway 公司 41－49,51－52,73,85,88,112,116,162,167,300,
344,365

Midway Games West Midway Games West 73

Midway Manufacturing Midway 公司 42－52,73,85,88,112

Mighty Morphin Power Rangers 《恐龙战队》 158

Mike Tyson's Punch-Out!! 《拳无虚发:决战泰森》 138,139

Milestone（company）Milestone 260

Millennium Games Milennium Games 123

Miller, Chuck 查克·米勒 214

Miller, Rand 兰德·米勒 105, 236
Miller, Robyn 罗宾·米勒 105, 236
Miller, Scott 斯科特·米勒 194
Milles Bornes《Milles Bornes》325
Millipede《千足虫》114, 337
Milner, Ron 罗恩·米尔纳 77
Milton Bradley Milton Bradley
Milton Bradley Microvision 妙极百利（Milton Bradley）的微视（Microvision） 6, 8, 11, 17, 389
Mindlink (by Atari) Mindlink 80
Mind Magazine《头脑》杂志 36
Mines of Moria (game)《摩瑞亚矿坑》214
Minestorm《Minestorm》86
Minesweeper《扫雷》377
Miniature Golf《迷你高尔夫》337
MiniDisc format MiniDisc 格式 226
Minor, Jay 杰·麦纳 77
Mirage(company) Mirage 公司 371
Mirco Games (company) Mirco Games 公司 46
Mirrorsoft (company) Mirrorsoft 146, 258
Mirrorworld《镜子世界》216
Missile Command（Atari 2600 version）《导弹指令》72, 75, 78, 96, 111, 114, 337, 392
Missile Command 2《导弹指令 2》114
Missile Defense 3-D《导弹防御 3D》337
Missile Radar《Misile Radar》43
Missile-X《Misile-X》49
Mission Impossible《碟中谍》256
Mitra, Rhona 罗娜·迈特拉 229
MITS (company) MITS 93
Miyamoto, Shigeru 宫本茂 370—371
MMC1 chip MMC1 芯片 139
MMC2 chip MMC2 芯片 139
MOA (Music Operators of America) 美国音乐运营商 179
Mobile Suit Gundam《机动战士高达》369
MobyGames MobyGames 网站 368, 430
modchips (modification chips) 破解芯片 225
Model Racing (company) Model Racing 公司 46, 48
modems 解调器 18, 80, 189, 192—193, 206, 215, 238

mods（modifications）模组 97，239

Molyneux，Peter 彼得·莫利纽克斯 254，294，361

monochrome 单色液晶显示屏 180，183

Monolith Productions Monolith Productions 240

Monopoly《大富翁》 324，331，338

Monroe，Marilyn 玛丽莲·梦露 229

Montana《Montana》 325

Moon Alien Part 2《月球异形 2》 112

Moon Patrol《月球巡逻》 12，114，298

Moore，E. F. E. F. 摩尔 37

Moore，Omar K. 奥马尔·K. 摩尔 39

Moore's Law 摩尔定律 243

Moo（Mud，Object-Oriented）面向多用户 336

moral and ethical dimension of video games 电子游戏的道德和伦理方面 4

Morrison，Howard 霍华德·莫里森 179

Morse《Morse》 329，401，426

Mortal Kombat《真人快打》(改编的电影名为《格斗之王》) 116，137，162，166－167，223，242，274，300，329，344－345，365

Mortal Kombat II《真人快打 2》 167

Mortal Kombat 3《真人快打 3》 167

Mortal Kombat 4《真人快打 4》 167

Mortal Kombat: Annihilation《格斗之王 2》 366

"Most Ignored Fact" "最被忽视的事实" 361

motion capture 动作捕捉 300，303，374

Moto-Cross 摩托车越野赛 246

Motor Raid《摩托竞赛》 169

Mousetrap《捕鼠器》 113，326，329，331－332

The Movies《电影梦工厂》 254

MP3 MP3 185

MPAA（Motion Picture Association of America）美国电影协会 349

MPEG（Motion Picture Experts Group）运动图像专家组（MPEG） 152

MPEG format MPEG 格式 152，300－301

MPPDA（Motion Picture Producers and Distributors Association）电影制片人和发行商协会 24

Ms. Pac-Man《吃豆小姐》 89－90，112，329，332，370

Ms. Pac-Man Plus《吃豆小姐加强版》 89

MSX home computer MSX 家用电脑 123，226

Mtrek《Mtrek》 133

Mud (Multi-Use Dungeon/Multi-User Dimension) 多用户地下城/多用户空间 215, 238, 336
MUD1《MUD1》 215
M. U. L. E.《M. U. L. E.》 338, 378
Multimedia PC (MPC) 多媒体计算机 152
Multi-Memory Controllers (MMCs) 多内存控制器 139
Multiple Arcade Machine Emulator (MAME) MAME 26, 177, 397
Mush (Multi-User Shared Hallucination) 多用户共享幻觉 336
Muppet Treasure Island (video game)《布偶金银岛历险记》 322
Murphy, Tex 神探墨菲 163, 301
Murray, Janet 珍妮特·默里 372
Muse Software (company) Muse Software 237
Music Box Demo《Music Box Demo》 327, 340
Mylstar (company) Mylstar 121, 122, 130
Myst《神秘岛》 5, 13, 105—107, 153—154, 160, 173, 236, 303, 319, 323, 330, 332, 334, 339, 341, 354—355, 359, 361, 383
Myst III: Exile《神秘岛 3：放逐》 105—107
Myst IV: Revelation《神秘岛 4：启示录》 107
Myst V: End of Ages《神秘岛 5：时代终结》 107
Myst Island 神秘岛 5, 13, 18, 26, 354
Myst: Trilogy《神秘故事：三部曲》 256
Mystery Disc 1: Murder, Anyone?《Mystery Disc 1：Murder, Anyone?》 123
Mystery Disc 2: Many Roads To Murder《Mystery Disc 2：Many Roads To Murder》 123
Mystery House《神秘屋》 101
Mystique (company) Mystique 136, 345, 352
N (video game)《N》 247
Nakimura, Grace 格蕾丝 165
Namco (company) 南梦宫 15, 52—53, 73, 88, 110, 112, 114, 118, 123, 135, 145, 167, 169—174, 176, 190, 263—264, 309, 419
Namco Classic Collection Volume 1《南梦宫经典游戏系列 Vol. 1》 177
Namco Classic Collection Volume 2《南梦宫经典游戏系列 Vol. 2》 177
Namco Museum 50th Anniversary《南梦宫 50 周年纪念合集》 243
Name That Tune《Name That Tune》 335
NAND gate 与非门 389
Napoleon III 拿破仑三世 257
NARC《缉毒特警》 简表 3
NASCAR 美国赛车协会 109

NASDAQ 纳斯达克 256
National Academy of Arts and Sciences 美国艺术与科学院 313
National Academy of Digital, Interactive Entertainment 国家数字互动娱乐学院 262
National Semiconductor 美国国家半导体公司 127
Naughty Dog (company) 顽皮狗工作室 223
Nebulus 《Nebulus》 250
NEC (company) NEC 146—147,151—152,200,206,220
NEC Turbografx-CD Turbografx-CD 151—153,155,159,200,220
Need for Speed 《极品飞车》 109,223
Nelsonic Nelsonic 公司 9
Neo·Geo Neo·Geo 148,183
Neo·Geo MVS Neo·Geo MVS 主机 117
Neo·Geo Pocket Neo·Geo Pocket 183
Neo·Geo Pocket Color Neo·Geo Pocket Color 183
Neon Genesis Evangelion 《新世纪福音战士》 369,372
NES 2 NES 2 135
NES Game Standards Policy NES 游戏标准政策 136
Netherlands 荷兰 141—142,194,262,421
networked games 联网游戏 18,193,214
Neuromancer 《神经漫游者》 236
Neverwinter Nights 《无冬之夜》 216
Neverwinter Nights 2 《无冬之夜2》 256
Newell,Allen 艾伦·纽厄尔 37
newgrounds.com Newgrounds (www.newgrounds.com) 244
Newman,Barnett 巴尼特·纽曼 22
New Zealand 新西兰 278
NFL 美国职业橄榄球大联盟 109
NFL 2K1 《NFL 2K1》 206
NFL Football 《NFL 美式足球》 122
NFL Football Trivia Challenge '94/'95 《NFL Footbal Trivia Challenge '94/'95》 335
N-Gage N-Gage 简表6
NHL Hockey 97 《北美职业冰球大赛97》 337
Nichibutsu (company) Nichibutsu 52—53,112
Nielsen,Mark 马克·尼尔森 175
Nielsen Entertainment 尼尔森娱乐 364
Night Driver 《夜班司机》 47,72,83
A Nightmare on Elm Street 《猛鬼街》 161
Night Trap 《午夜陷阱》 161—162,345—346

Nihon Bussan（company）Nihon Bussan　113
Nihon Bussan/AV Japan　Nihon Bussan/AV Japan　121—124
Nim　《Nim》　36
Nine-Inch Nails　九寸钉乐队　228
Ninja Gaiden series　《忍者龙剑传》系列　138
Ninja Hayate　《影子传说》　122
Nintendo（company）任天堂　6—9,11,13,16—17,35,52,70,74,81,103,105,108,112,
　　114—115,117—118,130,133—146,148—150,162,168,174,180—183,185—186,194,
　　199—205,208—210,212—213,220—224,235,249—251,255,258,263—271,275,306,
　　311—313,344,365,369—371,384,389
Nintendo Advanced Video System（NAVS）任天堂先进视频系统（简称 NAVS）　134
Nintendo DS（dual screen）Nintendo Dual Scren（简称 NDS）　181,243,269,270
Nintendo DS Light　NDS Light（NDSL）　181
Nintendo Entertainment System（NES）NES　35,103,117,130,134—140,143—146,
　　148—149,168,186,220,222,265,416,430
Nintendo Famicon system　任天堂 FC　74,130,134—135,137—138,140,142—143,180,
　　220,265,365
Nintendo Game Boy　任天堂 Game Boy/GB　3,74
Nintendo GameCube　Nintendo GameCube　208
Nintendogs　《任天狗》　270
Nintendo of America　美国任天堂　134,137—138,416
Nintendo Revolution　任天堂"革命"（Wii 的内部代号）　212
Nintendo 64（N64）N64　141,199,205—207,212,221—224,268,270,306,313,406
Nintendo 64DD　64DD　205
Nintendo Ultra 64　任天堂 Ultra 64　13
Nintendo Virtual Boy　Virtual Boy　6—7,16,389
Niven，Larry　拉里·尼文　240
NMAB（New Media Arts Board）新媒体艺术委员会/NMAB　279—280
Nokia　诺基亚　6
Noll，A. Michael　A.迈克尔·诺尔　39
Nomad　Nomad　182
nondiegetic sound　非剧情音效　314
non-player character（NPC）非玩家角色　107,333,390
non-player killer（NPK）server　非 PK 服务器　357
NOR gate　或非门　389
normal mapping　法线贴图　307
Norrath　诺拉斯　383
North and South　《南北战争》　256

索　引

Northern Lights《北极光》　336
Northwestern University　西北大学　84,234
Norway　挪威　141,259
Noughts and Crosses《Noughtsand Crosses》　333
Nova Games（company）新星游戏　123
NSF（National Science Foundation）美国国家科学基金会　40
NTSC（National Television System Committee）NTSC　390
NTSC standard　NTSC 标准　390
Nulty，Peter　彼得·纳尔蒂　128
Number Games《数字游戏》　329,340
Nutting，Bill　比尔·纳丁　41
Nutting Associates　Nuting Asociates　21,41—43,72
oblique perspective　倾斜视角　173
obstacle course games　障碍赛道（游戏）　246
Ocean Software　Ocean Software　253
Oda Nobunaga　织田信长　272
Oda Nobunaga's Den《织田信长传》　272
"Odyssee"米罗华奥德赛家庭电子游戏机　54,55
Odyssey　奥德赛　42,54,61—62,64—67,72,178,397
off-screen events　屏幕外的事件　84,111
Olympic Home T. V. Game　奥林匹克家庭电子游戏机　56
Olympic Tennis《Olympic Tennis》　42
Olympic TV Football《Olympic TV Footbal》　42
Olympic TV Hockey《Olympic TV Hockey》　42
Omega《Omega》　334
Omega Race《Omega Race》　85
Omikron: The Nomad Soul《恶灵都市》　257
One Must Fall: 2097《生死决斗:2097》　195
online games　在线游戏（网络游戏）　133,187,199,206,209,216—217,235,249,263—264,273,353,377—378,380,383,385
Orelec（company）Orelec　59
Oriental Daily《东方日报》　273
Origin Systems（company）Origin Systems　164,217,235
Oshii，Mamoru　押井守　369
OsWald《奥斯瓦尔德》　259
Oswald，Lee Harvey　李·哈维·奥斯瓦尔德　348
otaku　御宅族　272,368—369
Othello《黑白棋》　321,324,338

Otomo, Katsuhiro 大友克洋 369
Oubliette 《奥布莱特》 214
Outlaw (arcade version)《亡命之徒》(街机版) 46,72
Outlaw (Atari 2600 version)《亡命之徒》(雅达利 2600 版) 319
OutlawMOO 《亡命之徒 MOO》 336
Outrun 《Outrun》 118
Over Drive 《超速驾驶》 169
Ozdowski, Dr. Sev 奥兹多斯基博士 280
Pac & Pal 《吃豆人：豆西 & 豆乐》 90,116
Pace Car Pro 《Pace Car Pro》 44
Pachinko!《弹子球》 333
Pacific Novelty Pacific Novelty 公司 112
Pac-Land 《吃豆人世界》 90,116
Pac-Man 《吃豆人》 12,88—90,111,309,324,370,384
Pac-Man (Atari 2600 version)《吃豆人》(雅达利 2600 版) 80
Pac-Man (character) 吃豆人 88—90
Pac-Man (television series)《吃豆人》 90
Pac-Man & Chomp Chomp 《Pac-Man & Chomp Chomp》 90,116
Pac-Man Collectibles 《吃豆人收藏品》 90
Pac-Man Fever (song) 吃豆人热 90
Pac-Mania 《吃豆人狂欢》 90
Pac-Man Jr. 《吃豆人二世》 116
Pac-Man Plus 《吃豆人加强版》 89,114
Pac-Man Super ABC 《吃豆人超级 ABC》 177
Pac-Man 25th Anniversary Model 《Pac-Man 25th Anniversary Model》 90
Pac-Man VR 《VR 吃豆人》 90
Pac-Man World 《吃豆人：吃遍世界》 90
Pac-Man World 2 《吃豆人：吃遍世界 2》 90
Paddle-Ball 《Paddle-Ball》 42
Paddle Battle 《Paddle Batle》 42
Painkiller 《恐惧杀手》 240
Pajitnov (Pazhitnov), Alexey 阿列克谢·帕基特诺夫 145
paku paku paku paku 89
Palamedes 《骰子方块》 168
Palcom games "Palcom"游戏 123
Palicia, Deborah 黛博拉·帕利西亚 90
Panasonic 松下 109,202,313
The Pandora Directive 《潘多拉密令》 163

索引 485

Pan European Game Information（PEGI）泛欧洲游戏信息组织　260，350
Pan European Game Information（PEGI）system　PEGI 系统　260，261
Panther　《黑豹》　84，234
parabolic mirror　抛物面镜　123，172
Paradox（company）　Paradox　259
"Paragraphs on Conceptual Art"　《观念艺术短评》　22
Parallax（company）　Parallax　195
parallax scrolling　视差滚动　12，151，298－299，390
parallel imports　水货　271
Paramount Studios　派拉蒙公司　86
PaRappa the Rapper　《动感小子》　223，294，336
Parasite Eve　《寄生前夜》　267
Parker Brothers　帕克兄弟公司　8，75，325
Parlour Games　《Parlour Games》　338
particle systems　粒子系统　307
Passengers on the Wind　《Passengers on the Wind》　256
Password　《密码》　322
Patel，Amit　阿米特·帕特尔　193
The Patrician　《航海家》　258－259
Pavlovian stimulus-response training　巴甫洛夫刺激反应训练　354
Pavlovsky，Dmitry　德米特里·帕夫洛夫斯基　258
PCB（printed circuit board）印刷线路板　391
PC-Engine　PC-Engine　146－147，151，220
PC-File　PC-File　189
PC Fútbol series　《PC Fútbol》系列　260
PC-Talk　PC-Talk　189
PC-Write　PC-Write　189
PDP-1　PDP-l　14
PDP-8　PDP-8　92
PDP-10　PDP-10　40
PDP-10 system　PDP-10 系统　215
Pedestrian　行人　46，56，343
pencil-and-paper games　纸笔游戏　321－322，324，332
Pendúlo Studios　Pendúlo Studios　260
Pengo　《企鹅推冰》　114
People Can Fly（company）　People Can Fly　240
Periscope　《潜望镜》　21，41，186
PernMUSH　《PernMUSH》　336

Perry, Telka S. 特尔卡·佩里 165
persistent worlds 持续性世界 30
personal digital assistants (PDAs) 掌上电脑 4,17,179,185,377,379
Persons, Dan 丹·皮尔森 122
Petaco S. A. (company) Petaco S. A. 公司 52
Peterson, Mark 马克·彼得森 216
Phantasmagoria 《幽魂》 165,346
Phantasmagoria II: A Puzzle of Flesh 《幽魂2：血肉之谜》 165
Phantasy Star 《梦幻之星》 119,336
Phantasy Star Online 《梦幻之星OL》 206
phase-alternating line (PAL) PAL 390,392
Philips CD-i 飞利浦 CD-I 152,201
Philips Electronics (company) 飞利浦 7,58,142,150,152,159,162,201,203,220－221,313,324,418
Philips Interactive Media PhilipsInteractive Media 162－163
Philips/Magnavox Philips/Magnavox 7
Philips Videopac Videopac 游戏机 142
Philko (company) Philko 公司 168
PhillyClassic 费城经典 81
Phoenix 《不死鸟》 112
photo-sticker machines 大头贴机 264
physics games 物理游戏 250
Pierce, David 大卫·皮尔斯 256
Pigeon-Shooting 《鸽子射击》 59
Pikachu 《皮卡丘》 268,270
Pikachu (character) 皮卡丘 268,369
Pilot Wings 《飞行俱乐部》 205
pinball and video game hybrid 结合了弹球和电子游戏的游戏机 112
Pinball Challenge 《挑战弹珠台》 333
Pinball Construction Set 《弹珠台》 108,333
Pinball Dreams 《梦幻弹珠台》 333
Pinball Fantasies 《幻想弹珠台》 333
pinball games 弹球游戏 20－21
pinball industry 弹球产业 43
Pinball Jam 《Pinball Jam》 333
Pinball Quest 《弹珠台高手》 333
Pinball Wizard 《弹球魔法师》 333
Ping-O-Tronic Ping-O-Tronic 56,58

Pinkett-Smith, Jada 贾达·萍克特·史密斯 373
Pinky Pinky 89
Pin-Pong 《Pin-Pong》 44
Pioneer Corporation 先锋公司 124
Pioneer Laser Active CLD-A100 先锋 Laser Active CLD-A100 简表 4
Pioneer LaserActive home laserdisc game system ioner LaserActive 家庭激光视盘游戏主机 124
Pipe Dream 《水管狂想曲》 168,321,354
pipelining of content 开发管线 292
piracy 盗版现象 137
Piranha Bytes (company) Piranha Bytes 258
The Pit 《The Pit》 193
Pitfall! 《玛雅历险记》 325,332
Pitfall II: The Lost Caverns 《Pitfall II: The Lost Caverns》 116
Pixar 皮克斯 369
pixels 像素 7—10,12—13,27,101—102,139,216,234,247,250,297,303—304,307,352,386,389—390,392
pizza 比萨 88—89
Planet 《Planet》 83,408
Planetfall 《兵临城下》 339
plastic overlays 塑料制的图层 7
platform games 平台跳跃游戏 321,332—333
Plato, Dana 达纳·普拉托 161
PLATO system 柏拉图系统 214—215
PLAY! PLAY! 427
playable memory cards 作为游戏机的存储卡 184
PlayChoice system PlayChoice 主机 117
player-characters 107
player-versus-player (PvP) PvP 216—218,278
Playing with Powerin Movies, Televi-sion, and Video Games: From Muppet Babies to Tenage Mutant Ninja Turtles 《电影、电视和电子游戏中的权利游戏:从〈布偶娃娃〉到〈忍者神龟〉》 371
Play Meter Magazine 《Play Meter》杂志 110,402
Playschool Math Playschool Math 329
Play Station Play Station 201,203,220—221
PlayStation PlayStation 13,18,75,137,203—204,207,220—221,223—224,226,267,313,404,409,420
PlayStation 2 (PS2) PS2 150,171,184,186—187,207—211,222,226,243—244,255,

268,274,308,310,313,369
PlayStation 3（PS3） PS3　156,211－213,226,265,268,420
PlayStation Portable（PSP） PSP　185,226,243,249,255,269－270,368,427
Pocket Billiards!《口袋台球》 338
Pocket Pikachu《口袋皮卡丘》 270
PocketStation PocketStation 184
POD《生死赛车》 256
Point Of View（game）《观点》
Pokemon《宝可梦》 270,275,369
Pokemon（character）宝可梦 209,268,369
Pokey（nicknamed "Clyde"）Pokey（绰号"Clyde"） 89
Poland 波兰 261
polarizers 偏振器 11,391
Pole Position《顶尖赛手》 12,72,86,114,235,258－259,328,335
Pole Position（Atari 2600 version）《顶尖赛手》（雅达利 2600 版）
Pole Position II《顶尖赛手 2》 116
Police Trainer《Police Trainer》 340
political side of video games 电子游戏的政治面 275,277,279
polygonally-based graphics 参见"filledpolygon"
Polygonet Commanders《Polygonet Commanders》 173
Pomeroy, John 约翰·波默罗伊 158
PONG（arcade game）《PONG》 16,20,35,60－61,64－66,72,75,78,110,158,178, 296,309,322,338,341,343,384,395
PONG（home console system） PONG 16－17,57,60,77,168,406
PONG clones《PONG》的翻版 54
PONG Doubles《PONG Doubles》 42,54
Pong Tron《Pong Tron》 42
Pong Tron II《Pong Tron II》 42
Poole, Steven 史蒂文·普尔 296,298
Popeye（arcade game）《大力水手》 114,370,371
Pop'n Music《Pop'n Music》 336
Popular Electronics《大众电子》 127
Populous《上帝也疯狂》 108,254
pornography 色情 138,233,274－275,280,282,345－346,350,352
Porrasturvat（*Stair Dismount*）《非常人类滚台阶》 245－246
port（verb）移植 6,9,18,89,103,113,117－118,180,223,244,246,321－322,341, 347,391
Postal《邮政恐怖分子》 367

索　引

Post Office, United States　美国邮政局　简表 6
post-production processes　后续开发　287, 291
POV Entertainment Group　POV Entertainment Group　162
Powerboat Racing　《摩托艇比赛》　169
Power Glove　能量手套　365
Power Module (by Amiga)　Power Module　80
Power Rangers Pinball　《恐龙战队弹珠台》　333
Power Shovel Simulator　《高压水枪模拟器》　169
PP 2000　PP 2000　59
Practical Wireless　《实用无线电》　56
preproduction processes　预开发　287－289, 291, 294
The Price is Right　《价格猜猜看》　322
Prince of Persia　《波斯王子》　230, 300
Prince of Persia: The Sands of Time　《波斯王子:时之沙》　256, 308
Princess Clara Daisakusen　《魔法之国大作战》　172
Princess Daphne　公主达芙妮　158
printed circuit board (PCB)　PCB 电路板 (PCB)　117
priority　优先级　12
Prize Fighter　《Prize Fighter》　155
problems in video game development process　游戏开发过程中的一些问题　292
Probst, Larry　拉里·普罗布斯特　109
production processes　开发过程　212, 286－290, 292－295
Professor Pac-Man　《吃豆人教授》　90
Programmers at Work　《编程大师访谈录》　88
programming　编程　27, 37, 39, 62, 67, 69, 77－78, 82, 92, 94, 99, 172, 179－180, 182－183, 200, 202－203, 222, 224, 232, 236, 307, 310, 321, 334, 358, 374－375, 380, 386, 413, 415
programming games　编程游戏　321, 334
Pro Hockey　《Pro Hockey》　42
Project Reality　Project Reality　222
Project Support Engineering　Project Support Engineering　46－48, 88
prototypes　游戏原型　87, 245, 287－289
Pro Pinball　《终极弹珠》　333
Pro Tennis　《Pro Tennis》　42
Psygnosis (company)　Psygnosis　155
pterodactyl　翼指龙　171
Puck-Man　《冰球人》/《吃豆人》　12, 26, 35, 53, 80, 88－90, 95, 111, 113－114, 116, 119, 128, 153, 158, 242, 309, 319, 321, 324, 326, 329, 331－332, 341, 359, 361, 364, 370, 384,

395,414
Puck-man (character) 吃豆人 89
Pulp Fiction 《低俗小说》 367
Pulse (Kairo)《惹鬼回路》 367
Pump It Up 《Pump It Up》 171
Punch-Out!! 《拳无虚发》 115,235
Puppy Pong 《Puppy Pong》 42
purikura (photo-sticker machines) 大头贴机 264
The Purple Rose of Cairo (film)《开罗紫玫瑰》 163
Pursuit 《Pursuit》 44,335
Puzzled 《方块》 168
puzzle games 益智游戏 28,160,168,194,247,250,269,379
PvP 参见"player-versus-player"
Pyro Studios (company) Pyro Studios 255,259
Q*bert 《Q伯特》 114—116,321
Q*bert watch 《Q伯特》游戏手表 9
Qix 《Qix》 112,321,326
Quadrapong 《Quadrapong》 43,51
Quake 《雷神之锤》 194,232,239,306
Quake II 《雷神之锤2》 239
Quake III: Arena 《雷神之锤3：竞技场》 239
Quake 4 《雷神之锤4》 239
Quaker Oats 桂格燕麦 127
Quantic Dream Quantic Dream 257,308
Quantum 《Quantum》 85,114,325
Quantum Computer Services 量子电脑服务公司 216
Quantum Gate 《量子门》 164
Quarter Horse 《夸特马》 112,120
Quéau, Philippe 菲利普·奎奥 303
Queensland Local Government Association 昆士兰州地方政府协会 281
Quest for the Rings 《指环探索》 7,324
Quest of Mordor 《魔多的探索》 216
Quiki-Mart Quiki-Mart 104
Quinn, Tom 汤姆·奎恩 65
quiz games 问答游戏 325,330,334
Quiz Show 《Quiz Show》 47
Qwak! 《Qwak!》 44
race (biological) 竞速 321,325—326,328,335,337

Racer 《Racer》 45,173

racing games 赛车游戏 15,20,44－46,49,51－53,62,112,120－122,155,159,169,173,235,260,265,269

Radar Scope 《Radar Scope》 112

Radio Shack 睿侠 94

Rad Racer series 《公路之星》系列 138

Rad Rally 《极速赛车》 169

"Raging Boll" "愤怒的鲍尔" 367

Raiders of the Lost Ark（Atari 2600 game）《夺宝奇兵》（雅达利2600版） 100,102,323,336

Raiders Vs. Chargers 《Raiders Vs. Chargers》 123

Railroad Tycoon 《铁路大亨》 331

Rally 《Rally》 42,56

Rally-X 《拉力赛X》 112

RAM 随机存取存储器（RAM） 391

Rambo 《第一滴血》 266

Rampage 《狂暴巨兽》 118

Ramtek Ramtek 42,47－48,51

Rand Air Defense Lab 兰德防空实验室 36

RAND Corporation 兰德公司 37

random scan 随机扫描 11

Raptor: Call of the Shadows 《雷电威龙》 195

Rare（company） Rare 工作室 303

RARS（Robot Auto Racing Simulator） RARS 334

raster graphics 光栅图形 10－11,82,86－87,110,113,115

raster scan 光栅扫描 11,391－392

ratings 评级 24,37,162,255,260－261,277,281,345－347,349－350

Rat's Revenge 《Rat's Revenge》 235

Raven Software Raven Software 238

Rayman 《雷曼》 256

RCA 美国无线电公司 127－128

RCA Studio II 美国无线电公司的 Studio II 68

RDI Halcyon 参见 "Halcyon home laserdisc game system"

RDI Systems RDI Systems 122－123

The Realm Online 《领土在线》 219

realMyst 《神秘岛》 13

Real Pinball 《真实弹珠台》 333

Real Puncher 《钢铁牛仔侠》 173

RealSports Soccer 《RealSports Soccer》 338
RealSports Tennis 《RealSports Tennis》 338
RealSports Volleyball 《RealSports Volleyball》 338
real-time-strategy (RTS) 即时战略 218, 290
Rebel Assault 《叛军突击》 155
Rebound 《Rebound》 43
The Reckoning 《The Reckoning》 239
recursion 参见"looping formal structures"
Red Alert 《红色警戒》 153
Red Baron 《红男爵》 84
Red Book digital audio format 红皮书音频规范 313
redemption games 赎回游戏 174
Red Planet 《红色星球》 173—174, 328, 335
Reeves, Keanu 基努·里维斯 373
regulation 规则 4—5, 28, 37, 39, 56—57, 61, 64, 136—137, 245, 265, 289, 291, 295, 356, 358, 379, 381—382
Rekkaturvat (Truck Dismount) Rekkaturvat(又名 Truck Dismount) 246
remediation 对内容进行重现 301
Remedy Entertainment (company) Remedy Entertainment 259
Renaissance 文艺复兴 32, 296, 298
Rene Pierre (company) Rene Pierre 48
Rescue on Fractalus!《异星救援》 235
Research Analysis Corporation 研究分析公司 37
Reservoir Dogs (film)《落水狗》 281, 367
Reservoir Dogs (video game)《落水狗》 281
Resident Evil (film)《生化危机》 223, 367
Resident Evil 4《生化危机 4》 308
Resident Evil: Apocalypse《生化危机 2:启示录》 367
Resident Evil series《生化危机》系列 367
retrogaming 复古游戏 35, 176, 242—243, 247
Return of the Invaders《入侵者回归》 116
Return of the Jedi (arcade game)《星球大战:绝地归来》 86, 116
Return of the Jedi (film)《绝地归来》 86
Return to Castle Wolfenstein《重返德军总部》 239
Reuters 路透社 141
Rez《Rez》 381
RGB color RGB 颜色 52
Rhem《回归之路》 5, 106—107

索 引

Rhys-Davies, John 约翰·里斯 戴维斯 164
rhythm and dance games 节奏和舞蹈类的游戏 170,313
Riana Rouge 《Riana Rouge》 346
ride-on games 动态游戏 133,216,426
Ridge Racer 2《山脊赛车 2》 173
Ridge Racer Full Scale 《全尺寸山脊赛车》 174
Ridge Racer series 《山脊赛车》系列 267
RiftMUSH 《RiftMUSH》 336
The Ring（*Ringu*）《午夜凶铃》 367
ringtones 铃声 316
Ringworld 《环形世界》 240
Rip Off 《Rip Off》 84,86
Ripper 《Ripper》 154,163
Rise of the Triad 《龙霸三合会》 238
Rivers of MUD 《Rivers of MUD》 336
Road Avenger 参见"Road Blaster"
Road Blaster 《道路检察官》 123
Road Burners 《炙热公路》 169
R. O. B.（Robotic Operating Buddy）R. O. B. 134,143—144
Roberts, Chris 克里斯·罗伯茨 164
Robertson, Roland 罗兰·罗伯逊 267
Robinett, Warren 沃伦·罗比内特 79,99,388
roboprobes 机器人 85,87,115,134—135,143—144,195,227,237,337
Robot Battle 《机器人大战》 250,334
Robot Bowl 《Robot Bowl》 49
Robotron: 2084 《机器人 2084》 114,337
The Rock (wrestler) 道恩·强森 367
rock-paper-scissors 剪刀石头布 250
Rockstar Games (company) Rockstar Games 313,347—348
Rockstar North (studio of Rockstar Games) Rockstar North 281,308
Rogue 《Rogue》 100,188,190,193—194,339,420
Roland (company) 罗兰公司 312
role-playing games (RPGs) 角色扮演游戏（RPG）参见"MMORPGs" 18,99,153,190,
 193,214—219,223,245,250,254,259,278,316,321,336,339,342,352—353,356,
 360—362,366,376,378,390—391
Rollercoaster (film)《过山车》 120
Rollercoaster Tycoon 《过山车大亨》 256
Rolling Blaster 《Rolling Blaster》 123

Rolling Crash 《Rolling Crash》 53
ROM 只读存储器 17, 391
Romero, John 约翰·罗梅洛 236
Rosen Enterprises Rosen Enterprises 186
Rosenthal, Larry 拉里·罗森塔尔 82
Rose Online 《星愿 OL》 219
Rothko, Mark 马克·罗斯科 22
rotoscoping 转描 300
Round Up 5 Delta Force 《Round Up 5 Delta Force》 118
Rouse, Richard, III 理查德·劳斯 310
Route 16 《Route 16》 113
RPGs 参见"role-playing games"
RSAC(Recreational Software Advisory Council) 娱乐软件顾问委员会 349
R-Type 《R-Type》 118, 253
Rubi-Ka Rubi-Ka 259
Rubik's Cube (video game)《鲁比克魔方》 334
Rubin, Owen R. 欧文·鲁宾 413
Ruddock, Philip 菲利普·鲁多克 279
Rule of Rose 《蔷薇守则》 348
Runaway: A Road Adventure 《逃亡：冒险之路》 260
Russell, Stephen R. 史蒂夫·拉塞尔 14, 38
Saboteur 《矮人矿坑》 253
Sacred Pools 《Sacred Pools》 336
Safari Rally 《Safari Rally》 53
Sakaguchi, Hironobu 坂口博信 303, 366
Sakakibara, Moto 莫托·萨克巴拉 303
Sam and Max Hit the Road 《山姆和迈克斯流浪记》 363
Samba de Amigo 《欢乐桑巴》 207, 335—336
sampled sounds 声音采样 311, 426
Samuel, Arthur 阿瑟·塞缪尔 37
Samurai Spirits 《侍魂》 275
sandbox games 沙盒游戏 315
Sanders Associates 桑德斯联营公司 39, 55, 61, 63—64, 66
San Francisco Rush 2049 《San Francisco Rush 2049》 73
Sanyo 三洋 202
Sapet, Christophe 克里斯托夫·撒佩特 255
Saturday morning cartoons 周六早晨的电视动画片 370
Saturn 参见"Sega Saturn"

索 引

Saturday 周六（世嘉土星的发售星期） 204
Scandinavian game design 斯堪的纳维亚地区的游戏设计 259
S. C. A. T. (Sega Control Attack Team) S. C. A. T. (Sega Control Attack Team) 161
SCEI (company) SCEI 170
Sceptre of Goth 《哥特权杖》 18,107,215－217
Schwartz, Judah 尤达·施瓦兹 39
SCi (company) SCi 254－255
Sciences Et Vie 《科学与生活》 55
Scientific American 《科学美国人》 39
Scorched Earth 《焦土》 191－192
Scourge of Armagon Scourge of Armagon 239
Scrabble 《趣味拼字游戏》 324
Scramble 《Scramble》 86,112
scrolling 滚动 参见"parallax scrolling" 12,29,44,48,50,99,100,103,105,167,247,250,298,390－392
SCUMM (Script creation utility for Maniac Mansion) SCUMM 103－104
Sears 《Sears》 65
Sea Wolf 《海狼》 46,344
SECAM [Sequentiel couleur à memoire (sequential color and memory)] format 塞康制（意为"按顺序传送彩色与存储"） 392
Second Life 《第二人生》 219
second-person narration 第二人称叙述 377
The Secret of Monkey Island 《猴岛的秘密》 104,153,363
The Secret of NIMH 《鼠谭秘奇》 158
Seeburg (company) 参见"burg (company)"
See-Fun See-Fun公司 42
See It Now 19
Sega 世嘉 7,8,12,15,21,41－42,45,47－49,70,75,83－86,105,108,112－115,117－119,121－124,133,135－136,141－142,144－153,155,158－159,161－162,168－173,175,182,184,186－187,194,200－209,213,220－224,248－249,263－264,266－269,275,305－306,312－313,341,345,349,365,392,396
Sega-AM2 Sega-AM2 308
Sega CD Sega CD 313
Sega Classic Collection 《世嘉经典游戏合集》 243
Sega Dreamcast 参见"Dreamcast"
Sega Game Gear 世嘉Game Gear(GG) 简表4,7,133,182
Sega Genesis 世嘉创世纪 135,312,430
Sega/Gremlin 世嘉/Gremlin 50,53,84

Sega Internet Service 世嘉互联网服务 186
Sega Marine Fishing 《Sega Marine Fishing》 170
Sega Master System (SMS) Sega Master System (SMS) 144
Sega Mega Drive 世嘉的 MD 游戏机 147
SegaNet SegaNet 206
Sega Nomad 世嘉 Nomad 182
Sega Rally Championship 《世嘉拉力锦标赛》 306
Sega Saturn 世嘉土星 13,152,173,199,204,221—224,266—268,313
Sega Super GT 《世嘉超级 GT》 169
Sega 32X 世嘉 32X 186,203
Sega TruVideo Productions 世嘉 TruVideo 公司 158
Seleco Seleco 56,58
Selenetic Age 贫瘠纪元 332
Semicom (company) SMCM 公司 168,173
sequels 续集 49,83,89,103,138,163,366—367,371
Serious Sam 《英雄萨姆》 240
Service Games (company) 参见"Sega"
Seta (company) Seta 172
The Settlers II 《工人物语 2》 258—259
Sewer Shark 《下水道鲨鱼》 155,161
Sex Trivia 《Sex Trivia》 335
sexual content 色情内容 275,345,348
SG-1000 (console system) SG-1000 142
Shadel, Derrick 德里克·沙德尔 189
shaders 着色器 307
Shadow (nicknamed "Blinky") Shadow(绰号"Blinky") 89
Shadowbane 《魔剑》 218
Shadowlands 影之地 259
The Shadow of Yserbius 《叶塞伯斯的阴影》 216—217
Shadow Warrior 《影子武士》 240
Shannon, Claude 克劳德·香农 37
shareware 共享软件 95,188—189,192—196,238,244
shareware games 共享软件游戏 133,188,191,325
Shark 《Shark》 46
Shark Attack 《Shark Attack》 112
Shark Jaws 《Shark Jaws》 46
Shaw, J. C. J. C. 肖 37
Sheff, David 大卫·谢夫 401,416,422

索　引

Shelley, Maureen　莫琳·谢利　281
Sherlock Holmes Consulting Detective　《咨询侦探夏洛克·福尔摩斯》　155
Shining Force　《光明与黑暗》　274
Shirow, Masamune　士郎正宗　369
shoot'em up games　参见"shooting games"
shooters　参见"shooting games"
Shooting Gallery　《西部枪手》　339
shooting games　射击游戏　参见"first person shooter"　12,41,43,45—46,48,50—53,62, 69,83—86,89,110—112,114,121,123,144,153,155,159,161,166—167,172,230, 232—233,236—241,247,259,265,269,305,320,321,326—330,332,336—337,339, 351,354,359,361
Shootout At Old Tucson　《Shootout At Old Tucson》　124
Shrek Smash N' Crash Racing　《史莱克冲撞》　278
Shuffleboard　《Shuffleboard》　51
Sidam（company）Sidam　112
Side Track　《Side Track》　53
Sid Meier's Civilization　《文明》　331
Sierra Network　Sierra 公司的网络　216
Sierra On-Line　雪乐山公司　154,164—165
Sierra Studios　Sierra Studios/Sierra 公司　345
Silent Hill series　《寂静岭》系列　368
Silicon Graphics（company）硅图公司　221
Silicon Graphics workstations　硅图公司的工作站　303
Silicon Knights（company）硅骑士（与水晶动力合作）　255
Silmarils（company）Silmarils　154
SimAnt　《模拟蚂蚁》　331
SimCity　《模拟城市》　5,331,356,378
SimEarth　《模拟地球》　379
SimFarm　《模拟农场》　331
SimGolf　《模拟高尔夫》　338
Simon　《西蒙》　179
Simon, Herbert　希尔伯特·西蒙　37
Simon clones　《Simon》的复制品　179
Simon Says　《我说你做》　179
The Simpsons　《辛普森一家》　322,369
The Simpsons（game）《辛普森一家》
The Sims　《模拟人生》　109,230,290,294,323,342,356,361,379
The Sims 2　《模拟人生2》　313

Sim series 《模拟人生》系列 378

Sims Online 《模拟人生 online》 简表 6

SimTower 《模拟大楼》 331

simulation games 模拟游戏 参见"flight simulator" 15,36－40,118,234,254,260,270, 321－322,337－338,356,378,388

simulations 模拟 5,6,12,14,18,26,36,38－39,47－48,58－59,62,66,86,118,139, 150,162,164,169－170,210－211,216,234－235,237,241－242,254,280,282,302－ 303,307－308,312,320－323,330－331,333,335,337－340,346,351－354,356,359, 376,378－380,382,388,396

Simutek Simutek 122

Sinclair,Sir Clive 克莱夫·辛克莱爵士 252

Sinclair Computers（company） 辛克莱电脑 252－253

Sinclair Research Ltd.（company） 辛克莱研究有限公司 252

Sinclair User（magazine）《Sinclair User》 253

Singapore 新加坡 263－265,267－275,421

Singe the Evil Dragon 恶龙辛格 158

The Single Wing Turquoise Bird 单翼绿松石鸟 22

Sinistar 《腥风血雨》 309

sit-in games 坐入式/进入式/静态游戏 15,53,87,133

Skee-ball 投球 174－175,210

Skeet Shoot 《飞碟射击》 338－339

Sketchpad Sketchpad 19

Ski 《Ski》 45,404,428,431

Ski Champ 《滑雪冠军》 170

Sky Diver 《Sky Diver》 51,338

Sky Kid 《天空小子》 190

Sky Raider 《Sky Raider》 50

Skywalker,Luke 卢克·天行者 164

Slam City with Scottie Pippen 《Slam City with Scottie Pippen》 161

Slick Shot 《油稽撞球》 170

Slot Machine 《老虎机》 330

slot machines 老虎机 20,186

Slot Racers 《窄道车手》 335

SMASH 《SMASH》 66

Smilebit（company） Smilebit（公司） 281

Smith,Adrian 阿德里安·史密斯 230

Smith,David 大卫·史密斯 312

Smith,E. E. E. E. 史密斯 21

Smith, Jay 杰伊·史密斯 179
Smith, Tony 托尼·史密斯 22
Smith Engineering (company) 史密斯工程公司 86, 179
Smithsonian Institution 史密森学会 158
Smokey Joe 《Smokey Joe》 50
Snelling, Michael 迈克尔·斯奈林 280
SNK (company) SNK(公司) 52—53, 117, 148, 167—168, 173, 183, 264, 273, 366
SNK/Saurus SNK/Saurus 171
Snoopy Pong 《Snoopy Pong》 42
Snow Crash 《雪崩》 236
social elements of video games 电子游戏中的社交元素 参见"networked games""online games" 352
Software Etc. Software Etc 204
Software Publishing Association 软件出版协会 152
Sokoban 《仓库番》 334
Solaris 《Solaris》 330
Solar Quest 《Solar Quest》 85—86
Solar Realms Elite 《太阳王国精英》 193
Sonic Adventure 《索尼克大冒险》 186, 206
Sonic Blast Man 《音速超人》 170
Sonic Spinball 《索尼克弹珠台》 333
Sonic the Hedgehog 刺猬索尼克 149, 186, 223, 266, 370
Sony BMG Entertainment 索尼 BMG 音乐娱乐公司 227
Sony Computer Entertainment 索尼电脑娱乐公司 227
Sony Computer Entertainment America 索尼在美国 207, 223—224
Sony Corporation (company) 索尼公司(公司) 74—75, 226, 348, 363
Sony Imagesoft (subsidiary) Sony Imagesoft (子公司) 221
Sony Interactive 索尼互动娱乐公司 361
Sony Music Entertainment 索尼音乐娱乐公司 227, 256
Sony Pictures Entertainment 索尼电影娱乐公司 256
Sony PlayStation 参见"PlayStation"
Sony's Technical Requirements Checklist 索尼的技术要求清单 211
Sony Wonder 索尼奇观 256
Sopwith 《Sopwith》 190—191
Soul Edge 《魂之利刃》 173, 329
sound 音效 4, 21, 56, 59, 105, 112, 179, 236, 266, 290, 309—316, 388
Sound Canvas (sound card) Sound Canvas (声卡) 312, 426
sound design 音效设计 309, 311—312, 314—316

sound designers 音效设计师 309－310,312,314,316
sound interface device (SID) chip 音效交互设备芯片（SID芯片） 311
soundtracks 原声带 87,309,312,314－317,364,426
SoundX SoundX 81
South Korea 韩国 171,226,269,273,275－276
SouthPeak Interactive（company） SouthPeak Interactive（公司） 164
Soviet Foreign Trade Association 苏联对外贸易协会 146
Soviet Union 苏联 118,145,253,258
Space Ace 《太空王牌》 122,124,158,331,389
Space Channel 5 《太空频道5》 336
Space Duel 《决战外太空》 85,114
Space Force 《太空部队》 110
Space Fortress 《太空堡垒》 112
Space Fury 《Space Fury》 84－85,112
Space Harrier 《太空哈利》 12,118－119,305
Space Invaders 《太空入侵者》 12,28,35,50,52,69,72,74,78,84,86,89,95,110－111, 128,178,359
Spacewar! 《太空大战》 14,19－21,38,41,48,82,85
Spaceward Ho! 《太空区域》 319,331,338
Space Wars 《Space Wars》 82,86
Spain 西班牙 50,57,59,62,124,226,255,259－260
SPC-700 processor SPC-700 处理器 220
Special Break 《Special Break》 48
Spectrum Holobyte（company） Spectrum Holobyte（公司） 146,258
Spectrum ZX Spectrum ZX 196
Speed Freak 《Speed Freak》 51,83－84,235,414
Speed Race 《Speed Race》 44
Speed Reading 《Speed Reading》 340
Speedy（nicknamed "Pinky"） Speedy（绰号"Pinky"） 89
Spelling Games 《拼字游戏》 329,340
Sphere（company） Sphere（公司） 305
Spiderman（Atari 2600） 蜘蛛侠（雅达利2600版） 322－323,326,334,368
Spider-Man（character） 蜘蛛侠（角色） 368
Spielberg, Steven 史蒂文·斯皮尔伯格 46,363
Spike 《Spike》 43
Spinball 《桌上轨道珠》 333
Splinter Cell 《细胞分裂》 368
Sport Fishing 《Sport Fishing》 170

Sport Fishing 2《Sport Fishing 2》170
sports games 运动游戏 111,260,321－325,329－330,333,337－339
Spout《Spout》247
Springboard《Springboard》49
Sprint 4《Sprint 4》49
Sprint 8《Sprint 8》49
sprites 精灵 12－13,44,48,87,114－115,119,298,300,303,305－306,343,391－392
Spycraft《间谍之道》163
Spyro《斯派罗》257
Spy Vs Spy《间谍大战》322－323,326－327,332
Square-Enix 史克威尔·艾尼克斯(SE社) 316,366
Square Pictures (Squaresoft's movie division) 史克威尔影业公司 366
Squaresoft (company) 史克威尔(公司) 138,153,184,223－224,312,314,366
SSD Company Limited SSD 210
SSG (Strategic Studies Group) (company) SSG(公司) 277
SSI (company) SSI(公司) 216
Stallone, Sylvester 西尔维斯特·史泰龙 343
stamp 邮票 6
Stampede《疯狂动物园》29,325
Stanford Artificial Intelligence Laboratory (SAIL) 斯坦福人工智能实验室 233
Stanford University 斯坦福大学 39,99
Starbreeze (company) Starbreeze(公司) 308
Starcade (television show)《星际游乐园》(电视节目) 370,396
Star Castle《星堡》84,86,112
StarCraft《星际争霸》254,257
Starfighters《星际战士》123
Star Fire《Star Fire》53
Stargate《Stargate》113
Starhawk《星际雄鹰》50－51,83－84,86,413
Starmaster《Starmaster》330
Star Rider《星际车手》121
Star Ship《星际飞船》330
Starship《Starship》49
Starship I《Starship I》46
Star Trek (For-Play arcade game)《星际迷航》46,85－86,95,371,383
Star Trek (Sega arcade game)《星际迷航》(世嘉街机游戏) 86
Star Trek (text adventure)《星际迷航》(文字冒险) 98
Star Trek: Borg《星际迷航:博格立方体飞船》13,18,323,331

Star Trek: Elite Force 《精英部队》 240
Star Trek: Elite Force 2 《精英部队 2》 240
Star Trek franchise 《星际迷航》系列 240, 377
Star Trek: The Next Generation 《星际迷航:下一代》 236
Star Trek II: The Wrath of Khan (film)《星际迷航 2:可汗之怒》(电影) 86
Star Wars (arcade game)《星球大战》(街机游戏) 11, 50, 83—84, 86—87, 115, 164, 303, 305, 319, 322, 371—372, 377, 383, 392
Star Wars (film)《星球大战》(电影) 50, 83—84, 87, 164
Star Wars (film series)《星球大战》(系列电影) 372
Star Wars: Dark Forces 《黑暗力量》 240
Star Wars franchise 《星球大战》系列 240, 383
Star Wars Galaxies 《星球大战:星系》 199, 218, 353, 382, 390
Star Wars: Jedi Knight 《绝地武士》 240
Star Wars merchandise 《星球大战》商品 431
Star Wars: The Empire Strikes Back 《帝国反击战》 139
Star Wars: X-Wing 《星球大战:X 翼战机》 311
Status (company) Status(公司) 123
Stauf, Henry 亨利·斯塔夫 160
Steeplechase 《越野障碍赛马》 45
Stein, Paul 保罗·斯特恩 37
Stein, Robert 罗伯特·斯坦恩 145—146
Stella Stella 77, 396, 402
Stellar Track 《恒星轨迹》 337—339
Stephenson, Neal 尼尔·斯蒂芬森 236
Stern Electronics (company) Stern/Stern Electronics(公司) 112, 121—122, 158, 170, 237, 309
Steve Jackson Games (company) Steve Jackson Games(公司) 254
Stock Car 《Stock Car》 45, 109
Stolar, Bernie 伯尼·斯托拉 206
Stop Thief 《捉贼》 4
storytelling 叙事/讲故事 13, 23, 25, 30, 98, 101, 105, 107, 121, 157, 224, 239, 257, 311, 314—316, 319, 321, 323, 330, 351, 354—356, 358, 363, 370—371, 376—378, 387
Strata (company) Strata(公司) 173
Stratego 《策略》 324
strategy games 策略游戏 52, 253, 321, 324, 337—339
Stratovox 《太空防卫》 112
Street Burners 《Street Burners》 44
Street Fighter 《街头霸王》 118, 167, 263, 265, 275, 365—366

Street Fighter II 《街头霸王2》 167,273,344
Street Fighter II - Champion Edition 《街头霸王2(冠军版)》 167
Street Fighter II - Hyper Fighting 《街头霸王2:究极格斗》 167
Street Fighter II - Rainbow Edition 《街头霸王2(彩虹版)》 167
Street Fighter II - The New Challengers 《街头霸王2:新的挑战者》 167,264
Street Fighter II - The World Warrior 《街头霸王2:天下斗士》 167
Street Racer 《街头赛车》 321,325,328
Street Viper 《Street Viper》 123
Stricor (company) Stricor 169
Strike Mission 《进攻任务》 123
S. T. U. N. Runner 《S. T. U. N. 赛车》 119,172
Stunt Cycle 《Stunt Cycle》 47,68,77,81
Stunt Cycle (console) Stunt Cycle (控制器) 47
subcreation 次创造 147,376,383
Subelectro (company) Subelectro(公司) 49,52
Sub Hunter 《Sub Hunter》 49
Submarine 《Submarine》 269
Subroc-3D 《舒博克潜水艇3D》 115
Subs 《Subs》 48,403,420,427
suicide batteries 自毁电池 118,392,394,415
Sullivan, George 乔治·沙利文 401
Summer Games 《夏季运动会》 338
Sundance 《Sundance》 53,83
Sunflower 《Sunflower》 336
Sunflowers Interactive Entertainment (company) Sunflowers Interactive Entertainment 258
SUNY 纽约州立大学 40
Super Bowl 《Super Bowl》 49
Super Breakout 《超级打砖块》 72,321
Super Breakout (Atari 2600 version)《超级打砖块》(雅达利2600版) 321
Super Bug 《超级汽车》 48,99,112,298,392
Supercharged 《Supercharged》 379
Supercharger (by Starpath) Supercharger 80
Super Controller Test Cartridge 超级控制器测试卡带 327
Super Crash 《Super Crash》 49
Super Don Quixote 《超级堂吉诃德》 122
Super Famicom SFC 参见"Super Nintendo Entertainment System" 8,16,140,148,181,194,200−201,203−204,220−221,223,248,250,266−267,303,312−313,365

Super Flipper 《Super Flipper》 45
Super Galaxians 《Super Galaxans》 52
Super GT 《超级 GT》 335
Super Hang-On 《超级摩托车》 169
Super High-Way 《Super High Way》 49
Super Knockout 《Super Knockout》 49
Superman（Atari 2600 version）《超人》（雅达利 2600 版本） 100, 324
Superman（character） 超人（角色） 368
"Superman" module "超人"插件模块 56
Super Mario Bros. 《超级马里奥兄弟》 115, 140－141, 144, 149, 269, 275, 311－312, 316, 334, 341, 365, 426
Super Mario Bros.（film）《超级马里奥兄弟》（电影） 365
Super Mario Bros. 2 《超级马里奥兄弟 2》 简表 3
Super Mario Bros. 3 《超级马里奥兄弟 3》 12, 139, 194, 365
Super Mario Bros. series 《超级马里奥兄弟》系列 138, 144, 371
The Super Mario Bros. Super Show! 《超级马里奥兄弟：超级秀！》 370
"Super Mario Bros. Theme" ringtone "超级马里奥兄弟主题曲"铃声 316
Super Mario 64 《超级马里奥 64》 205－206, 306
Super Mario World 《超级马里奥世界》 194, 266
Super Nintendo Entertainment System（SNES）超级任天堂娱乐系统（SNES） 148－149, 151, 220, 403
Super Pac-Man 《超级吃豆人》 89, 114, 370
Super Pinball: Behind the Mask 《面具后的弹珠台》 333
Superpong 《Superpong》 43
Super Punch-Out!! 《超级拳无虚发》 116
Super Shinobi 《超级忍》 266
Super Sidekicks 3-The Next Glory 《得点王 3：下一次的荣耀》 173
Super Soccer 《Super Soccer》 42
Super Space Invaders '91 《太空侵略者 91》 167
Super Strike 《Super Strike》 170
Super Sushi Pinball 《Super Sushi Pinball》 333
supersystem of entertainment 娱乐的超级系统 371
Super UFO（pirated system） 超级 UFO（盗版系统） 266
super video graphics array（SVGA） Super VGA 102
Supervision（system） 参见"Watara Supervision"
Suppes, Patrick 帕特里克·苏佩斯 39
Supreme Warrior 《Supreme Warrior》 155, 161
Sure Shot Pool 《真实台球》 322, 338

Surgical Strike 《Surgical Strike》 155
Surround 《Surround》 47,49,78,324,329
Surround（Atari 2600 version）《Surround》(雅达利 2600 版) 47,49,78
Survey Island 勘察岛 106
Suspended Animation 《Suspended Animation》 334,339
Sutherland, Ivan 伊凡·苏泽兰 19
Suzuka 8 Hours 《铃鹿 8 小时耐力赛》 169
Swarm 《Swarm》 52
Sweden 瑞典 55,141,259,262
Sweeney, Tim 蒂姆·斯威尼 194
Swiss Finishing School 瑞士女子精修学校 229
Swordquest series 《寻剑》系列 100
Swords of Chaos 《混乱之剑》 216
Syllabus magazine 《Syllabus》杂志 380
Symphony of the Night 《恶魔城:月下夜想曲》 224
Synetic（company） Synetic(公司) 258
synthesized speech 合成语音 85,309
Syphon Filter series 《虹吸战士:搏击行动》系列 223
System Shock 《网络奇兵》 240
System Shock 2 《网络奇兵 2》 240
tAAt（game development group） tAAt（游戏开发公司） 245
Table by Television 《Table by Television》 58
Table Tennis 《Table Tennis》 42
table-top games 桌面游戏 46,116,320－324,338,377
Tac/Scan 《太空机队》 85－86
Tail Gunner 《Tail Gunner》 53,83
Tail Gunner II 《Tail Gunner II》 83
Taito 太东 42－46,48－51,53,78,112,118,122－123,135,159,167－170,172－173, 177,263,309
Taiwan 台湾地区 264,266,268－270,273－274,276
Takashimaya Department Store 高岛屋百货公司 270
Take the Money and Run（video game） 《Take the Money and Run》(电子游戏) 324,332
Take-Two Interactive（company） Take-Two Interactive(公司) 154,163－164
A Tale in the Desert 《沙漠传说》 362
Talking Typewriter 会说话的打字机 39
Tamagotchi 拓麻歌子 270－272
Tamahonam Tamahonam(香港地区的"山寨机") 270
Tamsoft（company） Tamsoft(公司) 306

Tanaka, Hirokazu "Hip" 田中宏和 311
Tandy Corporation 坦迪公司 94
Tank 《Tank》 43—44,78
Tank II 《Tank II》 44
Tank III 《Tank III》 45
Tank 8 《Tank 8》 46
Tankers 《Tankers》 45
Tantalus Interactive (company) Tantalus Interactive(公司) 278
target games 目标游戏 143
Target Renegade 《目标:叛徒》 253
Taskete 《Taskete》 112
Taves, Brian 布莱恩·塔维斯 320
Tecmo Tecmo 公司 138
Teenage Mutant Ninja Turtles 《忍者神龟》 138,322,371
Teenage Mutant Ninja Turtles II: The Arcade Game 《忍者神龟2:街机版》 371
Tekken 3 《铁拳3》 173
Tekken series 《铁拳》系列 173,267,329
Telegenesis modem 人工调制解调器 147
Tele-Spiel ES-2201 Tele-Spiel ES-2201 58—59
TeleTenis TeleTenis 57,59
television 电视 3,6—11,16,19,22—26,32,39,42—43,54,56,61—65,77,81—82,86, 90—91,123,126—128,143,147,158,160—161,168,179,209,211—212,226,241— 242,257,259,261,266,272,275,299,335,343,351,356,361,363—364,369—371, 376—377,387,390—392,430
television interface adapter (TIA) 电视接口适配器(TIA) 77
Television Magazine 《电视杂志》 56
Telstar Telstar 参见"Telstar Combat"
Telstar Arcade Telstar Arcade 参见"Telstar Combat"
Telstar Combat Telstar Combat 68
Tempest 《暴风射击》 11,84,113,234—235,321,392,415
Tempest 2000 《Tempest 2000》 74
Temple Island 圣殿岛(《神秘岛2:星空断层》的地图) 106
Temple of Elemental Evil 《灰鹰:邪恶元素之神殿》 256
Tender Loving Care 《柔情蜜意》 160—161
Tengen (subsidiary of Atari Games) 天元(雅达利游戏的子公司) 145—146
Tennis for Two 《双人网球》 38
Tennis Tourney 《Tennis Tourney》 42
terabytes (defined) 太字节(定义) 392

索 引

The Terminator（home video game）《终结者》（家庭电子游戏） 153
testing of video games 电子游戏测试 374
Tetris 《俄罗斯方块》 74,81,118,138,145－146,168,180,242,258,269,321,334,354－355,361
Tetris clones 模仿《俄罗斯方块》的游戏 167
Tetris Plus 《俄罗斯方块 Plus》 168
Tetrix 《Tetrix》 355
Tews, Rebecca 瑞贝卡·特夫斯 359
Texas Chainsaw Massacre 得州电锯杀人狂 324
Texas Instruments（company） 得州仪器公司（公司） 60,66,96
Texas Instruments 99/4a computer 得州仪器公司 99/4a 计算机 17
Tex Murphy: Overseer 《神探墨菲：监督者》 163
Tex Murphy series 《神探墨菲》系列 163,301
text adventures 文字冒险 5,99
texture-mapping 纹理（贴图） 225,234－235,306－307,381
Teyboll Automatico Teyboll Automatico 57
Thailand 泰国 266－268,271,274
Thayer's Quest 《塔耶历险记》 122－123
The Collective（company） The Collective（公司） 277,281
The Edge Software（company） The Edge Software（公司） 253
Thief 《神偷》 255
Thief: The Dark Project 《神偷：暗黑计划》 240
Thrust 《Thrust》 250
Thunderball! 《霹雳弹》 333
Tic-Tac-Dough 《Tic-Tac-Dough》 322
Tic-Tac-Toe 《井字棋》 37,322,324,333
Tiger Electronics（company） Tiger Electronics（公司） 183
Tiger Telematics Tiger Telematics 公司 6
Time Commando 《时空游侠》 155
Time Crisis 《化解危机》 265,267
Time Gal 《时间少女》 123
Time magazine 《时代》杂志 162
Time Pilot 《时空飞行员》 114
The Times 《泰晤士报》 163,348
Time Traveler 《时间旅行者》 123－124
Time-Warner Inc. 时代华纳公司 73
Time-Warner Interactive 时代华纳互动公司 73
Timex（company） 天美时（公司） 252

Timex Sinclair computer 天美时辛克莱电脑 253
TinyMUD 《TinyMUD》 216
Tkacik, Maureen 莫琳·特卡奇克 175
T-Mek 《沙漠鹫狮》 169
Toaplan（company） 东亚企划 116
Toho Films 东宝电影 21
Tokyo International Electronics Show 东京国际电子展 221
Tokyo Telecommunications Engineering Corporation 东京通信研究所 226
Tolkien, J. R. R. 托尔金 99, 218, 376, 383
Tomb Raider 《古墓丽影》 26
Tomb Raider: Anniversary 《古墓丽影：十周年纪念版》 255
Tomb Raider: Legend 《古墓丽影：传奇》 229
Tomb Raider: The Cradle of Life 《古墓丽影2》 228, 366
Tomb Raiders & Space Invaders: Videogames Forms & Contexts 《〈古墓丽影〉与〈太空入侵者〉：电子游戏的形式与背景》 280
Tomcat 《雄猫》 87
Tomcat Alley 《Tomcat Alley》 155
Tony Hawk's Pro Skater 《托尼·霍克职业滑板》 223
Toontown Online 《卡通镇OL》 219
Top Cow Productions Top Cow Productions 公司 228
Top Gear 《Top Gear》 122
Top Gunner 《Top Gunner》 87
Top Landing 《顶尖飞行模拟器》 118
Top Skater 《顶尖滑板高手》 15, 170
Tornado Baseball 《Tornado Baseball》 47
Torus Games（company） Torus Games（公司） 278
Total Overdose 《无可救药》 259
Touch Me 《Touch Me》 179
Touch Typing 《盲打助手》 340
Tournament Table 虚拟操作台 51
Toys 'R' Us 玩具反斗城 204
Track & Field 《Track & Field》 338
trackball 轨迹球 15, 25, 96, 392
Trade Wars 2002 《贸易战2002》 193
The Tragical Historie of Rodion and Rosalind 《The Tragical Historie of Rodion and Rosalind》 250
training simulation games 模拟训练游戏 321, 330, 337, 339—340
Trainz series 《模拟火车》 278

trak-ball See trackball 参见"trackball"
Tramiel, Jack 杰克·特拉米尔 71, 73, 145
Trampoline 《Trampoline》 51
transistor radios 晶体管收音机 226
transmedia storytelling 跨媒介叙事 371—373
Trash-80 参见"TRS-80 computer"
Trick Shot 《Trick Shot》 338
Trilobyte Trilobyte 公司 105, 154, 160, 303
Triple Hunt 《Triple Hunt》 48
Trivia 《Trivia》 47, 335
Trivial Pursuit (video game) 《Trivial Pursuit》(电子游戏) 335
Trivia Whiz 《Trivia Whiz》 335
Triv-Quiz 《Triv-Quiz》 335
Tron (arcade game) 《电子世界争霸战》(街机游戏) 322, 365
Tron (film) 《电子世界争霸战》(电影) 365
Tron 2.0 《Tron 2.0》 381
Tropico 《海岛大亨》 379
TRS-80 computer TRS-80 计算机 94
Trubshaw, Roy 罗伊·特鲁布肖 215
True Pinball 《True Pinball》 333
Truth in Video Gaming Act 《电子游戏真相法案》(S. 3935) 350
TSR, Inc. (company) TSR (公司) 216, 256
Tsuppori Sumo Wrestling 《Tsuppori Sumo Wrestling》 338
T. T. Block 《T. T. Block》 49
TUMIKI Fighters 《TUMIKI Fighters》 247—248
Tunnel Runner 《Tunnel Runner》 332
Tunnels of Doom 《Tunnels of Doom》 332
TurboChip TurboChip 151—152
Turbo Duo Turbo Duo 152
Turbografx Turbografx 105, 147, 151
Turbografx-CD Turbografx-CD 151—153, 155, 159, 200, 220
Turbografx-16 Turbografx-16 202, 212
Turing, Alan 艾伦·图灵 36
TV Basketball 《TV Basketball》 43
TV Flipper 《TV Flipper》 45
TV Goalee 《TV Goalee》 44
TV Hockey 《TV Hockey》 42
TV Pinball 《TV Pinball》 44

TV Pin Game 《TV Pin Game》 43
TV Ping Pong 《TV Ping Pong》 42
T. V. Tennis 《T. V. Tennis》 42
Twin Eagle II 《双鹰》 172
Twin Peaks 《双峰》 160
Twisted Metal series 《烈火战车》系列 223
Two-Bit Score（company） Two-Bit Score(公司) 177
The Typing of the Dead 《死亡打字员》 171
Tyrian 《天龙战机》 195
Ty the Tasmanian Tiger series 《泰思虎奇幻冒险》系列 278
U2（band） U2(乐队) 228
Ubisoft（company） 育碧(公司) 255－257,308
Uematsu, Nobuo 植松伸夫 312,426
UFO Chase 《UFO Chase》 45
Ulam, Stanisław 斯塔尼斯拉夫·乌拉姆 37
Ultima III: Exodus 《创世纪 3：埃希德斯》 336,359
Ultima IV: The Quest for the Avatar 《创世纪 4：圣者传奇》 356
Ultima Online（UO）《网络创世纪》(UO) 18,199,217－218,353,358,382－383,390
Ultima Online: Kingdom Reborn 《网络创世纪：王国重生》 217
Ultima series 《创世纪》系列 5,235,323,336
Ultimate Mortal Kombat 3 《终极真人快打 3》 167
Ultimate Play the Game（company） Ultimate Play the Game(公司) 253
Ultima Underworld 《创世纪：地下世界》 235－236
Ultra Games（subsidiary of Konami） Ultra Games(科乐美子公司) 136
Umi Yakuba 《Umi Yakuba》 123
Um Jammer Lammy 《拉米乐队》 336
Unabhängige Selbstkontrolle（Independent Self-Control） 独立的自我控制 261
U. N. Command 《U. N. Command》 48
Under a Killing Moon 《杀人月》 154,163,301
UniSystem 《单机游戏系统》 117
United Kingdom 英国 426
Universal（company） 环球(公司) 52,112,122,257
universal media disc（UMD） 通用媒体光盘(UMD) 185,270
Universal Pictures 环球影业 109,256,365
Universal Studios 环球影城 175
University of Illinois 伊利诺伊大学 214
University of Southern California 南加州大学 109
University of Texas at Austin 得克萨斯大学奥斯汀分校 355,380

索　引

Unreal《虚幻》 196,232,240
Unreal Tournament《虚幻竞技场》 18,354
Unsafe Haven《Unsafe Haven》 336
UPL（company）UPL（公司） 47,49—50,52
upright cabinet　直立式街机　392
Uru: Ages Beyond Myst《乌鲁时代：神秘岛前传》 107
US Billiards　US Billiards 公司　42,45—46
user-supported software　用户支持软件　196
U. S. Gold(company)　U. S. Gold(公司)　230
Us Vs. Them《Us Vs. Them》 122,159
Utah　犹他州　79
utility genre　实用工具　320—321,327—328,331—332,340
uWink Media Bistro　uWink Media Bistro　175
Valuation Matrices for Learning/Educational Content in Popular Games　流行游戏中学习/教育内容的估值矩阵　380
Valve Software（company）Valve Software(简称 V 社)　279,307,314
Vapor TRX《Vapor TRX》 169
VAPS（Video Arcade Preservation Society）电子游戏保护协会（VAPS）　176
VAX　VAX 系列计算机　92
VCDs　VCD　275
Vectorbeam（company）Vectorbeam(公司)　48,53,82—83,235,414
Vectorbeam monitor　矢量光束显示器　82
vector games　矢量游戏　6,11,50—51,53,82—87,110,392,413
vector graphics　矢量图　6—7,10—12,50—51,82,86,110,113,115,234,304—305,392
vector scan　矢量监视器　392—393
Vectrex　Vectrex(主机系统)　7,11,16,86,396
"The Veldt" (short story)《面纱》(短篇小说)　236
Vending Times《自动售货时报》 166
Venture（arcade version）《Venture》(街机版)　100,112—113,323
Venture（Atari 2600 version）《Venture》(雅达利2600版)　100
Venture Line　Venture Line 公司　110
Veolia Environnement　威立雅环境集团（原名为威望迪环境公司）　257
Verant Interactive（company）Verant Interactive(公司)　217
verisimilitude　仿真　13,18,296—297,303,308,340,343,353—354
Vertigo《Vertigo》 87
VHS videotape　VHS 录像带　148
Viacom　维亚康姆　175
Vib-Ribbon《线条兔子》 336

Vickers, Brett 布雷特·威格士 216

video (as a term) 视频（作为术语） 4, 6—11, 13, 15—18, 21, 24, 26, 29, 37—39, 46, 51, 52, 67, 72, 77, 98, 102, 105, 118, 120—122, 129, 143, 151, 153, 158—159, 163—165, 169, 172, 185, 202, 222, 225, 227, 257, 280, 301—302, 309, 330, 346, 389—391, 395, 397, 414

Video Checkers 《电子跳棋》 324

Video Chess 《电子国际象棋》 324

Video8 format Video8 格式 226

Video Entertainment System Video Entertainment System(VES) 67

video game (as a term) 电子游戏（作为术语） 1, 3—11, 13—27, 31—33, 35—38, 40—44, 46—49, 52—60, 62—63, 66—69, 72, 74—76, 79—82, 84, 87—92, 95—97, 99—103, 109—112, 114—115, 117—130, 133—138, 140, 142—147, 149—150, 153—154, 157—159, 161—162, 165—169, 171—172, 174—180, 183, 186, 196, 199, 201, 206, 210, 220—221, 225—228, 232—234, 238, 241—245, 250, 252, 254—255, 258—269, 272—283, 285—288, 290—291, 296, 299, 301—304, 307—310, 314—316, 318—321, 324, 335, 338, 341, 343—346, 348—356, 358—374, 376—391, 394—397, 402, 411, 414, 416, 421, 427—428, 430

Video Game Decency Act（H. R. 6120）《电子游戏行为准则法案》 350

video game lounges 电子游戏休息室 174

Video Games GmbH (company) Video Games GmbH（公司） 49

Video Games Live tour 电子游戏现场巡演 364

video graphics array (VGA) standard 视频图形阵列标准（VGA） 102

Videomaster Videomaster 公司 55—56

Video Olympics 《电子奥运会》 338

Videopac Videopac 142

Video Pinball 《电子弹珠台》 333

Video Pinball（Atari 2600 version）《Video Pinball》（雅达利 2600 版） 68, 72, 77, 333

Video Pinball (console) Video Pinball（主机） 68

video pinball games 电子弹球游戏 43, 333

Video Poker 《电子扑克》 325, 330

Video Pool 《Video Pool》 45

Video Software Dealers Association 视频软件经销商协会 205

VideoSport MK2 VideoSport MK2 57, 59

Video Standards Council 视频标准委员会 348

Video System Co. Bullet Proof Software 公司 168

Videotopia Videotopia 5, 176, 396

Video Trivia 《Video Trivia》 335

VikingMUD 《VikingMUD》 336

violence 暴力 24, 46, 51, 87—89, 111, 116, 136, 137, 161—162, 165—166, 174, 207, 232,

241,261,270,274,275,280—282,343—345,349—352,354—359,361—362,366—367,397,430

viral marketing "病毒式"的营销 188
Virgin Games (company) Virgin Games(公司) 160
Virtua Cop 《VR 战警》 265
Virtua Fighter 《VR 战士》 173,204,365
Virtual Boy Virtual Boy 6,16
VirtualCinema movies "虚拟电影" 164
Virtual Combat 《虚拟战将》 171
Virtual Console 虚拟主机 212
Virtuality (company) Virtuality(公司) 171,173
virtual memory unit (VMU) 虚拟存储单元 206
virtual pet 虚拟宠物 270—271
Virtual Pool 《虚拟台球》 322,338
virtual reality (VR) 虚拟现实(VR) 15—16,236,307,360,380
Virtual Sex series "虚拟性爱"系列 346
Virtual World (company) Virtual World(公司) 173—174,431
Virtua Racing 《VR 赛车》 4
Virtua Striker 《VR 射手》 173,265
Visicalc Visicalc 95
visual generation (shikaku sedai) "视觉世代"(视觉世代) 368
Visual Memory System (VMS) Visual Memory System (VMS) 184
Vital Light 《Vital Light》 260
Vivendi (company) 威望迪(公司) 175,255,257
Volkswagen 大众 3,24—25,35,40,64,91—92,236,271,273,275,281,317,337
Volkswagen Bug 大众汽车 48,94
Volley (company) Volley(公司) 45,51
Vortex Concerts 涡流音乐会 22
The Vortex: Quantum Gate II 《旋涡:量子门Ⅱ》 164
Voyeur 《偷窥》 162—163,418
Voyeur II 《偷窥2》 163
VR8 (company) VR8(公司) 171,173
VRC (Videogame Rating Council) 电子游戏评级委员会(VRC) 162,349
Vs. System 对战系统 117
Wabbit 《Wabbit》 339
Wachowski Brothers 沃卓斯基"兄弟" 372—373
Wagner, Larry 拉里·瓦格纳 79
Walden, William 威廉·瓦尔登 37

Walkman 随身听 180,226
walkthroughs walkthroughs 99
Wallace, Bob 鲍勃·华莱士 189
The Wall Street Journal 《华尔街日报》 175
Wal-Mart 沃尔玛 204
Warcraft 《魔兽争霸》 254,257
Warcraft II: Tides of Darkness 《魔兽争霸2:黑潮》 简表5
Warhammer Fantasy Battle 《中古战锤》 254
Warhammer 40 000 《战锤40K》 254
Warhammer: Dark Omen 《战锤:黑暗预兆》 254
Warhammer: Mark of Chaos 《战锤:混沌之痕》 254
Warhammer Online: Age of Reckoning 《战锤OL:决战世纪》 254
Warhammer: Shadow of the Horned Rat 《战锤:角鼠之影》 254
Warioland 《瓦里奥大陆》 12,334
The Warlock on Fire-Top Mountain 《火焰山的魔法师》 254
Warlords（arcade version）《军阀乱战》(街机版) 72,113,326—327
Warlords（Atari 2600 version）《军阀乱战》(雅达利2600版) 72,113
Warner Communications 华纳通信公司 72—73,75,78,145
Warrior 《勇士》 7,53,83
Watara (company) Watara(公司) 182
Watara Supervision (system) Watara Supervision(掌机) 182
Watergate Caper 《Watergate Caper》 43
Watson, Dr. 华生医生 163
Wave Runner 《御风者》 169
WAV files WAV文件 312
wavetable (sample) synthesis 波表(采样)合成 312
Way Of The Warrior 《Way Of The Warrior》 124
WaywardXS Entertainment WaywardXS Entertainment 260
Web Picmatic (company) Web Picmatic公司 124
Weizenbaum, Joseph 约瑟夫·维森鲍姆 36
Weller, Lara 劳拉·韦勒 229
Wells, Mark 马克·威尔斯 37
West, Simon 西蒙·韦斯特 366
Western Bar 《Western Bar》 269
Western Gun 《Western Gun》 45
Westwood Studios 西木工作室 153—154,160
whatisthematrix.warnerbros.com 沃卓斯基"兄弟"电影官方网站 373
Wheeler, David 大卫·惠勒 160

索 引

Wheel of Fortune 《命运之轮》 322
Wheels 《Wheels》 44
Wheels II 《Wheels II》 44
Where in the World is Carmen Sandiego? 《Where in the World is Carmen Sandiego?》 344
Where Time Stood Still 《时光倒流》 253
Whirlwind computer 旋风计算机 19
Who Shot Johnny Rock? 《Who Shot Johnny Rock?》 124,159
Why the Craze Won't Quit 《为什么这股热潮不会消失》 128
Wii Wii 141,212—213,255,268,384
Wii Remote Wii 遥控器 212—213
Wii Sports Wii Sports 212
Wild Gunman 《荒野枪手》 135
Williams Electronics (company) Williams Electronics（公司） 73,189
Williams, J. D. J.D. 威廉姆斯 37
Williams, Roberta 罗贝塔·威廉姆斯 101—102,164—165
Wilmunder, Aric 亚瑞克·威尔穆德 103
Wilson, Johnny L. 约翰尼·L. 威尔逊 398,410,418
Wimbledon 《Wimbledon》 43
Wimbledon High School for Girls 温布尔登女中 229
Windows (by Microsoft) Windows（微软） 97
Windows CE Windows CE 206
windows-icon-menu-pointer (WIMP) interface 基于窗口、图标、菜单和指示器的界面（WIMP） 97
Windows telnet Windows telnet 216
Windows 2000 Windows 2000 208
Wing Commander (film) 《银河飞将》（电影） 164,366
Wing Commander III: Heart of the Tiger 《银河飞将3：猛虎之心》 164
Wing Commander IV: The Price of Freedom 《银河飞将4：自由的代价》 164
Wing Commander: Prophecy 《银河飞将：世纪的预言》 164
Wing Commander series 《银河飞将》系列 164
WingNut Films 威纽特影业 368
Winner 《Winner》 42,400,409,419
Winner IV 《Winner IV》 42,44
Winning Eleven series 《实况足球》系列 265
Winning Run 《Winning Run》 118
Wired magazine 《连线》杂志 380
wireframe graphics 线框图形 6,12,48,82,87,172

Wirehead 《Wirehead》 161
Witt, Alexander 亚历山大·维特 367
The Wizard 《小魔法师》(也译为《小鬼跷家》) 365
Wizards of the Coast 威世智 256
Wizz Quiz 《Wizz Quiz》 335
Wolf, Mark J. P. 马克·J. P. 沃尔夫 401—402,410
Wolfenstein 3D 《德军总部 3D》 194,237—238,261
Wolfenstein VR 《德军总部 VR》 173
Wonderswan Wonderswan 183
Wonderswan Color Wonderswan Color 183
Wonder Wizard Wonder Wizard 16
Wong, Anthony 安东尼·王 373
Woods, Don 唐·伍兹 40,99,233
Woomera Immigration Reception and Processing Centre 伍默拉移民接待处理中心 279
Word Games 《单词游戏》 329,340
World Class Track Meet 《World Class Track Meet》 138
World Cup 《World Cup》 48
"world" of video game (diegesis) 电子游戏的"世界"(叙事) 378,387
World of Warcraft (WoW)《魔兽世界》(简称 WoW) 199,218—219,236,254—255,
　　257,342,353,356,390
World Series Baseball '98 《世界系列棒球 98》 338
World's First Soccer 《World's First Soccer》 272
worldviews in video games 电子游戏的世界观 356,379
World War I 第一次世界大战 190
World War II 第二次世界大战 20—21,92,194,240
Worms franchise 《百战天虫》系列 192
Wozniak, Steve 斯蒂夫·沃兹尼亚克 93—94
Wrestle War 《摔跤大战》 329
wrestling games 摔跤游戏 111
Wright, Will 威尔·莱特(威尔·怀特) 290,294,378
WWF Smackdown series 《世界职业摔角联盟》系列 223
XA Mode 2 XA Mode 2 225
Xatrix (company) Xatrix(公司) 155
Xavix Baseball 《Xavix Baseball》(SSD 公司的棒球游戏) 210
Xavix Bowling 《Xavix Bowling》(SSD 公司的保龄球游戏) 210
Xavix Golf 《Xavix Golf》(SSD 公司的高尔夫游戏) 210
XaviXPORT XaviXPORT(SSD 公司的游戏系统) 210,212
Xbox Xbox 150,175,208—209,211,213,240,268,275,308,310,313,409,420

Xbox 360 Xbox 360 210—213,243,255,268,313
Xbox Live Xbox Live 209,211
XE Game System (XEGS) XE 游戏系统 74
XE series of computers XE 系列电脑 74
Xevious 《铁板阵》 298
Xevious 3D/G 《铁板阵 3D 加强版》 176
The X-Files 《X 档案》 164,229
The X-Files Game 《X 档案》 164,229
X-Men 《X 战警》 169,322
X-Men (characters) X 战警（人物） 368
Xpiral (company, originally named Effecto Caos) Xpiral 公司（原名 Effecto Caos） 260
Xtrek 《Xtrek》 133
Xybots 《迷宫任务》 119,172
XY monitor XY 监视器 393
Yale University 耶鲁大学 39
Yamauchi, Hiroshi 山内溥 134—135,201
Yannes, Robert 罗伯特·亚恩斯 311
Yar's Revenge 《亚尔的复仇》 337
"yellow book" standard "黄皮书"标准 150
Yllabian Space Guppies Yllabian Space Guppies 113
Yokai Douchuaki 《妖怪道中记》 简表 3
Yokoi, Gunpei 横井军平 183
Yosaku 《Yosaku》 52
Yoshi's Island 《耀西岛》 334
You Don't Know Jack 《You Don't Know Jack》 330,335
Your Sinclair (magazine) 《Your Sinclair》 253
Your Spectrum (magazine) 《Your Spectrum》杂志（后更名为《Your Sinclair》） 253
YouTube YouTube 244
Yukich, James 詹姆斯·尤基奇 366
Z80 processor Z80 处理器 242
Zaccaria (company) Zaccaria（公司） 53
Zak McKracken and the Alien Mindbenders 《异形入侵者》 104
Zanussi Zanussi 56,58
Zapper Zapper 134
z-axis (defined) Z 轴 393
Zaxxon 《立体空战》 12,298,337
Zboub Système Zboub Système 255
Zektor 《太空轮廓战机》 85

Zelda (character) 塞尔达（人物） 201, 209
Zero Time Zero Time 52
Zike Zike 253
Zion 锡安 373
Zito, Tom 汤姆·齐托 161
Zodiac 《Zodiac》 336
Zombie 《僵尸》 256
Zool 《真宝珠小子》 153
Zork 《魔域帝国》 5, 188, 339
Zorton Brothers (*Los Justicieros*) 《Zorton Brothers》(也叫作《Los Justicieros》) 124
ZX80 computer ZX80 computer 253
ZX81 computer ZX81 computer 253
ZX Spectrum computer ZX Spectrum 252—253, 259, 311
Zynaps Zynaps 253
ZZT ZZT 194

贡献者简介

大卫·H. 阿尔①著有 22 本书，包括《基本计算机游戏》（第一本百万册销量的电脑类书籍）、《父亲的生活经验》（*Dad's Lessons for Living*）、《道奇 M37 修复指南》（*Dodge M37 Restoration Guide*）。1974 年，他创办了《创意计算》杂志，这是世界上第一本个人计算机杂志。1967 年，他设计了第一个用于预测新消费产品的计算机模型。他还撰写了 500 多篇关于技术、汽车、市场营销、逻辑谜题、旅游、市场研究、财务规划和投资分析的文章。他创造了《月球冒险》、《Subway Scavenger》、《东方快车》（*Orient Express*）等 50 款电子游戏。阿尔拥有教育心理学博士学位、卡内基梅隆大学的 MBA 学位和康奈尔大学的电子工程硕士和学士学位。

托马斯·H. 阿珀利②于 2007 年 5 月提交了他的博士论文。他的研究课题聚焦于电子游戏在人们生活经验中的作用。在研究这个课题时，他在委内瑞拉、澳大利亚和网上进行了民族志研究。自 2006 年以来，阿珀利在墨尔本大学的媒介与传播项目中担任临时讲师。

多米尼克·阿瑟诺③是蒙特利尔大学的博士生，主要研究电子游戏流派

---

① 大卫·H. 阿尔如今 83 岁，已经退休了。——译者注
② 托马斯·H. 阿珀利现在是坦佩雷大学游戏文化研究院"卓越中心"的高级研究员。——译者注
③ 多米尼克·阿瑟诺现在是蒙特利尔大学的电影研究副教授。——译者注

的历史和演变。他发表了一些论文,并撰写了有关电子游戏叙事问题的硕士论文。

凯利·布德罗①在蒙特利尔的康考迪亚大学写了一篇社会学的硕士论文,致力于定义大型多人在线游戏中的玩家身份构建和维护的过程。她目前的研究重点是媒介化社会的形式,内容涉及在线计算机游戏和虚拟世界中的社会认同,以及互联网活动与日常生活的融合。

布雷特·坎帕②对独立媒体的制作与发行的历史和实践感兴趣,特别是电子游戏。在过去的 9 年里,他一直在学术和商业领域与数字媒体打交道。他目前是 eMusic 的高级产品经理。此前,他还是麻省理工学院教育组的研究人员,担任多人历史类角色扮演游戏《Revolution》的设计师和技术负责人。在去麻省理工学院之前,坎帕是互联网媒体先驱 RealNetworks 的电子商务平台的项目经理。作为一个独立的开发者,他曾为个人电脑、任天堂的 GBA 和 Macromedia Flash 制作游戏。他拥有麻省理工学院的比较媒体研究硕士学位。

莱昂纳德·赫尔曼③,游戏学学者,1972 年第一次在保龄球馆玩《PONG》时就爱上了电子游戏。他在 1979 年购买了他的第一台雅达利 VCS 后开始收集电子游戏。作为一名程序员和技术作者,赫尔曼于 1994 年成立 Rolenta 出版社,出版了自己的著作《不死之鸟:电子游戏的兴衰》。这是第一本关于电子游戏历史的严肃书籍,1994—2001 年已经出版了三版,第四版计划在 2007 年出版。赫尔曼曾为《电子游戏月刊》、《电子游戏图解》(*Videogaming Illustrated*)、PlayStation 的北美官方、《口袋游戏》(*Pocket Games*)、《经典游戏玩家杂志》(*Classic Gamer Magazine*)、《Manci Games》、《电子游戏收藏家》(*Video Game Collector*)和 Gamespot.com 撰写关于电子

---

① 凯利·布德罗现在是哈里斯堡科技大学互动媒体理论与设计专业的副教授。——译者注
② 布雷特·坎帕现在是 Snap 的高级工程经理。——译者注
③ 莱昂纳德·赫尔曼被称为"电子游戏史学之父"。——译者注

游戏的文章。他还编辑了拉尔夫·贝尔的书《电子游戏：开端》(*Videogames: In The Beginning*)。赫尔曼曾担任经典游戏博览会的顾问，与妻子塔玛(Tamar)和他们的两个孩子罗尼(Ronnie)、格里高利(Gregory)居住在新泽西。

拉斯·康扎克①目前是丹麦奥尔堡大学多媒体专业的助理教授。他是一名游戏研究学者，主要的研究课题有游戏学、教育游戏、次创作、体验设计、极客文化和游戏评论等。

艾莉森·麦克马汉博士是一位纪录片导演(www. alisonmcmahan. com)，也是 Homunculus 制作公司的首席制片人。该公司主要制作培训片、工业片和纪录片，最近出品的作品有《Living with Landmines》(2005 年，www. LivingwithLandmines. com)，是一部工业影片；巴西非政府组织 Pensamento Digital 的公益广告，这个机构也为贫困社区提供电脑和互联网(www. HomunculusProds. com)。她最新的纪录片是《赤手空拳》(*Bare Hands and Wooden Limbs*，2006，www. FutureofCambodia. com)。目前，她正在制作一部长纪录片《简的八张面孔：简·钱伯斯的生活与工作》(*The Eight Faces of Jane: The Life and Work of Jane Chambers*，www. 8FacesofJane. com)。2001—2003 年，在梅隆奖学金的支持下，她成为瓦萨学院(Vassar College)视觉文化方向的博士后。在那里，她为 CAVEs 项目建立了一个带有生物反馈界面的虚拟现实环境。1997—2001 年，她在阿姆斯特丹大学担任副教授，教授电影历史、电影理论和新媒体等方面的课程。她是获奖图书《Alice Guy Blaché, Lost Cinematic Visionary》(2002)和动画电影《Tim Burton: Animating Live Action in Hollywood》(2005)的作者。

吴伟明②是香港中文大学日本研究系副教授，从事日本流行文化等方面的教学和研究。他于 1996 年在普林斯顿大学获得东亚研究博士学位，

---

① 拉斯·康扎克现在是哥本哈根大学传播系副教授。——译者注
② 吴伟明现在是香港中文大学文学院副院长，香港中文大学日本研究学系教授暨系主任。——译者注

1996—2001年在新加坡国立大学担任日本研究助理教授。目前，他正在进行一项关于日本和中国香港在ACG行业的互动及合作的研究项目。

伯纳德·佩伦①是蒙特利尔大学的电影学副教授。他与马克·沃尔夫共同编辑了文集《电子游戏理论读本》(The Video Game Theory Reader, 2003)，并撰写了分析报告《Silent Hill：Il motore del terrore》(2006)。他的研究和著作集中于叙事、认知、电影的喜剧性、互动电影和电子游戏等方面。

马丁·皮卡德是加拿大蒙特利尔大学比较文学和电影研究专业的博士生，也是艺术史和电影研究系的兼职讲师。他的出版物和研究兴趣涉及电影和数字媒体、电子游戏文化和电子游戏理论、日本电影和美学。他目前正在撰写一篇关于电子游戏和电影美学关系的论文。

埃里克·皮卡门尼毕业于瓦萨学院，辅修音乐。他和妻子、两只猫（以及一堆电子游戏）住在西雅图。

鲍勃·雷哈克②是斯沃斯莫尔学院(Swarthmore College)电影和媒体研究领域的访问助理教授。他在印第安纳大学传播与文化系获得博士学位，曾在《电子游戏理论读本》和《信息交流与社会》(Information, Communication, and Society)杂志上发表关于精神分析、电子游戏和新媒体粉丝的文章。他关于图形引擎和特效的文章即将在《电子游戏、玩家、文本与电影批评》(Videogame/Player/Text, Film Criticism)、《电影批评》(Film Criticism)和《赛博文化读本》(The Cybercultures Reader)的第二版上发表。此外，他是《Animation：An Interdisciplinary Journal》的副主编。

卡尔·塞里恩③目前正在蒙特利尔的魁北克大学攻读符号学博士。他

---

① 伯纳德·佩伦现在是蒙特利尔大学电影和电子游戏专业的教授。——译者注
② 鲍勃·雷哈克现在是斯沃斯莫尔学院电影和媒体研究的副教授。——译者注
③ 卡尔·塞里恩现在是蒙特利尔大学文理学院艺术史和电影研究系的副教授。——译者注

还参加了伯纳德·佩伦的研究项目"早期互动电影的历史与理论"。他的研究兴趣包括电子游戏和其他媒体中的沉浸感、电子游戏的历史和当代电影中的喜剧要素。

张费钦①是新加坡管理大学李光前商学院的管理学助理教授。他的研究重点是信息技术产业的增长和发展,最近他还研究了美国电子游戏产业近几年的发展。同时,他在期刊上发表了关于产品设计和开发过程中的创造力的性质,以及行业内的产品开发和工作室的形成的文章。他正在撰写一本书稿,希望能明确地描述塑造电子游戏产业的力量,并探究近年来正在促进或制约其创造性的力量。他最近还分别对菲律宾和中国的动画和网络游戏产业,以及亚洲的信息技术服务和软件外包进行了一些比较研究。此外,他拥有卡内基梅隆大学的公共政策分析和管理博士学位,曾在联合国和亚洲开发银行工作,主要的研究领域为数字鸿沟和虚拟大学。

大卫·温特②目前是一名古董商,专门经营古董音响设备和唱片。他还是一名软件工程师,热衷于古典音乐、早期唱片和早期的电子游戏。他在20世纪80年代初还是个孩子时就开始收集旧电脑零件,1994年开始收集旧电脑和旧电子游戏。随后,他专门研究早期的电子游戏,建立了一个有超过800台机器的大型收藏馆,并遇到了拉尔夫·贝尔等重要人物。他们对温特的研究提供了很大的帮助。在抢救了大量的早期电子游戏文件后,温特意识到早期电子游戏的历史是相当不完整的,里面有许多的错误。因此,他现在正在编写一本关于早期电子游戏的书,其中包括人们从未见过的文件。

马克·J.P.沃尔夫③是威斯康星康考迪亚大学传播系的副教授。他拥有南加州大学电影/电视学院的博士学位,他的著作有《抽象现实:数字时代的艺术、交流和认知》(*Abstracting Reality: Art, Communication, and Cognition in the Digital Age*, 2000)、《电子游戏的媒介》(2001)、《虚拟道德:

---

① 张费钦现在是新加坡管理大学李光前商学院的战略管理副教授。——译者注
② 大卫·温特现在是 Canuck Play Inc 的总裁与联合创始人。——译者注
③ 马克·J.P.沃尔夫是威斯康星康考迪亚大学传播系的正教授。——译者注

道德、伦理与新媒体》(2003)、《电子游戏理论读本》(2003,与伯纳德·佩伦合编)、《德尼世界:神秘岛1和神秘岛2》(2006)。他是Videotopia的委员会顾问和几个编辑委员会的成员,如《游戏与文化》、《电子媒体研究》(*The Journal of E-media Studies*)和《Mechademia: An Annual Forum for Animé, Manga and The Fan Arts》。目前,他和妻子黛安、儿子迈克尔、克里斯蒂安住在威斯康星州。

译后记

历经几个月的时间,今天终于完成了《电子游戏大发展:从 PONG 到 PlayStation 的历史与未来》(*The Video Game Explosion: A History from PONG to PlayStation and Beyond*,以下简称《电子游戏大发展》)的翻译与第一次校对。继 2021 年翻译完德国媒介学大师克劳斯·皮亚斯的《电子游戏世界》(*Computer Game Worlds*)后,我就已经开始寻找下一个翻译目标,备选的方案其实涉及游戏学的不同方向,包括游戏的学术研究、理论研究、游戏设计、兵棋推演等。这导致我在诸多优秀的游戏学相关著作前犹豫不决。但是,我最终下定决心选择翻译这本电子游戏史方面的图书,还是因为一个新闻事件。

2021 年 8 月,《经济参考报》的记者王恒涛、汪子旭发表了一篇文章,名为《"精神鸦片"竟长成数千亿产业》。要知道,现在的电子游戏早就不仅仅是孩童的玩具,是包括人工智能与芯片等自然科学技术的实验平台与孵化器,更是我国对外进行跨文化传播、打破西方媒介霸权封锁的希望。于是,此文一出,舆论一片哗然,最终导致《经济参考报》删除了这篇文章,重新刊出的时候,标题中的"精神鸦片"被替换成了"网络游戏"。自 2000 年夏斐炮制"奇文"《电脑游戏:瞄准孩子的"电子海洛因"》的二十余年后,媒体上再次出现了极度仇视电子游戏的字眼。这些事情的发生给我带来了强烈的危机感。

具体而言,我选择翻译《电子游戏大发展》一书有三个理由:第一,保存星火;第二,谏逐客书;第三,为我自己。

保存星火

我喜读历史,也喜欢玩历史类的电子游戏,所以我非常清楚"欲要亡其国,必先亡其史,欲灭其族,必先灭其文化"的道理——历史承担着保存文化和精神的重任。在游戏《星际争霸2》的战役"究极黑暗"中有一段经典剧情:星系面临着毁灭与终结,而玩家在这一关卡的任务就是保护文献馆,直到高阶圣堂武士完成对历史与文明的保存记录。因此,作为一名游戏学的研究者,我首先要做的就是保留游戏的历史,并将它传承下去,为游戏文化、游戏学术研究和游戏产业发展贡献自己的一点力量。

这是我最终选择翻译此书的一个最为重要的理由。从当下的环境来看,也许翻译本书会比设计严肃游戏等实践的意义更为重大。不同于市面上的那种流水账式的研究游戏的著作,《电子游戏大发展》是真正学术意义上的电子游戏史文献,详细地介绍了人类第一个商业游戏诞生后的电子游戏兴衰史。电子游戏的成长与发展令人着迷,让我们可以知史而明志。此外,在书写的背后,当时参与此书创作的作者大多都是与现在的我一样略显青涩的青年学者。时至今日,他们都成为世界范围内游戏学术圈中的重要成员了。从某种角度来说,他们是我前进的榜样。

还有一个美好的巧合在于,我翻译的《电子游戏世界》讲述的是电子游戏的史前史,而《电子游戏大发展》讲述的正是之后的故事——本书的第 6 章正好可以衔接《电子游戏世界》的终章。我们可以将两本书分别视作一个大系列的前传和正传。如果有机会和资源,我也非常希望日后能翻译一本后传(也就是 2007 年之后的游戏史),甚至是一本预测游戏学发展趋势的著作。

谏逐客书

翻译本书的第二个理由是为了科普,为了让更多人,特别是国家的管理者和政策制定者能够清晰地理解电子游戏所具备的远超娱乐功能的意义。这本书最后能起到的作用也许微乎其微,但身为一个"食公粮"的学者,我应该为国家和这个产业做点什么。我不愿看到电子游戏文化和产业的发展受制于一些私人情绪和社会成见。因此,我希望通过自己的努力,让大家了解电子游戏产业对于一个国家来说意味着什么。

从过去到现在,由于具有可测试的低成本和明确的逻辑规则,游戏一直以来都是最优秀的自然科学的研究对象。更为重要的是,电子游戏是人工智能科学的"胎盘",也是其他人工智能的研究对象。要知道,自17世纪以来,科学家们就在思考如何让机器自动地与人类玩游戏。围绕这个话题,国际象棋成了最初的研究模板,并从中诞生了人工智能学科。计算机之父冯·诺依曼在早期创立了大量有关计算机人工智能和游戏学的概念。1928年,基于象棋的博弈,他创建了著名的Minimax算法和博弈论。在电子计算机诞生后,著名的信息论创始人、通信技术与工程之父克劳德·香农,于1949年3月9日写下了第一篇论文,阐述了如何用人工智能算法控制象棋移动。这篇文章也成为人工智能科学领域的一项创造性成果。它描述了计算机玩象棋的三种策略,其中的一种为日后获得成功的国际象棋AI理论打下了基础。直到2016年,阿尔法狗(AlphaGo)也是以围棋为平台,展现了当时AI最先进的技术,即"人工神经网络"的威力。

自然科学如此,社会科学更是如此。我人生的前23年并不清楚新闻学或传播学一类的概念,直到我在日本近7年的时间里,着实见识了西方媒体的霸权,切身感受到了外国某些媒体对于中国的偏见和恶意,并开始意识到我国在国际传播特别是国际舆论环境上面临的问题。在这种前提条件下,电子游戏几乎成为我国对外战略传播少有的希望。游戏的传播不像文字和视频那样依赖于平台和语言,借助互联网,它可以非常容易地以多语言形式在世界范围内传播,是突破西方传统舆论话语权封锁的一个利器。虽然我觉得米哈游出品的《原神》不算一个特别好的游戏,但它在文化输出上是非常优秀的。

21年前,因为对游戏知识结构的认识不足,加上缺乏科学主义和专业学者的论述,夏斐的假新闻和种种社会偏见导致我国的电子游戏发展迟缓。这对我国的游戏产业发展造成了毁灭性的打击,以致落于人后。所以,本书如果能对更多的人进行电子游戏文化的科普,甚至起到"谏逐客书"的作用,也算小小功德。

为我自己

实不相瞒,虽然不太想承认自己的无能,但我的学术生命(在最坏的情况下）也就只剩下两年了。在学术生命随时燃尽前，我想要尽可能地为这个学科作点贡献，这样才不负我当初的理想和回国的选择。

　　因为"非升即走"的压力，我需要在一些所谓的"A刊"上发表文章，同时还必须拿到国家的纵向课题。但是，社会对游戏系统化的歧视，不仅仅是对游戏本身，还包括游戏研究。截至我写本书译后记的时候，面对国家级的纵向课题，我就像堂吉诃德一样。其中的原因很复杂：一方面，可能有我个人能力上的问题；但另一方面，我所提交的全部课题申请确实无一例外地都与游戏有关。这也让我深切地感受到，坚持以游戏为主题做纵向科研，似乎大多数情况下并不受欢迎。

　　除了课题，还有发表论文。不过，这方面的情况相对会好一点，多少还有几个SCI的成果。但是，让我不开心的是，从日本回国后的几年里，我最好的文章都没有贡献给最适合的会议与期刊，甚至积压了很多研究成果没有发表，因为有些规则需要我把文章发到"最好"的刊物上。然而，国际游戏学领域最好的刊物往往也就是SCI的JCR Q3和Q4。因此，在过去的两年里，我也想试试将文章投往新闻传播学领域的中文"A刊"，但结果不如人意——要么直接被系统回信"你的文章不适合本刊，请另投"，要么就是杳无音信。对我而言，如果能被有理有据地拒稿，则已是万幸。由于禁止一稿多投是最基本的学术伦理，我在这种尝试的过程中于无形中浪费了不少时间，消耗了不少精力。更令我想不到的是，随着"元宇宙"的大热，2022年我在一本新闻传播类的"C刊"上，看到了有些学者关于"元宇宙"的研究文章竟全篇大量引用"知乎""360问答""百度百家号"的参考文献。这让我不得不放弃此类刊物。

　　在2021年的考核中，当我被告知自己的各类教学、社会服务和横向课题成果，以及我努力争取的腾讯与华中科技大学的合作协议等材料都没用，只有那堆"EI"与"SCI"论文有用时，我感受到了耻辱、侮辱、羞辱——我不太明白为何将全部心血倾注于本科教学，在学校看来竟是一件毫无价值之事。从这时起，我就决定在剩余的学术生命里要为自己的理想而活，不论它的寿命是两年还是三十年。

　　所以，我选择翻译游戏学方面的译著。一方面，这属于我完全能控制的战场；另一方面，也算我对现实的逃避——起码沉浸于翻译的时候，我能够感到心安与充实。最重要的在于，我在可能所剩不长的科研生命里，为游戏学的发展多作一点贡献，不留一丝遗憾。

尾声

在译后记的结尾，我借用日本战国大名"越后之龙"上杉谦信的名言送给未来的自己，也送给同样怀抱理想的读者与游戏圈的战友：

運は天にあり、鎧は胸にあり、手柄は足にあり、何時も敵をわが掌中に入れて合戦すべし、死なんと戦えば生き、生きんと戦え必ず死するものなり。運は一定にあらず、時の次第と思うは間違いなり、武士なれば、われ進むべき道はこれ他なしと、自らに運を定めるべし。

大意为：虽成事在天，然武具在身，终谋事在人。必死则生，幸生则死，勿将胜负仅托于运，力争命运掌控于己，朝向目标，一往无前——我命由我不由天。

熊 硕

2022 年 5 月 1 日凌晨

图书在版编目(CIP)数据

电子游戏大发展:从 PONG 到 PlayStation 的历史与未来/(美)马克·J. P. 沃尔夫(Mark J. P. Wolf)编;熊硕译. —上海:复旦大学出版社,2023.8
(游戏研究经典译丛)
书名原文:The Video Game Explosion:A History from PONG to PlayStation and Beyond
ISBN 978-7-309-16663-7

Ⅰ.①电… Ⅱ.①马… ②熊… Ⅲ.①电子游戏-历史 Ⅳ.①G898.3

中国版本图书馆 CIP 数据核字(2022)第 243679 号

Translated from the English Language edition of The Video Game Explosion:A History from PONG to PlayStation and Beyond, by Mark J. P. Wolf, ed., originally published by Greenwood, an imprint of ABC-CLIO, LLC, Santa Barbara, CA, USA. Copyright © 2008 by Mark J. P. Wolf. Translated into and published in the simplified Chinese language by arrangement with ABC-CLIO, LLC. All rights reserved.
No part of this book may be reproduced or transmitted in any form or by any means electronic or mechanical including photocopying, reprinting, or on any information storage or retrieval system, without permission in writing from ABC-CLIO, LLC.

本书中文简体翻译版授权由复旦大学出版社有限公司独家出版并限在中国大陆地区销售。
未经出版者书面许可,不得以任何方式复制或发行本书的任何部分。
上海市版权局著作权合同登记号 图字 09-2022-0709

电子游戏大发展:从 PONG 到 PlayStation 的历史与未来
[美]马克·J. P. 沃尔夫(Mark J. P. Wolf) 编
熊 硕 译
责任编辑/刘 畅

复旦大学出版社有限公司出版发行
上海市国权路 579 号 邮编:200433
网址: fupnet@ fudanpress.com   http://www.fudanpress.com
门市零售: 86-21-65102580   团体订购: 86-21-65104505
出版部电话: 86-21-65642845
上海盛通时代印刷有限公司

开本 787×960 1/16 印张 34.75 字数 552 千
2023 年 8 月第 1 版
2023 年 8 月第 1 版第 1 次印刷

ISBN 978-7-309-16663-7/G · 2459
定价: 108.00 元

如有印装质量问题,请向复旦大学出版社有限公司出版部调换。
版权所有   侵权必究